赵紫宸文集

雷洁琼 题

赵紫宸(1888-1979)

趙紫宸文集

第三卷

燕京研究院 編

執行主編：

文 庸　王思敏

李維楠　吳玉萍

商務印書館
2007 年・北京

圖書在版編目(CIP)數據

趙紫宸文集. 第3卷 /趙紫宸著;燕京研究院編.
北京:商務印書館,2007
ISBN 7-100-04890-7

I. 趙⋯ II. ①趙⋯②燕⋯ III. ①社會科學－文集②神學－文集 IV. ①C52②B972-53

中國版本圖書館 CIP 數據核字(2006)第 004686 號

所有權利保留。
未經許可,不得以任何方式使用。

趙　紫　宸　文　集
第　三　卷
燕京研究院　編

商　務　印　書　館　出　版
(北京王府井大街36號　郵政編碼100710)
商　務　印　書　館　發　行
北　京　新　華　印　刷　廠　印　刷
ISBN 7-100-04890-7/B・680

2007年4月第1版　　　　　開本 690×1000 1/16
2007年4月北京第1次印刷　印張 46 1/2　插頁 4
定價: 65.00元

赵紫宸院长是一位
慈祥温和的长者
博大精深的学者
热爱祖国热爱人民
我们学习他 就是对他
百年诞辰的最好纪念

冰心抱病书
戊辰仲春

赵先生一生为学勤劳诚朴严谨求实给后代树好的榜样

为赵紫宸文集题

二〇〇三年六月

丁光训

創建中國教會神學

先驅之聲

後學 陳澤民 敬題

30年代初趙紫宸全家在燕東園36號住所合影

50年代趙紫宸夫婦與趙紫宸妻妹（左一）在美術館后街住所合影

趙紫宸晚年常年居住的美術館后街（原大佛寺西街）22號，現已被拆除

代　　序

　　趙紫宸先生(1888—1979)是舉世公認的中國基督教神學家、哲學家、文學家和教育家。在 20 世紀初到新中國建立的漫長而艱苦的半個世紀中，趙先生爲中國基督教會的神學建設和培育高層教牧和神學人才，做了大量的工作，結出了豐碩的果實。他堅持基督教在中國傳播必須走和中國傳統文化相結合，和現實社會生活相適應的道路，四十多年間給我們留下了二百多萬字的著作，包括神學專著、學術論文、講詞、回憶錄、評論和詩詞等，留給中國教會一份豐富寶貴的遺產。雖然這些著作大部分是寫在新中國成立之前，不可能預見到今天新時期中國教會所面臨的神學思想建設的任務，但文章中洋溢着活潑的開放革新的精神，閃爍着求真的信仰和智慧的光輝，充滿着對祖國的熱愛和對未來光明的嚮往和追求。解放初趙先生曾受到誤解和不公正的待遇，但他還是堅定地走三自愛國、擁護社會主義的道路。我們可以把趙先生大半生的服務和奮鬥看爲今天中國教會改革創新建立中國神學的先驅。他留下來的豐富思想遺產正是他作爲先驅的心聲，值得我們認真學習。趙先生數十年爲人師表，其待人接物，道德文章，無不表現出一個"誠"字。誠者心聲，謹在趙先生《文集》出版之時，用"先驅心聲"作爲題詞，聊表景仰之情。

後學　陳澤民　謹誌

編 者 的 話

趙紫宸先生(1888—1979)是 20 世紀前半葉中國基督教的代表人物,1928—1952 年任燕京大學宗教學院院長二十餘年;1948 年當選世界基督教協進會六主席之一,1950 年辭職;1949 年作爲宗教界五代表之一參加中國人民政治協商會議第一次會議,後曾任北京市政協常委、委員,中國基督教三自革新委員會第一、二屆常務委員,在中國及世界現代基督教史上佔有重要地位。

1996 年,趙紫宸先生的女公子(北京大學西語系主任)趙蘿蕤教授,建議燕京研究院西方文化與宗教研究室把趙紫宸研究列入研究課題,這是對我們研究室的信任,也是我們義不容辭的責任。趙紫宸先生是位多產學者,生平著述甚多,用 T. C. Chao 的名字發表的英文作品更難以統計,其國學底蘊深厚,一生致力於基督教教義與中國傳統文化的融合,是中國基督教史上杰出的神學家,對創建中國基督教神學有精湛的宏論,對中國基督教本色化的探索貢獻良多,從他的著述中可以窺見基督教在中國現代社會中發展變化的軌迹。趙先生最初是一位自由派神學家,注重社會福音運動,其社會理想是建立地上的"天國"。20 世紀 20 年代的非基督教運動促使他冷靜、客觀地思考中國教會的現實處境,對歷史進行反思,對未來進行探索。據不完全統計,1922—1929 年發表了大小著述共 71 篇,僅 1929 年一年就發表了 27 篇,可見 20 世紀 20 年代是趙先生神學思想極爲活躍的時期,也是變化發展極爲劇烈的時期,社會現實促使他從理性思維的角度試圖把基督教神學與中國傳統哲學、倫理結合成中國基督教神學。

趙先生對中國古典詩詞、戲曲以及書法,都有很深的造詣。他在任職燕京大學宗教學院院長期間,還兼任該校中文系教授。

1941 年底,美日正式宣戰,趙先生被日本侵略者逮捕入獄,在獄中半年時間,不僅表現了堅貞的民族氣節,宗教熱忱與宗教體驗也愈益深化,其神學思想越來越注重啓示與救贖並日趨成熟，從而奠定了他的中國基督教神學的基礎。可惜的是，解放以後趙先生的著作幾乎從未再版，而解放前出版的著作又因各種原因散失難尋。因此，我們認爲本課題的研究工作首先應該廣泛收集整理趙先生的著作，出版一套比較完整全面的文集，不僅爲我們自己進一步研究趙先生的神學思想提供必要的基礎，也可以爲海內外有關學者及信衆提供學習、研究的條件。工作開始以後，由於人力、物力的限制，進展很慢，直到 2000 年初，我們有幸得到美國魯斯基金會（The Henry Luce Foundation）的慷慨贊助，此後又得到美籍燕京大學校友黃光普、孫琦瑛夫婦和在香港的思源基金會追加捐助，才使這項具有重大學術意義的搶救寶貴宗教遺產的工作得以實現。爲此，我們謹向他們表示衷心的感謝！

我們還要特別感謝趙蘿蕤教授，現在她雖已故去，相信她的在天之靈看到她當年的建議終於實現，也會感到欣慰的。我們願以文集的出版，寄託我們對她的緬懷之情！趙紫宸先生的三位哲嗣景心、景德、景倫，不僅慨然授權出版，而且提供了許多寶貴的資料、照片和手迹等。燕京大學校友、趙紫宸先生的老友雷潔瓊先生爲文集題寫書名。中國基督教兩會名譽會長、全國政協副主席丁光訓主教以及金陵協和神學院副院長陳澤民博士爲文集題詞，陳博士還撰寫了題詞說明，我們征得他的同意作爲本書代序。加拿大籍燕京大學校友林孟熹先生對於文集的工作可謂嘔心瀝血，竭盡全力。文集的重要進展不僅有他的智慧貢獻，更在許多方面仰仗他牽綫搭橋，特別是爲文集擴大爲四卷後短缺的資金奔走籌措。總之，在收集、整理、編輯的過程中，我們得到了海內外各方面友人的熱心幫助，沒有他們的支持和幫助，我們的工作不可能完成。

爲便於閱讀，課題組對趙先生的每本專著都寫了編者引言，作了簡要的注釋。在編輯過程中，對現有的幾種版本進行了嚴格的比較、校訂和辨析，最終大體按寫作時間的順序和體例編排。中文著作擬分四卷出版：第一、二卷爲專著，第三卷爲詩詞、祈禱文、聖歌集，第四卷爲論文集。但第三、四卷編成後，發現趙先生的論文篇幅極多，只好調整原計劃，第三卷爲 1911—1937 年的論文，第四卷爲 1938 年以後的論文及詩詞、禱文、聖歌。考慮到海外讀者的閱讀習慣，本文集採用繁體字橫排，相信大陸有關研究人員不會因此而感到不便。

由於我們的水平有限,書中舛錯之處在所難免,敬請有關專家讀者批評指正。

燕京研究院
西方文化與宗教研究室
2003 年 3 月

第三卷總目

雜說（四則）：幽暗先生、北地老人、洗衣婦、孝子 …………… 1
論教會之自立人才 …………………………………………… 5
宗教與境變 …………………………………………………… 8
促進宗教革新的勢力 ………………………………………… 18
對於《信經》的我見 …………………………………………… 31
新境對於基督教的祈嚮 ……………………………………… 41
我為什麼要讀《聖經》？用什麼方法讀《聖經》？ …………… 55
《聖經》在近世文化中的地位 ………………………………… 56
羅素的基督教觀念的批評 …………………………………… 75
耶穌的上帝觀 ………………………………………………… 86
宣教師與真理 ………………………………………………… 99
中國教會前途的一大問題 …………………………………… 115
中國教會的強點與弱點 ……………………………………… 126
我的宗教經驗 ………………………………………………… 133
美滿生活是什麼？ …………………………………………… 147
中華基督教的國際問題 ……………………………………… 158
關於"一個宣教士思想的演變"之討論的一封信 …………… 170
基督與我的人格 ……………………………………………… 171
信徒的生命 …………………………………………………… 181
今日中國的宗教思想和生活 ………………………………… 184
更大的工作 …………………………………………………… 196
研究儒家屬於宗教部份的材料 ……………………………… 206
中國人的教會意識 …………………………………………… 223
基督教在中國的前途 ………………………………………… 230

風潮中奮起的中國教會	237
信基督的國民	243
我翻譯讚美詩的經驗	246
本期弁言	253
永不失敗的基督教	255
我對於創造中國基督教會的幾個意見	258
基督教與中國文化	267
短　論	279
短　論	283
短　論	289
短　論	296
短　論	301
敬致全國中國基督徒書	306
朝聖雜錄（一）	318
朝聖雜錄（二）	323
萬方朝聖錄	331
編輯者言	381
編輯者言	384
耶穌是誰？	387
編輯者言	393
陶詩中的宗教	397
我對於本年中華基督教協進會年會的返顧	410
新　酒	413
編輯者言	423
編輯者言	426
青年基督徒的個人運動	430
新時代宣教法的商榷	436
教會需要現代的青年麼？	444
教會與現代青年	448
基督徒對於日本侵佔中國國土應當持什麼態度	453

我們的十字架就是我們的希望……454
我　信……462
基督教與中國的心理建設……464
牛津團體運動……472
《我從前是外教人》（書評）……486
一條窄而且長的路……494
耶穌基督……502
今日中國的青年還該學耶穌麼？……520
基督教的中心信仰……529
《燕京宗教時論》發刊辭……547
評《宣教事業平議》前四章……549
我對中國高等神學教育的夢想……577
一個導師隨意為一個青年作社會福音的小註解……586
青年宣教師的讀書問題……595
現代人的宗教問題……602
現代人的宗教問題（續）……610
現代人的宗教問題（續完）……618
中國民族與基督教……628
曾寶蓀女士小傳……642
學運信仰與使命的我解……647
這正是我們獻身的時候……656
上帝的存在對於人生有何影響？……660
上帝是否是可見可信的？……664
怎樣能使我信仰基督？……665
上帝是從哪裏來的？怎樣證明他的存在？……667
上帝造人的目的是什麼？……670
《聖經》上說的話，確有其實麼？是否一字一句都可信？……673
請用科學方法說明耶穌為童貞女所生……676
耶穌的人格與精神絕對的利他，是否有史以來，只此一人？……681
耶穌是否再來，來在何處？……682

不信耶穌為神子,能否生一種火熱的力量？ …………………… 687
基督教不要上帝,是否可能？ …………………………………… 690
耶穌與上帝之間有何關係？ ……………………………………… 692
上帝若為萬能而又愛人,為何不將魔鬼或罪惡撲滅？若為鍛煉世
　　人,豈不太忍心麼？ ………………………………………… 694
"耶穌為基督" ……………………………………………………… 704
吳雷川先生小傳 …………………………………………………… 716
我怎樣才可以感覺上帝的存在？ ………………………………… 722
《傳道解惑》小序 …………………………………………………… 727

雜說（四則）：幽暗先生、北地老人、洗衣婦、孝子

（一）幽暗先生

　　有生於幽暗石室中者，生平未見光，未睹物；欲取衣食，祇以手摸索得之，雖生而有眼，未之用也；習慣成自然，非特不覺其苦，且視卑污齷齪之區爲軟紅塵溫柔鄉焉，不知是即促生命、喪人格，致成狗馬僕妾優俳之倫之範模也。一日有人自外至，告以室外別有天地，餐清氣，吸朝露，飲和食德，共樂且只；又語以花木禽獸之繁育，日月星辰之轉移，宮殿城郭之巍峨，府庫園囿之華實，若願與俱出者，當與之偕。幽暗之人嗤之以鼻曰：「汝亦此間人，奈何誑我。不佞聚族於此，食舊德，服先疇，歌斯哭斯有年矣。探囊取物，冥行索埴，一舉手一投足，口體之養，予求予取不汝瑕。我等之世界，惟至治之極者乃有是，所謂南面王無以易者。昔漆園叟[①]徒託諸理想，而我竟得之親歷者也。抑我所處之身世，正釋氏所云涅槃境也。竭東西之迥，窮南北之遠，上達室之巔，下及室之涯，幽邃奧妙，別有洞天，槁壤黃泉，與物無競，幾不知人間爲何世。而我送生涯於此間者，執業亦不爲不勤，生事如斯，甯復奚求。而君猝然以虛無縹緲事浼我，幸我有定力以自遣。不爾者，吾且用君言以妄希非分與汝一物。不知者分謗也。」客與之爭執曰：「外面有光，子自無光耳。」幽暗先生又狂笑曰：「君休矣，毋自迷。天地果有光，果有花木之繁育，禽獸之離奇，山川風雲之變色，日月寒暑之代謝，何不與我之眼簾、耳鼓相接觸，而獨私於子？曾謂羅胸萬有、見垣一方之士，不如子之昭昭曝曝耶。」客恚甚，而無術以悟之，出而嘆曰：「吾不能使其見我之所見，聞吾之所聞，令若虛生一世，良可悼也。」不數

日,復見幽暗先生,曰:"君肯隨我出此室,一觀大地山河之真相,以實吾語乎?君若願去,**必屈膝蛇行,蓋室門如圭而窄也**。"幽暗先生怒不可遏,忿然作色,曰:"請君勿復以讕言試我。"遂終焉不出,葬送於幽暗卑窪之地。嗚呼,背明投暗,抵死不悟,天壤固有此等人類。若不信永生之主而死者,其死更可悲可慘也。

（二）北地老人

北地有老者,狀貌清腴,肉肥白如純玉,四五月間,即赤膊坐於門。相識者必盛道其肥美。老者喜諂,往往以此喜形於色焉。一日有德國名醫過其門,熟視老人而嗒嚘曰:"翁病革矣!非急治,三年内必死。"老人怒曰:"予腸肥腦滿,體態逾常人。君何出此不祥之語以詛老夫乎。"德醫欲復言,而老人已懷忿入矣。居三年而病果作,危甚,急求前醫,已成噬臍②,不數日而終。基督徒曰:"病莫兇於不覺,禍莫劇於不知。世人靈性之受病者,異於肉體,**不知其痛癢而為害最烈。即有療治之道,無如諱病忌醫**,終於不救也。悲夫!

（三）洗衣婦

（安遜先生講文中之比喻一）

有貧苦嫠婦③,年逾五旬,而膝下祇有一子,十餘歲矣,愛之如掌上珠,謂其隣曰:"富家子皆入大學讀書,畢業時何等榮顯,且往往居高位,食厚祿。老婦意令斯子往學,俾亦得享此最高福利。他日學成名就,老婦亦與有榮施焉。"隣人以其室如懸磬,欲媾生且乏術,更難希此非望也。謀尼其計,老婦曰:"予志決矣。此子必業儒,斷不習下藝,作田舍郎,以葬送其萬金不換之青年也。"無何,竟送其子入學。四年後,又送入大書院。院中書膳之費頗不貲,老婦日夜操作以為之繼,甚且為人洗衣縫舊,舉其所得,累積儲之,稍豐殖,付子為書資學費。己則衣百結,食菜根,畢生勤苦,雖心力交憊,煢煢子立,不悔也。得子一信,輒喜形於色。聞其逐漸進步也,則老懷為之一慰。如是者四年,而其子竟以大學卒業生聞於閭黨。及子歸朝其母,母益喜,然已老邁不復能事事矣。一日,母子立門前話家常。有少年華服高冠,昂然而過,拍其子之肩曰:"某兄,卒業後無恙耶?"子回首視之,則同年受憑之富家子也。謂之曰:"適無事,故在此。曷偕僕同行少許。"富家子曰:"諾。"又問曰:"此老婦鬼鬼祟祟,汝何人耶?"子躊躇不答。而富家子又問。答曰:"**此予之洗衣婦也。何問為?**"嗚呼,**人之無良,亦有呼耶穌為洗衣婦者矣。**

(四)孝子
(安遜先生講文中之比喻二)

某處有信主者,其父知之,問曰:"汝信耶穌耶?"曰:"然。"父怒曰:"限汝七日,速自為計。屆期苟執迷不醒,必處汝死。"其子憂之,奔告其師。師以《聖經》之言告之曰:"磔身不及靈魂,何懼為?"少年曰:"諾。"七日後,父詰之曰:"汝果信否?"曰:"信。子當盡孝,必父言是聽,《聖經》之大誡也。**但斯事關係重大,知有上帝耳。阿父不責其他,而強之以畔**①**救主,是謂亂命,雖死不懼也。**"父怒甚,曰:"來。"牽其子至河邊,將沉之。時夜方半,星月無光,**但一老傭提燈以從,泣涕如雨,為少主怨耳。**蒞河畔,父以一木箱載石,納子其中而鎖之,作勢提挈。去地尺有咫,將撒手,而心頗不忍,謂之曰:"不肖兒敢逆父命,乃至是。吾心碎矣,汝尚不悟乎?"言已,淚涔涔下。其子端坐箱中,從容答曰:"兒死不足惜,耶穌亦曾為兒死,但兒死後,請父讀兒之《聖經》。或可因兒之死而父得救也。"父聞其語,毛髮悚然,戰慄不自已,忽曰:"何人教汝信耶穌?"子以某師對。父即啟箱出兒,曰:"起!起!速引予至某師處。予欲一睹其人,詢其具何魔術,乃使人迷惘如此。"既至,某師謙恭相待,無隙可抵,肅客已,則暢發《聖經》至言,娓娓⑤動聽。**父亦不自意其感人如此,一腔暴戾融化淨盡。最後,覺某師指陳語語刺心肺,為之五體投地,霎時間,皈依救主之熱忱轉過於其子。**一星期後,父子遂同受洗禮而歸。此事安遜先生為予等言之。基督徒曰:"**惟勇敢者能自救,亦能救人。若夫膽怯之子,不經患難亦僅能自信,及一經利害關頭,則偷生免死之心勝,雖違棄神聖之主命,亦不暇計矣。**吾甚佩某氏子信主篤,定力堅,能救其父,能自得師。恨不引吾國多數同胞,咸法某氏子之良好模範為自救地也,為自立地也。

原載《基督徒月報》1911年11月

編者注:

 ① 漆園叟:指莊子。
 ② 噬臍:比喻後悔不及。
 ③ 嫠婦:寡婦。
 ④ "畔"通"叛"。
 ⑤ 亹亹:似應爲"亹亹"(wěi wěi),不倦貌,與"娓娓"通。

論教會之自立人才

或問予曰："奴隸性質依賴習慣之人,可冀其自立乎?"予曰："君所謂奴隸性質者,何謂乎?"曰："偷安旦夕,飽暖是圖,鼓舌勝簧,無補實際,以要事望於人,而已坐享其成者,皆有奴隸性質者也。"曰："所謂依賴習慣者,何謂乎?"曰："運籌計劃,不能自信,逗遛觀望,祈有力大於己者至,而己則附驥尾焉。非不欲有所爲,乃不能自爲其難者也。奴隸依賴,本無區別。今有人焉,覘其容顏,不若奴隸;聽其言論,不若奴隸;審其學問識見,論其家世財產,皆非奴隸所能完有也,而竟具依賴之性,是實非奴隸而自爲奴隸也。君謂有此人才,而可以自立乎?才之小者望於人,才之大者亦望於人;識之淺者望於人,識之遠者亦望於人。而其所望之人,若亦有所望,將相望終朝,坐失時會,而使自立之事,轉加難焉,烏能有成耶!"

吾聞之:有非常之人,然後有非常之事。是故有華盛頓之宏毅,而合衆國獨立;有納爾遜之果敢,而拿破侖喪師。即以教會言,有路德・馬丁,而後脫離舊教之拘制;有衛斯理,而後恢復人心之頹唐。凡爲世界之大事業,造人類之真幸福者,皆有所恃而爲之也。苟無非常之人才倡義就難,則所謂自由平等者安在。苟無自立之人力挽狂瀾,則所謂道德仁義者安在?以教會之大,苟非自立立人、自達達人之才,肩其重任,則猶大車之無輗,小車之無軏,其何以行之哉!①

故我有告於吾教之弟兄姊妹,曰:"凡爲教友,思想不可不獨立也。深思潛慮,幽計默念,以求誠意正心之功。若處一事而知其難,問諸人則易矣。畫一策而疑其非,問諸人則是矣。平日行之於不知不覺之間,雖纖介之事,必先咨人而後行;一旦大事驟臻,左右無助,必致手足無所措,籌算無所出,僨事傷德,敗於一朝。嗚呼,此皆平素不知思想自立有以致之也。教會之人,悉有專職。即一至微會員,亦有傳道助捐之事。若必依賴他人,畫依樣之葫蘆，而恒求便利於片刻，其間所以敗德喪志者，寧知其有量耶？至於牧師執事，尤宜思想自立，關公會之意見，提真道之綱領，舉凡鄙陋拘迂之惡習，一一屏拒而去之；然後夙興夜寐，爲主建功。天下眞信主者，咸堪致之以爲自立之基礎，則教會之自立，庶幾其有成矣。"

　　思想既能自立矣，行爲猶不可不自立也。驕子之賴父母，衣食需用，須仰給焉，應酬繆輓，須請命焉，兢兢然以爲能克其家。父母視之，亦有喜色。豈期椿萱②並謝，蘭桂乏澤之時，每遇一事，則不知所爲，甚至以此失業者有之，以此蕩産者有之，悉依賴性之爲之也。人之初生，皆有獨立之儲能。迨夫依賴性成，嚮之能力，悉化烏有，然有志者猶可勉也。今教會依人有年，有志之士，當知如再不自立，愧無地矣。或曰："今之教友，自立之程度未至，學力材能，德性行爲，猶未超凡，烏可譚斯。迨夫程度既及，教會雖不欲自立，亦必自立而無疑。"嗚呼，此誠糟粕之論也。吾教會之人，苟不知自立之名義，不望自立之成功，則謂之程度未及，尚有理由；苟已知之而已望之，而仍謂之無程度，則程度終無達的之一日，吾不敢信其言也。或又曰："教會之人，雖略有程度，奈意見百出，紛爭萬端何。各存意見，徒事爭論，欲教會之自立，亦戞戞乎難矣。"予應之曰："天生蒸民③，各有其責，人有意見，天實主之。且獨立建樹，艱難二字固所不免。若畏難不進，恒爲觀望，則自立終成畫餅也。不第此也，全體教友，固非盡有自立之程度，創業之人衹有少數耳，多數之人以爲輔助，然則程度又何不及耶？全體教友固多存有意見，然其間必有不恃爭論，專心事主，以犧牲爲重者在。一人立志，萬衆莫當，意見爭端，又何所畏哉！天變有不足懼，輿論有不足從。自古以來，凡爲人類造福之事，悉由其所遇之障礙，而成歷史上光彩燁耀之蹟。今吾教會之自立，亦猶是耳。是故一二人創之，百數人和之，衆志可以成城，百馬可以代驥。建立教會雖最難焉，亦指顧間事耳。"

　　雖然，自立之基礎，尤未盡在於斯，而在教友靈德之自立。吾教之人，尤宜注意。奮興會之奮興，於我固大有神益，然所恃者不在此，我之日事救主，更有效力也。某司牧之講解，於我固大有進境，然所要者不在此，吾之默思潛想，自窺天道之奧博，更有效力也。彼徒事形式，不顧精神者，往往依賴奮興會與某牧師，宜其任責擔事，亦有依賴性也，必曰："某公建議，我方和之。某人倡業，我方從之。"其所爲之事，某人之事，非主之事；其所從之言，某人之言,非主之言也。嗚呼,孰有卑陋齷齪逾於斯人者乎。凡教友之有靈德者,其任事也,必先親炙救主之大能,滿受聖神之充溢,是道則進,莫能奪其志也;非道則退,亦莫能奪其志也。善義,勇爲之;邪惡,黜逐之。不顧領袖之爲人若何,蓋爲之領袖者耶穌也,非人也。不然,非爲天國之義,而囂然以自立爲名,其人雖外顯熱誠,內實好名耳。教會無靈德自立、聖神充盈之士,出而立教於中華,致使釣名沽譽之徒逞欲矜能,非惟若人之咎,抑亦教友人人之咎也。不然,教友既已自立,思想行爲既有所恃,教會之基礎已固,自立之功業已成於冥冥之中,豈容竊譽妄行之徒置喙於其間哉!

要而言之,自立者,自立於思想、行爲以及靈德三者也。未識讀者諸君以爲然否。

原載《基督徒月報》1911年12月

編者注:

① 輗(ní)、軏(yuè):指車杠前端與車衡相銜接的部分。語出《論語·爲政》。

② 古稱父爲"椿庭",母爲"萱堂",因以"椿萱"爲父母的代稱。

③ 蒸:通"烝"(zhēng),意爲衆多。

宗 教 與 境 變①

　　吾們的環境時常變遷，滄海桑田，無時停頓；吾們的覺悟也是時刻改換，一個感想沒有與他個感想實在相同的。詹姆士比人的覺性為動盪的河流 (A Stream of Consciousness)，因為覺悟的變遷和河水流蕩一樣，波起波滅，永不停息，也沒有人能把它截段切片，分開來仔細觀察。正如希臘古哲學者黑拉克拉得司(Heracleitus)所謂一腳不能兩番插入同樣的流水裏面。我們用了這個川流不息的心，去適應那風馳電走的環境，自然不能產生永無改變的制度來，永無遷化的社會來。看歷史上所載的事業、制度、文章、風俗，沒有不變的東西；再看近世紀科學思想日盛一日，把天演原則、人道主義等理想，化為新血液，融在人的心腦裏邊，自然叫世界的變化更快萬倍。

　　環境的變遷有兩種：第一是天然的轉移，從簡單以至複雜，由渾淪以達紛歧；第二是人為的創造能使天然的變化趨一定的方向，可以適合人的進步，供給人的需要。天然的轉移甚緩：例如生物的遞嬗演進，必歷億萬世而始見紛歧的現象；又如滄海桑田的更易循環，也非一二時代之後可以見其效驗。不但這樣，天然的推演，不以人的事業和幸福為指歸；因為天演順自然的律，不循人為的律而前趨後顧的。杜威說："人的問題，即是如何回應四圍的變遷，而使這種變遷有輔助其將來發展的傾向。人雖半為環境所援助，然而人的生存，卻不是安穩享受環境輔助的。人必須奮鬥——即是說，人當直接將環境的輔助去間接影響那將要發見而不輔助人的變遷。這樣，生活前進的意義，實在在於管理環境。人必須變易四圍的變遷，使反抗人生者歸於消滅；使無關人生者變為輔助人生的因緣，具有新性的勢力。"（說見 Creative Intelligence, p. 9）總而言之，人要適合環境，全在設法去使環境適應人，因為人改易環境使之有益於人的進化即是人的適合環境。所以在於人的方面，人適合環境和環境適應人，可以並為一事的。

天然的遞演甚緩，人為的變化甚快。因有人的智慧和作為，所以在有形的物像的環境之外，又加了無形的心像的環境，以及這兩種環境互相推奪，彼此響應，而後發生的連帶變遷。物係動性的，心亦係動性的，以動應動，變端就生出來了。心應物界，發生欲望，欲望莫不根基於意志，就因此有了生活的意志。**這樣從心生欲，從欲生志，從志生動作。人所以動作，是為了要得豐足美滿的生活。**欲望的增長擴充，即是生活進步的效率。人的四肢，愈練愈強；欲望也是如此，滿足之後，不但並不消滅，而且更加擴張，得了隴又望蜀，得了蜀又望天下。為此，欲望裏面又生出要擴充欲望的欲望來：一面自定一切欲望的高低價值，顯出欲望不是紊亂，乃是有秩序的，乃是向着有統一的個人組織的；一面推放這種欲望的秩序，使之不但向統一的個人去組織，並且也向着有系統的社會去組織，使個人和社會的欲望合而為一。譬如人要教育，就是人的欲望，人要有社會性的教育，就是個人社會合并的欲望。爽大克(Thorndike)說："教育的旨趣，是要使人對於正當的事物發生欲望，是要使人增長管理天然的勢力和人的自己的權能，可以滿足所發生的欲望。"這樣，人的欲望因為得了滿足，更加繁育，把自己鍛煉審察組織起來，以致可以保留"欲望與滿足"式的經驗。換一句說，欲望既得滿足之後，必要推廣他的範圍，使這種欲望和滿足發生永久性。（說見 Coe, *Psychology of Religion*, pp. 66ff）再換一句說，**人既把環境適應自己的需要，得了欲望的滿足，就更要順着環境的律令去變易它，使它能夠滿足人更大的欲望。**為了這緣故，環境的變遷就與人欲俱長，人欲長的迅速，環境也變的迅速了。環境的變化，可以把人欲望的增率為準則；人事的進步，可以由人類與環境交接的多量而規定。人的生活，把物質做根基，所以人要矯正改易物境，使人對物的欲望可以滿足。但是人上乘的生活是以無形的文化精神、無上的人格主義為指歸的，所以在物質的基礎上，必然又建社會的環境，使人的美藝、宗教、倫理、理想、政治上種種欲望，可以擴充，得到遞演遞進的滿足。

以上所論的總結，即是**應境由於人欲。人類最大的惟一的期望，是在於得到最美滿最完備的生活**。但是應境一事很不容易。有人說："生活即是連入不知界的冒險。""環境改變的趨勢，常是背馳的；因此吾們不能不有所選擇。吾們須自定命運，冒着險去隨順向此的運動或向彼的運動。世界上沒有毫無危險毫無困厄的事情；若要和全境在一個時候完全適合，即是說，若要得着諸事如意的好時辰，這樁事必然要歸於失敗的。"（Dewey, *The Need for a Recovery of Philosophy, The Frirst Article in Creative Intelligence*, pp. 11 ff）換一句講，世上沒有萬全的事，若要把"萬全"做前提，那麼人就不能提倡新事業了。**因為新事業未成之前，前途總不免於茫漠，祇要人相信其事有可成的理性，勇往直前，不作憐影的回顧，其事就許易為了**。我已提過，境內的勢力有輔助人事的，有反抗人事的，也有漠不相干的。人的動作，第一是要假輔助的勢力，挽回反抗的勢力，使它轉能助人，轉移漠然的勢力，使它和人事有順從的關係。譬如風霜雨雪，是反抗人的，但人建造衣服宮室可以抵禦它們，又可以造各種器具使它們潤澤田地，殺戮蟲豸，保養人生——那就是叫它們輔助人事了。**但是這種轉危為安的行為，不去冒險，萬萬不能做到的**。漁獵是應境，是攝生，但漁獵是險事。爭戰是應境，是自衛，或是進取，都是把擴充生活為指歸，但爭戰是一樁險事。共和主義產出之後，社會運動，平民運動，相繼而起，愈演愈烈，各種制度乃有不能不變之勢。這些運動，是進境、應境、變境、造境的大勢力，是擴充生活尊重人格的大事業，然而都是極危險的難事情。**新思潮進來，宗教裏面的迷信更無立足之境了，所以宗教要革新**；但是宗教革新，雖是應境自衛的要事，終覺是很危險的。可是這些事業，都為生活所必需，若因了其中有些危險，不去有所運動，那麼生活如何能發展呢？人的幸福如何可以得着呢？

　　吾們可以下個斷案：人的欲望，是要得美滿完全的生活；生活的發展是要經過艱難危險而後可以成功的。這句話，凡讀過人類進化史的人，都可以承認的。但是適應環境，使已聽人調遣的天然力去轉移未曾降伏的天然力，而因此增長人管理物境的力量；又使已闡發的理論和知識，去推廣理論和知識的範圍，而因此得無形的心象的社會環境之擴充和改革——這種事業，乃是綿延的創新，乃是啟發成就從前未有之事，使人因此而得較諸從前更美滿，更進步，更有幸福的生活。簡括些講，**應境的真際在乎創新；應境必須冒險，所以冒險乃是創新不可躲避的事情，必須假借的方法**。人所以冒險的原由，這樣看來，是在於創新；因為創新，即所以使人得生活的發展。譬如製造躥空的飛機，伏海的潛艇，渡洋的輪舟，掠地的火車，製物的機械，升高的電梯，以及其他的創造，沒有不經過危險的道路。照樣，**一種新理論的發現，沒有不隱伏危機，發見險象，產生患難的**；但是經過了一番爭戰，倫理、政治、經濟、科學、宗教、美藝就因了新思潮的灌溉改變了趨向和態度,把不應存在的元素剷除了;把應有的元素擴充增長,和新元素結合,成為更高尚更美妙的,有生活精神的產品。天演論,社會主義,人道主義,實驗主義,都是這種創化的好例子。"婦人到了產期,自然憂慮,因為她的時候到了;但既生了孩子,就不再憶苦楚,因為歡喜一個人已經生在世界上。"(《約翰福音》十一章廿一節)

以上所論,使吾們可以再下一個斷案:人的欲望是要得滿足完備的生活,生活的發展,乃是從創新而得成全,**所以人事的創新,乃是擴充生活的不二法門。**

吾們已經提過,創造新境新事,有連入不知界的質性。新事未成,舊業依然的時候,人不知道新事有什麼性質,具什麼勢力,要發生什麼天然界、人事界的變遷,僅知不是連續的創新,生活是不能增進的。所以說創新是連入不知界的冒險。但是舊社會中間的人,最大多數,在那裏躲避冒險,在那裏守舊度日,怎樣可以說生活是連入不知界的冒險呢?原來生活本有兩種:一種是演進的,一種是漸衰的。那些泥守古舊的人,不明白機體的生活是在於長發擴充,等到長發停止了,漸衰的情形就要出現,等到衰極的時候,生活就要消歇了。**專意守舊的,因為不識生活的真性質,所以僅有漸衰的生活,那真是在冒險裏面呢!所以冒險乃是避險法,不冒險乃是覓死法!**

真生活是創新的,所以冒險;是冒險的,所以連連不息的侵入不知界;**是侵入不知界,所以有進取性的;是有進取性質,所以要取試驗主義。生活既取試驗主義,吾們就可知道僅重經驗是不行的了。**何以故呢?經驗是有限制的,也是沒有系統的,是已過的接觸和覺悟,所以是回顧從前的。經驗有時代、種族、境界的差別。環境異,經驗亦異,此境中人,萬不能全賴彼境中人的經驗。**時代異,經驗亦異,現代的人萬不能專恃古代人的經驗。**若說英、美、法、意什麼樣,所以吾們也必須什麼樣,不能或不肯自為創變,豈不妄作妄行麼?若說堯、舜、周、孔、楊、墨、孟、荀、程、朱、王、陸什麼樣,所以吾們也必須什麼樣,一點一劃不能改易,豈不把今時的人,成了古人的留聲機麼?至於宗教,吾們若說摩西、撒母耳、以利亞、押摩士、以賽亞、耶利米、以西結、尼希米、以斯拉、彼得、約翰、保羅、克來孟德、奧古斯丁、路得馬丁、戈爾文、謨克斯、衛斯理等人的宗教是什麼樣,所以吾們的宗教也必須什麼樣,一絲一毫不可改移,豈不變了不活動、不自然、不合適的宗教麼?豈不把宗教的真精神、真生活埋沒了麼？專恃經驗的人，必然是都據成例，都由舊章的；他們總要說祖宗沒有做這事，吾們決然不能做這事的。他們總要說和他們一樣守舊的，是安分的人，是有經驗的人；不然就是妄作妄為的人了。近世的人對於信教的人，說他們"迷信"；對於抱社會主義的人，說他們是"鮑雪維克"派，對於熱心新事業、新教育的，說他們是"學時髦，趨時勢"。這種說法，莫不以經驗為根基，足見個人的經驗很是狹窄，很是偏頗，萬萬是靠不住的。即是宗教中人，也有竭力反對新潮流的，說用科學法、歷史法研究《聖經》是褻瀆《聖經》。並且講解《聖經》就要嚴守正統異端的成見。這都是以專制時代的經驗為嚮導的，而不以思考自由的科學為師傅的。**真的生活不是這樣，所取的是試驗態度**。將來和已過的性質內容，有許多殊異之點，未可強為苟同。將來和已過中間綿延不斷的同點又是時常變易的，不過變的遲速不同就是了。所以生活並非死擬！**真的生活，必須要把已過中間有價值、有前途的要點，用了有系統的歷史科學法去選擇出來，作預測將來的原則，等到理性充分的時候，就信為將來的事業，必定趨向何方的了。既有此等相信，就能跳入不知界內，冒險去進行，去創造。試驗態度，就是如此。**我說以上這幾句話，覺得很未盡意；但恐那借經驗來威脅真生活的人，和要求萬全的守舊派，不明白冒險創造的特性，因此不得不旁及這幾句羼雜的話。我並不輕視經驗，不過怕懼無系統，無價值，神話的，矯作的，承襲而未及考察的經驗罷了！我也不太重看經驗，因為經驗猶之燈籠的光，固然能夠照亮前途，但其一時未能照耀的地點，較諸能夠照着的地點，不知要大幾萬倍；而且有時還有風雨和這些微光作對的。

生活的特性，乃是動而不息的流行和增長。創造的事不發生則已，要是一經發生，就必要產生別的創造，別的更完備更靈捷更便利的創造。因為生活的原則，全在於生活有增高的組織，全在於擴充生活的權能和本體。譬如前五六十年，沒有人想要有什麼鐵路；但是鐵路來了，若再把它廢除，人的生活，必定覺得很受限制了，行路通商的人，就覺得極其困難，極不自由了。試問鐵路既是一件創新的事，造了出來，要怎樣呢？造了出來，言語、工商、教育、家庭、宗教、文化、政治都要因它改變呢。俗語說"象牙箸配窮人家"，這句話倒頗有意味。沒有象牙箸，自然沒有配頭；有了它，卻沒有不發生一些兒欲望的。

這究竟為甚麼呢？**因為社會是動的平衡，不是靜的平衡**。社會裏面，各種勢力，咸得其均，那麼平衡就達到了。不過這種均勢，時時在那裏成功，也是時時在那裏消滅。在成功的多，消滅的少，那就是平衡的進步。若是不然，均勢成功以後，社會中的分子，祇知保守祖宗遺業，不肯再有冒險的創造，那麼動的平衡，就要變為靜的平衡，而社會就成為頑固守舊的社會。美國社會學者華德說："社會中間，常有一種變為殭性的傾向，這是因為人類大都是極尊重已有大用的社會的構造。人常讚美從前渡他過生命河的橋樑，他不住的歎賞，不息的保守，乃不管橋的材料已經腐爛，架柱已經折斷沒有。因此本來頗有用處的保守主義，轉變了極其危險的頑固主義，把人類所望的鞏固，反成了他們致弱的原因。"（見 Lester E. Ward, *Pure Sociology*, pp. 230）生活是動的，社會也是動的，所以社會當有動的平衡。一到保守不進的時候，社會裏面好像下了退化的種子，一旦遇着外界勢力的侵犯，就有不能抵禦的現象，竟把腐敗的實際都露出來。

動的平衡，沒有完備的日期，因此中間常有奮鬥和結合。一度的革新，必要引起幾度的革新，漸漸的趨於有平衡的社會。但是平衡未逮，奮鬥又興，社會裏面的集合未曾完全，而渙散的兆頭已經現實的了。維新守舊，進取保存的兩種勢力，終有過與不及的缺點。推其緣由，因為兩方面都不能見到將來究竟如何。所以當境處事，理想終非最為明瞭，感情終為主動、反動的互抗力。即在現時最文明的大國中間，理擇（Rational Selection）一事，還沒有完全爭勝天擇（Natural Selection）的威權。但從比較上看來，兩件事是很明瞭的：第一是進取的勢力，得了文化的婚媾（Cross Fertilization of Cultures）必然勝於保守的勢力，雖一時為保守力所礙，不能直捷前行，然而到底要成全它的事功。進取力受了保守力的反動，不過稍為和緩了些，稍為移變了他的歷程。第二是新境既現，若舊制決計不變，則必不能在新境中間和已新的制度成為統系。久而久之，這種舊制，因為沒有適進的機能，自然而然失了生活，就漸漸的死亡滅絕。我階前的芝蘭，沒有適應變境的能力，昨夜受了一夜嚴霜，今天就萎靡了。若再經一夜嚴霜，必然要死了。同樣，譬如男系的專制家庭，舊時的經書教育等等，在現在新境中間，若無變遷適應的運動，必要衰敗零落以至於滅絕。若要變遷，則中間不能存留的條件雖受淘汰，其間有用的，依舊可以存在，可以擴充。當改革運動應行的時候，人以為進取是有害於現有的制度和文化的，不知到了事功完成，一度變更告了結束，進取和保存，卻做了同樣的工夫。在進取一方面，新的事業創造了；然在保守一方面，新事業裏面所含蘊的舊質料，即是當時竭力要保存的東西。

今日中國乃是一個發生問題、要求解決的最大的時期。問題的發生和解決的尋求，固然無時不有，然有時代難易的差別。譬在美國，國民崇尚進取，步步循序前行，雖然受外界的思潮刺激，其問題雖繁且多，終不致實現革命式的徹底解決。中國則不然，舊文化和新文化起了媾婚的組織，發生許多新舊完全抵觸的問題，因此解決起來，不能不徹底澄清了。問題自從新境生的，解決是為要適應新境而生的。新境出現，引起社會的革新。社會既是一切制度組織成功的，那裏社會的革新，即是社會一切制度的革新。到了現在，政治、工商、教育、美藝、家庭、經濟沒有一種制度，不在改革範圍之內。中國人的生活最不發展，最是委頓，所以改革是必要的。不去改革吾人的生活，萬難擴張吾人的欲望——即是政治、工商、教育、美藝、經濟、文學、家庭上的種種欲望——萬難得到滿足，更不要提起完全的滿足了。然而在此問題發生，解決未獲的艱困時代，一件事吾人須當十分注意的：**就是改革必然遭遇反動；若然反動力過大，或不注重理性，那麼革新的穩健運動，或者必要發生革命的性質**。一到決裂的途程，新舊兩方都須受一番不可免的苦痛。

一切制度和理想皆在變遷之列。宗教既是社會裏一種制度和理想，自然也難免變遷的了。心理學者呂白（Leuba）說："宗教的鵠的，是在可能的最大最滿足的生活。"換句話講，宗教在於上達天心，下通人學，乃是要幫助人適應物界、心界的環境，要得這種適應的完全滿美，以致可以得到最豐盛的生活。宗教重在信仰，簡直是有連入不知界的性質。不過從宗教而得滿足，在於人類極為重要，所以人類對宗教的守舊，也很有勢力。為這緣故，最有進取者是宗教，最是頑固者亦是宗教。但是宗教無論如何守舊，終不能幸免革新的事，因我已經提及進取的勢力，雖歷千險，也必要戰勝保守的力。請以宗教變遷的歷史，略為一看，就知道了。摩西引導以色列人出埃及、入曠野，環境異了，必須有新的適應和變遷，所以法律宗教上有了開始的組織。以色列人戰勝迦南諸族之後，發生了兩種宗教的改革，也是適應環境的運動。第一是非力士人侵境，愛國的以色列人要依賴耶和華的力量去抵禦他們，就發生了先知團的組織，神秘聖教的實現。撒母耳、掃羅、大衛都是這種運動裏面的人物。第二是後來紀元前九八兩紀中間，以色列分為兩國，內政外交，都改變了，亞哈娶了非尼基的公主耶洗別為后，受了巴力崇拜的影響，奪了尼八的田園。先知以利亞出來鼓動百姓，一面反對專制，要恢復社會公道的原則，一面攻訐巴力教。他得勢之後，在迦密山上殺了巴力的祭司四百人。但是他的事功未完。後來以利沙接續他，激起了耶戶的政治革命和宗教流血。

再後來以色列內政腐敗，外患頻仍，宗教上僅重儀式，不重道德，以致一方面君王百姓都在伯特利、吉甲的祭壇獻牛羊，做種種宗教儀式上的事體；一方面欺壓平民，收吸民脂民膏，使得富的愈富，窮的愈窮，暗暗的產生了階級制度。於是亞摩斯出來，發揮先知派的道德主義，擴張了先知派的政治社會運動。自從基督前七百五十年到五百八十七年，亞摩斯提倡上帝的全在和公義；何西亞闡發上帝的慈愛和刑罰，彌迦繼續以色列的先知，竭力反抗社會的不平等，政治的不安寧；以賽亞表彰上帝的聖善，又主張猶太在亞述、埃及、敘利亞、以色列的奮鬥中間，應該嚴守中立。耶利米主張服從巴比倫，信仰耶和華，頗受當時的逼害和訕笑；但是因了備歷艱辛的緣故，耶利米又發明了個人主義和心靈的宗教，注重個人在道德上的責任和個人在宗教上的感通。這許多先知的闡發宗教，都是從新的環境得的影響。他們能創造，能冒險，所以能適應當時政治社會兔起鶻落的環境。可惜他們的見地太高，未受社會的歡迎，故社會在當時，沒有從他們得圓滿的好處。

在基督前的五百年中間，猶太的境地，又變了幾次。五百九十七年，猶太人民被擄移居巴比倫；五百三十八年，波斯興，允准他們回故鄉造聖殿。回國的人不多，到了耶路撒冷又經了無窮的苦楚。等到聖殿築成，立宗教的約法以後二百多年，希臘大興起來，猶太就隸於希臘，受希臘文化的侵犯，幾乎弄得文化和國家兩亡。幸有麥克別②家興起，戰退敘利亞，使猶太獨立，宗教上得以正本清源了一番。在這種大變遷中間，以西結、尼希米、以斯拉第二、以賽亞、撒加利亞、哈該等先知，發明了法律主義，儀式主義，世界主義，啟示主義，一方面保存舊教的精粹，一方面拒絕外邦的凌侵，思想上大大的改革了一番。

後來羅馬代希臘而興，勢力籠罩歐非及小亞細亞。基督降生的時候，儀式宗教，失了它的意義，異邦的專制，漸漸的不容易擔承起來，許多希望天國來格，彌賽亞降世的人，正在那渴想新時期的實現。**耶穌在此環境中，成了舊教的反動力，開創廣義的心靈的自由宗教。他的宗教是以宗教和倫理乃是一事的兩面，不是兩事的異趣。宗教是道德的根本，道德是宗教的實現；道德離了宗教，即無基礎，宗教離了道德，即無生活。**所以耶穌不顧祖宗的遺傳，專持上帝的慈愛，和稅吏罪人往還飲食，在安息日上行善施醫，不做洗手禁食等虛文，把聖殿中作買賣的驅走，竭力責備法利賽人的虛偽。對上帝則為子，對人類則為弟兄。**用了宗教的力量，發揮人的寶貴、人的可能和人的事業。**還有許多事，限於篇幅，不能盡述。總而言之，耶穌乃宗教界的惟一倡新者。他為此受了十字架的苦楚，也為此要他的門徒負十字架。

　　基督升天之後，以至於今，人類經了許多變遷，教會也經了許多變遷。基督教侵入希臘羅馬的境界，就發揮適應希臘羅馬的思想和行為。譬如保羅約翰用了新柏拉圖哲學，和法篼（Philo）所講的道體（Logos）來闡發教理和基督的本體。他們又設立教會，決定儀式，去適合各處的風土人情。保羅的書信中間，這是明明可見的。後來希臘教會專重空想，拉丁教會專重動作，兩面漸漸距離。東方的教會有神學的內閧和回教的外患，就萎靡了。西方的教會，因為襲了羅馬舊時的威望，開了蠻族當時的信用，乃漸攬政權，作威作福，成了聖羅馬帝國的內力。當時政治的環境，遷移不定，有十字軍的東漸，文運再興的運動，工商各族的發展，新大陸的現實，科學的興起，經濟的革命，社會制度的改造。所以宗教裏，也隨之而變化不定，修道院擴充了它的範圍，神秘思想也盛了。羅馬教到了凌替的時代，一方面無惡不作，一方面壓迫自由思想。因此十六世紀有宗教的大革命，路得馬丁、戈爾文、秦格理、諾克斯創了改正的耶穌教。宗教思想兩大革命之後，又有政治革命。到如今，世界運動，社會運動，把各國的情境變得如"迅雷不及掩耳"的光景。公會離了又合，儀式舊而更新。目今耶穌教因要適應世界的原由，乃有世界的運動。將來如何，更沒有人能完全知道的。

　　以上的話，很不完備，但是一樁事是明白了。**就是環境變化，宗教也必變化。**摩西時代的希伯來教，和以斯拉手裏的猶太教比較起來，精神、思想、儀式、動作上，幾乎好像兩個宗教了。照樣，使徒的教會和中世紀的天主教會比較；中世紀的天主教會和近代的耶穌教會比較，也有霄壤的差別。雖然有許多公會，到現在還說他們的組織和信條，與使徒時代無別。但這種自辯的話頭，究竟不過是"掩耳盜鈴"罷了。因為宗教藉着先知先覺的引導，實事求是，沒有不冒險創新，去支配當境，使人在革新的宗教裏邊得着美滿完足的生活。如今中國正當新思潮的衝要，國內的思想境界，社會境界，都與昔日大異。吾們宗教界的人，應當知道這種境變已經衝動到了，發生宗教上種種問題，在那裏要求吾們的解決。吾們還是置之不問，泥守舊習呢？還是要做一番倡新的宗教事業，去適應現代的新境，使中國得以歸向基督呢？吾們能信宗教的思想儀式等等不變，果能對付現在的中國，果能不退處於衰敗的地位麼？時機不可失，事業不可廢，生活不可滅，妄想不可生，外境不可不看清楚，內力不可不真充足。今日的中國，是教會的良機，也是教會的危機，在乎宗教界中的人如何應對而已。能應環境的宗教，方纔可謂有生活的機能，不能應環境的宗教，決然不能有存在的必要！吾人深信基督教能入各種境界而依舊生存繁盛，因為基督教裏面有真實的生活。但是進步之遲速，全以吾人行為的順逆為準則；所以吾說教會前途，在乎吾教中人如何應對現在的新境而已。

原載《青年進步》第三十册"新宗教觀"，1920年2月

編者注：

① 藍本中標題為"宗教與變境"，但邊題及內容全為"宗教與境變"。

② 麥克別：又譯"馬克比"或"瑪加伯"。

促進宗教革新的勢力

　　無論何種民族，每逢環境一度的變遷，族裏一切制度，必要受重要的影響。除了天然界變易之外，例如荒年、瘟疫、地震、山崩等類，還有保衛、進取的戰爭，和弱肉強食的事實，使一族和他族衝突或調和。這種衝突是兩族的制度文化的衝突；這種調和也是兩族的制度文化的調和。所以無論衝突、調和，沒有不發生變端的。他的結果即是新制度的產生，新社會的湧現，新事業的增長。譬如強族勝了，弱的被虜，懾伏在威權之下。最古的時候，強的種族把弱的人民當糧食用，猶之虎狼吃群羊，吃剩來的，就當做牛馬替他們做工。後來漸漸的覺得吃人比使人做奴隸來的不合算；吃人是暫時的經濟，使人做奴隸，為他們的主人翁種田製具，是久遠的經濟。因此奴隸制度和貴族階級發現出來，供給時代實際的需要；奴隸階級裏的分子，做了社會生計的基礎，貴族階級裏的人物，得了餘暇，嫻習弓馬，專攻武藝，或研究學問，建造文化。希臘的雅典可謂這種變遷的好例子。優勝的種族，併吞了劣敗的種族的文化，把惡劣的制度和技術淘汰了，把良好的組織和美藝吸收了。強族的宗教也依樣吞蝕弱族的宗教。強族的神做了弱族的神的主人；弱族的神成了強族的神的臣僕。世上的多神教，恐怕全是這種種族的衝突和調和的結果。耶方斯說："勝利者的神，雖比敗亡者的神更有力量尊榮，但敗亡者若堅持他們的信仰，一定不肯使他們的神在強有力的神面前歸於消滅。因此幾種宗教可以同時存在，久而久之，人們忘卻舊時的衝突，就不知不覺地敬拜社會上一切的神，不去分別他們了，而宗教的調和也就完成了。"（見 F. B. Jevons, *Introduction to the History of Religion*, Chap. 18；又見 Lester F. Ward, *Pure Sociology*, pp. 267—272）

　　但是宗教的變遷進化，不單是社會改革的一種結果。宗教若有變新的可能，他必定有反動的力量充乎其內，或者抗拒外力的侵蝕，或者順從外界的趨勢。簡括些說，**宗教的改革，不僅由於外界勢力的敦促，亦且由於內部精神的澎漲；不僅受社會遞演的影響，亦且使社會因他而得各種重要的變遷**。這樣，社會經過變更，可以從外面去攪動宗教；宗教充滿力量，可以從內部發出精神去鼓盪社會。基督教的《舊約》史上，有許多事實可做這層意思的實證。請舉一二。基督前九世紀中葉，以色列崇拜巴力，人民都受了淫欲的薰染，因為"迦南人所行的巴力教，是一種單純的天然教，以雌雄兩牛代表巴力與巴力斯或亞斯他錄，即是生活界的雌雄的原則。……崇拜的時候，為收割禾稼的節期，人民聚集飲食，在神面前行男女亂倫的惡事"。（*Old Testament History*, Peritz, p. 170）這就是宗教受外界勢力的侵犯，而變為惡劣的例子。但是以利亞在迦密山上和這天然教奮鬥，大殺巴力的先知，又藉以利沙和耶戶的革命，推翻亞哈的家族，誅滅崇拜巴力的人民。這番革命使希伯來教重新光昌，因為希伯來教內力尚足，一旦內力如水潰決，自然有崩山裂海之勢。不過這種革命，後來的先知是不贊許的。（見《何西阿書》一章四節五節）到了基督前八世紀中葉，以色列王耶羅波安第二開拓土地，大有大衛當時的威武。人民都受着影響，因為黷武之後，貧者愈貧，富者愈富，把人民分為兩個階級。富貴之家，作威作福，壓迫人民，故而人民離心，國家垂危。當時亞述國漸興，有西向之勢。因此以色列內憂外患，日益頻仍。先知亞摩斯出來，主張道德主義，要求社會公平，開了先知派社會道德運動的門徑。

請看《亞摩斯書》二章六至八節，三章一節至四章五節，五章十六節至六章六節，就可以略知梗概了。這即是**宗教為社會革新的原動力的憑據**。這種干證，不勝毛舉，本論無須都提出來。上述兩事，已足顯出促進宗教革新的勢力可分兩種，一為外力，一為內力；亦足以顯明這兩種勢力，有時彼此衝突，有時互相輔行。

宗教或因社會的變遷而刷新，或因自身的發展而影響社會，所有的動作，莫不為了適應人民實際的需要。因為宗教能夠適應社會實際的需要，對付時代特別的情形，所以經了革新的變遷，在社會的事業上和人民的信仰上，更有勢力，更有效率。反面說，宗教若專守舊制，不肯或不能應付時勢的要求，必要失掉固有的勢力，而且還要有逐漸淘汰的禍患。回教初興的時候，穆罕默德造作《可蘭經》，自說有天上的摹本做稿子。這雖像《水滸》裏宋江的無字天書，《西遊記》裏玄奘在雷音寺所得的無字真經，卻有適應當時實際要求的效率。可惜僅在穆氏生存的時候,可以隨時增益,供給回教民眾的需要。到了教主棄世,事業雜複的時期,回教已經成了一個經本的宗教,後來回教的學者盡力要調和經中的矛盾,解釋經中的意義,已經覺得"木已成舟",無可奈何了。回教因此減少了許多適合新境的力量,到如今雖欲振興,既不能依仗武力,又不能憑持理性,豈不戛戛乎難矣哉麼?佛教始創的時候,因能使人超脫婆羅門教的束縛,生老病死的苦厄,所以受人歡迎;但是舊教勢力甚大,佛教在他本地不能發展,祇得擴充到他國的境界裏。後來傳到中國,供給了中國學者思想上的資料,平民信仰上的滿足,就興盛起來。但是涅槃空相的偈語,所謂"一切有為法,如夢幻泡影,如露亦如電,應作如是觀";這種思想,在中國專制未覆,禮教蓁嚴,宗教不興,思想未甚自由的時候,頗可以有所發展。到了如今,科學輸入,人生的觀念因了新思潮的灌溉,新運動的修正,和從前有霄壤之別,佛教究竟能否適合這種新境,實屬一個疑問。至於宗教適合時代要求了,如何能夠在社會事業上,人民信仰上,更增勢力和效率,宗教史上也有許多實證;不必講他種宗教,即看基督教歷史,已經舉不勝舉了。試思希伯來教裏的先知的道德運動,猶太教裏的經法主義,耶穌教在希臘、羅馬的膨漲力,改正的耶穌教,在歐美的權勢,即可知道宗教革新之後,適應社會實際需要的勢力如何了。

　　宗教變遷所以能夠影響社會的緣由,是在於他有冒險創造的生機,使社會由此而得美滿前趨的真生活。環境變,宗教不能不變。宗教變,環境也不能不隨之而變。有時境變迅速,宗教不但跟不上,而且為了他固有的保守精神,反而抵抗外界促使革新的勢力。推原其故,或者因為環境中發見和宗教根本的信條抵觸的主義,使宗教轉生反動,藉以自衛;或者宗教內部還沒有產生教外已有的覺悟,所以非但不能和環境相輔進行,而且還要和環境衝突。但是這種衝突,到底也是促進宗教革新的一樁事體。有衝突,即有反復的思考;有反復的思考,即有攻守的動作;有攻守的動作,即有內部的變遷。如此,若有衝突,宗教雖要不變,亦勢之所難能。進化之理,大概是兩種或多種勢力由抵觸而進於調和,故衝突調和乃是歷程兩端的現象,原有連帶關係的。譬如宗教內部的少數分子,先有了覺悟,鼓吹革新的事業,必然要受多數未有覺悟的分子的排黜、責備、逼迫、陷害。這樣,宗教先和外境起衝突,後生內部的抵觸,而同時又漸漸地得外境內部的調和。換一方面看來,宗教擴充澎漲起來，要使外境去接納他的世界觀念、人生觀念，也必要受外界竭力的反抗。久而久之，因了宗教的冒險創造精神，祇有進取，沒有退步，所以外界的人對於這種行為，興了反復的思考，生了調劑的覺悟，就漸漸的偃旗息鼓，止住衝突，讓宗教建立了新社會。俗語說："水泊弟兄，不打不成相識。"真是進化原理的普通界說了。世界社會，都是風馳電走的境界，沒有一息的停留，所以這種衝突與調和，也沒有止息的日子；不過世界卻一天比一天更加進步，人類卻一天比一天更有美滿充足的生活了。

以上所述，僅及宗教革新的歷程的梗概。本章所最注重的，乃是宗教範圍內外有何種勢力，在那裏促進宗教的革新。請從基督教歷史上討論。當基督教佔領了羅馬帝國，教皇承襲羅馬的舊威望，總攬全歐政教兼併的大權。教會裏面包藏三種大勢力，就是：政權，思想，宗教。這三種勢力本來是輔助教會的工具；到了中世紀末期，一邊因了教會的專橫無道，一邊因了時勢的改易變化，這種工具，都變了反抗教會的兇器。為着這個緣故，宗教經了幾度極重要的變遷，幾度極利害的衝突與調和。直到現在，吾們還在這種衝突與調和的裏面存活。

勃拉斯雅各說："古代傳給後代的兩個大觀念，就是：世界的君主政治和世界的宗教。在中世紀，這兩個觀念在聖羅馬帝國①和羅馬教裏實現，發生了教皇和皇帝的爭鬥。自從主曆八百年教皇利阿第三②立歇亞洛孟（Charlemagne）為聖羅馬帝國的君主之後，教皇佔有立皇帝廢皇帝的權柄，以為屬靈的權能，較之屬世的權力為大為高。十一世紀葛雷古來第七③從克能耐④的修道院裏出來做教皇，把教會整頓了一番。他的政治觀念很高，他說："屬靈的權能和屬世的權能的關係，正像日和月的關係；這樣，宗教分光輝力量給各君主，而不廢棄他們的主權。"換一句說，一切基督教範圍以內的國家，都當組合成為一個世界的帝國，致使教皇以上帝在世上的代表的資格，得為萬衆的元首。但是這種思想，必須經過許多艱難纔能實現。當時皇帝亨利第四，觸忤了葛雷古來，葛雷古來把他革黜，號令全歐百姓，叫他們不要順服亨利。一時皇帝失勢，不得不息心靜氣，在雪地中免冠跣足立待三天，請求教皇的恩赦。葛雷古來之後，教皇亞力山大第三和因諾生脫第三⑤都很有威權。亞力山大第三和法來德立克把勃洛撒皇帝爭權，鬧了多年，後來教皇又贏了，皇帝又輸了，在維聶司的聖馬可禮拜寺裏，法來德立克當了衆人向教皇屈膝請罪。這事離亨利第四在康諾撒悔罪，恰準一百年，在這百年中間，教權已達到登峰造極的地位了。因諾生脫第三在十二、十三世紀中間和法王腓力奧古斯德、英王約翰衝突，都占勝利。教皇有法蘭雪斯根⑥和度密立根⑦兩隊修道士的援助，又有歐洲人民心理上的嚮往，所以能夠炙手可熱，勢燄絕倫。他們不但侵奪政權，而且能夠號召許多君主使他們組織十字軍，東向攻擊撒拉遜人。但是威權的原因，即是威權的結果，兩面都很複雜，本章不能細述。總之教權所賴的勢力，漸漸的脫離教會的專制，不去輔助教皇的事業。十字軍的東漸，商業的發展，城市的振興，中等階級的進步，人民對於教會的不滿意，各國的自立，文運的再興，宗教精神的潰決，新大陸的發現，皇帝的不易做，教內職事的腐敗，等等原因，都足以削奪教權。後來查而治第五做皇帝，雖要保護教權，已有莫可如何之勢。等到拿破崙做皇帝的時候，聖羅馬帝國，已經不能死灰復燃了。現在最文明的國裏都是政教離立，各不相干。如此，政教幾經衝突，纔到分離的境界，嗣後政教如何調和，尚難決斷。有識的人說，政治必須保護宗教，使能增進人類道德心靈上的生活；宗教必須糾正政治，使政治得以廓清種種不公平不正當的政策。政治不該直接阻礙宗教的發展，宗教亦不得直接干涉政治的運動，或者這樣，就是宗教進化的趨勢了。

西國史上，已經有兩次大革命，即是宗教革命和政治革命。現在"德謨克拉西"的主義逐漸開展平民運動，有社會革命、工業革命的表示。有產階級的實現，引起了政治上的活動，把神權思想推翻，封建制度打破。但是去了一秦，又來一秦，神權和封建的惡魔被驅出境之後，有產階級建樹了工藝制度，內中有什麼"犧牲制"咧，"工資鐵則"咧，"放弛主義"咧，做無產階級的死敵。無產階級受了一番痛苦，慢慢地覺悟起來，要求他們經濟上的解放，社會上的機會均等，知識上的供給。他們鼓盪社會，先時很有革命的意念，看一切舊制度都是專制的工具，所以要推翻國家，傾覆家庭，廢除宗教。現在勞動階級的運動，逐漸進於穩健漸進的趨向，想要借改組的政治去達社會經濟上公平的目的。這種社會運動，在現今的政治上、國際上，都佔重要的位置，而於宗教方面，尤有重要的關係，吾們研究促進宗教革新的勢力，不能不看社會主義為一個極大的因數。

經濟學者雷洛皮留保羅（M. Paul Lroy‐Beaulieu）說："社會主義觀念

的流布，大概是為了工界的宗教信仰的低落。"這句話雖難全信，卻頗含一些真理，因為工界中人想"若然人祇有一個生命，他們就該使他們的標準當地實現，速即實現，恐怕機會失之交臂，標準就永無實現之期了。無論如何，在事實上很顯著的一件事，就是近今抱社會主義的人，大都已經背向宗教了"。（見 John Ray, *Contemporary Socialism*, p. 219）為什麼呢？羅馬教本來是君主制度的宗教，最重階級，所以在物質方面，君主諸侯享受宗教的權利多，而平民叨惠宗教的地方少。改正的耶穌教，也不能脫去這種積習。所以封建時代，保守封建制度的是宗教，因為封建制度和世界帝國有連帶關係的；若要世界帝國做護教的能力，就須有封建的系統去維持他。後來這制度受了天然的淘汰，有產階級生出來，又有財，又有勢，宗教不知不覺地又去保存這新的階級制度。有產階級不但能把宗教做保障，而且可以把宗教做消遣品。為此，有產階級的宗教和無產階級的宗教，表面上雖為同樣的信仰，內裏卻有不同的實在。有產的是資本者，可以獨立自由；無產的是勞動者，不得獨立自由。資本者乘肥馬衣輕裘，昂昂若千里之駒，矯矯若雲中之鶴；他們的禮拜堂何等華麗；他們的宣道師何等恭維；他們的音樂何等清澈嘹亮；他們的信仰何等高遠博厚！為甚麼這樣的信仰不能使他們對於勞工生出同情心來呢？那勞動者怎樣呢？七天做了六天半的勞工，到了主日，就穿了千補萬結的衣裳，攜了面黃肌瘦的妻子兒女，帶了無精打采的身體，一步一步地走到破壁頹垣的禮拜堂去，聽那牧師講"公修公德，婆修婆德"的道理，和"今世不修修來世"的法門。**教會既為社會上制度和思想的一種，豈有不與社會生相互的影響麼？教會沒有覺悟，是因為社會上還沒有覺悟，豈可專責教會的不好麼**？但是教會容易守舊，不易改變，社會上慢慢地覺悟起來，教會還依舊看一時的社會制度，社會秩序好像是天然如此的經濟。所以諾門教師（Pastor F. Naumann）說："社會的德謨克拉西，所以反對基督與教會的緣由，是因為看見他們僅做現在經濟制度上宗教根基的工具。"（說見 F. Peabody, *Jesus Christ and the Social Question*, p. 17）

以上所講，不過是社會主義和宗教衝突的總因。這個衝突，在思想方面也是很激烈的。對於社會革命，倫勃而說："此次的改革和從前革命不同的要點，不在於尋求新式的宗教，乃在於否認一切的宗教。"英古而司法雷德里缺說："宗教的第一句話即是謊騙。"馬克思說："上帝的觀念當先廢除，因這就是腐敗文化的關鍵。"備克司備而福脫說:"抱社會主義的人,不用革新的基督教禮儀輔助他,使他守住面前目標。"(以上諸說皆見 *Jesus Christ and the Social Question*, p. 16)此輩社會主義者,對於基督教並無徹底的正當觀念。但是他們的宣言,無論以何種哲理為根本原則,卻並不是無病的吟呻。基督教的實際和教義,在歷史上常是不相符合的,因為教義乃是實際的解釋,解釋不當,實際就暗昧了。十八、十九世紀的教理和當時社會主義的宇宙觀、人生觀有風馬牛不相及之勢。基督教自初創至今,常有兩種不相干的生活存在裏邊,一是入世主義,一是出世主義。教裏的思想者,因了世界的罪惡觸目皆是,又因了新柏拉圖主義以物質為罪惡的淵藪,就在耶穌的入世救世主義上生了一個出世厭世的別解,使許多有德有識的人,逃在修道院裏做遯世的工夫,求個人的救贖,尋來世的平康。後來從這種理想,又發生了純粹的個人主義和他世界主義。再後來盧梭的回天主義,斯密亞丹、李楷度、卞沁、奧斯丁、彌勒的放弛主義,達爾文、斯賓塞的天演主義,相繼而起,把個單純的個人主義變本加厲,做了經濟界政治界劇烈競爭的原則。從前宗教上行善積德的個人主義到了十九世紀的科學裏面,即變了弱肉強食、優勝劣敗的信條。富有的大半得了寄生生活的滋養,貧乏者全體受了牛馬奴隸的苦痛。國家不敢摧殘個人的自由,只得做壁上的諸侯,但看社會去演那天擇物競的慘劇。況且資本主義和國家主義是攜手同行的,資本者可以富國,國富之後,可以強兵,兵強之後,就可向弱國施蠶食鯨吞的手段。這樣"適者生存"的道理,一方面實現在強國的侵略行為上,一方面發表在資本者的凌弱事業上。勞動階級既受單純個人主義的痛苦,自然放起野火來燒崐崗,哪里還分別玉石呢?宗教裏面沒有覺悟,依舊專意注重個人的救贖,不去尋求社會的改造,自然要受打擊了。

　　至於他世界主義,更是社會主義所難忍受的。宗教者說,人縱然在世受苦,如疾病、貧乏、死亡以及社會的不平等、不公道等等,總有個出世的日子,今天受了餓,挨了凍,明天到了天堂裏,可是沒有饑寒了;今天經了些痛苦艱難,明天進了樂國,可是沒有憂患了。社會主義者抱了唯物主義的生活觀,聽了這些話,不惟譏誚,而且竭力排黜。篇堯勃咯(Feuerbach)很受黑智兒的影響,乃是黑派哲學左翼的健將,唯物思想的社會主義宣言者。他說:"上帝是我第一個思想,理性是第二個,人是第三個,末一個。"到思想最高的時候,他的意思就是人要廢除神學上的觀念,要專重人的實際問題。人就是他吃的呷的,就是物質的形體。他的兄弟弗拉軸里去(Friedrich)也抱這種人生觀,作了一册書,叫做《將來的宗教》。書裏有一處說:"只有人是我們的上帝,是我們的父親,我們的法官,我們的救主,我們的真家庭,我們的法律和規條,我們政治道德公私事業生活的一首一尾。除了人沒有救法。""上帝和世界做敵對的兩元論必須打破的。"弗拉軸里去的論調,人叫他為"唯你主義"(uism)。因為正如雷約翰說:"這個人的單位,不是個人,乃是人和人交通的物質上的我和你。"(以上諸說見 John Ray, *Contemporary Socialism*, pp. 132—133)人所知道的是"飲食男女",是今世和今世的快樂,誰也不能確知天堂地獄有沒有,豈可餓着肚子,凍着身子,去等待海市蜃樓的來世,虛無縹緲的靈福呢?只怕來世的靈福沒有得到,人的身體已經化為塵土,飛到天涯海角去了。備克司說:"社會主義不是宗教,這話有甚麼意義,現在是很明瞭的。他最輕視'他世界'和他的一切裝飾品——即是現代宗教的一切目標。社會主義也不是非宗教的,我想起來也很有清楚的意義了。他要把宗教從天上迎到地上來……社會主義者的標準宗教,是在於要求更高的社會生活裏所存的希望,所有的奮鬥。"(說見 *Jesus Christ and the Social Question*, p. 17)因了這番酣戰,宗教沒有失掉了甚麼,卻受了一個很切實的教訓。基督教依舊守住個人和他世界兩個主義,不過在這些主義之外,又發揮他本來含蘊的今世和社會的觀念,又添上他應有的冒險和創新的事業。一個宗教,若然內藏生活的機能,必然愈受反抗,愈能促進他的革新和創造。這個特色是基督教所獨有的。所以社會主義的反抗反成全了他的生活,激起他的真福音。王亨利(Henry C. King),說:"社會主義與虛無主義,當然要我們有同樣的世界觀念和同樣的專誠犧牲精神。他們要求人對於他們的運動所持的綱領,發生同情的覺悟,使能到底明白這些主義的真意義。僅能察知他們的標準和手續還是不夠。我們的要職,還該表示怎樣纔能達到他們正當的目的,而同時應當導引不思考的民眾,使他們不去抗拒內性的教化和宗教。"(King, *The Moral and Religious Challenge of Our Time*, p. 60)勞善布(W. Rauschenbush)乃是近代提倡社會福音的先覺,他說:"社會主義要求廢除工藝社會的兩界分離,而併合自從機器運用之後產出來的資本階級和勞工階級的缺陷。又要求社會使勞工仍為工具的主人翁,而得產品完全的價值，以致不再受依他們的窮乏而定的工錢。如此勞工階級始能得獨立的恢復……社會主義要勞工全體共有生產工具，分配他們共同勞工所得的一切贏餘在他們中間。不要再有資本階級和勞動階級的對峙，但要一體平等，使一個團體合有資本勞工兩種特性。""若然這個解決方法可以通行，愛國的基督徒應當踴躍地歡迎它，因為這樣纔可以使我們工藝上的惡戰停息，使不當私有的財產分散，使我們政治上的庶民主義可以保全，使勞動界的大團體，可以得着和現在完全不同的安樂、智慧、平康和道德上的力量。""正像改正教信仰自由的原則與共和國政治自由的原則，和當時力量大發展的中等階級聯合起來，以至大獲勝利；基督教的博愛主義和勞動階級，若要兩相勝利，也應該有同樣的結合。基督教與勞工有彼此相賴的需要。理想的宗教運動，若沒有勞工的輔助，就要像靈魂沒了身體；經濟的階級運動，若無宗教的援手，就要像身體沒了靈魂。勞工須從宗教得高尚的精神與信仰；否則在他們面前的大奮鬥中間，所須的自我犧牲與終身忠信，斷乎不能發生的。"(Walter Rauschenbush, *Christianity and the Social Crisis*, pp. 406—409)這種論調和西方基督教最新的社會事業和運動，**都顯明社會主義是促進宗教革新的大勢力。宗教和社會主義衝突的時期將要過去，自今以往，這兩個運動要調和起來，創造新社會新事業了。**

思想的變遷於基督的進步也極有關係。十二世紀歐洲的思想者，在政治哲學上大有活動，所以度斯丁寧(Justinian)的法律成為最重要的學術。十三世紀中間，書院哲學(Scholastic Philosophy)(舊譯煩瑣哲學，未知何解)大張旗幟，其勢力足以左右社會。十四、十五世紀中，書院哲學衰弱式微，美藝繼續盛興；到了十五世紀中間，因在一四五三年，土耳其人奪了君士坦丁堡，東方學者攜了舊文化逃到西方，引起了文藝復興的運動。十六世紀以後，科學日興月盛，思想的發達，理性的獨立，實為從前所不見。這些思想的新潮，先則鼓盪於教會之內，後來教會容納他不了，就潰隄決防的越出範圍，頗為教會的憂虞。起先最為教會出力者，要推書院哲學。書院哲學的宗旨，是要把一切教義，理成系統，造為法式，以致啟示科學，信仰理性，可以融會貫通。哲學者以護教為事業，不問教義是否實在有理，但要解釋教義為什麼是重要的。安森(Ansehm 1033—1109)說："信以致知。"哀勃拉特(Abelard)說："理以成信。""教義受人信仰不因上帝說是如此的，乃因我們的理性證實是如此的。"哀氏又著《是非論》以明其意。當時巴黎牛津兩學院為書院哲學的中樞。修道各派皆有著名人物為這種運動的代表。大哀爾勃得（Albertus Magnus 1139—1280）稱為亞里士多德第二，多馬亞貴納斯（Thomas Aguinas 1225—1274）號為天使博士，曾著《精學大全》⑧一書，為當時"洛陽紙貴"的傑著；鄧斯斯各得斯（Duns Scotus, d. 1308）稱為微奧博士，他的腦袋"好似一種奇怪的理想機，物入其中，即變三段論法"。羅吉盤根（Roger Bacon d. 1294.）稱為奇妙博士，力學、光學、化學等等知識，他都暢曉的。由此可知教中卓犖英才不乏其人。但是能把理性來護教的，也能把理性來敵教，正似勒拉司所說："製桎梏者，也能破壞之。"（James Bryce, *The Holy Roman Empire*, p. 255）理性既能做教會的兵器，自然也能夠做人道主義的保障，來抗拒教會的專制武斷。"教權的軛頭依舊重壓在人的靈魂的頸脖上，然而少數人已經脫離了他的壓制，多數人已經在背地裏自鳴不平了。"（*The Holy Roman Empire*, p. 254）到了文藝復興的時候，學者都以人道為重，美藝為先，"既不去叛逆教會，亦不去向教會矢熱誠，因為他們都在新鮮的美麗的智慧的事上，施展他們的精神，"（*The Holy Roman Empire*, p. 364）（以上敘述書院哲學一段見 Myers, *Mediaeval and Modern History*, p. 192 ff）再後哲學脫離教會禁錮，獨樹門戶，獨立旗幟。笛卡起了懷疑的論調，把哲學從宗教裏解放出來之後，英國的勃克雷洛克、約翰侯謨、彌勒、約翰斯賓塞爾，法國的盧梭、富爾泰、孔德、李泰爾，德國的康德、費希台、黑智兒、旭本羼、奧赫德門把哲學的宗教氣味，洗滌的乾乾淨淨；到了目前，尼采的超人主義，柏克森的創化主義，杜威的實驗主義，歐根的生活主義，不但沒有宗教的氣味，而且其中頗有些反對宗教的論調。**哲學既用批判的方法去研究真理，自然要依樣去評斷宗教，而宗教裏面許多不合理的教義，自然要受邏輯當頭的棒喝。**

但是思想上和宗教反抗的，不單是哲學。科學和宗教的衝突更加劇烈。文藝復興的時候，科學已經嶄露頭角，不過因了力量微薄，受了宗教無窮的壓迫，難述的冤枉。科學宣說太陽為星系的中點；宗教說不然，地是中點，因為《聖經》上說，上帝造日月掛在天上，做地的燈光的。科學說，自然律令顯明天然是有秩序的境界；宗教說不然，古怪的神蹟，可以隨時隨地破壞自然律令的行程的。後來天演論出世，科學說萬物是演進的，種類是遷化的；宗教又起來反抗說，太初上帝造物，預定各樣種類直到如今，從未變易。若據科學的說法，難道上帝依己像造人類，倒反造了非人的下等動物麼？**每逢科學發明一理，若和宗教有些齟齬，總要有一番的衝突。幸而科學有確鑿的證據，實在的作為，使人不能不隨順他的訓令，也使宗教不能不發生反復的思考和正當的覺悟。在思想史、宗教史上，科學哲學都是促進宗教革新的莫大的勢力。**盤根說"各時代中，自然哲學都有一個可厭而難敵的寇仇，即是迷信與盲瞽無節的宗教。在希臘初時，以天然的理解釋風雨雷電的作為的，莫不因為發了人不慣聽的言論，博得不敬虔的罪名。在基督教中，人據了確鑿的憑證（現在明白的人所不願批駁的）說，地是圓球，……教裏的神父，也是很用排黜的手段對付他們。"但是以正理推論自然哲學實在是……迷信的救藥，信仰的滋養。（見 Robinson, *Readings in European History*, pp. 549—551）盤根已經預料科學和宗教在真理上沒有實在的不合，"一個顯出上帝的權能，一個顯出上帝的旨意。"到了如今，兩面逐漸調和起來，形而上的學問，一種種的就了科學的範圍。即如關於宗教的學術，如近代產生的宗教比較學、宗教心理學、宗教教育學、評判神道學、人種社會學、比較考古學等等，莫不連綿絡繹的成了科學。基督教因此得了科學的援助，在理想、教義各方面，都已大大地革新；只是教裏守舊的、無知識的人尚未徹底覺悟罷了。

政治社會運動，哲學科學擴張的勢力之外，還有宗教裏信仰上道德上各種派別，互相衝突，去促進宗教的進步和革新。宗教雖屬易於守舊，然而範圍之內，常有一種真生活真精神，不肯變為殭性的儀式主義、法律主義。中世紀羅馬教成了罪惡的淵藪，裏面的形式是一件事，道德又是一件事，把宗教和行為分作兩截。從教皇直到小地方的祭司，除有表面上的威儀之外，盡為鼠竊狗偷的人物。他們的宗教和道德觀念也最無情理。人犯了罪，無論怎樣可惡，只要行得賄賂，私下在祭司面前承認，即可得着饒恕。後來教帑空匱，教皇發下皇皇聖諭，出售赦罪文憑，叫已有罪過的買了，可以得罪孽的勾銷，未犯罪的買了，可以得着赦免的預約，可以放心去作孽，也不致陷入天羅地網了。這是教皇利阿第十的作為，他的劣跡，罄竹難書。因此虔敬的人，和不虔敬的人，都生不滿意於教會的感想；有的無精打采地脫離了精神上之宗教關係；有的抱着不平之鳴，有苦沒訴處；有的屛絕世界，去做理亂不知，黜陟不聞的苦修行，成了一派神秘宗教者；有的倡了改革教義的運動，做了極有勢力的宗教革命者。小百姓經濟上的痛苦到了極點；大國家政治上的分裂成了事實。羅馬教當時不能再興剿滅哀而別僅西司人的兵禍；也不能專持燒殺黑斯約翰⑥的刑訊法。一五一七年奧古斯丁甯派的修道士路德馬丁，做了九十五條反對教會和赦罪文憑的宣言書，貼在魏登堡的禮拜寺門上；一五二十年，他把教皇的聖諭，當民眾燒了，向教皇下了哀的美敦書；一五二十年，魏登堡的修道士受了活謨司議會（Diet of Worms）的審問，沒有伏誅。從此之後，教會更加四分八裂不可收拾了。秦格理（Zwingli）、戈爾文約翰（John Calvin）、諾克斯約翰（John Knox）相繼而起，各倡革命的教會。羅馬教失勢之後，內部大起恐慌，乃有洛易拉在一五四十年創立耶穌會（Society of Jesus）的事業，藉他抵制叛教的潮流，而做一個敵對的革新。不過此會起初雖然極有勢力，後來為了他的腐敗的狡獪的政治手段，內部的死服從道德，轉變了魚潰肉爛的行為。從一五四五年到一五六三年，羅馬教召集出來痕脫議會（Council of Trent）⑩，議決教會的遺傳和《聖經》的指示有同樣的威權；教皇代表基督，有神聖的資格；教裏的牧師祭司，須注重道德的品格。這議會一方面排斥路德所宣傳的單獨以信稱義的道理為異端；一方面因了此番敵對的革新，留住了許多人民在教會裏，使他們不再萌叛逆的意念。在政治方面，大皇帝查利第五、腓力第二為教皇出力和那改正教的君主奮鬥，務要恢復羅馬教損失的權利。英倫、荷蘭、德意志、法蘭西和護教的西班牙酣戰了一百年光景，謂之"百年之戰"，弄得血流成河，屍橫遍野。這就是宗教內部各勢力藉了經濟政治的勢力，所有的衝突。

　　改正教裏的各部分，依舊不能融合，戰鬥衝突，裂為各不相干的公會。到如今公會的宗派，幾有二百之多，各持一理，各衷一是。**不過中世紀宗教革命的衝突，產生了兩個最大的文化因數：一是信仰自由，一是心靈宗教。這兩個勢力在歐美的文化上、社會上，佔極重要的位置，不但做了各種慈善事業的原因，引動了同情心、利他心的發展，而且變了世界傳道、道德運動的大力量。**（請看 Ben. Kidd, *Social Evolution*, 下半冊）**不但感化了人民的人格和國內的政治，而且漸有國際政治上的影響。**各公會雖然分立，卻已失了舊時狹的窄眼光，改了從前互擊的手段。現在因為佈教事業的繁重，傳道經濟的籌算，宗教基礎的同點，人民心理的崇實等等原由，各公會自然而然廢除了許多狹窄思想，提倡了許多聯合運動。大戰之後，美國發起了公會聯合的新紀元世界運動；中國也倡始了中華歸主的宗教運動。這些事都顯明衝突的事業結束即是調和的事業發展，我們對於基督教的前途，豈不大有希望麼？

基督教雖然進步迅速，然其內部的覺悟尚有未曾徹底、未曾普遍的可虞。社會的實況，知識的潮流，內部的抵觸，依舊要求基督教較為適宜的對付。基督教當此新境的現實，應該在教理上、儀式上、社會服務上，如何施展固有的機能，發揚內充的精神，去適應人新有的需要，——這是目今基督教最大的問題。換一句說，為了現時新思潮、新態度、新問題、新教育、新道德、新事業的驟興，教會應有何種思想、精神、態度、儀式和事業呢？教會當如何自新，對於社會有何種貢獻、何種建設、何種實際需要上的供給呢？古代重遺傳，中古重儀式，近古重純理主義，近世重科學，目前重人的價值、人的創造、人的幸福、人的團體運動和新社會觀念。教會在今日應如何使人在種種事業的實際上受宗教的指導、啟發、安慰和輔助呢？

原載《青年進步》三十一期，1920 年 3 月

編者註：

① 聖羅馬帝國：今稱"神聖羅馬帝國"，下同。

② 教皇利阿第三：今譯"利奧三世"。

③ 葛雷古來第七：今譯"格列高利七世"。

④ 克能耐：今譯"克呂尼"。

⑤ 因諾生脫第三：今譯"英諾森三世"。

⑥ 法蘭雪斯根修會：今譯"方濟各會"。

⑦ 度密立根修會：今譯"多明我會"。

⑧ 《精學大全》：今譯《神學大全》。

⑨ 黑斯·約翰：今譯"胡斯·約翰"。

⑩ 出來痕脫議會：今譯"特蘭托公會議"。

對於《信經》的我見

近幾年來，我對於《使徒信經》頗持個批評的態度。每逢我的學生將要受洗禮的時候，他們總把這《信經》的條件逐一來問。有的說"童女馬利亞生的"這句話，可是必要信的，不信了爲什麼就不能做基督徒呢？有的說"肉體的復活"這一條簡直糊塗，不但與科學抵觸，而且和人的經驗是枘鑿的。又有的說，若是不要我們做誠實的答覆，那麼我們可以一時偸進了敎，後來卻可以把信仰自去矯正的。雖然大都要進敎的學生是緘默的，這些發問的人實在不得不使我受了大刺激。所以我就爲他們解決了疑團，又把我自己的信條逐條講給他們聽，因此有幾個深思的學生也領了洗禮。這幾個人幾番勸我把我的信條披露出來，請大家研究；但是我幾番臨翰，幾番投筆，總不敢一吐肺肝，所以展延遲緩，直到今朝才領了他們的情，寫了這幾句話呢。

究竟我爲什麼疑慮呢？其中約有十個緣故。（一）《使徒信經》著實有他的好處，著實有應該保存的美處。敎會史大家夏夫（Schaff）說："這個《信經》的格式雖不是使徒的產品，卻是他們敎義上信實的綜合，其中包含'三合說'和上帝的啓示，及從創世到永生的主要信條，從高尙的簡潔，難勝的短章，最美的次序，合乎儀禮的嚴肅中間表出，直至今日，猶然是希臘、羅馬、改正敎中間共有的聯絡。"（見 History of the Apostolic Church § 142, p. 568）（二）《使徒信經》有一千六七百年的威望，深入人心；別的信經如《奈西信經》（Nicene Creed）、《亞賽奈歇斯的信經》（Athanasian Creed）、《嘉爾西頓信經》（Creed of Chalcedon）都不能望他的項背。若要把他批評，豈不要把一千六七百年的理論，像一塊大石頭似的，壓在自己腳上麼？（三）《使徒信經》不但是得了時間的直豎的勢力，而且有了空際的橫延的威權。現在天下各國的天主、耶穌敎裏，都把他做信仰的柱石，一個人的略評更有甚麼用處，豈不成了"蜉蝣撼大樹"麼？從歷史上看來，自從安提亞的希臘敎會把這信條加入公共禮拜的儀式裏以後,直到十一世紀羅馬教會就照樣做,改教之後英國的教會又隨著仿行,到今朝希臘、羅馬及改正教裏面許多有勢力的大公會,都把這《信經》做了領洗禮時的認信文。(See Mclintock and Strong, *Biblical, Theological and Ecclesiastical Cyclopadia*, Vol. II, Under the Word "Creed")(四)《信經》中的三一論,是教會信仰的中心點,是萬萬不能移動的。要是略有修改,存其真際,增其意義,就必要受教內人的攻訐,和教外人的譏誚。陳獨秀先生說:"基督教底'創世說'、'三位一體說'和各種靈異,大半是古代的傳說,附會,已經被歷史和科學破壞了。"(見《新青年》七卷三號)不問這句話是非如何,從表面上看來,已經頗耐玩索,吾輩做基督徒的,到底當有怎樣個答覆呢?(五)《使徒信經》裏的話,都以《聖經》裏的話做基礎的;若要對他表示信不信的態度,豈不就對著《聖經》懷起疑來了麼?對著《聖經》懷疑,乃是求學識的人應持的態度,沒有什麼不是;不過人人知道這裏卻有不少難處。(六)《使徒信經》是經過歷代名人保護的。論他的書,一個人半世恐怕還讀不完,那裏能夠吸收盡了他們議論的精華,然後發揮一個完全平允的理論出來呢?所以要有所說,總難免去蠡測管窺的艱難。(七)這《信經》與《十誡》和《主禱文》,幾有同樣的重要。"魏斯德敏斯脫的神學家將他連同《十條誡》、《主禱文》放在道理問答書裏面,注明原意說:'此經雖非使徒的著作,不可視為準定的《聖經》,像《十條誡》、《主禱文》一樣,卻因他是基督徒信仰的簡明總結,符合經言,而為基督教會自古以來承納的緣由,就把他列在裏面。'"(見 Mclintocks and Strong, *Cyclopadia*, Vol. II, Under "Creed")(八)假使我們有了更美備更滿意的信經,可以代替這《使徒信經》,請問用什麼方法使新的信經受全教會的承認,尊崇,信仰,保護呢?我在某神學院做學生的時候,一位先生問我說:"《聖經》之外,還有聖經麼?"我答說:"有。"先生說:"那麼也可以把那經外之經列在兩約裏面,把六十六卷擴充一下子麼?"我笑說:"若我們兩個可以開個定經大會像古時所有的一樣,那麼別說擴充一下子,就是一千一萬下子也可以,就是把六十六卷變了六萬六千卷也可以!"先生乃撚鬚笑道:"好孩子!"依樣,我寫這篇論,也不過想做個"好孩子"罷了!(九)不過所慮的,就是連"好孩子"還不得做,倒要弄出筆墨官司來。(十)不但受教會的怒目,或且要失了我中西朋友的歡心。

現在我已決志寫下去,自然要求人批評我,矯正我,自然要得幾個誠摯厚實的，愛真惡邪的朋友，叫我不惟對於宗教問題樂意貢獻我的鄙意，而且受了我現在所不認識的聖經學者的公平評斷和精神交誼的愉快！

我雖這樣疑慮，不敢發表我對於《使徒信經》的不滿意，然而照我誠心說，這個不滿意，也不是沒理的，實是應該發表出來，或者能使與我抱同樣觀念的，懷同樣疑慮的奮發起來，也未可知。

在我發表不滿意之前，請先將《使徒信經》寫在下面以便研究。

我信上帝，全能的父，創造天地的主，並他獨子吾主耶穌基督；他因聖靈成胎，為童女馬利亞所生；在本丟彼拉多手裏受難，被釘在十字架上，死，葬，（下入地獄，）到第三日，從死人中復活；他昇天，坐在上帝全能的父右邊，從那裏他要來審判活人和死人。我信聖靈，聖教會，聖徒的相通，罪衍的恕免，身體的復活，永存的生命，亞孟。

這個《信經》所以使我不滿意的理由，約有五個。

第一，裏邊挾些不是信條的話。"在本丟彼拉多手裏受難，被釘在十字架上，死，葬"等語全是歷史的事實，並不是信仰的條件。吾們對於歷史，雖也須信，但歷史是已過的事實，可以用歷史科學的方法去校勘旁證，窺探他的虛實，把實有的事迹，做宗教信仰的基石；不必把他自身做《信經》的要條。因為《信經》似須以根本的宇宙觀人生觀社會觀為要素，要把不能考證而含有至理的思想及標準揭示出來。試問被難諸語是不是這樣的要素？再進一層說，這種信仰的要素，全要滿足人生的意志及上進的欲望。試問被難等語，是怎樣說明此事的滿足人的生活和欲望呢？假使把歷史的事實變為理論的主義，如"因主的被難死葬等事，我們得了救法，享了永生"，那麼一望而知這句話是一個信條了。如今單表事實，不提主義，怎可說就是信條了呢？

第二，《使徒信經》含有不關緊要的話。即如"童女馬利亞所生"與"肉體的復活"這兩句話，何尚是要緊的信條。如今有科學哲學知識的人大都不信此說，並且有許多很有學問道德的人說，此種說素早已被科學哲學打破的了，現在，且不要論這兩句話果是真理與否，祇要問這兩條是不是重要的教義就是了。若說是基督徒所必須信的，那麼吾們可以問一問，凡係不信這兩句話而依舊信耶穌是他們個人的救主，並且竭力要學主的行為而實現主的人格的人，都須不得救，且都不能入教會麼？凡有些科學哲學知識的人，因了不信童女生子，肉體復活等事的緣故，無論他們有好行為，有誠實的愛心與否，一概不能在基督的教會裏幫助人榮耀主麽？若說《信經》也不必批判，不必修改，那不信信條裏的話的人也不必慌張，儘管可以進教來，則這種方便門豈不把信經"聖教量"的性質完全打消麽？若說不信這幾條的人進教的時候，祇要口是心非的答應了一聲，然後領洗，等到領著了洗之後，儘管可以去自由修改他們的信仰，誰還來理會；那麽教會簡直成了個扯謊的機關，豈非僅戴著個尋求真理的假面具麽？那些尋求真理的人還要來信教麽？人是誰，敢攔阻他的弟兄姊妹走天路呢？敢學著法利賽人的行爲，"向別人關閉了天門……自己不進去，也不許那要進去的人進去"呢？

　　第三，《使徒信經》不包含許多重要的信條。我已經提過，《信經》裏面當表示一種宇宙觀，人生觀與社會觀。吾們仔細研究，就可以知道《使徒信經》裏面，簡直沒有一句關於人生今世應當怎麽樣的話；也沒有一句社會世界將來應當怎麽樣的話。除卻人是有罪的，須得赦免的，可得聖徒交通而有永生的幾句含蓄的話，《信經》裏面就沒有對於人的信仰條件了。除卻聖教會和聖徒相通兩語，就沒有關於社會世界的信條了。《信經》果然要簡潔，然而也不可失了概括的性質；果然要注重個人和來世，然而也不可輕忽了社會和現世。耶穌的教訓中間雖常提到人的罪惡和人的永生，但是其中到底是將人的可能，愛的美德做中心的，所以說："你們應當純全如你們的天父一樣純全。"（《馬太》五章四十八節）耶穌教訓人，常用"天國"兩字，不常用"教會"兩字，而天國的來源，發展，歸宿的歷程都彰彰可考，正"如人撒種在地裏，夜裏睡，日裏覺……地自然生物，先抽苗，後結穗，穗裏又結了穀，穀熟之後，即用鐮刀割，因爲收成的時候到了"。（《馬可》四章二十六至二十九節）這個天國，可以說是耶穌的理想社會，理想世界，乃《信經》中間不提新人與天國一字，"毋乃太簡乎？"

　　第四，《使徒信經》祇重玄理神學，不提人倫道德，實在是個缺點。請讀者諸君細讀一過，尋一尋看，《信經》中間可有一字一句提到倫理？自古以來，各種《信經》中間都有這個弊病。不過處於今世，若要講究《信經》或個人的信仰，"倫理"二字，萬萬不可不仔細討論研究。麥克賴倫（Ian McLaren）說："吾們當知道有許多人照（登山）寶訓看來可以算好基督徒的，照著《信經》（指各種《信經》說）是應當驅逐出去的；還有許多人看《信經》是大路，看寶訓倒是窄門。"（*The Mind of the Master*, p. 16）因爲《信經》"不講求德行，不給人德行的觀念，裏面沒有含蓄德行的地位。他們從第一個字到末了一個字都是物質的，或是哲學的，不是倫理的……"這樣看來，舊的《信經》久已不適用了。

第五，《使徒信經》完全沒有說起耶穌的人格，真是極大的缺點。據我看來，基督教的中心點，基督教的根本，就是耶穌的人格。若沒有耶穌那深奧，自然，美滿，高尚，崇大的人格，什麼十字架，什麼登山寶訓，什麼救法，什麼教會，都沒有一絲一毫的實用和益處！無論怎麼完備豐富，也不過是空想古董罷了。我們若也能夠說，今後"要有甚深的覺悟，要把耶穌崇高的，偉大的人格和熱烈的深厚的情感，培養在我們的血裏，將我們從墮落在冷酷，黑闇，污濁，坑中救起"，那就可算是一個著實的小信經了！（見陳獨秀的《基督教與中國人》，載《新青年》七卷三號）《使徒信經》中間沒有提到這個，似乎遺卻本根，在目今宗教道德運動盛興的時候，如何能夠邀人深信呢？

信經一物，和一切人事制度有同樣的性質，皆是應時適境而產生的；其初不過是一種經驗，幾個觀念，並沒有什麼定式，後來歷經人的改造修正，受了各種人權的支配，方始得了個儀型，後來的人就把他當做天造地設，互古不變的常道了。因此，我們若對於《使徒信經》不能滿意，也不妨研究批判他，修改他，或另立一個信經，作表示幾個人的信仰的標準，有什麼不可以呢？然而要有此種冒險的行為，估價的工夫，必先略知信經史的梗概，茲請簡述之。

當耶穌昇天之後，使徒在耶路撒冷受聖靈的感動，宣傳耶穌為彌賽亞。宣傳作證的事既很繁重，教會範圍的擴充又極迅速，使徒自然無暇去從事翰墨；況且使徒中間大都是簡樸不文的小百姓。他們不過將所見所聞於耶穌的述說出來，做誠實的見證。後來躬親耶穌的人逐漸去世，信徒恐怕福音事迹久而失傳，乃競相著述以遺後世。使徒在日，凡有疑問，可以傳說所見聞於主的旨意，所以不須把福音寫出來。即是施領洗禮的儀文，在使徒的時候，亦極簡單，僅奉耶穌名給人施洗罷了；直到第二世紀，宣洗文才變為奉三一神名的儀式。(Mcgiffert, *The Apostolic Age*, p. 60, 61)

由此可見使徒教會裏面斷乎沒有《信經》的發現與《信經》的用處。即使果已發現，為什麼《新約》中間，使徒口角中間沒有絲毫露出？又為什麼初時的《信經》，有言詞不統一的現狀呢？又為什麼耶斯丁馬德（Justin Martyr）、亞里尼斯（Irenaeus）、泰都林（Tertullian）、奧理根（Origen）、雪比靈（Cyprian）等人所持的《信經》互有損益，互有出入呢？這些人雖說《信經》裏面的道理是使徒所傳的，卻沒有說這《信經》是使徒所寫或使徒所定的。在起初五世紀中間，教會中的著作家，無論大小，都不曾說起什麼使徒決定《信經》的會議。若然使徒果定《信經》，果召會議，為什麼這些教會領袖在排黜異端的時候，倒把這樣要緊的事實忘卻了，不提出來壓倒那散佈邪說的人呢？（For Irenaeus and Tertullian, See Ayer, *Source Book For Ancient Church History*, pp. 121—126）二三世紀中間，異端紛起，邪說橫流，教會領袖不得不把嚴厲的方法，威重的言語關駁他們，一方面要把外道掃蕩淨盡，一方面可以使正教裏面的百姓有所適從。為了這個緣由，《使徒信經》就漸漸地得了定式。所以說《使徒信經》像一切人事制度一樣，是從應境順時，保護價值而產出的。

在二世紀末葉，羅馬教會裏已經有了簡式的《使徒信經》，"是為最單純的信經，根基於宣洗文的。"（見《馬太》二十八章十九節）宣洗文既極簡易的，信經的鼻祖自然也沒繁複的構造。"在埃提亞帕文的使徒憲章中（The *Ethiopic Version of Apostolic Constitutions*）——此系最古的文件——領洗的人祇須說'我信獨一真神，全能的父，與他獨生子我主，救主，耶穌基督以及賜生命的聖靈'。其餘言詞，乃是奈西會議（Council of Nicea）之後加入的。"到了奈西會議的時候，該撒利亞的尤西蒲司（Eusebius）把他提出作為《奈西信經》的根基。這是《使徒信經》推行的起點。（見 Adeney, *The Greek and Eastern Churches*, p. 53）羅馬教會不喜玄學上的爭鬥，自然有傾向簡明的信經的心願。羅馬的著作者，因着這個趨勢和要求，乃把《使徒信經》更加說重要了。魯腓尼斯（Rufinus）說："古傳曾說使徒將離耶路撒冷的時候，決定他們將來宣道的規條，免得他們彼此離別之後傳佈各異的道理……因此集會商議。他們既受聖靈的感動，就著作了他們宣道的短律。使徒各說一句，集成此律，作為一切信徒的信條。"還有一個著作家，名叫奧古斯丁（不是聖奧古斯丁）又依著此種附會，添了些蛇足，說："彼得說，我信上帝，全能的父；約翰說，創造天地的主；雅各說，並他獨生子我主耶穌基督；安得烈說，他從聖靈成孕，是童女馬利亞所生；腓力說，在本丟彼拉多手裏受難，被釘十架，死，葬；多馬說，他下入地獄，第三日上從死裏復活；巴多羅買說，他昇天，坐在上帝全能的父右邊；馬太說，從那裏他將要來審判死人活人；亞勒腓的兒子雅各說，我信聖靈，聖教會；西門銳說，聖徒的相通，罪惡的赦免；雅各的兄弟猶大說，肉體的復活；馬提亞說，永活的生命。"(See Mclintock and Strong, *Cyclopaedia*, Vol. II, Under "Creed")《使徒信經》定得如此確鑿，自然威至令行，做了許多信仰的根基。到了宗教革命的時候，那些革命家深知他的價值和歷史上的威望，所以雖祇認定《聖經》之外沒有威權，倒將他保存；尊崇他的心，也不亞於羅馬教中的人。以此如今耶穌教各公會裏都保存他；有的公會僅把"下入地獄"一語削了，有的公會在這一句上隨人去留，更不計較。

但是現在時勢理想都非疇昔可比，《使徒信經》非唯不能表示人的新信仰，而且足以做許多有知識有德行的信教的障礙。所以為適時，應境，合理，明真起見，我們似宜再擬一個《信經》，藉以彰明現在的信仰。不過這事言之匪艱，行之惟艱。為什麼呢？因為欲擬信經必要順從幾個很難的條件。（一）信經必須以經訓為根基，不可以杜撰的。（二）每條須含確有信仰價值的理想與標準，不可僅述歷史的事迹。（三）凡係無足輕重的條理，不當列入。（四）凡列在信經裏面的條件，須能包含最要的教義，根本的道理，惟不宜繁而宜盡，不能盡著而當完全含蘊。（五）字句要簡單透澈，不得複雜含糊。（六）信經裏面，當有正當的宇宙人生社會諸觀念的表揭。（七）耶穌的人格，既為基督教的中心，自當在信經中占公允的位置。（八）救法如何，也該有明白的表示。（九）最重要者，信經果然注重玄理神學，卻不可遺棄了倫理的標準，道德的生活，心靈的事業。（十）擬信經者必須本於誠意，除了理性的必要和生活的需求之外，不認任何威權，不賴任何古傳，不用任何成見，不執任何武斷；務要使信經裏面的話，不與科學哲理中間確立的真理互相抵觸，而同時獨立永存為長久的宗教的光輝。

有此十難，擬作信經的人，也祇好望洋興歎了。可是此事雖很難，此心終不死。因此反覆思考，積心勞慮，用半年的工夫才粗粗的擬了一個，做我個人的《信經》。現在請寫在下面，求閱者諸君批評摘駁；若能在一二人眼中，成為個應境，順時，合理，明真的文字，也可以算得是我的貢獻了。

暫擬信經

一、我信創造，管理，維持萬有的主宰（《創世記》一章），是人聖善（《以賽亞》六章三節，《彼前》一章十六節）慈愛（《翰一書》四章八節）的天父，又是人道德的標準（《馬太》五章四十八節）。

二、我信耶穌因著聖潔的生（《翰》十七章十九節），犧牲的愛（《路加》二十三章三十三、三十四節），即是自建的人格（《希伯來書》二章九、十節、十七節又五章八節），爲上帝獨一完全的兒子（《翰》三章十六節），與上帝同體，同榮，同壽（《翰》一章一節、十四節），足以表彰上帝的品德（《翰》十四章九節），人類的可能（《希伯來書》二章十、十一節），而爲人的師傅（《路加》十一章一節），朋友（《翰》十五章十四、十五節），兄長（《希伯來書》二章十一節），救主（《行傳》四章十二節，《翰一書》四章十四節）。

三、我信聖靈，即上帝基督的靈（《羅馬》八章九節），尋求吾人（《路加》十五章全），要吾人因他的愛，脫離罪惡（《馬太》一章九節、二十一節），與他和睦（《羅馬》五章一節、五節），交通（《翰一書》一章三節），同工（《哥前》三章九節），而得心靈的擴大，道德的發展（《彼得後書》一章四至七節），致有力量榮耀主，服事人（《約翰》十七章四節，《馬太》二十章二十八節）。

四、我信凡與基督同心志，同生死，同榮辱，同勤勞的人（《腓力比》三章十至十六節）都是基督徒；基督永生，基督徒亦有永生（《翰一書》五章十二節）。

五、我信基督徒由精神的交誼，成合一的教會（《以弗所》二章十九節，四章十二、十三節），假有形的組織，如公會等，爲實現基督生活精神的工具。

六、我信天國順著上帝的旨意，逐漸實現（《馬可》四章二十六、二十八節），即是新人群良社會（《哥後》五章十七節，《啓示錄》二十一章一節、二節，《馬太》六章十節）的實現，故真理日入而愈彰，教會（非公會）日久而愈興，人類日久而愈和合，世界日久而愈文明。

這個暫擬的《信經》，雖覺太長了些，卻與那十個條件沒有什麼衝突。三一論依舊存在，不過內容變了。第一條根基於哲學的有神論和《聖經》的創世說，發明上帝自然、道德的品性（Natural and Moral Attributes）與上帝和萬物人類的關係。又依著經訓，指明上帝是人道德的標準。上帝的自然品德，如知力能的全備，及無始終，無限量性，皆在開首一語裏面含蓄了。他的道德品性，綜合起來自不外乎聖善和慈愛；聖善爲體，慈愛爲用。（See Clarke, *An Outline of Christian Theology*, p. 66）有了如此的上帝，才有吾教確實堅固的根基。

第二條表明耶穌的人格，神性，事業與吾人的關係。"自建的人格"這句話，自然要招人攻擊的；不過耶穌若然生而具有人格的，那麼我們就不能以他爲救主了。我們都要立志竭力，才立人格；他既生而全善，就不和我們完全一樣，怎能代表我們，拯救我們呢？若人格必須建立而成的，那不須建立的定然不是人格，那麼我們所最尊敬最愛慕的耶穌就算沒有人格，也不能教我們怎樣建立人格了。耶穌既建了完全的崇高的人格，就自然可以與上帝等體同榮，因爲神性的要素不在於自然品性，而在於道德品性，德與上帝等美，就可以說是上帝獨一完全之子。而且不但耶穌有神的品性，即卑如我們，也按著天父的慈旨，具有神性，不過具體而微罷了（《彼後》一章四節）。至於耶穌的事業，"表彰上帝的品德，人類的可能"，似可概括淨盡，所欠者僅"十字架"三字。不過愚意以爲，"犧牲的愛"與"品德""可能"一語已經足以把他含蘊在內；如其不當閱者之意，即加入此三字亦無不可。

第三條說明聖靈，兼及救法消極、積極兩面，似乎無須解釋。中間所含的人生觀兼宗教道德而言，"和睦，交通，同工"是宗教，"心靈的擴大"等語是道德。人若能與主同生，與人同善，他的自我當然會擴大發展。

第四條釋基督徒，申明基督教的新人觀，一個"凡"字就是指明無界限——無男女，貧富、老少、高卑、種族、文化等等界限——此條又說明基督徒永生。

第五條解釋什麼是教會。教會與公會有別，是無形的，精神的；因此又是合一而不分離的。"精神"二字，當蘊蓄一種心境，一種情感，一種事業，一種人格，一種標準，一種主義；凡抱此精神者，無論受何儀式的加予，屬何宗派的範圍，都得爲基督徒。基督徒以公會爲立身立德，自救救人的機關，不該有"我屬保羅，我屬亞波羅，我屬磯法，我屬基督"的畛域。公會的組織，也不過是要藉此工具實現基督的精神與生活，若舍此而存他意，就連存在的理由都沒有了！（無形的教會一層，可參看 Royce, *Sources of Religious Insight*, Chap. 7）

第六條說天國——即新人群新社會——乃是逐漸實現的。換一句講，就是教會——因爲教會即是天國，即是新人群，新社會——是照天然演進的程序，而漸進於完備的。自由，平等，博愛，公平，大同等義和德，必要日愈光昌；真理教義必要日愈彰著；人格必要日愈完備，普遍；世界必要日愈文明和平。上帝是永動不息的，生活是上帝賦畀的，人類是要求美備豐足的生活的，所以漸進主義，是基督徒當抱的主義。推行起來，教義，經解及教會的事業，儀式等等，都有漸臻美備的可能。從基督教的眼光看來，社會人類雖須歷盡曲折艱難，也是這樣漸進的，直到將來上帝要實做萬民的天父，萬民要實做上帝的子女，彼此是弟兄姊妹。這並不是說沒有國家，因爲愛國主義與超國家主義是不相抵觸的，恰像愛家庭與愛國家是不相抵觸的。不過不能兩全的時候，基督徒應當順著主旨，舍家報國，舍國救世。

此六條信經，難免缺漏欠當之處，而多可辯易爭之點。惟所說的宇宙、人生、社會諸觀念，救法、教義諸要說，以及道德主義，皆已徵諸經籍，本諸誠心，囊括於其間了。在此新潮翻騰，知識增長的時期，若得有識有德之士，從事於批評矯正，使此信經或與此同旨的信經，適應現在的新心境新環境，使人更尊上帝，更愛救主，則我的拋磚不啻引起了美玉，真是宗教界前途的光輝啊！惟願讀者諸君，本無適無莫的心，布闊達大方的誠，然後施深酷的評判，嚴正的指摘。如此，則知我罪我，我自負責。

原載《生命》一卷二期，1920 年 9 月

新境對於基督教的祈嚮

　　宗教若有適應新境的機能，必能轉移反抗宗教的勢力，使他變成輔助的因數。環境一度更新，境內的勢力，必然要互相衝突，漸漸的由衝突而達到調和的狀態。現在中國因了新思潮的灌輸，成了一個多種勢力衝突的形勢；各種制度思想，凡為文化的原素的，莫不受著批判排擊。基督教也受了歡迎和掊擊兩端的影響。試問在這新境中間，基督教能否實現他的真生活真精神，把他的實在從一切蒙蔽中間撥出來，去適應現代的實際需要？若基督教果然能夠適應新境，那麼自然能夠直接利用輔助的勢力，去間接影響反抗的勢力，使他變為輔助的勢力。

　　自古以來，基督教的進步，都是從他冒險侵入新境，轉移反動諸力，使諸力輔助他，不但因此他能適應環境，而且叫環境得了他的生活，發揮他的精神。基督教的應境，簡括些說，乃是使環境得基督教的生活和精神，乃是使環境適應基督教，乃是在環境的物質思想根基上建造精神的，心靈的，無疆域，無時際的道德世界。從馬禮遜到中國來傳道，到如今已有一百餘年，而在這百餘年間，基督教的事業大概是把外觀的宗教加在吾們身上，還沒有切切實實的在吾們信教的人心裏創造了對於基督教真精神真生活的覺悟和事業。奉教的人中間，自然不少覺悟的人；然而比較起來，還是極微小的團體。這也沒什麼希罕。

　　番而備痕(Fairbairn)說，"風俗習尚神話的流布和宗教的流布，截然是兩件事情。人群或部落可以假借他族的名詞或效仿他族的制度；至於經過許多時代，各種局部的原動，而造成的結構，祇可留在他產生之地，而不能為他族所假借的。這種結構一移動，就要渙散。依樣，一個民族所建造的宗教，祇可為此民族的而不能為他民族的宗教，因為他的遷移要把此族的歷史順序和群衆心理連根拔起，然後再要把他種在彼族人民的心靈裏面。"(The

Philosophy of the Christian Religion, Andrew Martin Fairbirn, p. 521) 前百年中，基督教在中國的事業，大半是風尚，信條，神話的流布。到了現在，人就要問，基督教的真生活真精神是甚麼，可以流布傳揚，使中國人都能得着麼？若是真精神真生活果然被一切虛構舊章，千餘年來西方的禮教繁文教理所蒙蔽掩沒，新境中人見了基督教的形式，認不出基督教有甚麼好處來，不過看見些希奇古怪不合理的繁文錯節，因此向着基督教力施排黜的手段，吾們不求諸己，還可以獨怪他們沒理性麼？

基督教是具實在，自然"真金不怕火"，雖然經過排黜，終必轉仇敵爲朋友，化寇仇爲知己。然而教裏的人，做了障礙，還不自悟，教會也做了障礙，還不自悔，豈不要使基督教的進步，爲此遲了緩了麼？爲今之計，吾人當知吾人第一樁大事是要把基督教的真精神從蒙蔽的底下發揮出來，解放出來，把他詔示世界。

換一句說，基督教的流布，不是在於風尚信條神話的傳揚，乃是在於創造一種新民族，使這民族心裏自然而然的發揮基督的精神，有"基督的形象成在他們心裏"。陳獨秀先生說："我們今後對於基督教問題，不但要有覺悟，使他不再發生紛擾問題；而且要有甚深的覺悟，要把耶穌崇高的偉大的人格，和熱烈的深厚的情感，培養在我們的血裏，將我們從墮落在冷酷，黑闇，污濁坑中救起。"（見《新青年》七卷三號，陳獨秀"基督教與中國人"第四節）這幾句話真有膽識，真是要言。吾們若有耶穌培養在我們心裏血裏，基督教就能明顯他的力量，做文化的因數；可惜吾們自問此心，還沒有耶穌的心存在裏邊！憑你講吧，若基督教不能使基督發現在吾人心裏，若不能把中國人造成一個新民族，具有道德的力量，犧牲的精神的，基督就算是沒有達到他本有的鵠的，就算是失敗了！

上段引述陳獨秀先生的話，已足表顯新境對於基督教的祈嚮。吾們要知基督教如何可以適應新境，須要知道新境究竟是什麼，對於宗教有什麼要求，有什麼希望。新境的原因，很是複雜；格致，哲學，經濟的現狀，人民的發展，交通的利便，文化的接觸，思想的自由，道德的增高，宗教的擴張等等都是總因裏的元素。各種社會裏面，都有不公平，不自由，不安寧的情形，而不安寧乃幾全乎由於社會的不公平不自由。大戰之後，這種不安寧的情境，更是劇烈，各國都有，各地都有。從哲學方面看來，這種不安寧裏面有兩大元素：第一是各處人民對於現在的社會秩序生了極大的不滿意；第二是他們的廣闊的人生和世界的觀念。依第一條講，人民得了覺悟，知道現在各種制度的不公平不道德，保護階級的制度，弱肉强食的行為。社會發見這種情形，無論在經濟界上，知識界上，政治界上，宗教界上，莫不表明現在社會組織的不當。組織不當，就當改造，改造一日不成功，那不知足，不滿意的心終一日不休止。第二個元素，即是第一個元素的積極方面。社會的改造必須以人類的幸福價值為標準，不該把一部一級的人的利益為前提。吾們中國，受了世界潮流的衝動，在思想界上也發生了極大的不安寧，也開始批判現在的社會組織。新的人生觀，社會觀，世界觀，從各種報紙雜誌的支流灌輸到人心裏去。

這種不安寧，做了學生的政治社會運動的漸力，而這種運動，轉又擴張了不安寧的範圍，使政治性質的表面反動，一變而為甚深的徹底的解放和改造事業。這都是吾們所知道的，不必贅述了。

基督教在這世界不安寧的漩渦裏，自然發生反復的思考，奮進的運動。在西方教裏的人，對於教會，引起許多疑問。吾們要明白兩樁要事：第一，對於教會的種種重要的疑問，不是教外的人提出的，乃是教裏的人提出的，不是教裏的多數分子提出的，乃是教裏最有思考，最有宗教精神的人提出的；第二是此種問題，不是向宗教根本基礎發生的，乃是向着教會的組織和制度發生的，不是向教會組織和制度的如何保存發生的，乃是向這種組織和制度的價值發生的。人的信仰，沒有根本上的變更，依舊以耶穌為人類的標準朋友救主。所問及的即是：現在的教會組織和制度，是否能把基督的真生活真精神實現出來，使他做世界人民心裏血裏的力量。若然吾們把這種疑問解析起來，即可以見世界不安寧的兩大元素，也在宗教範圍裏活動。北美基督教聯合會世界運動，美以美會和監理會的百年大會運動，都含這兩種元素；對於教會制度直接的改造，雖沒有發見，然而各種新事業新組織的繼長增高，莫不是教會改造的自然步驟。向前直行的動作，雖無改造的表面，卻有改造的實在！在基督教根深蒂固的地點，此種改造，乃最純正自然。並且這種運動，都把世界為工場，人類為弟兄，專重心靈的宗教，犧牲的精神，其前途的浩瀚，幾非吾人所能計算。舊的信仰，漸漸消滅；新的信仰，奔騰飛翻；教裏的多數信徒，在那裏想教會不變的進步，乃如此有力量，卻沒有知道，若是這種運動果然要把耶穌的真生活真精神實現,舊的教會是永遠過去的了!

吾們對於世界潮流,已經略舉要端;但是要知中國的新境對於基督教切實的祈嚮,必要先明白中國不安寧中間已經產出的結果。換一句話,吾們若能知道新境對於他種制度思想生活有什麼舉動和要求,就可知道他對於基督教的祈嚮如何了。去年五四運動之後,中國的不安寧,更顯劇烈的狀態,爲從前所未有。許多研究問題,實行救國的團體,絡繹成立;許多日報周刊雜誌書籍接踵而起,在國內創造了新輿論,灌輸了新思潮。政府雖極腐敗,僅爲軍閥的機關,倒弄得畏首畏尾,一籌莫展,不敢隨意挫傷民氣。軍閥國的普魯士主義雖極利害,然而吾們抵制他的貨物,卻沒有五分鐘的貽譏。政府想不到人民還有這種道德的力量;鄰邦也沒有見到吾國精神發展的勢焰,吾國人民知識道德兩方面,程度的幼稚,力量的淺薄,固然是人盡知道;但是吾們生了理解,要求公義的時候,人家卻不能置若罔聞。在這外患內憂環繞吾們的時候,有識的人就想要救中國不僅當有政治的革命,乃是應有人心和制度各方面徹底的改造。現在學生運動,表面雖是政治性質,而實在乃是道德的社會的運動,不但要求政治的革新,而且要創造一種新民族,新文化,新社會,新國家,希望在這新境界之內,人人可以自由平等,享人應有的幸福,盡人當盡的本分。"人生於憂患",憂患攻伐吾們,吾們就生了極大的希望,憂患即是希望的基礎。從大憂患,生大希望,從大希望,生大要求,從大要求,生大作爲,從大作爲,建大事業,從大事業,生大幸福,大生活;因此憂患乃是生活的本根。吾們因了現在的憂患,就確知將來的平安;有許多人團結了他們的精神,湊集了他們的心血,肯做祭享的犧牲,負國民的大責。所以在吾們中國新運動裏,除了不能倖免的冒牌愛國者之外,人都逐漸的覺悟,要求人的解放,制度思想的改造,教育的普及,價值的重估。凡係壓迫人的組織,無論是家庭,政府,學校,教會,商店,工場,都須修改,若不能修改了,就都須打破。人是最寶貴,無論是男是女,無論中外,老幼,智愚,賢不肖,貧富,資本者勞動者;人不得壓迫同胞,亦不當被同胞所壓迫。人當有者,人即當有!吾們中國的問題千頭萬緒,綜結起來,祇是一個,和世界各國一樣的——就是人的問題。如何可以叫人得真生活,就是人的問題。

這個問題的產出,出於幾種欲望的發見,請略一言。覺悟是什麼?乃是對於人生應當的理解。徹底的覺悟是什麼?乃是對於人生根本上應當的理解。人的問題，從綱領上看來，固然很爲簡單，從末節上看來，卻又很爲複雜。不過無論怎樣看，有了根本上的理解，必然要要求合理的生活，必然要看一切不公平，不自由，一切愚魯，罪惡爲不合理的條件，非把他們打破不可的了。所以第一，吾國有覺悟的人莫不要求合理的生活。什麼是合理，什麼是不合理，須從批判而定，更不能從祖宗的遺傳而定；因此批判制度，重估價值成了要求合理生活的法門。制度受了批判，價值遭了估訂，那不合理的生活即被打擊，而人必須要從不合理的生活中間得着解放；那合理的生活，必定要日興月盛，使人得了自我的發展，自我的實現，自我的擴大。在於今日合理的生活，分爲兩面；消極的合理生活爲解放，積極的合理生活爲自我的擴大。但是，這兩方面事業的成否，全賴人的道德力量如何；若是人的道德鞏固雄厚，能助人捨生奮鬥，那麼解放和自我擴大，都可以有迅速的成功；若是人的道德委頓頹唐，不能使人力求公益忘卻私圖，那麼解放和自我擴大的前途，沒有什麼亮光，人的行程，就有茫漠黑暗的苦痛了。所以第二，有覺悟的人，必然要得著雄渾博厚的道德。這個道德，不單是個人的修養，並且是社會的精神；不單要改造個人的心，而且要得到社會的公平。在個人這是犧牲，是熱烈的和愛；在社會這是公平，是普遍的同情。但是合理的生活、雄厚的道德，還不是最後的鵠的。第三種要求就是要一個合理生活、雄厚道德、普遍的新文化，新社會。在這社會裏面，人人都是弟兄，人人都能互助，都得了應得名分，享了應有權利，存了真切的生活。以上三種要求，足以發揮新思潮的祈嚮，請分列於下：

新境的要求

一、合理的生活

（一）人的解放

（二）自我擴大

二、雄厚的道德

（一）個人的道德　博愛犧牲

（二）社會的道德　同情公平

三、新文化和新社會

（一）共同互助的生活

（二）普遍的覺悟和幸福

這三種的要求，是對於一切制度提出的，所以也是對於基督教提出的。綜合起來，這三種要求，對於基督教，即是基督教如何能"把耶穌崇高的，偉大的人格，和熱烈的，深厚的情感培養在我們的血裏，將我們從墮落在冷酷，黑闇、污濁坑中救起"，又將我們聯合起來成個互愛互助的天國？換一句說，基督教能否把障蔽吾們直向基督的耳目的礙物一一撤盡，使我們"撥開雲霧見青天"，得親耶穌的豐範。人要看見耶穌，得着耶穌，發展耶穌的人格在他們的心裏；教會自問能否做腓力和安得烈把這希臘人領到耶穌面前來？吾們信教的人還要天天的空言，胡鬧天堂地獄的真狀，創世末日的遠近，而不顯明耶穌怎樣的急切要救吾們的同胞麼？教會呀，教友呀，你把耶穌的臉遮蓋了，不讓他的榮耀彰顯出來，倒還算你是得了宗教的人，人家依舊是滅亡的種子，你尚然沒有些兒覺悟麼？你若依舊這樣，你且聽罷！"哥拉汛有禍了，伯賽大有禍了，因為在你們中間行的奇能，若是行在推羅西頓，他們早早要穿麻衣，坐塗炭，而悔改了。但是我對你們說，審判日上，推羅西頓的刑罰，比你們的還輕哩！迦伯農呀，你已被舉到天上，將要推下地獄了；因為在你中間行的奇能若是行在所多瑪，那個城到今朝還必能存在。但我對你說，審判日上，所多瑪的刑罰，比你的還輕哩！"（《馬太》十一章二十一至二十四節）吾們教裏的人不都是這樣，因為吾們有覺悟的人，豈不急切要彰顯基督，榮耀耶穌麼？現在新境的要求，十分明瞭，要吾們把耶穌的人格，情感，覺悟，權能，生命，融化培養在同胞的心裏血裏，使他們因此成個新民族，立個新社會。基督教能適應這樣的新境麼？能的！請分析討論，詳申前說。

　　新思潮進來，人要求合理的生活，試問基督教所蘊含的生活果然合理與否？苟其果然合理，那麼一定能夠用理解的言語，表示信仰和行為的性質，叫反抗基督教不合理的教義儀式的人知道吾教真相之所在，而成為吾教的良友。苟基督教不能供獻合理的生活，除了儀文傳俗之外，沒有文化必需的元素，人生必需的力量，那麼基督教不能再有應當的存在，我們大家不必再奉此教了。教裏的人大都有一種機械的區別，以為知識和信仰，截然兩事，不能同重。信仰是腳，知識是眼，腳行走時，不用眼去定方針的，因了這種妄生的判別，人就懼怕講理性的人，好像講了理性，宗教就要招損失，好像羅得·馬丁那句"信仰是隨從不合理的條件"的話是天經地義。這些人心理古怪，生在二十世紀科學光明的今朝，還要做十五六世紀知識淺薄的古人，可不奇麼？他們想理解與信仰，不能並存而同立；但我們知道不是這樣：理解與信仰，乃是互助的，不能離立的。腳行走的時候，眼雖不能見到路的盡頭，不過一步一步的前行，離不了眼的輔助。眼愈明，腳愈安，豈可讓有腳的人大家都把眼包裹了，去任意胡行，要向那裏就向那裏，不顧路的平莊崎嶇安夷危險麼？合眼行路的人，吾們要笑他是瘋癲癲狂的人；丟了理解去信宗教的人，難道就算得是聖徒先知麼？但是理性，固然是危險的東西，和眼睛一樣。有眼的人，見了障礙污物，就要跳過去，就要撤除他們，那沒有眼睛的，撞在障礙污物上面，不但不知這些東西的真相，而且還想他們是應有的範圍。眼若要撤除障礙，眼自然是險物，理性若要打破迷妄，理性自然是犯禁的貨物了！不過基督教不要適應新境則已，若要適應新境，便離不開理性，便須在信仰上，生正確的理解。

方才說過，合理的生活，有消極積極兩方面，即是人的解放和人的擴大。基督教若然實在含蘊合理的生活，那麼不但應當使人從一切罪惡，一切不合理的制度思想中間解放出來，而且還要使人不再入於罪惡和不合理的制度思想而受其束縛；不但要救人脫離苦厄，而且要使人得耶穌的真精神而不受與耶穌的精神不符的壓迫。勸人勿拜偶像，不是叫人換一種偶像拜。勸人不要迷信，不是叫換一種迷信來崇尚。世界上沒有公開態度、科學精神的人，總有些兒"祇許州官放火，不許百姓點燈"的脾氣，吾們教裏，難道也應當如此麼？若說人必要水裏浸過一次或三次，然後方能得救，你就應當解釋為什麼必須如此而後可以蒙恩的。若說一個公會的教友不能和那個公會的教友共赴聖餐的，你就應當講明白為什麼必須如此而後可為耶穌的門徒的。你說《聖經》上一字一字是如此指明的，那麼《聖經》為什麼這樣講，我們為什麼必要一字一字的依從，你也不能不講清楚。若說祇要威權，沒有理解，那麼我們大家分手罷；你去跟從威權，別人卻要要求理解的。若說必須會督按手而後可以受聖靈，必須入某公會然後可以享靈福；必須泥守安息日然後可以得蒙天恩；必須輸入十一捐，然後可以得相當的物質心靈的報酬；必須說方言，然後可以享受聖神的洗禮；必須信童女生耶穌，肉體的復活，金門珠街的天堂，然後可以超凡入聖；必須信從千端萬緒的神話，習尚，風俗習慣，遺傳，然後可以做耶穌的門徒的。若說人必須如此方才可以有宗教，你就當一件一件的在"為什麼"三個字上做完備的答覆。請你不要怪我；請你仔細想一想：你既然要人家相信接納如許繁重複雜的條件，難道你不當開開口，動動筆，講個明白清楚麼？你們不要學法利賽人的行爲，因爲"他們把難挑的重擔，放在別人肩膀上，自家連一個指頭也不肯動的"！（《馬太》二十三章四節）

宗教能夠解放人，也能夠束縛人；不過基督教是完全自由的宗教，在精神上祇有使人得解放，沒有叫人受束縛的指示。耶穌說："你們要曉得真理，真理要使你們得以自由。"（《約翰》八章三十二節）耶穌行事的秩序即是"告訴被擄的可以得解放，瞽目可以看見，受壓迫的人可以自由，宣講主的禧年"。（《路加》四章十八、十九節）他的門徒，受了他的熏染，也是這麼講。保羅說："基督已經解放我們，使我們得以自由；所以要站穩，要謹慎，因爲有假弟兄要窺探我們在基督耶穌裏所有的自由，使我們復做奴隸。"（《加拉太書》五章一節，二章四節）基督已經解釋了我們的束縛，我們卻去把桎梏加在別人身上，我們還可自詡是他的門徒麼？我們所得的是心靈的自由，心靈的解放，超乎物質，而做一切自由的本原。"主是靈，主靈所在，即自由之所在"，"凡爲主靈領導的，這個人即上帝的兒子。因爲你們所受的，不是奴隸的心，以致依舊恐懼，乃是螟蛉子的心，從他稱上帝爲父親。聖靈和我們的靈同證我們是上帝的後裔"。（《哥林多前書》三章十七節，《羅馬人書》八章十四至十六節）這樣看來，基督使人得了解放，就要使人的自我擴大，而擴大的本末，全在與人與天同和同生。做上帝的兒女，即是做人類的弟兄，自我就可以擴張了。捨此而言，人沒有擴大的希望。解放是擴大的始，擴大是解放的終；解放擴大，都根基於人的寶貴，爲一事的兩面，基督教的大業，盡在乎是。

如今有識的人，莫不要求人的解放和擴大，莫不反對一切壓迫人束縛人的制度和宗教。基督教要救人麼？要轉移反抗的勢力使他變爲輔助的勢力麼？應當反求諸己，把基督的精神實現出來，使人得解放，得擴大；那麼天地雖能廢弛，上帝的道一點一畫也不能廢弛的了！

合理生活，當然是合理解和信仰爲一的生活。解放和擴大，乃是合理生活的元素；但是這兩件事是極奧妙的，理性安能盡其畢竟。人的解放在於脫離已現的制度思想的禁錮，可以專重理解。但是人的自我擴大，乃是侵入不知界的冒險，使未現未成，難以完全逆測的事變做人格裏面實在的因數，所以不僅具回顧的性質，而且須要有勇敢直向將來的作爲，才能有所成功。這樣事功，不能專恃理解，必須全賴信仰。人在信仰裏邊存活。科學哲理美藝教育政治工商的起點是相信，歸束是相信；人的作爲離不了信仰，猶之行路的人離不了腳和舟車轎馬。"信仰即是希望的事實在，未見的事的憑證"（《希伯來書》十一章一節），祗能在實行的時候建立的，不能因空想的結構成全的。

鮑恩說："人是意志，良心，情感，志向，這些性情比邏輯的悟性乃爲更有力量的因數。人又是實在的，和他的同胞與物統有極繁複的接觸與互動。他理論之先，必要生存；懸想之前，必要對自我，鄰舍，和物統發生實際上的覺悟。這種實在生活乃是人類信仰的源頭，實際長存的試驗。"信仰和理解，其實都在人生裏面發展，人生裏面確定。"知識和心境，良心和宗教，現在的生活和將來的生活，在於我們認識上都有實在的要求……思想乃是思想者的表現，故而與思想者同變。思想和生活實在接觸，而後乃能開展，並非邏輯虛空的分割，言論矯造的見證所能增損其價值。科學的進步，不在乎懷疑的辯論，而在於直向物統相接，確信物統不能使人入於迷妄。宗教的進步亦然，不在於講解無量性的哲學，而在於對於上帝與公義生主動的信仰。"（Bowne, *Theory of Thought and Knowledge*, p. 376；378—379）"如此，人類公有的大信條，成了實在本身的表現，非有切實的否證，則在無論何種知識論上，有成立的必然……他們是生活的表現，也是活的實現的工具。"（*Personalism*, Bowne, p. 311）

信仰理解，同爲人生的工具，斷乎沒有推翻的可能。不過我們須要知道什麼當信，什麼不當信，不是事事可信的；又要明白信仰的方向乃是理解決定的。

"什麼是我們必要相信的？知識上必然的真理。

什麼是我們必不能信的？凡係反乎這種真理的。

什麼是我們可以相信的？凡我們最高尚最滿足生活的實現中間必需的實際的原則。"（Bowne, *Theory of Thought and Knowledge*, p. 384）

新思潮進來，人都覺得中國民族，須有徹底的新道德，方能直前建造文化和社會。我們道德的力量，十分薄弱。所以對於宗教的祈嚮，極其懇切。基督教既係道德的宗教，自能當此時機，應此要求。各種宗教都有儀式道德的距離，基督教也不免呈露這種狀況，所以基督教目今最重要的問題，即是如何可以把他的道德精神揚溢開來，適應現代的要求。塔甫之說："在希伯來與希利尼的具體例子裏面，我們可見兩種可能的發展。在以色列民族中間，宗教能夠舉起道德的標準而達到近乎完備的道德地位。教裏的先知同時爲道德革新的偉人。但是在希臘國，雖有詩家倫理上的鼓吹，大概的宗教觀念依然定滯不變，因此宗教流爲迷信的，純情的，神秘的現象，而道德乃與宗教更形異趣。到了如今，宗教的問題成了個能否接受新道德價值到他範圍裏去的問題——能否接納追求真理的科學精神，增高人的價值，和這價值所要求高尚的社會的公平。"(*Ethies, Dewey and Tufts*, p. 197)

科學的精神即是道德的精神，要接納凡是真的，拒絕凡是僞的，雖與宗教的舊解不符，《聖經》的載述不合，也直行不顧，試問基督教能有此精神否？若是沒有，基督教的道德何以能夠稱爲完備的呢？如今基督教裏還有藐視科學，畏懼科學的態度，不敢在根本信條上生正確的見解，這就是基督教裏存留的不誠實，不誠實就是沒有"真理的靈"在裏面，就是不道德！崇尚人的價值，社會的公平，就是道德；基督教裏現在漸有覺悟，很能致力於此，所以前途的光輝甚是燦爛。近數十年，西方的基督教有兩種運動：一種是神秘的運動，一種是道德的運動。如今第二種運動佔了極大的勢力，和科學與社會並駕齊驅，足以顯出基督教裏的真生活真精神，常常依着他的能力膨漲擴充，綿延推廣，在人類的道德上湧現。中國今日民德頹唐，民氣委靡，必須這種道德的輔助，方能轉弱爲強。基督教若能發揮固有的道德力量，供應中國今日的需要，那麼無論贊助我們，反抗我們的人都要承認基督是中國惟一的救主。

無論在於個人，在於社會，耶穌的道德律令祇是一個愛字。耶穌說："我的誡命是這個：你們應當彼此相愛，像我愛你們。"(《約翰》十章五十二節)保羅說："弟兄們，你們奉召得着自由，不要假自由放縱私慾，乃要用愛心彼此服務。因爲一切法律，都成於一言，就是你當愛人如己。"(《加拉太書》五章十三、十四節)耶穌和保羅這兩句話，內包無窮的意義，直接基督教的真相。耶穌說了"你們應當彼此相愛，如我愛你們"那句話之後，就解釋愛有甚麼深意，"如我愛"三個字有什麼關係。他接下去說："人爲朋友捨生，比這個愛更大的沒有了。你們若依我誡而行，你們就是我的朋友，今後我不再稱你們爲奴僕，因爲奴僕不知道主人做的事；然而我已稱你們爲朋友，因爲我從父那裏聽見的，都使你們知道了。"（《約翰》十五章十三至十五節）換一句話說，這個愛是犧牲的精神。爲國捨生，爲理捨生，爲自己的戀愛和利益捨生是容易的事；爲人捨生，是最難的事。人說愛人是容易的，因"人"是籠統的名詞；但是爲個人，爲有血有肉有心靈的人，不是這樣容易，因爲有些人實在有無窮的不可愛的地方。耶穌的門徒大都是愚魯的，貧賤的，軟弱的，而耶穌獨見他們的將來和可能，稱呼他們爲朋友，爲他們捨了自己的命，這樣的愛是何等深沉雄厚博大高遠呵！試問我們教裏的人，有這樣的愛，這樣的犧牲精神麼？能夠知道我們愚魯的，貧賤的，軟弱的同胞的將來如何遠大，可能如何廣博，也稱他們爲朋友，服事他們，爲他們捨我們的生命；使他們從我們的死亡，脫離了愚魯，貧賤，軟弱，而達到了睿智，富貴，強康的地位麼？耶穌的愛是平等的廣博的，是實現"德謨克拉西"精神的。吾們若沒有此愛，沒有了，又不追求此愛培養在我們心裏，那麼請聽罷：我們不是基督的門徒，和基督沒分的！保羅所注重的是用愛心彼此服務，是說愛乃是服役的精神。犧牲服務併合起來就能實現愛的真際。愛是動的，是捨己的，是利人的，是在人的利益，社會的利益裏面尋求自我的發展自我的擴充的，是把生活幸福與人共有與人共享的。所以愛成全了個人的道德，也建立了社會的道德；在個人方面是犧牲和服務，在社會方面是公平和同情。現在中國缺乏此種熱烈的，深厚的，偉大的道德；若基督教能夠發揮他，創造他，洋溢他出來，供給中國，基督教就可以成爲中國文化的要質，中國民族的信仰，中國前途的光輝。換一句話說，我們教裏的人，能不能把"耶穌崇高的，偉大的人格，和熱烈的，深厚的情感，培養在吾們的血裏，將我們從墮落在冷酷，黑闇，污濁坑中救起"然後互相聯合成一個新民族？能的，那麼基督教就是我們的宗教了。

耶穌所說的"真理要使你們自由"那句話，確是合理生活的詮釋。知道真理，依據真理而行事存養，那就是合理的生活。得了這生活之後，人即可以自由，消極方面，得自我的解放，因爲自由乃是解放的表現；積極方面，得自我的擴大，因爲自由乃是擴大的要素。耶穌講的"你們應當互愛，如我愛你們"那句話，又是雄渾博大的道德的真詮。在於個人，愛是犧牲服務的精神，在於社會，愛是公平同情的基礎。一切情感的中心是愛；一切行爲的動機是愛；愛得普遍，平等公義就實現發展了。基督教既崇真理，又尚慈愛，既重理解，又尊情感，把基督最完美的人格貢獻於萬族人民，使人類全有得到最高生活的盼望。生活與人共有,幸福與人分得。基督教實際上的行爲,不外一個共字,一個分字。要人類共有超物質的真生活,要世界分得無形的,心象的,環境的幸福,要人類都爲上帝的後裔,要世界都做弟兄,那就是天國來格的旨意了。基督教的新社會,新文化,新人類,即是如此。基督教的事業,依舊要"預備主的街衢,築直主的道路,山谷全要填滿,山和泥墩全要掘低,彎曲的要築直,高低的要建平,凡有血氣的,要見上帝的救法"。(《路加》三章五節六節)這就是基督教的平等觀。"有兩件衣服的,分與無衣的人,有糧食的,也如此行。"(《路加》三章十一節)分的精神,並不是半推半就,似是而非的,乃是徹底澄清的。所以耶穌說,"有人打你右臉,你要將左臉轉過來讓他打;有人要告你,奪你裏衣,你當將外衣也讓他取去;有人強迫你走一里路,你就陪他走二里;人向你要,就給他,向你借,不要推辭。"(《馬太》五章三十九至四十二節)這幾句話,托爾斯泰不明白。所以變了不抗拒主義的宣言;尼采也不明白,所以成了奴隸道德的詮釋。其實這幾句話是超抗拒的抗拒,是基督教的公義觀。平等公義,在基督教的天國裏,乃是根本的觀念。現在中國革新者的要求,也不外乎此。他們的要求,用經語說,不外乎祈望"郇山,永生上帝的城,天上的耶路撒冷"(《希伯來書》十二章三十二節),即是"新耶路撒冷,從天上上帝那裏降下來"(《啟示錄》二十一章二節),"使上帝的旨意成在地上如在天上一樣"(《馬太》六章十節),又使耶穌"居在吾們中間,充滿恩寵與真理,以致我們看見他們的榮耀,如父獨子的榮耀"(《約翰》一章十四節)。新境對於基督教的祈嚮要求如此,吾們當已聽見了馬其頓人異象中的呼籲,自問能否如保羅那樣勇往直前麽?

如今教裏的人,眼看新潮的洶湧,不去研究他徹底的要求,倒反不知措手足,引起了恐怖的心。新潮中間的科學精神,批判態度,實在是新文化新民族最要的元素;但是這種精神,這種態度,對於一切現存的制度必然有所攻訐排黜,把一切不合理、不公平的社會的裝飾品揭除,使內包的腐敗罪惡完全彰露出來。從前的天經地義,現在或等於糞牆朽木;從前的禮教玄學,現在或變爲糟粕秕糠。新興論中間,不免許多似是而非的議論,許多冒牌的學理,許多互相抗拒的哲學介紹進來使人無所適從,許多太激過偏的思想,許多暗裏摸索的行爲,許多逞情縱意的毀壞,許多因所感受的痛苦而發揮的攻擊。然此亦是新潮中不免的泥沙。守舊頑固的人,一味蠻橫,反對一切革新的議論，其實並沒有徹底的覺悟，並沒有知道什麼是好，什麼是惡的事。在他們現有社會系統思想系統，因爲是祖宗的遺傳，所以是好的；凡係沒有試驗過的都是壞的。事體的當不當，是不是，祇要把他和舊的古的思想比較比較，若與舊的古的若合符節，那就是當的是的，就是人生的經緯；若與舊的古的不合，那麼一定是不當不對的，應當遭他們的打擊了。這種判決，好不易呀！人是希罕的動物，"瞎了他們的眼，硬了他們的心，免得他們的眼睛得見，心中明白，懺悔過來，使我醫治他們"。（《約翰》十二章四十節）他們甘心情願讓死祖宗禁錮活子孫。教裏的領袖，也有許多如此的。他們說，照新思潮的法子批判基督教，那麼基督教要破產了。基督教的真生活真精神，受了遮掩蒙蔽，不能直湧發揮，安得不破產？他們說依了科學的理論，道德的準則，這公會那公會的特色就要打破了。若是公會第一，耶穌第二，儀式爲先，道德爲後，那麼自然有公會特色打破的恐慌。他們專要保守一種格式，不要發揚一種生活和權能，道德和覺悟，把死東西當做活寶貝，不能理解的教義代替活潑的信條，不成問題的舊神學看做宗教的元素，所以要說他們在舊社會裏倒能宣道，在新學界裏，倒要箝口結舌，一籌莫展了。一位牧師說，"我的宗教，幾乎破產了"；又一位牧師說，"對學生講道是難之又難了，除了舊信條還可講什麼呢？"其餘的牧師教師，守古的守古，泥舊的泥舊，理亂不知，黜陟不聞，不知世上有什麼大運動，中國有什麼新思潮。

其中知道新境實是基督教從來未有的良機，在這良機存在時期，基督教可以彰顯他的真精神生活的人，真是鳳毛麟角，希世之珍。爲什麼教裏有覺悟的分子如此其鮮呢？

豈不因爲基督教裏的人，自己還沒有直見基督的真相，確獲基督的心思麼？現在是真假，是非，善惡，公私奮鬥的時期。耶穌說："我來將火擲在地上，若然已經燃着了，實在是我心願的。我有應受的洗禮，洗禮未成，我何等憂煎呵！你們想我來給地上平安麼？我對你們說，不然，倒要使人相爭。"（《路加》十二章四十九至五十一節）又說："你們看雲從四方起來，就說，要下雨了，雨果然下的。看見南風動，你們說，天熱了，天果然熱的。冒牌的善人呀，你們能辨別天地的氣色，爲何不能辨別時勢呢？你們爲什麼不知道孰爲正真的事！你和與你爭訟的人去見官，當在半途盡心要求解釋，祇怕他送你到官跟前，官把你交與差役，差役把你下在監獄裏；我對你們說，一毫一釐沒有還清,你終不能從那裏出來。"(《路加》十二章五十四節到五十九節)現在是爭訟的時代,是發生問題,要求解決的時代,基督教應當和反抗他,與他興訟的人,得個圓美的解釋。應當徹底澄清的一絲一毫償清了!今天不償清楚,總有一天要償清楚的;不過現在償清易,嗣後償清難,吾們萬不該把良機錯過了!

原載《生命》一卷四期,1920 年 11 月

我為什麼要讀《聖經》?
用什麼方法讀《聖經》?

　　《聖經》是生命書,我讀《聖經》,為是要得生命,要從這生命利己利人,救國濟世。小子不敏,未敢自棄。我讀經之法有二,即是批判法與尚友法。批判《聖經》是要知每卷的人、地、時、文、旨,而免盲從,而得真知。用尚友法的緣由,是要與賢、聖、救主、上帝相通,藉以誠心以見天心,使我得到靈修充分的效果。但此二法的好處,也不外乎使我得生命,又使我所接觸的人,都從我言行文章得着生命。

一九二○,十二,二十,蘇州
原載《生命》一卷六期,1921年1月

《聖經》在近世文化中的地位

　　從《舊約》中最古的書出現到如今，已有三千餘年。全部《聖經》的著作時期，佔一千餘年，故《新舊兩約》被基督教認爲經典之後，已享了一千七八百年的長壽。近世文化中間，書籍的興亡，難得百年之久；書愈古，則其受人的傳誦研究愈少；至於二三千年的舊書，考究的人，除了專門學者，竟幾乎沒有人的了。平庸的書，出祇一版，印祇千冊，傳祇兩三年，讀祇近千人。在書籍的天演界裏，優劣勝敗的競爭很烈，那些優勝的書，若能傳至千年，影響一世，真如鳳毛龍甲，不能多得。獨有《新舊兩約》，經了如許時代，傳了如許國族，受了如許學者的批判研究，還能出類拔萃，巍然獨存，有"夫婦之愚，可以與知也，及其至也，雖聖人亦有所不知焉"的氣象。不但如此，《聖經》得勝了時間的磨礱，又增長了空間的傳播，因而豎盡年華，橫盡土地，多受著他的影響。在一千九百十二年的那年，全球銷售《聖經》二千八百萬本；此後則每年不下二三千萬本。在中國《聖經》的銷售與贈送，每年亦不下零本整本百萬餘冊。六十六卷舊書，竟能跨躍東西，左右賢愚，爲市井間巷所傳誦，爲學者竭精殫慮而研幾，甚致各國信徒建立聖經會以推銷廣播，設立聖經班以解釋闡揚。人力所到，舟車所通，或在家庭之內，或在戰壕之中，都有他的蹤跡。人日讀之而不懈，日聽之而不息，日講之而不倦。文化愈盛，其傳愈廣，其理愈明，能超各書而獨存，能經攻訐而更著；吾人仔細推想，《聖經》的勢力，何以能獨脫空際時際國族種界的範圍而流行無極呢？在近代的文明裏面，哲理科學，同時並興的時期，《聖經》尚有存在的必要，廣布的可能麼？

一、威權

　　歐洲中世紀人民尚在教皇威權之下。其後因了十字軍的東漸，新大陸的發見,中等階級的興起,民族國家的產生,宗教革命,文運盛興的鼓盪思想信仰,人民中有識見的人對於一切威權下了戰書。其後狄卡在哲學上起了懷疑的態度,侯謨在心理學上創懷疑的論調,康德在理性上持了批判的學說,孔德在思想上樹了實在的主義,達爾文在科學上闡明了天演的道理。經哲學科學的解放,又經政治經濟的變遷,一切威權,在政治學說宗教制度上,都受了根本的搖撼。教皇浦納番斯第八的宣言,說"羅馬教主胸中包藏一切法"。(Romanus Pontifex, qui juraomnia inscrinio pectoris sui Censetur habere)這種說素,在科學者的耳中,竟成了癡人說夢了。人既不信教皇在信仰解經的範圍內有威權,自然也不信《聖經》本身有強人必信必讀的威權了。不但如此,"一旦理性被認爲是解決問題的工具,可以代替遺傳,信仰,教皇,一切威權即不能不進呈他們的信據。一切人制伏人的制裁,須要證明他果於受制裁的個人與社會有實益。批判威權最得力的學者是富而泰、賴馬魯、貝痕、耶弗遜、史覺司、奧溫羅布、斯賓塞爾、托爾斯泰。攻擊制度的偉人是盧梭、高德溫卑泌、包特享、馬克思、查治亨利、克魯包金與尼采。"(見 Ross' Principles of Sociology, p. 456)當宗教革命的時候,羅得馬丁等人,把教皇無訛的威權,移在《聖經》裏面,使人人讀經而服從之。不知此種威權含有許多難處,萬不能滿學者的願望。若說《聖經》是靈感而成的帝旨,一字一句,一點一畫有同樣的威權,則摩西和耶穌的教訓,《十誡》與《新約》,有同樣的重要與價值了。《希伯來人書》中論摩西、耶穌的說話,怎樣解釋呢?《兩約》的異同,《四福音》的出入,種種不合符節的歷史議論心理思想,如何可以並行不悖呢?況且各人有解經的權利,各黨有自是的可能,豈不要把《聖經》的威權,移到各人自身,各黨自身,名爲《聖經》的威權,實則爲各派的威權,轉成了潑魯泰谷拉斯(Protagoras)"個人是真理的權衡"的怪現象麼?這種怪象,隨機而見,歐美教會的宗派不下二百,莫不各是其是,各非其非,致有人說"你的道爲左道,我的理爲正理"。因此人對於《聖經》的威權發生了問題。《聖經》在新文化鼓盪期內,再不能有舊時的威權,但是他的廣佈流傳,足顯他具有勢力,他的感化動人,足見他有不能消滅的光輝。他的威權,到底在哪裏呢?

在遺傳和理性攻擊的現象中間,《聖經》的批判學、考訂學當有發生的必要;因爲《聖經》也須經過重估價值的步驟。"遺傳是教閥解經的論調,是自足而具有威權的。批判是超乎此種論調的解釋,要人對於《聖經》直接發問題;因此遺傳一失信用,批判的原則即受了胚胎。"(Nash, *History of Higher Criticism*, p. 61)"自從中世紀的世界分散之後,人得了兩種發明——他發現了宇宙和他自己的夙昔,在於理性,自然與歷史有甚大的威嚴勢力。希臘人的思想不出乎哲理的範圍;奈西時期(Nicene Age)的理解幾乎全爲神學所左右;但是吾們時代的趨向,則愈進愈見爲科學的性質。"(Nash, *History of Higher Criticism*, p. 146)因爲一切學理,都受天演論的影響。自然科學昌熾繁興,使人征服物質的環境,從而使人自信理性有適應環境的力量。有尊重人的價值的權能。歷史也受了影響,一旦顯露人類進化的痕跡,都是彰彰可考的。所以人既得了新的宇宙觀人生觀,就自然而然創出科學的理想和歷史的學理,藉以揆察人事,考究物理。這種觀念推行在聖經學上,便成了聖經批判學和考訂學。從此之後,《聖經》的價值,須由估訂一切文化因數的方法與原理而規定,徒說他自身有威權是無效率的了。

批判《聖經》的學者,不外兩派人。在十八世紀學者受了新思潮的影響,不免先存一種哲學觀念,然後批判《聖經》,遂致毀壞多而建設少。鮑爾(Baur)爲透賓近學派的首領;(Tübingen School)他藉黑格爾哲學的論法,創議"趨向說"(The tendency theory),將《聖經》勉強納在他的成見裏面;因此他把耶穌的宗教和保羅的宗教分離判別,又祇能承認《新約》二十七卷中的五卷爲確係出於使徒的手筆。他雖爲時代限制,把成見去解經,走差了路,但是他的貢獻,卻不可忘卻的。到了海爾近番(Hilgenfeld)、霍之門(Holtgmann)、佛挨者散葛(Weizsacker)、弗拉持勒(Pfleiderer)手裏,鮑爾的說素就移了方向。還有一派經學者,不抱成見,不肯用哲理的學說與自然主義加在研經法內,以爲要知《聖經》真相,非用公開的態度,同情的心去虛受不可,歇懶蠻克爾(Schleiermacher)可以算這派人的代表。他把自由理想,熱烈的情感,宗教的經驗,合在一塊,希望得見真理。後來的學者深知成見的不當有,毀壞的非科學,莫不注意於科學的真精神,和宗教的經驗。尼安特爾(Neander)說"心造成的神學者",就是這第二派學者的定名。吾們平心而論,學者要研究一種學問,非對於他的問題和資料,發生同情心,終不能窺見他的問題的內容真相。研究《聖經》,既不當抱成見,復不該無同情心,才能得其效果,否則戴着顏色眼鏡看天地,天地不能不着了眼鏡的彩色的。

　　吾們的問題是：近代文化中間，《聖經》有什麼威權？《聖經》若無威權，自然再無用處，不啻成爲骨董。《聖經》若有威權，依然能夠左右人的思想和行爲，學說和經驗，他在文化中間，自然有重要的位置。《聖經》的有存在價值，廣播可能與否，全看他的威權如何。然而他的威權，必須是和現在文化中間重要因數所有的威權有同樣的性質，有更重要的效用。現在文化中間最重要的因數所有的威權，不外乎衆學者理論上的同意和衆信者經驗上的效果。從實驗哲學方面看，凡能發生影響的即是真理，因其機能可以發展，可以在人的經驗中間產生實事。換一句說，舊時蠻橫無理的威權既已推翻，《聖經》能不能從教閥的霸佔中解放出來，發揮他在人理性上經驗上的威權？若果能爲此，則此威權的性質與文化的性質是融合的，因其與文化都從人的經驗和理性發見的。簡括些說，這個威權乃是人的本性對於人自己所有的威權。近代文化可以推翻一切威權，卻不能推翻這個威權，若要推翻，便是文化的自殺！

　　聖經學者持公開的態度，用科學的方法，表同情的心志，闡探《兩約》，把歷史的事跡，宗教的經驗，哲學的假定，時代的性質，文字的組織，體格的變更，神話的元素，一一分別證明，孰爲一世一代的權宜的教訓，孰爲萬世萬代不遷的定理，因此得了一個經學界的同意。這個經學界理性上的同意，與哲學界科學界學說的同意，有同樣的性質；爲了有同樣的性質，所以有同樣的威權。尋常的人不能不仰給於專門學者的發明，不能不接納科學哲理的見解以爲自己的知識，因爲不如此做去，若要將事物之理，自探幽眇，則"人之生也有涯而知也無涯"，那裏能夠眞得知識呢。依樣，人也不能不將經學界的貢獻爲自己立身立德的根本。這就所謂衆學者理性同意的威權，捨此而他圖，則文化就沒有歷史的社會的及堆積的價值了，即沒有所謂文化了。至於經驗的威權，更屬顯而易見。《聖經》是上帝在人經驗中發表啓示的神諭，故爲經驗之書。若經上所謂感通、赦罪、得慰、成聖種種理都可以從信仰接納而成爲經驗；都可以使吾人聽其命令，不能不從；都可以成爲從許多個人推至社會而爲社會共有的生活；都可以適應社會實際的環境，供給社會實際的需要，而增社會的程度及幸福；那麼《聖經》在人的經驗上必然要得無上的威權。在今日文化興旺的時候，不但平人，而且學者，不但經學者，而且科學者,有許多人,因了信仰同情,願意試驗的緣故,都證明《聖經》中所載的道理,依舊可以"本諸身,徵諸庶民……百世以俟聖人而不惑"。《聖經》在人經驗上的威權,已可想見了。耶穌在這事上,也可以爲我們的師表。他不承認非理性,非經驗的威權,祇承認有理性可經驗的律令,所以他一方面反對猶太教裏無意義束縛人的儀式繁文,一方面依據生活的真理教訓人,使人不得不接納他的威權。耶穌知道人生必須有理性經驗上人類同意同情的定則。"無人能較耶穌的知識態度更自由,亦無人能較他更不專斷。他雖係歷史上最大的偉人,然他不在個人主義裏面實現生活,乃在最上的公共生活裏面融化他自己,因在這生活裏面,人與上帝同生,上帝與人分生命,人與人共有生命。他說他如何得生命,吾們也可如何得生命;把一切獨斷和自大心剷除了,生命就可實現……他所服從的心靈威權,我們也要服從。這威權最簡的程式,即是吾人對於本務要履行,對於嗜欲要抑制的覺悟。這樣,這覺悟好像一個擔子,一個外加的壓迫。但是在吾人道德發展到高等地位的時候,吾們要學得這本務並不是外來的制裁,乃是吾們的真我自然的表現。"(Coe, *Religion of the Nature Mind*, p. 103)理性經驗的威權,到了自我融和的內性的必要表現的地步,在文化上自當得存在推行的大勢力。《聖經》既已得了此種威權,則在近代文化上的地位,就可想而知,無庸贅述了。

二、真相

《聖經》既有如此效用威權,爲什麼人對他的態度與觀念,依舊還有藐視的性質呢?考其原因,不外乎不明《聖經》的真相。要知《聖經》真相如何,吾們當從消極積極雙方觀看。從消極方面看,《聖經》不是一册怪異之書,讀者把他當作齊諧志怪的書,安得不南轅北轍呢?福斯狄克說:"許多基督徒……還被一種思想所轄制。以爲基督教的《聖經》觀念,和回教的《古蘭經》的觀念,瑪門教的經版觀念一樣。回教的正宗派說《古蘭經》降世之前,一字一句,都已在天上寫好。至於瑪門聖書,乃是上帝預伏在地裏的經版,施密司上帝的先知將他掘起翻譯,所以無一字的差訛。"(Fosdick, *Meaning of Faith*, p. 169)基督徒若對《聖經》存依樣的觀念,自然有難以信從的困苦。非基督徒若存此種思想,自然要以爲《聖經》與科學是完全相背的。但

《聖經》本身裏面，並無一言提到他怪異的來歷；所處處表示的，乃是上帝在人的歷史和經驗裏所示的旨意，乃是人從歷史和經驗中所發見的上帝對人的態度，心志，事業，與關係，以及人人中間的倫常。《聖經》也不是字字靈感而成的書；《聖經》裏面並沒有這種說素。若是字字爲聖神所感而來，則經內字句的差訛，歷史的出入，理想的矛盾，信仰的深淺，道德程度的高低，就必是聖神獨有的異跡，人沒有分在內，豈不成了一冊怪異的書麼？

《聖經》又不是一冊科學書。如今還有人將《創世記》當天文地質等科學講，豈不奇麼？但是，《聖經》沒有宣告自己是科學書。他不是天文地質的學說，也不是醫藥的課本，也並不自說是這些書。他是一本宗教書，專講公義與神旨，其中一切大教訓都把這種題目來闡揚。若要《聖經》的著作人對吾們講近代的科學，那就是不理性了。當人著作《聖經》的時期，夢也做不到哥白尼的天文學，哈凡的血系流行說；在此等學理發明的數百年前，宗教書安能知得，並且有何理性，有何必要，而須含此學理呢？"(G. W. Fiske, *Finding the Comrade God*, p. 139)《聖經》若是一本科學書，試想他還能在近代文化中間存在流布麼？

《聖經》不但不是科學，而且也不是哲學、神學和歷史，乃是一部宗教道德的叢書。《聖經》有許多哲理，或是互相衝突的，或是互相輔助的。《傳道書》的溫和怨世態度，和《以賽亞書》二章的樂觀世界主義雖係不同，卻都是哲學的原料。《約伯記》是人生哲學，《創世記》首章是純正哲學，《登山寶訓》是社會哲學。《聖經》裏的哲學，與《聖經》外的哲學，性質相同的地方，即是隨時變遷。吾們若仔細研究，即能察出斯多亞，新柏拉圖主義等等思想，幾乎做了《新約》中幾卷要緊書的經緯。一代的人總要假一代的思想解釋他們的經驗；這也不甚希罕。中世紀的神學者把亞里士多德的學說來解經護教，亦不外這個意思。人不明此理，就說基督教沒有一定的哲理，所以不佳；但假教外的哲理護教，所以不正。殊不知能將環境中的勢力去適應他的生活的，乃是活的，有機能的宗教。戴季陶先生說："有種宗教以能進化自豪的，我們很承認，但是他滑頭的地方，也正在這點。譬如別的宗教，大都有他固定的哲學的；惟這種宗教，是沒有他固定的哲學的。亞里士多德的學說盛了，就把亞里士多德的學說採取利用過來；笛卡兒的學說盛了，就把笛卡兒的學說採取利用過來。"(見《新潮》第二卷四號通信欄)戴先生雖未明白基督教的本相是生命，所以有這番話頭，然而也不能不承認他"能進化"的性質。《聖經》是生命書，不是一種固定的哲學，不過他的哲理根基具有特性，正如柯氏說："他今日的影響，大概是在他裏面自顯的智慧與良好的教訓。"(*Religion of Nature Mind*, p. 36)

《聖經》既係人的經驗結晶而成的宗教生命書，他的神學自然也是隨時而進的了。《舊約》的神學和《新約》的神學有歷史的因果，不必有堅定的系統。摩西的上帝是一族的神；亞摩斯的上帝是天下的主宰；何西亞的上帝是公義而慈愛的，是民族的丈夫似的，是民族的父親；以賽亞的上帝是尊嚴聖善的；耶利米的上帝是與個人有心靈交通的；以西結的上帝是聖善超越的；尼希米、以斯拉的上帝是須用儀式崇拜的；耶穌的上帝是人的天父，道德的標準，是愛。這些思想，有歷史一統相嬗的線索，卻是隨人生命經驗而進步的。所以《聖經》是古世近世神學的原料，而不是神學；是生命書而不是專斷書！"上帝在生命行作裏表示他自己，致人可以認識他，知道他旨意；《聖經》即是記載上帝如此表示自己的生活動作的書。《聖經》並不記載上帝一切的啓示……不把上帝啓示的全體給我們，並且不把基督徒經驗上啓示的全體表出來。他給我們豐富的部分"罷了。(Clarke, *An Outline of Christian Theology*, p. 23)《聖經》裏的人物，固然得了豐美的經驗和啓示，但是"沒有我們，他們卻不能成爲完全"(《希伯來人書》十一章三十九節)。

但是《聖經》既是生命書，從人的經驗進步而來的，其必爲歷史無疑了。卻又不然。第一，經內所載不僅歷史，且有寓言，詩歌，書信，演說，哲學，傳記等文。這些書是歷史必須的材料，卻不是已成的一冊歷史。第二，經內的歷史，如《五經》及《約書亞》、《士師記》、《撒母耳前後書》、《列王上下書》、《歷代志上下》，都不從歷史法，歷史眼光寫的；其宗旨不在載事紀實，而在發揮宗教倫理。所以諸書雖名爲史，卻又不過史料罷了。第三，《聖經》的歷史價值，不限在歷史的本身，不都在已成的歷史，而在能影響人群，創造新史。因而《聖經》不僅含有已過歷史的事實，而且抱着創造新歷史的力量。孟斯德堡說："這靈感的聖書是影響歷史無窮盡的淵源。耶穌一生與他的神跡是上帝愛的顯現。基督徒團體在從馬槽到十架的歷史中，尋見一切寶貴的希望，意志，和成全內性統一的事體的無上歸宿。此事有這樣感化世界的效用，並不爲這神跡的超天然，乃是爲了他是超歷史的……在於歷史的意志，這啟示就變了靈感的力量和化人的精神了。"(Hugo Munsterberg, *Eternal Values*, pp. 367—368)

　　從積極方面說,《聖經》是什麼呢?《聖經》是許多人從許多不同的時代,不同的經驗,發揮出來的帝旨,爲要適應他們各時代,各社會實際的需要,解決他們當時各種人生社會政治宗教問題。所以《聖經》不用一種文字,一種文體,一種思想,沒有舉頭天外,大放厥辭的空談,祇是生命話,對於生人而發的。所以吾們用了歷史批判法,研究他的教訓,就能知他存活的真相。我們已經提過,《聖經》是上帝的道,上帝的言語,在人的經驗,人的生活動作中揭示出來的。吾們也已經提過《聖經》是一本宗教倫理書;在這書裏面包藏一切道德的標準,人生的價值。個人單獨的經驗,社會共同的經驗,在《聖經》裏面都佔極重要的位置。其中的教訓及理想,足爲生命的明燈,行爲的嚮導,靈修的鑰匙,涉世的寶筏。美國總統威爾遜說:"我請你讀這書……在這書裏,你不但要找着許多實在的男人婦女,並且要尋見你生活中間所奇異所憂慮的事……你必要愈讀愈明白何爲有價值何爲無價值的事,何事能使人快樂——忠信,正直,誠實,爲本務而犧牲一切的毅力,以及要爲人捨命的基督所給的真贊許,這些是能使人快樂的事。你也要知道什麼事是削奪幸福的——就是自私,懦怯,貪婪,以及一切卑鄙齷齪的事。你讀了《聖經》,你就能知道他是上帝的聖諭,因爲你必已得啟開你心的鑰匙,解釋你幸福及本務的理論。"(見 Fiske, *Finding the Comrade God*, p. 134)"以銅爲鑑,不如以古爲鑑。"以古爲鑑,不如以上帝之言爲鑑,因爲在《聖經》裏面,你要得自我的發見,心靈性的擴大。人與上帝的關係,人與人的倫常,都在《聖經》中指明表揭。不論是誰,不論何種經驗,都可以在《聖經》中現出本色。

　　《聖經》既是生命經驗書,就是人的書,指明上帝愛人,稱人爲後裔,人愛上帝,以上帝爲生活的中心;上帝和人在基督耶穌裏合一調和。自古以來,上帝的默示,隨人程度的增長而進步,所以愈到後來,書中所載的理想愈高深,信仰愈清潔,人格愈崇大,直指耶穌的宗教道德爲歸宿。《聖經》一切的標準價值威權真理,都聚精會神,集在耶穌身上。因經內有耶穌,所以有永存的價值;指明在耶穌中間,人有救法,所以有流布的能力。此事果然很玄妙,很幽遠。但人生起於玄妙,住於玄妙,歸於玄妙;最不緊要的事,是淺易,最重大的事,最奧衍深微。非妙無人,非人無書,《聖經》是人的書,該是幽妙微奧的玄妙書了。今世淺識者流，輕視一切神秘生活，殊不知進步愈高，神秘愈大；五官不用，心感遂通，感通之理，端在心靈，天人交融，理成一貫，豈不"玄之又玄，衆妙之門"麽？人原起於物界，進於心理界，再進於社會界，再進於文化界，又再進於靈通天國的境界。天演進化，理固如此。學者要人盲從達爾文而回到草眠禽獸的狀態，僅以物釋人生，不以靈闡人生，豈不變了願跻高岡，反落深淵麽？人在基督裏面，能從罪惡苦厄得着超脫，能於德行人格成功豐備；這個道理是《聖經》登峰造極的造詣。《聖經》是人的書，所以是玄妙書，所以是文化中間的玄妙元素。人在一日，則有一日的玄妙，玄妙在一日，則有一日的《聖經》，《聖經》在文化中間的位置，自有自存的力量，自有無可替代的可能了。

三、文化

《聖經》是創造文化必需的勢力。中世紀宗教革命把一本展開的《新舊約》放在平民手裏，叫他們自讀自解，不要服從教皇無訛的威權，卻沒有把這書真真展開在他們知識裏面；因爲經文固然翻入人民的言語，經意還沒有發揮他的本旨。近世學者用科學的方法，歷史的眼光，研究詳考，把六十六卷每卷分别，指出著者約爲誰人，宗旨原係若何，書内的訓誨正合何種社會的實況，正因何種歷史的緣由。如此《聖經》成了平民知識上展開的書。從平民恢復自讀《聖經》的權利以來，文化受《聖經》影響很大；如今又得學者科學歷史的輔助，人民必更明白經旨，更能把經旨實現在心靈中間做促進文化，影響人羣的原動力。然則《聖經》在文化中之地位，不僅必要，且又重大的很了。

吾們不能迷信《聖經》的文字，一句一讀，有什麽力量。吾們所深信深知的是《聖經》所載的道，人讀了可以融化在心，發爲天人合作的權柄。這種權柄，在信徒身上十分明顯，從信徒身上發爲影響文化的原動，亦十分明顯。聖奧古斯丁從《聖經》大受安慰，以爲哲學無此力量；衛克里夫因《聖經》幾遭羅馬教的陷害；丁達爾、喀弗達耳因譯《聖經》而爲道理殉難，死於火刑；黑斯約翰、耶而謨也遭此灾；羅得·馬丁爲了據經釋教的緣故幾瀕於危。自古以來爲經爭戰，殉難，被禁錮，被驅逐，遠離鄉井的人指不勝屈。這並不是《聖經》害人，乃是顯出《聖經》的可貴，人肯爲他犧牲一切。到生與義不能並存的時候，人就捨生取義了。中國學者往往以爲中國人心懷寬綽，可以容納宗教上的異端，所以三教並立，儒墨兼行，歷史上沒有教爭流血的污點。有容納的開廣心，固然很佳；但是沒有宗教道德固定的信仰和決心，就這樣隨隨便便的平安過去，也算是高尚寬厚麼？西方教爭固然可愚，但其愛道忌邪的心，卻爲中國所不常見。中國人沒有忌邪嫉惡恨假鬥罪的宗教，所以能顯出寬容心，不然，爲宗教而血流遍野，也未必能免的事。不見吾國人反對薙髮令麼？死者幾何？爲身體髮膚而肯死，豈有得了宗教的決心而不能奮鬥麼？教爭的時代已過，教爭的歷史更不能使《聖經》因此受攻擊。《聖經》影響個人，能使人爲他的緣故殉道，離鄉井，梯山航海，到各種各族中間去傳福音，因傳福音而介紹文化的婚媾，商業的交通，國際的友誼。試想其於文化創造的貢獻爲何如。

　　文化中間的要素爲科學，哲理，美術，宗教，政治，教育，實業。這些要素的發展增進，和《聖經》的闡明互爲表裏；因爲這些都尊重人的價值，尋求人的幸福，而《聖經》乃係完全人品的人書。有人想科學進步，宗教必須破產，豈知科學宗教，都本於信，立於誠，成於德，發於人的。有人想宗教退化，《聖經》須在淘汰之列，那裏曉得《聖經》表揚生命，含蘊人心，爲文化中萬不可缺的精華。科學宗教，可以並行不悖。科學專究空間時間中的現象，在他範圍內不承認自由，神蹟，上帝，靈魂等事，因爲這些多不在他範圍之內。但不在科學界內的生活的全體，如何可說是無存在的；科學豈能包藏一切，籠罩萬有麼？《聖經》中的宗教生命，是宗教範圍內的實際，超乎科學而不背乎科學。科學在近世文化有相當的地位，不該徒恃僭越；《聖經》的宗教，也有相當的位置，不該因着抽象的科學邏輯差訛和解析的考驗法而打破了。科學宗教，範圍不同，但其精神則一。科學含有宗教的完全誠服眞理的精神，宗教蘊着科學的專心，尋求實際的決志。赫胥黎說：''在我看，科學用最崇高最勇毅的方法教訓吾們基督教裏全順帝旨的大眞理。你若不坐在事實面前像一個小孩子，預備捨棄一切成見，虛心跟隨天然所指引的道路，你不能得一點的學問……自從我學得決定冒險依此做去，我方才學得心中的滿意和平安。''這就是宗教的精神運行在科學裏面。蓋而聞（Kelvin）有科學界之拿破侖的名譽，他說：''沒有事比無神論更不合理。''老基・奧立佛（Sir Oliver

Lodge)是近世最著名的物理學者，他說："現在科學的趨向，不論如何，沒有往無宗教的方面去。"斯多克斯·查治（Sir George Stokes）是物理大家，他說："科學者中間不信教的率居少數。"嘉基·雅各（Sir James Geikie）是哀丁堡大學科學科科長，他說："科學界的領袖無宗教或反對基督教這句話，是最荒謬。祇有神經昏亂，妄用熱誠的人才能道此。"（Fosdick, *Meaning of Faith*, p. 166）科學界領袖的見證如是，這就是把科學的精神錯於宗教裏面。

《聖經》雖非哲理書，他和哲學的關係，卻甚密切。哲學的第一原理是假定的，不論是心是物是理是天然，都須在假定範圍之內。從此假定，推想萬有，使萬有在理性上得到統一，得其究竟和歸宿。《聖經》源於上帝，是一種信，一種假定；因爲以上帝解釋萬物，使一切的存在都在上帝裏面得究竟和歸宿，正和哲理的要求，事功相同。《聖經》所載的哲學，方面雖多，要歸於宇宙主宰的本體。在他裏面，一切敵對的現象，觀念，真際都融和了。《聖經》既是宗教書，生命書，自然不如哲學全恃理性去解決問題，因爲上帝的神性永能，凡人所能知的，都在人心和天然裏面彰著明顯了。（《羅馬人書》一章十九、二十節）其不可知的，謂之玄妙，都藏在基督本體裏，須待那當面的時候，因爲"現在我僅知其部分，到那時，我要認識如我現在被認識一般"。（《哥前》十三章十一節）"因爲現在還沒有顯現，不過我們知道他顯現的時候，我們要像他，因我們要見他的真本。"（《約翰一書》三章二節）這樣，信者的心，雖不能一時窮理盡性，卻依舊是玄理統一的真機。孟斯德堡說："僅得知道外界和外界之外，不足以表明宗教的意義。惟有對於自我和自我之外的認識，對於救法的信任，才能表揭信釘架者的人的生命。外面的世宇固然要在基督教教義的全體中得其位置，但神國卻在我們裏面。我們初時雖須問及對於外界的觀念；但上帝從自由中創造世界，並且定其秩序使爲道德的疆域這一觀念，已在《福音書》和初時的基督教確信中顯明。這造物的主，用在他裏面融合的快樂，全能，道德，慈愛來祝福世界。受造的世界自初受了安排，因此自然的定程，生命的幸福，良善的勝利，可以在信者靈魂中間，消除他們顯有的矛盾。基督教自初即抱着心靈的造物主從他聖善超越的權能而固定天然，幸福，德行的統一這個教義。"（*The Eternal Values*, pp. 367—368）這樣，《聖經》的道，集在靈通，哲學的理論所難到，《聖經》的宗教可以全之。《聖經》在近代文化上的價值，自可不言而喻了。信奉經訓，不較信任任何一種哲理爲更不合理，而較信任任何一種哲理爲更可試驗，更有效率。信任哲理和信奉基督教至少是同有理性，同爲迷信！《聖經》可補哲理的不足，哲理可推《聖經》的玄奧，兩缺其一，文化招損，則《聖經》在近代文化中的地位可知了。

《聖經》與美術也有很密切的關係。基督教沒有流布之前，西方美術，都是威肅呆滯，孤特整齊的，或爲階級的表象，或爲個性的展發。無論雕鏤詩歌建築音樂，都不能在莊嚴中含溫和，在活潑中具精奧，在冷淡中藏熱誠，在個性中容社德，在想像中發實際，在情感中見人道，在渾厚中呈寬裕，在荒誕中有節制，在敏捷中存含蓄，在整齊中表自由，在混一中聚紛歧。雖是這樣，要皆起於宗教，因宗教的感情，必待形式而彰著，而形式之中，惟美術所發爲最當。由是宗教的需求，成全美藝的進步。後來基督教盛行，美術因了《聖經》中所載的威嚴慈愛的上帝，和可貴能救的人類，種種神秘的，人道的，自由快樂的教義，一變其精神與性質。試問歐洲的大禮拜寺，其尖頂如手掌之向天乞惠，其裝飾如情緒之隨時應變，較之希臘的巴西朗（Parthenon）的徒有完備幾何的比例爲何如！試問丁尼生、白朗寧的詩歌，較諸霍墨（Horver）的文章爲何如！我國學者不察，徒謂宗教徒借重於美藝，不知美藝實就成於宗教，因此有美育代替宗教之說。羅斯根說："這書（指《聖經》）教我美術。"羅氏爲美術批評巨子，其爲此言，難道是胡說不成麼？在於文學，《聖經》很有貢獻。譯爲英文即爲"純粹不染的英文淵源"。衛勃司得·但以理（Daniel Webster）說："我從《聖經》學得有精神的思想與簡潔的文辭。"迭更司（Charles Dickens）誡子書內有幾句話說："我把《新約》放在你書籍中的緣由和希望，和從前你爲幼童時我著論講這書的緣由希望相同，因爲這書是世上最好的書，能教人最好的功課，使人得受引導。"自從基督教傳到中國以來，《聖經》即譯成華語；我國舊時學者，每每惡其俚俗，以爲不能明白解釋的佛經較諸布帛菽粟的《新舊約》爲雅潔可觀，故而沒有看見人心中自有的天籟。等到現在文字運動佔了勝利，基督教中人歡迎新國語文體，奔相走告，以爲彼等百年內未成的志願，一旦因我國有覺悟的學者所成全，使平民在文字上可有"德謨克拉西"的生活。可是白話《聖經》在百年之內，做了我國許多無告苦百姓僅有的美麗！這些苦百姓家庭中，除了山歌京調的聲音，紙馬迷信的畫圖之外，平日心靈上的美育，祇有根於《聖經》的讚美詩與畫圖。《聖經》的美，在我國的價值，何庸贅述呢？可是宗教不是美藝，乃是完全的生命；《聖經》不是美術教科書，乃是完全生命書。美術爲生命的一部，不是生命的全體，萬無代替宗教之理。宗教若單是情感，美術或者可代，也未可知；生命若單是美的情感，美術或者可以維持他，也未可知。反而言之，美育若能創造新信仰；若能將人生一切希望價值融和統一在美術的範圍裏；若能固定人和無形境界的靈通，實現人格全體的交換與尊敬，使人得最崇高的社會道德標準和行爲；若能爲人解決一切憂痛悲慘問題，度一切罪惡苦厄；若能把人生的元妙一切闡透打破；則美育就可代替宗教了。文化中間，不可一日無美術，但美術不能一日代宗教，美術不能一日代宗教，世上再也沒有一件文化的元素，可以代替宗教了；沒有一種勢力可以把《聖經》束諸高閣了！

《聖經》非一種他世主義書，故與個人的倫理與社會的道德關係最密。近代新文化中所有的公義博愛同情平等自由，皆是《新約》中的要訓。王正廷博士說："美國之爲美國，全在信仰宗教的精神。"（見《青年進步》三十八冊）試問這種精神的原理安在？換一句說，新文化之爲新文化，全以《聖經》的道德爲標準。美國而無宗教，則美國的文化沒有靈魂；文化而無《聖經》所載的公平，同情，博愛，犧牲，平等，自由諸原則，則文化也不能有生命。《聖經》中的人生觀社會觀，與近代文化中的人生觀社會觀，完全相類，因爲《聖經》與人生互相輝映，互相融洽。近來我國言論界有一知半解，成見自封的表示，以爲基督教的人生社會觀，"是不自由的，是束縛人的，是苦惱的，是假的。"（見《社會潮》一卷二號）此種見解，尚在束縛之中，不值一駁。基督教所重的是天國在地上實現，人類與上帝同居，帝爲其父，人爲其子，人與人爲弟兄，以聖潔爲德本，以慈愛爲道體，以全純的主宰爲行爲的標準，以自我的犧牲爲行爲的方法，以自我的實現爲行爲的鵠的，以冀良好的個人和社會成立於地上。凡此諸義，都見於經，不過經中的名詞稱謂有異乎新文化中的名詞罷了。名異實同，何害於義。人的進步，在古甚緩，經的奧旨，於今猶超，因此經中的人生社會觀念，方在近代而昌明。知識愈高，經訓愈明，經訓愈明，文化必受其良感；人生愈擴，經旨愈顯，經訓愈顯，文化必增其勢力。知識與人生並進，人生與《聖經》同著，彼此相恃以相輔，相輔以相成；並不是近代文化中的人生社會觀，皆由世界潮流的淘湧而生，亦不是《聖經》所載的真理，可以不由人經驗生命而得窺其奧衍。所以近今學者以文化不根於《聖經》，《聖經》不恃乎文化，皆爲畸輕畸重的偏見。近代文化的靈魂，是擴大的道德，近代道德的元素，是正解的經義。彭一湖先生並非基督徒，但他說："基督教是……世界同胞主義，是唯愛主義。我們試想想愛不是人類惟一理性的活動嗎？倫理不外是理性的產物，理性的結晶；這人類惟一理性的活動'愛'，不就是人類最高無上的倫理嗎？"（見《太平洋》一卷十二號）基督教的唯愛主義，不就是《聖經》中"上帝是愛"，"爾當愛"這兩句話麼？

《聖經》較諸他種宗教書，則有永存的價值。《古蘭經》雜亂無章的蘇拉（蘇拉即是章段之謂）既少文學上的價值，其水火枘鑿的教訓和階級肉慾的惡果，又無文化上的位置，終必成爲世界的骨董，不能望《兩約》的項背。佛經既有文字艱澀的困難，又有人生觀念消極的阻礙，所謂"法尚應捨，何況非法"，"五蘊皆空"，"六根俱斷"，人生等於空華，一切都如泡影諸觀念，都與近代文化相齟齬，相背馳。雖新佛教有變本加厲的強作，無如去佛愈遠，離本愈淨何！次如《道德》五千言，尚愚尚儉，惟重無爲；道家離其本旨，走入迷津，作燒丹煉汞之妄，做長生仙境之夢；在近代文化中，更無立足之境了。但我中國文化，都把四書五經做根據，孔孟之書，宜有存在傳誦的價值，然而與《聖經》比較，也不免呈露侷促的現象。上禮拜季理斐先生在金陵大學講經，我適在座，他說："現在貴國的青年排黜孔老先生，說他的道理是障礙物，做了中國惡社會，惡制度的屏藩。我們西人不敢如此大膽。論到耶穌的道理，現在世界的人，無論是信徒與否，都不能說他是障礙的東西。耶穌的名現在比夙昔更受人的尊敬。"（十二月十九日季博士講經文）近代批判孔教的巨擘，當推陳獨秀先生，但他對於基督教卻說："我以爲基督教是愛的宗教，我們一天不學尼采反對人類相愛，便一天不能說基督教已經從根本崩壞了。""我們今後……要把耶穌崇高的偉大的人格，和熱烈的，深厚的情感，培養在我們血裏。""因爲耶穌所教我們的人格，情感是……（1）崇高的犧牲精神……（2）偉大的寬恕精神……（3）平等的博愛精神。"（見《新青年》七卷三號）獨秀先生熟悉《聖經》，故能引據經訓，證明其說，並不是盲瞽之談。中國的軟弱，孔孟之書，實有七八分之咎。自今以往，四書五經，再不能有前時的尊重，再不能作爲課本，僅可選擇幾節有歷史文化價值的教人民讀罷了。

至於《聖經》與政治、教育、法律、實業等原素的關係，都頗密切，祇在近今的社會政治的運動，即可見其影響。此論限於篇幅，未能暢言。總之，我們莫忘《聖經》中社會生活的原則，即是近代文化的要素。陳獨秀先生說："歐洲底文化從那裏來的？一種源泉是希臘各種學術，一種源泉是基督教。"（見《新青年》七卷三號）此說最當。但我們不能忘卻歐洲的文化，如今有世界的性質，我國今日的新文化運動，也不過把歐洲文化的原理與精神介紹過來罷了。我們也不要忘卻歐洲的重要源泉是基督教，載基督教教義的書是兩約《聖經》；不要徒受歐化，得其形式，遺其精神，那纔能在我國的文化上有真貢獻呢。

近代文化中第一要旨是人道的主義，人格的尊重。一切問題，都以人為中點，一切運動，都以人為指歸。《聖經》要義，也以人為本位；上帝愛人，所以道成肉身，救人脫罪惡，得人格，超凡入聖，出死入生。耶穌品格，足以表彰神性，顯發人心，使神人在他中間和睦。基督教是尊重人類的宗教，《聖經》是尊重人類的經典。《創世記》九章五、六節已經將此旨釋明說："有害你們生命流你們血的，無論是獸是人，我必討他的罪。人與人是弟兄，人若害人生命，我必討他的罪……因為上帝造人，是按己像造的。"人之所以能為一切問題一切運動的因緣，因為人是最靈，足為中點與指歸。上帝住人之內，人所以為中心，乃因上帝是宇宙人物的中心。聖奧古斯丁說："上帝似圈，其中點無不在，其邊際無所在。"（見奧古斯丁《懺悔錄》）上帝無不在心，故人既有具體而微的神性，自得為文化的本位。人離上帝，不得為最高的心靈。近有學者願以人為萬事因緣的統一，而不肯以上帝為根基，殊為木無其本，水失其源之想；不知根本既去，枝葉但能呈一時的茂密而已，《聖經》中所載的天國，乃是最高的社會標準，但在天國裏，上帝為父，人都為子女，彼此為弟兄姊妹，基督教一切教義可在愛上帝愛他人兩句話內概括詳盡；故其所主張僅為上帝父德主義，世界同胞主義。文化中含此二義，和此二義的精神生活，始能為有鞏固的基礎。"德謨克拉西"若抱此旨的意義與生活，始能為最完全的平民主義。

人道是因人格的寶貴而增長，人格是以人道的精神而現實的。文化中一切元素，都聚精會神於此點。在於自然的征服，物質的進步，則有科學的運動；在於社會的改造，人生的增長，則有人學的貢獻。近代學術，不外此二科。《聖經》的道理是在第二科範圍內；因為經訓中雖有注重物質進步的文章,這種文章雖有物質文明精神意旨上的貢獻,然其第一要旨,則在尊重人,要救人脫離罪惡死亡種種心靈的苦痛,導人進入道德生命種種心靈的幸福。《聖經》以此爲人道書。人道主義,重在人自我的發展。人有個人社會兩種性,因個人非社會不能實現,社會非個人不能成立。《聖經》中闡個人的教訓,說人是上帝的兒子,"要純全如你們的天父一樣純全"。自我實現即是上帝實現於人心,而依舊使人有與他人差別的個性。經內講社性的話說:"你們要互愛如我愛你們","我來不是要人服事,是要服事人,並且捨生以贖多人"。(《約翰》十五章十二節,《馬太》二十章二十八節)個性的成全即社性的實現,自我的發展即是自我犧牲;相反相成,相輔相立。《聖經》講犧牲,爲是要人得生命(見《馬太》十六章二十五節);重天國,爲是要人擴自我;究其極,乃是要人與天通,天國與社會合,使一切不和而爲和,而萬有得有流動進步的統一。看人貴重,所以望於人的甚大,人必須得高尚的道德,才能副此厚望;必須得心靈的生命,方能負此重任。這樣看來,文化減卻《聖經》,還能發揮其精靈麼?

　　近代文化的進步,全賴人的愛,人的同情心,人的犧牲精神。其所重都在德雷門(Drummond)所謂的"無上力","爲他人生命的競爭",而不在自己的生存競爭。(見 Henry Drummond, *Ascent of Man*, chapter 7)社會學者洛斯對於宗教,雖甚淡漠,亦不能不說:"耶穌的主義……培養人自我犧牲的願心,成爲歐洲文化中極大的道德利益。"(Ross, *Social Control*, p. 314)這種無上的愛和同情心,在先知和聖徒時候,已發揮在社會道德運動上。亞摩斯說:"主說:以色列人三番四次犯罪,我必不免去他們的刑罰;因爲他們爲銀錢賣了義人,爲一雙鞋賣了窮人。他們見窮人頭上所蒙的灰,也都垂涎,阻礙謙卑人的道路,父子共淫一女,褻瀆我名。""使你們歌唱的聲音遠離我,因我不要聽你們彈琴的諧聲;祇要讓公平如大水的下流,正義如江河的長行。"(《亞摩斯書》二章六、七節,五章二十三、四節)以賽亞說:"你們要洗濯自潔,從我眼前除去你們的惡行。要止住作惡,學習行善,尋求公平,解救受欺壓的,給孤兒伸冤,爲寡婦辨屈。"(《以賽亞書》一章十六、七節)彌迦說:"人哪,耶和華已指示你何爲善,他向你所要的是甚麼呢,祇要你行公義,好憐憫,存謙卑的心,與你的上帝同行。"(《彌迦書》六章八節)施洗的約翰對受洗的人說:"有兩件衣裳的,就分給那沒有的,有食物的,也依樣行。"

(《路加》三章十一節)耶穌初出傳道的時候，即宣講"天國近了"，引《以賽亞書》表明自己行道的宗旨與程序，說："主靈降於我，他用膏膏我，叫我傳福音於窮人，差遣我報告被擄的得解放，瞎眼的得看見，受壓制的得自由，而傳告上帝悅納人的禧年。"(《路加》四章十八、十九節)其餘的先知聖徒，莫不具此種思想和精神。

《聖經》所載的社會道德運動，雖與近代的社會道德運動方法不同，其宗旨心願，卻都一樣，都集在人道人格問題上。李蓋說：基督教"切實專斷的指定因行樂便利而殺人生爲大罪，所以建立了前所未有的標準"。"這種仔細的保護最卑下如奴虜，隸卒，蠻夷，嬰孩等人所有的人生與人德，乃是凡係基督教所到的社會中間所有的特色優點。""人生神聖的高尚觀念，嬰兒的保護，奴隸的解放與究竟尊敬，兇殘遊藝的廢除，廣大衆多的慈善會社的組織，基督教式想像力的教育，合爲舊時社會從未達到的慈善事業大運動。"(引洛斯《社會管理》中所引的，Lecky, *History of European Morals*, Vol. II, p. 20, 34, 100)克特亦以爲西方文化中同情心利他心的膨漲，大概是因了基督教的影響。(見 Benjamin Kidd's *Social Evolution*, Chapters IX, X)社會學者愛爾阿特說："基督教重要的特點是在人類道德心靈同一的決議。基督教注重同胞主義，即是人類本性的相近，是同時一切人類在上帝面前道德的同一。簡括說，基督教把家庭中天然的情感與同情擴充到人類全體的範圍之內……基督教進步裏人類性情，歸宿上道德心靈上的相同的見解，實爲近代人道主義發展的所由；或者換一句說，如克特所言，此種見解的進步實負吾們文化中利他心增長的責任。這種利他心……可爲人類將來的大希望。"(Ellwood, *Sociology in the Psychological Aspects*, p. 326)因爲利他心是一切人道主義，社會運動的靈魂。在近世的宗教運動方面看，清潔派，兄弟會，維斯理運動，世界歸主運動，都以同情的博愛，犧牲的精神爲中堅。在社會運動方面看，解放女子，嬰兒，勞工的運動，工團主義，"布爾歇維克"主義，凡有"德謨克拉西"宗旨的，莫不含有基督教博愛同情諸原則的精血。其源甚遠，其流甚長，我們可以忘其源，究竟不能遏其流。《聖經》好像河基，載此水道，近代文化，正當十分寶貴他！請綜結一句：基督教乃是內心，道德，社會，大同的宗教，無地不行，無時不宜；基督教的《聖經》乃是此宗教精神真理的淵藪。其中超國家主義，不把愛國心圈在主義之外，乃把他提高而成道德全體的一部分。來日的文化希望，在《聖經》內，可以見趨向，實力，精神，標準，與普遍的前途。

四、感想

《聖經》的價值，既如此大，何以今日學者還有藐視他的呢？其中至少有兩種誤會。第一，人常不辨，把《聖經》與教會現在或已過的制度儀式混在一塊，一見教會的組織制度儀文禮式的不合時宜，就想《聖經》也不能適應人的需要了。第二，人又常把《聖經》和此種或彼種的經解混雜不分，因此想經解的不合邏輯，不符理性，就是《聖經》的破產了。這些誤解，在西人猶有未免，況我國的學者麼？但我國學者的藐視《聖經》，較諸西人爲深酷，其故也不難尋得的。第一是淺識。未讀全經，但窺一隅，既無科學歷史釋經的書籍爲參考，尤少世界大勢全體的研究爲思料，安得不誤？第二是薄德。我國人士，最少自覺的道德，祇有習尚的資格，所以有蘇人"一窩蜂"的性質。舊學者如此，新學者亦未之能免。杜威來，則崇拜杜威如偶像，羅素到，則跟隨羅素如嚮導；多數主義，既行於學術，安有不行於聖經學麼？多數人接納科學、哲理、西服、煙酒而棄《聖經》，《聖經》豈能免於膚淺的批判麼？第三是成見。從《聖經》進入中國之後，素來受人攻訐的，積習充滿了心，非一朝所能鏟的了。第四是小信。中國的宗教性，素來不深，因其宗教僅爲一種理想爲學者的研究品，一種迷信爲平民的依賴物。心靈的感通既少，情感的熱烈遂難。今人對於宗教既失一切的信仰，豈還能夠忽然用信仰心與同情心對付《聖經》中最高的標準價值與心靈生活麼？第五是學累。近人都重科學，皆偏於唯物思想，此固人之所難免，一有不察，即爲重累。第六是欲障。如今聽見經語的人，有許多人知其爲真理；然而依舊不肯把經中的道德命令，治身養心者無他，《聖經》所求於人的太高，多欲的人太軟弱，安得接納他呢？所以《聖經》不但未入學者的研究尊重的境界，而且在基督徒中還沒有完全發見其真本。不過此種對於《聖經》的態度，是過渡時代的產品，有消除的可能，於《聖經》本身，固無究竟的危險。

然而今日的學者，自當用公開豁達的態度，科學歷史的方法研究批判《聖經》。二千年尊敬的經典，全世界流布的道理，決非意氣成見所能解釋，亦決非舊說陳言所能闡發。基督徒對於《聖經》，應當消除迷信死守的態度，而得其進化心靈的經驗，精神，與生命；非基督徒對於《聖經》，應當破除藐視漠然的習慣而究其真相，教義，與影響個人社會世界將來的勢力。我們應該如此做的理性甚多，請述其二。（一）《聖經》爲近代學術的源泉，人學方面，與他最有切近的相關。不學《聖經》，不得爲普通的學者。古勒里基（Coleridge）說：＂人類中賢聖睿智的人，歷史中的偉人，都見證此經的影響，以爲此經是最完全的工具，世無其儔，是人類最美備的人道機關。＂華納（Charles Audley Warner）說：＂即不講其宗教道德的價值如何，有識的人，若要與思想界有接觸而得基督教紀元中偉大的觀念，也不能不知《聖經》是惟一的要典。＂我國方從事於文化的介紹，難道求學的人，可以不思及此麽？（二）《聖經》爲世界人格的書籍，有心於革新人心的人不能不虛心讀之。彭一湖先生說：＂我們中國人是世界上第一等沒愛沒同情的＂，所以＂天天住在一種猜疑妒忌面冷心硬時時裝着機械心準備攻擊人，又時時提着心膽防備人攻擊，沒一刻是赤心白意親示和平的社會＂裏。＂中國人天性的改良，良心的進化，我很屬望於宗教，我特屬望於基督教。＂（見《太平洋》雜誌一卷十二號）本年十二月十八日時事新報時評裏張東蓀先生答沈立賢先生的話很中我國的病根。他說國內＂壞人太多，好人太少＂。爲今日中國計，祇須解決兩種問題，一是人格問題，一是實業問題。然而我意以爲人格問題爲本，故《聖經》一書，既有改革影響人格的權能，我們斷不可置之不讀，讀之不行。

請爲結束一言。《聖經》中最偉大崇高的人格是耶穌基督，一切經訓，都集於此爲歸宿，爲極致。世界若可廢除此人格則已，若不能廢除此人格，則《聖經》當有永久的存在，廣大的流傳，我國的人，無論爲信徒與否，不能對他持淡漠的態度了。上帝將耶穌＂升爲至高，又賜他超乎萬名之名，使凡上天下地及地底下的芸衆，因耶穌名無不屈膝，無不口稱耶穌基督爲主，使榮耀歸與父上帝＂。（《保羅達腓力比人書》二章九節至十一節）

一九二〇年，十二月，二十三日，蘇州
原載《生命》一卷六期，1921 年 1 月

羅素的基督教觀念的批評

　　學者的聲望與影響,應當把科學精神做根據,才能輔助真理的流傳於人生社會有益。真的不可說他是假的,是的不可說他爲非的;"知之爲知之,不知爲不知";事有確據,然後言之,富貴不能淫,威武不能屈,方得謂之學者。事實在前,雖與素來所持的主張相枘鑿,學者仍不該捨事實而保守其主張,乃應當悉心研究,若事實終不合於主張,則寧改變主張而尊重事實。這就是科學精神。事實在前,必要用理性去闡探解釋,以致可以使他們表彰他們常有的關係而得其律令。譬如生物學:生物是事實,學是理性所闡透的生物系統的說素,必須生物與理性不背,方得謂生物學。理性是發明事實的關係的工具,不是推翻事實的存在的兵器。持理公正平允,才能說是科學精神。去年聖誕節羅素給北京導報的信,論到布爾塞維克主義與基督教的博愛主義,頗有不符事實,沒有理性的地方,吾人不能不批判一下。羅素是近代著名的學者,受吾國學界的歡迎,自宜將危言正論,以利吾國;奈何將偏激之談,加我們的愚蒙?這是我所很奇怪的;難道學者也可以埋沒他的科學精神,遮蔽事實,顛倒理性而伸其偏激之論麼?難道我的觀察竟不差麼?請讀者平心研究,毋爲盛名所搖惑,毋爲微言所轉移,是者是之,非者非之就是了。我的批評,全是理的問題,不是人的問題,是對於羅素的理論,不是對於羅素的品格而發的。以上所論,是我的科學觀念,即是羅素信內所無的;然此亦非指出他的心術如何。羅素果有差謬的理論,不合乎科學精神,也不必是由於不誠實。有感而然,未加檢點,亦未可知。所以誠與不誠,是人的問題,不在本篇範圍之內。

　　茲將羅素的信譯出如下:

　　　　北京導報主筆先生:十二月十九日貴報論到我的布爾塞維克主義的意見,我方才讀過了。你說:"據我們看,布爾塞維克主義——即是全體爲分子的主義——的敵對,不是科學,乃是基督教博愛的慈善主義,即是分子爲全體的主義。"

依我看來,基督教與布爾塞維克主義在理論實行兩方,都沒什麼分別。"登山寶訓"的道理,果然甚美,但其在平常的人性上所見的效率,卻與他的原意大相懸殊。那般跟隨基督的人並沒學習愛仇敵,或轉左臉的行爲。他們所學的反在於用宗教法庭與木椿,使人的理知背了愚魯的專制的祭司團的軛頭,把美術墮落,科學消滅了一千年。這些不是道理不好,乃是盲從道理難免的結果。即使承認最恨惡布爾塞維克主義的人反對他們(指布黨人言)一切的控告,他們的血史和基督教教會的血史比較起來,還是微之又微;然而我從來沒有因了不肯"與兇殺握手"的原故,不與一個監督相見。

在過去的一千九百二十年中間,基督教已經得了各種改善世界的機會,然而我卻看不出世界是極其改善了。布爾塞維克主義在世不過三年,但是他到了三千八百四十年間,若要在罪惡上有效率,在德行上無效率,那麼他須要趕快走些哩!

現在人們忘了基督教有一回是果然熱心的,初時的基督徒很有一番用力要實行共產主義的。東方的博士曾經對於基督教所抱的觀念,和他們現在對於布爾塞維克主義所抱的相同。那時他們經過曠野,到伯利恒做香客,現在他們到巴哥(Baku)找列寧正如他們當時尋找基督一般。等到布爾塞維克主義行在世上一千九百二十年之後,也許只剩幾個古跡提醒信者說他曾經有一次是相信共產主義的。

一千九百二十年基督誕節羅素白

本論是對於羅素基督教觀念的批判,除了關於本論的論點外,我們可以不提布爾塞維克主義以表我們的贊可或反抗。北京導報如何論布爾塞維克主義也與本論無干。然未施批判之前,我們應當認明羅素信內的綱領,然後用邏輯的演繹法去發揮他的內包,指出他的差謬。羅素信內的綱領是:

"基督教與布爾塞維克主義,在理論實行兩方都沒什麼分別。"

這兩方面,是否無甚分別,茲且不論。然看全信所言,羅素看基督教與布爾塞維克主義,同爲一種社會主義,並且是同爲一種共產的社會主義,不過是基督教沒有成功罷了。從這個社會主義說觀察,那麼基督教與布爾塞維克主義，簡直無有差別；爲甚麼呢？

(一)登山寶訓是嘉言，不是有效率的，因爲平常的人不照他去做。

若推兩主義無甚差別之說而廣之，則可以說，布爾塞維克主義，或列寧的教訓，"是甚好，可惜其在常人性情上所見的效率，卻與他的原意，大相懸殊。"這樣，照羅素的含蘊看來，布爾塞維克主義果然是一種好理想，不過也不合乎人的心理，因此他所有的效果，和這好理想的本義相悖。本論原不是要批評羅素的布爾塞維克觀念；他說如何，就讓他如何。不過他的基督教觀念是差了。因爲耶穌的寶訓，不但是美好的，而且在平常的人性上很有效率。

自從基督教流布以來，爲道捨生的人，歷盡了刀劍，巖穴，監獄，戲園，獸類的種種危險苦難，仍舊把道理傳到敵人中間，到如今文明野蠻民族裏，都有基督的生命流通，難道這不是耶穌寶訓在平常人性上的效率麼？難道千千萬萬愛人的門徒，捨身的信者，都是非常的人麼？若都是非常的人，爲什麼基督教裏非常的人如此其衆呢？或者是基督教能將平常的人性條達疏通，而增高到非常的人性麼？耶穌的教訓決然不能在一概的平常人性上有效，就讀耶穌撒種的譬喻，已可明知；但是肯信此道而嘗試的人，大都有潛移默化的經驗。現在思潮中間，有種理想，以爲據天演論的指示，人由於獸而進化，所以平常人性易爲獸相，難達人格；所以要進化，只要講唯物主義，不用講宗教，不用講心靈的上達，因爲這都不合乎平常人性的。基督教則不然；要人從獸性中出來，達到上帝所異的神性，正如英國詩翁丁尼生說：

"上來，脫出了獸性，

讓猴與虎死了罷。"

若斷然說耶穌的道理在平常人性上的效率，與其原意大相懸殊，這就是搗亂歷史的事實，反對科學的精神。

(二)"基督教不知道愛仇敵或轉左驗。他們所學的反在於用刑訊與木椿，使人的理知背了愚魯的，專制的祭司團的軛頭，將美術墮落，科學消滅了一千年。這不是道理不好，乃是盲從道理難免的結果。"

若推基督教與布爾塞維克兩主義在理論實行上沒有什麼差別而論，那麼可以說上面這句話的內包是："布爾塞維克黨人不知道愛仇敵或轉左驗。(這句話真可笑)他們所學的，反在於用與宗教法庭木椿類似的殘酷方法，使人的理知背了愚魯的專制的布爾塞維克黨的軛頭，將美術墮落，科學消滅了幾何年。這不是主義不美，實在是盲從主義所必結的惡果。"若是羅素的布爾塞維克主義的觀念，果像他言語中間含蓄的意義，那也讓他去罷；因爲本論不是批評他對於布爾塞維克的觀念。所要指出的，就是他的歷史不與事實相符。在上段評論裏，我已指出普通的基督徒雖不是全體實行基督的訓諭；照歷史的事實看來，卻很有男女老少貧富的平常信徒果然能夠顯出沉厚的博愛精神，與偉大的寬恕精神。馮玉祥兵隊裏信道的兵士難道都是超乎平常人性的偉人麼？爲什麼他們不像別隊的兵那樣害百姓，而能有紀律愛同胞呢？至於祭司團用宗教法庭木椿的手段，壓迫美藝科學，果然是實事；既是實事，就是我們所竭力反抗攻擊的。中世紀宗教革命，要求信仰自由，文運盛興。要求思想自由，民族分立國家要求政治自由，把祭司團的威權打破，使世界的文化進步，到今日宗教法庭施無可施，木椿用無可用，愚魯專制的祭司團雖欲使美術墮落，科學消滅一千年，也無所施其狡獪的技術。宗教法庭之法，由來雖古，然其初用，不過要排黜異端的信仰，藉以攻殺要求宗教自由的人們。在十五紀末葉，宗教法庭的方法，方才設立在西班牙，君主，教黨，都用他來達他們政治與宗教的目的。但在十五六世紀，反抗教權的勢力繼長增高，也有使教皇必須施行壓迫的勢子，美術受了祭司團什麼壓迫，以致墮落了一千年，我實在無從查考。至於科學，即從哥伯尼的天文學說起直到達爾文的天演論爲至，也不過三四百年；而且在這三四百年間，始則教會勝，繼則科學勝，也不曾爲了教會的兇暴而科學消滅了！那裏是墮落消滅了一千年的美術與科學！在十二三紀前，那有甚麼科學；沒有科學，怎樣去叫他消滅，那時的學者都是尊重宗教，保護信仰的，誰也不覺得愚魯專制的教會害了他。到現在科學不用了偏激獨斷的成見，狡獪譎詭的手段，去攻打舊教會，只用了平允公道的歷史眼光，光明正大的科學精神去批判他就好了；舊教會那裏還敢與勇毅果敢的科學相見於思想的戰壕中間？

我已提過，反對文化進步的宗教，無論是羅馬的基督教，是改正的基督教，我們信基督的，也要排黜他的。借了宗教的名義，施行壓迫人道主義文化運動的手段，那些團體，不但是基督教，即是儒佛道回等教，吾們也當攻打的。可是基督教，不是壓迫人生的，吾們若認明他的本質，實行他的真理，就可以曉得他是人的救法了。所以羅素說："這不是道理不好，乃是盲從道理難免的結果。"這句話，我是完全贊成的。

（三）布爾塞維克黨人"的血史和基督教會的血史比較起來還是微之又微。然而我從來沒有因了不肯'與兇殺握手'的原故，不和一個監督相見"。

再推基督教與布爾塞維克兩主義在理論實行上無甚差別而論，羅素的含蓄甚深了。是不是因為布黨流血未多，我們基督教裏的人也應當與"兇殺握手"麼？或者我們也該容納那兇殺的人像他們肯與兇殺的教會裏人握手一樣麼？這句話真難明白！不明白的話，且不須論；論我們可以明白的話罷。布黨的血史幾何年；不是三年麼？這三年不是從布黨發生的起初到現在麼？惡教會的血史幾何年；千餘年麼？教會在耶路撒冷起頭直到保羅死在羅馬之時，四十年間，即如布黨開始的時候便那樣流血麼？基督教起初的時候，使徒把着耶穌的愛與信與望，天天受人的屠戮，這也算是教徒殺他人的血史麼？不是雅各，司提反，彼得，保羅殺人，乃是雅各，司提反，彼得，保羅被殺，就可以與布爾塞維克黨人的流人的血的血史比較麼？這就是歷史的事實同類相比的公平議論麼？若將布爾塞維克黨人起初三年內的血史，與基督教受了祭司團的敗壞而後產生的攻乎異端，異族、異教、異權的血史相比較，則不但事不相類，而且布黨流血較早，豈不要流血較多麼？微之又微這句話，怎麼講呢？將教會已成的歷史與布爾塞維克未成的事實比較，毋乃波譎雲詭了一些！將來的事不可知，現在的事或可推；若說布爾塞維克主義現在三年的血史已經如此，此後的一千九百二十年中間的流血，照基督教與布爾塞維克兩主義在理論實行相仿上論去，不更要多於基督教所流的血幾十倍麼？然而我們不能指定未然的事為必然，所以不能以布爾塞維克黨流血微之又微的話為正論。

（四）"在過去的一千九百二十年中間，基督教已經得各種改善世界的機會，然而我卻看不出世界是極其改善了。"

依着基督教與布爾塞維克兩主義在理論實行上相仿而推論，那麼布爾塞維克主義到了三千八百四十年間，也必得了各種改善世界的機會，世界必定是完全改善了麼？若說果能使世界全善，那也不過是一種信仰；這信仰的根據如何且不論。若說布爾塞維克主義不能使世界完全改善，那麼連這信仰都應當丟了;因爲到了三千八百四十年還不能達到目的,豈不枉費心血麼?若說世界是演進的,一時一時漸入於善的,則基督教雖在三千八百四十年後,或者還沒有得到各種改善世界的機會亦未可知;何況今日還有政府個人各方面不肯實行嘗試基督教呢?如今的學者果是肯用同情的心志,豁達的態度,公開的心理,破除了成見,去研究基督的教訓,嘗試他所應許的經驗,指出的道路麼?不然,則基督教還沒完全得到最要緊的機會,世界的未曾極其改善,也沒有什麼希奇。我已提過,世界是漸進的,在這漸進的歷程裏,基督教雖然經過了無數的阻礙與苦難,已經將世界改善了不少。個人心裏所得的自由平安,小孩婦女奴隸窮人所得的保護,平等,自由,價值,社會上種種惡習的廢除,種種善舉的建設,各族中間所傳的福音,所得的文明,現在世界上同情的進步,同胞主義與人道主義的發展,都是基督教直接或間接的結果。有科學精神的歷史學者,斷不能將基督教改善世界的事業,一筆勾銷了。試問世界史上沒有基督教要成爲何種世界?一口氣就成了布爾塞維克的大同世界麼?世界果然沒有極其改善,因爲基督教受了阻礙;世界已經改善了不少,因爲基督教在萬難千險中間,還能拯救世界。

（五）"布爾塞維克主義在世不過三年,但是他到了三千八百四十年間,若要在罪惡上有效率,在德行上無效率,那麼他須要趕快走些哩!"

這句話的意義即是:布爾塞維克主義若流行了一千九百二十年,像如今的基督教流行的年數一樣長,他必定要比今日的基督教在道德上有效率,在罪惡上無效率。他過了這時期,若像現在的基督教一樣,只能爲惡不能行善,那麼他還須跑得快些,否則他要追不上基督教了。他還須犯許多罪惡,還須少做許多好事,方才可以與基督教並駕齊驅。我們不要忘記布爾塞維克主義出發至現在,不過三年,三年中間所流的血,所犯的罪,所作的惡,若與基督教初起的三年比較,乃是三年血史與零的比較。照此與基督教已過的血史,若然彷彿進行,他還該跑得慢些;若還要快些,請問要成了個什麼比例呢?若說布爾塞維克現在雖然流血,以後決不像基督教在祭司團手裏弄壞了的時候那樣流血,那麼誰能確信如此呢?即使確信如此,布爾塞維克主義將來的能爲善,能去惡,也是時勢的輔助而成的必然的勢子;於他本身也沒有完全的功勞。試問基督教經過的是什麼世代,布爾塞維克現有的是什麼世代？試問是布爾塞維克主義預備的好世界叫基督教出現呢；還是基督教與他種文化因子所造成的時勢叫布爾塞維克主義享現成而誇進步呢？所以布爾塞維克主義若有一千九百二十年的歷史，沒有現在的基督教的許多惡，而成全現在基督教許多未成的善，也不過盡其所能罷了，豈必是較勝於基督教麼？若他在這期內，惡事善事，都與現在的基督教所行過的相等，那就他較劣於基督教，人類就無需乎他的存在。若他在這期內，惡事較多，善事較少，那他就簡直的是迫害人類的障礙，因這就是退步。我們現在就該剗除他。但是未來之事，誰的眼光能及二千年之後，何必提他？羅素所以提起這種說素，爲是要表明基督教與布爾塞維克兩主義在理論實行上雖有這些同點，卻是布爾塞維克主義要稍爲較好一些，因爲再過一千九百二十年，這點好處就可顯著了！羅素是要顯出基督教在作惡上有效，在行善上無效，不過不要直說，所以用繞道暗示的言語。羅素是無宗教的學者，他說，"我知道的宗教有一種用途，可以用以殺人！……宗教能維持現在制度，也可算其一長；可惜……要用這種宗教教條保持社會安寧和秩序，就不得不犧牲一切新文化，新制度，以及日後的幸福了。"（見十年一月十四時事新報學燈欄所載羅素講的宗教的信仰）羅素所知道的宗教如此。但是我們所知道的宗教，即是真基督教不是這樣，乃是救人，乃是創造扶持文化的。基督教裏如雲如雨的哲學者科學者都可以提出文化史，布教史，以及個人的心理史來作見證。事實昭然，凡願意看見的，都可以看見，凡有耳朵聽得的，都可以聽得。羅素既然看不出基督教的好處，只承認基督教有教條，不承認基督教有生命；羅素所見的既全是壞的，只承認基督教在罪惡上有效率，在道德上無效率，我們就可以把他的言論作爲妄談好了。

（六）"現在人們忘了基督教有一回是果然熱心的，初時的基督徒很有一番用力，要實行共產主義……等到布爾塞維克主義，行在世上一千九百二十年之後，也許只剩幾個古跡提醒信者說他曾經有一次是相信共產主義的。"

在這段議論裏，羅素把基督教與布爾塞維克主義在理論實行上無甚區別的要點盡行揭示，不必吾們去推思了。他的意義就是基督教起頭是要實行共產主義，正像今日的布爾塞維克主義要實行共產主義一般；不過現在的基督徒忘卻了原意，正像將來的布爾塞維克黨人可以忘了今日布爾塞維克的共產主義一般。布爾塞維克黨人將來這樣忘記與否,實屬一件想象的事,我們不須再論。我們自己卻沒有忘了基督教的原意;我們是不忘記原意,不是指鹿爲馬,看朱成碧,強要指基督教的道理爲一種共產主義,起初的信徒的行爲,是實行共產主義的動作;因爲基督教裏,雖在發軔時期,實在沒共產主義可言。爲什麼呢?(一)基督教是愛神愛人,神人感通的生命,包含一切人類共同生活的原理,而不指出任何一種組織的社會。他的宗旨是要人實現這些原理;無論何種形式的社會,若能實現這些原理所指示的生命,就是好社會,不必問他是不是共產社會的。若是不能實現這種生命的,雖是共產的社會,組織很完密,也是不濟事的。基督教的天國是任何一種社會應有的標準,是要社會去達到標準的要求,不是要標準去遷就社會的形式。所以初時的信徒,變賣財產,有無相通,是基督教膨漲的博愛精神的實現,不是一種強迫的共產主義;是生命,不是一種有永存目的社會組織。(二)《聖經》是基督教開創史的原料,此外我們不知道有他種原料;所以要知基督教初時是否實行共產主義,只要查考《聖經》中間有否這樣的指示。耶穌的教訓中間,雖有愛仇敵,轉左臉,解內襖,走兩里的言論,然這不過是具體的詮釋他所主張的博大的愛與恕,不是共產主義的宣言。耶穌招門徒,有時要他捨棄一切,或變賣一切,然後跟他,然這不過要他的門徒實行他的犧牲主義,也不是共產主義的強迫動作。耶穌切實的承認身體的物欲的重要,但他要人先求上帝的國與上帝的義;因爲物有本末,事有終始,心靈的事必重於身體的事,先後不可顛倒的。在一切言行中,耶穌沒有表示他贊成或反對私產制度,更沒有提到共產制度;因爲他來不是要做任何一種社會的改造者,乃是要做人類的模範世界的救主,使人與上帝,人與人和睦而得共一的美備的生命。不但耶穌沒有叫人實行共產主義,就是五旬節後,聖徒有無相通的事實發生了之後,使徒也沒有提到共產主義。《聖經》上使徒的教訓中,沒有一個字提到。那時信徒中貧乏的人很多,有錢的信徒既得了基督的新生命,充滿了愛心,不能不將自己的財產,供給兄弟姊妹的缺需。所以他們的有無相通的現象不是羅素所誤會的共產主義的實現,乃是羅素所不信的,不能解釋的愛與生命的確證!使徒集會在馬可的母親家裏,個人有家,也是共產麼?《行傳》十二章十二節)彼得對亞拿尼亞說:"田還沒有賣,不是你的麼?已經賣了,銀子不是你作主的麼?"《行傳》五章四節)這種說話,都證明當時的共產主義麼？保羅約翰都很熱心，爲什麼沒有聽見他們把重要的共產主義傳到外邦去呢？難道他們當時，也忘了他們對於共產主義的熱心麼？我們應當知道思而不學的害處，所以要仔細看清了事實。羅素將始創的基督教認爲共產主義，這是他對於基督教的觀念的根本錯誤。我很奇怪爲什麼羅素能夠一誤至此，然我的本務是在指出思想上的是非，不是要解答難題，所以我的奇怪即懸挂起來罷了。

羅素既有這根本的錯誤，就強把基督教與布爾塞維克主義爲同性的。我們知道耶穌與使徒所傳的教，是以上帝爲根據的，是宗教。因此理論實事，都本於上帝，動於上帝，歸於上帝的。上帝的生命品德實現在人格中，使人愛上帝，愛同類，而建設天國般的人群團體，這就是基督教。試問布爾塞維克主義是這樣否？若是一樣的。那麼基督教與布爾塞維克主義在理論上是同的，在實行上是合的。否則，則根本上不同，無論何種能造空中樓閣的思想家，不能強他們爲苟同。耶穌提高人格現實天國的方法，是與個人的自由，心靈的解放爲本位，不用駭人耳目的政治或人治，去無論如何達目的的。在耶穌受試探的記載裏，可以看見耶穌決志要用平常的心靈的法子去達到心靈的鵠的 (Jesus determined to use spirtual means for the realization of spiritual ends)。所以耶穌的真道可以爲各國各族的福音，可以適應各種天氣，土地，教化，種性而補足人根本的心靈需求。換一句說，基督教是宗教，並不用任何政治壓迫人，叫人就範的。試問布爾塞維克主義是否這樣？若是這樣，那麼是與基督教在理論實行上同，不然，雖有儀秦之辯，賁育之力，也不能強爲苟同！

（七）"東方博士從前對於基督教的觀念，和他們現在對於布爾塞維克主義的觀念相同的。那時他們經過曠野到伯利恒爲香客，現在他們到巴哥找列寧正如他們當時尋找基督一般。"

這一段，在我們基督徒聽了，簡直是褻瀆的話。但是我不要用宗教的心理去批判他，乃要用誠實無虧的科學良心去指出歷史事實上的真假。前兩段評論中，我們已經指出基督教不是共產主義；既然如此，東方博士來見嬰孩耶穌，決計不能與現在的東方博士對於列寧有同樣的希望和同樣的思想。或者羅素在聖誕節上寫信，想着了東方博士來見嬰孩耶穌的故事，就提出來作發泄詩興的佳章，而不指實一定與現在的東方人有同點，也未可知。

一千九百二十年前的東方博士,能受主的指示,(《馬太》二章十二節)必是與猶太人有同樣宗教的希望無疑,所以他們說:"剛才生的猶太人的王在那裏?我們在東方看見他的星,特來拜他。"(《馬太》二章二節)現在的東方博士,受了俄羅斯的暗示,難道也問說"剛才出現的俄國皇帝列寧在那裏?我們受了他的影響,特來拜他"麼?東方博士自己國裏的皇帝已經太多了!

　　我以爲基督徒在今日應當贊成,加入新文化運動,因爲基督起初是文化運動的大本營,但是要如此做我們不能估訂一切價值,辨別一切是非。又當知道自己的孤陋寡聞,非根據於切實的理由,貫通的事實,不敢妄發言論。但是知道了路徑,必要在義路上立牌指示說"向此路走"。人若錯指了盲人的路,我們不管那人有意指錯與否,必要向盲人說明情由正途,方才算盡了本分。我國人們,對於基督教的歷史與經訓,經驗與生命,大都與盲人無異,一受迷蒙的指示,即有臨深履薄的危險。所以我們更宜靜心仔細的引導。我們深知人所難免的是成見與惡感,不過照我們所有的識力心力,應當躲避這些東西。羅素的哲學是由數學脫胎的名理原子論,是絕對的多元哲學,絕對不能承認有統一的宇宙的。若據此論而言,羅素萬不能承認獨一無二的上帝的存在。持其學,必捨我教,從我教,必廢其學。羅素的無宗教,或者因此,正未可知;他的反對宗教,不明白宗教真相,或者因此,也未可知。我不知羅素平生,曾否受宗教壓迫的痛苦,教會反對的惡感;若曾受過的,則他的反響也是意中事了。

　　無論如何,我們生病,不向哲學者要藥,有人生哲學問題,不向醫學者求解釋,因爲科學盛興的時候,各科有專門的巨子。所以關於宗教的實在與經驗,經訓與歷史,我們不須請教於非有宗教學識的人。人人要吃飯,但不是人人能解釋消化排泄的經過。人人要有宗教,藉以發其心靈的最高點,但不是人人能解釋宗教的經驗與生命。乞金於丐,是謂妄人。所以要知宗教的真相,必須循着宗教的條件去依樣信持嘗試;一方面向宗教的指導者如耶穌保羅等尋求靈活以通其情感,一方面向《聖經》中查考以寬信徒的經驗,向聖經學者,宗教學者,與凡有學識與經驗兼併者尋求理解,不忽不懈,則宗教的生命,無有不能見知的。思潮洶湧的時候,正是有思想者無所適從的時候。

我們其靜俟毋躁，則煙消日出，宗教必更顯著於人間。耶穌說："不要怕只要信"，"我就常在你們中間，直到世界的盡期。"

十，一，十九，蘇州
原載《生命》一卷七期，1921年

耶穌的上帝觀

　　基督教的信仰與教義，全以上帝觀念為中樞，為基礎。但是上帝觀念，在基督教神學史上，經過了幾度滄桑；例如聖安散耳謨(St. Anselm)、開而文(Calvin)、愛德華儲(Edwards)的觀念，與約翰、保羅的上帝觀念，很有異同出入之處。神學者的理想，與諸其他學者的理想一般，總不免受了時代的影響與支配。有的人對於上帝存很高大莊嚴的思想，但有的人不免倚輕倚重，挂一漏萬，有時竟能想上帝是一位專制魔君。古時以色列人想上帝歡喜他們殺他們的仇敵，所以使紅海廻合淹死了許多埃及人，使日月停在亞雅侖谷以致約書亞可以有工夫殺盡了亞摩利人。（見《出埃及記》十四章，《約書亞書》第十章）到了現在，尚有信徒脫不了這種思想。即使神學上的上帝觀經過了時代的切磋而成為純粹合理的觀念，他的邏輯仍不能免去玄學的關係，容易使人聚訟，不容易教人對於上帝因此發生熱烈的忠信。為了這些緣故，人就問耶穌的上帝觀如何；若然耶穌因具這種觀念而與上帝有密切的交通，吾們得了他的觀念，信了他的道理，或者也可以有近乎他的情感、能力、與人格。基督教的教義與信仰，是基於基督教的上帝觀，這個上帝觀，豈不應當是耶穌基督的上帝觀，而不是後來的神學家穿鑿附會變本加厲的上帝觀麼？即使神學家果有正確的上帝觀，這些觀念也應當從耶穌的言行中闡推出來的。我們可以說，要知基督教的真相，我們當回到基督那裏聽他的言論，看他的行為。

　　但要明白耶穌的上帝觀如何，也不是容易的事。我們可以說這是耶穌的意義，那是耶穌的意義；說的時候，早已把我們原有的神學學說，不知不覺的羼雜於其間了。附會甚易，闡發甚難；不然，為什麼神學者大家引經據典而議論依舊紛歧呢？所以要得耶穌的觀念，須用客觀的態度、批判的方法，把成見先行破除，然後向《福音書》中找尋道路。此外還有兩樁事情，不可不知。第一吾們當知耶穌思想的背景及淵源。第二吾們當知耶穌的思想,凡是他直接發表的,都在《福音書》中披露;不過四本《福音書》,卻沒有同樣的性質。近代經學者都說《馬可福音》乃《馬太》、《路加》的原料,而關於耶穌的言論及在皮利亞所作的事跡,尚有 Logia 或 Q 及他種記事爲根基。不過《馬太》、《馬可》、《路加》都是記事之書;他們所載耶穌的言論與事跡,大概不錯。第四《福音》乃係說理之書,其在指事,不免附會,其在載言,不免揣擬,其中所載,雖與耶穌的精神及宗旨,沒有違反,究不能謂之信史。前三《福音》與第四《福音》的性質宗旨既異,其引用自當不同。我們要知道耶穌的上帝觀,自然應當注重前三《福音》的記述,若第四《福音》所載的,與前三《福音》中通共的記載,在精神與宗旨上,不相違反,那麽雖以他爲耶穌的觀念,也似乎可以的。

　　論到耶穌上帝觀的背景,吾們當注意他幼時受了極深湛的宗教教育。以色列的諸先知,先後把上帝觀念建在極高尚極尊嚴的理想上。耶穌自幼,或者在會堂學校裏,或者在家裏,必定受了這些先知的影響,得了深厚的感化。耶穌在宗教上很爲注意,必能集思廣益,綜見大成。後來他出來講道,不但是承襲先知的事業,而且是發明先知的道理,一步一步,從自己的宗教經驗中,闡發了一個完備的上帝觀。"人說人子是誰? 他們說,有人說是施洗的約翰,有人說是以利亞,又有人說是耶利米或是先知中間一位。"(《馬太》十六章十三至十五節)由此看來,耶穌的言行,在當時人的心目中,都顯出他是一個先知,並且各人各見,顯出他與各先知都有性情與言論上的關係。所以先知的上帝觀,自然是耶穌的上帝觀的樞紐。以賽亞的上帝是最聖善的;何西亞、耶利米的上帝是愛人的,希望訓練罪人,使他們脫離黑暗,歸向上帝而成全他的諭旨。這些先知與其餘的先知,都爲神治主義所影響,故總以上帝爲主宰,爲萬軍之主耶和華,爲以色列家的聖者。間或說及上帝的父德,也沒有指明他爲無論什麽個人的父親,僅不過指明上帝乃一國之父罷了。上帝爲人父的原則乃由耶穌闡發說明的,不但是他的言語中闡明的,乃在他的行爲上發揮出來,叫人見他如見父,近他如近父的。

　　以色列先知的上帝觀,既爲耶穌所承襲而擴充之,他們的他種宗教態度,也許是耶穌所同有的,本論且提出兩事,以爲研究本題的輔助。第一,耶穌與先知同爲宗教者而非神學者,注重宗教的經驗而不重玄學的推理。第二，耶穌與先知既同注重經驗，自然以精神生活爲主要，不以形式儀文的宗教爲元素。就第一條講，先知們雖說上帝是宇宙的主宰，全權全能，全知全在的；他們卻創造一種有統系的神學。因爲他們都從宗教與人生實際的關係上着眼，而不像希臘古聖賢那樣從宇宙本體的觀念上着眼的。他們所最重的是上帝是聖善公義的上帝，上帝要求於人的因此也是聖善公義的行爲。他們高舉一位道德之神，做個人社會行爲的標準，而竭力攻擊政治的腐敗、社會的不平；甚至有人說，先知的奮鬥，全在乎得到社會的公平。在這些事上，耶穌也如此做，要人得到宗教的經驗，成爲義人而榮耀上帝。先知出來講道，莫不本了經驗，向人生社會對症下藥，並沒有舉頭天外，大放厥辭，發出許多不關痛癢的清談來，使人對他們的言語僅能存個研究批判的態度罷了。在先知，有其境，而後有其情，有其事，而後有其言；沒有"忽聞海上有仙山，山在虛無縹緲間"的清興的。耶穌也是這樣，所以他絕不提及玄學上的許多話；什麼上帝是絕對的，無量的，無始終，超越萬物，貫注群生，永久存在，執掌乾坤的那些奧妙道理，他都沒有說過。偶然說到上帝打扮田野的百合花，養活空中的飛禽，數過人頭上的毛髮，他的意義全在上帝與人有何等密切愛好的關係，不是討論玄學的理想。可以說，因爲耶穌與上帝有至密切親近的靈交，他所論到上帝的，大都是傳述他的精神生活與經驗，要聽他親他的人皆到了他那樣的程度，得了他那樣的快樂生命。總括一句說，耶穌的上帝觀是根基於經驗與生命的，不是根基於海市蜃樓的理想的；因此是實際的道德的。這不是說耶穌的上帝觀是無玄學根基的，或是不能找出玄學根基的，也不是說耶穌不講究玄學，玄學就沒有價值；難道耶穌不知科學，科學就沒有用處了麼？不過耶穌的觀念純粹是宗教的，道德的，經驗的，實際的，可行的，可發生效果的，是與他的使命符合的；我們不要張冠李戴牽強附會就是了。

就第二條講，耶穌的上帝觀與形式宗教是不怎麼融洽的。他承先知的傳緒，竭力反對無意識的儀式。這種行爲，亞摩斯、以賽亞、耶利米都有在前；他們都抵抗用儀節形式去束縛心靈，使心靈生活在禮文的硬殼裏關住。小孩子不能長生在甕裏，人生也不能發達在無意義的規矩禮教與威權之下。所以紀元前六百二十一年約西亞王的宗教改革，把法律書從三令五申裏擡高起來，耶利米沒有歡聲雷動的贊助，反而一無聲息的淡漠視之。以色列自有歷史以來，即有兩種宗教上的趨向，一種是先知的道德運動，一種是祭司的儀式主義。這兩種趨向，時常互相衝突，一起一伏，從來沒有完全調化融一。後來希伯來人受了外邦的壓迫，不能發展他們的宗教，祇得借重形式儀節做保護國粹的營寨。因此"買匵還珠"，成了尊敬保存宗教生活的儀式，而忘卻了儀式所要保存的宗教生活。到了耶穌的時候，那些猶太教中最虔誠死守法律經訓者莫如法利賽人，最頑固守舊，沒有寬恕博愛的宗教精神的，亦莫如法賽利人。他們想上帝是可以從儀式崇拜而降福於人的，而不從社會的公義人群的相愛而賜恩於人的。這種行為，簡直把上帝當做一個機械的、遠隔的威權，與先知和耶穌經驗生命裏所認識、敬仰的上帝，迥不相同。儀式最容易失去適應環境的機能，丟卻原有的意義，而變為神人靈交上，人人關係上的大障礙，以致從此發生了一種不正當的、呆滯死板、機械停頓的上帝觀與人生社會觀。此等障礙，與罪惡的障礙一般，同為人類道德文化進步上的仇敵。凡愛人的必須奮力和他爭戰，直到把他打破而止。耶穌所以反對死守安息日，反對泥守舊章，反對不與稅吏罪人親近的階級制度，反對一切遺傳，人叢中的長祈禱，衣帶上的經句，禮儀上的潔淨，強作的禁食，對於聖殿祭壇禮物的種種迷信，以及這些迷信所默許的不道德行為，如聖殿裏的買賣，虛誇的慈善事業，自以為是的狂妄僭越，尊禮輕人的種種可惡行為——耶穌所以反對猶太教的儀式與跟着出現的行為，是因為這些東西把宗教生命的源泉涸竭了。總而言之，耶穌沒有從儀式裏找尋上帝，乃是從心靈感通的經驗裏、生命裏認識他，也要人和他一樣的與上帝親近。簡括說，耶穌是承繼先知的事業，不是接續祭司的主義的，《希伯來人書》稱他為惟一的祭司長，是一種解釋的言論罷了。

然則耶穌的教訓既不以玄學闡理，復不從儀式證道，究竟是如何的呢？耶穌的上帝觀中第一可見的原則是人格主義。我們若說人格是有覺性的，是有自覺，自決，自與同樣的人格有分界有同情的關係，那麼耶穌的上帝，從他的言論行為兩方面看，實有這樣的人格。上帝既是這種人格，那麼他與宇宙人類有什麼關係，究竟他是否絕對，是否超越或貫徹一切的這種問題，在玄學上定要跟着發生。但是我們已經說，耶穌並不講究玄學，他的使命是啟示上帝的德品。他祇認定上帝是具有人格的；至於這種認識所產生的玄學問題，皆在玄學範圍內解決，不在實際宗教內討論。其實在玄學方面，可以假定上帝是有人格的,從這假定解釋這個人格種種的關係,使他成爲一種合理的、有統系的哲學,亦可以假定宇宙間,祇有理,沒有上帝,從這假定解釋宇宙的道理。我們正不必因着耶穌沒有提起玄學問題而生不滿的心。總之,我們可以無玄學上的假定與確定而生活,不能沒有耶穌那種從實際經驗中產生的對於上帝的覺悟與熱誠,信仰與安慰,誠服與快活,事業的生命。在於耶穌,上帝是具有人格的,所以他說,"你們的一切需求,你們的天父是知道的。"(《馬太》六章三十二節)"你父在暗中察看,必然報答你。"(同上四節、六節)"你們雖然不好,尚且知道拿美物給兒女,何況你們在天的父,豈不更把好東西給求他的人麽?"(同上七章十一節)這樣,上帝是有知識的;知識是人格的要素,由此可見上帝是具有人格的。若耶穌意念中的上帝沒有這樣的知識,我們向之究有何益,究能發生什麽熱烈的愛與忠呢？耶穌又說:"小信的人哪,野地裏的草,今天還在,明天就丟在爐裏,上帝還這般修飾他們,何況你們呢?"(同上六章三十節)"我告訴你們,要愛你們的仇敵,爲逼迫你們的人禱告,這樣就可以做你們天父的兒子;因爲他叫日光照好人,也照歹人,降雨水給義人,也給不義的人。"(同上五章四十四五兩節)這幾句話表明上帝是愛人的,卻用反襯的說法揭示於人,好像耶穌說話裏面,已經假定聽他的人知道上帝是愛了。在《路加》十五章他用浪子之喻發明此理,不明言上帝是愛,而上帝的愛,已經揚溢流露於字裏行間的了。上帝有愛人之德,即是上帝有情,有人格,因爲人格裏面,情與知同爲要素。

　　耶穌的上帝人格觀中,不但以情知爲要素,且以意志爲人格要素的中點。他禱文中說,"願你的旨意行在地上如在天上。"(《馬太》六章十節)他在客西馬尼園裏禱告說,"父呀,若你願意,就把此杯撤去;然而不要成就我的主意,祇要成就你的旨意。"(《路加》二十二章四十二節)這幾句話顯出耶穌看上帝的意志是最善,最重要,他在世上,祇有一個目標,就是遵行上帝的旨意。遵行帝旨,須有行爲動作;第四《福音》中所說:"我的糧食,即是遵行差我來者的旨意,作成他的工。"(《約翰》四章三十四節)最足顯明耶穌的心志,和含蓄在這心志裏的上帝觀。上帝有旨意,所以耶穌有作爲,所以耶穌教訓人說:"凡聽我的話即去行的,猶之聰明人,把房子蓋在磐石上。"(《馬太》七章二十四節)《約翰福音》中所說:"父所作的事,子也照樣作。"(《約翰》五章十九節)"我父作事直到如今,我也作事。"(又五章十七節)都與前三《福音書》中的話的精神與意義若合符節的。由此推論，《約翰福音》中還有一句很重要的話，也是耶穌可說的，即是："人若立志遵着他的旨意行，就必曉得這教訓，或是出於上帝，或是出於我自己。"（七章十七節）既然從行爲而知道是非，從意志而得經驗，那麼即說意志是人格的中點也無不可以的，即說耶穌最重意志，主張意志主義（Voluntarism）也無不可以的。況且耶穌的宗教觀念雖大都係承襲的，其承襲的與獨創的觀念，莫不在經驗裏，證明過一番而後成立。經驗在先，悉諳在後，生命在志，意志在動。上帝具人格，耶穌遵行此人格的旨意爲惟一事，即謂耶穌主張人格主義也可，不過耶穌不用術語發揮其意罷了。第四《福音》中"上帝是靈"一語（四章二十四節），可以與上帝具有人格的真義貫通，因爲耶穌觀念中靈與人格可以互相換用的。所以我們綜結一句，可以說耶穌以上帝爲有人格，即是耶穌以上帝爲靈之意。

　　第二個原則就是：上帝是人的父親。上帝既具人格，並且人格是人所能明白的，能與有關係的，那麼這個關係用什麼稱謂可以清楚表明出來？"父親"二字就足以表明了。這個關係，可以指明兩種意思：一是玄學的，以上帝爲因，爲造物主，造人類的本元；一是倫理的，以上帝爲父，人類爲子，而父子之間，相通於愛。在於耶穌，第一義隱而不提，第二義實爲要訓。這樣，上帝爲父這一層意思中，含蓄基督教一切精神與教理，因爲耶穌的人生觀、社會觀，都以上帝爲父一理爲基礎，而這一理，從字義與實際雙方看，都是以道德爲指歸的。上帝爲父，所以上帝是愛人的，求人利益幸福的，是要救人出禍害罪惡的。上帝爲父，所以凡爲人者，無論何種何族，男女貧富智愚賢不肖，都是上帝的子女，因爲上帝毫無偏黨。先知書中，這個觀念已經在胚胎醞釀之中，例如《何西亞書》十一章一節說，"以色列年幼的時候我愛他，就從埃及召我兒子出來。"又一章十節說，"從前在甚麼地方對他們說，你們不是我的子民，將來在那裏必對他們說，你們是永生上帝的兒子。"《詩篇》八十九篇二十六節說，"他要稱呼我說，你是我的父，是我的上帝，是拯救我的磐石。"但是先知書裏的觀念與耶穌的觀念很有差別。先知所說的上帝爲父乃指上帝爲一國全體的父，或是一國君主的父。耶穌所說的上帝，乃是人人的父，個人的父，所以"你們在天的父"，"我們在天的父"有普遍深遠的意義。先知的觀念是偶然發見的，如曇花的一現；耶穌的觀念是切實徹底的結論，從經驗中演繹出來的，如朗日的當空。先知的觀念，不僅狹窄，且是托諸空言；耶穌的觀念，不僅在《福音書》中連篇累牘的宣佈，而且在身體力行上傳示於人，可以使人永不忘的，當耶穌在時，猶太教專重虛文，把上帝與人遠遠隔絕，把先知偶見的上帝爲父的狹義尚且拋棄淨盡，何況於較高深於此者。但耶穌竟能本諸身，徵諸經驗，而說上帝是人類的父親，可以與凡求他者直接靈交，豈不可謂耶穌雖有先知的引導，還是獨創一種破天荒的上帝父親觀。

　　上帝與人既爲父子，其關係自然是道德的、倫常的了。這個關係，不待說明而自彰然顯著，所以不須指明提出，在耶穌教訓中，這個意思，在在流溢出來。譬如上帝是愛，上帝是善，這兩個義。他說："天上的飛鳥，不種也不收，也不積在倉裏，你們的天父尚且養活他們，你們不比飛鳥貴重得多麼？"（《馬太》六章二十六節）"你父在暗中察看。"（六章六節）"你們一切的需要，你們的父是知道的。""你們雖然不好，尚且知道拿好東西給兒女，何況天父豈不更將聖靈給求他的人麼？"（路加十一章十三節）即粗看看，這幾句話，也有幾層深高的意義。第一，上帝看人是最有價值的，比一切能飛會走的動物，比一切花卉草木要貴重得多。至微的花鳥，上帝尚且養活裝飾，何況於人；語氣中以至微彰顯至貴，真有不可同日而語的氣概，而竟同說者，乃所以形容上帝的重視人類，實爲深切之至。"尚且""何況"，人的價值可以想見了。第二，上帝既能體恤微物，其於個人，無論是誰，必定體諒入微，絲毫不遺了。他在暗中察看，萬無忘了誰的禍福利害，所以既以人類爲至寶貴，他自然要將一切賜給他們——不但一切物，而且是聖靈，是真善與美，是與他自己有靈交的生活。第三，他是完全聖善的；世上的父親，雖然不善，尚且不將石當餅，蛇當魚，蠍當蛋給兒女，尚且知道將美物給兒女，難道上帝倒反把危險東西賜給人叫人死亡，而不給一切需要的東西與聖靈麼？上帝是不使人受痛苦、入死亡的；上帝是要人得快活，有生命，並且進步到登峰造極的人格的。即此看來，上帝的愛，無物不覆，無美不載，無人不納，無微不至。《約翰福音》所說："上帝愛世，甚至將獨生子賜下，使凡信者不淪亡而得永生。"真能做前三《福音》中所發揮的帝德的綜結。上帝是愛這層深意，在耶穌言論中已經闡透無遺，但是徒事口說，總不及實踐躬行。耶穌行事，無論鉅細，莫不本於至愛。誡命惟愛，新約惟愛，愛爲德行的中樞，愛爲倫理的基礎。上帝耶穌，同德同心；在十架上的禱告說，"父呀，饒恕他們，因爲他們不知他們所做的事。"（《路加》二十三章三十三節）非但顯出上帝與耶穌同心，亦且表明上帝與耶穌的愛是百折不回，顛撲不破，泰山不足喻其高，東海不足喻其深的。

至於上帝是至聖全善的一層，已經在"上帝是愛"這一句內包括淨盡，因爲日月雨露，不容偏私，不偏之愛，乃至純粹。愛至純粹，即謂之聖善可也。雖然，在耶穌言論中，上帝至善，亦甚明白指示。他對一少年說："你爲何稱我爲良善的？除了上帝一位之外，再沒有良善的。"（《路加》十八章十九節）又說："你們要完全，像你們的天父一樣完全。"（《馬太》五章四十八節）《馬太》書中所以提起上帝完全的緣故，是因上文說到人當愛仇敵，如上帝賜日光雨水於善人惡人一般的至公無私。上帝有此至公無私的愛，所以他的德行是完全的，足以爲人類的道德標準。從《登山寶訓》及《福音書》中散見的耶穌言論中仔細研究，我們可以說，在耶穌心裏，上帝爲父的意義，全在於上帝愛人上明顯出來。上帝的愛，本體是聖善的，上帝的聖，本性是慈愛的。聖是愛的體，愛是聖的用；其實呢，聖善與慈愛原爲一質，祇能分析而解釋，不能拆開而存在，上帝的父德既然如是，他自然可以做人類行爲的標準。爲父的莫不願意子女照他們的標準做人；上帝自然也要人與他同心同德而有靈性的通融，不過上帝沒有人的錯誤罷了。所以上帝爲父一義，不僅含蘊他對人類所持的態度，並且指出他對人類所有的要求。上帝要人爲善，要幫助人爲善，達到他爲上帝子女的地位。這個要求，散見於《福音書》中；在《路加》十五章裏，這個要求，變爲上帝的等待，守候，找尋了。"時候要到，如今就是了，那真拜父的，要在心靈與真理裏拜他，因爲父要這樣的人拜他。"（《約翰福音》四章二十三節）一個"要"字，意義何等深奧呀！

上帝既爲人類聖善慈愛的父親，我們須要問人類的種種苦厄罪惡，使他們日坐愁城，長受屠戮，究竟耶穌有什麼解釋呢？人格主義與帝父主義能否解決惡的問題，當在耶穌教訓中有個答覆；因爲耶穌既最憐憫人類的痛苦，醫病逐鬼，傳福音給窮人，宣告上帝的禧年，他必有一個解決，或是解決的方法。試問《福音書》中找得出麼？我們研究此事之先，應當把幾層要義記在心裏，第一，耶穌不是玄學者，來做調和或打破矛盾原則的工夫的。第二，惡的問題包括天然的惡，社會的惡，個人的惡三種：其第一種，是屬於玄學，而不屬於宗教與倫理的。第三，這惡的問題，除了唯物論，定命論之外，實在在哲學上沒有見過解決法，而唯物論定命論到底因不能解釋人生問題，所以依舊算不了能解決惡的問題的。所以我們可以說，惡的問題，惡因惡果的關係問題，尚無理想上滿意的答覆。第四，宗教對此問題，並不解決，因爲他的本務是"度一切苦厄"，是教人如何超脫惡，戰勝惡，在實際上不因惡的勢力而阻礙人要達到的正鵠。我們若把這四層意思放在心裏，然後可以明白耶穌對於惡的問題的態度是最正確應當的。耶穌承認惡的存在與惡的勢力，並不像有些理想者因了不能解決惡的問題，就說惡是善在將成未成之間，或說惡是毫無實際的。我們平常的人，沒有受過詭辯者的訓練，所以祇知痛苦實在是我們心境身境中經過的；我們不能叫他來就來，去就去的；我們呼天叫娘的時候，萬不能承認世上無惡。耶穌在世，代表人類，也同樣承認惡是有的。他承認惡的勢力非常之大；惡的原則，在希伯來史上，已經得了人格化，叫做撒但，又叫魔鬼。猶太人當時都信有魔鬼，耶穌也常說魔鬼；他所說的，聽的人自然明白是什麼意思。他的魔鬼，有時似具人格的，有時似爲惡的原則的名詞。《馬太》四章十節中，他說"撒但退去罷"是如人格的；十六章二十三節，他對彼得說"撒但退我後邊去罷"是好像是指原則、心術而言的。不過無論如何，他一方面承認惡的存在，一方面不承認惡是上帝裏出來的，因爲他所訓人的話裏，都清楚指明上帝是人的父，爲全善的人格。他的門徒受了他的暗示，所以《約翰福音》中說："倘若上帝是你們的父，你們就必愛我；因爲我是出於上帝……你們是出於你們的父魔鬼，你們父的私欲，你們偏要行；他從起初是殺人的，不守真理，因爲他心中沒有真理。"《約翰》八章四十二至四十四節）雅各說："人被試探，不可說我是被上帝試探，因爲上帝不能被惡試探，且也不試探人。"（《雅各書》一章十三節）其他如彼得、保羅都曾提起魔鬼，這樣，上帝是全善的，是"衆光之父"，"在他沒有改變，也沒有轉動的影子。"（《雅各書》一章十七節）惟有魔鬼是惡的根本，惡的原則。

這樣說起來，耶穌是否承認一種兩元論，以上帝爲善的原則，魔鬼爲惡的原則？論到這裏，我們要重言申明，耶穌不講玄學。有兩樁事情，我們須要注意：第一是耶穌着重實事，第二是耶穌的行爲。玄學是好的，至少使人知吾人對宇宙人物有什麼問題，和裏面的矛盾謬輨，可是，"空思空想，難爲肚腸"，究竟在實際上不能得即刻可行的方針。無論一元、兩元、多元、唯心、唯物、自然、實在諸論，都有根本枝節的困難，祇可以緩緩地去摸索解決，萬不能一旦倉猝應用，使人勇氣百倍，視死如歸，發揮他至誠赤膽的忠心。耶穌是注重經驗與實際的；在人經驗與實際，有惡；不論這惡是地震山裂瘟疫刀兵水旱奸盜邪淫，總須指定是存在的事實，總須設法實實在在地把他們消除鏟滅。不管他們的原因來由如何，他們既爲害於人，人須與他們作戰攻克了他們。這就是宗教者腳踏實地，與科學者尊重事實，不以理害事的精神一般。至於耶穌在行爲上，雖承認有個撒但，從沒有依順他，投降他，做他僕隸牛馬。他引經典說："不可試探主你的上帝。"好像撒但也在上帝威權之下；又說："當拜主你的上帝，單要事奉他。"（《馬太》四章七節、九節）耶穌祇向上帝負責任，單崇拜他，不向撒但負責任，從不在心裏留一線的餘地，叫惡佔據。因了這種行爲，我們可以想耶穌的上帝觀念，並沒降卑上帝的威權與勢力。他祇承認上帝爲天地萬物的主宰，不承認魔鬼的要求，並且很看輕他，蔑視他，差遣驅逐他說："撒但退去。"所以從耶穌的行爲看來，他確鑿表明一種經驗的獨神論，或是超越的一元論。還有一層：耶穌的言論行爲兩方面，都表明善必勝惡，善可勝惡，且有已經勝過的事實爲之佐證。曠野裏被試探的時候，他完全制勝惡念。他對門徒說"我見撒但如閃電下來"，"這等等鬼非祈禱不能驅逐出去"。由此可見耶穌可以勝惡，門徒依樣去行，充滿了靈力，也可以勝惡。我們試想，若我們與耶穌一樣相信善必勝惡，本此相信而力行不息以求有所貢獻於同胞，有所自得於一生，我們豈不已得了生命的真際麼？處於生老病死的歷程中，受着生老病死的苦痛，若能得到心靈的安慰，希望，能力，以及上帝的幫助，耶穌的偕在，這惡的問題豈不幾乎完全解決了麼？《約翰書》的著者與保羅說得好："你們可以放心，我已勝了世界。"（《約翰福音》十六章三十三節）所以我們當"深信無論是死，是生，是天使，是掌權的，是有能的，是現在的事，是將來的事，是居高的，是卑下的，是別的受造之物，都不能叫我們與上帝在於主耶穌基督裏的愛隔絕"。（《羅馬人書》八章三十八九節）。

但是最大的惡，不是天然的惡，乃是人爲的道德的敗壞。天然的惡，這個問題，我們可讓玄學者去解決，去設法彌補。宗教所注意的，特別是基督教本於耶穌的教訓所注意的是人爲的惡、道德的惡，因爲這種惡是剷除人格靈魂，有鑠金銷骨之力量的。耶穌說："我要指示你們當怕的是誰，當怕那殺了身體以後，又有權柄將人下在地獄裏的。"（《路加》十二章五節）宗教的總義，原有救人出一切苦厄的方法；但是人在世上，最要緊的，莫如度出一切的罪孽。倘然世上的罪惡，都沒有了，那天然的惡或者可從科學從宗教雙方力進而大爲減少，亦不是不可能的事情。倘然人害人，害自己的心思與動作，一旦剷除淨盡，祇剩了生老病死四件惡事；又倘然用了科學與宗教的法門，減少生老病死的痛苦到最微的限度，這個惡的問題豈不幾乎解決了麼？治標治本，雙管齊下，實爲法之最上乘。我們讓科學去減少生老病死以及各樣天然的惡，讓宗教去充實人心，使人的心得到金剛百煉的精神而超乎生老病死之外，豈不是生命之惟一法門麼？耶穌要救人脫離罪惡，是宗教解決惡的問題法，要導人入於永生，是宗教超越惡的問題法。他說：「我來……乃是召罪人悔改。」（《路加》五章三十二節）爲了救人出罪的緣故，我們就可看見耶穌上帝觀中第三個主要原則。

這第三個原則就是：上帝不但是具人格，爲父親，乃是人的惟一救主。神學者有時想耶穌是救主，上帝卻不是救主，把耶穌與上帝的事功分截爲二。這種思想自然是機械的；因爲耶穌既係上帝的詔示，自然耶穌爲救主，即是上帝自爲救主。耶穌行事專以成全上帝的旨意爲目標；這一層第四《福音》的言論中最表得清楚。前三《福音》裏所載耶穌的言論，行爲，也足以證明此意。耶穌十二歲時已經志見於詞，說：「豈不知我應當以我父的事爲念麼。」（《路加》二章四十九節）後來他說：「一切所有，都是父交付我的。」試問「交付我的」下文，豈不是「勞苦負重的人到我這裏來，我要使你們得安息」麼？（《馬太》十一章二十七、二十八節）又對門徒說：「我所喝的杯，你們必要喝，祇是坐在我的左右，不是我可以賜的，乃是我父爲誰預備，就賜給誰。」（《馬太》二十章二十三節）在客西馬尼園裏，他禱告說：「我父呀，這杯若不能離開我，必要我喝，就願你的意旨成全。」（《馬太》二十六章四十二節）從這幾句話看來，耶穌救人實在是成全上帝的旨意，顯出上帝與耶穌都爲原動的、創始的救主。從這些言論中看，耶穌以上帝爲救主一層意義已很明瞭的了。若還不足證明此理，則請再看《路加福音》第十五章浪子之喻。喻中所描摹的父親可以表明上帝的心理，他如何不攔阻浪子的選擇，如何等待他回來，如何歡喜接納他，爲他脫去襤褸的衣服，穿上美麗的冠裳，開洗塵的盛筵，做敗子回頭的大紀念。僅一譬喻，其中竟包含惡的問題的中樞及解決法，與上帝救人的心理及事功。從起首至末尾，都是上帝做父親，沒有人代替他做父親，都是上帝做救主，沒有人代替他做救主。從起首至末尾的話，都是從耶穌心坎裏發出來的，可以表露耶穌以上帝爲救主的觀念。更可以說，在譬喻中，耶穌的心理志願無處不現，無處不是；一字一句，都發出他要救人的熱誠。在《福音書》裏，有時耶穌明顯自己爲救主，有時明顯上帝爲救主；本是因爲上帝與耶穌是同心一志的。我們若能深悉此理，從而心通於天父，使天父的恩光，驅除我們心中的黑暗，增進我們心中的光輝，那麼一切機械的，法庭式的矯揉造作的救贖論，不啻轉瞬而變爲秕糠糟粕了。"不如說，上帝是真實的，人（都是）說謊的。"（《羅馬人書》三章四節）

　　上帝爲救主一說，已清楚了，但上帝要人到什麼地位呢？耶穌救人並沒有什麼救贖論；他門徒的議論中，也找不出什麼固定的，有統系的救贖來。在他們救人是一種經驗，被救也是一種經驗；知道上帝愛人，信了耶穌，心裏得了與上帝和洽的平安快樂，或是說心裏得到了一種宗教經驗，就算這是得救的憑據就是了。所以救法如何成功的解釋，不是重要的問題，並且不在本論範圍之內。但是上帝救人的究竟，卻爲本論所當申說的，因爲這層意義，可以發表耶穌上帝觀的眞旨。綜一句說，上帝救人是要人完全，與他完全一樣；要人達到最高的人格，心靈的奇樂；要人與上帝爲眞正的父子，人與人爲眞正的弟兄，有切實的、親密的、情投意合的相通。罪孽是神人中間的阻障，所以上帝必要削除罪孽，把人從中救出來。簡括些說，上帝要人從罪裏出來到上帝那裏。《路加》十五章浪子之喻，即是這個意義的證實；耶穌自己，即是最高人格的實現，神人交通的成功。爲要成全此旨，耶穌在世上宣示上帝的神德，人類的可能，從個人與個人人格的關係而導人與上帝復和，與人互愛。耶穌終日乾乾的服務，登峰造極的犧牲，都從成全此旨而得甚深微妙的意義。他既與上帝意旨合一，則他服務與犧牲的行爲事功，自然彰顯了上帝無量愛、無量恩。我們簡直可說，我們的上帝是服事人，爲人犧牲的上帝，他"的愛就在此向我們顯明了"。（《羅馬人書》五章八節）

　　結束，耶穌的上帝觀不僅指示上帝的神德如何，而且包蘊從這觀念而生的人生觀與社會觀。茲因專論上帝觀，所以不將人生社會兩大觀念相提並論。他日有暇，當再從紙筆的遞傳，與讀者討論罷。在耶穌的言論中，上帝的存在，上帝與宇宙的種種關係、惡的問題，以及種種玄學的問題，並無表示。所表示明晰，清楚無遺的，類是實際道德與經驗的要理，因爲本論已經幾番提起，耶穌是宗教者，不是神學玄學者，其所言論，皆從宗教生活與經驗發生，其所信仰，皆由人格關係，心靈交通產出，無所謂空中樓閣，更無所謂造作的《信經》。因此耶穌的觀念可以亙古存在，萬族咸宜，在無論何種時代與環境，可以建植而不可以傾覆。吾人若單持玄學的態度，不以充分的、滿盈的生命爲人生要求的第一義，而以理想的、玄虛的學術構造爲安身立德的第一事，那麼耶穌的上帝觀或不能使吾人滿意。吾人若沒有宗教經驗，或因專持解析而不得宗教的眞意，或因不肯冒險而失去宗教生活的實際，那麼耶穌的上帝觀雖能令人滿意，究與吾人無切實的關係。不然，則耶穌心目中的上帝，因着吾人的信仰，必能補足吾人心靈裏一切的需求，使吾人生死禍福，都得甚深的價值與意義。耶穌的上帝離人不遠，他尊爲天地之主，近爲人類之父，無論誰人，可以與他同居偕在，正像保羅說，"我們生活，動作，存留，都在他裏面。"(《使徒行傳》十七章二十八節)吾們在實際上不缺什麼，衹欠一位至親密，至高尚，至明白，永久同在，事事輔助的上帝。在道德上也不少什麼，衹欠一個完全的人格標準，人格模範。感謝上帝，耶穌已經將上帝彰顯於我們了，耶穌已經把他的觀念在他言論行爲中證實了。

此篇係我前禮拜在杭州青年會的演說。昨日早晨，得着劉廷芳主幹的快信，要我作論一篇，所以倉卒的將我的演說增刪了一番，直錄出來。其中定有許多缺點，還請讀者指正賜教。紫宸附識。

一九二一，五，三十，蘇州
原載《生命》二卷二期，1921 年 9 月

宣教師與真理

《約翰福音》十四章六節

　　宣教師與非宣教師，對於探索真理的方法與精神，本沒有殊途異軌的區劃。吾人若假定真理僅係吾人經驗的解釋，則尋繹真理的人，無論其為哲學者、科學者、宗教者，即必須以經驗中的事實為起點，而後從仰視俛察而區別之、敍述之、解釋之、斷定之，更推放而證實之。達到這個知境，便是科學。再上一層，闡考事物的本體，宇宙的究竟，形象的指示，心機的實在等等，要從這裏面求個一切的所以然，那末學者達到無論何種理想的系統，發生無論何種邃密的理論，便是哲學了。但是科學哲學，起於人的經驗，亦必當以人的生活為指歸。一切事物理解與人都有至切的關係；故人類文化進程中，不能不發生科學哲學，而科學哲學的研究，同時又不能不把事物理解在於人的價值與意義，詳明地陳述在人類面前。於是乎有宗教與倫理的學問發生。西哲霍甫丁(Hoffding)以為宗教是保存價值的制度也是此意；不過宗教與道德，不但是保存的勢力，亦含有創作性能罷了。

　　宣教師若要尋求真理，自然也須循着這個方法與範疇。本論何必專講宣教師與真理的關係，而不統論學者與真理的闡探呢？其總因是宣教師可以為學者，亦可以不為學者；若是學者，又必須兼學者範圍之外的重要職務，不但須竭力思維，且要奮勉做事；若不是學者呢，他雖不必知道理想上種種微奧的辨論，尤宜曉得對於真理應有何種普通的見解與應持的態度。況且宣教師對於真理，既有信仰實行的必要，他的難處樂處，亦自與專門求理述學的人的境遇截不相同。是以本篇有此命題。還有一層，本篇僅論宣教師與真理的關係，故重在實際的行為方面，而並不規定何種哲學與神學為真理，更不須規定真理的本體性質如何。在實際的行為，真理是絕對的，亦是相對的，是可以得到的，亦是永遠得不到的，是因經驗理性的指示而可信的，亦是因此而可疑的。譬如柏克森說：“凡為本體者，必創新不息之轉化也：吾人以需用與興味故，使注意有所集中。因注意之集中，遂致於不斷之流，切為無數靜止點也。”（見張東蓀氏譯《創化論》二百八十八頁）又譬如孟斯德堡（Hugo Munsterberg）說：“吾人於暫假的命辭固可滿意；不過命辭的假定原要其達到絕對實在的真理；這絕對的實在，乃是預先含蘊在自身中的。是以每一超乎相對的真理的否定，其意義便是一切思想自身預斷之決定的剝削。而所謂一切思想，亦概括懷疑的思想。”（*Eternal Values*, p. 37）如此，在於柏克森，真理的本體是創新不息的轉化；在於孟斯德堡，真理有絕對永存的本體。在於實際方面說來，這兩面的理想，雖屬刺謬不合，卻可以並現於經驗之中。所以詹姆士曾說：“吾人若要做時，儘可使無論何事顯為矛盾的情形，但你若將自己放在一事內部的動作中，這一切回顧的、衝突的概念，立刻就在你手裏成為融和的了。”（*A Pluralistic Universe*, p. 262）

人的生命，確是一切矛盾演現並存的中點，我們若準此意而討論宣教師與真理的關係，又何必硜硜於由"屍驗"（亦詹姆士語）而固定的真理呢？

宣教師是宣傳真理的人：無論他是學者與否，總得有一番宗教的經驗做他所宣傳的真理的張本。哲學神學，輔助解釋宗教的地方，既重且繁，自然為宗教所依恃。但是哲學神學，宗派門戶紛紛不一，有彼一是非、此一是非的爭持，其中的理論，或為固定，或為假定，又有壅塞凝滯，偏僻分割的複雜。或使宣教師僅因"素富貴行乎富貴，素貧賤行乎貧賤"之故，而惟其黨是從，貿貿然排斥異己，那末宣教師所傳的真理尚得為真理麼？即使其為真理，聽的人能夠誠心順受，不懷疑慮麼？若使宣教師不反三隅，道聽途說，並無半點自得道理，居然傳說上帝皇皇的旨意，豈不成為能言的鸚鵡麼？在於今日，宣教師既不能攻擊異端以彰其真理，復不能再效鸚鵡，以作機械的呼鳴，自當注重自己的宗教經驗及宗教經驗種種的狀態，從其中得見真理發現於生活中間的實相。這並不是說教理神學可以摒棄；教理神學原可為活潑的真理的解釋，若為可棄，則人生種種重要的經驗，便不須考察解釋了，豈不紕繆麼？不過事有先後，又有輕重本末之別，不可不明。吾人斷不可屈生命以就見觸已定的範圍，但能時常批判修正吾人已有的理解，使其發明生命的實在。鳧脛短，鶴脛長，莫不出於天然，若欲斷其所長，續其所短，活的豈不要變成死的麼？基督所給吾人的是生命，是人的光，並不是任何一種固定的玄學；所以聖教的流布得以愈久而彌遠，福音的奧秘得以愈久而彌彰。這樣看來，宣教師真理的重心已很了然。但要推放此理，還得知道真理的來源、範圍、權威以及宣教師對於一切真理的態度與實行。請即分別論之。

（一）人如何得真理呢？

吾人認識真理，並無一定的路途與時期；竟有異途而同歸，同道而異致的；也竟有耄耋所不知，兒童所已見的；或窮年兀兀，焚膏繼晷而竟一無所得；及至一旦大悟，推放皆準，如喬答摩在菩提樹下所有的悟澈一般；或終身由之而不知其道，如《詩經》中所說："執柯伐柯其則不遠"的。但是無論如何，人的性情、學識、經驗、預備各有不同，他們接近真理、認識真理的途徑亦因此各有不同。他們所同的地方，即在他們心中的需求，本身的預備；因為沒有心內的需求，斷不能極廣大，沒有本身的預備，斷不能盡精微。需求與預備，全視歷史的背景，社會的環境而有意義，因此又以歷史社會的差別而呈不同的顯現。所謂廣大精微的真理，亦復染帶歷史的環境的彩色。不過吾人若在大處落墨，欲見其相同之點，遺其相差之處，則人類都有生的意志、知的意志、信的意志，亦都由此而發生心內的需求，更由需求而發生預備；預備定當，猶之瓜熟蒂落，真理便湧現了。民族如此，個人亦是如此，宣教師如欲接近真理，發揮妙諦，亦祇是如此。真理如有偏黨之倚，那末或有悟道的終南捷徑；否則，道不擇人，求則得之，不求不得之。即以靈感論，也要有感斯應，有空谷然後要有傳聲，斷無荊榛茅塞的地方，忽然傳聲應答起來。

以進化論，必要有聲有光，而後千春萬秋之後，引起了生物的耳目，但須耳既聰，目既明之時，纔得了然於聲光的妙理。照此看來，宣教師必須預備而後可以見真理，萬不能道聽途說，而能"照見五蘊"的。

真理不是一人的產物，也不是一代的產物。譬如建屋，先有基礎，然後"肯構肯堂，美輪美奐"，斷無"上徹重霄，下臨無地"的道理。一代的人都像匠工，所事不一，所成就的卻同此一屋。今代的人都在同一基礎上工作，佔之地點雖有距離的分別，大小的差殊，其有連帶的關係，同一的根基，是一定的。前代的建築即是今代的基礎,今代的人考察了它的鞏固與否,然後整飭修理,將層樓重閣的文化建在上面。同樣,真理的漸漸闡發,亦由多代多人而愈彰著:科學、哲理、美藝、宗教同時並盛,各貢一斑,聯為全豹。真理於是乎愈明。不但如此,即以一個人論,此時見一斑,彼時復見一斑,若是自強不息,亦必自覺觀念的變遷,亦必察知人生在空際時間裏流轉不息,真理也在人生覺察感悟中不息地流轉;無時無刻不演成一個動盪變化的系統。這是尋求真理的人必有的經驗,並沒有甚希奇。宣教師在於真理的經驗,若未投降於固定的範圍之內,亦復如是;若已投降,那末……! 還有一層,人見真理,不僅有境遇年歲的遷化,亦且有性分上的關係。洛易斯在他所著《宗教識別的來源》(Royce, *Sources of Religious Insight*)裏面,指出人的宗教見解的來路,並不限於一端。社會的經驗、理性、意志、熱情、道德的行為、朋友的交誼、精神的感通等等,都是見道的路徑。有的人,如科學者,哲學者,必由理性而闡探真理。有的人,如美藝者,必由深情摯誼而發明真理。其他的人,或入於此,或入於彼,或趨各種道途,而後乃見真理的端倪。這就是性分之別。性分有別,故取徑有別,取徑不同,故所述不同;究其實在,亦未始不殊途同歸。若性分差異的人,由異路而同歸於信賴上帝,竭力作善,吾人豈不當因此而榮歸上帝麼? 耶穌說:"不要禁止他,因為沒有人奉我名行異能,就能輕易毀謗我。不敵擋我們的,就是幫助我們的。"(《馬可》九章三十九、四十節)

  吾人都知道吾人很容易受理想的影響與節制。當吾人在一種理想的勢力底下,便覺得這種理想實是天經地義,斷無他種理想可以代替它,推翻它,就是為它捨命,亦所不辭,為它殺人,亦所甘心。不過時代與環境變遷了,理想也因了人的要求,知識的進步,得了變化。或者驟變,或者漸移,待不多時,夙昔的天經地義,或竟成為當代的粃糠糟粕;夙昔的怪力亂神,或竟視為當代的玉律金科。於是有人懷疑,有人死守,又有人以為真理是隨時演進,愈久而愈明的。無論如何,人所持的真理,歷經遷移,不免使人得了一個教訓,即是:人的真理不是一成不變,乃是遞演遞進的觀念。本諸身徵諸人,推而至於萬物,莫不皆然。有了這個教訓,吾人更知道認識真理的道路,斷無固定的限制,凡為基督徒的,莫不尊重神靈感化,亦莫不清心懇求神靈的感化。但聖靈的感化,是否使人成為機械,是否能將固定的教義用固定的形式,默啟於萬不固定的人生,卻是一個吾人可以自尋解決的問題。聖靈是否單單感化教內的人,或教內某派的人,而不給他種人一個"如在其上,如在其左右"的經驗,也是一個毋須在本篇內解決的問題。若使我們說聖靈隨人的需求與預備,按人的程度與背景而施其感化的權能,那末吾們對於自己的生活,文化的歷程,社會的經驗,可以得着清楚的瞭解。不但如此,吾們對於《聖經》中的真理,以及其中不易解釋的地方,也可以有迎刃而解的希望了,富斯迪說:"吾們從《古蘭經》讀到《聖經》,發見了一個頗耐尋味的意境。《古蘭經》中,吾們所憎惡的觀念,無不盡在《聖經》中間……不過這種觀念,在《聖經》中並不是究竟的;乃是日在矯正之中。《聖經》的啟示,是漸進的。上帝的觀念已從東方的君主變為慈愛的父親,待遇非信徒的方法,已從強暴的力迫變為愛的勸喻;多妻制度已變一夫婦制度;奴隸制度在《新約》成書之前未曾受過打擊,亦已受了新思想的炸裂,成了飛散的灰燼。《聖經》中屢次說:"你們聽有對古人說的話,……但是我告訴你們";"上帝既在古時藉眾先知,多次多方的曉諭列祖,乃在這末世,藉他兒子,曉諭我們";"世人蒙昧無知的時候,上帝並不監察,如今卻吩咐各處的人都要悔改";在《新約》進入基督教世界的時候,其門楣上有耶穌的話,說:"等到真理的聖靈來了,他要引導你們進入一切的真理。"這即是說:"《古蘭經》的究竟在背後,《聖經》的究竟在面前。吾們尚未達到此究竟,吾們不能窺其全體,上帝正在引導我們,向此鵠的走去。"(Fosdick's recent sermon on "Shall The Fundamentalists Win?")

吾人既知上帝的啟迪,真理的究竟,長在我們面前,不在我們背後,引導我們,又知基督賜給我們豐美的生命是流蕩不息,隨地湧現的,吾們當敬謝上帝,乘此良機,隨時隨地,看見上帝的真理的招手。宣教師更應如是,"東郭子問於莊子曰:'道惡乎在?'莊子曰:'無所不在;在螻蟻,在稊稗,在瓦甓,在屎尿。'"(說見《莊子》)英國詩人丁尼丁詠牆隙之花,有兩句說:"我若知你根與一切,一切中的一切,我即可知上帝與宇宙是甚麼了。"一九零三年,葛累非爾與亨德(Grenfell and Hunt)在埃及尼羅河西的曠野中,掘得失傳的福音數頁,已成殘鱗片甲,一頁上說:"耶穌說:無論何處,兩人會集,他們中間並非沒有上帝;無論何處,一人獨到,我說,我與他偕在。翻開石頭,你便見我;鋸開林木,我在其中。"(Bank's, *The Bible and The Spade*, pp.

187—188)看這幾句話,何等真,何等美;或者竟為耶穌親口所說,亦未可知。我曾患胃病,每晨必飲鹽湯;偶然向朋友說:"我在鹽湯裏見耶穌。"我的朋友頗賞識這句話,也是這個意思。這樣,吾人若再要問吾人如何認識真理呢?吾人的答案便是:人性中如果有懇切求真的傾向,則傾向在什麼地方,便可在什麼地方得真理;並且所得的真理,盡是由聖靈的默啟而來的。如讀《聖經》,誠心祈禱,誦聖賢書,行善,與人同苦樂,"見賢思齊,見不賢而內自省",都可以使人在心中揭見真理。又如聽音樂,看圖書,涉獵山水、草木、蟲魚、鳥獸、風雲、煙雨、江海、河嶷,凡"耳得之而成聲,目寓之而為色"的美,也都能使人神遊象外,心入玄中。又如數人集結,群相琢磨,一人經營,殫慮竭思,或有莊嚴的禮儀,或為精微的研究,"一息尚存,此志不容稍懈",也可以發明真理。又如一人所經,或為順境,或為逆境,或享榮華,或轉溝壑,或履康莊,或陷風險,或有親朋的輔助,或無兄弟的引援,或對妻子兒女,或為鰥寡孤獨,無論所處何境,若能存"見堯於羹,見堯於牆"的志,抱"如臨深淵,如履薄冰"的心,也必能得到"啟予手,啟予足"的經驗,"浴乎沂,詠而歸"的樂趣。總而言之,宇宙是上帝的宇宙,世界是基督的世界,萬物人心,俱留神蹟,但能諦視,即可了然。所以為宣教師的應知布帛菽粟,生老病死,天地文章,盡是真理駐駕之地,發軔之點。保羅說:"上帝的事情,人所能知道的,原顯明在人心裏,因為上帝已給他們顯明。自從造天地以來,上帝的永能和神性是彰明昭著的,眼雖不見,但視所造之物,便可曉得"了。(《羅馬書》一章十九、二十節)

(二)真理的範圍

人生的範圍,無非是真理的範圍,上文已備述了。宣教師既自得耶穌豐美的生命,不當復有拘墟門戶的行為,坐井觀天的見解,上文也已說明了。但範圍內所容之理千端萬緒,每有衝突。自機械論,進化哲學越俎言事,專斷神學,正宗教義死守陳腐的現象並生以來,以至於今,人的心中便懷一個科學宗教互相矛盾,不能並峙的迷信。若吾人肯定真理不能"同室操戈",那末真理範圍中不應有互相枘鑿的觀念。若有衝突,則科學宗教,或兩者中間,必有謬誤的地方,宣教師有悟徹真理的必需,傳說真理的責任;若所傳與科學的結果冰炭不容,試問宣教師當如何?當兩者擇一,死守以終呢,還是力察其假,既詳知之而決棄之呢?還是明知其假而固守之,明知其假而漠視之,惟人言之是聽,無自決的明斷呢?這兩個問題,宣教師儘可自己答覆。真理的境界內,各種元素必須融洽,並且日趨融洽;如其不然,則元素中必有應當摒棄的質點了。請說科學宗教枘鑿、水乳之點。"科學謹認經驗的威權。它的原則必須明瞭,結果必須可證。它不能誠於中而丟棄其探討、疑惑、重究任何問題的責任。"但它若然崖岸自高,不認宗教自有的領土,那末開釁在它,咎亦在它。宗教亦認經驗的威權,原則亦須明瞭,結果須能在人的行為上實現。若有生活的機能,宗教必不投降專斷的威權,亦必不以信從矛盾無理的教義為信仰的準繩。但它若瞑目不視,塞耳不聽,畏懼科學,阻礙文化,那末是它自殺。哀默斯說:"若使兩者聯於動作,聯於有定向的意志,他們可成很重要的融和。知識遂見為工具的,暫定的,實際的;而信仰亦遂為信任、期望、經驗的進步的態度。知識在實行活現的時候,可在具體的歷程與結果上有興致,這興致即是相信;而信仰亦可以從希望、賴恃、依靠知識與受過鍛鍊的經驗。"(E. S. Ames, *Psychology of Religion*, p. 413)所有的衝突,亦可以煙消霧散。科學的本務,是發明現象的因果;宗教的事功是保存人生的價值。由果索因,乃是追溯過去的事,其方法即詹姆斯所謂"檢屍"的方法。過去的事,更無改易,安得不為機械?因人生而定價值,不能單靠過去與現在。"價值二字是對於將來而言。"將來的事,尚待創造,須有自由;由是"檢屍"的方法,不能運用在宗教範圍內了。由此觀之,科學宗教的趨向、方法、結果截然不同;不知者便指為永不調和的衝突,知之者應當指明兩者的不同,不是衝突,實是各有境界,不是不能並存,實是真理相輔相成,成為圓美統一的必然。至於宗教自身的衝突,當別論之。(參看《少年中國》二卷十一期,陸志韋先生的"科學與宗教")

奧古斯丁曾說:"上帝如渾圓,其中心無不在,其邊際無所在。"真理也是這樣。我們程度漸高,我們的上帝觀念亦漸真確,今昔相視,何啻天壤。依樣,真理的範圍,亦時常擴大,石投水中,水痕初小,漸至推廣;人類追求真理,侵入其中,永永侵入,永永擴延。宣教師優游其中,將無窮盡的生命,化無限量的道理,傳給人們,實在是最樂的事。田裏的芥菜子,麵裏的酵,真是好比喻。耶穌說:"我所賜的水,要在他裏面成為泉源,湧出來直到永生。"又說："人若渴了，可到我這裏來喝，信我的人，如經上說，從他腹中要流出活水的江河來。"（《約》四章十四節，又七章三十七八節）但是真理的擴充，無非是哲學、科學、宗教、倫理各範圍內的見解知識的增長與改組，從柏拉圖到歐金、杜威、柏克森等，哲學的理想，所經的變遷，所發的新理，其豐盛為何如？一經擴大再難縮小，今世學者，萬不能回到柏拉圖的發軔地。從點金術以至化學，從星相術以至天文學，從天圓說以至地圓說，從無進化論以至進化論，其中科學範圍的推廣，還可以道里計麼？若復有人自名為科學者，而堅守天圓地方之說，人豈不要笑他的癡頑麼？至於宗教，從天然庶物的崇拜，以至倫理神秘的宗教，從摩西、撒母耳的信仰以至耶穌、保羅的精神，其間進步亦不可以道里計了。上帝與人已立新約，"既說新約，以前的約便是舊了；那漸舊漸衰的，必快歸於無有了。"（《希伯來書》八章十三節）死的東西，可以歸原，如鹽，碎其晶體，可以復之。活的東西，不可歸原，若使挫殺即便致命，如花，碎其瓣蒂，不可復之。宗教是保存人生價值的，既有進步，自然不能作回顧、卻步的舉動。孔孟的道理，本來極好，而今反害了中國，是為何呢？儒者復古，故為大害。穆罕默德說的話，在當時頗有裨益，而後先知死亡，天書泯跡，《古蘭經》遂為千古殺人的利器，鎖人的桎梏，為甚麼呢？惟古可復，惟書可憑，是以回教諸國，一蹶不振，以至今日。總而言之，真理的範圍，必須擴充。凡以固定的三墳五典、四書五經治國的，其國必弱。凡以固定的神學、經本、教規、禮儀宣教的，其教必衰。基督徒當然遵守經訓，辨別真理，不過基督教不是經本的宗教，乃是以基督為中心，以生命為根基的宗教。宣教師如能深悉此理，那末可以無適無莫，不偏不倚，出來宣傳上帝的諭旨，解決人類的痛苦了。

但在真理範圍擴充時，種種元素必然紛至沓來。旋即訓利融洽，成為活動前進的平衡。調和融化有一定的歷程，即是理想的重組與成全。例如進化論出來之後，各種學問都受了它的影響，從生物到歷史諸學，從科學到哲學，無不因了進化的說素，改變了觀法與系統。進化的理若是真的，當然要與一切理發生關係；生物是進化，生物所有的動作，與其因果，豈能逃出進化的範圍麼？這樣，一理成立，須與諸理融和，成為系統；這便是真理重組的意義，（參看胡適《文存》卷《實驗主義》的《引論》）當基督教傳入希臘的時候，希伯來與希利尼兩種文化發生了婚媾的關係；於是乎希伯來的倫理精神與希利尼的哲學思想冶在一爐,鑄成了極豐足的基督教。如今基督教佈在中國百十餘年,教理教義與中國的文化應否融和調劑起來,成為本色的宗教,是一個重要的問題。若要融和調劑,基督教現有的真理又須重組一番。宣教師在教理重組的時候,很有艱難的責任,但萬不該阻礙經驗的進取。至於真理的成全一層,耶穌曾說:"我來不是要廢掉,乃是要成全。"(《太》五章十七節)聖奧古斯丁酷嗜希臘埃及的學問;信道之後,自述他對於此種學問的態度說:"我從異邦人中間來歸向你,我的心注在埃及的金子上。你曾要你民從埃及索取金子,因為金子無論在何處,原是你的。"(Augustine's Confessions. BK. VII. p. 132)又說:"哲學者,特別是柏拉圖派的學者,所說的真理,許與我們的信仰吻合,吾們不但不當懼怕它,並且應當把它取來,如從不法的人手裏取來一般,為我們用。"(說見同上注)宣教師也須如此存心;應當知道基督教不是抗拒教外的真理的宗教,乃是要成全它們,應驗它們,使它們更充分地實現出來。"成全"二字,即是使片鱗殘甲在基督中間與一切真理統合,見為全龍的意思。這實在是基督徒尋求真理的標準,也是基督教果有真理的力量。

(三)真理有什麼威權?吾人對於真理當持什麼態度?

吾人的經驗是吾人生命的本質,又是吾人真理的元素。果是真理,吾人即必須順從更無別法。上帝的旨,生命的道,順之者存,逆之者亡。但是吾人如何能夠確實知道什麼是真理,什麼不是真理呢?吾們何由而得確信呢?若說年代愈古,道理愈真,祖宗遺傳,故有威權,不管合時不合時,有理沒有理,那末吾們要問為什麼夙昔的天經地義變了今日的古董殭石呢?若說直溯而上,祖宗這樣做,曠觀當時,風俗習尚都這樣指示,所以吾們須畫依樣的葫蘆,那末吾們有些疑惑,難道我們都是傀儡,不能有什麼自發而必須俯首委命麼?若說吾們當有歷史的見解,難道歷史不是人所創造的麼?不是將來新業的基礎麼?吾人當與世界將來的歷史,有共同的趨向,也須與各國歷史同化麼?這些問題,使我們反覆思考,覺得真理的威權,並不在於古不古,倒在於合理不合理,是不是吾們可以在經驗中實驗的。進一層說,教會中執政者,既識真理,宜有威權,吾人應當聽從他們,吾們若為宣教師,也當叫人們如此順服。羅馬教皇履行任務時，不會差誤，所以威權獨尊。那末吾人更覺大惑不解了。他們的職務使他們在真理上有威權麼？若是這樣，教會不復是聖徒相通的機關，簡直是個軍營了。他們是因為認識真理，所以有威權，可使用專斷強迫的言詞，橫加於人麼？若果如此，吾們如何曉得他們果然是否認識真理呢？即是他們果然認識真理，難道不問我們明白不明白，同意不同意，即可強我們信他們所信的麼？這些問題，又使我們反覆思考，覺得真理的威權，萬不能夠操縱在無論何等人何宗派人手裏，而必須要發展在我們自己心悅誠服的意志裏的。再進一層說：《聖經》是上帝的諭旨，靈感乃生命的指導，在人身上，既不用外力，復不恃人為，當有無上的威權了。但在這點，須有仔細的瞭解。一人的聖經見解，一派的聖經見解，因於一人一派，頗為滿意，遂以視為威權，加諸他人，可以麼？若是可以，人哪裏知道這種見解果是真理呢？難道因為一人一派的滿意，便可算為人人的真理麼？至於聖靈的感化，也沒有客觀的標準。甲說是，乙說非，兩人都可以說聖靈叫他們如此說的，難道聖靈一口能將一事一點自相枘鑿麼？在他兩人，或許是都受感動；不過他倆不同，倒能加威權於第三人，使他聽從這個或那個，或倆個，而算此或彼或此與彼的矛盾為真理麼？這些問題，竟使吾們心知真理必有威權，而指不出威權的居留地了。

　　不過我們仔細考察，真理的威權，在於今日不外乎公認的學權與社會的經驗。這兩個事實集合起來，便可為一切真理的威權，更是宣教師所當服從的威權。無論是《聖經》或是別種學理，經過許多學者的研究解釋，然後推放運用，證明這些理解與當代文化中其他的元素和洽一致；這些理解，便可認為真理，視為威權。因為這些理解，不但合理，而且是當代生活中最重要最有力的元素，為生活所恃而存的。若有他種神學或哲理的見解與之衝突，這與之衝突的，亦必與當代文化中其他的元素互相衝突；故可一望而知其不為真理，沒有真理的威權。若這與文化元素衝突的是一新發明的道理，那末經過試驗之後，可以使一切文化中重要的元素與它融洽，而獲鞏固存在的地位。達到這點，新的理想即可視為公認的真理。若不這樣，若與一切文化元素衝突的道理是一舊說，它的勢力已居退避或敗落的地位，那末它的抵抗，雖屬強健，亦難得認為真理了。然而公認的學權雖然如此，還有一層，卻不可不注意。在宣教師更應當問學權所示的真理，若是關於倫理宗教的，是否在個人社會的經驗中能夠實現,得其確切的證明。因為我們個人的經驗,因於社會,緣於社會,非社會不會有的。所以若一種理解在社會的經驗上能夠實現,發生影響,這理解是真理。個人的經驗,雖或可以高出普通的社會經驗,然其俱有社會性是無須贅述的,與社會經驗共一趨向是毋容疑義的。不但這樣,即是神秘的經驗,與不可思議,僅可自知,暫時證果,純然被動種種情況,也不出社會性的範圍。詹姆斯說:"有覺的人,實與大於自己的他我連續,從此而得救拔的經驗。神秘的經驗頗像一個我散入一個大我中間。"(*Varieties of Religious Experience*, p.515)這樣看來,人若於社會的經驗中,能夠將公認的理解,發展實現,演為個人的生命,社會的行為,成為個人的幸福,社會的價值,這公認的理解與社會的經驗,即與為真理的實證了。理性經驗,雙方通過,纔算威權。理性而無經驗是空言,經驗而無理性是"妄作";空言妄作,移在宗教範圍之內,足以殺人!

真理既必根於人的理性與經驗而建立權威,那末吾人對於真理的態度,已可知曉。簡言之,吾人對於真理,當有公開、懷疑、受納、試驗、尊重、實行、無恐懼的態度,當有耶穌的態度。此等態度為探索真理,躬踐道德的人所不可無,所以宣教師必要練養修習而得之。真理非一人一派,一時一代所可私,亦非畸輕畸重,藏頭露尾的人所可得;非奧堂幽室所能藏,亦非經史典籍所能盡;非類分區劃所得隔,亦非泥守穴封所得存;所以當有公開的態度。理性有未逮,經驗有未遂,未逮未遂而即出主入奴,黨同伐異,謂之盲瞽,謂之蟊賊。未逮未遂,因而思之,因而疑之,不苟同,不附和,方纔可見人格。史搭勃克說:"吾們,特別是教界中人,尚未脫去疑即是罪的舊見解……(但)懷疑是發展的一部分;在於有等人,疑是萬不可免的;若要其人達到最高的可能,疑亦是自然的、當然的。吾人若能洞悉這種發展的重要,斷不致於看見疑惑與高尚的生活一同發展增長而以為奇怪。""許多虔誠的人,所以得到圓滿融和的發展的緣故,實是因為他們心中疑信並存,有充分的自由探考一切,而得清曠的眼界,滿足的信賴,豐富的識鑒,平穩的精神,使他們在宗教的中心有堅植的根蒂。"因為"沒有什麼在初接時,即可切實明瞭的;直待此事轉入覺悔,成為經驗,然後方算了然"。(Stasbuck, *Psychology of Religion*, pp. 242, 303, 399)所以宣教師當有懷疑的態度。各人見理,常有不同;"三人行,必有吾師焉",故當謙受。不同之理,或皆符實,"他山之石,可以攻錯","愚者百失,必有一得";況乎異己的人,也是費心血,披肝膽而從事研究,安有毫無收穫之理？故當容納。宣教師儘可以不與人同,卻斷不可沒有受納的態度。真理的平衡,在於人所知的,是流轉不息,活動創化的。為了這個緣故,吾人追求真理,與尋找生命一般,必須前進,不能退後,必須冒險,不能苟安。宗教的真理,上帝的諭旨,人生的究竟,都以將來為歸宿,所以吾人雖欲不存進取的心,也不可能。人可以停止進取,但不能剪斷生命的長流。若經驗變易,理解不變易,呈露了新酒舊袋的現象,那末或者理解受擊,或者生命受困,其危險就很大了。所以宣教師不可以沒有試驗的態度。試驗實行,有連帶的關係。經驗理性兩方並現了,則試驗遂變為實行。試驗是實行之始,實行是試驗之成;生命因此豐備起來,福音亦因此流布開來;所以宣教師當有試驗實行並進的態度。宣教師看真理不像古玩,可以供案清賞的;乃像飯糧,用來滋身養力的。既知真理,必實現之而後足,必得到之而後已。耶穌說："天國如買販覓珠,既得重價的珍珠,就去變賣一切,買了這顆珠子。"(《太》十三章四十五節)真理在宣教師也是如此貴重,故愛戀、思慕、追尋、保護,無所不至;故宣傳講解,舌敝唇焦,朝於斯,夕於斯。一人未得,如己未得,一人未解,如己未解,"席不暇煖,突不得黔",便是宣教師尊重真理的態度。

不過宣教師的思想,往往拘於一隅,不應當為環境事業所限制,而竟完全受制於環境與事業,當有公開、懷疑、受納、試驗、實行、愛護、尊尚的態度,而適得其相反,堅持了關閉、頑固、抗拒、退守、空想、怨憎、鄙視的行為,以為這樣纔算護教衛道,不知正所以謗道毀教。原其總因,大概是為了沒有無恐怖心。因此有等宣教師的生活常為畏懼所包圍,以為有了公開、懷疑、受納、試驗、實行的態度,真理定要破產的,定不能受人歡迎、愛護、尊尚、依賴的。猶之父母愛兒子,把他鎖閉在幽室中不叫他動作,免得遇到患難危險;卻不知如此做法,倒反害了兒子,殺了兒子,叫兒子做一個冥頑不靈的蠢物。聰明的父母決不如此做;聰明的宣教師也決不怕自己的與他人的真理相遇相接。若然在宣教師的預備時代,塞其耳,掩其目,桎梏其手腳,束縛其心思,不許他聽教外的言論,讀教外的書籍,與教外人來往應酬,辯駁研究,但許其為槁木,為死灰,為留聲機,為登場的傀儡;以致他們的信仰可以堅牢不改,宗教可以鞏固不變,永遠在正宗範圍裏討呆滯固定的刻版生活,試問這種宣教師的知識如何，道德如何，人品如何，更有什麼真理假理的可道可傳麼？諸君願意不願意做這等宣教師？諸君想教會，特別是在於今日中國，當不當專使那並不篤行好學慎思明辨的人去傳福音？若這樣做是好的，那末這種戒慎乎真理，恐懼乎真理，關門閉戶乎真理的法子，真是護教衛道的不二法門！若是不該如此，那末只有一法，即是不怕真理來敲門，不怕敲真理的門，更不怕登山超海，上天入地去尋真理。千端萬緒的真理，從天涯海角古今中外而來，發現在人心裏面，使人知道上帝是真理的本原，人生是真理的實現；有一日上帝，即有一日真理，有一日人生，即有一日真理。吾人不怕上帝不存在，也不怕人生歸於寂滅，為甚麼要畏懼用各種法探討真理，為甚麼要畏懼哲學科學，以及邏輯批判的研究呢？為甚麼戰戰兢兢，常恐教理被人家推翻了，《聖經》被人家打破了，宗教被人家毀滅了，永生被人家吞蝕了呢？劉廷芳博士說："倘若教會深切滿足地信仰《聖經》，必以《聖經》為無上的真理；既是無上的真理，便不怕人用科學的方法來研究了。但是教會往往有人因愛惜《聖經》的緣故，替《聖經》擔憂，用種種消極的方法，無謂的手續，禁止人用科學方法去研究《聖經》。如此辦法，自以為是保護《聖經》，卻忘記了《聖經》既是上帝的真理，必不靠人去保護它。《聖經》二千年來，遭幾許的打擊；但是它的力量沒有改變。若靠人保護，早已消滅了。不但《聖經》，就是……教義和信條，禮節和儀式，都當快快樂樂地受科學的實驗，歡迎公開的討論、嚴格的批判。教會當用毫無懼怕的膽量，用百折不回的忍耐，作尋求真理的人，天來的良導師，模倣耶穌的榜樣，仁愛和平地，教授一切虛心誠實就學的男女。"（見本年五四劉博士的演說，題是"中國的基督教會"。）

（四）宣教師應當實行真理

人與真理所以有至重要、至密切的關係，全是因為人生的演進即是真理的演進，若人是人，真理是真理，各各分交，還有什麼闡發真理的必要？人與真理，特別是關於價值的真理，在事實上不能分開；所以宣教師不但要知道，並且要實踐，不但要"知之為知之，不知為不知"，庶幾做個誠心的人，並且要步趨耶穌而成"我即真理"的經驗，庶幾免得不誠、假冒的心術。人用人格的全體侵入真理，真理也依人的程度促入人格的全體。宣教師的路程，是從知到行,從行到知,即知即行,即行即知,以至於自己即是真理的大徹大悟。基督教是生命的教,生命是經驗的演進,經驗是動作的創化,動作創化在於欲望,欲望在於意志的趨向,意志是人的中點。生命的指示既是這樣,那末立志是宣教師認識宣傳真理的第一義。志既立了,動作也即發生了;動作發生了,真理便瞭如指掌了。耶穌說:"人若立志遵着他(上帝)的旨意行,就必曉得這教訓是出於上帝,或是出乎我自己。"(《約》七章十七節)。更能曉得上帝是真理,基督是真理;從一己"自我即是真理"的經驗在社會群眾的生活上得着印證,證明真理的肇始終結莫不在心性,在人格,又證明上帝是人格的、精靈的,基督為真理完備的現象,上帝的法相,吾人的救主師傅。有此理解與經驗,便覺上帝的靈,能夠引導吾人進入一切真理,而吾人亦必須在真理精神之內崇拜上帝。心心相印,息息相通,本於上帝,歸於上帝;因為人格尋求人格,心靈尋求心靈,父求兒女,兒女求父,種種救恩,都是如此豁然了然於人心中,或過去或現在,或將來,或痛苦,或快樂,或為世界,或為天國,盡百湧現,更無隱匿。從生命的關係方面看,上帝要救人出罪惡,進永生;從真理的關係方面看,上帝要拯人離虛偽,就實在。救法是上帝的生命,破除了罪惡的障礙,得着了心靈的歸向,而實現增長在人心人格中間;亦是上帝的真理,掃除了虛偽的蒙蔽,引起了經驗的認可,而發展湧見在人心人格中間,宣教師要救人,須先自救;要傳真理,須先得真理,先成為真理;既已得之自然實行。

再重申一言:宣教師的真理當在宣教師的心裏、血裏受過洗禮。宣教師的心不是棧房貨倉,堆積東西的地方,今日放進去,明朝取出來;放進去的是什麼,取出來的依舊是什麼!宣教師是人,吃的是粟米蔬果魚肉,化的是筋骨血肉髮膚氣魄,用的是精神思想情感,是他全身,所以他要傳福音,他必須化福音;要講基督,他必須化基督,方纔有切實的上帝的諭旨,可以宣佈。不然他便沒有話可講,講的並不是話,他也並不是真的宣教師。吾們都知道宣教師要基督化,不知道基督要宣教師化,然後可以受宣教師的宣揚尊敬,基督曾經約翰化,保羅化,千千萬萬的聖徒化,然後有約翰,保羅,千千萬萬聖徒的豐功偉業;基督曾經希臘化,羅馬化,歐美化,故有希臘,羅馬,歐美的見解,宣言制度,事功。如今基督教傳入中國百十餘年,尚不曾受中國的宣教師化,中國的文物化,心理化,中國將如何透入基督的生命而為基督教國呢?

譬如高山流水，可以森林化了，使森林葱蒼鬱茂；瑤草奇花，可以青蟲蝴蝶化了，使青蟲蝴蝶美麗翩躚。高山流水，益見其大，瑤草奇花，益見其既，並不損了毫髮。而森林蟲蝶，便得了無窮的生活精神。依樣，吾人的自己都是宇宙化的，也都是使宇宙為吾人化的。宣教師若不自己將基督融化在心裏血裏，則雖有董賈之才，蘇張之辯，不過是鳴鑼響鈸而已。聽罷！保羅說："我現在活着，不再是我，乃是基督在我裏面活着。且我如今在肉身活着，是因信上帝的兒子而活。"(《加拉太書》二章二十節)保羅是基督化的，基督是保羅化的，所以有此等境界。

宣教師為真理"作見證"，也當有真理為他作見證。他為真理作見證，因他自己是真理，真理為他作見證，因為他的見證發生效果！試問我們如何能知宣教師果是善人，果是上帝的使者？只有一法，看他的影響："聽其言也，觀其眸子，人焉廋哉？人焉廋哉？"耶穌單用這個法子。他說："憑着他們的果子，就可以認出他們來。荊棘上豈能摘葡萄呢？蒺藜裏豈能摘無花果呢？這樣凡好樹必結好果子，惟獨壞樹結壞果子；好樹不能結壞果子，壞樹不能結好果子。"(《太》七章十六、十七、十八節)耶穌用這方法教門徒審察人，也要叫人們用這方法觀察門徒，故宣教師的好壞善惡，無可逃於天地之間。耶穌說："你們多結果子，我父就因此得榮耀，你們也就是我的門徒。"(《約》十五章八節)但耶穌不惟叫人如此審斷人的真偽好惡，也要叫人用同樣的方法，來觀察判定他自己是誰。他說："我有比約翰更大的見證，因為父交給我要我成就的事，就是我所作的事，便見證我是父所差遣的。"又說："我奉父名所行的事，可以為我作證。""我若不行我父的事，你們就不必信我。我若行了，你們縱然不信我，也當信這些事，叫你們又知道，又明白，父在我裏面，我也在父裏面。"(《約》五章三十六節；十章廿六節，三十七、三十八節)宣教師自己與真理，有沒有這樣的見證？可是這評判人格與真理的法子，應用在道德的行為上，可以不管利害的關係如何。宣教師行為端正，存心正直，偶然失敗，亦不得視為失敗，或竟是成功的起點，亦不可知。詹姆斯說："成敗並無絕對的準衡，其判斷隨觀點差異而生分別。從生理學方面看，保羅是大失敗的，因為他被判了大辟的刑罰。但是他很莊嚴地適應了更大的歷史的環境，論到聖徒的榜樣，使世界因此得了義的酵，而趨於道德的、普遍的、聖潔的習尚，那末無論他切身的惡運如何，他究竟是成功的。"(*Varieties of Re-*

ligious Experience. p. 376)世路艱險，宣教師常要如羊走入狼群，常要乖巧如蛇，顯馴良如鴿，以致可以經歷千艱萬險，委身致命。此中犧牲，自不消說。但是宣教師苟能在無論何種環境中，在人前證明真理，使人在上帝與群眾之前，用言語或默識證明他是真宣教師，也可以說夠了！

耶穌說："我是道路，真理，生命；若不藉着我，沒有人能到父那裏去。"（《約》十四章六節）本篇立論，全依這一句話，與這一句話的程序。吾們的主，要給人豐富的生命，並不將難擔的重軛，難守的誡命，放在吾們肩頭，他不過說："你們要相愛，如我愛你們。"（《約》十五章十二節）真理的中點是生命，生命的力量是愛；換說一句，吾人可以說愛是真理生命的作用。宣教師的第一要事即是愛；因為是愛，所以是急切的，必須實行的，不顧危險艱難，百折不回的。科學者求因果，求之不得，可以從容等待。哲學者求意義，求之不得，可以暫時停頓。即使尋得之後，亦不必親自奔走呼號，朝夕傳布。宣教師不然，他有生命，必須與人分，與人共；人有痛苦罪惡阻礙生命，他必須代受其憂慮驚駭。他是上帝的使者，上帝如何，按着他的程度，他也如何。上帝是生命，他亦是生命；上帝是光，他亦是光；上帝是真理，他亦是真理；上帝是愛，他亦是愛，在於愛一切都成全了。"在科學中，吾們知物；在哲學中吾們知理；但在宗教中，在於我們愛裏，吾們纔能知道人格。因此愛上帝，即是知上帝，吾們在此至深微妙的意義中，乃得知到最高的真理，究竟，生命是實際至真的見證；我們如何，因為吾們是由實際生的。愛之外，尚有什麼能給人生命？尚有何種別的原理能使人滿意，能維持人生？因此，不在於解釋物理的科學，不在於探索玄理的、冷漠旁觀的哲理；而在於我們經驗中深厚的真情，使我人縝密地知道實際幽邃的真理。上帝的可知，便是上帝的可愛。"(Colin McAlpin, *Hermaia a Study in Comparative*)愛的中間，一切都成全了。

蘇州趙紫宸，十，七，二六
原載《生命》三卷三號，1922 年 11 月

中國教會前途的一大問題

　　近幾年來，中國因了世界的大變動、內部的大醒悟，產生了民族自覺自決的觀念與要求。一方面社會運動喚起了國人思想的改革，使國人對於一切不公平不正常的政治統系，經濟制度懷抱不滿意的心；一方面的文化運動引起了改造的要求，批判的態度，干涉一切文化因數的行爲。教會當此潮流，自也受其影響。其中有學識，有基督的生命的人們，都要急急地謀劃對付此種運動的方法，要把基督的福音去適應、輔導、改變、感化中國朝暾初起的民族思想與覺悟。爲了這個緣故，教會中"懷瑾握瑜"的中西信徒，皆有希望及要求統一教會，中華本色教會的表示。這種表示是覺悟，是識鑒，是好邏輯，是基督精神的揚溢露流。他們雖明知造就此種教會的艱難，卻沒有因着畏懼而生退心；不過使他們更加慎細周詳罷了。本論不是要討論中國本色的統一教會，乃是要討論這種教會行程中的一個大問題。據我看來，此題不得解決，這個中國本色的、統一的教會，決不能得其起點與歸宿，決不能有什麼成就。

　　這個是什麼問題呢？簡單些說，是個教會與信主的學生的關係問題；是個教會的人才問題，領袖問題。現在第十一次全世界基督教學生同盟大會已經閉幕，中國全國基督教大會行將開會，吾們對於這個問題，不能不仔細討議一番，希望"雙四"之後，"五二"之際，可以得個明瞭的指示與解決。吾們觀察現在的教會與教會學校，覺得教會與基督徒學生並不聯絡，並無知識上、心靈上的交通。教會不明白學生的心理，學生也不知道教會的內容。雖說是信教的學生都在教會之內，教會的名籍上，分明掛着信教學生的姓名；雖說有許多事情上，學生也爲教會做工，教會也要學生做工，然而考其實情，在許多地方，大有"爾爲爾，我爲我"的情形。學生與牧師的觸點甚少；與平常的教友，更沒有相干了。考其原因，大概是因爲西國教師，不明白信主學生的心理，與中國牧師的"黜陟不知，理亂不聞"的態度；大概是因爲"率由舊章"的習慣。此等的不相干態度，除了"愚"字，尚有什麼動機、什麼心術，讀者自去思想考查罷。本論所提出的便是：此是一個極大的問題，是凡希望中國本色的、統一的教會成立的人，應當說明，去設法解釋的。

因爲學生不以教會爲心靈的家庭、自己的機關，便不覺得痛癢相關，不去思想教會是什麼，是什麼的制度。不思則不愛，不愛則入之亦易，出之亦易，猶之旅客住寓，需則留，不需則去；雖捐幾許錢，做幾許事，也是行旅中不得已而爲之的常度，並不是披肝瀝膽，盡心竭力去做的行爲。學生既不與牧師甚親密、甚接近，又不與普通教友通誠心，同患難，自然畢業之後，可以變爲非基督徒，亦可以變爲無教會的基督徒。而現在無教會的基督徒畢業生——即是那些不到禮拜堂，不歡喜見牧師，不與教會的事業有關，而依然信主、依然輸捐的基督徒畢業生——或許果真是基督徒，也未可知；或許是很好人才，也未可知。信主的學生在校中，都有師長的訓導，同學的切磋，志同道合，未嘗沒有精神的生活，未嘗不在真切的教會之內。他們的學校便是他們的教會。因此在校則有教會，離校則無教會，以學校代教會，教會便不與學生聯絡了。不有聯絡，教會便白白地把優秀的人才丟了，丟了之後，大噪人才無着，繼起少人，豈不是"自作孽，不可活"麼？雖然若學校固然是個教會，在凡事上實行教會的工夫，還有可說。據我看來，據我的朋友顧志仁先生看來，現在有許多學校的學生很缺少靈修的工夫。因爲缺少靈修的工夫，學生離校之後，更覺得不必與教會再有關係。教會不把信主的學生擁在懷裏，學校又不把教會的內容，歷史，一切組織上，行爲上，儀式上，信仰上，事業上，合理的知識陳列在信主的學生面前，那麼他們雖欲不去，又安能不去呢？

這個教會與信主的學生不爲一體的問題，原須是雙方負責的；不過少年的信主學生，自然容易被責難、被指摘，因爲他們爲甚麼不奉獻自己的生命把她放在主的祭壇上呢？他們豈不應當如是行麼？教會卻不容易自見自責，也許不願意聽人的指摘。吾人當此時機不能不體諒教會的憂遑，也不能不明白學生的境遇。譬如現在有的一種家庭：在長輩眼中則子孫要求自由結婚，小家庭制度，經濟獨立，思想獨立等等事，實在使人心痛的，實在是"麻布口袋，一袋不如一袋"的。但是後輩的要求卻不能不適應，否則家庭革命，便難倖免。在於後輩呢，總覺得長輩倚老賣老，不懂他們的新思想、新標準，更不知道他們對於國家的社會的希望、決心、志願。在這種眼光看來，長輩似乎太教人難堪了。在於今日，教會恰如處於家庭中長輩的地位，學生恰像處於家庭中後輩的地位，其間的關係是互有的愛與互有的意見相混雜、相衝突。若是教會希望信主的學生對於她發生一種家庭戀愛，教會即應當考求此等學生的心理，輔助學生，俾得一方面知道教會的實在而爲教會出力，一方面適應社會的知識上道德上種種的需求，而感化社會。信主的學生，應該快快地對於教會發生覺悟，而自覺、自決、自動。但是教會須要信賴他們，給他們一個機會，一個輔導，使他們不僅知道教會是他自己的家產，並且要把創造本色教會的責任，切切實實的放在他們面前。教會若願意讓他們試驗他們的計劃，不怕他們失敗，不怕他們迷妄，那麼他們一定肯去探險，一定有個供獻。現在是教會信賴上帝的時候，更是教會信賴人的時候。現在是教會的信心受試煉的時候；前途的成敗，全在信的堅固與否，持久與否。

　　教會對於他範圍內的信主的大學學生，在今日，已覺不容易對付，不容易感化。因此頗有憂心教會的人，不滿意於大學學生、覺得（一）教會必須他們出來做領袖，他們倒並無犧牲一切的意思，去促進教會的事功，輔助教會的行程。難道少年信徒，一有幾許知識便如生翅一般，即想飛翔雲表，不管故林麼？（二）這些憂心教會的人，又想學生既有不滿意於教會的心，何不便自出來，列身教會之內，不但批判，並且竭力把教會中不良之點全行蠲除，再把應有的良點盡心實現呢？（三）如今的大學信徒，不但徒抱不滿意的心思，而且如乎見利則趨，見難即避，心懷疑信參半的迷惑，目向虛無縹緲的樓臺，望既甚奢，力竟未盡，反爲教會之累，豈不令人失望麼？（四）況且這種學生目中無人，只知道牧師的不學無術，不知道牧師的饑渴勞頓；只知道牧師的言行參差，不知道牧師的進退狼狽。平心而論，學生今而要自動，而不貫徹其主張，不輔助，不干涉教會，則教會對於學生的不滿意實在是公平的，是應當的。

　　如今信主的學生，特別是大學學生或畢業生，對於教會也有一番苦衷。據我所知的說（我很覺得我所說的是籠統的）他們對於教會的滿意倒是他們不思考，不徹底思考的惡果，他們對於教會的不滿意，反而顯得他們是愛教會的，是要改善教會的，不過力不從心，事與願違罷了。我們眼見公會宗派的分列，思想的歧異，儀式的空虛，人才的缺乏，道德的墮落，西方色彩的濃厚，諸如此類，而竟能叫我們滿意，那麼我們不能不更加懷疑了。而今日教會學生竟有很滿意的，竟有對於全國分散的教會很滿意的，我們更不得不問（一）教會及教會學校裏難道沒有思潮澎湃的回聲麼？何以教會中沒有對付新思潮的行爲呢？（二）難道牧師教員能夠識得天氣的變化，而不知時勢的遷改麼？不知時勢，故不解放學生們的思想，而徒使他們盲從瞎做，以至於雙方滿意麼？（三）難道教員牧師中間，竟無出色的領袖麼？何竟如此寂寞呵？（四）或者既識新酒的力量而不敢把他放在舊皮袋中麼？不敢介紹新文化，便即以學生不看新出版的雜誌書籍爲穩妥麼？爲什麼中華民族自覺自決的時候，而教會中竟有程度較高的學生不發生中華教會自覺自決的思想呢？始皇愚黔首的政策，難道餘焰未熄麼？這些我們自問的話，最好是沒有一個"是"字做答覆。若有之，那末教會呵，你當快醒呵！若不快醒，你便要懊傷"噬臍"了！

但是學生對於教會的不滿意，"如火燎原"愈延愈廣，或許是個好兆頭。因爲不滿意，即不安寧，不安寧則動，動則變。請說今日教會中有思想的信教學生，對於教會不滿意之點。（一）他們不滿意，因爲教會中的組織、思想、形式，不是中國本色的，乃是西方傳來的，故不適於中國的國民心理。（二）教會雖主張信仰自由，良心自由，卻不實在使人得心靈上知識上的自由；批判的態度，科學的精神是教會所畏懼、不信任的。（三）在神學上，教會時常取專斷的態度。（四）教會偏重空文，徒事形式，不重精神，傷失生命，致使信主的人，不得切實的宗教經驗。（五）社會愈進步，教會愈退步，相形之下，使人失望。（六）現在中國有識者的思想，大都反對資本主義，今日中國教會雖不與資本主義同化，卻沒有對於經濟不平的狀況有真切的，合乎基督精神的表示。（七）教會乃是反對虛僞的機關，卻變了容納欺詐的窩藏；"有若無、實若虛"，將法利賽人的心術，代替了基督耶穌的生命。（八）教會今日一方面不能善用其理，去對付中國的知識階級；一方面不能善佈其道，去拯救農村市廛的勞動階級。並非毫無建樹，實在做得不透澈、不深沉、不實在。（九）這種情形，大概是因爲中國宣教師的愚魯無識。（十）也是因爲教會是西宣教師的教會，不是中國人的教會。西宣教師執政行道，權操諸手，更無"太阿倒持"的思想；華宣教師言聽計從，唯命是遵，明知西人有"不度金針"的心意。

中西暌隔，間界鴻溝。在西人心中凡係西方所通行、所成功的思想與方法，乃是惟一的思想與方法；西方所公認，所合用的形式與結構，必是中國當從的形式與結構。故到今日，中國並無自己的教會。（十一）教會與學生，兩相暌隔，沒有交通的情況，公共的生活。（十二）教會的事功太膚淺，範圍太狹窄；其中的教友、頗有不良的分子，亦頗有不知基督生命爲何物的人。有識之人，雖信基督的道理，尊耶穌的人格，不敢踏進門來，況乎不信之人，豈能受感動而皈依救主呢？（十三）教會雖有放棄宗派界限的表示，依然不肯實行，貫徹這個主張；因此所有的聯合，不免名不稱實。（十四）總之教會對於學生，對於中國的領袖，沒有在事實上切實地表示信任及誠從的真心。

以上這些議論，間有過火的地方；但是與其藏在心中不說，不若傾吐肺肝，請人批判。這些議論，大概是全球基督教學生同盟會第五股討論會中中國學生所發表的，也是我自己從學生口中聽來的，所以不盡是個人的意見，不過我們要知道，信主的學生，雖然批判教會，顯露不滿意，究竟還是愛教會，還是他們的覺悟。我曾經聽非基督徒學生說，他們若信耶穌也不須入教受洗；我卻從未聽見信教入教的學生說，他們用不着教會，或是教會沒存在的必要與價值。他們口角之間，已經承認教會存在的必要，教會正當的使命，教會特別的貢獻，在於今日信教的，有識的學生，教會是一個心靈交通的機關，非此不足發表基督的精神生活，非此不能發展救世的事功，非此不得宣傳耶穌的福音，非此不能促進人類的友誼與和平，因此教會不良，應當痛心疾首去批評矯正她，所以信主的學生中間，雖不免有抱消極悲觀的人，其間頗不乏人實在對於教會好惡兩方，多有覺悟了。

他們對於自身也有覺悟，這是更可喜的，近年來中國的學生運動，頗有勢力；外界的刺激，自身的暗示，都使信主的學生發生反感。他們漸漸地知道，中國人民中間，學生的最重要的分子，學生的責任、事業，很遠大，很浩繁。而今而後，學生須要自治，自決自動，須要有絕大的犧牲，絕大的奮鬥，然後必能勝利，達到目的。他們的倫理思想，道德觀念，都受了新思潮的感動，新文化的洗禮。在他們心中，人是最尊重，人的價值是絕對的；因此他們的運動，無論鉅細，皆須以創造人生幸福，改善社會狀況爲目標。他們知識的淺薄，無可隱瞞，但是有學問精深的學者，用言論做他們的燈光。他們或趨偏激，或取幻想，或妄言，或妄行，或逢失敗，或遭昏亂，都不能蒙蔽他們真切的、寶貴的覺悟。這種覺悟,轉移過來,即是基督教中信主的學生的覺悟。今日之下,凡抱時代精神的信主學生,必能清楚地說明他們與教會有什麽關係。第一,他們透徹地自覺他們不但是中國最要緊的人民,也是教會中最重要、最有力量的教友。第二,他們深切地明白不但中國國家的責任,必須壓在他們肩上,即教會將來的重軛,也必須他們的肩膀去負擔。第三,基督教學生,無論如何,是受教會厚恩的。即以他們的信仰論,以他們的宗教經驗論,所受於教會中上帝賜下的恩寵,已極廣博。爲此他們對於教會誠心懇切地存感謝的心,存戀愛的心。這種心德的覺悟,雖無最顯著的表示,在他們心中卻頗有力量。第四,際此民族自決之時,基督徒學生的種種覺悟,都引導他們到宗教自動的心境;只要有相當的機會、刺激、指示,便可把這種心境演成實事。這"捨我其誰"的覺悟,是教會所當察知、保存、運用,以逮於勝利的實現的。第五,他們知道"安息日是爲人而設的,不是人爲安息日而生的。人的兒子是安息日的主",所以他們心中以爲教會的宗教當是神本的,教會的倫理當是人本的:神人一本的主義,須在教會的宗教與倫理上發揮出來。北京的基督教學生對這一點,已經清楚地表示在他們去年所撰的社會信條裏面了。他們說:"我們理想的社會,是以耶穌基督的精神,的教義,作組織的根基的,所以我們信:(一)個人有絕對神聖的價值。(二)人類相互的關係當以愛作基礎。(三)人類互相服務謀求進步。"進一層說,如今有覺悟的基督教學生,尊重輔助人類進步的好宗教,反抗阻礙人類幸福的惡宗教。這是很大的覺悟。第六,因此他們又見到他們在社會上,當有對付社會的福音;在教會內,當有輔進其精神生活,宗教經驗的責任。第七,要做這些要工,教會在他們身上,他們在教會之內,必須有個切實的規定的程序。第八,他們覺得教會有改善新創的必要,一方面從此要適應中國的國民性,一方面又要因此而鼓盪教會中真的基督的精神。第九,他們也漸漸地覺得他們的宗教運動是以全國爲範圍,不是以一宗一會一城一邑爲範圍的;他們的工作,是須實現他們共有的標準,把好工夫做在實在的同胞身上,所以當在各人本地爲主勤勞。第十,這種運動的行程中,定有許多艱難阻礙,非有很大的奮鬥,很大的犧牲不爲功。只怕他們外鬥非宗教的掊擊,內部又須與教會中非宗教的黨見衝突來爭戰。他們再不能受身體上的逼害,卻恐不免受精神上的侵迫。第十一,爲此他們覺得在人的方面,他們須有可賴的領袖,引導他們,撫慰他們，結合他們，鼓勵他們，與他們同患共難。第十二，在心的方面，他們須重新獻身給救主，使他們成爲聖潔的團體。

我承認有這種覺悟的學生人數不多，但是既有其人，必要發生效果，教會如何可以不加意注察呢？這種覺悟，教會應當承認是教會自身的覺悟，因爲信主的學生，都是教會的會友，萬不可以心懷二見，算學生是一類與教會不徹底結合的人，算教會中其餘的教友爲教會中的本部人物。若教會全體，上自中西教牧與執權行政者流，下逮無知識，無學問的普通教友，都認定學生這樣的覺悟，是於教會最有益的，那末應當急急設法去撫育他們，明白他們，使他們願意犧牲一切，爲上帝的教會，爲聖徒的團體，作聖善的事功。教會若能成爲信教學生的教會，若能規定她希望於學生的事功與程序，使他們知道教會是他們自己所有的，則教會與學生的關係問題，便可得到解決了。但要教會有這樣的新運動，簡直是近乎不可能的事。第一，教會中的有權力的分子，或未自知其所處的環境，或已知而受各方面的牽制，使其力不從心。第二，這個預備領袖的問題，須有領袖去預備的，惟有好的，有識的領袖，才能吸引學生，使他們決志將來做教會的前鋒人。常言"英雄造時勢，時勢造英雄"，卻不知道，其實時勢與英雄，都是有力的人創造的。惟英雄乃能造就英雄，惟領袖乃能創造領袖。今日信教學生的不與教會親近，教會的不與信教學生互聯，其大原因是在教會中缺少出色的中國牧師與他種領袖。這是教會在過去時代所犯的罪孽，如今即要吃這罪孽的果子了。時勢是一二年間可以驟變的；領袖卻不是一二年間可以造就的。從前教會任用了崑者，司閽，買販，改行的傳教師，可以得到似乎滿意的效果，所以勉仍舊規，眼睛總注在半路出家的工人，總不轉注於三考出身的學生。中國革命之後，始有有識之人奔走呼號，要求大學畢業的人出爲教會的領袖與牧師。總而言之，中國今日的教會有種種難。這種種難是一個難，即是領袖難！

然而事勢如此，我們總得設法使信教學生與教會互趨於親密的地位，使他們可以爲教會來日的領袖。茲擬數事，以備中國全國基督教大會留心領袖人才的代表，討論採納。

（一）各會牧師當與會中男女學生教友常開會議討論全國教會情形，以及當地教會的內容、組織、事功、思想等等。這種會議可以月開一次，先究問題，後事交誼或遊嬉，而開會之際，雙方各須尊重人格，崇尚自由，不受思想的羈縻,情面的束縛。問題可分兩種,一爲當地的教會問題,一爲全國的教會問題。在討論之前,須有關於中國教會的思想及組織,生活及事功的雜誌爲議論的根基與指導。若討論有好的結果,即可著爲論說,貢諸國人。牧師固然處於教人的地位,但也應當領教;學生雖在被教的位置,卻不可以被動,箝口結舌,毫無表示。除此以外,凡學生能爲的事情,能赴的委員會,能當的責任,牧師及教會中的領袖,當用體恤的、愛護的、希望的心,交付學生,使他們熟練教中的事務。牧師及領袖人等,猶當明白學生一部分的事功,是在他們學校內對於未信主的教員同學做工夫。這事應當牧師與教員會集學生共同支配,務適時宜,務使信主的學生不但對於學校負責任,更當對於教會全體及牧師負責任,對於教會全體及牧師有建議及報告。及至信教的學生畢業離校之後,不但學校應當與他們時通音信,即牧師或教會中的執事,也該與他們依舊聯絡,務使他們仍與教會接近。這樣辦法,牧師可以常得知識上、心靈上的刺激,而有連續的進步,致雖不學無術的牧師亦可以轉得見識更廣眼界,不但學生與教會結爲一體而已。

(二)男女信主的學生,在學生時期,猶當與其餘的教友聯絡熟悉他們的心理、境遇、事業、艱難等等事。今後教會當用無識的教友做普通的主日學教員,查經班班長,佈道會講員,家庭科幹事等等。凡這些事,都須學生去教導他們、引領他們,如此則學生既得與教友親善,教友得能爲教會服務,教會可以因此而爲一自動的機關,不是一個牧師或幾個執事擅自行動的怪團體。至於其他有識的教友及學生等,都可時有交誼會、討論會、家庭懇親會、服務協進會,使兩面接洽聯合。此種交際,即是"聖徒的交通",當爲男女共享的幸福,不當男女暌隔的生活。若然青年男女學生,同心爲主做工,從志同道合的精神,發生善意的競爭,自然的友誼或正當的戀愛,那末他們定要重視教會、尊敬教會。若然注重信仰的教會,不能信任青年男女教友;講求道德的教會,不能提高青年男女交際上的道德,宗教的價值與存在,便要叫人懷疑了。兩性有相求的必要,有交誼的正理,若能在基督中得其應有的訓導;耶穌基督的精神,必能更加光昌更加現實,而教會既可以免守舊頑固的譏誚,復可以收學生戀慕教會的佳果,又何持而不爲?

(三)教會學校,對於學生與教會的關係,當有規定的介紹及確切的教育。教會學校中的教員,不乏兼當宣教師的人;他們大可爲學生與教會中間的介紹者。惟所難之點,在於西人往往不識華人心理,不知華人的文化運動,民族觀念,故不免於隔靴搔癢之弊。再者,教會學校的開設,其第一義,是爲中國鑄造信主的社會,國家的公僕。這種公僕同時即是教會的柱石,宗教的干城。他們不但爲宣教的牧師,其多數必須爲教員、律師、政治家、經濟家、銀行家、實業家、科學家、美術家、慈善家、道學家,因爲各種事業,都是聖工。但是要造就他們,教會當有一個確定的方針。教會學校常較開設學校的教會爲容易進步;所以學校,當急尋求破除宗界的計劃,解放思想的方法。教會學校,或大學或中學,在宗教上,是否都有確定的方針,是否都是飽學的厚德的宗教領袖,做學生的導師,是吾們約略知道的。到如今,有許多信主的男女學生,還不知新思潮是什麼;還不知教會有什麼使命,教會與中國國民有什麼關係;還不跳出局部的範圍,而以全國爲思想的元素;這都是爲什麼呢? 如今教會的學校,大概注重做,看輕想! 做是當的,不仔細想是不當的。在這點上,教會學校當急自覺起來。

(四)不過信教的學生中,特別是大學學生中間,也頗有覺悟的人,在要求基督教學生對於他們的宗教信仰,社會服務,教會組織與事業取一致的態度。已經有人提出全國基督教學生運動的商榷書,因此我們深覺教會與信主學生關係問題的解決,不但在乎設法使牧師執事與信主學生聯合同工,使非學生教友與學生教友接近共事;並且要設法使全國各宗派的信主學生破除一切宗界,聯合起來,在思想上,教會事功及組織上,取一致的運動。這樣,吾們要問今日中國教會中是否當有一個全國基督教學生的機關? 是否應將中華學生立志佈道團也納入其中? 若要,則全國青年會協會,是否這種機關的本營? 青年會協會,是否能夠使學生與教會結聚起來,能否用思想、方法,與實在的程序達到使學生愛慕教會,肯爲教會出力,而起來創造中國本色的統一的教會,爲他奮鬥,爲他犧牲麼? 若此種運動,與教會的關係甚密,在將來的全國教會總機關內,須設一部,專爲促進此事,那末是否與青年會全國協會合辦或是分工? 這些問題,須得仔細討議之後才可答覆。

(五)據我看來,全國基督教學生運動,在對外對內雙方,都不可少的。既不可少,則必須一總機關,必須有遊行的幹事,與鼓吹的書報。幹事的職分,當然是考察教會實情,介紹思想,幫助組織各小團體,聯絡各處教會與學生,籌劃種種宗教的社會的社會事業。書報的性質,當然是傳佈關於宗教教會的知識，討論問題，發表意見，作各處教會的指引，此外，全國基督教學生應有會議，一年一次，或二三年一次；由青年全國協會召集，或由全國教會總機關召集，或由另組織的基督教學生會召集；只要看此等工程範圍的規定就是了。

（六）但是此種運動不是盲目無標的運動，故必有個確切的程序，一定的標準，茲敢虛擬一個定程，以求達到學生自動。本基督的精神，輔助中國國化教會，統一教會的進步；宣傳基督的福音，使中國民族的自覺自決，得基督教的感化，受基督教的洗禮，這個程序是：

（子）信主的學生，應當研究他們的福音，俾得有切實的宣傳，有信仰的根基。

（丑）信主的學生，又當討議他們理想中的教會，是何種教會；她的教理是什麼，形式是什麼，組織事業教育等等，都該到什麼地步，有什麼狀況，達什麼鵠的。

（寅）信主的學生又當明白知曉教會與社會上各種制度有什麼關係。天國是何等境界。

（卯）信主的學生，在教會內部有何種事業、何種動作；與教會的牧師執事，以及餘的教友，有何關係；須付討論，徵求同意，以資實施。

（辰）信主的學生，對中國本色教會的建設與進步，可有何種輔導、何種命分、何種貢獻、何種要求；亦當詳細審察，俾可施諸實行。

（巳）信主的學生，應當如何感化中國民族的自覺，使中國的同胞、中國的文化、中國的制度，都能受基督教博愛，公平，寬恕，犧牲，種種德的陶鎔。

（午）信主的學生，宜有何種合作的事功，發揮基督的真相、教會的思潮，去輔助轉移中國新思潮的運動，以精神生活去得勝唯物主義，使於中國有實在的貢獻。

（未）信主的學生，宜公同決定社會服務的程序；使基督的社會教訓，可以真切應用在中國社會改造的事功上。

（申）信主的學生，對於中國的經濟制度、實業制度、家庭制度持何等態度、有何主張，應當有特別清楚的宣告或表示。

（酉）對於國內的政治，有何表現；對於他國加於中國的侵略，有何對付；信主的學生也當詳細審察，得一同意，俾可顯示基督學生所持的民族自覺自决的思想與態度；與國際親善、世界和平的希望。

（戌）信主的學生，當決定他們當地能行的事體。如暑期學校，平民教育，主日學校，鄉間宣道，遊行演講之類。

（亥）信主的學生，對於自身的擇業問題、服務問題，更當詳細審究，期將榮輝歸於父上帝、主基督；對於校內及他校的非基督徒學生，應當如何接近、如何引領他們，俾識耶穌而信真道，亦要仔細考查，務知所趨，知所事。

這個程序，是短促的時期內擬就的；自然有"挂漏"疵繆之憾。其中對於討論實行兩方同等注意；不過所謂徵求同意，全要自由，不宜有毫忽的勉強。我的愚見，以爲如要中國教會成爲根深蒂固的教會，則必須今日的中西領袖，與中國的學生，用全國的眼光，創全國的運動，使教會對內對外，都有覺悟，都有貢獻。中國是必須拯救的：中西教會領袖，本此神旨，誠意進行，則於最短的時期之內，定然有所表見，有所成功。這是我所切禱懇望的。

十一，四，一六，蘇州
原載《生命》二卷八期，1922年

中國教會的強點與弱點

要用公開的態度、簡短的言詞，討論中國教會強弱各點，而中其繁肯，實非容易的事。所以我把此題思想一番，自覺不勝其任。繼又思之，以為西國各差會，西宣教師及華教師與領袖，在中華所成的功績，皆彰彰在人耳目，不須特殊的想像力，而後可見其功績的偉大雄厚。他們憑着神佑，仗着靈感，敢於冒險，樂於犧牲，將上帝的聖名彰顯在華人之前，將基督的福音傳揚於國境之內。百餘年來，聖教盛興，以至於今日，以至於今日的教會。但今日中國教會，瑕瑜互見，強弱並呈，凡我愛教會的人，如欲知近況以測將來，察基礎而建廈屋，便不能不切實地指出教會的強點安在，弱點安在。強則鞏固之務使其永固，弱則扶掖之務使其轉強。基督教自入中華以來，歷時已久，然而吾們所有的教會，根未深，蒂未固，可謂尚在幼稚時期，考察她的長發，頗不遲緩。她的強點弱點，猶之幼稚強弱，出於天然，直視為弱，側視為強。三尺之童，力不能舉百鈞不可以謂之弱；強弱兩點，原係相對的比較的名詞。若使三尺之童，日不能盡三餐，夜不能竟一眠，那就有病，不能不謂之弱了。今日的教會，苟其無病，即可為強，故要察知教會的果然弱否，必須要指出教會果然有病與否。假使童年有病傷其身機，恐怕長成之際，要留永久的弱根。此根一留，於人不免為殘廢之輩，於教會不免為沙土之屋，其壽便不能永了。

教會成敗諸點，難以枚舉，幸得第一股報告中，頗有詳明的指示。今為簡明的緣故，不復將第一股第五章重言申明，僅將其未曾指出，或指出而不加詮釋的各點，略為陳述。吾們深知教會的力量，全在信望愛義，由切實顯著的服務而加惠於人類，教會的軟弱，也即在捨此他圖，失掉了信望愛義的真相與夫犧牲服務的事功。所以吾們要測量教會的生命，度衡教會的前程，只要看她各種動作，各種功績，達到什麼地步，什麼進境，便可瞭然。生命樹原有生命果，執其果而察之，樹豈有不可知的道理。

（一）中國教會的強點

生命樹從西方移栽以來，其第一個好果子便是教友常識的增長。即以識字一端論，男教友中識字的人佔百分之六十，女教友中識字的人佔百分之四十。這個成分，與教外識字者的成分比較，即可顯出教會的實力很大；因教外識字的人，僅佔全數的百分之十至百分之十五。教友初入教，往往胸無點墨，目不識丁。教會盡力的教導他們，便有許多人能識字。能識字，乃可讀《聖經》，能讀《聖經》，乃可以得進德的許多良機。自我因之而擴大，知識於是乎開展；一方面由讀《聖經》而得與上帝密交，得深切的安慰、希望、膽量、愛心，及其他種種身心的恩賜；一方面因着識字的本領，而漸漸的對於普通流行的文字發生趣向。竟有教友，自從入教會後，得能識字，而在社會、經濟、商務、政治、教育、家庭等等問題上用起功來，得了許多的知識，增進了自己的位置。這樣看來，教會若能奮力使未能識字的教友盡皆學習識字，教會的力量，豈不要增進幾倍麼？教會是注重平民主義的，所以竭力主張常識普遍。她雖因此而有時蹈於差謬，如把注音字母應用在各處土語上，使國語的進步，在無形中受了阻礙，然而她普遍常識的主張，實有鑒於常識的重要。國家捨此，別無鞏牢的基礎。可以說無論教會本身自覺與否，她這種普遍常識的工作與主張，乃是為中華建造國基的事業。在這一點上，教會的力量已可觀的了。

教會最強的一點，是在她的教育事功。按第一股的報告所說，在已過二十年間，教會學校學生的數目，已增加百分之三百三十三。全國男生三十五人中，有教會學校學生一人，女生三人中有教會學校學生一人。教會學校學生與非教會學校學生的數目相較，成為二與三十六的比例。因此全教會受餐者與全國人數相較，雖祇有一與九百九十九的比例，她影響中華的能力，實在超乎她範圍中人數的能量。吾們默察世界的趨勢，中國的變化，可以知道學生轉移人類創造文化的能力，日在增進。中國的學生，亦必有轉移中國前途的可能。若以得學生即是得國家一個理想推測起來，吾們或者可以說十九分之一的中國，已經在教會範圍之中了。為什麼呢？教會學校學生的數目，既佔全國學生數目的十九分之一，那麼中華的十九分之一，非在教會權能之下而何？教會學校的學生，果非全是信徒，但是教會的影響卻能不間斷地及到全體的身心。況且基督的福音，已經略地侵城，在非教會學校學生中間，也得了信徒。在非教會學校裏，有許多信道的教員與學生，有許多查經祈禱的團體。福音的光輝，不單照在教會之內，因為燈不在斗下乃在臺上。吾們若能自信，教會學校無論如何受外界的批評，能夠引導學生建立高尚強健的人格，發展鞏固雄厚的道德，並非教會學校所能辦得到的。那末，基督教在中國潛移默化，拓土開疆的力量，即在目下已不止十九分之一，亦未可知！因此據我看來，教會若要在中國建造根深蒂固的基礎，她必須在教育上更下一番切實的工夫，更得深精的覺悟，去研究中國學生的心理、背景、環境、要求，實施切實的、最新的、最透徹善博的教育方針。學校可為教會與學生中間的媒介，使學生得見教會的真相，教會得受學生的裏理。誠如是，則教會可以得本地的人才，其能力便可不期然而加增了。

中國教會中，還有一種強旺的勢力正在發展。從前教會的思想事業，完全以西人為中點，西人決策定程，發下命令，中國信徒以及宣教師不問皂白，奉之惟謹，雖皇皇上諭，不過如此。到現在，華信徒中已經出了許多獨具隻眼的人才，他們的幹才識鑒，學問道德，思想經驗，既不亞於西宣教師，復或勝於西宣教師。他們對於宗教的思想，能致慎思明辨的工力，對於教會的形色，能作因時制宜的主張，較諸疇昔"因人為熱"的情形，實在有天壤之殊。所最可注意的一點即是：教會先前雖無宏大的遠見、預籌的計劃、切實的方針，以教養她所需的領袖，但在過去二十年之間，已有少數的有識鑒、學問、經驗、道德的華宣教師，以及男女教友領袖起來為教會擔任重要的事功。此等人中，見有強壯的自覺，發而為正確的、宏遠的教會輿論。這種教會的自覺，教會的輿論，如潮之湧，如水之流，有不可遏止之勢。其中思路，雖未一致，其趨向教會統一的覺悟與夫教會公同的標準，實為得未曾有的佳兆，中國教會的內力於此亦可以見一斑了。

但是教會的設立，其本意原在聖徒的結交，合為團體，以資基督的生命與精神，可以因此發揮流佈。從此看來，教會的或強或弱，當於信徒的道德如何，宣教師及教會所傳道理的真切如何，而見其梗概。若教會徒重外觀，繁其儀節，錯落其禮文，使人見宗教的修飾則有餘，求宗教的實際則不獲，則教會雖富有鄧家銅山,亦不得為強。石刻的將軍雖威武復何為?不過中國教會,於宗教生活上頗重道德,並不以神秘的經驗,阻礙基督的生命在犧牲服務上揚溢,在內修涵養上貫注,教育舉着高潔的行為標準,要求信道的人,學習救主的言行,即足以見教會根本的強點,如其不此之圖,而徒求教義的一致,教規的劃一,則真是捨本逐末。試問皮之不存,毛將焉敷?據我所見聞,教會中有學識的中華領袖,對於真理新知,雖把極公開的態度,存最公允的思想;對於《聖經》卻甚尊敬,對於主基督卻甚相信皈依。是則是,非則非,誠於知,故誠於信;不因在教而淆亂黑白,不以信道而顛倒真偽。他們以服事中國為服事上帝的確證,以改造社會為懇求天國來格的確據。故他們雖屬為數不多,教會前途的力量,卻蘊蓄在他們裏面;將來教會的發展,必當有賴於他們。自覺之心與責任之心相繼發生,使這少數的人們覺得中華教會的擔負,已漸漸地移置在他們肩上。他們灼見聖徒交通的真義,不持種族公會的畛域,惟知潔淨的心、純真的愛,乃能聚信徒而成教會。教會的基礎在基督,基督的實現在道德,故德純則教會興,德雜則教會衰。而今中華教會,一方面自知德力的薄弱,而力求改善,一方面注意生命的揮發而切思成聖,實在是良好的現象。若中華教會果能在這一端上,切切追求,那末經濟的艱窘,人才的缺乏,都不要緊,都可處置。

(二)中國教會的弱點

強弱兩端,難以分開講解。強中往往帶着弱的元素,弱中常常含些強的成分。即如中國教會注重道德,是其強點;然她範圍中頗有道德墮落的教友,便是她的弱點。如此,則中國教會之所強,即是中國教會之所弱了。平心而論,今日中國教會對於道德的覺悟,除少數人外,實在十分膚淺。教外的人,雖無真切的觀察,有時倒會發持平的批判,比教內的統計表確實得多。吾們感謝上帝,因為教會之中,有聖徒先知為她的柱石;但吾們深愛教會,不能裝聾作啞,讓不德的行為侵蝕教會的本根。外人說吾們"吃教",豈無所持而云然?西宣教師中間,良莠不齊,麥稗並生,既不能免,華信徒中間,忠奸互出,善惡同登,更覺可慨。吾華信徒頗有不安本分的人們;吾華教師更有為非作歹的分子。西宣教師的雙眼,是容易掩蔽的;路人的公論,卻不能處處堵塞的。因此，形式的教會雖已設立，無形的基督教倒還未曾深入人心；所謂信望愛義，更是無影無蹤，不可捉摸的了。拜偶像的人以耶穌為偶像；信巫術的人，以基督為符呪。出於泥塑木雕的路，入於神出鬼沒的門；宗教如乎有餘，道德實在無存。入教的人，心未改悔，見利即趨，故出價而買聖神的撒馬利亞人西門便有興惡念的機會了。教友既係愚魯，復患貧困，道德一壞，諸惡相隨；於是乎奉了主名，作無盡孽，行無窮惡。教會是維持道德的制度，轉變了窩藏不德的淵藪；信徒祈禱的所在，被假弟兄當作盜賊的地方，令人思之可恨，今日中國教會的弱點，大率在此！

教會的弱點，又在她西洋式的組織與思想，與夫四分五裂的宗派。基督教本身，原可適合華人的心性；但其宗派的繁複紛沓，華人不知其所以然，組織的千態萬狀，華人不明所適從。因此華人對於基督教，未免食而不化；食而不化，即有召來者多，被選者寡的艱難。教理教儀既是西式的；傳教的人既力守此西式的教理教儀而不肯因時適境，那末雖要不把基督教的真生活，真精神，封鎖在固定凝滯的宗派裏形式裏，也有不可能之勢。基督教的真際，既受西洋心理的禁錮，那末雖有虔心的人，要使中華歸主，也難使華人與基督教有直接的交觸。吾們若將華人誤會基督教之處一一研究分析，可以知道他們所以誤會的緣故，有許多是根據於"洋教"二字而發生的。"洋教"上面，再加上宗派與宗派主義，基督教的西洋色彩於是乎更加濃重了。宗派分裂，各宗的信徒就自然存了畛域門戶的意見，對於宗派的小忠心則有餘，對於全國基督教運動的大計劃則無知。因此個人主義與他世主義的信仰，彌留續進，而基督教的社會運動，世界觀念，不能暢適地鼓蕩於教會之內。丁此文化勢力散而復集之際，此種教會的狀況，不但是個弱象，簡直是個險象了。據我看來，教會雖因宗派而曾得豐美的生命，她也因此而使華人莫知所從，而使福音不能普傳，而使基督教變為迷惑擾亂的迷信。華人心理，果然比較的偏於實際方面，功利方面的；但華人的思想，也每不能以多元為究竟；即使能以多元為究竟，也不能不在多元中間，找出一個關係來，尋出一個機體的統一來。從西洋史上看來，分裂的現象，原係勢所必然的；可是西洋史在中華，沒有連續演化的必要。人若確知可藉神力，奉神旨，創造歷史，那末不可免者或者也可免去；況乎無所謂可免與不可免麼？總而言之，基督教會一日而西洋式的，便一日是弱的。

以上所論,更引起了第三個弱點。基督教來華之後,歷盡艱難,然後得展鴻圖,逞其內包的力量與生命,使中國的知識界與社會經過了許多的變更。由是基督教證實其內蘊的靈生神力,足以轉移環境,開拓疆土。到了現在,中國國變多端,基督教既受外界的批駁攻擊,復有內部的齟齬錯雜,於是乎呈露無力應境的現象。目今的問題是教會是否依舊有生長機能的,是否有充分的生命可以供應中國社會人心的需求的？社會的形狀,日益繁複,若教會要應此日益繁複的需求,她萬不能缺乏一種徹底的社會覺悟,一個切實的服務程序。今日中國教會,對於社會有無計劃,如其沒有,也不須說她是弱了！再者,教會應當適應日在變更的知識環境。回想疇昔,教會是真理的宣傳者,是學術、教育、知識、生活的領袖,是中華知識界所尊敬的學藪。如今中國學者羣起,奪了教會在知識上的領袖地位,這原是應當的,天然的。教界學界,原各有特殊的使命；學界幼稚,教界自當兼教與學之事功。迨夫學界興起,教會雖可與學界分工,亦不可以在知識上為學界的牛後。今日中國教會,試問得免於牛後誚者幾希。教固以信,信亦以理,理若有差,教安所持？中國學界日在要求科學。科學經驗,兩不相齟,而須相成,當這時候,教會似未深知知識界的要求,反視其要求為宗教的大患；以朋友為寇仇,以腹心為草芥,因此,教會的思想,益形固滯,主張愈見專斷；處二十世紀的世界,興十六世紀的思潮；不以生命為重心,而以玄理為指歸。因此經驗的解釋,誤認為生命的真相；生命的真際,又為所強納於預定的理論中間。鳧頸短,則續之；鶴頸長,則斷之。有識的信徒,乃常以此為憂,若教會不尊基督而尊古學,不奉上帝而奉成見,不拜救主而拜《聖經》,不重生命而重遺傳,不傳福音而傳正宗,不發愛心而發爭端,不尚精神而尚形式,不要統一而要離立,那末教會雖要不弱,又豈能倖免於弱麼？

　　教會因為不能適應社會的環境與知識的環境,遂又生出一個弱點。吾們當知若要教會在中國生牢固的根蒂,她必須戰勝鄉邨與平民,又必須留住信道的學生在她範圍之內,使他們對於教會發生良感而矢忠心。至於農村的基督教化,本論不能討論,僅能提出而已。對於農邨的宣教事業,一言以蔽之,不外乎教會訂定一個統合、徹底、切實的佈道、社交、經濟、教育程序,並力同心,按此程序,實行做去,務使中華農村盡來歸主。至於教會與信主學生的關係,非常重要；因為征服全國使歸救主的事業,非有得力的領袖不可，要有得力的領袖，其重要分子，非得在信主學生中間徵集不可。不過據目下的情形看來，教會的需才孔亟，人才的接濟甚緩；教會與人才，大有無可闕笋合縫的情況。教會學校中的非信徒與信徒學生，對於教會，似乎不持誠摯切愛的態度，沒有痛癢相關的覺悟，大學學生竟有許多人，意謂教會既不能體會他們的心意，撫育他們，明白他們，需要他們，使他們自由發表他們的宗教衝動，他們不必對於教會過於熱心，是以畢業以後，他們便因種種因緣，與教會在精神上，甚至在形式上，完全斷絕關係。今日中國的教會，究竟全在西人掌握之中；在西人看，華人既受其撫育之惠，自宜存酬報之心。西人既犧牲來華而施上帝的使命，自宜依所知而行其所事。在華人看，施惠有得法與不得法之別；若不得法，則受惠者不但難存酬報之心，亦且有怨艾之意，父子之間猶然如此，況於中西人中間麼？心理有分別，中西乃隔膜；將來中國教會的難處，恐不至於教會與學生間隔罷了，在目下看來，此種狀況雖不甚顯，卻已略見端倪；若不早為之圖，日後或當噬臍，此是內部之病，病若甚，則弱亦必甚。

　　以上所論強弱各點，僅舉數則，並未盡言，一經提出，吾可深知教會的強弱，究竟安在，教會如能自知即可知機會的宏大，補救的容易。如單欲知其強點，而不切實陳明其軟弱之處，則是有病而諱言病，不肯受針砭藥石的救護，其去危險者幾希。教會強，我們感謝上帝，因為我們更有機會希望，可以將自己奉獻於聖壇之上，作榮耀的聖工。教會弱，吾們在上帝面前，當深自悔悟，不當灰心喪志，失掉吾們信仰全能的神的決心。在於上帝沒有不可能的事，在於真信徒，沒有失望的事。吾們深信教會有榮耀的將來，中華有歸主的希望，故要戮力同心，一致協作，使教會得成神旨，神國得以來臨。今日的軟弱，誰說不是將來的康強；信徒的軟弱，誰說不是上帝的力量？凡吾同志，只要信，不要畏懼。

原載《生命》三卷五期，1923年1月

我的宗教經驗

　　當《生命月刊》出宗教經驗號的時候，我本想作這一篇話，但因當時所限的篇章太短，所餘的工夫太少，不能酬我的意思。我的宗教經驗，又並不曾自加分析，或不免於過不及之談。近數年來，我的宗教，隨了我的經驗，變得比風馳電走還要快，連自己都有些摸不着頭路，所以許久不肯去請我那毛錐子。後來我覺得信主的人並不是我一個在這經驗中；又況我素來願意公開討論的，何不便把這心潮的洶湧，像那中秋的錢塘江一般，翻騰上來，讓那些觀潮的人一見其來踪去跡。好，請站遠些，站穩些，看罷！

（紫宸附識）

　　宗教經驗是經驗，有縈紆曲折的狀態，有奔騰衝激的勢力，忽而改向，忽而湧漲，忽而平落，忽而乾枯淺涸。然而終是一段，終是延綿，終不可以割截分剖，當作斷片察看。我自幼時便與鬼神接近。氣體素弱，更多災障。求仙拜佛，吃仙方，過關，東嶽投文，南海許願，逢時解鬼餉，到節燒紙錢，甚至於在十三四歲的時候，自己夙興夜寐，在什麼迎雲壇裏做客串小道士，敬天禮斗，持齋誦經，心中覺得異常快愉。我做基督徒的愉快，有時很及不上那時候的"手之舞之足之蹈之"。還有人說我年紀雖稚，穿起那錦繡的道袍來，唱起那道士調兒來倒有意思。我現在想想他們所以說我有意思的原故，實在因爲我是真心真意，去做這種勾當的。我睡在壇裏的草堆裏，待到梵王宮殿月輪高，便起來誦皇經，毫不偷葷吃素，毫不想爲自己積功德，修來世；豈不有意思麼？回想那時候，真是一個"不識不知，順帝之則"的好孩子；那裏知道我這樣認真遊嬉，那些年長些的壇友便得了許多賞玩。有許多宗教的行動，原不過是玩意兒罷了。

孩子們大都容易接納暗示，我亦然。我是最誠實的孩子，也是最詭詐的孩子，因爲我有一種誠實的詭詐。某日有一位護國隨糧王菩薩出巡，我站在路旁看；回來不舒服起來，頭痛，身體發燒，我便向母親說道："今日我看見菩薩出會，他的眼睛動了一動。或者我因此便生病了罷。"當時自知這是虛話，也自知自己是很誠實，並且懇切地告訴人我果然見菩薩的眼睛動了，是向我動了。我並不是宗教心理學者，所以不知道這種誠實虛僞融洽的經驗，是不是宗教經驗上普通的顯象。不過我那種辦法，也是爲我當時的信仰作見證，表面上好像我後來在基督教會裏看見人家所做的神奇的見證一樣。到了現在我更笨了，連這種見證都不會做了。可是我平常祇有單純的誠實。人說黃鱔是大葷，罪過，不好吃，我便戒絕黃鱔。人說牛肉是祭聖人的太牢，我也拒絕了它。至於甲魚，羊肉，雖屬我的所愛，也有好幾年但嗅其香而不嘗其味。這些持素的事情，實在是出於一片至誠；因爲家裏的人都吃着，獨有一個孩子不食，並且也不流涎豔羨他們。如今呢，大不對了，什麽美味，都要嘗嘗，老雖未也，卻有戒之在得的需要了。還有一層，人家說起了要我娶妻，我便要老大不高興；總覺得這椿事情是不正路的。我家曾祖輩行裏有兩位持齋拜佛終身不娶的好人；新年裏我對着他們眞容，每每有一點守身如玉的感觸。不過後來便看如此情形爲迂腐愚鈍了。

我童年很弱，故極膽小；很與苦人表同情，故極慈悲。每逢鎭上有事，乞丐沿途的時候，我便向祖母要幾個白銅錢，去分給那些瞎眼的跛足的化子，到晚上母親要我將《劉香女寶卷》念給她聽。念到劉香女受苦修行等處，便聲隨淚下，泣不可仰。自己覺得難爲情，但終不能止住悲哽。到了明天，人家都把昨晚的事忘了，我還癡癡的想着她。現在想想，這件壞脾氣，還未盡除。每逢讀史、看小說，見人家吃苦，眼淚仍舊淌下來，不過比較從前，則閱歷多，良心喪，猶之細流與江河，不可同日而語了。至於我的膽小，實在是幼年最大的痛苦。七歲時，嬸母以癆死，僧道七七來追薦亡魂。他們做佛事，必懸佛像及十殿地獄等畫軸。我必要細細去瞧，瞧過之後，便覺得滿屋都是鬼了。每聞樹頭風雨，檻外犬雞，必疑爲鬼，必要毛髮悚然，甚至驚呼駭走，頗有些時看見幻象。一日夏晚，有頂碗而滾燈者，過我家門，我趣視之，忽見其臉如凶鬼，獰獰萬狀，幾乎駭死。又一晚，從後堂望見前廳有紅臉者坐在交椅上，轉眼不見。從此，每進廟門，必要問裏面的菩薩可怕否。神佛誕日，或演戲文,父親導我往觀;以人擁擠,遂必經十王殿而登廟之樓。我無可奈何祇得閉眼隨行,待到樓上觀劇,則所演者又是陰陽河,那時我腹背受敵,置身無地,非常可憐。幸而人衆,否則且與人世長辭了!

這樣的恐慌終不是道理。故我每籌抵禦之法。"夜深忽驚魘",乃是我的常事。或因手覆胸膛而見鬼魅壓身,心清明而四肢莫能動;或實爲夢而如清醒,見惡鬼立於床前,行於榻旁;甚至無常摸壁,牛頭馬臉皆來入夢;既醒則將被覆面,汗流遍體,不敢轉側。諸般苦痛,不可言狀。當我九歲時,偶得一法,可以制勝此苦,且頗靈驗。其法至易:臨睡時,坐在被窩中,對自己說:"我今夜決意不做怕夢。"果然一夜不驚。再試再驗,屢試屢驗。其未驗處,我卻百索而不得,或者因其未驗而不能激起我的趣味與記憶,也未可知。我心裏對於此法,已經懸了無數的"有求必應""誠則靈"的匾額了;不驗的時候,既無匾額挂起來,那裏能夠證明其不驗呢?其他的抵禦法,則又不在意志範圍之內,而在想像的境界裏了。

我的意像情緒意志,在我幼時的宗教經驗上,非常活動,使我的小自我實現。鎮上有戲文,我必去觀看。某齣中有聖帝修行,遇觀世音點化他說:"若要工夫深,鐵杵磨作繡花針。"於是聖帝的信心,果不退轉,終究成了菩薩。這一回事,在我身上發生了效果。父親將我拘在他的鋪子樓上,專心讀書學算,孤獨生活,非常無聊。當時忽有異想入腦,我便將紙摺成神位,寫上觀世音等名目,在樓上拜起佛來。心中覺得與神道非常接近,也覺得非常愉悅。案頭所置《覺世經》、《勸世文》、《陰騭文》、《感應篇》等,都受了我許多不通的賞鑒與評點。我心裏還記得有兩種理想在那裏衝突:其一是做仙佛的修行,實在道路阻且長,其一是人皆能仙去,我何獨不能。在那幾年中,家裏還有許引鬼入門的事情。母親患了極重的傷寒症,家裏求神拜佛,買籤問卜,全無效驗。後來女戚某薦來一位女神,叫甚麼胡小姐,爲病人出馬,戰勝邪鬼。病人果然漸愈起來,常常與那女神有心靈的關係,耳或聞其安慰,鼻或嗅其檀煙。我記得跪在廳前迎接神女的時候,也曾覺得她的來蹤去跡是千真萬真的。迷信中間,也有一種近乎心靈通神的快樂。不過七八年前,聞得那女神的塑像,被某處的縣知事投在她廟前的河裏了。

我家與耶穌堂很近。每逢禮拜,教友們嘈雜的歌聲,可以穿牆而入我庭院。祖母有興,有時領我去看禮拜。後來我讀醫書,如《藥性賦》、《湯頭歌訣》等不成;學書與算以爲商賈亦不成;便聽了那些變法的朋友,想去讀洋文,辦洋務。其時鎮上有某君,是耶穌教徒,通洋書,爲我做了曹邱,薦我去蘇州萃英書院做學生。於是乎我又與耶穌教發生了關係。在說明此種關係之先,我該把我的家況略述一下。近來有人說我出身微賤,依賴耶穌教會而得教育,以故現在在教會範圍內做事情。出身微賤,祇要是清白,有何妨礙;依賴教門,祇要有成就,有何羞愧?不過我卻皆不是!洪楊劫前,我祖父母確系名門子女;洪楊劫後親戚無存,祖父徒手起家,先爲米商,繼入衣業,與祖母朝夕操作,男作於外,女織於內,不數年間,積資巨萬。又不數年,置田營宅,居然小康;今雖衰貧,然渠渠廈屋,亦鄉鎮上不數見之院宅也。我十一二歲時,家道始漸不支。我讀書則修膳並付,初未嘗有賴於耶教。及入東吳大學,每年修膳書籍雜用,及百數十元;母親典質珠珥,父親變賣田地,補助學費,直到中學畢業。中學畢業後,父母迫我問世,要我養家,且分負擔。當時因生業衰落,人都負我,一累而積欠於人者銀幾四千圓。父親賦閒,以典衣售什物度日,甚至竈不舉煙,面有饑色;而逼索者日喧於門。我爲讀書,一方面受父母的譴責,一方面遭親戚的譏誚。曾向富親某借五十圓作膏火資,已蒙允諾,收錄借據,錢卻究竟不曾借到。又向一某親情借小洋兩毛竟被完全拒絕,反說:"孩子啊,你要爭氣。救急容易救窮難;這是你也知道的。"那一天我記得我家裏當了一件傢伙,遂得煮麪充饑,過了一天!這種東西蹀躞,生意轖軻的經歷,實在一時說不盡;我所以略舉一二的緣故,是要指明我的痛苦與我的宗教經驗有密近的關係。

我既自願讀書——當時求學便單是讀書——就有了兩種道路。一條是上杭州去讀中國書,一條是上蘇州去讀外國書;兩條必擇其一,自己頗覺爲難。難困到,求菩薩,這是我們的慣事。於是我到覺海寺靈泉山去問觀世音,連求兩籤,一籤到杭州是上吉,一籤赴蘇州是中平。我心裏便不歡喜,因爲我倒歡喜去試試洋文看。回到家裏,便向父母說,"上蘇州是上吉,上杭州是中平,我上蘇州去罷。"這是第一次菩薩與我心願衝突,卻被我心願得了勝利。我想菩薩不該與我正當的欲求有什麼衝突;從此我與許多人一般地不順從菩薩的命令了。我當時已經十五歲了。一到蘇州,即入了耶教的學校,日曜日學生不許做一點事情,祇許做禮拜聽道理。平日呢,蘇州的土話馬的可約翰福音書,要我念熟,要我背誦,不許我差了一字。還有人鎮日價與我講天堂地獄、靈魂得救、耶穌寶血等等教義，說得我心熱如火，想要進教。到了晚上，有一個熱心的教員來彈壓我做禱告，我也就站在被窩上禱告了。半年之後，回到家裏，一見門上所貼的神符，伸手就撕，一刻而盡。見了家堂菩薩東廚司命，立刻指手劃腳的咒罵，直到被母親痛責而止。那時候，氣候炎熱，疫癘流行，廟宇裏大概有齋醮之舉。我的啟蒙師看不上我那叛教的情形，要竭力挽回我，故來邀我去拜懺禮斗。我又聽得技癢了，跟隨而去；這就是我讀洋書，信道理之後，再去做清客串的道士的情形。彼亦一禮拜，此亦一禮拜，我固奚擇焉？甚矣哉，情之爲用也！

不上一年，我的手錶綢衣，連失於竊，使我心憂非常。同學某生開導我，勸我投考東吳大學的中學。但我因爲東吳學費太鉅，力不從心，不敢前去。十六歲知識漸開，明白個人對於國家當有一番貢獻。要有作爲，當有學問，因此憂心焦灼，暗自流淚。那年夏外祖母逝世，母親歸寧弔奠，我與父親早歸。遂與父親商量，不使母親知道，攜款往考東吳，居然錄取。其實當時並無所謂考試，東吳裏的規模，便是來一個取一個，來兩個取一雙。我問校監取我不取我，他笑着摸摸我的頭說："你的鋪蓋挑進來罷。"於是我遂爲東吳學生，籃篋之上，都貼滿了東吳大學趙某字樣，好不威風啊！自從進了東吳之後，我的宗教態度，復經了一番變遷，做了非宗教運動的小健兒。我覺得中國自有文明，西洋宗教，既爲迷信，更非所需，豈容染我中華乾淨土。同學中有三數信教之人，頗爲熱心，每集一室，誦經祈禱。我見他們，動輒當面排斥。今日回憶，同學們所以呼我爲"急先鋒"，未嘗無理也。我排斥宗教，也是受了同學的暗示；排教排外在我心裏，同一意味。校長故孫博士命學生開演說會，我寫了一篇極淺陋的英文，記得爛熟，上臺去背誦。其中有一句說："等我們力足的時候，定當把洋人一齊殺了。"當着校長，說這樣的話，總算是有一點膽量的。這是愛國心與排教心渾雜的經驗。後來我信了耶穌，那些舊時受過我逼迫的同學都極歡忻。他們說有力量反抗的人，也必有力量宣教的。

我在東吳中學的時候，有兩種極大的痛苦。一是家境漸困，前途窘迫；一是婚姻問題，解決維艱。因了這兩種痛苦的驅策，我便漸入宗教之域。不過那時節，他人輕裘緩帶，皆有翩翩佳公子之概；我則夾袍罩着破襖，足以禦寒而已，每到家中，菜羹糲飯，怡然自得。鄰家有酒饌，邀我爲陪客，我不去；

自覺傲骨崚崚，不甘受他人輕視。再三請，則謝曰："我家尚有飯吃，敢敬辭！"父母親戚妻弟皆不以我爲然，而我則骨瘦如柴，寧饑，不寧享受嗟來食。爲學生，得母校假以修金，許以做工，每日爲真筆版印刷工一小時，所入僅敷膳資書籍費及零用。計我到大學畢業時共借校中銀式佰捌拾圓。及我畢業，在母校任事一年，母校以爲忠，將借契送我，不責償於我了。關於我當時的窮，在家庭一方面的艱窘，毋庸贅述。不過我飽，不能忘父母之饑，我暖不能忘父母之寒。愁之一字，日日滾在眉睫間。至於婚姻一層，是很平常的痛苦，是很真切的痛苦；凡有這種經驗的人可以不言而喻，凡沒有這種經驗的人，雖費萬言，亦殊不能了然，所以不用曉曉了。兩痛相煎，卻是良藥。我嘗告訴人說，"倘非痛苦相煎我決不會做基督徒，我不做基督徒，我決不會做好人。"這句話，在我現在寫下來的時候，還使我有哽咽的情況。

痛苦一層，單獨着當然不夠使我自動信主。那時我心裏竭力要找知心的人。倘使有人領會，賞識得我心裏熱騰騰的愛，並且能夠做這個愛駐腳之地，他必定是我的恩人，是拯拔我的人，在此種情況中，我得聞穆德博士的講演。一九零七年，穆德到蘇州，東吳爲他立篷篷帳宣教。會他聲振金石，非常感人。但是他的動我，也不過暫時的感化而已。其後李仲覃牧師、戈璧教授、文乃史教授、司馬德教授、陳海澄同學等人，或同時，或相繼，在我身上用工夫。我到現在仍舊非常的感激他們。其中感我最深者，乃是故東吳校長孫樂文博士。一晚祈禱會畢，孫公遣散各生，獨留我在書齋中；懇切地謂我曰："紫宸，我看你乃一深思的青年。你當自思。"我回到臥室中，躺在床上仔細尋思，躍起來道："我是一個深思的青年，孫先生知我也。士爲知者死可矣。"從此讀經祈禱，領洗入教，直至今日，尚依然是基督教的門人。如今回想，那時我領洗入教，是一種純粹的精神活動、情感活動。這種活動，一方面爲痛苦所驅策，又一方面爲朋友所導引，完全是人格全體的發展，絕然不是理知的激蕩。我覺得那樣辦是極應該允當。我現在還覺得這樣辦是辦得不差的。這樣，我的宗教經驗，理知的解釋，有先後之分，並未顛倒。在領洗前，我兩個理知的問題是極可笑的：一個是魔鬼作甚要人犯罪；一個是信則有，不信則無，上帝的有無是否因我的信不信而決。其他的種種疑竇，都是後來發生的，那時尚夢想不到。

我初做基督徒的時候，確鑿是一個清教徒，每日祈禱讀經，伏案之暇，即去修行。四年之中,淡漠了不多幾時。畢業之後,死灰復燃,每日至少用三小時讀《聖經》,全部《新舊約》,都加以評點。月下樹底,皆為我祈禱之地。開口便講福音。我的知識雖屬閉塞,我的心地,卻極光明。學生中因我的勸導而信教者頗有其人。某晚,剛要熄燈,學生陳忽入我室,呼曰:"我特來告訴你。我決意做耶穌門徒了。"此人原來是反對我教的;日裏才與我辯駁了許久;今忽如此改變,使我心中的愉悅,真到不可言狀的情境。我便跪在床前感謝上帝,快樂了好一回。在這時期中,我的朋友如錢保和先生、陸志韋博士、胡經甫博士都受了感化,入了聖教。大約那時東吳學校裏的宗教風氣,非常高潔,非常純粹,所以我們都受了影響。在我臥室裏每晚有一個祈禱會。初起祇我一人,繼而兩人,繼而三人,不上一月加至滿窩子是人。查經祈禱成了家常茶飯。半年之中,不借奮興會的號召,不因宣教師的播道,而竟有十七個學生領洗,約佔當時大學生百分之二十五。那時的學生實在比牧師教員更加熱心。依我的經驗看來,大凡教會學校中沒有熱心的基督教學生領袖,從中宣揚福音,那個學校,無論她的牧師教員怎樣熱心,怎樣竭力,終不能得到最高最純粹的宗教精神。

　　以上所述乃是我畢業後,初做教員時的經驗。我當再回轉去說明我是怎樣一個清教徒。我的知識,依舊閉塞。什麼人都可以使我做至愚至笨的事情。人說信徒全賴上帝,有病不須就醫,更不須服藥;我立刻就不要醫藥。人說信徒不當和會衆同赴晚餐,因為巴力與基督有甚麼相干呢?罪孽未赦的人與罪孽在耶穌寶血裏洗淨的人怎樣靈交呢?我立刻便要不赴晚餐。人說耶穌某年某日要再來了,我便思想等待他。人說凡重生的人,其先必要痛哭流涕,覺得自己犯下了彌天大罪,在上帝面前完全認清。我便覺得為難起來。我是一個孤傲豪爽的人,怎麼也要"欲哭不能,欲泣則近於婦人"麼?難道我沒有淌過悔罪的眼淚,就不算一個重生過的人麼?我便去追尋重生,尋了許久,問問某同學,他說我還未曾嘗得重生的異味——異樣的快樂滋味。這時候我真苦啊!苦的是眼淚不下來!但是有許多事情是可以勉強的。譬如行路,忽遇少女當前,兩眼非常要瞧她,卻可以勉強眼對自己的鞋子走過去。又譬如看饌在前,一心想享受,卻可以勉強服從心裏的命令,祇許每餐吃飯兩碗,兩碗畢則釋箸停匙。還有一事,非常可憐,卻也可以做得。一天我忽想起青年男子,頭蓄短髮,覆在額前辮底,徒事美觀,豈非魔鬼的行爲麽？不當即行剃淨麽？這個思想來了，我即說這是聖靈的指引，不可不遵，於是乎奔到剃髮匠處命其奏刀。剃髮匠再三規勸我，不聽，不得已，爲我幹了一部分的剃度。我走回來，心裏卻不快活，覺得裏頭天理人心在那裏拌嘴，頗有鬼相打難爲病人的勢子。路上遇見了同學陶某，他開口就問："又怎麽了？這真是你的怪現象！"我支持了幾個月，後來祇得恢復舊狀。可是哭而重生呢，終究未曾做到，只算我道行淺，功候不到罷了。

在這種苦行的狀況中，我的痛苦仍舊沒有停止，有時反來的更凶了。入教後，回家不敢便將做基督徒的意思說出；到了晚飯的時候，對着飯，十分難堪，祇得把馬腳露出來。我閉上眼謝飯，母親就知道我不對了，吃了教了。她便問，問後便責，責後便勸，勸後不聽，便怒極要施夏楚。父親是老實的，從來不打人的，在那時期中，也就改了常度，在臘月二十三晚上，把東廚司命送上天之後，將我體罰了一次。說也奇怪，我的頭被他撞在牆上，我的心倒覺得快樂起來了，我覺得自己是大祭司面前的彼得約翰，有價值起來了。從此之後，家裏一切窮愁所產生的煩悶、怨憎、忿怒都發泄在我身上；婆媳間枘鑿不投，也轉移在我身上。母親朝也罵，夕也責，每逢飲食，我必受一番怒視呵譴而後一飽，每逢祭祀祖宗，敬拜神佛，我必聽一番往事重提而後得片刻的安靜。但是我尚有心願未酬；他們能罵得暢快，難道我不能宣教得暢快麽？起初我很爲難，真"是個銀樣蠟鎗頭"，拿着《聖經》，仍舊不會開口去講。試了幾次，又祈禱了幾次，忽然得了；她老人家罵，我便讀經開講，她罵一句，我講一句，講得她笑了再罵，罵了又不得不笑。不過我總是懇懇切切的發揮那本罪原罪道成肉身等等義，直講到她聽了幾句進去。如此辦法，約有一年多。有一天，母親坐在竈前，我乘機宣教，說道竈神是假神，她偶然莞爾了一下。好啦，我的時期到了，我說："母親你信了我了。"便跳上竈去把東廚司命的紙馬撕下來。一鼓作氣，眼也不看她，耳也不聽她，讓他去罵，去發禁令。一霎時，死祖的紙紮座臺，家堂神神龕，以及一切神符春牛圖等等，皆遭了我的浩劫。這些東西，堆成一個饅頭樣。耶穌堂即在附近，立刻請了牧師張葆常先生來，舉火焚邪，頃刻而煙消日出，心中萬分之樂。牧師說："邪的去了，正的該來。"我問母親可否當夜就請幾個教友到家裏來做禮拜。她想倘使沒有正直之神，爲我們的護衛，恐怕那些遭劫的鬼魂，要來報仇，故而便允許了。我又教她禱告，教她讀經；又強迫我的妻子跪下與我一同呼籲；又竭力勸化我的父親，希望他立地成聖徒。天花亂墜，厥功偉矣！

自從我做了基督徒，在教會裏擔任了許多小事情。我做過蘇州監理會東循環鄰童主日學校主理，蘇州主日學聯合會會長，監理會的本處宣教師，東吳大學青年會會長，監理會派赴美國總會的華代表等等。至於領查經班，領奮興會，篷帳佈道主講席，小團體的書記會計等的趣味，我都嘗過。其中普通的經驗是：求自己做事易，求人家同作難，個中區別，在乎責任所在而已。倘使我要印公銜名片，把教會裏學校裏的職司名目都寫將上去，我的名片祇恐要八九寸闊了。我並不要闊，不過要說我做基督徒是做的，不是"不管他人瓦上霜"的罷了。大凡人動則有經驗，經驗即在動，動則變，變則通。我經驗中什麼都是變，從起始到如今，祇有這個動還依舊在，依舊不變。一切變，惟變不變；一切動，惟動不動。在我，則動是動情。有一天，我將那寶血替代原罪等義講給一個陌生人聽，他以為我罵他犯罪，便大不甘休，一五一十的說起我的不是來。幸而當時有人做魯仲連，否則，不知道怎樣了結哩！當日回校，愴然下淚，一片真心，人竟不識，煞是可憐。嗟乎，世上艱難惟不達，人生痛苦是多情！渺小如我，在這種生活裏，豈可不徹底地找尋理解麼？

然而找尋理解，是惟一要事，也是惟一險事。一個人不求理解則已，倘要徹底澄清，把自己的經驗，宗教的教義考問起來，那末問題疑竇，便要相繼而來，猶如波濤，一波未平，一波又起；又如於連珠鎗，一聲未畢，一聲已響了。起始，我祇自出心裁想想，看出我信仰的破綻來。想來想去，全是破綻，那可了不得，我竟問我為什麼做基督徒起來了，我竟信心冷淡起來，專用頭腦工夫了。我在大學畢業那一年，無意中得了一個畢業講演題。一日偶在書坊中看書匠釘《中庸》，伸手一翻，即見"惟天下至誠為能盡其性"一章。這一句話好像閃電一樣，使我得了我的人生哲學，見了我與人，與天地萬物的關係。我便將"盡性"兩個字做了講演題，做了一篇文章。自然那時候尚沒有梁任公先生所說的"盡性主義"，新思潮所宣的"自我實現的說"流布出來。我的"盡性"，在我自己個人一方說，實在是我自己的恍悟；那篇文章還在，意義雖淺陋得很，卻與我今日的理想，還有極密切的關係。當時我雖沒有覺悟到盡性說與清教主義，完全齟齬，卻也感受了一種不該壓迫人情，不使發展的見解。同時，我為某女士當譯員，某女士講兒童心理學，意義也極平庸。

她偶然說:"母與稚子,從肉體的交觸,得有心心的感通。"這句話使我見了人生真意,又大澈悟了一番。她講演畢,我萬分的敬謝她。我便悟澈到人生須由物的媒介而逮心的印證。盡性端在人與人心心相通,惟通爲盡,非通非盡;明乎此則可以天地位,萬物育。宗教——基督教——無他,亦上帝與人我,人我與上帝感通交和而已矣,耶穌特爲此中和通格的表顯而已矣。此種感悟,並不根基於科學思想,而卻根基於我個人消極積極的經驗。我精神上最感痛苦者,乃是心交閉塞。這種痛苦使我益覺人心交和的生活,乃人生無上的價值、無上的眞際。我精神上最感愉悅者,乃是良朋的愛我、師長的傳導、知己的來還,都使我切實地明白吾人一切的知識,一切的實現,皆歸於完全的心交。我的人生觀,即是我的宇宙觀,我覺得了無疑義。適應環境,生存競爭等理論,那時節,尚沒有在我身上發生甚麼影響。不過後來此種理論到我知識範圍裏來的時候,我依舊覺得此種理論,皆可與心交論、人格論相並而不悖。從痛苦到悟澈,或爲反動,或爲直行,都使我自信得了安身立命的駐足境。我的理解,全部是從熱情裏陶鎔出來的,故雖或玄妙,依舊不失情的色彩。

在我理想上、行爲上發生影響的人,或爲古人如陶潛、杜甫、文天祥、諸葛亮、王陽明等,或爲小說中人物如魯達、武松、阮小七、薛仁貴、薛寶釵、林黛玉、鶯鶯、艾虎、唐傲、多九公等,或爲現代人物,或爲西洋人物,必爲其先獲我心。我心裏有一種極奇怪的聯想:譬如魯達護送林冲時說的"殺人須見血,救人須救徹",吳用說三阮撞籌時,阮氏兄弟說的"這腔熱血,祇要賣與識貨",忽然與林黛玉說的"老太太你白疼了我了",崔雙文說的"倩疏林你與我挂住斜暉"聯在一塊兒想。一說起杜甫的"天寒翠袖薄,日暮倚修竹",那末李白的"桃花潭水深千尺",陶潛的"雞鳴桑樹顛",李賀的"祇今敲瘦骨"等等都連帶着來了。這種莫明其妙的雜景想法,原來有個緣由,便是這些話都含着深情、至情、孤情、苦情、幽情、豪情、熱情、奇情在內,都有我在內,都有我的宗教在內、信仰在內。我是一個中國基督徒,祇恐也是爲此。

耶穌的死也曾做過我英文論說的題目。當我完篇之時,文師乃史適來看我,我便請他批評我的文章。他把英文改了一改,說道:"你的思想,未免不合理罷。"於是談了一番神學;我覺得他的指引非常正確,所以把舊思想撇擲了。我做學生的時候,文師教倫理學,問我某字之義,我答曰知,是某某義。他便怒道:"知之爲知之,不知爲不知。你今以不知爲知,何不誠若此,後當不復爾。"這幾句教訓,使我心愧無地,因爲我以誠立身,卻真的蹈了不誠無物的愆戾了。除了這兩次經驗以外,從未有人勸我改變我的宗教思想,我也從不曾請過他人做我理解生活的導師。我在美國神學院求學的時候,祇有我批評教員,從不曾懇求教員批評我;因爲我要自去找尋我的道路。不過我終向着有理性,發展人性,給人生命的路途走去;到現在人家都想我是個講異端的人,不過無論異端正統,我的講演文字,都是在我自己心血裏受過洗禮的,不是威權遺傳的結果,也不是道聽途說的成績。我十年前立下了志願,必要慎思明辨。我曾有信給一個美國朋友說:"假使有人能夠使我確信基督不足以爲我的救主的,假使他有充分的理由給我,我一定要立刻丟了基督教。"求真理的起點即是誠意,正如耶穌說,"是則是,非則非",誰也不能禁止我看什麼書,《天演論》、《蓮華經》、《石頭記》,聖經考訂學,宗教比較學,等等,我都要看,誰也不能代替我束縛自己,或解放自己。

哲學、心理學、社會學、教會史這些學問,實在可使人從宗教的縲絏裏解放出來,並且可使人得到正當的宗教生活。我在美國讀神學,兼事哲學與群學,漸漸地把我從前的信仰思想改變了。我在美國約有三年半工夫,算我生平最平安、最沒事、最無可述的時期。書堆裏的埋葬,原不過是一種極漸極切的理知生活,卻有時顯出我的思想潛移默化幾乎無一件是從前的舊物了。同學與我辨難,以爲童女生耶穌一事,全是妄作;我祇爲了辨駁的緣故,不肯承認,把這一件教理盡力保護。同學說摩西過紅海的時候,兩旁的波濤,站立如壁,我也附和着說:"牆壁裏的魚蝦還站着不動,等待以色列人走完呢。"他們說:"你怎樣知道?"我回說,"你們怎樣知道?"同學說起魔鬼是真有的,我說:"果然,倘使沒有,那些譸騙人的魔鬼子孫那裏來呢?"同學說起第四福音定是老約翰的手筆,我便說:"正是呢,老約翰棄了漁業之後,曾經在以弗所的哲學院做過學生呢。"這些論調,都顯明我對於有幾個心緒搖落的同學所有的不徹底態度,很不滿意。我覺得他們都在問題的邊上瞎摸。全沒有打入宗教的中心。後來我回到中國,略有酬酢,方才知道這樣的人正復不少;遂把責人則寬的心更加放大了。或者我的思路,也須修正,成見二字,豈不應當從我辭典中驅逐出境麼? 我的宗教,從自己有了悟澈直到現在,未嘗在異跡神秘寶血童女天堂地獄上找根基,正像我從不在半夜裏找太陽一般。

我的宗教是與上帝爲父子,與耶穌爲弟兄,愛主愛人,竭力去創造個人人心印的天國而已。我的宗教,並不是萬能的理解,可以解決一切問題,不過在於我一人,是最有理、最滿意的而已。

回祖國時,我誇耀於西國朋友面前的一句話便是"我能深入美國的靈魂"。可是我有時也能放下這個"深入"。金聖歎說:"入得定去,出得定來,方爲好和尚。"其然豈其然乎?無論如何,我的宗教經驗,總不免爲美國化的;總不免爲理性化的。"理性化"是實驗的,因爲我先有一番入其圍中的閱歷,而後在此閱歷上得了理解,並未曾倒果爲因,以爲先有理性,然後有閱歷。任何個人倘然先找理解,然後拿了理解去配置經驗,必定要有畫餅充饑的失望。近代人對於一切絕對論所以懷疑不信的緣故,也就在此。至於美國化一層。與理性化是原一非二的。美國人有美國人成見武斷,不忍耐,更有他們門戶學派教宗;短處非常之多,但我覺得美國人有人心人欲,非常活潑快活,非常自由廣大。他們的男女老幼是男女老幼,不是幼即是老,男勝於女。縱使他們有"計算"——計算是很討厭的——他們到底是要求圓滿生活的。我與諸般人有交觸,見到那圓滿生活的美好,自己便覺得要體操了,要看影戲了,要多吃些冰淇淋了,要與婦女們共同服務了,要穿整潔的衣服了,要在社會上酬酢了,要聽禮拜堂裏的音樂與合唱了,要與道學院的同學鬥葉了,要遨遊山水,嘯傲滄洲了,要與孩子們胡說亂道了,再也沒有從前剃削"前劉海"的危險了。自從那時起,我便覺得耶穌的人性人心,是最近我的;因爲他是這樣自然的、廣闊的、真純的、偉大的、勇敢的、多情的人,所以他是我心我人格的救主。從前的大和尚大祭司式的耶穌,竟在我心裏恢復他的本來面目。我並未嘗不信他是神,不過我相信真神真人不是兩種性乃是一種性罷了。

我談宗教經驗,本不是講系統神學;所以對於三一、成身、靈感等等義不必提起。總括一言,教內外,人內外,沒有一事已經成了天經地義;今日的天經地義,不過是今日生活中必需的假定罷了,在留學期中,我對於中國人的生活,發生了一個自悟。李榮芳先生請我爲《留美青年》作一篇小論,我便答應他,寫了一篇"價值比較論"。此篇本無警策語,惟結束提出四事,實爲中國人增高生活行程中所必需有的,便是:"解放,保持,收吸,改造"。前幾年張東蓀先生等發刊一種雜誌,叫做《解放與改造》,我非常贊成,曾一度去信感謝他們。這四個行程,步驟雖容有參差,實在是我自己宗教變遷的徑途,人到思想的監獄裏去,做了窮愁饑渴的囚奴,假使要得自由,祇有自己去動手實行解放自己。最可憐的人,就是一方面要冒險,一方面很膽小,明知他的理解不適合他的實驗,卻依舊不敢放膽去要求更確的理解,卻依舊勉強潛伏在那違背近代最高深、最廣闊的社會道德、社會福音、社會與個人交通調劑的生活底破產宗教思想下討生活!不解放,無以保存,無以吸取,更無以改造,解放乃今日信徒的第一義第一事。耶穌保羅都要我做一個真正自由人;自從聽從了他們,我方知人生實有無上的價值。

近五六年,我的宗教經驗是趨向反動一方面走,反動之中,又有一種創造的要求。可是反動是順流而下的,頗易;創造是逆流而上的,甚難。留學回來,觸目都是惱人的刺激;隨處都發見我愛自由的熱情。從前沒有想到我愛自由愛到如此深。我講道,教授聖經,做論文,自謂非常穩健。我的師友同事,有幾個觀察我舉動的人,每每教我行得慢些,不要這樣講、那樣講,即使要講,也講得圓通些。這種勉勵,在我身上發生了相反的影響。我問自己為甚麼怕將真理教人呢?打破了人家的信仰,解放了人家像我自己得解放一樣,有甚壞處呢?不多幾時,批評我的人也多了,寫信來責備我的人也有了,造謠言的也來了,我想好,自由人自走他的路罷。這一來,我的文章便出現了,什麼"我的信經觀"、"宗教與境變"啦,"宣教師與真理"啦,甚至於詩如"客西馬尼"、"伯大尼"等都公開了。我的講演也沒有拘束了。我對於各種教義,重新審查起來了。於是我完全的自由,完全解放了。我深深地感謝那批評我的朋友,徵諸公我安得有如此的自由、如此的清潔合理的宗教?

此外尚有積債,家庭生活,教會的人物與組織,諸如此類,都使我宗教上、精神上發生反動。我因求學美國,欠了東吳大學二千六百二十圓,到如今還未償清,到如今還是月月扣薪俸。人說我佔便宜,也祇得讓他們說了。除了幾個良友之外,沒有人相信我的服務不是一點一畫賣錢的,也祇得讓人家不相信了。我的二弟死,死了一個誠實忠正的青年。我的三弟死,死了一個活潑的、有見識的少年英雋。這兩個人死是死了半個我;在我血裏也種了反動的種子,他們死,剩了三個人中間的一個我,我的責任重了三倍,須得單槍匹馬去趕一世。前途盡是險,險也要去;險裏去,把宗教也帶走了!其餘的幾個原因使我發生反感的,如教會的人物與組織等,是極普通的,不說也罷了。

　　至於近二年內的經驗，則有非常愉快處、非常悲憤處、非常痛苦處。可惜太近太切，還不能將過來作客觀的解析，故而祇好當作無可陳述的蕪雜東西看，恕不披露了。總結一言，我已從神秘生活中出來轉入了純粹的倫理生活；從普遍的空論裏出來轉入了科學環境；從籠統的玄想裏出來轉入了真切的，實際的經驗與經驗的準切研究；從老成的狀態裏出來轉入了少壯的狀態；從個人的宗教出來轉入了社會的宗教；從他世界出來轉入了現在的世界；從絕對論裏出來轉入了實驗主義；從修行動作裏出來轉入了圓滿的人間的有生趣的境界。終日勞苦，但覺愉悅；時刻奮鬥，卻有精神。我更加找見了自己。我愛我的朋友，我的朋友愛我；因有朋友，故有人加在我身上的憎怨。我的宗教是友誼，是推心置腹的友誼，人神之間，我與耶穌之間，我與他人之間，如此而已矣。但求無量的賞鑒，何患有限的痛苦，知我罪我，我何辭焉。

十二，中秋節，蘇州
原載《生命》四卷三期，1923 年

美滿生活是什麼？

第一課　現代生活的概觀

經訓　我來要把火丟在地上，倘若已經着起來，不也是我所願意的麼？我有當受的洗，還沒有成就，我是何等的迫切呢。你們以為我來，是叫地上太平麼，我告訴你們，不是，乃是叫人分爭。從今以後，一家五個人將要分爭，三個人和二個人相爭，兩個人和三個人相爭，父親和兒子相爭，兒子和父親相爭，母親和女兒相爭，女兒和母親相爭，婆婆和媳婦相爭，媳婦和婆婆相爭。耶穌又對眾人說：你們看見西邊起了雲彩，就說，要下一陣雨，果然就有。起了南風，就說，將要燥熱，也就有了。假冒為善的人哪，你們知道分辨天地的氣色，怎麼不知道分辨這時候呢。你們又為何不自己審量，甚麼是合理的呢。你同你的對頭去見官，還在路上，務要盡力地和他了結，恐怕他拉你到官面前，官交付差役，差役把你下在監裏。我告訴你，若有半文錢沒有還清，你斷不能從那裏出來。（《路加》十二章四十九到五十九節）

緒　言

吾們在這箇時代，對於國家社會各種現象，各種制度，都不滿意。舊倫理在新思潮面前，更無站立的餘地，新的倫理在思想醞釀中間，尚未清楚地實現。所以我們為學生的，在這煩悶沉鬱的時候，有很大的痛苦。個人方面，沒有正當的人生觀，更沒有充分的力量去維持人格，以致趨入迷途。學校裏，學風壞透，去年一年中，因了大大小小的原由，全國鬧了一百二十餘次風潮。家庭呢,愈大愈老,愈加惡劣。社會呢,空氣非常之壞,習慣非常之惡,簡直是青年的牢獄了。至於國家政治,更有不可收拾之勢。請問在這種情狀之下,講求美滿的生活有沒有意義?請試答以下諸問題:

問　題

一、這種時勢,對於我們有什麽指示?是叫我們失望呢,是叫我們立志為社會國家做建造的事業呢?請說明理由。

二、"其人存,則其政舉。"中國今日有人麽?為甚麽國政不舉,社會腐敗?

三、學校生活的缺點何在?做學生的時候不能做好國民,不能做好青年,後來能夠做救國的事業麼?

四、吾們對於學校中執校政的人,對於校中的規章,應當遵守麼?吾們可以鬧學潮麽?請說明在何種情形中則可,何種情形中則不可,或說明無論何種情形都不可鬧學潮。

五、大家庭有甚麽好處?甚麽壞處?應當改良呢?應當破除呢?還是應當另設新家庭呢?

領袖注意!

以上幾個問題,都非常重要,萬不能在一小時內,箇箇討論。對於第一個問題,領袖應當指明歷史的教訓,大凡過渡時代,新陳交替是險象,只要有人立志在這時候做建造的工夫,便可以成為良好社會的先兆,對於其餘的問題,領袖可以按着班友的興趣,將四題請四人預先充分地預備,或寫在紙上,待到班時報告,報告後酌量時間,扼要討論。

第二課　美滿生活的意義

經訓　虛心的人有福了,因為天國是他們的。哀慟的人有福了,因為他們必得安慰。溫柔的人有福了,因為他們必承受地土。饑渴慕義的人有福了,因為他們必得飽足。憐恤人的人有福了,因為他們必蒙憐恤。清心的人有福了,因為他們必得見上帝。使人和睦的人有福了,因為他們必稱為上帝的兒子。為義受逼迫的人有福了,因為天國是他們的。人若因我辱罵你們,逼迫你們,捏造各樣壞話誹謗你們,你們就有福了。(《馬太》五章三至十一節)

這些事我已經對你們說了,是要叫我的喜樂存在你們心裏,並叫你們的喜樂可以滿足。你們要彼此相愛,像我愛你們一樣。這就是我的命令。人為朋友捨命,人的愛心沒有比這個大的。你們若遵行我所吩咐的,就是我的朋友了。以後我不再稱你們為僕人,因僕人不知道主人所做的事,我乃稱你們為朋友,因我從我父所聽見的,已經告訴你們了。(《約翰》十五章十一至十五節)

他回答說:你要盡心,盡性,盡力,盡意,愛主你的上帝,又要愛鄰舍如同自己。耶穌說:你回答的是。你這樣行,就必得永生。那人要顯明自己有理,就對耶穌說,誰是我的鄰舍呢?(《路加》十章廿七至廿九節)

緒　言

前課已經略論我們對於現在的不滿意。我們在本課內,要問甚麼樣的生活能夠使我們滿意?甚麼是美滿的生活?我們仔細想,覺得人是最有價值的,人格是最寶貴的。什麼事阻撓人生,敗壞人格,那件事便當打破消滅;什麼事增進生命,促進人格,那件事便當發展實現。上帝看人是他的子女,我們也當看人是上帝的子女。那麼我們可以說,美滿的生活是一種使人能夠充分地發展人格的生活。我們盡力地作文化運動的事業,要適應環境,戰勝天然,提高經濟程度,加增科學知識,服務人群,創造與天國一般的社會,都是以什麼為歸宿呢?人格!

問　題

一、試讀耶穌八福之訓,其中所示的人格的要素是什麼?請一一分析說明。

二、不愛人的人能夠發展自己的人格麼?耶穌的《新約》是,你們應當**彼此相愛**,我們可不可以跳出《新約》的範圍,而仍舊得人格充量的發展?

三、人格的發展是不是建造在人與人的友誼上?請默想你有幾個真朋友？你有甚麼樣的朋友？他們輔助你在什麼事情上得人格美滿的實現？阻礙友誼的是什麼？

四、《路加》十章廿七至廿九節，是耶穌宗教的總結，也是美滿生活的總結。上帝是人格的本原，你與他有甚麼關係？

五、生活的各方面是無窮的，倘若在吾們心中沒有上帝的愛，吾們能夠達到這生活麼？

領袖注意！

一、請領袖先把八福分析一下，查明其中所指示的人格的要素。

二、請細想為甚麼愛與友誼是人格實現的第一要素。

三、請預備切實的答案"阻礙友誼的是什麼？"

第三課　現代對於美滿生活的要求

經訓　有人把先知以賽亞的書交給他，他就打開，找到一處寫着說：主的靈在我身上，因為他用膏膏我，叫我傳福音給貧窮的人，差遣我報告被擄的得釋放，瞎眼的得看見，叫那受壓制的得自由，報告上帝悅納人的禧年。於是把書捲起來，交還執事，就坐下。會堂裏的人都定睛看他。耶穌對他們說：今天這經應驗在你們耳中了。（《路加》四章十七至廿一節）

盜賊來無非要偷竊，殺害，毀壞。我來了，是叫羊得生命，並且得的更豐盛。（《約翰》十章十節）

耶穌回答說：凡喝這水的，還要再渴。人若喝我所賜的水就永遠不渴。我所賜的水，要在他裏頭成為泉源，直湧到永生。（《約翰》四章十三至十四節）

節期的末日，就是最大的日，耶穌站着高聲說：人若渴了，可以到我這裏來喝。信我的人，就如經上所說，從他腹中要流出活水的江河來。耶穌這話是指着信他的人要受聖靈說的，那時還沒有賜下聖靈來，因為耶穌尚未得榮耀。（《約翰》七章三十七至三十九節）

我又看見一個新天新地，因為先前的天地已經過去了，海也不再有了。我又看見聖城新耶路撒冷，由上帝那裏從天而降，預備好了，就如新婦妝飾整齊，等候丈夫。我聽見有大聲音從寶座出來說：看哪，上帝的帳幕在人間，他要與人同住。他們要做他的子民。上帝要親自與他們同在，做他們的上帝。上帝要擦去他們一切的眼淚，不再有死亡，也不再有悲哀，哭號，疼痛，因為以前的事都過去了。（《啟示錄》二十一章一至四節）

緒　言

前課論到美滿生活的本體。但是我們要知道，本體是同一的，其發揮出來的狀態是不同的。有這生活，他便要應付萬事。反轉來說，倘使環境惡劣，道德墮落，這箇生命便不能自由發展。所以有美滿生活的要求，即有各種改良社會的要求，即有各種改造世界的要求。消極一方面說，社會世界不良，美滿的生活一定不能實現。所以要棄掉一切惡，一切阻障。積極一方面說，我們必要創造好環境，去適應生活的需要。

問　題

一、中國的百姓窮迫萬狀，在窮迫中，能得美滿的生活麼？能愛人，和人有友誼麼？請看《路加》四章十七至廿一節，耶穌對於美滿生活的發展的第一步是什麼？

二、思想的解放，迷信的破除，與美滿生活的實現有什麼關係？請說出五個理由來。

三、社會習慣的惡劣，如賭、酒、煙、妓等等，如何阻礙美滿生活的實現？

四、國內四分五裂，刀燹頻仍，盜賊蜂起；國外公理搖動，兵禍不消。為什麼是給美滿生活一個大打擊呢？吾們應當要求國家世界的和平麼？

五、個人心裏最大的需要是什麼？個人的需要與社會的需要是同樣的麼？我為什麼對他人的需要覺得不關痛癢呢？

領袖注意！

在每箇問題上，領袖當問"為什麼？"為什麼非破除社會的愚魯、貧苦、不平等、不公道、不和平，以及種種的社會罪惡，我們便不能充分地得美滿的生活。

請注意中國的實況，與生活要求的關係。

第四課　美滿生活的阻力

經訓　因為情慾和聖靈相爭，聖靈和情慾相爭，這兩個是彼此相敵，使你們不能作所願意作的。但是你們若被聖靈引導，就不在律法之下。情慾的事，都是顯而易見的，就如姦淫、污穢、邪蕩、拜偶像、邪術、仇恨、爭競、忌恨、惱怒、結黨、紛爭、異端、嫉妒、醉酒、荒宴等類，我從前告訴你們，現在又告訴你們，行這樣事的人，必不能承受上帝的國。聖靈所結的果子，就是仁愛、喜樂、和平、忍耐、恩慈、良善、信實、溫柔、節制，這樣的事，沒有律法禁止。凡屬基督耶穌的人，是已經把肉體，連肉體的邪情私慾，同釘在十字架上了。（《加拉太》五章十七至廿四節）

若我所作的，是我所不願意的，我就應承律法是善的。既是這樣，就不是我作的，乃是住在我裏頭的罪作的。我也知道，在我裏頭，就是我肉體之中，沒有良善，因為立志為善由得我，只是行出來由不得我，故此我所願意的善我反不作，我所不願意的惡我倒去作。若我去作所不願意作的，就不是我作的，乃是住在我裏頭的罪作的。我覺得有個律，就是我願意為善的時候，便有惡與我同在。因為按着我裏面的意思，我是喜歡上帝的律。但我覺得肢體中另有個律，和我心中的律交戰，把我擄去叫我附從那肢體中犯罪的律。我真苦啊，誰能救我脫離這取死的身體呢。感謝上帝，靠着我們的主基督，就能脫離了。這樣看來，我以內心順服上帝的律，我肉體卻順服罪的律了。（《羅馬書》七章十六至廿五節）

緒　言

這美滿生活的實現，全靠我們如何奮鬥。生活自古以來，逃不出這"奮鬥"兩個字。倘使人想偷懶，或想避去危險勞苦，徼倖地得生活，那個人必然要失望的；因為阻礙生活的惡勢力、惡環境、惡制度、惡習慣，在我們內心裏、四周圍，非得我們盡力地攻打破除，萬不會消滅的。這種阻力一日不消除，人生一日便不能完全發展。所以不能戰勝試誘情慾於內心，不能超過罪惡天然於外界，他的結果便是死：或是心的死，或是肉的死，總歸是死。社會也是如此。不能自拯於惡勢力的社會，也沒有生存的希望。

問　題

一、阻礙社會發展的總原因是什麼？請陳述理由。

二、人民的愚魯、貧窮，家庭的腐敗，政治的凋敝，都是美滿生活的阻力，但是我做甚麼事業，可以相幫打破一些這種惡阻力？這種阻力對於我的擇業問題有沒有指示？

三、阻礙我個人的美滿生活是什麼？（從體魄的健全到心靈的健全着想）請一一自想，細細寫出，作為自省、自訟、自決的起點。

四、我的知識經驗缺乏麼？我的意志力薄弱麼？要看《羅馬書》七章十六到廿五節。

五、我的心清潔麼？我有什麼試探？心不清潔，力易懈怠，終自墮落，此為總因。

領袖注意！

此課要注意阻礙個人生活的惡力。對於意志薄弱一層，心不清潔一層，領袖當有確鑿的表示，當有熱烈的意見。

第五課　達到美滿生活的路徑

經訓　弟兄們，我還有未盡的話：凡是真實的、可敬的、公義的、清潔的、可愛的、有美名的，若有甚麼德行，若有甚麼稱讚，這些事你們都要思念。（《腓立比書》四章八節）

　　耶穌在一個地方禱告；禱告完了，有一個門徒對他說：求主教導我們禱告，像約翰教導他的門徒。耶穌說：你們禱告的時候，要說：我們在天上的父，願人都尊你的名為聖。願你的國降臨。願你的旨意行在地上如同行在天上。我們日用的飲食,天天賜給我們。赦免我們的罪,因為我們也赦免凡虧欠我們的人。不叫我們遇見試探,救我們脫離兇惡。(《路加》十一章一至四節)

耶穌說:我就是道路,真理,生命。若不藉着我,沒有人能到父那裏去。(《約翰》十四章六節)

時候將到,如今就是了。那真正拜天父的要用心靈和誠實拜他。婦人說:我知道彌賽亞要來,他來了,必將一切的事都告訴我們。耶穌說:這和你說話的就是他。當下門徒回來,就希奇耶穌和一個婦人說話,只是沒有人說:你是要甚麼?或說:你為甚麼和她說話?那婦人就留下水罐子,往城裏去,對衆人說:你們來看!有一個人將我素來所行的一切事,都給我說出來了,莫非就是基督麼。衆人就出城往耶穌那裏去。這其間,門徒對耶穌說:拉比,請喫。耶穌說,我有食物喫,是你們不知道的。門徒就彼此對問說:莫非有人拿甚麼給他喫麼?耶穌說:我的食物就是遵行差我來者的旨意,作成他的工。你們豈不說,到收割的時候,還有四個月麼?我告訴你們,舉目向田觀看,莊稼已經熟了,可以收割了。收割的人得工價,積蓄五穀到永生,叫撒種的和收割的一同快樂。俗語說,那人撒種,這人收割,這話可見是真的。我差你們去收你們所沒有勞苦的,別人勞苦,你們享受他們所勞苦的。那城裏有好些撒瑪利亞人信了耶穌,因為那婦人作見證說,他將我素來所行的一切事都給我說出來了。於是撒瑪利亞人來見耶穌,求他在他們那裏住下。他便在那裏住了兩天。因耶穌的話,信的人就更多了,便對婦人說,現在我們信,不是因為你的話,是我們親自聽見了,知道這真是救世主。過了那兩天,耶穌離了那地方,往加利利去。因為耶穌自己作過見證說:先知在本地是沒有人尊敬的。(《約翰》四章廿三至四十四節)

耶穌就對他們說:我父作事直到如今,我也作事。(《約翰》五章十七節)

說,父阿,你若願意,就把這杯撤去,然而不要成就我的意思,只要成就你的意思。(《路加》二十二章四十二節)

緒　言

　　美滿生活，不可以從外面加到人身上來的，乃是要從人生裏長發出來的。倘使人把外面的障礙除去，把環境創造得完備了，同時得到清潔高尚的心靈境界，有力量把生命開拓，那麼美滿的生活，便可以容易實現了。換一句說，要社會好，必要有好的個人去創造它、革新它；而好的個人又必要有內心的大力量發展他的人格。個人沒有人格，社會斷不能改善，因社會是個人結合而成的。所以吾們要問美滿生活的路徑在什麼地方，吾們總要答應說：在強有力的，能勇敢奮鬥，能愛人救人的個人，特別是在這樣的青年學生。

問　題

　　一、人格是達到美滿生活的路徑。耶穌說："我是道路。"這句話有何意義？我們也必要走這條路麼？

　　二、要達到這個目的，有什麼方法？我們應想什麼？（請看《腓立比人書》四章八節）

　　三、孟子說："學問之道無他，求其放心而已矣。"耶穌說："你們要儆醒祈禱。"都是要我們自己把心志收集，作存養的工夫。我們應當祈禱麼？應當怎樣祈禱呢？

　　四、我們應當讀經，但如何讀經呢？

　　五、我們當知上帝對於我個人的旨意、計劃，我們應不應尋求這旨意，順從這計劃呢？不順從則如何。

領袖注意！

　　這課的要旨，是個人必從靈修工夫，才可達到美滿生活的實現，所以要注重個人與上帝的關係。領袖要引班友更認識上帝，效法耶穌，立志去完成上帝在他身上所有的計劃。

第六課　美滿生活的表率

經訓　所以你們要完全，像你們的天父完全一樣。(《馬太》五章四十八節)

我心裏柔和謙卑，你們當負我的軛，學我的樣式，這樣你們心裏就必得安息。因為我的軛是容易的，我的擔子是輕省的。(《馬太》十一章廿九、三十節)

西門彼得回答說：你是基督，是永生神的兒子。耶穌對他說：西門巴約拿，你是有福的，因為這不是屬血肉的指示你的，乃是我在天上的父指示的。我還告訴你，你是彼得，我要把我的教會建造在這磐石上，陰間的權柄不能勝過他。我要把天國的鑰匙給你，凡你在地上所捆綁的，在天上也要捆綁，凡你在地上所釋放的，在天上也要釋放。當下耶穌囑咐門徒，不可對人說他是基督。從此耶穌纔指示門徒，他必須上耶路撒冷去，受長老、祭司長、文士許多的苦，並且被殺，第三日復活。彼得就拉着他，勸他說：主阿，萬不可如此，這事必不臨到你身上。耶穌轉過來，對彼得說：撒但，退我後邊去罷！你是絆我腳的，因為你不體貼神的意思，只體貼人的意思。於是耶穌對門徒說：若有人要跟從我，就當捨己，背起他的十字架，來跟從我。因為凡要救自己生命的，必喪掉生命；凡為我喪掉生命的，必得着生命。人若賺得全世界，賠上自己的生命，有甚麼益處呢？人還能拿什麼換生命呢？人子要在他父的榮耀裏，同着眾使者降臨，那時候，他要照各人的行為報應各人。我實在告訴你們，站在這裏的，有人在沒嘗死味以前，必看見人子降臨在他國裏。(《馬太》十六章十六至廿八節)

緒　言

生活發揮出來，總是具體的。美滿生活是人的生活，只有人可以把他湧現給人看。因此耶穌的人格訓誨，及其一生的事業，對於我們具體地表顯了美滿的生活，因他是完全的人，所以我們不能不承認他是我們的表率，我們的標準，我們的師傅、朋友、兄長、救主。在他裏面，我們見了上帝；他是上帝的現像。我們稱他為上帝，也不為無理。我們要知道除了在完人裏面，我們更沒有別的地方可以這樣清楚地朝見上帝。我們若不要得美滿的生活則已，倘要得呢，除了效法他，追隨他，得到他那樣的人格，恐怕更沒有別種方法了。

問　　題

一、耶穌為我立了怎樣的標準？這標準太高麼？為甚麼這樣高？（《馬太》五章四十八節，《約翰》十章十節）

二、你有困難麼？跟耶穌有艱難麼？有什麼艱難？可否請你如朋友向朋友訴說一般的告訴我們？（請看《馬太》十一章廿九、三十節）

三、耶穌要怎樣的人跟隨他？（《馬太》十六章十六節至廿八節）耶穌的犧牲可以做我們的表率麼？

四、不肯犧牲可以做大事麼？可以做英雄麼？可以輔助社會麼？可以在現在的世界上做好人麼？可以得美滿的生活麼？我肯不肯付美滿生活的代價呢？

五、我此番查經，有何心得，立了何種志向？

領袖注意！

結束一言：惟有人格能救人格，惟有美滿的生活能造成美滿的生活。人若不肯付代價，則無論甚麼好處都不能真正得到的。倘使我們自己不深信此理，那麼怎樣講給人聽呢？

原載青年協會書局，1923年出版

中華基督教的國際問題

　　不愛國而談愛世界的人，為人是妄人，為言是妄言。徒愛己國，而把別國為魚肉、別國文化為芻狗的人，為人是賊人，為言是賊言。賊人可以暫時得勝利，妄人必定永遠受欺凌。因為愛國與愛世兩端，在古代雖難並峙而同存，在今世雖難實現而兩立，在將來則必需於人類生活中得到統一，達到愛國即是愛世，愛世即是愛國的情勢。現在的世界還是作戰的世界；戰則流血。流血而利，則流血必無倦止的一日；流血而大不利，那末，殺人的人，才要拭其刀劍，變其威儀，以應付他人；滅國的國，也要減其艦舸，削其甲兵，以應付他國。其間實無所謂愛，不過以機械易機械而已。一旦殺人之道復行，那末，能殺人以自肥者依舊殺人而已矣。於是國際問題的發生、的研究、的解決，皆似乎有待於一種生活，使妄人可以化為真人，賊人可以化為善人。這種生活，基督教自謂有之；不寧有之，且能普及之而發生效力。基督教願人類能把耶穌的生活與精神，收吸到心血裏去，培養着，試驗着，使人的習慣、態度、思想，都要經一度的改變。更願延長這個試驗期，不要因暫時的失敗而失望，那末國家主義便可與國際主義相輔不悖了。

　　但是討論國際問題的人，往往容易舉頭天外，大放厥辭，其實執柯伐柯，其則不遠，我等即在教會內觀察就是了。中國教會是國際生活的試驗室；倘使教會在這種生活上，因了種族政治的關係，不能得到美滿的結果，她的使命，到幾時才能完成呢？基督教高談國際主義，宣傳國際和平，果然很好，但在今日卻有"反求諸其身"的需要，須有"請自隗始"的覺悟。基督教在今日，倘使"捨近而圖遠，捨本而逐末"，豈不要"我躬不閱，遑恤我後"麼？在駐留我華的教會裏，各族共存，彼此互輔。有生活的實驗，然後有感想的發生，而概念隨之。百餘年間，其潛者已轉而為顯，其微者已見而為著。我們倘將教會內部的國際生活分析一下，便可了然於以下幾種覺悟。

（一）國際的友誼，當以國際的個人互有的交情為根基，尤當以平民的國際交誼為根基。教會中牧師與教友，有此種交誼，教會學校中教員與學生，有此種交誼，教會一切機關中，中西領袖及供職者中間，有此種交誼。各族共圖，長居一處，故有思想情愫上深切的交入。西國人士可以因此而深入我國人的心理，透進我國文化的精神。中國人與西國人互相切磋，也有同等的感悟，於是雙方發生正解，產出了彼此忻賞的情意。

（二）在我中國各公會範圍内，中外的友誼，雖已建樹，根蒂卻不見得甚深。因為中西雙方在辦事上、政治上、手段方法上的交錯為多，而在精神生活方面的友誼為少。這不但是在教會裏如此，即在教會學校内，亦尚如此。異族互接，及於事則易，及於心則不易，原沒有甚麼希罕的。不過箇中不無中西雙方自為的精神阻障。阻障不去，或又從而增益之，那末西人當權用事，則在有意無意之間，華人必受奴視於人的待遇；中西並峙，則傾軋立見，暗潮頓生，甚至有利用愚弱人的現象發現，使中西雙方自相分裂而後已。所以今日教會内部統一的急務，捨"推誠"二字莫由。

（三）教會内部國際生活的盛衰隆替，實繫命於中西有力的領袖。領袖方面，若有推心靈的交誼，有耶穌的寬恕精神，教會的事業，雖多艱難，總可以合群策群力，作共同的見證。不然，貌合神離，同床異夢，雖有形式的教會，其如非基督的何？假使兩箇領袖，一為西人，一為華人，各具大才，各抱大志，而積不相能；於是乎各樹旗幟，各布陣圖，而教會的精神就分裂了。教會的精神分裂，教會尚復有什麼國際友誼的可言，尚復有什麼基督教生活的可言呢？為了這箇緣故，有些中國人才覺悟了，決志不再作撲火的飛蛾，投到西人創辦的經營的機關裏去。久而久之，教會浪費了她應得的上乘的人才。為了這個緣故，有些西國的領袖也覺悟了，決志不再請教那輩頭角嶄露的華人，免得尾大不掉的轇轕。他們說："教會祇要用次一等的人；因為他們才能和我們同工。"久而久之，"徒哺餟"的人，脅其肩，諂其笑，亂伸其舐痔的舌端，充塞了教會的縫洞孔隙！教會呢，變了噉飯地了。

（四）但是西國領袖中，意見也不一致：有的深信華人受過相當的訓練之後，足以擔負教會的責任，也深願華人去衝鋒破陣，自己隨在纛旂之下，為執鞭之士；有的則不然，以為經濟權既操於西人，則一切權自當照樣集中於西人之手，祇要表面上敷衍就是了。這樣一來，兩面各行其是，始而相擠排，繼而相爭執。華人處乎其間，豈有不為難的麼？教會裏的國際生活，於是有荊榛滿地的狀況了。這種情形，看是看不見的；但是情勢上卻是觸手皆然。（所看見的是：各教會裏有華人做主理牧師了；各學校裏有華人做副校長，科長，主任教授了。而國際問題並非因此解決，卻因此而複雜了。）

（五）國際問題是很廣泛的。如今專論教內的國際生活，範圍雖然縮小，其根蒂的蔓延依舊一樣。國際的不能友善，其故由於經濟政治的衝突，而並不在於種性上有甚遜不可接的元素為之厲階；在於社會習慣，生活動機，解釋上思想上的不同，而並不在於生理心理上有什麼根本差別為之阻障。簡括說來，國際生活的不調，實為各種文化異趣所致。教會裏的中西同道，倘使明白這箇道理，就當放下了出主入奴的手腕，做一番認識文化的工夫。天下的戰爭，大都原於人的不善於想像。教會倘不善用其想像力，對於文化——特別是中國文化——發生忻賞的心，那末，國際問題，怎能獲得解決呢？教是西國化的，有西方的儀式，西方的教義，一旦張冠李戴，欲其適合，豈能滿志？教會裏有識的人，現在已經感受了很多的困難。他們覺得他們的生活是雙倍擔負的生活。為甚麼呢？在教會方面，他們須要接納正宗的信德，在社會方面，他們又須要保持中國的思想。譬如教堂裏去行了結婚禮，還要到家裏去擺喜筵；教會裏去做了喪事禮拜，還要到自己家裏去擺素酒；教會的要求與社會的要求，是一副雙倍重量的擔子。教會說："信仰上帝。"社會上的思想家說："萬不要信仰上帝。"教義的要求與非教義的要求，集在一人肩頭，不但是雙倍重的擔子，簡直是兩塊壓死人的青石版了。

（六）近年來，我國有了民族的自覺。我等睡眼初開，便大聲地呼着："我們東方的中國，僅有一個純粹西洋式的基督教及基督教會麼？宗教不是內發的生活、自現的經驗、原動的精神，難道像一套半新不舊的西服，加在愛出鋒頭的人身上，憑他愛則穿之，不愛則脫下來丟了麼？"今日教會裏很有許多人，實在覺得進教之後，好像在教裏做客人，很不自然，很不像在家裏那樣合心意。這種"為客"的感觸，與吾人的真情作起劇烈的摩擦來，幾乎把我們的心都燒焦了。今年二月初旬，我友劉廷芳博士在南京全國基督教教育大會中演說，曾經作了一番這種心聲的回響。他說："中國怎能有一箇本色教會呢？西宣教會在中國興了佈道的工程，奠了教會的根基，搭了教會的鷹架，原要在中國造一箇有外國歷史及思想，受外國轄治，持外國眼光的西國教會麼？西宣教師獻身來華，奠了這基礎，搭了這鷹架，原是為了在華的西方民族，有西方的思想與行為的人，創立一個教會麼？在這種差會的教會裏做教友的華人，已經決志要繼續地存留在其中，享受西方的恩寵，讓西宣教會的代表們把他們放在搖籃裏保護着麼？前兩箇問題，西國朋友自能回答的。末一問的答案，我可以代表我們這一代的人們說：是一個'非'，一箇着實的'非'。無論我們自滿的國人如何表示他們懦怯的緘默，無論那些小器的西宣教師如何表示他們的嘲誚，人們現在不但是講談着，竟然是呼籲着要求一個本色的教會了。"（見《教育季刊》四月號，本年第二期，劉廷芳博士的演說："基督教大學的貢獻"。）

教會的內部發生這樣的國際問題，當用甚麼方法解決呢？我嘗仔細想過，最好的方法，莫如內病服內藥，在日常中西人思想行為上去修改我們國際的關係。倘使中西兩方都能本着耶穌的心志與精神，無畏怖地把成見、成法破除了，把新關係試驗起來，直到鵠的達到而後已，那末，問題的解決，實在是易如反掌。基督教國與基督教國不能發生正當的關係，是因為基督教國家從不曾大膽地試行耶穌的生活；中國教會裏的中西同志同工所以不能發生正當的關係，其大故亦不外乎此，不外乎這些人未曾敢大着膽去試行耶穌的教訓。耶穌的訓言不通行麼？那麼，國際問題怎樣解決呢？通行麼？那末，為甚麼不行呢？劉廷芳博士在"教會大學的貢獻"一篇演詞內，對於大學的勉勵語，不僅大學應當聽，便是教會裏一切機關，都應當注意的。他說："在中國的基督教書院與大學，因了他們的性質，以及特殊的組織與統系，應當從國際的友誼，作尋求國際問題的解決的先導。不但是在研究學術與教學中，亦且在學校的生活本質中，在校牆之內，不是不切近的問題的解答中，在校議會、常備委員會、教務會議、理事董事會中，在教員學生每日的聯絡與友誼中，他們都應當做導師。艱難麼？是啊，或許是數不清的。煩惱麼？是啊，或許是甚多的。解決麼？是啊，是不容易的。但是從中上帝的靈在那裏運行，祗要我們誠敬地尋求他順從他，這就是基督教書院與大學對於教會所能作的最大的貢獻，因為這才恢復了教會裏前曾一次傳給聖徒的信仰，即是復和之福音的信仰。這事作成了的時候，中華的基督教學校便是真基督教的真中華的機關了。"（注見前）

以上所論，僅及中華基督教內部的國際問題。可是中華基督教與中華全體人民，尚有一箇久延不解的國際問題。基督教自西徂東，常與國際的政治有連帶的關係，常與我國種種國恥有相提並論的歷史。宣教會與宣教師儘可以盡力自陳，聲明毫無一絲一毫的政治意味；但是無論如何，表面上看來，商埠闢，教會入；闢是為甚麼，入難道不是為甚麼？基督教並不要助母國征服中國，故無侵略的方策；但雖不受西方政治的拘束，卻也帶着西方軍裝的政治色彩。我們教會裏的弟兄姊妹們，見了"中華歸主"那四箇字，所發生的感想，與教外的同胞見了那四箇字所想得到的一樣麼？基督不是來侵犯我們的土地的麼？不是來恥辱我們國家的麼？我們被同胞呼作洋奴的時節，就覺得基督徒與洋奴發生起關係來了。教會學校裏的學生，無意中說了幾句西文，便有人嘲笑他們了。如今的基督徒倘要真心真意的證明他的信仰，豈不要覺得在教會裏也不自然，在社會上也不自然麼？教會倘不能潛移默化，用至誠的心、開明的思想、切實的犧牲，急急地轉變了這種歧視"教民"的心理，教會豈能在中國生根麼？我國的人對於基督教及基督教會的見解，繁夥而且深切。這果然是不錯的；可是什麼事都可以由誤解而發生。非宗教運動，豈非非基督教運動麼？非基督教豈不帶有政治上的誤解的意味麼？基督教與中國人的感情，倘然在十年廿年之前，比今日較為濃厚一些，這種非基督教的運動，未必能夠成功一種事實。倘使基督教早一些設法去解決國際的問題，誠誠懇懇地表示了她的真心在中國人面前，只怕今日基督教的地位也要兩樣些，也要比較的穩固些。不過人究竟是人，先知先覺究竟是不可多得的，吾們祗要既往不咎，來者可追的決志。只要趁着白天做工的時候，表示我們的誠意就是了。

這箇中華基督教環身的國際問題，就目前論，應當有三方面的覺悟，才可以得圓美的解答。請說明於下：

（一）須有中華基督徒對此問題的覺悟。這一等人，少數已經得了深確的覺悟，並且已經表示了他們的意見。前年基督教全國大會裏第三股的報告是"教會的宣言"。在這宣言中，有一段說："吾們深感此百年中，西國宣教者在中國所顯出的國際親善的誠意。但是我們非常抱歉，因為基督教傳入中國的歷史，和中國國史上傷心的經驗，不幸有相連的關係。西國列強曾藉端欺凌吾國。百餘年來有好幾次國恥，可以和基督教相提並論，所以發生了許多誤會，致使聖教在中華的流佈，有很大的阻礙。"又說："上帝既然數千年來繼續不絕地保全中國，使他主權獨立，這一定是因為主的旨意，要中國對於世界作有價值的貢獻，得有特殊的前途。在這衝突煩擾的世界上，強權侵迫的範圍中，國恥常增，猶如苦軛，吾們中華信徒，和我們的同胞國民，一般感悟，覺得吾們必須尋求真切的愛，因為惟有真愛，可以解決現時國際的艱難。所以吾們請求全教會用她的能力，時常要求世界各國承認吾國不可侵犯的主權和利源；並且承認吾國應有發展和進步的機會，而不妄行牽制。……"又一段說："吾們也請求中華宣教師，謹慎養成中華國民愛國的民氣；用基督博愛的精神，感化日盛的國家主義，因為酷愛和平，是我們中華民族特殊的稟賦。我們應當以身作則，引導萬國，同享和平。"這種覺悟，吾們不能不認為深邃而懇切的；我們只要把它推廣起來，這一點芥子，未始不是天國的真種啊。

（二）須有教外同胞的覺悟。吾們的同胞，識字的不多，知道歷史，熟悉國事的不多；但在少數有識的人中間，現在意識中，有了很濃厚的國家主義的元素。中國的病弱，於今總算到了極點了。當此病弱的時候，使國人專為外國長威風，不為本國增志氣，國脈豈不要更衰弱麼？當此時候，國人最容易做的一件事，就是鼓吹世界和平，而不愛這箇表面上無一可愛的中國；最容易主張的就是超國家主義、國際主義等等，而忘記了本國的同胞還沒有國家的觀念，還沒有正直的民旨。因此有識之士，高談國家主義，鼓吹民族自決，在病弱而僅能內鬨的中國，未始非一樁要事。但是在此種鼓吹宣傳中，人們不免用了恨他國的情感作劇烈的刺激品，去使麻木不仁的人民興奮起來。他們這樣反激，固然未嘗無理，然對於吾教卻有兩種害處：一是牽連基督教，因而大施其攻擊；一是種了不易拔除的恨惡心，做了基督教真精神的仇敵。這樣看來，我們自名基督徒的人，對於他們，須要負設法糾正的責任了。我們若要非基督徒同胞對於基督教發生正解，自當知道這是雙方共進的事：一方面全靠我們怎樣把基督彰顯出來，一方面全賴他們肯誠誠實實來下成月成年的工夫，研究探討基督教的內情。非教的人評論吾教，覺得公平，我們看了便覺得萬萬分的不公平。我們只有一句話可說，便是"我們站在門外擬揣臆說，並不曾鞭辟入裏。不過人情之常是不公平酬報不公平。國際問題往往從中作梗，我們不可不知。余家菊是可以代表許多青年的過激思想的；他在《國家主義的教育》一書裏，論基督教教育的話，便可顯出今日教會的國際問題是怎樣的一箇問題。他說："我們實不得不痛心於吾華民族性之過於愛好和平，不講武備。一旦與外國牧師相遇，他們的背後，擁有無數的兵艦，講仁義禮讓的中華民族安得不敗。既敗之後，訂條約，修和好，割地賠款，且予取予求莫知年止，而於制人生命之教育權，彼長於滅人國家之西方人，豈反有置之不聞不問之列的麼？……惟是吾不甘自居於亡國奴地位的同胞，萬不可忘卻武力侵略之前驅就是傳教的牧師們。"又說："教會在中國，現時尚在培植勢力時代，其所用的方策，在……使若干基督徒入主內閣，或直接間接握有教育上之最高權時，他們的中國基督教化運動，必由社會的而變為政治的。"這幾句話，含有充量的過量的誤解，但是以顯明中國一般人對於基督教的心理，還很深切的包蘊一種基督教與國恥同日而語的觀念。我們不能說這不是中國人對於中華基督教急速解決國境內的及基督教自身的國際問題的要求。我們對於這種要求，要怎樣呢？

　　(三) 須要西宣教師徹底的覺悟。我們表面上看，這是很容易的一樁事情，而其實不然。試問西宣教師中，自從臨城事發之後，對於治外法權的態度與言論如何？很有幾個宣教師主張宣教事業，不用母國的兵艦來保護。《聖經》背後絕對的不能有刀劍的存在。但是大多數人的思想，實在和這種見解，有風馬牛不相及之勢，因為這種思想，叫我們設身處地，也覺太涉於理想的了。其中有的人實在並無愛中國和中國人的心，所以對於"共管"一層，不免也有贊成之至的。不過難乎其為囂囂然罷了。所可喜的是西宣教師中確有中國最深摯懇切的朋友，作切實的透徹的西宣教師思想公論的中堅。他們若有一致的見解，對於各本國的政府有實在的報告，有合乎基督教旨的警勸，把聖教的明燈舉擎起來，他們也未始不能使西方各國注意他們的共證，更未始不能使中華人民信任他們所傳的宗教，不是危害人國的利器，乃真是拯拔人國的福音。我們現在所求的即是西宣教師不用幫着我們恨惡日本及日本的人民，更不用幫着各國來誣衊我們及我國的文化，乃是要在中國教會內外，用言行來證明國際和平與正誼，是必需以耶穌的教訓為根本原則的。大多數的西宣教師，是沾染國家主義的臭味的，所以對於國際的親善，雖已居於導師的地位，還須再進而得一種純潔而不駁雜的覺悟，這種覺悟，據我看來，是根基於西宣教師對於耶穌的世界主義所生的正確的信仰。此種信仰深而厚，百折而不回，那麼，教會在中國，自身的國際問題便可以解決了。我們要問西宣教師果然有這種信仰否？這種信仰果然能發生偉大的影響，轉移人心，改變國際關係否？

不過我國同胞，無論教內教外，應當抱持公平的態度。西宣教師（西國人在華辦宗教事業者的通稱；以上以下皆仿此）的程度，究竟不見得比我們低；我們推己及人，也當推人及己，不要專說他們沒有覺悟，或是沒有徹底的見解，應當知道我們中間有好些人，還要仗着洋勢，依着洋保護，去助長他們的誤解。

我們要自問自己信不信基督的教訓，能夠實施到吾人日常的國際生活上去，能夠應用到國際的交涉上去。我們的信心有甚麼做表示？我們有互相警戒的責任，卻不能做掩耳盜鈴的勾當。去年第三十八冊《興華報》裏，我曾有"洋保護"論文一篇，其中有一段說："有治外法權，然後西宣教師有護身符；有共管的鐵路江河，外國的鎗礮在路線旁邊，外國的兵艦在江河當中，然後西宣教師有宣傳福音的平安。福音背後，究係何物？但是這種問題大概方面很多，理論很多，聽來聽去，倒也愈聽愈難，愈想愈糟。西宣教師怎樣，他們當有主張主意。我們深信他們能夠抱持基督教根本教義與國家主義必不可以抵觸的決心。我們深信他們不把'不談政治'一語來搪塞自己的責任。我們深信他們有深知灼見，知道自己與自己國家與在中國的同國人——無論其為商賈為旅行者等等——有連帶的關係。吾們最深信他們最愛基督與天國，也愛他人的國，他國的人；不然他們便可即日回國了……"可是西人有主意，華人也有主意麼？所以我又說："中國政治法律兵匪等等，都叫我們信道的同胞，吃驚擔嚇；無怪乎我們要得洋保護。我們家產蕩盡，生命捨棄，無怪我們不知不識，借重了洋權力、洋保護，去從本國政府要賠款。……我們兄弟的苦衷，倘要寫得出來，原是一部長的傷心史。但是這種洋保護，洋人手轉的賠款，是天國進行福音廣佈的障礙。我們保存這障礙，是不愛上帝，不忠於天國；是不愛同胞，不忠於中國的教會；我們有此障礙，是自願國體喪失，國人懷疑抱恨，是不愛中國；以故不是中國的國民了。從今以後，凡為愛國的華信徒，至少應當有兩種表示：（一）在危險中要決志不受洋兵的保護。（二）倘有死亡破家，決志不受洋人助得的賠款。"但是我們積極的表示，方法也很多，要在我們自己發生覺悟，去實行才好。

以上所論，是中華基督教在中華國境內的國際問題。此尚不能籌謀解決,而囂然於國家間的基督教的調解,豈不是南轅北轍麼？基督教在國際親善的進步上果然有甚偉的貢獻麼？如今國際上,促進與毀壞親善的勢力,何止一端。如其內多欲而外施仁義,要在蒺藜上採無花果,荊棘裏摘葡萄,究竟有甚麼成績呢？苟其言之鑿鑿,行之寥寥,更有何徵？"無徵不信,不信民勿從";為今之計,教會事業倘僅有幾件捨本圖末的工作,顯在形式上,她的信用能擴大麼？能堅持不拔麼？前幾天,青年會全國協會宴日本朝崗博士,我亦列席。我聽他一番日本對支文化事業的高論後,發生了許多感想。他說此次對支文化事業,須要華人協作,否則定歸失敗。此後上海北京等處,設立圖書館與自然科學研究所,應以中國人為館長所長。他一篇長演說中,含蘊着許多不說的示意。我們倘使仔細一想,便要問日本為甚麼在震災之後,還願竭力作這種事業呢？不是武力不足以達鵠的,取文化之力以代之麼？不是知與之為取麼？不是將山東的收入,庚子的賠款,中華的民脂民膏來慷他人之慨麼？為甚麼不做宗教上的事業,而於自然科學特別注意,不開設許多學校,而僅作一種圖書館事業呢？豈不是投國人之所好,逢國人之所願,要想得吾們一般最有思想、最有勢力的國人的心麼？豈不是為他人所未曾為、未能為,而希冀這種事業超乎西人在華的基督教化事業之上麼？其所持的方法,基督教在中華曾用過麼？其所有的長處,是不是基督教化事業中的短處麼？凡此種種問題,不能不使人發生一些自覺;至於前途的變更如何,那便是另一問題了。

不過平心而論,近年來基督教內部中西人士的覺悟,也不可謂不快。前年基督教全國大會時,標題曰"中國教會",實為教會在國際問題上第一回的覺悟與表示。自從那時到如今,全國基督教徒,莫不高唱本色教會,又莫不知道教會的範圍之內,有箇甚深密、甚貼切的國際問題。去年,基督教協進會組織了四箇常備委員會,其中一箇是國際委員會。這箇委員會的效用事業,以下列四端範圍之:(見協進會第一屆年會紀錄)

(一)該委員會,應審量事理,調查如何可以將基督教原理應用在吾們的國際生活上,並應特別研究中國教會對於世界教會如何才能美滿地作她的貢獻。

(二)該委員會應在各教會裏,用基督教的眼光,提倡國際問題的詳細的研究,應注重教會與信教的國民對於國與國、種與種中間的公平與好意所負的提倡的責任,並應在這種問題上,使基督徒的共證得相當的輔助。

(三)該委員會在國際問題的範圍內應取的相當行動,應向協進會或執行委員會作具體的建議。

(四)該委員會在國際問題的事項上,應為中國教會與他國教會中間的交聯機關,並應特別的作為世界基督教國際友誼聯盟會中中國之部。

自從這箇委員會成立之後,在一年內,協進會已做了一些關於國際交誼的工作。日本震災之後,協進會從各教會收集了五千餘元的賑款,交與全紹武趙紫宸二君,送到日本。同時全趙二君代表中華基督教協進會到東京,赴日本全國基督教協議會的組織會議,各有演說。本月丁淑靜女士渡洋到美國赴女青年會大會,該委員會請她作代表向世界基督教國際友誼聯盟會報告中國之部的事業,並向該會致助我經濟美金五百元的謝忱。除了這個兩種國際關係的事情之外,該委員會鑒於國際問題尚在研究討論時代,已經請基督教十四大學的教員與學生加入此項問題的調查與討論,該委員會的委員長沙曾寶蓀女士,已經開始調查中國的排日與抵制日貨運動;曾有問題單發出,收集材料。委員丁淑靜女士調查中國的小學教育與國際問題的關係。關於小學教科書中的國際問題一層,已經有切實的結果。她的報告上說:"國際教科書絕無破壞或妨礙國際'親善'與'公理'的教材,以故毋庸再查。我們現在應即注意鄰邦發行之教科書,察其內容,有無破壞或妨礙國際親善與公平的意義。"丁女士曾將此事函詢中華教育改進社主任幹事陶知行先生,陶先生的答書裏有幾句話,我們應當注意。陶先生說:"敝社各組委員中亦有國際教育一組;惟於國際間教科書問題,尚少論及,將來如會議時,自必取貴會研究教科書案報告,用為借鑒。吾國國民和平中正是其天性,現行教科書中,並無妨害國際親善之材料,與貴會報告記錄前條第二項相符。至於各國教科書內容,就知行所知,其於國際間誤會最多者為美國,次則為德國;若日本則前雖有之,近已改正。此外各國教科書中均無妨害國際親善之教材採入。北京燕京大學教授劉廷芳博士曾用英文著《美國教科書中之中國》一書,於美國對吾國之誤會,言之綦詳。"(丁女士赴美前,悉將關於教科書與國際問題的函件交與紫宸,俾得自由採用,作協進會國際委員會的報告,以供教内同人参考。）至於對於教會的全體，協進會國際委員會，請幹事吳德施主教，於各處遊行時，在各教會講演提倡這箇問題的討論，並請北京寶廣林先生著書一種，以備研究此項問題的採用。南京溫佩珊先生曾著一論，已在《中華歸主》上登載出來。該委員將來的計劃，尚不能有正確的報告；以上數端，略以說明基督教近來的覺悟與事工而已。

吾們既知教會今日有一箇很急切、很深遠的國際問題，須待吾們設法解決，就當審察吾們的根本信仰裏，有甚麼原則，可以作吾們國際生活的礎石。問題既極繁複，解決自然也很不容易。人情是頓弱的，因為頓弱，人對於這箇問題的討論見解，便不免有畸輕畸重的弊端。但是吾們深信，根本原理，可以明白指陳，作吾們共同的立足境，作吾們共持的"公共證"。我今不揣愚昧，謹述以下十端，擬作吾們國際生活，國際研究的根本原理。我個人既以此數端為我的信仰，就據自立信經式的條例，照樣寫出，作本論的結語，貢諸讀者，還希指正：

（一）我信"上帝是萬民的天父，對於人和各民族，都是一視同仁的。"（見"基督教宣言"第六綱第一目）

（二）我信"上帝對於每一民族，有他特殊的使命；每一民族對於人類的進步與增長，有其切實的貢獻。上帝既然數千年來繼續不絕地保全中國，使他主權獨立，這即指明他的旨意，要中國對於世界作有價值的貢獻，得有特殊的前途"。（見《宣言》第六綱第六節）

（三）我信耶穌的言行，耶穌的崇高博厚的人格，已經顯示公平正誼在博愛裏面，足為一切國際關係的基礎。此外更無他種基礎。

（四）我信實在的社會道德，必以每人尊敬第二人的人格為主旨，實在的國際道德，必以各國尊敬第二國的主權為主旨。

（五）我信國際的友誼，必以各國對於他國文化的了解與忻賞，對於己國文化的闡發與愛護，為吸引調劑、結合維持的精神。

（六）我信"惟有真愛，可以解決現時國際的艱難"。（見《宣言》第六綱第六節）並信這愛可以包括朋友與仇敵在其範圍之內，可以歷經試驗而巍峙不滅，可以廢除國際一切的侵略戰爭與不公平。

（七）我信愛己國與愛人國是不衝突的。（國際二字，已蘊愛己國、愛他國兩端，假使徒有己國，則何有乎"國際"，徒有他國，復何有乎"國際"。)
(八)我信國家之上,不是他國,乃是正義;各國之際,不應當有強權,乃應當有正義。(故凡愛國愛世的人,隨時隨地須與強權奮鬥,務使其消滅而後已。)
(九)我信中華基督徒,與世界教會聖眾,對於國際公平好意,有特殊的使命,美滿的貢獻,要從平日的國際生活裏,更要從應有的犧牲生活裏,宣傳他們世界和平的福音。
(十)我信國際的友誼,無論在物質上、在精神上,實現出來是神國的真體;我們應當竭力,與各國各界人合作,推廣神國的疆域,以致上帝的旨意成在地上,如同在天上一樣。

原載《青年進步》第七十三册,"國際問題與基督教"特號,1924年5月

關於"一個宣教士思想的演變"之討論的一封信

又謙先生：

今晨收到"一個宣教士思想的演變"一冊，隨即細讀一遍，非常感服；篇中有多處足以激起深省。宸以近來少讀英文報章，故不識此文曾登載在西文雜誌上否？如其未也，則當請柴君另印英文一小冊，俾西宣士皆得讀之。全篇宸所最服膺者，即後幅二語，一曰："吾人一日不去掉以耶穌或基督教的經驗為絕對的態度，吾人一日不能與非基督教的中國人結有益的友誼。"又曰："我們應努力去共同發現那些未曾發現的價值。"宸常謂：我們此後之責任，在浸入中西方化，得其精髓；然後湧而出之，創作簇新的世界文化，此種工作非共同不行。惜乎西人不醒，大多數人猶貿貿然以爭殺為事；長此不變，我第見西人亦自殺耳！不僅其殺吾中國人也。半月來滬漢事件，令人痛哭！彼已理屈辭窮，而猶強項不伏；非但為吾華之敵，實亦抑世界文化之大敵矣。前在京華，得聆清教；嗣後北上，復能共學，靜夜以思，樂也奚若。

趙紫宸敬上　六月十七日
原載《生命》六卷二期，1925年6月

基督與我的人格

凡　例

一、本課本的經訓與課中的小引及問題，皆有彼此暗示的關係。課中並不將此關係說明，故領袖與班友，皆可運用精密的思想，自己去探討尋索。

二、每課小引含有一種人生觀，是著者自己的見解，領袖與班友可以尋繹評論，修改補足。

三、問題中暗示所希望的答案，不僅是"是"或"非"，乃是仔細考慮的結果。

四、著者以為青年集會討論，是各言其志，各述經驗的最好機會，故課內許多問題，要以經驗的資料作答案，希望讀者注意。

五、本課本以引起班友的思考討論為宗旨，所以會集的時候，最好用三分之二的時間，作為討論的用度。

六、領袖當酌量時間，將問題分給班友，使各先事預備，輪流主領討論。領袖處於輔導的地位，可以隨時發問，補充不足，轉移思想，開闢路徑。

七、因時間短促，加入討論的人，當用簡潔的言語，扼要的論點，發揮本題，莫使討論有滯頓的現象。

八、討論時若有未盡的餘味，領袖與班友當商量隨時作個人談話，使未發泄的蘊味，得以盡情披露。（諸如人格與國家家庭的關係等問題，未能一一列入課內，諸領袖宜酌量情形，引起討論。）

九、領袖自己當先仔細研究，務在各問題上，有個切實的答案，以免失向。

十、會集時當有祈禱。倘領袖指定班友領禱,也當預先請他思索一番,然後在班友前,向上帝祈禱。

十一、本課本缺點頗多,不能一時修改,還請諸同道賜教指正。

目　次

第一課　人格的意義…………………………………… 173

第二課　人格與宇宙觀………………………………… 173

第三課　人格的阻障…………………………………… 174

第四課　人格與學校生活……………………………… 175

第五課　人格與社會生活……………………………… 177

第六課　人格與職業…………………………………… 178

第七課　基督與人格的造就…………………………… 179

第一課　人格的意義

經訓——《馬可》四章二十節至二十九節。《以弗所書》六章十節至十九節，又五章十三節，二十節至二十四節。

小　　引

　　吾人有生以來，即有個人與環境兩方的交觸。個人有內部的欲求，故必須動作，而適應環境。人境兩方得到一種調劑，故生命得以發展，久而久之，人類生了一種覺悟，知道事皆有理，物皆有則；違反理則，生活必受虧損，或致消滅。人既知此，乃竭力使內部的要求適合事物的道理，人倫的法則，以致造成了一種習慣的態度與行為。在個人內部，有了統一組織的欲求；在個人的互觸，有了一定的標準與規範。內而人心，外而事物，莫不得有條理，按有次序，而在個人，則有了人格。人格也者，無他，乃人生生活進程中，因求適事理的動作而發生的統一態度與行為而已。西諺說："種一思想，獲一動作；種一動作，獲一習慣；種一習慣，獲一人格；種一人格，獲一歸宿。"這句話，足以使我們仔細思想一番了。

問　　題

　　一、小引裏的話，你明白麼？請你略為解釋。
　　二、什麼是人格？此問題請你寫在紙上，明日交入。
　　三、人格是動的，是由意志的趨向與動作而發展的，然則其歷程當如何？見《馬可》四章廿至廿九節。
　　四、人格應怎樣實現呢？見《以弗所》六章十節至十九節。
　　五、你以甚麼為人格的要素？以甚麼為人格的標準？見《以弗所》五章十三節，二十至二十四節。

第二課　人格與宇宙觀

經訓——《馬太》六章廿五至卅四節。《約翰》一章一至四節；又四章廿三至廿四節。

小　　引

　　人格是一切事物的基礎。有了人,然後有人格;人的成全即是人格。我們經驗理想中最奇奧亦最平常的一件事,便是人格是一切人事的起點,也是無量宇宙的究竟。我們怎能知道呢?我們本不知道,不過我們總須想:沒有人格,斷無人事。宇宙中倘使沒有人格的可能,亦斷沒有人格的實現。宇宙中倘使沒人格實現的可能,那末我們可以相信:這宇宙是具有人格性的,根本上是一個人格。基督教的根本是上帝,上帝是人格,是靈;故基督徒的宇宙觀,是以精神爲萬物之本的觀念。我們幾乎可以說:人的人格是宇宙的雛形,人的宇宙是人格的居廬。我們環身的事物,都是聖的、美麗,而且可愛;若或不美而惡,我們便知道是害人的,便必須與之奮鬥了。

問　　題

一、我的宇宙觀,是否以上帝爲中心?請說明其理由。

二、我們既持精神的宇宙觀,對於物質文明當持何種態度?

　　(甲)當輕視物質文明麽?

　　(乙)當使物質文明爲發揮精神生活的利器麽?

　　(丙)請寫明你所最寶愛的是什麽?請填下列表格:

我最愛	我次愛
我又次愛	我又次愛
我最少愛	

三、現在中國所最需要的,不能不說是物質上的發展,科學上的進步;但我們要得這種需要的供給,又當建設怎樣的根基呢?

四、我的宇宙觀與我的人格有甚麽關係?請至少說出三種關係。

五、我的宇宙觀,使我與他人發生甚麽關係?使我有甚麽責任?

第三課　人格的阻障

經訓——《馬太》十六章廿一至廿四節,又四章一至十一節。《加拉太》五章十六至廿四節，又六章七至十節。

小　　引

　　人若知道了到豐盛的路徑，便當勇猛精進，不應退轉。但人總有畏怖懦弱的心，不免自己原諒，隨從最容易的方向去了。不知引到滅亡的路是寬的，門是大的。人**因體貼自己**所以只求自己的利益；人因只求自己的利益，所以在自利利他兩件事衝突的時候，就要走自利的路，他人的利害就不管了。這便是私心，便是罪，便是人格大的敵，人格的阻障。人格具有兩方面：一為個性，為個人所特有；一為群性，為社會所引起。徒有自己而無社會與他人，萬不能成為人格；徒為自己，而不為社會與他人，亦萬不能使人格得到充分的發揮。不但如此，有時候公益私利，還有輕重的比較，還當在公私不能兼全之際，犧牲一己，以全社會與他人。倘當仁不為，當境退轉，人格必要大受打擊，大受損耗。古來聖賢豪傑，所以人格嶹峙，使人敬仰不置的緣故，也不外乎他們不體貼自己肉體的私欲，犧牲一己，為人群謀利益罷了。我們人格的死活與進退，全靠我們立志，竭力與人格的大敵——自私——奮鬥，而制伏之。

問　　題

　　一、人格的仇敵是什麼？為什麼這件東西是人格的大敵呢？

　　二、這個仇敵能夠變化千萬相態。它對於我是甚麼凶德？是思想不清潔麼？是貪心麼？是不誠實麼？還是這幾種都有麼？

　　三、我能和人同工合作，無論做領袖或被領導，都能不顧自利，但顧公益麼？

　　四、我的思想公開麼？我有甚麼成見使我不能接受真理？

　　五、我如何纔能制伏這箇仇敵，使人格的發展不受阻障？

第四課　人格與學校生活

　　經訓——《路加》九章廿八至卅八節。《約翰》十五章十一至十七節。《馬太》十章五至十五節。

小　引

　　學校的設立，原要使學生從讀書，服務，交友，而得到人格的相當發展。做學生的要真心刻苦，讀書問學；因爲這樣做，是造成人格的方法。讀書問學，是使人運用理性，考慮事物的；而**運用理性考慮事物是組織統一的習慣、態度、行爲的惟一法門**。人格是自動的；不自思，安有人格？（我國聖人講學，並不把學問道德析開，分爲兩事，乃是合爲一談，因爲求學問，知之爲知之，不知爲不知，正心誠意，便是人格。所以《中庸》裏有句話說："尊德性而道學問。"我們就可以知道：人格與學校生活是極有關係的。）做學生的在校裏，又應當使人格得各方面的發展。凡校中所有學生事業，或爲競辯，或爲宣教，或爲運動等等，皆當任擇一二，竭力行之，以養成服務的習慣，利他的態度。尤宜注意身體的健康，不過其中最重要的一件事，**是同學的友誼，師生的交好**。人生圓滿的發展端在友誼圓滿的發展。一個好學生，與人交友，可以使許多同學相率而做好學生；一個好教員，與學生爲朋友，可以使許多學生做好人。我們簡直可說：人的良莠，可視其友以爲斷了。

問　題

　　一、我的學校在我人格的造就上，給我幾種機會？請一一寫下。

　　二、我在同學中有幾個朋友？在教員中有幾個是我所敬愛的導師？他們在我身上發生甚麼影響？

　　三、請述說學校生活的事業，我最喜歡做的是什麼？爲甚麼？我最不願做的是甚麼？爲甚麼？

　　四、我對於同學們人格的造就有甚麼責任和工作？

　　五、我對於自己的學校有什麼批評及補救方策？

　　　　（此問不必一定回答；但我對於自己學校如果要批評，不妨用誠懇的態度，建設的眼光，述說出來。一則可以更加明白我對於學校的切實責任，一則可以使我對於學校得到深切的覺悟。）

第五課　人格與社會生活

經訓——《約翰》十七章十四至十七節。《路加》四章十六至十九節。《哥林多前書》十二章十二節至廿四節。《馬太》五章十三至十六節。

小　引

　　基督徒抱入世救世主義，其所以注重人格的發展與造成，原欲以人格爲社會的基礎，爲社會的發酵力。基督提倡地上的"天國"，第一義即在個人的得救；因爲沒有良好的人格，斷無良好的社會。有剛強熱烈的人格，然後有公平鞏固的社會。社會上各種問題，都是人的問題，都須先覺先知，去設法解決，使凡在痛苦罪惡中的同胞同類，出水火而登衽席，脫艱險而履康莊。試讀《路加》四章十六節所載的經訓，便可以見基督對於社會服務的進程，亦便可見人格與社會改造的關係。但是我們要知道人格的維持，捨人格本身的傳化莫由；而社會的進步，捨各分子的人格的擴大造就不爲功。譬如我有良好的人格，自必要使人同有此種人格。我竭力使人人與我同有，即是人格傳化的意思。救人是使人從墮落的地位到清潔的人格。救社會是普遍人格，自救救人，並非兩事。我國社會不良，故個人行善爲難；人格墮落，故社會改造爲難。我們若決志將基督化的人格，侵入社會，作改造社會的原動力，那麼人格與社會都可以得永久鞏固的基礎了。

問　題

一、現在中國社會上有幾個最重要的問題？
　　請至少提出六個重要的社會問題，寫在紙上。
二、請指出青年基督徒對於此種問題應負的責任。
三、我現在做何種社會服務工作？
四、社會最缺少的是什麼？我能供給這箇缺少麼？什麼是救中國社會的惟一方法？爲什麼？
五、我們如立志要爲社會盡責任，現在在學生時代當做什麼事？請說出四五件事情來。

第六課　人格與職業

經訓——《馬可》一章十六至廿節。《以賽亞書》六章一至八節。《哥林多前書》十二章四至十三節。

小　引

　　人格與社會生活，既有互相轉移的關係，那麼我們自當尊重我們的職業；在選擇職業，預備任事的時候，更當事事鄭重了。我們須知道職業的種類雖多，其有關於社會的幸福，個人的造就，則有同點。我們才具互異，所能做所愛做的事務雖不相同，我們選擇的方針鵠的，卻大致相同。一切職業，都當使個人得到最充分的自我實現，也都當使社會直接受其利益。一切這樣的職業，從做一國的元首，以至於一街的清道夫，都是神聖的；因爲都是人的生活中的人事，都是於人有益的。所以當擇一業的時候，我們須要看自己的才具，社會的需要，應有的預備，師友的指導，自心的覺悟，上帝的旨意，而仔細考慮，誠心祈禱，然後決志；萬不應當把名譽，金錢，勢力，作爲惟一目標。任擇何業，我們應當牢記基督的教訓，他說："應當先求神國及其正義。"倘使我們擇業，而不權輕重，不明先後，不知道甚麼擇法是害人格的，甚麼擇法是助人格的；並不知道擇甚麼業可以造就人、助興天國，擇甚麼業可以損害人、阻礙天國，我們自己定有人格墮落的危險！基督說："人若得了全世界，失掉了自己（的人格），有甚麼利益呢？"

問　題

　　一、我已擇定終身的事業否？我擇業時，以甚麼爲目標？受誰人的指引？
　　二、我們選擇職業雖異，但其總目標卻是相同的；然則甚麼是我們擇業的總目標？
　　三、社會上甚麼事業最有害？甚麼事業最有益？甚麼事業選擇的人最少？

四、我們對於上帝與社會要人去作的艱難職業,當存甚麼態度?當叫誰去作?(請看《以賽亞書》六章八節。)

五、我們在施行職業的事務時,同時也應當辦甚麼事?請說五事。

第七課　基督與人格的造就

經訓——《馬太》六章四十八節①。《約翰》十四章五至九節,又十三章十二至十五節。《馬太》十一章廿九節。《路加》十九章一至十節。

小　　引

倘使人格的造就,是一件最容易,最不痛苦,最有肉體舒適的事情,我想世上一切人都是聖賢豪傑了。可是人格的歷程中有許多阻障艱難,斷不是那一舉手一投足,沒有志向的人隨隨便便可以得到的。人格是努力的結果,並不是亂墜的天花。人格是統一的組織,並不是無定的浮萍。人格是生命的歸宿,並不是海底的月華。因此人格組織的歷程中,必需三大要素,而後可以達到正鵠。第一要有模範,第二要有目標,第三要有能力。這三大要素,耶穌基督都具有着;所以他與我們人格的造就,有很深很切的關係。基督將上帝的心表現給我們,也把人的可能發揮出來。神人的精神品德,都在他人格裏統一;所以他足以做我們的模範。他來宣傳天國,重估人與人的關係和價值,使我們知道做人應當維持甚麼,創造甚麼;所以他垂示了我們做人的目標。最緊要的,是他自己經過一切,制勝一切,得大神通,具大神力,使我們知道人格的能力有無盡藏的根源。他怎樣地得權能,我們也可以怎樣地得權能。這樣,基督與人格,與我的關係,豈不瞭然?

問　　題

一、我做基督徒,覺得我因信仰基督,人格上受了什麼影響?基督怎樣造成我的人格?

二、我若清心祈禱思慮與基督有意識上的關係,我便覺得怎樣?我若不愛基督,心逐外物,我的人格便受甚麼影響?

三、我在甚麼境遇中，最需心靈上的鼓勵和人格上的輔助？

四、人格與學校、社會、職業，既有前述的密切關係，基督與人格又既有本課所說的重要關係，那基督在學校、社會、職業上，當佔甚麼位置？

五、這幾天中，我對於基督，對於人格，有甚麼感觸，甚麼覺悟？

原載《宗教與人生問題討論課本》，青年協會書報部刊行，1925 年 11 月

編者注：

① 按《馬太福音》六章只有三十四節。藍本此處有誤。

信徒的生命

　　耶穌基督具足廣大無邊的愛力；我們做信徒的，倘使真的認識他，便應覺得心中的愛力如潮湧，如火焚一樣去給人們生命。我們要有耶穌的心做我們的心，耶穌的事業做我們的事業。假使我們真真做他的門徒，我們一定要愛國愛同胞，一定要將自己的生命，分給人們。

　　我們只要愛，不要得找尋愛的憑據，也不須為我們的愛心做詮釋。三歲的孩童知道我們真不真，曉得我們愛不愛，明白我們的言行符不符。我們做人要在光天化日之中；既是在光天化日之中，我們又何必假借爝火的微焰去燭照我們的蹤跡呢？做信徒的，因為他們平素的不德，引起了反抗，激動了誹議，便想這樣做答覆，那樣做答覆。答覆果然是應當有的；但是惡因不除，惡果仍在；無論怎般的解釋都是無用的。我的話，或者是有些武斷的；但是我仔細思考，覺得我們所受的種種反抗，其主因總不外乎我們或不誠或不愛的那兩點。我們的使命是表彰耶穌，將豐美的、熱騰騰的生命，分捨給人們；然而我們因為沒有想像力，不能為他人設身處地，所以反而攔擋了我們的事功，辱沒了我們的使命；我們原要做這一件事，等到做的時候，我們就東拖西拉，用了許多生硬的方法，把酸果摘了。我們今天牙齒軟，是吃酸果的報酬。

　　親愛的同志們，我們信基督難道還沒有知道基督是一個最徹底的人麼？他因徹底的緣故，才能將道路指示我們。他要救人出罪惡，見上帝；他要救人群出攻殺，入互愛，以建立地上的天國。他的鵠的是正當的，是完全對的。他要達到這個鵠的，便須採擇方法，還是用紆曲縈繞的手段呢，還是用直截了當的手段呢？曠野裏的試探，對於我們豈沒有教訓麼？鵠的正當，方法也須正當。鵠的定了，一切餘剩的便都是方法，可不堅持雅操，不沾一點污穢麼？是的，耶穌是完全徹底的，所以他要有"鳥有巢，狐狸有洞，人子無枕首處"之嘆；所以他要孤立，要見擯於故鄉，要在喀西馬尼園裏流汗像流血，要在各各他被人舉起來。

要徹底澄清地做基督徒,原不是容易的事體。基督的生命在我們裏面是日日充量、日日進展、日日分捨的生命。但是衣服上挂一個金十字架是美麗的,精神上壓一個救人救世的十字架是痛苦的。我們中間有許多人想要跟從主,又想要享福氣。我們固然得了心中無限量的平安,不可言喻的歡樂。但在艱難困苦的今日中國,我們做基督徒是要甘心爲救主爲同胞爲國家受苦受難。我們要和哭的人同哭,要先天下之憂而憂。現在有人抨擊基督教麼?我們便當深自察慮,知過遷善,在教會裏,教會學校裏,表顯耶穌的精神,提倡實行種種應有的改革,凡是反抗我們的,或在教外,或在教內,我們略有人性,便都不容易愛了;但是我們要徹底地效法基督,盡力去愛他們。下學上達,克己復禮,原是攀嶺登山,勞苦的路程。孔子這樣教人做,我主耶穌也是這樣教人做,直到徹底成功的日子。耶穌能自願將生命捨去,又自由地將捨去的生命取回來。我們倘有真的信仰,也必能夠依樣行。

我們都是忙碌的人,都忙碌着保護我們自己的思想,盡力地打破別人的思想,保護自己的制度,盡力地推翻別人的制度。我們從清晨到昏暮,總是這般忙碌,總是這般勞瘁,連愛人的心也丟了,愛人的工夫也沒有了。人所要求的是人的接觸。多給人力車夫一個銅子有甚麼了不得的事?但是每天多給一個子,一年倒要多花三百六十五個子兒呢。銅子兒藏去來,晚上看電影;至於愛心呢,跟着省下的銅子消滅到露電泡影裏去了。我們閉着眼睛想,看見千千萬萬蓬頭赤腳,挨饑忍餓,勞碌辛苦的同胞,攜幼挈老,向我們要求,向我們要求一點一滴的慈愛。可是我們是愛耶穌的,對於耶穌所愛的人,卻找不出願意分捨的東西來分捨給他們了。

我們總有許多的顧慮,瞻前顧後,偏左袒右,不敢老老實實地跟着耶穌走。但是現在的中國,現在的國人莫不向我們挑戰。"你們要努力進窄門",主的聲音喊着說。真理是不用保護的,只要我們認識真理。教會是不須保護的,只要我們在教會裏互相敬愛,發揮耶穌的精神。《聖經》是不必保護的,只要我們研究了解,使經裏紀載的深邃熱烈的經驗,能夠在我們經驗裏通得過,存得住好了。制度是不容保護的,只要在我們現在的生活上有意義、有價值、有貢獻就是了。我們真不必顧慮。我們的信仰太淺薄,我們的愛心太乾枯,我們的意志太軟弱,我們的見識太鄙陋,我們的生活太窄隘,我們的人格太萎頓，我們的宗敎太空虛；所以我們就要被攻擊，就要顧此失彼，盡力去保護不須保護的東西了。我們不須做保護的工夫。我們確鑿要懇切祈禱，仰見天父，闡澈耶穌的心胸，漸漸地讓我們的心裏有平滿泛漲湧溢的愛的生命。耶穌顧慮了，還能到十字架上去麼？我們要效法耶穌，還能一面承認他，一面賣掉他麼？我們不敢，所以我們今朝受排擊，受譏誚。基督敎是永不失敗的，也沒有人能夠攻擊她，使她廢除了。羞辱基督的不是他的仇敵，乃是他自己的門徒，是他自己的同胞！

　　我們現在都要問一問耶穌對於今日的一切問題，要怎樣解決。他對於敎會自養、自理、自傳的問題要怎樣辦。他對於敎會學校小學中學大學裏的宗敎課程要怎樣辦。他對於一切形式禮儀要怎樣辦。他若住在我們的世界，有我們現在的文化、的環境、的知識、的機會，要怎樣辦。在他的言行裏，精神裏，對於我們現在的問題當有幾個原理可以找出來，使我們在現代的生活裏藉作解決問題的鑰匙。無論如何，凡是壓迫人的精神，限制人的思想，禁錮人的生活，使人沒有選擇沒有自決的事，耶穌是斷斷乎不做的。他最愛的是人自己認識他。他從來不將自己的認識勉強加在他人身上，叫他人承認他是上帝的兒子。"你們說我是誰"，是一句問題，由門徒自由答覆的。在今日的中國，我們要榮耀上帝，高擎耶穌，萬不能用機械的勉強的方法。我們假使也問："你們說耶穌是誰？"我們也萬不能自己做答覆的。在於今日，有許多人說耶穌不是我們所說明的那一位，因爲我們說他能救人，自己卻沒有被他救了。將來有許多人歡樂地承認說，"耶穌是救主，是永生上帝的兒子"，也必因爲我們身上有他的榮光透射出來。我們往往說，朋友，不要看我，只看耶穌就是了！但是朋友說你身上耶穌不能發生效率，我又何必聽你呢。因此，信徒啊，解決問題的不是他人，乃是你的人格，你的愛的生命。

　　　　　　　　　　　　　　　原載《生命》五卷七期，1925 年

今日中國的宗教思想和生活

　　覘①國的人，偶然見了今日中國知識階級和反對宗教團體的非教文字和言論很佔優勢，必定以爲現在的中國，可以算得一個廢除宗教的國家了；或者至少想到宗教這件東西，不過對於迷信的民衆有益，因爲有了宗教，可以把他們的行爲限制在適當的社會範圍內活動，減少些他們"蕩檢踰閑"的事情罷了。照他們的眼光看起來，中國向來是無宗教的；因爲中國人對於各教的異同，都有寬容的態度，並且對於各教的信仰，每喜歡"尋根究底"，要信教的人能釋他的"所以然"，不肯放鬆一步；那就可以表明中國人不喜歡宗教的儀式和傳說了。他們以爲這樣的東西，毫無意味可得；照這樣看來，中國人更加像無宗教的國民了。

　　實在情形，究竟是不是這樣呢？我們果肯深深地研究一下，所得的想像，就和他們的絕不相同了。目前雖有各處反基督教運動，"喧嘩馳突"，"甚囂塵上"；但是這個運動，可以說就是他們要求宗教有深一層啓發的朕兆。何以見得呢？容不佞慢慢地道來。我們知道中國人是一種安詳可敬的人民，現在他們正在探求滿意的精神生活哩。不過他們探求時走的路徑，也許和我們有不同的地方：有的人是成了迷信的一流了；有的人是專好批評，變成習慣了；有的人是迷信和批評"兼而有之"。我們如其對於宗教的觀念，不慣把異己的思想常常體貼體貼，見了中國人這般形形色色的現狀，也許覺得"莫名其妙"，那亦"無怪其然"。但是不佞以爲今日中國人，正在探求人生的究竟和人類生存的價值，和我們沒有二致。他們在精神方面必須明瞭些人生究竟問題，希望與這個問題有些關係，也和我們一樣的。

　　在這混沌俶擾②的時候，人民對於宗教這件東西，還以爲並不需要，或以爲無須渴望的，那真是一件奇聞了。因爲在這政治和社會各方面都弄得一團糟的時候，許多許多的人，覺得自己的內心裏頭已經"天人交戰"，分爲二個了。這個"天人交戰"的痛苦,他們或者假作不理會,但是從來沒有不覺得的。"貧""愚""妄"是現在普遍全國的三種惡現象,又是各種罪惡的根源。但是雖有這三種的惡現象,人民對於精神界的需要,不致受它阻遏;他們又把精神的需要,看得比物質的需要更高。學生方面,對於事物的"求真惡僞",亦不致因此三種惡現象而有些影響。至於其他中年人和老年人,中庸而抱有保守性的民衆(這輩人每占國民的重要部分),現正力求精神修養的生活,也不至於受這些惡現象的影響。許多宗教團體的組成,以求他們宗教生活的發展,無論怎樣,更沒有受惡現象的影響了。歷來"貧""愚""妄"三樣東西,併在一起,他的破壞力量是非常之大,無論什麽窮兇極惡的事,差不多都可以做得到的,不過現在的情狀,卻有些大不同了。國民的宗教生活,並不致受了惡現象的影響,至於減色。且有數方面,對於宗教的誠意探求與信仰心的增加,現已開其端了。好像宗教信仰這件東西,發育增長得很快;一方面纔把他破壞,一方面他又發育增長起來了。

此刻中國人民希望得到滿意的宗教,正像口渴和肚子餓一般。他們所以有這樣的渴望,大約有十幾種的理由。不佞姑且把它講講:(一)因爲本國的政治和社會方面,都鬧得"僬擾不寧",所以有許多人心裏想要得到精神方面的究竟。(二)在這樣騷亂的時局中,關於政治社會以及他種的奢望,無一不失敗;消極態度,到處皆是;所以把許多人引導到宗教裏邊去了。(三)近代思想方面的軋轢凌亂,教人"無所適從"的地方日見其多;像宗教和科學,以及許多社會問題裏邊,都有這樣的現狀。仿佛人生的價值,已經被現狀破壞無餘了。於是有些人覺得,真實的人生決定不是這樣"雜亂無章"的;決定是高高的在這"雜亂無章"現狀的上面。好像有它的疆域在那裏;到了那個地方,現在我們天天鬧的"是"和"非"的爭執,可以永遠及不到了。(四)現在世界的事事物物,沒有一個不是"飄搖不定"的,到了這個時候,人人心中好像有一種暗示,說:無論怎樣,宇宙的中間必有一個鞏固不變的境界在;不過專等人家去發明它,或者信仰它,纔能把這件"深得我心"的東西啟示出來。(五)現在四周的罪惡腐敗,一天比一天利害多了;好像必須有一般宗教的力量,纔能使社會有紀律,且能自治起來。(六)有年紀的人,對於往事往往戀戀不捨,這也是人的常情;所以有許多人見了現狀"杌陧不安"[③],不知不覺地從新歸向孔教了,他們希望從孔教中,可以得着內心的安寧和個人的完善。(七)因爲近世"人心險詐,有朝不保暮之勢",所以覺得"忠誠不貳"的朋友,"可以共患難,亦可以共安樂"的人,很是需要。於是引起許多人組織了半宗教式的團體,希望從那裏得着這一類的朋友。(八)有思想有愛國心的中國人,常常喜歡做國民運動的領袖,他們常需要一種權力,乃能夠把辦不到的事情也去試試。宗教性質的組織,是他們表現權力的二種法門。(九)因爲舊時的宗教習尚不甚完善,信教人的心裏乃有一種不滿意的空隙,於是乎新的皈依,新的組織,乃逐次逐項地發生了。(十)現在各方正在搜求種種替代宗教的東西,於是"識時務者"紛紛起來,替少年人製造了許多主義。他們依仗了這些主義,乃自去指揮少年人的忠誠心和信仰心了。(十一)現在反基督教運動雖是鬧得很利害,"攻擊譁鬧,不遺餘力"。但是他們這樣的鬧,反喚起了中國基督教會的自覺心。並且中國的基督徒中,也有表示一種很深的宗教懷疑的;與他們的自覺心,同時發達得很快。直到現在,他們還沒有"直言不諱"地說出來;所以還沒有引起中國基督教領袖方面嚴重的注意。但到了現在時候,他們也應當注意些了。(十二)基督教會裏頭每篤守種種空疏無用的古來傳說,中國人見了他們守舊,紛紛起來反抗;並且對於強迫的宗教教育愈加攻擊。可見中國人對於基督教會,發生了一種很清楚的要求;就是不願意依着老法子,平平穩穩地幹下去,以爲我們必須有真正的精神生活纔行呢。(十三)有些人對於基督教會及它的生活很覺得不滿意,於是公然同基督教會脫離關係了;或有歸向孔教的,或有皈依佛教的,或有孔佛二教都相信的;這樣的人是常常有的。但是近來政界裏頭有思想的人,投入教會,並且承認自己是基督教徒的也不在少數。(十四)現在基督教會裏邊,也有許多人有真信仰,真能夠用最美麗的方法去表示他們生活的。他們常常想着,經過了困難和沒有信仰的現在時期,前面的光明境界,或者不久可以達到了。

我們既經知道上面講的種種情況,就可以睜開眼睛瞧瞧,現在有沒有事實可以算作時代的朕兆呢?那是多得很哩。第一件,容我們來談談同善社罷。原來同善社是在北京政界裏邊由江朝宗發起的一個團體。這個團體有政治性質,也有宗教的意思和信仰,混在一起的。因爲他有這樣的要點,所以能夠集合了許多信徒。至於他們的政治信仰是怎樣呢?那是祇有他們的個中人可以說出來;我們是門外漢,無從懸猜了。照普通人所見的來講,同善社宗教方面的特徵,就是傳習一種玄妙的靜坐法。他們的社員都深信這樣的靜坐,是一種階梯;如其能夠力行不懈,將來可以得到"卻病延年"、"長生不老"的妙處。有數種方法,初學的人覺得很難學習的,等到學習的時候久了,學者自己覺得內體和精神方面,都有好的效驗的。他們社員之中,等級很嚴;按照各人造詣的深淺,定他等級的高下。凡新進入社的人必須經過某時期始可許他做第一步工夫;在這個期內,稱他爲試用社員。他們採取這樣的辦法,所以表示他們的團體引進社員,概取嚴格主義的;祇有忠於他們的主義和教旨的人,始可以得到他們的信任,許他入社。考他們所信奉的宗教,乃是折衷主義的一派;是中國原有儒釋道三教的混合物。他們卻病長年的思想,乃是從道教得來的;靜坐工夫,從釋教中的一派得來的;倫理觀念和組織方法,又從儒教得來的。因爲中國現有許多人需要一種和宗教類似的東西,使他們自己與精神界的究竟發生些關係;那末,同善社的一派,把各教混合而成爲一種信仰,當然可以得着多人的滿意了。並且他們政治方面的活動,和內部的互助扶持,以及他們的大同胞主義,這都是人人所歡迎的,因爲這個團體,仿佛是一種階梯;進了他們的社,就可以得到政治社會方面的滿意和愉快了。因爲這個緣故,所以同善社乃能傳播推廣得很快;從中央國都中發起,不到幾年,現在各大城鎮差不多都有了。不但是軍界、政界中的軍人、官吏,和政治舞臺上退隱的人,都麇集在這個團體裏邊;並且有許多高等人物,不論紳士和有錢的太太們,也跑到那裏去,同他們的社員一塊兒做工夫,希望得着些精神界的滿足。你想這個同善社,發達得快不快呢?請問他的內容究竟是怎樣呢?那就很難說了。因爲他們的社員,好像不肯把他們社的真相,一五一十地說給社外人知道;那末,我們門外漢要想知道他們的內容,把它"和盤托出來",當然是不容易的,也許是不可能的事啊。所以我們祇能就此而止,不再談下去了。不過照此看來,也可以得着他們內中的幾分消息。看他們的行事和志向,可以說,這個同善社是有宗教性質的。可惜我們對它真是"莫名其妙",於是不免猜度它是一個秘密結社;且看他的組織法和所抱的目的,恐怕有些同青紅幫的秘密黨一般哩。

近年來,很有人要想把孔教變成一種宗教。他們要試辦這件事,必須有三樣要點併在一起纔行。(第一)是敬天;(第二)是崇拜祖先;(第三)是崇拜孔子本人,同宗教中的先知先覺一般。照這樣看待孔子,簡直把孔子擡高到一種地位，同天神一樣了。在中華民國建國的初年，有一個陳煥章博士，很替孔子出死力；要把孔教做中國的國教。這個企圖當時就失敗了。所以失敗的緣故，並非因基督徒對他的提議有激烈的反對所致。大概因爲民國政府的首領人物，不甚注意這件事；他們以爲假使把宗教信仰在法律中規定，覺得和革命精神"自相矛盾"了。所以這位陳博士的一團高興，並沒有一些成功。

過了二三年後，所謂新文化運動發生了，勢力很大。新文化運動的首領，對於孔子和孔子的教訓，攻擊得很利害，於是孔教問題，除了若干相信它的人仍舊當它是一個宗教外，要有別的發展那就很不容易的了。但是全國篤信孔子學說的人，也未嘗沒有。這輩人看孔子的學說，乃在批評的和智慧的立腳點看他，而認他爲很有價值的；這樣的價值，並沒有一些宗教的意味在內。又有一類人，很相信孔教確是一個宗教。抱這樣奇異固執見解的人，也是不少；其中最有趣味的，要算是康有爲了。

他現在年紀已過了七十多歲；他仍有一種勇氣，自信在現世界中，"尊孔衛道"的人，祇有他一人了。他住在上海靜安寺路的時候，常常禮拜三種神鬼，一是上帝，二是孔子，三是他自己的祖先。你想，這位康先生的脾氣，可算得是極其古怪特別的了。現在中國學生界內，受孔教的影響很少。但是孔教對於一般中年人和老年人，仍有很大的勢力；尤以少年時曾經薰陶於孔子的倫理學說中者爲最。他們對於孔教，無論出任何代價，必須保守勿替的。像這樣的保守孔教，簡直與宗教一樣的看待了。朱友漁博士近來有一篇文章，叫做"在基督教會外面看見的今日中國人精神界的趨向"。〔參閱一九二五年十二月出版的《教務雜誌》(*Chinese Recorder*)〕他在這篇文章內曾講到實行社。實行社的創辦人，有一次同朱博士談天，講他自己的宗教信仰，道："一個人如其沒有宗教的虔誠心，一件事都辦不成功的。我已經把孔子之道，試做我信仰的中心了。"這個老人又道："我在青年的時候，也常常像他們（指新文化運動的領袖）一樣的行逕；對於所有的宗教，都算是迷信，一概排斥的。以爲有學問的人去皈依宗教，那就自失身份了。不過到了現在，我倒有更深一層的見解。你看吧，等到這輩青年們經過了猛烈的經歷；他們生命之中有些說不出的憂思悲痛，深深地侵了進去，沒有法子去排除他；他們自己的生命，幾乎被那些憂思悲痛所揉碎了。到了那個時候，他們或者可以深深地見到生命的意味了。"

除了同善社和實行社以外,我們社會之中,還有一種什麽叫做道院的,也是一個宗教性質的團體。它的發展很有"一日千里之勢"。朱博士對於道院,也曾有些記述,此刻姑且把它摘錄下來。他道:"道院在山東濟南府發起的。據一九二二年的報告說,在一九二一年冬季,組織成立的道院,祇有十三個;社員總數共有一千二百人。以後的進步甚快甚快。據最近發刊的統計,現在全國之中,已有一百十個道院了。據稱,會員的數目已達到三萬人了,山東省內有三十八個道院,直隸十八個,江蘇十八個,其他各省比較的少些。"道院自稱信仰批評主義的。因爲它的注重地方,就是(一)精神界的天人相通,(二)玄妙的折衷主義,(三)習用扶乩術。其他也有大同胞互助的精神爲它的特色。因爲有這樣的精神,纔能使皈依的人滿足他們社會的需求和宗教的生活了。這是怎麽講呢?那就是給了他們一種精神界的安定和快樂,這樣的安定和快樂,在宗教信仰的外邊,是得不到的。依傾向科學的人看來,道院的精神顯然是迷信得很,然而它的會員數,反增加得很快。或者因爲它的迷信很深,所以它的會員轉能一天一天多起來了,也未可知。從這一點看來,可以表明現在的中國人,甚需要一種滿意的宗教了。許多人因爲政治方面的生涯厭倦了,或者失敗了,每喜歡做些宗教的工夫。因爲在宗教裏邊,可以得到安靜的心境,和解的觀感,一切恐怖煩惱都可以免掉了。這樣的心境的愉快安適,除了宗教,在別的地方是得不到的。道院這個團體,雖是迷信得很利害;然而有三種精要的特性確是合於宗教性質的。就是(一)敦促人家做生命的修煉,使做修煉工夫的人,在一種精神界的究竟中,找到他精神的安適和自由;(二)宗教性質的大同胞觀念;(三)對於其他宗教表示特殊的容忍態度。所以有許多人急欲搜求人生意義者,都投入道院去了。因爲在那裏,不論他以前信奉的教是道釋孔回耶,無有不可的;並且對於向來信奉的教,也不須宣告脫離;可見它對於他教的容忍態度了。從古以來,不論是聖賢,是宗教的創造者,是各教的天神,都喜歡同信奉的人相交通感應的。全中國的道院現已成了一種同伴互助的團體了。參伍錯綜,和漁網一般的,到處都有。無論何人,苟其是屬於一處道院的,他到了別處城市的道院去,都可以得到同伴互助的權利。就這一端而論,他們的同志日多,也"不爲無因"了。

其他與它相類，不過規模較小的團體多得很呢；未嘗不可再講些，但是它們的性質大概相同；成功的程度又比道院低得多；所以在這篇寥寥數頁的演稿裏邊，似可以略而不講了。我們討論的注意點，現在要輪到佛教了。

現在中國人研究佛教，信奉佛教的，一天多似一天，我們如其把這樣的人物考慮一下，不能不覺得佛教在今日中國，可以說是一個很有力量的宗教勢力了。佛教的精神，是傳道性質的。它有許許多多的宗教文學和勸世文，在中國各處傳播得很廣。它有一種哲學，很是艱深玄妙，令人難懂的，但因它艱深玄妙，所以引起知識階級的好奇心及興味了。它又用了退隱恬靜默慮潛思的方式，爲一種度人濟世的方法。世人苟有抱了厭世觀念的，那末佛教對於他們正是好比一劑極可口的藥品了。佛教在今日，又好比舞動了一柄兩刃刀。一方面對於民衆，用很豐富的儀式、廟宇、禮拜這些方法，去感化他們，使他們發生恪恭將事，五體投地的信奉；又一方面，用了一種精深廣博有智慧根基的宗教哲學，去供給知識階級的研索。並且佛教自輸入中國以來，從來沒有國際的或政治的困難問題牽纏在內。佛教這個宗教，可以說是"雅俗共賞"，"無往而不得其宜"了。所以今日的士大夫如其於佛教方面"一竅不通"，人家將當他"不學無術"了。我們試看，現在正當"民窮財盡"的時候，各處古廟，仍舊有人募金重修；傾頹剝落的佛像，仍舊有人費了鉅款，把他裝起金來；這種情形到處可以見的。不過有科學頭腦的人，對於佛教不信任的多。因爲佛教的哲學，太與論理學不合，並且以爲佛教的精神太沒有社會化，反把人的生機都滅絕了。這一類攻擊的話，果然是很不錯。但是現在有思想的人去皈依佛的也很不少。這是什麼緣故呢？因爲歸向了佛教，他們的人生觀念因之可以滿足；他們的一生可以得到一種歸宿，不致像遊騎一般的，一天到晚，東奔西馳，不知道自己究竟到哪裏去。這類的理由也是很對的。有些人對於基督教覺得不滿意了；像張純一、聶芸臺一類的人，現在都歸向佛教去了。因爲他們思想在精神方面努力，得着一種安恬舒適的境界；這種境界，憑基督教歷來的傳說去研究，是得不到的；所以他們自然而然地跑到佛教方面去了。張君的志向更加特異，他想設法把基督教和佛教改造成爲一個宗派。他並且昌言無忌地說道：現在外人的基督教播道會，對於基督教的真相，都沒有理會得清楚透澈，非把他們改造不可。你看他的言論特別不特別呢？

佛教是一個大同主義的宗教，同時又有哲學的信仰。所以它一邊集合了許多政界的名公鉅卿，像段祺瑞、葉恭綽等一流人物；以及富商大賈，名儒宿學，貴婦淑媛，卻歸向它了。又一邊在當代的知識階級中，也固占一種勢力。著名居士像歐陽竟無之類，在南京地方，建立了一個支那內學院。一則研究佛家經典；一則做他們精神的修養。許多學者都跑到他那裏去，做研究和靜修的工夫。還有一個佛教名師，叫做太虛法師，現在他正周遊北京、吉林、南京、武昌、蘇州及其他著名城市，演講佛教。他無論到哪一處地方，總有一大群的人聽他演講。他在演講開始時，常常舉行嚴肅的佛教儀式，以喚起華人的敬崇。不佞新近曾與太虛法師談話，知道他抱有一種願望，要想在美洲做傳播佛教的工作哩。他傳道的方法，並不在著名大學裏邊教書或演講；不過在旅居美洲時，實行他佛教徒的生活；並且做一種佛教的精神修養法，以喚起他們的注意。他以爲美洲人士，祇能了解視聽所能及、迹象所能寄的事物；至於視聽所不能及、言辯所不能達，沒有迹象的東西，他們就不容易明白了。

他自認是無神主義的；相信宇宙間的勢力是一種非人的勢力。他想，他自己已有一種宗教的經驗。這樣的經驗是難以用言語解釋明白的，很情願同人家一同享用享用。他說了這一番話，令人更加疑惑了。他說：佛教的深旨奧義是難用尋常的知識語言解釋明白的。那末，他怎樣的能夠知道、能夠深信不疑呢？不佞不學，聽了他的話，真有些不能瞭解了。這位太虛法師的著作和談論，好像是"自以爲是"，"獨斷獨行"的。看他所著的書，像《人生哲學》、《火車》、《世界的兩種文明》等，都可以見了。但是一方面，他又是一個和藹可親的人物。他的無神論和他的生活方法，都有深合於華人想像的傾向。然而他的注意着力的地方，並不在乎人類的倫理行爲，乃在乎一種修養工夫的造詣；這樣的造詣，是完全爲普通人所不易瞭解的。

從上面講的種種看來，今日的中國人，不論士農工商，男女老少，有錢的，沒有錢的，有權勢的，沒有權勢的，有知識學問的，沒有知識學問的，各界各流，都覺得有宗教的需要。並且個人的人生觀，和社會訓練的最後方針（要推行大規模的民治主義，這個社會訓練方針是必不可少的），必須在宗教裏頭纔能找得到；無論是哪一種宗教都行。現在有知識的人，所以深惡痛絕宗教的緣故，因爲它們都帶有迷信的色彩；以及因宗教故，使一國的尊嚴和國民性，往往受它的損害，並不是反對宗教的本身。說也奇怪，現在反基督教運動裏邊，這兩種思想已經表示得很明白了。其中有數點，除宗教問題外，還有民族主義和愛國思想夾雜在內。雖現在反基督教運動，對於創造基督教的耶穌的爲人和性格，都有批評的，但是他們攻擊的最大方針，一則屬於政治的，一則屬於智慧的；換一句話來講，就是他們攻擊的措辭，以爲基督教是外國資本主義和帝國主義的走狗，實際與中國所受外國的各種侵略，是一而二二而一的。他們又說：基督教替外國工商業與文化侵略的教育，做個開路先鋒。因爲這樣的教育，一方面在教會學校內對於學生施行他們的強迫宗教教訓，剝奪學生選擇宗教信仰的自由權；一方面侵奪中國的教育權，因爲他們施行這樣舉措，是教會可以替中國定教育政策了。又有一個攻擊點：他們以爲宗教與科學是一種“矛盾”不相容的東西。倘然一個人要想成個科學家，對於什麼宗教都不可以承受信仰的。因爲一個人承受信仰了宗教，他在搜求真理時，意志上就有些偏向了。照科學家的眼光，凡有一種學說、一種主義，不應一聽了就把它當作真理看待。應當作它是一個假定，然後用客觀與科學方法去證明它，實驗它。這樣的考求學問，一生纔有成功的希望；若承受了宗教，這樣的精神就沒有了。所以就是基督教也不應當貿貿然承受的。他們又說：基督教所信有人格的上帝，這樣觀念是一種陳腐不適用的神人同體說。至於三位一體說，更是無稽之談。他若童女誕生啦，神蹟啦，人死後體魄復活啦，種種的信仰；同受洗禮啦，聖餐啦，種種的舉措。這些都是古代宗教儀式遺留的殘迹，早應當絕迹於大地了。他們對於基督教，除了這些批評以外，還抱了許多謬戾的見解來攻擊基督教會的舉動，稱他爲迷信，風起雲湧，到處宣傳起來。他們因爲要使基督教到處受人攻擊拒斥，或則要使基督教的地位，在有思想的人的眼睛裏，更加低下些；他們攻擊宣傳的用意，也不過是這樣罷了。

到了現在，已經從批評而變爲實行的活動了。反基督教的人，對於基督教創辦的學校，紛紛把這樣的思想，這樣的活動，灌輸侵入進去；他們的運動可說是“不遺餘力”了。然而從別一方面看來，今日我們受人家逼脅虐待，也許是需要的。因爲我們得了這些教訓後，乃能想着一種深奧的實在的精神生活。並可以抱一種希望，凡我們天父上帝的陟降照臨和救主耶穌的權力，反可以因之實現了。

看現在各方的情勢，不但是異教的人有反對運動，就是一部分有思想的基督徒，對於基督徒的生活方法，也有表示不滿意的。無論精神界和智慧界方面，都有這樣的情勢。就把我們學校裏的青年們來講，不論基督徒和非基督徒，都在那樣等着，希望宗教信仰有一番重新解釋，使他們滿意。以為從這樣的解釋以後，不但他們的愛國思想和宗教思想，都可以因之表示出來；並且可以給他們知道一種合於理性的方法。有了這種方法，他們在個人和社會方面，始而可以得着救援，繼而可以進步發展了。通常禮拜堂裏的功課，雖覺重要，但是也不能再令人滿意了。個人的友誼和小團體間禮拜和研究討論這樣的方法，恐怕從今以後，要漸漸地取正式的禮拜地位而代之了。至於公衆舉行的正式禮拜，不妨限制在禮拜日那一天舉行。換一句話來說，就是在禮拜日那天必須舉行就是了。傳教講道的方法也須改變些纔行。至於現行的簡短講演，雖有些成效，但是不夠用的。我們苟其要把一個人教導，使他得些實際的宗教經驗，無論外界形形色色的引誘，都不能把他搖惑，那是很不容易的；必須要同他有長時間繼續不斷的友誼，纔能夠做得到的。

不佞還有許多別的意見，也可以在這兒講講；但是這篇講演稿子篇幅有限，所以祇能把對於基督教的要求提出些意見，做這篇講演稿的結論了。現在有些人想着，以為基督教已完全失敗了；或者以為基督教的拯救事業，沒有成功的希望了。那是全然錯誤的。我們要知道，現有幾種勢力，方在努力的工作，都是有積極的建設性質的。不但對於他們自己的生命是建設的，並且對於全體社會也是建設的。有人說：現在社會裏邊，不是已有了反基督教運動嗎？那是不錯的。不過我們生命之中，若然都能夠篤信堅守三種要旨：就是（一）上帝是所有人類的父親；（二）耶穌是救主；（三）天國是我們努力的目的。有了這樣堅定不移的信心，他們反基督教運動，非但不能破壞我們宗教生命，反使我們不能不想想，或者使我們覺得慚愧；因爲我們的宗教生活，對於所信的真理，不能做它的一個佐證，所以他們纔有這樣的攻擊。既有了這樣的反基督教運動，不由得不使我們想着兩個問題：第一是："我們是不是因跟從了耶穌，在政治方面不配做中國最好的公民嗎？"第二是："在我們的信仰和實行方面是迷信的嗎？"倘使對於這兩個問題的答覆是肯定的，並且我們也自信，這樣的肯定是一定無疑的；那末，我們可以完全與基督教脫離關係，轟轟烈烈地盡我們的力量，做個反基督教的健將。倘使答覆說："否，否,不然。"我們應當就在自己的經驗、自己的生命、自己清清楚楚的思想之中,做一番對個人傳播福音,對社會盡力救濟的工夫;又在自己活動裏邊,去找一個究竟,那是我們須即刻就做的惟一職務了。

　　現在對於基督教的要求有數項,大概如下:(第一)基督教對於今日有思想的人物,必須表示確為一種有力量的宗教生活。這種宗教生活是有倫理觀念貫徹其中的,是有深邃的批評主義及辨別力的,並且完全忠於上帝的。(第二)現在的基督教必須加以一番釐正的工夫,使它與社會環境和知識界的環境相繼而得其宜纔好。所以從今以後的基督教,應當使它從內部發育進步,並不應由外部進去;雖在外表,也不應有外部的迹象。從來從外國輸入的宗教,苟其不從它內部發育滋長,使它與環境相適合,一天一天的改良起來,乃希望它有活氣,且能自然發達,與發源於本國的宗教一般,那就不容易的了。(第三)信仰宗教的人,應當把他深邃的宗教經驗有一種理性的解釋;這就是基督教的唯理主義了。雖是很自由的,然而都根據於精神生活的事實的。(第四)凡信奉基督教的人,應當各自努力做一番工作,把中國的社會,使它基督教化;最好能夠創造一個新社會。因為基督教本來是代表解放的新穎的人類,其第一步辦法,用大同胞主義把人們聯合起來;其次組成了一個社會,其次組成了一國的國民,這個國民仍是人類全體的一部分,並非特別自成一國的;那是基督教原來的宗旨了。我們試放開眼睛看看,現在的共產黨要想把社會都成了共產化;勞工團體要想把社會都成了勞工化;反基督教的人同半生不熟的科學家,一則希望社會都信了無神論,一則希望它都從了唯理主義;然而都沒有東西做他們的基礎。所以這輩人,苟其沒有法子使社會成了相愛互助的團體,無論他們今天主張這樣,明天提倡那樣,恐怕成功的機會也不容易得着吧?我們基督徒是信仰上帝的,必定很情願努力,很情願社會現象日佳,得到一種的境界,就是我們所稱的天國是了。(第五)現在時候,我們很盼望有先知先覺的人出世,社會對於他的呼聲,已經很高的了。有人問我,怎樣的人纔可以稱先知先覺呢?我可以說:這個先知先覺的人並不甚難,就是不論男女,祇要他能夠知道上帝,能夠超越時代的罪惡,且對於真理,對於將來,都能有先見之明,那就行了。古來極大的機會,每和嚴重的危局有連帶關係。今日中國的基督徒,已經被人誤引入歧途中去了。他們應當做時代的先導,但是他們一點兒沒有做;這是事實,這就是他們罪惡的所在了。所以今日最明白的需要，就在我們基督徒裏頭有新的首領人物出來。這樣的人物，在思想和生活方面，都能夠有超越時代的識見，而能做時代領袖的，那就行了。

凡是一種要求，就是一種試驗；凡是一種試驗，就是我們的信仰和品行從天秤上稱得的重量；這個終古如斯的天秤，乃操在上帝手中的。今日中國的需要是精神界的提高；需要迫切，遠過於從前幾倍。如有信心的人，肯出來擔負這個重任，現在的時候真是一個從來未有的好機會了。上帝見了一種好機會來了，從來不肯輕輕放過而不向人大聲疾呼的。因爲人們在精神界中很少預備，所以遲了，不及把機會抓住了；這都是人們自己的失着。古代先知者阿莫斯（Amos）曾經說過："你們先自己預備了，然後去遇見上帝。"我們聽了這句話，好像他今日仍用了莊嚴的呼聲，來給與我們一個警告啊！

原載《青年進步》第九十一期，1926年3月

編者注：

① 覘（chān）：看；觀察。

② 俶（chù）："俶擾"泛指動亂。

③ 杌隉（wù niè）：通"兀臬"。"杌隉不安"：傾危不安。

更大的工作

(《約翰福音書》十四章十二節)
(這篇是說教文。在燕京大學宗教學院第九屆入學待位誓禱日講。)

今天我們宗教學院的同學在上帝壇前舉行入學與待位的誓典,當有甚深甚博的意義。社會要有誓典的緣故,並不要徒事儀節,以壯觀瞻;乃是要表明宣誓的人對於同群公佈自認的連絡,同持的主張,廣博無量的希望,至死靡他的忠誠,以及自願擔任的創造生活的責任。社會所求於各分子的,尤其是所求於受高等教育,專門訓練的各分子的,是要他們負維持社會原有的秩序,與夫開創社會應到的境界的責任;是要他們深悉人生的既往,而保存經驗理性中已獲的價值,逆測人生的將來,而開闢伸長進展的道路。為此,社會中無論何種團體,莊嚴整肅地舉行誓典儀節,表面上雖不過是謳歌禱祝,宣誓講演,而其實際,則在於吾人表示決心……表示對於人生本原的虔敬,人生前途的忠勇。所以社會到了舉行誓典的時候,便暗示社會透骨髓,徹心血的宗教性質。人對於生命本原的虔敬是宗教,對於生命前途的忠勇是宗教。宣誓的人,生活上意識上慎終追遠,善繼善述,對於他於社會國家,人群宇宙,肯定他與一切生命統一的關係。這就是對於生命本原的虔敬。宣誓的人願意盡心盡力,奮鬥趨前,去創造更偉大的事業,攫取更豐滿的價值,表顯更高邈遼遠,浩瀚悠久的信仰。這就是對於生命前途的忠勇。

人生無日不在危險奮鬥之中。因為危險奮鬥的緣故,懦弱的個人,成立的社會,便懇切地要求安寧的平衡。因此社會的儀式一大部分是保守的象徵,僅一小部分是開創的宣告。現在有思想的人,所以反對繁文縟節的緣故,並不是反對儀式要人負責的壓迫,乃是抗拒節文使人受束縛,做迷信,專制,生命的阻障,的奴虜。我們今日的中國人,住在失去平衡,生活雜亂的社會裏,但見險象的環生,而不見出路的痕跡,終不免於煩悶觖望的痛苦。我們各個人原是生命樹上的枝子,因為天有恆賜的災瘴,所以覺得生意枯槁了。枝枝豈不向着樹本接連,向着培壅根本的泥土不住地留戀麼？然而因為不能舒展,不能生新葉,結新果的緣故,竟然厭棄培壅根本的泥土,似乎連根本都不願意認識了！泥土已不肥沃豐腴,根本裏已有蟲蛀朽壞的地方,所以怒挺的枝子,或要完全脫離老幹,與新栽的樹發生接木的關係,或要棄絕舊土,挺生空間,與瓊霞朝露相周旋。然而新枝脫空的自由,是終不可能的,所以煩悶痛苦,依然莫可如何。當此煩悶的時節,宗教提示我們,指明我們的回顧留戀,不是錯誤的,卻是對於人生本原的虔敬;又指明我們向前怒挺,要求更新的生命,也不是狂妄的,卻是對於生命前途,努力開擴創造的忠勇。我們受了宗教的指示,於是乎今日宣誓要修理我們的老幹,將蛀蟲枯枝,剪除乾淨了;使生命的樹,得因新而豐腴的培壅灌溉,得因陽光雨露的煦嫗浸潤,而收吸新資養料,自由地舒展,放奇花,結異果。在現在的煩悶中,我們因着宗教的示象,得了意義,因此我們有今日的宣誓。

　　我們的宗教是耶穌基督的宗教。他說:"我對你們所說的話,不是憑着自己說的,乃是住在我裏面的父作他自己的事。"這一句話,按着歌德黎吉(Goodrich)所譯的英文轉譯出來便是說:"我不是我向你們所說的話的淵源,乃是與我合一的父自己作這些事。"這樣看來,耶穌的生命,耶穌的言與行,耶穌的宗教,是與上帝統一而發揮的,是對於生命本原的虔敬。耶穌所言所行,是耶穌自己言,自己行,這是無可疑惑的,然而在於耶穌乃毫無疑惑地是上帝自己在他裏面作這些事。上帝是一切生命的本原,耶穌與上帝合一,使生命的全潮,在於他湧出來,浩浩蕩蕩地向着永生,這就是對於生命本原的虔敬,這就是耶穌的宗教。耶穌又說:"我所作的事,信我的人也要作,並且要作比這更大的事;因為我往父那裏去。"耶穌不認自己是其教訓的本原,必要以上帝為本原,不說一切是從自己出,必要說自己的言行,皆出於上帝的旨意。這一切都表顯一個極重要的宗教原理,就是耶穌是從上帝那裏來的。他以上帝為本原,又將生命開擴推展,向着上帝前進,所以又說"我往上帝那裏去"。我們不要認錯,這不是說耶穌從上帝那裏來,又回到來的地方,回到上帝那裏去。湧現的生命是永遠湧現的,決無退隱的道理。樹枝是從樹本而來的,決不能歸回到所從出的樹本裏去,祇可伸長舒拓而為更大的樹的一部分。耶穌往父那裏去,是信他的人作更大的事的原因,故說"因爲我往父那裏去"。這樣耶穌是出於上帝,亦是入於上帝;出於上帝的肯定,是對於生命本原的虔敬,入於上帝的實施,是對於生命前途的忠勇。出於上帝,入於上帝,而在出入的歷程中,時時變化,一方面保持生命已得的實在的價值,雖爲守舊而不辭,一方面開拓生命未獲的可能的前途,雖爲冒險而仍前……這就是宗教,這就是耶穌的宗教,也就是我們的宗教。出於上帝,入於上帝,而在由出到入的行旅中,我們仰瞻耶穌榮耀的工作,也因此而信我們信從他的人,可有更大的工作。

我們因着自己的愚魯,衆人的妄爲,或與生命的本原乍斷乍續,或竟違逆狂妄,將自己與本原的關係斬伐剪斷,以致我們失掉了生命,也失掉了生命的意義。我們對於生命本原不虔敬,成了我們的罪孽。罪孽的結果是死亡。在這一點上,耶穌的宗教,不但給了我們甚深的意義,並且爲我們成了無上的救法。怎樣說呢?耶穌從上帝裏出來,垂示法身,在我們人類中做一分子,使我們躬親他的訓誨與行爲。他是人類與人類的本原,聯合統一的模範;因爲他與上帝,與人類聯絡,人就將生命的根本找着了。已枯的樹枝,重新發芽而吐萼了;已涸的泉源,重新漲溢奔流,而翻湧無極了!我們又因爲愚魯的緣故,硜硜然保守着生命,築起很高很堅固的堤壩,阻止生命的散漫放失。我們要保守懦弱的人群切求的安寧。所以祇建死平衡,不建活平衡。到了現在,我們經驗着生之煩悶與生之觖望,不但要把祖宗建築的堤壩完全推塌,並且連生命依附襯托的根基都不要了。這樣做,我們何嘗不是對於生命前途告奮勇?可是生命渙散紛披,雖欲開創光明的將來也就不容易了。耶穌來,在我們面前日日作進入上帝的工作,爲我們啟發將來的道路。我們信麼?如果我們信仰着,走耶穌的路,我們決能脫離現在的痛苦而趣入將來豐美的生命。

以上所說的話,雖然籠統含渾,卻將宗教,尤其是耶穌的,我們的宗教,的意義說明瞭。人的生命,至繁複,至廣闊,推其本原,當不僅在於範圍生命的形式或文化。就近而推遠,以小而及大,人的生命根本,是在於父母,在於同胞,在於國家,在於全人類,在於宇宙全體,在於上帝。人對於生命本原的虔敬,不必是守舊泥古,卻不能不是愛父母同胞,愛國家,愛人類,愛宇宙與我人的關係,以至於愛宇宙的本然上帝。泥守遺傳,不懈於古而懈於今,是一件事；敬愛己族，既愛家國而愛天下，又是一件事。若不將這兩件事，分離解析，明白瞭解，那末破除束縛人的古傳，反對壓迫人的禮教，攻擊吞蝕人的習俗與理想，便成了人與人斷絕關係，現在與已過的生命隔離交觸的運動。破壞舊禮教，並不是不敬愛父母；敬愛父母的心，不是舊禮教所能保存，也不是新思想所能毀壞。在舊禮教範圍內，雖有形式的關係，不敬愛父母的人，依然沒有敬愛父母的心，但覺合理不合理，父母之命必須從，勉強而行之，或竟勉強而違之罷了。脫離了舊防範，人依然有本性，父母知有待子女相當的道理，子女當然就有敬愛父母的感情。對於生命本然的虔敬，是人固有的性情。還有一層，泥守古傳，與敬愛己族，固屬兩件事。而保存舊有的價值，與泥守古傳，亦截然是兩件事。古傳不盡是無益於今的；盲目死守，以古傳為重，人生為輕，削足而納履，便是泥守，便為生命的障礙。至於考察是非，重估價值，保其美善，棄其惡劣，便是保存價值，不可以與泥守古傳同日而語了。

　　這樣，我們要明白，人對於生命根本的虔敬，是注重生命，不是輕視生命的。以儀式為重，古傳為重，而使人轉側勞苦於這些東西的壓制之下的，決然不是宗教，乃是破壞消滅宗教的黑暗的勢力；因為宗教是給人生命的，抗拒生命的戕殺的。宗教要給人生命，所以要人對於生命的本原有虔敬。宗教保守人生，是保守已經開拓的生命。假使因這保守而有組織，因這組織而人生受了阻礙，因這阻礙而人與人，人與上帝，人與生命的本原之間，互相隔絕，那末宗教的勢力便要越出範圍，由冒險而創造生命。宗教的組織是保守生命；宗教的打破組織是開擴所保守的生命。生命是要與生命的本原聯絡的；生命與生命的本原聯絡，便是生命的安慰與快樂。人說我們中國人沒有宗教的要求，那裏知道，中國人父慈子孝君明臣忠的道理，所激起的感情，造就的虔敬，產出的事業，就是中國的宗教，就是中國人對於生命本原的虔誠。我們與其說中國人無宗教，毋寧說中國人深博廣厚的宗教，往往被禮教的防範所蒙蔽掩沒。假使我們把禮教的繁文縟節，迂拙的哲學，一一撤開，中國難道便不孝不慈，父母不愛護子女，子女不戀慕父母了麼？假使中國人天然是既慈且孝，父母子女互相愛戀，父母要子女得豐美的生命，子女向父母有懇切的孺慕，中國人便是沒有宗教的人民麼？我們中國人是敬拜祖先，孝順父母的，有禮教的儀節，而沒有禮拜堂，聖品人，定期的講經說法，為什麼就不能算爲有宗教呢？

我們守舊，將理想黃金時代，放在已過的時間裏，這固然是我們的罪孽。然而無論我們是否將過去的時代理想化，我們對生命的本原，發生虔敬，未嘗不當。至於今日我們知道我們祖宗有許多缺點，我們的父母有許多不美善，不合理的地方；我們卻依舊戀慕他們，明明白白地顯出生命本原完備與否是一件事，我們的戀慕他們又是一件事。分得清楚些，我們指明他們的缺點，對他們表示不滿意是我們生命的進展；我們明知他們的缺點，卻依然戀慕，以他們的希望爲我們愛情的刺激，以他們的憂苦，爲我們同情的觸覺，乃是我們對於他們的虔敬，乃是我們的宗教。散泰亞納（Santayana）說：＂血統的關係不該擾亂理知正當的功用，不該轉移理知的判斷；你不該爲了柔情舒發的緣故，便變成愚拙，將你父親或子女所沒有的身量或是聰明或是德行加在他們身上。這樣做是平常的誤錯，卻不是虔敬的部分或真的忠心。無深情是一件事，無眼睛與無公平的想像又是一件事。＂〔*The life of Reason* (*Reason in Religion*), pp, 184—185〕我們的宗教如此，耶穌的宗教也是如此，因爲耶穌是孝順父母的，卻沒有爲父母的緣故，不去成全上帝的旨意。

我們知道我們的生命是與父母的生命相連續，也與同胞的生命相連，所以我們明知同胞的愚魯狠惡殘忍虛詐，而猶愛他們，慨然做他們中間的一分子。不但是如此，因爲他們已經是腐敗墮落的人們，我們轉覺得有到他們中間，做他們一分子的必要。耶穌爲了人類潔淨自己，特爲來做人的弟兄，在軟弱墮落的人裏面，看見上帝的兒子的光榮。他與他的同胞深深地合而爲一；他本來是人類生命的本原，卻因愛人的緣故，反而肯定了自己的來源。認人類爲自己的本原，認自己爲人的兒子。這是我們講仁義的中國人，含有深邃宗教性的道德，亦是耶穌純粹的道德的宗教。我們的聖賢講明明德，新民，至善的道理，要人盡己性，盡人性，盡物性，而參贊天地的化育；深信此理的真確，身體力行，至死不變，居然使一個受病甚深的老國，能夠崛立至今而未亡，豈不是我們中國靈魂的顯現麼？耶穌爲上帝的長子，發展神性，使信他的人，可以與他同生同進，而爲上帝的子女，豈不也是明明德，新民，至善，而參贊天地的化育麼？耶穌與人合而爲一，故能使加利利海捕魚的小民捕人如捕魚，能使愚人轉而爲智人，弱者變而爲強者，有罪的人從冷酷殘暴的罪惡裏出來，成爲上帝之子。是啊，耶穌與人合一，所以人便得與上帝合一，耶穌對於同類有生命統一的虔敬，所以他的宗教，是給人生命的宗教。

然而人的父母，人的同胞，是人生命的本原，人當向着他們有深摯的虔敬；人的國家，也是人生命的本原，人也當對於它有至深至切的虔敬。愛國而將自己供獻於國家的祭壇上，愛國即便是宗教。有人說，做耶穌的門徒決不能愛國，愛國的人，決不能爲耶穌的門徒。因爲耶穌是宗教之祖，宗教是不分國界種界的。然而宗教無界限，是真理，是一件事，宗教是愛國的生活，也是真理，而又是一件事。兩不相背，愛國的人爲什麼不能有宗教呢？耶穌自己不是一個愛國的人麼？他看以色列民猶之沒有牧人的群羊，心中哀痛，殫心竭力地去牧養他們，這不是他愛國熱情的表現麼？他將賣牛羊鴿子兌換銀錢的從聖殿裏趕出去，又要把他民族的宗教精神證彰出來，苦心孤詣，維繫國魂這不是愛國的事功麼？他不差遣門徒到外邦去，要他們在以色列同胞中，先宣傳福音，而後再將自己民族的宗教或文化，貢獻於他族，從耶路撒冷出發，直到地的盡處，這不是他純潔無汙，不挾虛詐的愛國心麼？他向着耶路撒冷憂傷痛哭，知道國家的覆滅，而自己不能行其道而救之，這豈不要使世界上愛國之士與他同聲一哭的麼？至於平日，他愛護幼稚，要小孩到他那裏來，尊敬婦女，要他們受公平的待遇，醫治有疾病的苦人，救濟貧乏無告的窮民，做沒有朋友的人的朋友而與稅吏罪人爲伍，甚致於爲他的同胞釘死在十字架上而不辭，這些事豈不證明耶穌的愛國心，又豈不證明耶穌對於國家，他的生命本原的一種，有懇切的虔敬麼？中國文化是倫理的文化，倫理的文化是有倫次的文化；因此我們相信修齊治平的道理，先愛小群，而後愛大群，先愛國家而後愛世界人類。個人在生命的中間，猶之小石的擲在池中，水影由小圈而推到大圈，決無由大圈而及小圈之理，因爲力由中心而發，愈擴而愈微，乃是自然的。倘若人的力量擴大，然後愛人類是當然之事，容易之事；可是人愛國且不能，猶之小石之力拓水紋的小圓且不能，怎能使他在無邊的生命海中畫無量的大圓圈呢？這樣，我們並不要不愛世界人類，乃是先要愛同胞愛國家，而亟亟焉增加同胞的認識生命本原的能力與愛護生命本原的虔敬。我們中國人是以倫理倫次爲事的民族，深知不自愛不足以愛人，不愛國不會得愛天下；故要以愛國爲我們宗教信仰的一部分。耶穌的信仰也有倫理，也有倫次，先則耶路撒冷，次則猶大全地以及撒瑪利亞，而終則達到地的盡頭。這樣看來，耶穌既然自覺他是奉遣到以色列人中去的，凡係不愛同胞，不愛國的人，皆不得爲耶穌的門徒！

　　生命的總本原是上帝。人愛家愛國，就應當愛上帝，對於他忠懇而虔敬。天地之大，其在地爲河嶽，在天爲日星的勢力，即是我們爲人的勢力。這勢力在天地之間爲日星河嶽，便是自然；這勢力在我們中間爲人，爲忠臣孝子，義夫節婦；爲聖賢英傑，爲耶穌救主，便是人格。我們一切生命是本於自然的勢力，本於人格的上帝的愛心，我們便當對於上帝，有絕對的虔敬。上帝比父母同胞還要親密，因爲他是我們自己的自己，人格的人格；然而上帝比宇宙還浩大邈遠，寥兮廓兮，恍兮惚兮，瞻之在後，忽焉在前，因爲他也是引導我們向前的標準，所以他是我們宗教的綜結，信仰的全鵠。這樣，我們愛敬所親，忠於祖國，既已保持其固有，復以固有爲根基而闢生命的新疆土，我們便是作更大的事功，便天天作更大的事功。

　　人對生命本原有虔敬，所以保守價值，這話已經解釋了。然而我們要做更大的事，就應該站立於生命本原的基礎，向前觀瞻，向前踴躍地跳入不知的新境界。因此對於生命本原的虔敬是宗教顧後的部分，對於生命前途的忠勇，是宗教直前的部分。專顧後則凝滯而枯涸；專向前則斷絕而空虛；必要二者並輔，才得之真生活。不顧後，沒有大事功爲礎石，怎能會有更大的事功；不直前，僅有已奠的根基，又怎能有更大的事功。生命之流，動蕩而向前，已過的如此，將來的如此而不必定如此。至誠的心有動，動則變，變則化，變化而受我們的預先計劃與指導，即是生命擴大的創造，即是我們更大的事功。耶穌出於上帝，又入於上帝，出入之間，有大勇猛、大創新、大救法。兄弟們，宗教是活的，不是死的，是變遷的不是一成不變的。有人想耶穌的宗教是限於新舊兩約的教訓的，故不能因人類思想生命的進步而使耶穌的宗教，廣兩約的內容，充其量而接納新價值新理想入其範圍。這是錯誤的思想，因爲吾們所信的並不是以經本爲中心一成不變，一定不易的宗教。有人說，耶穌的宗教已經有了形式，內容不能變，外觀也不能變，所以人對於此教的態度祇可全乎保守其固然，否則祇有把他完全推翻，而別尋路道。這種思想也是錯誤的。因爲生命流轉，決非一種形式所能爲其範疇。人以爲上帝是全知全善，全在全能，凡上帝的品德性能，人都已知道了。若能人對於上帝更有發見，便是異端。宗教的行路都已決定了；若有人指出另外的道理，新穎的意義，便即名之曰異端。然而這可是完全錯誤了；因爲耶穌的宗教，是上帝的生命在人心中激蕩變化,鼓鑄向前,使生命入於無量的海濤。耶穌的宗教,是日日以更大的事為事的;是出於上帝而又入於上帝。我們倘使真信耶穌,真有虔敬,就應當說,十年以後的耶穌的宗教,我們今日尚不知道,但是我們決知他是更大的而是我們工作的結果。十年以後,這宗教的神學如何,我們現在不知道。十年以後,這宗教對於中國的人心有什麼能力去挽救,對於中國的社會國家有什麼貢獻,我們現在都不能說已經知道了。可是我們懇切深深地相信,倘使我們將自己的理知供在生的祭壇上,將自己的全心交給我們的上帝,我能在十年之後,必有真切的對於上帝耶穌的認識。我們也敢大膽地說,假使我們想耶穌的宗教,照現在的神學與組織,已經完全限定了,十年之後,我們決不能對於上帝耶穌有真確的認識。耶穌的宗教在中國人心中,恐怕就未必站得住了。

　　是啦,我們對於生命前途告奮勇,所以我們有更大的事。現在我願放膽將我對於更大的事功的要點何在,試為指出。第一,我們對於生命本原矢虔敬,為的是要使固有的生命更加擴展,要指導這生命趨上廣大而無阻礙的直路。我們更大的事功就是要訓練自己,在無信仰的時代得大信仰,在無能力的時代得大權能,在無意義的時代見大意義,用口宣說,以事作則,而為超越這混沌時代的領袖,指示將來知道路的先知。第二,我們有更大的思想的事功。我們深信上帝是生命的本原,是我們的天父,也深信耶穌是人的救主,天國是人作事生存的鵠的。然而這個信仰須有理解。為了這個緣故,我們就應當有中國文化與耶穌的宗教,世界的學術與道德的精神,在我們血統裏,意識裏,翻湧磨擦,發而為清楚的理想,見而為綜合的創作的宗教哲學。這樣,我們有了宗教的理解,不至於像今日在暗中摸索,要求一個我們清楚的宗教經驗合適的理解了。我們對於生命本原有虔敬,所以決然毅然,毫無恐怖地,相信自己可以受上帝的指示,用理知,用熱情,用我們生活的全體,去創造新的宗教觀了。第三,我們更大的事功是要創造一個中國的教會做我們精神的家庭。這也不是沒有根基的;因為我們在現有的教會裏受了性靈上的訓練,得了精神上的安慰,見了生活上的意義。然而生活膨漲,內有要求,外有刺激,我們乃有創造教會的必要。將現有的教會繼續維持麼?或者是這樣做。將固有的組織改革麼?或者是這樣做。將理想的教會,平空結構,而為新的團契麼?或者也是這樣做。不然,各種結構並存而同在,以表示耶穌生命的不可限止；或者也許是如此做。無論如何，我們的教會是精神的團契，自由的集合，上帝的生命的灌注地發源地。第四，我們更大的事功是在於宣揚發表我們的福音。宗教的文藝，或爲歌詩，或爲儀文，或爲經典的解釋，遺籍的傳譯，教理的哲學，應用的文章，或燆皇而壯麗，或幽肅而靈通，都須由我們創造。佛教有經典，汗萬牛而充百棟，耶穌的宗教沒有此種典籍麼？有。有，則全在我們的創作。我們要有佶屈聱牙的文字麼？可以。要有清朗明澈，既美且健的文字麼？也可以。祇要我們磨礪以須及鋒而試就是了。當此之時，各種主義，與夫各種妄惑迷蒙的邪說，借文字之力，而遍佈中國，吸取同胞的精神、毀傷青年的志氣，爲無窮的禍害。其間雖有正論危言，導人入正軌的文章，卻沒有我教的書籍言論，做同胞信仰上宗教上的指導。因此教内教外，皆不得見聖教的真相，而煩悶違惑，日益轉盛。在這種要求宗教文章的境況中，我們當怎樣地束腰納履扶杖而趣，去適應這個要求呢？第五，我們更大的事功，是在於拯救同胞。我們應當與哭的人同哭。慈善的事業是應當舉辦的。然而同胞在泥犁之下，黑夜之中，貧窮徹骨，愚蠢徹心，好像已死的衆人，曠野的枯骸，誰能使生氣重入他們的軀殼呢？他們無衣無食，更無夢想的明天。誰能使他們復活呢？他們虧欠了生命，要求我們將生命分給他們，要求我們給他們一點真實的愛心。我們對於他們應怎麼辦？他們是我們信仰的點金石，是我們前途具體的切實的更大的事功。耶穌的門徒，對於他們，就當立刻忘記了神學的爭戰，宗派的私見，快快地團結起來，作他們的朋友。今日的教會有覺悟麼？若有覺悟，那末我們真心愛耶穌，愛同胞的人，就不會覺得教會裏沒有我們的地位與工作，而我們在教會裏亦不會覺得有爲人在客的感慨了。第六，我們更大的事功在於教育。我們要創造一種新教育，不用強迫的方法灌輸宗教，而用人格感化的精神使學子們得着耶穌的生命。第七，我們要建設基督化的社會，使信者影響所及，鄰舍與鄰舍的鄰舍，都結成新家庭，都以愛與公平的原理，作爲社會生活的原理。第八，最要緊的，我們要自己成一聖衆，有團契，有結合，彼此忠愛，有開誠佈公的心，作生命開擴的生活，忠勇地實現我們的理想，維持我們的經驗，直到這種理想與經驗的普及而實現。我們有此團結，有聖徒的相通，對於彼此有地老天荒石爛海枯，此愛永在，此志永存，此事永續的堅心，那末我們就永遠有更大的事功在我們面前。

現在，弟兄們，更大的事功，能算數得清而下定義麼？尚未。耶穌在前面引導我們；他出乎上帝，入乎上帝，對於生命的本原有甚深的虔敬，對於生命的前途，告莫大的忠勇。我們隨從他的引導，當在失望中有希望，在軟弱中有權能，在痛苦中有喜樂，在死亡中有生命。我們今日宣誓，自己不當戰戰兢兢知道責任的繁重麼？又不當毅然決然，依賴上帝的愛力，勇往直前麼？是啊，讓我們厲兵秣馬，踴躍奔赴，更大的事在面前。千里雖遙，萬里億兆里雖遙，信耶穌的人，又孰敢不至呢？

原載《生命》六卷六期，1926年3月

研究儒家屬於宗教部份的材料

本屆青年會全國大會,特請趙紫宸先生赴會演講中國的宗教,會中預定演講四次,趙先生打算第一次說道家與墨子,第二次說佛,第三次說儒,第四次說耶穌並通論各教。於是分類蒐輯材料,所鈔成的稿件,積聚了不少。適記者為本刊徵求文稿,就請求趙先生以所預備的材料,擇要發表。趙先生說:這祇是鈔胥的工作,哪值得佔本刊的篇幅,堅持不可。後來經記者說明:"本刊恰好可以在青年會大會的時候分散於會眾。關於宗教的演講,徵引舊說不得不繁,而每次演講的時間有限,又斷不及一一稱述,恐於聽眾有所不便,不若藉着本刊登載出來,會眾可於聽講之前後,詳細的自由研究,似乎於講者聽者都有便利。"趙先生聽了記者一番的議論,躊躇至再,遂允許將關於儒教的稿件交付了。不過這稿件,本是趙先生自備參考的草稿,所以內容排列的次序,和分段的標題,都沒有經過妥酌,其間於節錄古書及前人學說之外,間有自己的按語,詞句也未加修飾,這是記者應當代替趙先生聲明,並請求讀者原諒的。

又謙

一、孔子的宗教

從哲理上觀,孔子很重《易》,《論語》裏說:"假我數年,五十以學《易》,可以無大過矣。"

胡適《中國哲學史》七十九頁上說:一部《易》講"易"的狀態,以為天地萬物的變化,都起於一個動字……天地之間,本有兩種原動力:一種是剛性的叫做"陽",一種是柔性的叫做"陰"。剛柔兩種原力,互相衝突,互相推擠,於是生出種種運動,種種變化。所以說,"剛柔相推而生變化",又說"一陰一陽之謂道"。孔子大概受了老子的影響,故他說萬物變化完全是自然的、唯物的,不是唯神的。根基於《易》,孔子對於當時發揮正名正分主義,春秋襃貶,由是出。胡適引何晏之說,以解一貫不是說忠恕,乃"善有元,事有會,天下殊塗而同歸,百慮而一致,知其元,則衆善舉矣。故不待學而一知之"。又何晏引《易‧繫辭傳》,其原文是:"子曰,天下何思何慮?天下同歸而殊塗,一致而百慮,天下何思何慮?"如此看來,孔子的學問,皆以易為根基,有宇宙論做背景。若此背景果如此,那末天地鬼神等,在儒教中,不過畫蛇添足而已。

然而孔子的學說,從《易》而演,必為推本之論。推本故說孝,故重祭祀,故可以分為二面,一為學問,一為宗教。猶之今日的科學與宗教。科學家講科學時則專說理而不說神,而其為人亦有時而信天神,為崇拜。孔子亦然。不過孔子在宗教方面不詳明述說,後人忽之。遂使儒教少有宗教的色彩罷了。

二、《禮記》論祭祀

儒家的宗教,自然就是上古遺傳的宗教。儒家在此宗教經驗中,亦頗有所覺察。先看《禮記》之說,《禮記》中"子曰"等處,雖屬可疑,其說古時祭祀之禮,我人不能說孔子及後來的儒家不真信而崇奉之。胡適以儒不信鬼神而特利用鬼神之說,實屬偏見。

《禮記‧祭法》……"燔柴於泰壇,祭天也。瘞埋於泰折,祭地也。用騂犢(折,掘地成方)。埋少牢於泰昭,祭時也。相(祖迎)近於坎壇,祭寒暑也。王宮,祭日也。夜明,祭月也。幽宗,祭星也。雩宗,祭水旱也。四坎壇,祭四方也。山林川谷丘陵,能出雲為風雨,見怪物皆曰神。有天下者祭百神,諸侯在其地則祭之,亡其地則不祭。"此係古宗教,即 De Grote's Animism。

"大凡生於天地之間者皆曰命。其萬物死,皆曰折。人死曰鬼。此五代之所不變也。七代之所更立者,禘郊祖宗,其餘不變也。"

"夫聖王之制祭祀也,法施於民則祀之。以死勤事則祀之。以勞定國則祀之。能禦大菑則祀之。能捍大患則祀之。是故厲山氏之有天下也,其子曰農,能殖百穀。夏之衰也,周棄繼之,故祀以為稷。共工氏之霸九州也,其子曰后土,能平九州,故祀以為社。帝嚳能序星辰以著衆。堯能賞,均刑法,以義終。舜勤衆事而野死。鯀鄣鴻水而殛死,禹能修鯀之功。黃帝正名百物,以明民共財,顓頊能修之。契為司徒而民成。冥勤其官而水死。湯以寬治民而除其虐。文王以文治,武王以武功去民之菑,此皆有功烈於民者也。及夫日月星辰民所瞻仰也,山林川谷丘陵,民所取財用也。非此族也,不在祀典。"

這一段說明中國人的宗教有兩方面:(一)祀神,(二)祀祖,宗祀偉人。而總其意則同一用意:即是報本報德之意。後來歷代帝王封人為神,亦本此意行之。

《禮記·祭義篇》論鬼神……"宰我曰:吾聞鬼神之名,不知其所謂。子曰:氣也者,神之盛也。魄也者,鬼之盛也。合鬼與神,教之至也。衆生必死,死必歸土,此之謂鬼。骨肉斃于下,陰為野土。其氣發揚于上,為昭明。焄蒿悽愴,此百物之精也,神之著也。因物之精,制為之極,明命鬼神,以為黔首則,百衆以畏,萬民以服。"(《郊特牲》有"魂氣歸于天,形魄歸于地"之語。)

這一段有神道設教之意。

《禮記》中說孝的宗教。《祭義》……"曾子曰,夫孝,置之而塞乎天地,溥之而橫乎四海,施諸後世而無朝夕,推而放諸東海而準,推而放諸西海而準,推而放諸南海而準,推而放諸北海而準。詩云:自西自東,自南自北,無思不服,此之謂也。曾子曰:樹木以時伐焉。禽獸以時殺焉。夫子曰:斷一樹,殺一獸,不以其時,非孝也。"……"樂正子春曰:……吾聞諸曾子,曾子聞諸夫子,曰:天之所生,地之所養,無人為大。父母全而生之,子全而歸之,可謂孝矣。不虧其體,不辱其身,可謂全矣。"

《哀公問篇》……"公曰:敢問君子何貴乎天道也。孔子對曰:貴其不已。……仁人不過乎物,孝子不過乎物。是故仁人之事親也如事天。事天如事親,是故孝子成身。"

《祭義篇》……"唯聖人為能饗帝,孝子為能饗親。"

《郊特牲篇》……"帝牛不吉,以為稷牛。帝牛必在滌三月,稷牛唯具,所以別事天神與人鬼也。萬物本乎天,人本乎祖,此所以配上帝也。郊之祭也,大報本反始也。"

（帝王之祭以下有等,立廟社皆有等級,見《祭法》。用牲畜亦皆有等,見《王制》。又《王制》……"天子祭天地,諸侯祭社稷,大夫祭五祀。天子祭天下名山大川。五嶽視三公,四瀆視諸侯,諸侯祭名山大川之在其地者。天子諸侯祭因國之在其地而無主後者。"）

祭祀的精神。……《月令》……"是月也,乃命宰祝循行犧牲。視全具,按芻豢,瞻肥瘠,察物色,必比類,量大小,視長短,皆中度。五者備當,上帝其饗。"

不但要物備,心亦要備。

《祭統》……"夫祭者,非物自外至者也,自中出生於心者也。心怵而奉之以禮,是故唯賢者能盡祭之義。賢者之祭也,必受其福,非世所謂福也。福者,備也。備者,百順之名也。無所不順者之謂備,言內盡於己而外順於道也。忠臣以事其君,孝子以事其親,其本一也。上則順於鬼神,外則順於君長,內則以孝於親,如此之謂備。唯賢者能備,能備然後能祭,是故賢者之祭也,致其誠信,與其忠敬,奉之以物,道之以禮,安之以樂,參之以時。明薦之而已矣。不求其為,此孝子之心也。"

又……"夫祭有十倫焉:見事鬼神之道焉,見君臣之義焉,見父子之倫焉,見貴賤之等焉,見親疏之殺焉,見爵賞之施焉,見夫婦之別焉,見政事之均焉,見長幼之序焉,見上下之際焉,此之謂十倫。"

主敬……《表記》……"子曰:齋戒以事鬼神,擇日月以見君,恐民之不敬也。子曰:狎侮死焉而不畏也。"

《郊特牲》……"祀帝於郊,敬之至也。宗廟之祭,仁之至也。喪禮,忠之至也。備服器,仁之至也。……"①

《祭義》:"文王之祭也,事死如事生,思死者如不欲生,忌日必哀。稱諱如見親,祀之忠也。如見親之所愛,如欲色然,其文王與。"

《祭統》:"身致其誠信,誠信之謂盡,盡之謂敬。敬盡然後可以祀神明,此祭之道也。及時將祭,君子乃齊……散齊七日以定之,致齊三日以齊之。定之之謂齊,齊者精明之至也。然後可以交於神明也。""致齊於內,散齊於外。齊之日,思其居處,思其笑語,思其志意,思其所樂,思其所嗜。齊三日,乃見其所為齊者。祭之日,入室,僾然必有見乎其位。周還出戶,肅然必有聞乎其容聲。出戶而聽,愾然必有聞乎其歎息之聲。"②

《祭義》:"孝子將祭祀,必有齊莊之心以慮事。以具服物,以修宫室,以治百事。及祭之日,顏色必温,行必恐,如懼不及愛然。其奠之也,容貌必温,身必訕,如語焉而未之然。宿者皆出,其立卑靜以正,如將弗見然。及祭之後,陶陶遂遂,如將復入然。是故慤善不違身,耳目不違心,思慮不違親。結諸心,形諸色。而術省之,孝子之志也。"

又……"天下之禮,致反始也,致鬼神也,致和用也。致義也,致讓也。致反始,以厚其本也。致鬼神,以尊上也。致物用,以立民紀也。致義,則上下不悖逆矣。致讓,以去爭也。合此五者以治天下之禮也。雖有奇邪而不治者,則微矣。"

三、《論語》記孔子之論天與鬼神

"獲罪於天,無所禱也。"(《八佾》)

"子畏於匡,曰:文王既沒,文不在兹乎?天之將喪斯文也,後死者不得與於斯文也。天之未喪斯文也,匡人其如予何!"(《子罕》)

"子疾病,子路使門人為臣。病間,曰:久矣哉,由之行詐也。無臣而為有臣,吾誰欺,欺天乎?"(《子罕》)

"子曰:莫我知也夫。子貢曰:何為其莫知子也?子曰:不怨天,不尤人,下學而上達。知我者其天乎?"(《憲問》)

"子曰:予欲無言。子貢曰:子如不言,則小子何述焉?子曰:天何言哉?四時行焉,百物生焉,天何言哉?"(《陽貨》)

"子曰:天生德於予,桓魋其如予何!"(《述而》)

"子曰:非其鬼而祭之,諂也。"(《為政》)

"子曰:祭如在,祭神如神在。"(《八佾》)

"子曰:吾不與祭,如不祭。"(《八佾》)

"樊遲問知。子曰:務民之義,敬鬼神而遠之,可謂知矣。"(《雍也》)

"子之所慎,齊戰疾。"(《述而》)

"子曰:天生德於予,桓魋其如予何!"(《述而》)③

"子曰:禹,吾無閒然矣。菲飲食,而致孝乎鬼神。惡衣服,而致美乎黻

冕。卑宮室，而盡力乎溝洫。禹，吾無閒然矣。"(《泰伯》)

"季路問事鬼神。子曰：未能事人，焉能事鬼。敢問死。曰：未知生，焉知死。"(《先進》)

《孝經》：子貢問死而有知。仲尼云：吾欲言死而有知，則孝子輕生以殉死。吾欲言死而無知，則不孝之子，棄而不葬。

四、《大學》《中庸》論天人之際

"大學之道，在明明德，在新民，在止於至善。"(《大學》)

"天命之謂性……道也者不可須臾離也。可離，非道也。是故君子戒慎乎其所不睹，恐懼乎其所不聞。"(《中庸》一章)

"致中和，天地位焉，萬物育焉。"(一章)

"子曰鬼神之為德，其盛矣乎。視之而弗見，聽之而弗聞，體物而不可遺。使天下之人齊明盛服，以承祭祀。洋洋乎，如在其上，如在其左右。詩曰：神之格思，不可度思，矧可射思。夫微之顯，誠之不可揜如此夫。"(十六章)

"天之生物，必因其材而篤焉。故栽者培之，傾者覆之。詩曰：嘉樂君子，憲憲令德。宜民宜人，受祿於天。保佑命之，自天申之。故大德者必受命。"(十七章)

這一段講天命甚透闢。

"宗廟之禮，所以序昭穆也。……踐其位，行其禮，奏其樂。敬其所尊，愛其所親。事死如事生，事亡如事存，孝之至也。郊社之禮，所以事上帝也。宗廟之禮，所以祀乎其先也。明乎郊社之禮，禘嘗之義，治國其如示諸掌乎。"(十九章)

"仁者人也，親親為大。義者，宜也，尊賢為大。親親之殺，尊賢之等，禮所生也。在下位，不獲乎上，民不得而治矣。故君子不可以不修身。思修身，不可以不事親。思事親不可以不知人。思知人，不可以不知天。"(二十章)

（宗教與社會，因此有至密切之關係。）

"齊明盛服，非禮不動，所以修身也。……在下位，不獲乎上，民不可得而治矣。獲乎上有道,不信乎朋友,不獲乎上矣。信乎朋友有道,不順乎親,不信乎朋友矣。順乎親有道,反諸身不誠,不順乎親矣。誠身有道,不明乎善,不誠乎身矣。誠者天之道也。誠之者,人之道也。誠者不勉而中,不思而得,從容中道,聖人也。誠之者,擇善而固執之者也。"(二十章)

"自誠明,謂之性。自明誠,謂之教。誠則明矣。明則誠矣。"(二十一章)

"唯天下至誠,為能盡其性。能盡其性,則能盡人之性。能盡人之性,則能盡物之性。能盡物之性,則可以贊天地之化育。可以贊天地之化育,則可與天地參矣。"(二十二章)

"誠者自成也,而道自道也。誠者,物之終始,不誠無物,是故君子誠之為貴。誠者非自成己而已也,所以成物也。成己,仁也。成物,知也。性之德也,合外內之道也。故時措之宜也。"(二十五章。至誠能化,能前知,至誠不息。)

"天地之道,可一言而盡也。其為物不貳,則其生物不測。"(二十六章)

"君子之道,本諸身,徵諸庶民,考諸三王而不繆,建諸天地而不悖,質諸鬼神而無疑,百世以俟聖人而不惑。質諸鬼神而無疑,知天也。百世以俟聖人而不惑,知人也。是故君子動而世為天下道,行而世為天下法,言而世為天下則。遠之則有望,近之則不厭。"(二十九章)

以此觀之,中國人以修身與宗教合為一談。雖盡物之性,窮科學之理,亦可依舊有宗教。蓋此科學之理,即天之道也。將來中國在宗教方面,能使所信所知,所事所行,融洽和通,以為人生之立基,社會之礎石,世界之根本,亦意中事也。其中尊德性與道問學,實然是一件事,決無衝突。其所見之衝突,由人之執,非理有衝突,經驗有衝突也。

《中庸》有仲尼配天之意。

"仲尼祖述堯舜,憲章文武。上律天時;下襲水土。辟如天地之無不持載,無不覆幬;辟如四時之錯行,如日月之代明。萬物並育而不相害,道並行而不相悖。小德川流,大德敦化,此天地之所以為大也。"(三十章)

"溥博淵泉,而時出之。溥博如天,淵泉如淵。見而民莫不敬,言而民莫不信,行而民莫不悅。是以聲名洋溢乎中國,施及蠻貊。舟車所至,人力所通,天之所覆,地之所載,日月所照,霜露所墜,凡有血氣者,莫不尊親。故曰

配天。"（三十一章）

"唯天下至誠，為能經綸天下之大經，立天下之大本，知天地之化育。夫焉有所倚。肫肫其仁，淵淵其淵，浩浩其天。苟不固聰明聖知達天德者，其孰能知之？"（三十二章）

"君子篤恭而天下平。詩云：'予懷明德，不大聲以色。'子曰：聲色之於以化民，末也。詩曰：'德輶如毛，毛猶有倫。上天之載，無聲無臭，至矣。'"（三十三章）

五、荀子與賈誼、董仲舒

"惟聖人為不求知天"……"故君子敬其在己者，而不慕其在天者。小人錯其在己者，而慕其在天者。君子敬其在己者，而不慕其在天者，是以日進也。小人錯其在己者，而慕其在天者，是以日退也。"

"天行有常：不為堯存，不為桀亡。應之以治則吉，應之以亂則凶。彊本而節用，則天不能貧；養備而動時，則天不能病；循道而不貳，則天不能禍。故水旱不能使之饑，寒暑不能使之疾，祅怪不能使之凶……故明於天人之分，則可謂至人矣。不為而成，不求而得，夫是之為天職，如是者雖深，其人不加慮焉，雖大，不加能焉，雖精，不加察焉。夫是之謂不與天爭職。天有其時，地有其財，人有其治，夫是之謂能參。舍其所以參，而願其所參，則惑矣。"

"大天而思之，孰與物畜而制裁之？從天而頌之，孰與制天命而用之？望時而待之，孰與應時而使之？因物而多之，孰與騁能而化之？思物而物之，孰與理物而勿失之也？願於物之所以生，孰與有物之所以成？故錯人而思天，則失萬物之情。"《天論》）

（孟荀論性，與論天有關，茲因太繁不錄。漢代如賈誼、董仲舒皆稱儒家。但賈深於黃老之言，而董則雜於陰陽五行，甚且近於巫覡。賈誼論天人之際，言見《前漢書·賈誼傳》。）

賈誼曰：萬物變化，固無休息；斡流而遷，或推而還。形氣轉續，變化而嬗；物穆無間，故可勝言。禍兮福所倚，福兮禍所伏。憂喜聚門，吉凶同域。……天不可與慮,道不可與謀,遲速有命,烏識其時。且夫天地為鑪,造化為工,陰陽為炭,萬物為銅。含散消息,安有常則;千變萬物,未始有極;忽然為人,何足控揣;化為異物,又何足患。小智自私,賤彼貴我;達人大觀,物無不可。

董仲舒(見《漢書·董傳》及《春秋繁露》) 其傳中對策曰:"春秋謂一元之意:一者萬物之所從始也,元者辭之所謂大也。謂一為元者,視大始而欲正本也。春秋深探其本而反自貴者始。故為人君者,正心以正朝廷,正朝廷以正百官,正百官以正萬民,正萬民以正四方,正四方遠近莫敢不壹於正,而無邪氣奸其間者。是以陰陽調而風雨時,群生和而萬物殖,五穀熟而草木茂。天地之間被潤澤而大豐美,四海之內聞盛德而皆徠臣。諸福之物,可致之祥,莫不畢至,而王道終矣。"又謂:"道之大原出於天。"

《春秋繁露》"為人者天"曰:

"為生不能為人。為人者天也。人之(為)人,本於天,天亦人之曾祖父也。此人之所以乃上類天也。人之形體,化天數而成;人之血氣,化天志而仁;人之德行,化天數而義;人之好惡,化天之暖清;人之喜怒,化天之寒暑;人之受命,化天之四時;人生有喜怒哀樂之答,春秋冬夏之類也;天之副在乎人,人之情性有由天者矣。"

又《人副天數》曰:

"天德施,地德化,人德義。天氣上,地氣下,人氣在其間。春生夏長,百物以興;秋殺冬收,百物以藏。故莫精於氣,莫富於地,莫神於天。天地之精,所以生物者,莫貴於人。人受命乎天也,故超然有以倚。物疢莫能為仁義,唯人獨能為仁義。物疢莫能偶天地,唯人獨能偶天地。人有三百六十節,偶天之數也。形體骨肉,偶地之厚也。上有耳目聰明,日月之象也。體有空竅理脈,川谷之象也。心有哀樂喜怒,神氣之類也。觀人之體,一何高物之甚而類於天也。物旁折取天之陰陽以生活耳。而人乃爛然,有其文理"……

此論是唯物的一元論,今甚淺鄙。但其天人一貫之旨,可以為精確之論的起點。去其唯物而達乎唯心,未始非可為宗教之本也。

六、漢唐諸儒

餘如劉向言災異而不信鬼神。(《說苑·反質篇》說禱祠求福為妄。)揚雄著《太玄》,近於道家,蓋參合易老者。王充《論衡》謂天道無知,天地不故生人,人死氣滅,不必迷信。(其《論死篇》曰:"人之所以生者精氣也,死而精氣滅。能為精氣者血脈也,人死血脈竭。竭而精氣滅,滅而形體朽,朽而成灰土,何用為鬼。"阮瞻《無鬼論》,範縝《神滅論》或皆受其影響不小。)至於東漢則重古學。劉歆、桓譚、鄭興、杜林、賈逵、許慎,皆以訓詁、章句、校勘、解釋作考訂。後有班固、鄭玄、馬融等專通古經,但於宗教,無甚發明。魏晉間儒學大家亦頗有人,如王輔嗣(《周易》)、孔安國(《尚書》)、杜預(《左傳》)等。晉世黃老刑名之學興,有傅嘏、鍾會為才性論,王弼、何宴、七賢等為虛無論,裴頠為崇有論,葛洪為神仙論,鮑敬言為無君論。六朝時范縝主張神滅,反對佛。既為神滅,則無因果,齊聖凡。其論鬼神祭祀之所以不廢者,以有實際上的利用故也。曰:"聖人之教然也。所以弭孝子之心,而厲偷薄之意,神而明之,此之謂也。"意蓋與"民德歸厚"相同。曹思文難曰:"孝經曰,昔者周公郊祀后稷以配天,宗祀文王於明堂以配上帝,若形神俱滅,誰復配天乎?誰復配帝乎?"答曰:"若均是聖達,本自無教,教之所設,貴在黔首,黔首之情,常貴生而賤死。死而有靈,則長畏敬之心。死而無知,則生慢易之意。聖人知其如此,故廟祧壇墠以篤其誠心。肆筵授几,以全其罔已。尊祖以窮郊天之敬,嚴父以配明堂之享。且忠心之人,寄心有地,強梁之子,茲焉是懼;所以聲教昭於上,風俗淳於下,用此道也。故經曰:為之宗廟,以鬼享之。言用鬼神之道致茲孝享也。春秋祭祀,以時書之,明厲其追遠,不可朝死夕亡也。"隋之王通(文中子)不為神滅之論,但亦言人道致用之本。"或問佛。子曰:聖人也。曰:其教如何?西方之教也,中國則泥。"(《周公》)。"或問長生神仙之道。子曰,仁義不修,孝悌不立,奚為長生?"(《禮樂》)"程元曰:三教如何?子曰:政惡多門久矣。曰:廢之如何?曰:非爾所及也。"(《問易》)"詩書盛而秦世滅,非仲尼之罪也。虛玄長而晉室亂,非老莊之罪也。齊戒修而梁國亡,非釋迦之罪也。《易》不云乎?苟非其人,道不虛行。"(《周公》)"子讀

《洪範讜議》曰:三教於是可一矣。……使民不倦。"(《問易》)唐代儒家如陸德明、孔穎達、顏師古皆邃於經訓小學。(陸著《經典釋文》,顏正五經脫誤,孔《五經正義》)餘大儒如韓愈、李翱輩。

七、宋明諸儒

宋之儒家不重小學章句而崇道學。周濂溪(敦頤,字茂叔,1017—1073)有《太極圖說》。朱震《漢上易傳》謂此乃陳摶傳种放,放授穆修,修授濂溪。晁公武《讀書志》謂潤州鶴林寺僧壽涯授周子。此說是否不知,但亦可見道與禪之影響。朱、陸曾因此信函來還,辯圖之起原。茲錄《太極圖說》:"無極而太極,太極動而生陽。動極而靜,靜而生陰。靜極復動。一動一靜,互為其根,分陰分陽,兩儀立焉。陽變陰合而生水火木金土。五氣順布,四時行焉。五行一陰陽也,陰陽一太極也。太極本無極也。五行之生也,各一其性,無極之真,二五之精,妙合而凝。乾道成男,坤道成女。二氣交感,化生萬物。萬物生生而變化無窮焉,惟人也得其秀而最靈。形既生矣,神發知矣。五性感動而善惡分,萬事出矣。聖人定之以中正仁義,而主靜,立人極焉。故聖人與天地合其德,日月合其明,四時合其序,鬼神合其吉凶。君子修之吉,小人悖之凶。故曰:立天之道曰陰與陽,立地之道曰柔與剛,立人之道曰仁與義。又曰:原始反終,故知死生之說。大哉易也,斯其至矣。"(一)萬類一原,(二)人稟仁義,乃獨靈秀,(三)聖人出眾。

此圖朱子釋之。所謂鬼神合其吉凶,原始反終,依然是唯物的。無怪乎論理氣合一的朱子因之,而主心的陸子致疑焉。

邵雍(堯夫)康節先生(1011—1077),善先天象數之學,(李之才授之,蓋亦得於陳摶、种放、穆修者也。)近於易道,歸一切於心界。曰:"先天學,心法也。圖皆從中起。萬化萬事生於心。"(《先天卦位圖說》)又《觀物外篇》曰:"先天之學心也。後天之學迹也。出入有無死生者道也"。"心為太極","道為太極"。同篇又曰:"天地之本,其起於中乎?是以乾坤交變而不離乎中,人居天地之中,心居人之中,日中則盛,月中則盈,故君子貴中也。"《漁樵問答》曰:"物莫大於天地,天地生於太極,太極即是吾心。太極所生之萬化萬有,即吾心之萬化萬有也。故曰,天地之道備於人。"

又有世運會元之說。元十二萬九千六百年。天地一元一更。元終辰始，終始無際。由數理推之。

張載（子厚）橫渠先生（1020—1077）言一切是氣，是唯物的一元論。《太和》曰："太和所謂道……散殊而可象為氣，清通而不可象為神。不如野馬絪縕，不足謂之太和。"又曰："天地之氣，雖聚散、攻取百塗，然其為理也，順而不妄。氣之為物，散入無形，適得吾體，聚為有象，不失吾常。太虛不能無氣，氣不能不聚而為萬物，萬物不能不散而為太虛。循是出入，是皆不得已而然也。然則聖人盡道其間，兼體而不累者，存神其至矣。彼語寂滅者往而不反，徇生執有者物而不化。二者雖有間矣，以言乎失道則均焉。聚亦吾體，散亦吾體，知死之不亡者可與言性矣。"

論鬼神，《太和篇》曰："鬼神者，二氣之良能也。聖者至誠得天之謂，神者太虛妙應之目，凡天地法象，皆神化糟粕耳。天道不窮、寒暑已。衆動不窮，伸屈已。鬼神之實，不越二端而已矣。"《神化》曰："鬼神往來伸屈之義，故天曰神，地曰示，人曰鬼。"

《西銘》曰："乾稱父，坤稱母，予茲藐焉，乃混然中處。故天地之塞，吾其體，天地之帥，吾其性，民吾同胞，物吾與也。大君者，吾父母宗子，其大臣，宗子之家相也。尊高年，所以長其長。慈孤弱，所以幼吾幼。聖其合德，賢其秀也。凡天下疲癃殘疾，惸獨鰥寡，皆吾兄弟之顛連而無告者也。于時保之，子之翼也。樂且不憂，純乎孝者也。違曰悖德，害仁曰賊。濟惡者不才，其踐形惟肖者也。知化則善述其事，窮神則善繼其志。不愧屋漏為無忝，存心養性為匪懈。惡旨酒，崇伯子之顧養。育英才，潁封人之錫類。不弛勞而底豫，舜其功也。無所逃而待烹，申生其恭也。體其受而歸全者，參乎。勇於從而順令者，伯奇也。富貴福澤，將厚吾之生也。貧賤憂戚，庸玉女於成也。存，吾順事，沒，吾寧也。"

（周子分析天地之性與氣質之性。）

程顥（伯淳）明道先生（1032—1085）以乾元一氣，為宇宙之本。《二程全書》一曰："人與物但氣有偏正，得陰陽之變者，為鳥獸草木夷狄，受正氣者為人。"又曰："天地間非獨人為至靈；自家心便是草木鳥獸之心，但人受天地之中以生。"《全書》十二曰："天地萬物之理無獨必有對，皆自然而然。"又曰："萬物莫不有對。一陰一陽，一善一惡，陽長則陰消，善增則惡減。"《全書》二曰："事有善有惡，皆天理也。天理中物須有美惡，蓋'物之不齊，物之情也'。但當察之，不可自入於惡，流為一物。"論性則曰："生之謂性，性即氣，氣即性。"

程頤（正叔）伊川先生（1033—1107）《二程全書》十六："離了陰陽便無道，所以陰陽者是道也。陰陽，氣也，氣是形而下者，道是形而上者，形而上者則是理也。"十一又曰："有理則有氣，有氣則有理。鬼神者數也，數者氣之用也。"《全書》四："一陰一陽謂之道，道非陰陽也，所以一陰一陽道也。"（這便是理氣二元論。）

朱熹（元晦）（1130—1200）朱子從周子《太極圖說》及伊川二元論，論理與氣答劉叔文："所謂理與氣決是二物，但在物上看則二物渾淪，不可分開，各在一處。然不害二物之各為一物也。若在理上看，則雖未有物而已有物之理。然亦但有其理而已，未嘗實有是物也。"《語類》曰："理氣本無先後之可言，然必欲推其所從來，則須說先有是理。然理又非別為一物，即存乎是氣之中。無是處則是理亦無掛搭處。"答黃道夫："理也者，形而上之道也，生物之本也。氣也者，形而下之器也，生物之具也。是以人物之生，必稟此理，然後有性，必稟此氣，然後有形。"（論太極）《語類》曰："太極只理一個理字。""太極非是別為一物，即陰陽而在陰陽，即五行而在五行，即萬物而在萬物，只是一個理而已。因其極至，故名曰太極。""未有天地之先，畢竟也只是理。有此理，便有此天地。若無此理，便亦無天地。無人無物，都無該載了。有理便有氣流行發育萬物。"（萬物各有一太極，太極則唯一。）

朱子論性（《性理大全》）曰："有天地之性，有氣質之性。天地之性，則太極本然之妙，萬殊之一本也。氣質之性，則二氣交運而生，一本而萬殊者也。""論天地之性，則專指理而言；論氣質之性，則以理與氣雜而言之。""以理言之，則無不全；以氣言之，則無不偏。"論心學的"心者人之神明，所以具衆理應萬事者也"。

天地有心無心？無論何如心是管理之作用，偏則理氣雜作的作用。

"道夫（黃道夫）言，向者先生教思量天地有心無心，近思之，竊謂天地無心，仁便是天地生物之心。若使其有心，必有思慮，有營為。天地曷嘗有思慮來。然其所以四時行百物生者，蓋以其合當如此，便如此。不待思維。此所以為天地之。如此，則《易》所謂復其見天地之心正大，而天地之情，可見又如何？《性理大全》曰：'性者心之所具之理。情者，性之感於物而動者也。'如所說，祇說得他無心處爾。若果無心，則須牛生出馬，桃樹上發李花，他又卻自定。程子曰：以主宰謂之帝，以性情謂之乾。他這名義自定，心便是他個主宰處。所謂天地以生物為心，中間欽夫以為某不合如此說。某謂天地別無句當，只是以生物為心。一元之氣，運轉流通，略無停間，只是生出許多萬物而已。問：程子謂天地無心而成化，聖人有心而無為。曰：這是說天地無心處。且如四時行，百物生，天地何所容心？至於聖人則順理而已。復何為哉？所以明道云：天地之常，以其心普萬物而無心；聖人之常，以其情順萬事而無情。說得最好。問：普萬物，莫是以心周偏而無私否？曰：天地以此心普及萬物，人得之遂為人之心，（此說天人同心）物得之遂為物之心，草木禽獸接着，遂為草木禽獸之心。只是一個天地之心爾。今須要知得他有心處，又要見得他無心處，只憑定說不得。"

（朱子唯物論，如"天地始初混沌未分時，想只有水火二者。水之滓腳便成地，……火之極清便成風霆雷電日星之屬"。又"天地不壞……混沌一番，重新又起"云云。）

論心有精確之言，此以觀心說起首數語錄之：

"或問：佛者有觀心說，然乎？曰：天心者，人之所以主乎身者也。一而不二者也。為主而不為客者也。命物而不命於物者也。故以心觀物，則物之理得。今復有物以反觀乎心，則是心之外，復有一心而能管乎此心也。

"問：鬼神便是精氣魂魄，如何？曰：然。且就這一身看，自會笑語，有許多聰明知識，這是如何得恁地？虛空之中，忽然有風有雨，忽然有雷有電，這是如何得恁地？這都是陰陽相感，都是鬼神。看得到這裏，見得到一身只是個軀殼。在這裏內外，無非天地陰陽之氣。所以夜來說道：'天地之塞，吾其體，天地之帥，吾其性。'思量來這是一個道理。又云如魚之在水，外面水，便是魚肚裏面水。鯉魚肚裏水與鯉魚肚外水一般。仁父問，魂魄如何，是陰陽？曰：魂如火，魄如水。"（《宋儒學案》卷四十八）

答廖子晦書："所謂精神魂魄，有知有覺者，皆氣之所為也。故聚則有，散則無。若理則初不為聚散而有無也。但有是理，則有是氣。苟氣聚乎此，則其理亦命乎此爾。……鬼神便是精神魂魄。程子所謂天地之功用，造化之跡。張子所謂二氣之良能，皆非性之謂也。故祭祀之體，以類而感，以類而應。若性，則豈有類之可言耶？然氣之已散者，既化而無有矣。其根於理而曰生者,則固浩然而無窮也。故上蔡謂我之精神即祖考之精神,蓋謂此也。然聖人之制祭祀也,設主立戶,焫蕭灌鬯,或求之陰,或求之陽,無所不用其極,而猶止,曰:庶或享之而已。其至誠惻怛,精微恍惚之意,蓋有聖人所不欲言者,非可以世俗粗淺知見執一而求也。(示人以聖人不信鬼神之意。)豈曰一受其成形則此性遂為吾有。雖死而猶不滅,截然自成一物,藏乎寂然一體之中,以竢夫子孫之求而時出以饗之邪?必如此說,則其界限之廣狹,安頓之處所,必有可指言者。且自開闢以來,積至於今,其重併積疊,計已無地之可容矣。是又安有此理邪?且乾坤造化,如大洪鑪,人物生生,無少休息,是乃所謂實然之理,不憂其斷滅也。今乃以一片大虛寂目之,而反認人物已死之知覺,謂之實然之理,豈不誤哉?……"

"鬼神只是氣。伸屈往來者氣也。天地間無非氣,人之氣與天地之氣常相接,無間斷。人自不見。人心纔動,必達於氣,便與這屈伸往來者相感通,如卜筮之類。是皆心自有此物,只說你心上事纔動必應也。"(《學案》卷四十八)

"神便是氣之伸,此是常在底。鬼便是氣之屈,此是已散了底。然以精神去合他,又合得住。問:不交感時帝在否?曰:若不感而常有,則是有餒鬼矣。"(同上)

陸子九淵,字子靜,象山先生(1139—1193)幼時問宇宙義,解者曰:上下四方曰宇,往古來今曰宙。忽大省曰:"元來無窮,人與天地萬物,皆在無窮之中者也。"援筆書曰:"宇宙內事,乃己分內事,己分內事,乃宇宙內事。"又曰:"宇宙便是吾心,吾心即是宇宙。東海有聖人出焉,此心同,此理同也。西海有聖人出焉,此心同,此理同也。南海北海有聖人出焉,此心同,此理同也。千百世之上,至千百世之下,有聖人出焉,此心此理,亦莫不同也。"

《與吳子嗣書》曰:"此理充塞天地,天地鬼神且不能違異,況於人乎?誠知此理,當無彼己之私。善之在人猶在己也。故人之有善,若己有之,人之彥聖,其心好之。"《與吳南斗書》曰:"塞宇宙一理耳,上古聖人先覺此理,故其王天下也,仰則觀象於天,俯則觀法於地。觀鳥獸之文與地之宜,近取諸身,遠取諸物。於是始作八卦,以通神明之德,以類萬物之情。"《與曾宅之書》曰:"此理本天所以與我,非由外鑠我。明得此理,即是主宰。真能為主,則外物不能移,邪說不能惑。""心一理也,理一心也。至當歸一,精義無二。

此心此理實不容有二。"(同上)"仁即此心也,此理也。"(同上)《語錄》曰:"心與理無二,而後能致於仁。""萬物皆備於我,只要明理。"(亦承氣質之說)象山以一心為主,心即在我。《語錄》有曰:"格物者格此者也。伏羲仰象俯法,亦先於此盡力焉耳。不然,所謂格物,末而已矣。"(嘗謂六經皆我注腳)"吾之學問與諸處異者,只是在我全無杜撰。雖千言萬語,只是覺得他底,在我不曾添一些。近有議吾者云:除了'先立乎其大者'一句,全無伎倆。吾聞之曰:'誠然。''萬物森然於方寸之間,滿心而發,充塞宇宙。無非此理。''小心翼翼,昭事上帝。''上帝臨汝,無貳爾心。'此理誠塞宇宙,如何由人杜撰得?文王敬忌,若不知此,敬忌個甚麼?"(《學案》卷五十八)朱陸異同,兩派互譏,有俗學狂禪之說。

王陽明,守仁,伯安(1472—1528),心即理。《象山文集》序曰:"析心與理為二,而精一之學亡。世儒之支離,外索刑名數器之末,以求明其所謂理者,而不知我心即物理,初無假於外也。佛老之空虛,遺棄其人倫事物之常,以求明其所謂吾心者,而不知物理即我心。不可得而遺也。"(《全書》一)又曰:"心外無理,心外無事。"(《全書》二)又曰:"夫物理不外於吾心。外吾心而求物理,無物理矣。遺物理而求吾心,吾心又何物耶?"致良知(《全書》五)謂良知曰:"心之本體即天理也。天理之昭明靈覺,所謂良知也。"

"良知之在人心,無間於聖愚,天下古今之所同也。"(《全書》二)知行合一:"知是行之始,行是知之成。若會得時,只說一個知,已自有行在;只說一個行,已自有知在。"(《全書》)

八、總說

(一)報本——天人一貫

(二)重人

(三)務實——實踐道理

(四)廣博包容(社會人群在內)

(五)窮理明變

(六)尚禮——主敬

(七)配天

（八）靈性——存養克己——去人欲

（九）自然

（十）同仁

原載《真理與生命》一卷七期，1926 年 8 月

編者注：

① 此段應屬《禮器》。

② 後段引文應屬《祭義》。

③ 此段重複。

中國人的教會意識

　　四五年來中國基督徒的意識裏，加添了許多從前所不曾浮顯的思想。從前，基督教教會，與中國信徒但有機械的關係而無機能的關係，感覺不到不滿意，不便利，不調劑，不適合，也感覺不到自己是教會主人翁的責任。如今卻感覺到了。這種感覺，漸漸地成了中國信徒意識中普通的狀況；於是乎中國人就有了教會意識。這教會意識，我以爲便是中國教會的開始，表明宣告中國信徒在今日已經有了中國教會。

　　近年中國基督徒的教會意識所以膨漲發育的緣故，大概是顯然的。請舉數端。中國的基督徒對於自己的文化，自己的歷史，比從前更爲明瞭。愈瞭解自己的歷史文化，愈覺得西方傳來的教會，有許多不適中國的地方。

　　於是乎，素來很熱心很有見解的信徒，忽然變了不解教會所以然的人。有些人精神上受了痛苦，與教會貌合神離，不忍離而未離，不能合而強合。雖然只有少數人有這種情況，然這種情況，即是中國教會萌芽的朕兆。因爲沒有這一點，中國教會是永遠不會實現的。此其一。

　　中國基督徒的環境是富於荊棘的環境，居住在中間的，一舉手一投足都要受些刺激。新思潮用了新人生觀來刺激他，叫他覺得許多事情丟失了天經地義的威嚴，也叫他覺得有許多事情究竟是人要怎樣而怎樣，人不要怎樣就可以不怎樣的。甚致於有些人覺得理性叫他不要信童貞生子，肉體登天，使徒傳統等等信條，他雖落地獄，被永刑，也決計不信的。信而得救，他便不要得救；不信而不能進天國，他便不要進天國。新思潮是導火線。火線燒起來，轟然大響，一炮一炮開過來，就是國家主義，非基督教運動，反帝國主義，反資本主義，唯物史觀，等等。基督徒在這等荊天棘地之中，安得不想一條出路。於是思想的興奮劑做了教會意識的資養品。此其二。

　　中國現在哪裏有一片乾淨土？橫行的是丘八，賣國的是軍閥，殺同胞的是武人。將軍盡是食人肉的狗彘,兵卒無非穿軍衣的強盜。他們爲中國創造了窮、苦、亂、個人與國家地位的墮落。中國的生機與希望在哪裏呢?在信基督的人看,只有基督的生命,在我們心思行爲上發育,是我們永不磨滅的生機。因此我們就有保持宗教信仰的必要,就有組織合一的必要,就有教會的必要。教會於是乎做了我們的避禍城,做了我們精神的堅固營壘,做了我們服務同胞的出發點。世界上的惡是促進教會意識的驅使力。此其三。

在這種狀況之中,中國基督徒頗有研究基督的道理而得到深切瞭解的人。基督的愛是包羅廣博,在西國宣教師的心中,也如中國信徒的心中。他們中間的不瞭解是萬不能避免的,然而他們彼此的誠愛,是天地的根,是人類的性,油然而生,沛然而降,泛濫洋溢,了無界限。所以基督徒雖有中外之分,卻有同志同情的結合,世界上什麼勢力都不能使他們在於基督有分離。中國信徒與外國宣教人彼此了解他們不是西方政府帝國主義的走狗,更不是資本主義的奴隸,因爲他們長久同工,彼此知心。西國人有看輕中國人的心理,中國人有仗教爲非的腐敗行爲,以致教會受指摘,是不可隱瞞的事實。然而這是癰疽之患,可以醫治,現在正有人施以刀圭,敷以良藥了。若因癰疽而棄全身,豈非愚魯而惡劣之至麼?從前傳教者在前,殺人者在後,好像基督教的流佈,確實是外國政府吞食中國的前鋒。教案重重,賠款累累;其實是外國政府藉教案而實行其侵略政策,並不是基督教會藉外國而顯揚其宗教生活。外國政府藉教案而侵略中國,是外國政府壓迫基督教,不是外國政府輔助基督教;是外國政府對於基督教的通塞漠不關心,不是外國政府對於基督教的生命有何保護。宣教師藉條約而得保護是有意無意的使所傳的教倒退了行程。但是現在外國政府與中國發生了種種關係,更不用基督教的機關做工具。我們中國基督徒在實際上只要做兩件事就夠了。第一,我們自己決計不要受條約的保護;第二,我們決計不與受條約保護的外國宣教師合作。這樣傳教條約與傳教行爲,就不能發生關係。從今日起,傳教條約是空文,廢除是廢除,不廢除也得廢除,直到一天連空文都沒有了。我所要說的是我們已經覺悟到荊天棘地的國際狀態,不能吞蝕了基督生活的超國界精神。因此,在中國信徒中,不但是有了教會意識,由此而有中國教會,並且也有了中國教會的超國界種界的覺悟。國際生活促進了中國人的教會意識。此其四。

教會有工作。有公共的工作。如平民教育，宗教教育，鄉村佈道，拒毒運動，家庭改造，工業職業問題等等。有公共的工作，然後有公共的了解。同工是教會意識的灌溉，中國人教會意識促進的緣由。此其五。

　　中國人的教會意識，在於中國基督徒的公意上明顯出來，第一，中國人知道教會組織的必要。我們有崇拜上帝的團契，要有栽培性靈的機關，所以要有教會的組織。宗教生活是獨行潛修的工夫，也是群眾感通的運動，故有獨與群的兩方面。我們服事人群，傳揚聖道，推廣天國，保持真理，所以要有教會的組織。我們要與國內外的信徒有交誼，有協作，有聯絡，有往還，有公共改造世界人心的大事業；所以要有教會的組織。我們中間未嘗無人對於這種宗教組織，那種教會結構，深深地懷疑，然而我們中間還有誰人以為宗教生活是不用有組織的教會去維持而發展的？

　　中國基督徒一致要求一個真正的基督教。西方傳來的教會幾乎是埋葬在禮儀，古傳，習俗的形形式式中。我們要求撥開這些東西來看一看真相，然後接收的接收，放棄的放棄，改善的改善，創造的創造。我們是一致的要求，一致的要一個真面目的基督教。這就是我們中國人的教會意識。

　　我們只要真。我們對於基督教教義，有不明白的，有懷疑的，也有好些不能信的。真理是統一的，在科學範圍內的真理，不能在宗教範圍內就變成了假理。然而人各有見，見各有確有不確，有中有不中。真理與見解，在我們世人總是流動改變，日愈增益而發明。中國的基督徒對於神學的爭辯雖不無興趣，其對於爭辯而發生的分裂惡感，乃一致地覺着無意識。譬如甲信異蹟，甲難道就此可進天堂麼。乙不信，卻有基督的愛，難道就因不信神蹟而下地獄麼。倘使他連地獄都不信，倘使他所不信的地獄果然是沒有的，難道他便不可以為基督徒麼。若說他不能為信徒，那末中國基督徒便不能了解了。中國基督徒所不了解的，也是一致的。而這種一致的不贊成神學之爭辯分裂，就是中國信徒的教會意識。

　　中國基督徒不能了解紛歧複雜的許多公會，並且覺得對於任何公會不必矢永久的忠心。活一天，有賴於組織好的教會一天。今天進這公會好，明天他徙，就可以進別的公會。中國基督徒將來有了自立的中國教會，一定是沒有公會的；一定是隨地組織，隨地自立，各處都是中國基督教會。若然有總會，便是中國基督教總會；若是沒有總會，中國依舊有中國基督教會。信條或不同，宗派自難免；而以耶穌爲教主，以服務愛人爲事業則莫不相同。將來中國無公會而有宗派，宗派皆在中國基督教範圍之內，不爭辯，不決裂，同工同進，將榮耀歸獻於天父。一教會而宗派自衍，各宗派而教會獨峙，其中有思想的自由，禮儀的並存，信條的互異，工作的和諧，事業的聯絡。不須使徒傳統而自與世界教會有歷史上的連續，不須威權集中而自與各地信衆有宗仰上的一致，因爲連續的是基督，是真理，是經驗，是生活，是使命，是福音，是誠愛服務，而不是遺傳與習慣。中國的教會不能一日造成，現在正在萌育時期，費幾年幾世，然後現有各公會的教會團體，一個一個地伸起來成了一個一的中華基督教會。各有個性，各有特點，各依自己的組織而漸與他種團體互爲關係。思想自變，組織自改。等到成爲中國教會的時節，我們看她好像莫之爲而爲之，莫之致而致之。

中國基督徒的思想中，還有一種趨勢，就是要求簡單有意義的禮儀。中國人不是拉丁種。決不會像拉丁種那樣歡喜花樣熱鬧的宗教禮儀，然而中國古稱禮儀之邦，凡是讀過那佶屈聱牙的《儀禮》《周禮》等書的，總曉得在古時中國卻是最講那些繁文縟節的民族。人事不能無禮儀。可是我們知道不偏不倚爲佳。所以也決不會像貴格會人那樣地不用形體以彰顯精神的。儀要其整肅，禮要其簡易，天演進化，有自簡而進於繁的機體，有自繁而進於簡的制度。今後的宗教必要作近代繁複生活中一條簡易靜樂的生命路。宗教禮儀非簡不可。當此之時，我們中國人對於繁文縟節的適有反感，對於宗教形式，如僧侶的丁丁東東，道士的嚕嚕囌囌，適有與日俱增的厭惡。這種反感與要求簡易形儀的趨勢，皆是中國基督徒一致的教會意識的傾向。

中國基督徒對於基督教不求勉強的保護，而求儘量的試驗。剛露頭角的青年，大都心麤膽大，目空一世，不管自己有多少力量，總要試一試。不試不甘心，試得失敗卻甘心。有經驗的老成人站在旁邊指點他，不能使他聽從，嘲誚他，就激起了他的反感，於是乎有奈何他不得的意思。然而青年的橫衝直撞，老年的謹慎小心，都是生命歷程中必需的功用。現在中國人要自己創造他的信條，自己建設他的宗教，一方面要與一切西方古傳脫離關係而得基督教的真髓。一方面要將一切中國文化的優點與基督教並爲一體而成爲中國的基督教。在這種試驗中，中國的信徒用了幾個名詞，什麼中國的宗教遺傳啦，本色教會啦，其實他是東西躑躅，南北搜尋，要求創得他自己適用的基督教。這種趨向，現在極其明瞭，就是中國基督徒一致的教會意識的表示。

　　中國基督徒大都不贊成強迫的宗教教育。在這點上他們很表明中國基督教的特性。宗教的經籍遺傳，固然可以從教育灌輸；宗教的經驗，卻未必能從教育而分與。要從書本課室的教育而傳佈宗教的，走從知識到經驗的路程；要從宗教興趣與經驗而傳佈知識的，是從經驗到知識的途徑。第一條道是逆性的，第二條道是順性的；走第一條道，沒有真精神，至少也可得一個假形式；走第二條道，沒有真信仰就要毫無成就了。所以走逆性的道路，先易而後難，走順性的道路，先難而後穫。中國基督徒並非不贊成，並非不注重宗教教育。其所求者乃正當的教育法罷了。先強人學，而後望望然計效果，數則廣大矣，而學者的要求與興趣無有矣。先引起興趣，激發要求，然後待其人自求而與之，與之雖寡，亦寶之如珍珠，且無後來之怨憎也。此猶理論也。而中國基督徒對此已趨於一致。

　　中國基督徒是基督徒，也是中國國民，皆日益擴展其國家思想。國家主義與基督教必有合，不合，那末今日之下基督徒何以爲中國國民，而中國國民，又何以做基督徒。於是我們又一致的要發揮基督教國家主義。我們現在深抱國家主義，也深抱國際主義。我們現在反對一切不道德的，片面法律的國際關係，以及一切強淩弱，大侵小，富食貧的不公平。我們的國家主義有來源——從國恥來，從西宣教師來，從耶穌來。何以言之？五九、五卅是國恥產生國家主義的例子。惡的西宣教師開口則其所屬國好，閉口則其居住國不好，而行爲亦依樣地重己輕人。他們不能不使中國有思想的信徒咬牙切齒地愛自己祖國而抱國家主義。善的西宣教師以其國之善分與我們，兢兢業業地教育其子女，務使美國人的子女，不因在中國而失其所以爲美國人，英法國人的子女，不因在中國而失其所以爲英法國人。他們又不能不使中國有思想能觀察的基督徒五體投地，深深拜服，步趨他們而自去愛國，堅持自己的國家主義。中國基督徒的國家主義，不啻西宣教師的贈品。至於耶穌，非懇切，熱烈的愛國者乎。不過耶穌的愛國，與愛世界不衝突，我們應當學，不謂學而莫能致也。我們主張基督教可以革面革心救人救國，必要影響政治，影響法律，否則，爲社會國家，實無取乎宗教，而所謂宗教者，度出世界的一筏而已。中國基督徒的國家思想，與其教會思想，有至切的關係。我所以說中國基督徒國家思想的發達，即是其教會意識漸爲深刻的表幟。

在國際問題上，中國基督徒一致反對國際的不公平，一致要廢除不平等條約，已經略論過了。至於中國教會內西宣教師的地位，我們也已想到。將來他們可以代表西宣教會在中國教會做友誼的工人，處於客位，尊爲顧問，任爲助理。要不然，他們儘可以爲中國教會的教友，負教友的責任，享教友的權利，可以爲領袖，爲牧師，爲教員，爲教會代表，萬事與中國的教友同等而無所歧視。臨事則議，處事則舉，一視其人的才德聲望以爲斷，而不以其人的種族國籍以爲別。中國教會主張兼，不主張別。這是理論上的話，誰也不能駁倒的。至於現在，此事的實現，尚非其時。現在所要計算者，即是在教會之內，中外相對如何而得彼此開誠布公的友誼，如何而獲雙方竭力協和的工作，如何而爲弟兄姊妹，如何而同爲上天之子女。愛非易事也，愛而爲口頭禪，此則易事耳。然而愛不著，群不堅結，談其餘事，何益哉。

我已說過，中國基督徒因爲經過了幾許衝突、摩擦，得獲了對自己文化有價值的深邃的覺悟。因此教會裏的中國學子已經開始了比較耶穌教訓與中國文化的工程。不但是短篇文章，七零八落地發表了，而且書籍也印行了。這種書籍與文章雖屬粗疏淺薄，不是極深研幾的結果，但頗足以動人深刻的感想。因此竟有人問，耶穌教訓所包蘊，哪一條有價值的理是中國的思想中沒有提過的。我們接受耶穌添了一位洋神，甯非贅疣麼。這類問題是淺鄙的，因爲耶穌教是新生命，而這新生命是萬不可無有的；又因爲耶穌教是基督，人的根本，人的充量，人的歸宿，盡在於是。可是這類問題是問題，惟獨中國基督徒發生之，亦惟獨中國基督徒應當回答之，能夠回答之。於是乎中國基督徒了解到本色的基督教思想，本色的基督教文字之必要，遑遑然晝夜求之。此種要求是一致的，其回應雖不見得響亮，其所以表明中國人教會意識的進步，則彰彰焉，昭昭焉。

處乎今之世，舉眼是擾攘的煙雲，觸目是散亂的荊棘，中國基督徒頗有慼爲憂傷的心懷。他們一致地要求所以安其心神其力者，所以近幾年來中國基督徒中發生了兩種顯象，一者是對於宗教的淡漠，一者是對於宗教的熱心。淡漠心是思想紊亂的結果，熱烈心是生活痛苦的徵驗。然而生活痛苦的人多，故在思想的糾紛未解之前，皆急急地要求精神的慰安以及生命的維持力、膨漲力。我們中間有人竟要提倡修道院生活的，或竟要注意苦行的。

大多數是注重靈修,以爲修行如祈禱等事是宗教的要端,以爲宣教,如擇友談道,乘機播教等事,是宗教的命脈。無論如何,中國基督徒一致覺悟到靈修的重要,而這種覺悟,不得謂非教會意識的發育。

以上所論僅及中國信徒所有漸一的趨致。西國宣教師中尚未有如此一致的見解,因爲他們的背景與趣尚,和你們的不同。有人問說從前景教迭興,一旦遭遇艱難,僧侶歸返,西方的勢力消而中國的運動滅,試想今日而西人返國,經濟的輔助停止,中國的教會尚能存立麼。憂時的人當有這個問題。然而我們也要問景教在中國,中國景教徒亦曾有今日中國基督徒那樣的教會意識麼。基督教將來還須受些逼害與否,與基督教的能存能佈在中國與否,沒有甚大的關係。我們要深深地知道基督教是新生命,不是大洋樓,不是壯麗威嚴的大教堂。有生命,則無洋樓教堂,宗教不會滅,羅馬地底的穴居而拜上帝者是矣。有洋樓教堂而無生命,宗教不會興,大興教堂的教皇利阿第十是矣。中國能保有基督教與否,全視乎中國基督徒能不能更明澈地擴大他們的教會意識以爲斷。中國基督徒能否擴大教會意識,全視乎他們認識基督與否以爲斷。中國基督教的存亡,與洋樓教堂的能否全爲中國接收維持實是兩個問題。一旦而有西人退出的必要,中國人大概不能維持教會物質生活上的現狀;教會物質生活,自必大受打擊。我願中國教會沒有意外發生,忽然受逼,使毫無籌備的人接收不能擔任的重負。然而事可必無,理不可不明。故爲今之計,中國基督徒應當自奮,得有充量的基督的愛所揚溢的新生命,務使此新生命有舒適的物質生活固然善好,即無之或一旦失之亦活潑潑地踴躍而翶翔。然則基督教在中華泥土中已漸次生根矣,我於中國基督徒現正發育的教會意識而益信。

原載《真理與生命》一卷十期,1926年

基督教在中國的前途

　　基督教者，基督也。基督有兩義，一是拿撒勒人耶穌的稱謂，僅限於耶穌一身；一是耶穌的人格精神，若博愛，若虔信，若犧牲，若純潔諸種德，充塞於耶穌之內，而亦洶湧激揚於與耶穌同志者的心中。肉體的基督，有時歸於盡；精神的基督，日久而彌彰。日久而彌彰的精神基督，為聖靈，為救法，為重生，為神人間的和睦，人人間的平安，為凡有血氣者所表彰的大道，為凡先知先覺所闡揚的福音，為拯人出於惡入於聖的大神通，為基督教的本原歷程與歸宿。所以基督教的總基本，總歸宿，總關鍵，基督而已矣，基督教的教義無不覆幬，無不持載，一是皆由基督出。其所謂神，所謂上帝，不過是基督之所由；所謂聖靈，不過是基督之所行；所謂人，不過基督之所可合而進於神者；所謂天國，不過基督之所可演而進為群者。其異則莫不異，其同則莫不同。異於個物個性，同於神的通一。通一者，矛盾衝突的通一也。心的平安在奮鬥，善的成全在奮鬥。由一小通一達一大通一；由一大通一達一更大的通一，而遞爭遞上，永無窮止。所以真理的闡發無已時，人類的進善無已時。本篇不談哲學，實言常事，惟以常事無不有基本觀念為礎石，所以我有以上的言論。簡括說，中國的基督，有什麼觀念，做她的根本的教義呢。基督教不分中西內外，不有種族家國。因此各國各族的基督教即係我國的基督教，於是則曰，基督而已矣。其因各種族，各地方而殊異的觀念，皆其變態異狀，蓋基督教千變萬化，以證其為生命，誠無損乎其為基督教也。若必分為教義而後言，那末基督教的教義無他，即是耶穌基督所表示顯現的天父上帝，人類弟兄以及由信得救，由悔成聖，由服務犧牲而實現的天國等等觀念就是了。

　　中國的基督教既有此種教義，宣教者能否就拿來傳給現代的青年聽？這是一個重要的問題。現代的青年事實上趣重情感，有什麼衝動，便不法祖宗，不畏人言，去做什麼樣的事；而思想方面卻又信仰科學，尊重理性，以爲科學能夠將證據給一切事實，理性能夠解釋一切不曾得有瞭解的心理與物理現象。其行爲不講理性，其要求專講理性，所以投其所好者則合其所謂理，不合口味者則一切黜之爲非理。此之謂縱情恣欲的唯理時代。在這種時代人最容易以非科學的專斷精神講科學，最容易以情感的衝動驅策理性。以此類推，這時代的青年亦以宗教的熱誠去非宗教，亦以非宗教的動作去使自己的宗教要求得滿意。這種情形是時勢所造成，而時勢是不負責任的。基督教若要對於時勢負責任，那末對於現代的青年當有什麼使命呢？我以爲基督教第一個使命就是內部整飭，凡爲青年領袖的人皆注意靈修，發揚信德，務使所言所行，多少有一致的表示。言行毫不一致的人決不能將福音宣傳給青年，因爲青年決不能接受空言，決不能相信好果子會生在壞樹上。換一句說，基督教是基督，基督就是人格的精神。因此我們對於任何人的使命，特別是對於現代中國青年的使命，就是發揚我們自己的信德，表彰所信仰的基督，以致他們不能不承認基督教實在的權能及其救己救人的勢力。我們應當用言行、文字，將基督敬贈予吾國現代的青年，直到他們接納而實現基督似的人格。

　　我們講救國也好，講此主義彼主義均無不好。可是總綱是表彰耶穌基督。有此使命，方法盡可不同。只要不強迫，不專橫；只要與青年爲誠摯的朋友，忠告而善導之，使其自覺自決。基督徒自己有確信，結合團契，爲青年服務，他的事功就正確了。基督教在中國的前途，光明黑暗，全視基督教中爲導師爲領袖的人，在於今日，能不能發揚基督精神以爲斷。中國教會而果有基督，前途就自然光明；否則，百足之蟲，雖曰死而不僵，其真死則無法可以倖免的。

　　我們一切的努力，其最後的目的何在？是要救人的靈魂麼？是。是要救國家，使中國得在各國中占其應有的平等地位，然後發揮國性，使其文化爲各國所接納而爲世界文化的一要素麼？是。是要改造中國社會，改變其種種制度麼？也是。我們且不必問這樣，問那樣，因爲凡是用基督而爲善的工作俱可算爲我們最後的目的。然而基督教是基督，其最後的目的就是使基督在一切的制度，一切的人事上爲主。基督教是宗教，其最後的目的，是宗教的目的，即是完全實現基督。這便是舊說所謂天堂，審判，末日，耶穌再降，就是新說所謂社會福音。基督教不要管理政府，不要有政治運動，不要有經濟運動、社會運動等等。那些運動皆當有，基督徒皆當盡量參加，盡量預分。但是基督教是宗教，其最後的鵠舍就是其最前的鵠的，就是要使人正確地成爲基督。捨此他圖，什麽這種運動啦，那種運動啦，只可算緣木求魚，入水羅雀。固然，基督教不與人生分離，所以基督教有方法，有工具，有制度，有機關，設立教堂，醫院，學校等等。其所以如此者，無他，清清楚楚說是要引人爲基督徒，引人到基督，得基督，達到基督充分的身量。教會今日惟一的大罪惡不是在於做這事，做那事，乃是在於不表揚彰顯基督。教會有一個醫院，件件齊全，卻沒有基督在裏面；有一個學校，門門俱專，單缺少基督；有一個教堂，事事都不差，只找不出基督來——這就是大罪。我再說，基督教的目的，無前後，無始終，無可旁貸假借，單單地要成全基督。否則，政治自有政治家去指導，社會自有改造社會的人去改良，自然與一切現象有科學家去研究，用不著基督教越俎而代庖。基督教之所以爲基督教者因爲她有自己的使命，捨此不圖而旁溢橫泛，基督教連今日尚且要丟失，遑論他日，遑論前途。

或有人說基督教不合國性，所以前途不甚光明。或有人說基督教與中國人漠不相關，因爲中國人沒有宗教的興趣。這些都非確論。基督教不合中國國性麽？請注意兩事：（一）基督教不要適合任何一國的國性，乃要任何一國的思想家與信徒解釋其教理使基督能變作其國的國性。換一句說，她要使接受她的國實現基督，消除攔阻實現基督的障礙物。今之談本色基督教者，就是要將中國文化中固有的基督在於耶穌基督，成爲光明聖潔，以全耶穌應化的旨意。（二）基督教本身就是人類上進的原動力，可以合任何國家的國性。基督是生命的第一塊奠基石，用以奠基，無不合適，用以壓人，無不成爲齏粉。何以言之？基督是上帝在人心中的德能，人得之可以爲大善而昌盛，可以奮進，可以冒萬險成萬事。人失之則死。基督教無不適，所不適者非基督教，乃基督教的粃糠糟粕，如舶來的儀節與遺傳，乃基督教的附贅懸疣，如陳舊的神學與宗派。得其精華則適，棄其咀餘則亦適。適與不適，在於中國的宗教思想家及信衆自擇而自定，不在於基督教的內包何如。布料無不適，裁剪而縫紉，成衣而後合否乃見。基督教在中國的前途如何，端賴裁剪而縫紉之者如何辦法耳。教無不合於國人，人亦有不合於宗教麽？

中國人求佛於印度，高僧輩出，法顯、玄奘等莫不歷盡險阻而後宏大佛法。說中國人沒有宗教性，或故意漠視宗教，可以麼？宋人倡理氣之說，及南宋亡，文天祥慷慨就義，有正氣歌之作，大有宗教精神，"是氣所磅礴，凜冽萬古存"，是哲學發在行爲而變了宗教。說中國人沒有宗教性，沒有宗教上的要求合理麼？古時人崇拜天神，地示，人鬼，已經覺悟到人與萬物合一的意思。"聖其合德賢其秀"，"存，吾順事；沒，吾寧"——等等觀念是中國人特別有理的宗教。若因基督教而更致力乎基督，中國人豈不能因此而有宗教上的獨到與成就麼？

不過目前基督教有許多難解決的問題。本篇限於篇幅，不能枝枝節節去提出來討論。直截了當的說，中國基督教第一個大問題是人的問題。用中國的眼光看，我們可以說，"其人存，則其政舉，其人亡，則其政息"。當現在中國難產的時候，中國基督教須要有人像以賽亞，像施洗的約翰，像異邦人的師傅保羅出來莫聖教的基礎。顧其人安在？有人說先知時代是過去了。真的麼？托爾斯泰、泰谷兒、甘地、孫文都有先知的精神與工作，難道盡是古人麼？基督教是宗教，信宗教的人儘可蓄財產，享福利，度此塵世；然而宗教的領袖決不能如此辦法而依然能夠影響他人。不過我承認先知問題不是人力所能解決的問題。沒有時勢，或者英雄不能出；然而中國今日，豈果沒有足以產生先知的時勢麼？也罷，沒有先知，也得有才識之士，爲我們引舵渡海。我們假定犧牲是不可能的事，假定今日爲基督辦事不必犧牲，我們就能得人才，做實現基督的要工麼。能得與不能得，全在國內中西領袖切實的計劃，誠懇的預備。一旦有人，基督教便能有積極的思想運動，一方面轉移非教的勢力，一方面闡揚聖教的真理。有人則有進展。今日中國基督教內果無人才麼？否。少些罷了。

人才問題之外，尚有經濟問題。此問題包蘊中國教會的自立自治自養自傳諸事。宗教必需形式組織，故必需有教堂牧師以及教堂牧師諸種維持費。宗教有類於象徵，以顯其隱，以著其徵，故宗教生活萬不能離物質而獨立。所以我們不須問宗教應不應有教堂廟宇寺觀等建築，不須問宗教應不應有專心行教宣教的神傅法師司牧等領袖。我們應當問，既需教堂牧師等，既因此而發生重大的經濟問題，基督教宜有何種建築與人才，以適應可在中國的基督教與可信基督的中國人各項精神物質的要求。我們也無須問基督教要不要開學校，施行教育，因爲教育是宗教精神所以揮發的唯一法門。然而如何開學校，如何將現有的基督教學校增損減益而收回來歸於我國信徒自辦，卻是應得詳細審慮的問題。基督教在華的前途，亦有視乎基督教教育能否爲基督教栽培人才，倡造思想，奮興信仰。此外我們也當知道中國最大多數的人民是農民，農民是中國的礎柱，若基督教要在中國彰著其精神，其重要的事功，即在使中國的農村基督化。中國的事大都是上行下效的，因此宗教運動，當先及於士大夫。這果然是不差。但是時勢變化，士大夫將有不能不視平民的旨意而決定進止。士大夫接受基督實非易事，而影響於平民，藉平教運動、公民運動、勞農運動、鄉村運動而轉移農民之心理趨向則實非難事。處於今日，基督教一方面必須與中國的士大夫合作而增進農民的知識與生活，一方面必須與中國的士大夫力爭先登而啟發農民對於基督的信仰。然而這又是人才經濟的問題。

然則當如何？簡言之。信衆當急迫不待地努力實顯基督。分別而言之，則基督教會當有清楚切實的計劃，規定需要何種人才，何種建築，何種運動，以達何種必須貫徹的主義。就人才方面而論，太上爲能犧牲自己者，其次爲才德兼長而不能犧牲者，最下爲既無所長而又不肯犧牲自己者。太上則視今日國內教會的性形，不易言之矣。能犧牲一己而爲大先知者，其來也自來，其往也不知其所終，我且置之而不道。其下焉者，遍地皆是，聚四五人不能爲一人之事，計惟努力裁汰以節費用，年輕者當令其速改營業，年長者當令速退而居下。不數年間，引渡既畢，則所省的費用，當增爲才德兼長而不能犧牲一切者的辛俸，使其辛俸或倍之或雙倍之。一人必兼爲四五人之事，自己努力，亦且使教友之才具可用者，聽其指揮而共同努力。然而經濟猶然不足，因爲此等人才須受高等教育，須得與教員醫士相等的辛金。所以西方宣教會必須急起而改變政策，不注重無法達到的牧師犧牲，而特注重以平等之道待遇牧師。若西方母會不改政策，一仍舊貫，我國信徒依舊必須擡高牧師的生活，俾得在教友中訓練獨立而不受辛金的助理牧師。如此則中國基督教可以僅有一千受俸牧師而擴張繼增了。至於建築教堂，則大城如北京，至多不過五處，一在中心，四在四隅。小城與鄉鎮則僅一處；鄉邨則三四邨合一處，建在適中地點。將來西宣教會以教堂交託我們，贈送我們時，我們便可改善應用，俾適我國的需求。每一教堂當有講堂，禮拜堂，閱書室，修養處的佈置，而佈置的繁簡，一視其地的要求。牧師每人須兼管十城之事。每逢主日，則助理牧師可由本堂的執行委員會委派講經。每堂若有助理牧師十人，則每堂可於主日有講經五次。聽道的人清晨來亦可，午前、午後、傍晚、黃昏來皆無不可。禮拜堂七日俱開，晝夜俱開，中設聖壇，焚幽靜的清香。四周有小壇與蒲墊，壇上設聖經，裝入壇面，不能移轉，故崇拜上帝者可跪在壇前默禱念經，恭敬事奉。每一小壇可容一人。壇的多寡視其地之需要及堂之大小。最大的堂，後有修道院，旁有圖書館，前有大樹兩行，以示莊嚴清淨。有志修道的人，可以按章程入院修養。修養非出家之謂，乃靜修以冀收心養德以爲上帝作更大的工之謂。此篇僅發表我的希望，不能細述。細述則請俟諸異日。

將來中國教會，必須成爲有宗派而合一，有協一而分宗派的中華基督教會。此則在拙著《中國人的教會意識》中已略提出，茲以限於篇幅，不復再提。至於農村教會，亦須上等人才，敢問當如何爲之綢繆？此事與全教會的領袖人才，至有關係。各教會中學應當注意於可造可用之材。若教會有計劃，應當竭力注意於中學學生中基督徒的訓練。凡有志的基督徒，中學畢業後，可令其擔農村教會之事，而管領三四或四五農村的宗教事業。每值夏季，農事正忙而教會大學正閑的時候，各大學應有暑期學校，令農村宗教師入學肄習。一連十年或十二年，此等中學畢業生，既有經驗，復得學業，可以不費分文而爲大學畢業生。當一個農村宗教師已有六年成績時，則可加聘一位新從中學畢業的助理宗教師，受同等的訓練；這樣再過六年，第一人大學畢業後，可以升入鄉鎭或城市的工作而得較大的酬報，其第二人即以升上而爲主理宗教師。遞增遞上，教會就不怕沒有人才了。教會所需的是人才，是因人才而收穫的事效；人才所求者是機會。今若兩全，事必有成。苟教會泥守舊迹，不聽我等如恍如惚，實真實切之言，使所計劃，皆歸泡影，豈不大可惜麼？農村教會若有良導師，則風俗可以改，生活可以進，知識可以開，基督可以實現。農村的教堂，暫時可以作五六種事功之用。可以作禮拜堂、學校、講道室、社交室、娛樂場。苟有其人，鄉村可以屬於基督，苟不得人，世界可以傾覆，況乎區的農村。

以上所述，擇焉而不精，語焉而不詳，實非數千字所能罄盡。但有提示，讀者應細加思考，起而損益其意，而計劃實行之。基督教在中國必須使中國改善而合於基督教教性,必須使中國實現基督最崇高最偉大的人格,必須使中國人爲基督。然其履行此主張之道則在於倡造合於中國需要的思想與組織;故中國的基督化乃基督教的鵠的,基督教的中國化乃基督教的方法,方法不一致,不必一致,而所致必一,且必一於基督。故中國的基督化,與基督教的中國化,是一個運動的兩方面,如鳥之左右翼,如車之前後輪,輔行而不悖者也。雙方並行,基督教在中國,當佔一重要的地位。只要我們做信衆的人努力相信,努力前行就是了。至於如何"動員",實爲不易之事。有基督,即能動,沒有基督,即不能有誠摯迫切的運動。所以決定方針不易,動員亦不易。中國的基督徒儘可按時勢的需求,地方的缺少,團體的見象,各自爲動,以期有成。惟第一步端在於心靈的興奮與信仰的堅凝,因爲有靈修有信仰,然後乃能有宗教的活動,生命擴大的能力。時至今日,人各可以貢其見解,陳其計劃。苟能自漸以至廣大,起於小試驗而成於大建設,斯亦可已。其第二步是理想的宣傳。一人所知,務使人知,一地所計劃,務使各地對此發生有興趣的反應。譬如裁汰學識才德薄弱的宣教師,可謂一種新舉動,然此亦非一朝夕之事。奪人飯碗者,人必奪其飯碗,必加其名曰魔鬼,必謂其舉動曰異端。此種爭鬥,在所不免;不過我們要明白此種爭鬥,名爲正統異端之戰,其實乃系金錢飯碗與宗教的靈力相攻排。廓清教內,爲今日急務,重組聖職,爲教內要事;我們鼓吹宣傳此舉,現在正是時候了。至於教會其餘問題,千端萬緒,非一言所能罄,非一人所得言。當此時節,我們要發揚光大基督教,應當各處組織小團體,高舉基督,互相策應,成爲教內由裏面泛溢到外面來的勢力。此等團體應爲基督教奠思想行爲的根基。教會的根基奠定,前途就穩固了。

　　此篇論文,乃忙中所作。思想疏漏之處甚多。所以急於發表者,其故有二:

　　一則應付本刊的需求,一則著者自欲引起讀者的意見與討論。幸讀者指正。紫宸附識。

原載《真理與生命》一卷十二期,1926 年

風潮中奮起的中國教會

艱難痛苦,是天然與人生演進的歷程中,促進奮鬥,激起創造最經濟的方法。艱難不廣大,人有容忍耐受的餘地,痛苦不劇烈,人有苟安旦夕的可能。等到艱難轉爲危險,痛苦瀕於死亡,人必要入地登天鑽頭覓縫,尋一出路,使危險爲平安,使痛苦變快愉。不逢不得已的事情,人就不肯擔負重大的責任,不逢至不得已的事情,人決不肯死心塌地去徹底地解決當前的問題。中國教會,久已應有徹底的思想與改造;祇因爲內缺懇切的要求,外無兇猛的刺激,故有停鞭按轡的現狀。現在則不然了。反基督教運動藉着政治的權勢,開始與基督教爲難。南方的國民政府,對於基督教會及教會學校有收回主權,實行立案的種種明文。在此情勢之下,中華基督徒不得不作徹底的思考立鮮明的表幟。人間萬事,若要有徹底的解決,即非容易;不過不徹底解決,祇可以暫時避免艱難與痛苦,斷不能將艱難剷除,痛苦消滅了。今日中國教會決不再要用嗎啡針來止痛,乃要"一摑一掌血,一棒一條痕"地創造她自己的生命。教會現在逢到了廣大的艱難,劇烈的痛苦麼?可賀!微明復闇,在雞唱之後,果然;然而立刻要天曉了!

教會爲什麼必待艱難痛苦而後奮起呢?豈非投機麼?趨時而隨波逐流麼?人儘可如此說,我儘可不如此想。中國沒有艱難痛苦,能有全民運動如此洶湧澎湃要將一切不平等不公義淹沒麼?中國人民豈皆作投機事業的麼?好。不過教會是引導群生,使皆得救;何故不做引導的工作,而反被引導,受指點呢?生之端緒,豈惟一二,因果互轉,表裏爲用;教會可爲引導的事功,亦可受指點於社會;蓋教會亦一社會制度耳。昔曾有貢獻者,今日受訓練與指導;今日受訓導者,他日當有更大的貢獻。受訓導者有受之之力,因而改作創造,躍上正軌,而發揚人生的精神生活,其力量還係內發,決非外鑠之勢力所能轉移。無力量而隨波逐流則謂之投機,有權衡而因風轉帆則謂之創造。中國教會果作投機之事與否,不能以今日的改變爲斷定,應當以此後的精神爲準則。東風東倒,西風西倒,猶之無定的垂柳,便是投機。時機到而發生徹底的覺悟,一往直前,不畏難,不退轉,以創造新局面,是乘機,不是投機。投機乘機,其間不可以道里計。中國教會乘此時機,躍入軌道,作切實光明的貢獻,正不必"故作小紅桃杏色"也!

孟子說:"天將降大任於斯人也,必先苦其心志,勞其筋骨,餓其體膚,空乏其身,行拂亂其所爲,所以動心忍性,增益其所不能。人恒過,然後能改;困於心,衡於慮而後作;徵於色,發於聲而後喻……然後知生於憂患而死於安樂也。"我主耶穌基督說:"心裏貧乏者有福,因爲天國是他們的。哀慟的人有福……爲義受逼害的人有福,因爲天國是他們的。"生命的原理,古今中外的聖賢都早已道著,就是:生於憂患。基督教會在於今日總算是生於憂患了。四川、湖南、湖北、江西、廣東、福建、陝西等省的西宣教師,尤其是英國宣教師,有許多已經離開他們建立在中國的教會。他們離開了,他們背後的教友尚不免於群羊失了牧人的情況。他們的教會,能像"落花流水杳然去,別有天地在人間"麼?有些地方,中國教士,身受恥辱,如湖南瀏陽的某牧師,負手遊街,口呼自己爲帝國主義的走狗。其同道者,因畏退縮,與教會脫離關係,以免恥辱的痛苦。湖南的教會學校一一關閉,湖北武漢的基督教學校與信徒,出於急迫,力求與國民政府合作,雖尚支持,已不免於投機的譏誚。據傳聞之言,去年一年中廣東教會減少了近萬信徒。廣東教會鑒此情形,已經積極預備,去應付時局,建設自己的事業。"迅雷不及掩耳",試問明日的中國的教會如何?

我們顧後瞻前,好像見了自己的步驟,疾計之則一曰迷朦,二曰驚惶,三曰逼害,四曰覺悟,五曰肅清,六曰奮鬥,七曰自立,八曰國化,九曰剛強,十曰復興。再簡括些說,中國的教會必要經過艱難而後在中國泥土裏發生深遠的根蒂,而後開花結果,使非難反對聖教的人亦得受聖教的援助。我等信衆對於今日的困難痛苦,不須驚惶,反要覺得歡喜,有盼望。教會中有信心退轉的人麼?這些人本來是"紅蜻蜓弱不經風"的,祇會使教會內部發生繆轕,不會使教會有徹底的宗教生活。他們與教會脫離關係,教會得了一個自然肅清的良機,把個重擔交卸了。平時,綿羊山羊誰能判別呢?歲寒,則江南丹橘,綠林在衰草枯枝中顯明了。逼害相煎,教會既得肅清,復得覺悟,覺悟的程式雖然不同，其濤興浪湧，足以使中國教會奮起，是毫無疑義的。

中國教會在難境中所得的覺悟，大概可以分作三端。（一）要提高信徒的靈修。英文《教務雜誌》於本年開始一期中，載有西教士的通信，報告去年一年重要傳教地點的情形。汕頭的報告說："佈道一事，頗爲（中國領袖）所注重。西宣教師曾以中國人忽略宣道一事爲慮；但現在我等大有希望，再也不必悲觀了。"（七十三面）福州的報告說："我們已見個人傳道工作的新注重了。我信我們全體基督徒領袖承認我們對於此事的懈忽，正要加意注重之。"（一月期七十四面）內力不充，外患莫能禦，注重靈修，正係今日的要事。

（二）注重自立而實行創造中國基督教會。廣東受政潮的影響最早，亦最大，故廣東的中華基督教會有協會的成立。各堂會有個性發展的自由，無繁複信條儀節的束縛。堂會之外有區會聯合而成協會。分則各堂有獨立的精神，合則全體有共進的結合，責任有所歸，擔負有所駐，生活有所聚，而事功有所成；雖尚在試驗之中，思想組織，未盡妥協，其對於全國教會的指示，對於聖教將來的希望，實已有重大的貢獻。去年廣東協會大會，有切實的宣示，對不平等條約，則力主廢除，對於收回教會主權，則定有大綱。有一條議案說："凡外國差會現在所轄各項事業，應於最速時間內移交大會接收，以後外國差會停止管理行使其向有支配教會事業之職權；所有人材經濟之助力，亦概由大會或大會特設之機關支配之。"（見《廣東協會月刊》一卷二期一面）這議案通過後，即有特別委員着手辦理。以上所述，僅限於廣東一省。可是這種教會自立的呼聲，各處都有，雖進行的步驟，有緩急精粗之別，其爲要求，則隨處皆同。譬如桂林，自立的中華基督教會也成立了。其宣言中說："桂林地方瘠苦，生計維艱……自立教會都無成立的希望。雖然，內受責任心的驅使，外受非難者之刺激，上受聖父、聖子、聖靈的責備和感動，遂顧前不顧後，向真正自立的途徑直跑。"這宣言是十五年八月間發出的。（見《改進》第一卷第十二號）蘭州中華基督教會也有宣言出來了。宣言上說："十五年十二月十二日開會議決，純粹由華人組織中華基督教會，與西國宣教師完全脫離關係，務期自立自傳自養。"與西宣教師完全脫離關係的表示，由蘭州信徒發出，是深可思維的。其《通啟》中附帶聲明說："本會同人知非自立，不足以光大主教，知非自治，不足以堅其信心。"這種表示，是環境造成的，所以"緩無可緩"，人才缺乏，經濟缺乏，皆所不顧了。中國信徒謀求教會自立，雖所走的路徑不同,所持的理由不同,或因内部有中西的糾紛,或因環境有齟齬的困難,然其所要達到的目標則大略相同。北至蘭州,南至廣州,東至溫州,西至貴州,教會的情形,境遇,宗派,組織,差殊極遠,而所成立的自立教會,沒有一個是以公會定名的,也沒有一個不是以"中華基督教會"定名的。"中華基督教會"之上,冠以地名以爲分別,頗可以見教會心理的一致。凡有自立教會之地,無不感受人才經濟兩相匱乏的痛苦,然而痛苦自痛苦,進行自進行,獨立奮鬥,直可叫人歡喜無量,踴躍三百。

(三)在現在政潮與思潮翻湧衝決的時候,全國基督徒一致有綢繆未雨的要求,逼迫地預備當大難,臨大節。從消極方面看,舊時的轇轕問題,或消弭於無形,或退藏於隱密,不再來絞信衆的腦漿。信經,神學,禮儀,宗派,等等皆不足以分裂基督徒的團契。信奉基督的意義,漸漸地與一切形式相解脫,而爲清楚的愛的生命。有基督的有生命,沒有基督的沒有生命;有生命的是基督徒,沒有生命的不是基督徒(基督二字之義參見《真理與生命》拙著"中國教會的前途"一文)以基督爲根基起而創造教會,這是全國信衆所同然。日子已到,現在就是了;勞苦負重的人,可以將外鑠的遺傳,放下重擔似的,放下了。

從積極方面看,中國基督徒不但要在信念上、文字上有一番徹底的整理,努力的改善,精審的創作;並且也要在實際上有偉大的犧牲,熱烈的運動。理想信念爲行爲動作的根本;若不徹底,行爲必要受阻礙。譬如西方千餘年來的教義信條,莫不有西方人生的背景,附贅懸疣必然甚多。中國信徒對於此種人爲的思想統系,現在尚不知如何措手足。待到中國基督教内學識並優的思想家做過一番精邃周詳的審查,然後我們必要知道,現在基督教的教義,儘有幾端像不結果實的葡萄藤,荒蕪葛雜,非修理除去不可。待到思想家瞭解中國的文化,及此文化中包藴的濃厚宗教色彩的文學、哲學、音樂、書畫,然後這修理掃淨的葡萄藤必要移接在本地的幹枝上,以致本地的培壅,可使新接的葡萄藤伸展長發,開生命的奇花,結宗教的愛果,乃至於新的教義湧現如累累的甜葡萄。那時候舊有的酸葡萄、野葡萄就不佔有我們的園地了。這番工夫,是徹底考究整理創作的工夫,非一朝一夕,一舉手,一投足,所能成就的。

但是目下的預備,祇好先圖其急,徐圖其緩。據南來友人的報告,武漢的基督徒對於當前的問題,已經作了鮮明的表示。他們與國民政府中的基督徒作了幾度的商量;結果他們宣告自己的主張與態度。按所宣示,大旨謂(一)基督教絕非帝國主義的工具,也決不與帝國主義相結合。基督教與不平等條約處於絕對衝突的地位,故基督徒必須切實作廢約的運動。(二)教會須完全由國人管理。一切教會主權,應當立即由西人移交於中國信徒。(三)基督教與三民主義在原理上不相違悖而相融洽,故基督徒可以接受三民主義。(四)黨化教育,既祇在教學生明白三民主義等等,祇在放棄強迫宗教教育等等,基督徒亦可盡量實施。以致在全民運動,為自由平等奮鬥的時期內,信徒不失其宗教的信仰,亦不失為熱心愛國的中國國民。(五)至於工農平民生活的提高,基督教原本贊成,因為耶穌來就是要傳福音給窮人聽,要使勞苦負重擔的人得生命。武漢的信徒乘時而動,被譏為投機取巧;可是武漢的信徒深知改造的必要,決不出乎爾,反乎爾;或許還是先覺呢!

華東方面,亦正作基督教會改造自立的預備。預備的方法,第一步是調查,誠靜怡,鍾可托,余日章,鮑乃德等領袖親赴南方各省教會與教會各機關,實地探問。他們一方面慰問在困難中的宗主弟兄姊妹,一方面研究適應新思想新要求的程式。上海的基督教領袖已經幾度推敲幾次會集,聞其中有人主張即辦三件重要的事。(一)由西宣教師自動遣派有力的代表向各宣教會所隸屬的政府要求廢除傳教條約。(二)由西宣教會遣派全權代表來華與我國基督教領袖有切實的會議,決定教會主權移交的原理與方法而即實行移交。(三)在最短期內召集全國基督教大會,討論宗教與人生的關係以及中華基督教會共同的事業。這三件事,包蘊甚廣,我們不能不悉力注意。

中國教會在這幾年的新思潮運動、國民運動的風浪中奮起了。基督教是促進這些運動的,也是受這些運動的影響的。當此之時,**我等信眾決不能專求適應環境,以求迎合而避免危險**。宗教是危險的產物,也是危險的保障,是度人出苦厄的,不是求自己倖免苦厄的。十字架巍然高畫是危險的,也便是戰勝危險的神具。因此,**親愛的信眾們,我們要努力接受各方面指示我們的真理與正義,也要努力發展我們自有的信仰與事功。基督教是革命的**,但是基督教革命的方法是使不愛人的能夠革面洗心去愛人。**基督教的革命,是對於一切內部的束縛,精神的墮落,人格的腐敗,社會的罪惡而革命**,其革命的方法是宗教的,是努力的摯愛,誠懇的犧牲,是唯由此而給人新生命。合真理者受之，不合真理者寧死不能受；合真理者宣傳之，不合真理者必須反抗之，責備之，寧死不肯辭。中國基督徒是中國國民，他有人格與主張，他愛國要誠心努力，他也要有信仰的自由。凡逼害他的是逼害中國人，是逼害基督徒，是壓迫民族，戕殺民生，剝奪民權。基督徒要在全民運動中盡力作收回主權發展國性的事業。如此而受國人逼害，那末就挺直咽喉受刀刃，披開胸襟受鋒鏑，衹要壓迫國人的人願意，但是……飄風不終朝，驟雨不終日，雷霆之後，有地震山崩，地震山崩之後，有微小的聲音。時候要到，離今也不遠了，中國人要覺悟著中國到底還要基督教，那時我們也還能應付環境麼。

十六，一，二十五，燕東園
原載《真理與生命》二卷一期，1927年1月

信基督的國民

　　教會是制度，宗教是生活；教會制度有與一國政治離立的必要，宗教生活則必須與一國人民全部生活發生密切的關係。今日中國的基督教受了今日中國政潮甚大的影響。所謂非基運動，取締教會學校，收回教育權，排擊基督教的迷信等等運動，無一不帶極濃厚的政治色彩，無一不藉政治的勢力來與基督教及教會相周旋。此種運動我們要承認其相當的價值，也要藉其所持一部分的正誼而為我們內部應有的改善。這是基督教受政潮的影響。但我們仔細打量，基督教也曾積極進取，用誠摯的忠言，正理的思想，轉而影響中國的政治運動麼？我們回顧若不把我們的誠意拋棄，若不把我們的歷史眼光迷矇了，應當憶及中國社會與政治的革命事業，曾受基督教的愛國者有力的幫助。基督教決不要誇功，基督教的精神是不自誇的精神。其所願望的是公平的待遇而已。

　　現在教會中的領袖頗有一聞政治二字而掩耳疾走的勢子。他們以為宗教自宗教，政治自政治，並不見到宗教與政治應有的關係。教會是宗教的機關，是宗教的制度，其不能干涉國政，或使政治受教會的支配，或使教會為政治所利用，稍有知識的人類能明白。但是宗教是生活，是宇宙之神的愛在人心中鼓蕩激動，要使人去用各種方法破除人間一切苦，創造世界一切善。這種精神應當貫注在政治家、教育家、實業家心裏，以致國內的運動，不為不公不義所強佔。因此，基督徒對於政治應當有見解，應當有警告，應當有道可傳，應當加入運動。讀者請勿誤會，我所主張者是基督徒應當盡量發展其信仰，栽培其精神，依其所信，行其所知，在中國的政治運動中作一份勇敢的事業。這並不是說基督教徒有能力可以指導任何運動，使之入於正軌。真的基督徒是知道自己知識道德薄弱的人，是肯為有識有德的人所引導所指揮的。基督徒，若是中國人，便當認識自己是中國國民，應當做中國國民的事業。

然而中國基督徒要加入政治運動，便先應當知道自己的主張。造塔的人，應先估價，所謂有其眼，然後入其釘。基督徒信仰基督耶穌與其所指教我們的上帝，也深深地信仰耶穌做人做事的方法而竭力躬行。耶穌在世，事事用正當的方法以達正當的目的，所以不惜犧牲性命釘在十字架上，去實現他的誠實與公平，慈愛與恩惠。他以人為最貴，最尊重人的人格，維持人的生活。跟隨他的人必要按照他的方法、他的精神做人纔得稱為基督徒。這樣的人，若然在政治上作事業，他必要：

（一）反對一切內外殘殺人、壓迫人的武力與運動。

（二）抗拒一切政治的經濟的思想的不公平，一切階級的政治與壓迫。

（三）維持正誼人道，維持思想、言論、信仰的自由，而作有膽識、有力量的言論。

（四）加入他所認定有希望、有主張的政治團體，藉此組織而作救國救同胞的事業。

（五）在此種政治團體內竭力主持正誼公平。

（六）作改造社會，建設新生活的事業。

（七）引領同宗的國民，共入政治運動。

（八）主持國際的友誼，使本國因此而達到鞏固高大的國家與國際地位，一方面要抗拒他國的經濟政治的侵略，使其消滅而無存，一方面卻要得他國在經濟上文化上種種的合作，以致本國得有應有的主權而同時不失國家的利益與尊威。

（九）自有主張，決不肯隨波逐流，不誠實地打口號，搖旗幟，而忘卻自己的人格與信仰。

（十）因為他自己的信仰與主張，在必不得已時肯作絕大的犧牲，深信經過了地獄，必能走到樂境。

（十一）托賴上帝的保護與引導，使自己所見的遠象不因艱難困苦而遺失，故對於本國的前途，常抱樂觀的態度。

以上數事，但舉大端而已。中國的基督徒當此政局混亂的時候，急宜仔細思考，因為在今日，我們要救國，實在沒有超然中立的地位了。這是從個人方面言,至於基督徒團體,即是精神的團契,一人所應作,即人人所應作。有識的人必然認識道路在哪裏了。

原載《真理與生命》二卷一期,1927年1月

我翻譯讚美詩的經驗

　　譯文不易,譯詩更不易。譯詩難,譯讚美詩尤難於譯他種詩。因為讚美詩有一定的格式與腔調,不但要使言詞與音節相吻合,而且要在抑揚頓挫之際,能表出相當的情感來。不但要將原著中包含的經驗傳遞出來,並且要將作者的經驗與譯者的經驗作一度相當的諒解與涵容。由此言之,譯讚美詩者不但要有相當的詩才與訓練,而且還要有精神的修養,以為資助,直到文氣互應。有作詩的訓練矣,有精神的修養矣,也尚不能譯出詞精義核,神彩輝發的讚美詩來。必要再用工夫試譯若干首,廢掉若干首,然後多少得到一些門徑。等到一有門徑,那末譯出來的詩,便可以叫崇拜上帝的人,在神的殿裏奏樂而歌唱了。

　　我自己譯讚美詩是沒有一定方法的。所可告訴人的是:我試譯的工作於今已有四五年。初譯一詩,似覺可用;放在抽屜中,過了三四日或三四月,再取出來細誦,又覺得毫無可取了。有時候,我用四五日譯一詩而究竟沒法叫自己滿意;有時候我用一句鐘,半句鐘譯一詩,始終可以一字不改而受人的採用。記得四年前我譯丁尼生之 *Crossing the Bar* 用了許多工夫,沒有什麼成就。我的譯稿沒有用過,因為所押的韻與原詩的精神不相融和,所用的文詞,不能傳出原詩的情感來。我的譯詩是:

　　夕暉與黃昏星
　　有聲音召我來!
　　但願海口曠寂,岸闊潮平,
　　讓我揚帆入海⋯⋯
　　但願夜潮平滿像安眠的,
　　平滿不容風浪,
　　讓那無量深處所湧現的

重返家鄉。

黃昏與晚鐘聲，
過後便是黑暗！
但願毫無痛苦此番辭行，
我好揚帆；
我縱必須辭別空間時間，
遠遠隨了潮頭，
我卻希望與我舵工相見
當我入海時候。

我譯麥西蓀的《愛歌》(O Love that Will not Let me go)，牛門約翰的《慈光歌》(Lead Kindly Light)也是用力多，成功少。其故是因為原詩皆係傑作，譯者苟無相當的才力、經驗以及相似的翰墨言語，實在不能得心應手。有時，我覺得中國的文辭，無論其為文言，為白話，皆不能傳遞西洋詩的佳處；反是，中國詩的精華，也非西文可以譯出。這是文字本身上的關係，譯者似乎不能負責的。

我所譯的讚美詩中，最不費時、最不經意而最受我同事同學所採用的有以下幾首；茲因篇幅不廣，僅每首錄二三節：

《團契歌》(Bless'd be the tré that binds)

（一）聖眾濟濟一堂　　　　大家相愛相親
　　　同參真道具足精嚴　　在主已證同心
（三）共受煩惱艱難　　　　同擔痛苦憂煎
　　　十字寶架光輝萬丈　　互相擎舉向前
（四）願主賜大勇猛　　　　去將同胞化度
　　　鬥勝一切阻障危險　　開拓天國疆土

《晨歌》(When the Morning Gilds the Skies)

（一）清晨一片紅霞　　湧射旭日光華　　尊榮歸於耶穌
　　　終日禱告作工　　我心見主慈容　　尊榮歸於耶穌

（二）禮拜鐘聲嘹亮　　青山幽壑應響　　尊榮歸於耶穌
　　　聖徒同唱清歌　　琴音與愛相和　　尊榮歸於耶穌
（三）若然夜眠不安　　獨當月淡風寒　　尊榮歸於耶穌
　　　若然憂心如海　　我仍依賴主愛　　尊榮歸於耶穌

　　此種詩所以被採納的緣故是很了然。（一）此種詩是普通的，淺近的。"晨歌"是每晨可唱的詩；"團契歌"是任何團契都可唱的詩。（二）音調是容易的，簡單。祇要明瞭簡淨，帶着一點詩情，就可以受人的歡迎了。（三）現在中國的讚美詩譯本中，可以將就應用的詩，實在不多，所以逢到可以勉強用得的譯篇，人就不暇批評，便拿起來歌唱了。我譯詩中，費時最少而被用過一兩次的有以下幾首：

Jesue Saviour Pilot Me

（一）耶穌救主引我舵　　直向人生海上渡
　　　滾滾狂瀾撲面來　　隱隱橫礁霧不開
　　　地圖南針屬於主　　耶穌救主能引渡
（二）正如慈母撫嬰孩　　主能安撫洋與海
　　　狂風駭浪聽命令　　主只囑咐說"平靜"
　　　奇妙的洋海底主　　耶穌救主能引渡
（三）後來我駛近海岸　　驚濤層疊捲沙灘
　　　我在未能安息前　　只要緊靠在懷間
　　　救主慈聲說清楚　　"不要怕懼，我引渡"

In the Cross of Christ I glory

（一）基督寶架我所誇耀　　巍然永存宇宙間
　　　一切聖蹟光華普照　　莊嚴燦爛億萬年
（三）生命之光時或眩曜　　愛如好花滿蹊徑
　　　也是寶架無限榮耀　　引我忻喜向前行

　　我譯讚美詩是沒有一定方法的，也是沒有一定時候的。興之所至即便翻譯，興盡亦便停止。沒有興致的時候，有人要我翻譯，我也勉強應酬，寫出幾首來。有兩三次我友劉廷芳邀我到他家裏與他一同翻譯，強迫一番，也就有一些小成績。我記得一首《晚歌》（*Day is dying the West*）是劉博士與我合譯的：
(一)紅霞漸褪日西沉　　幕天覆地翳空林
　　敬侍膜拜主座前　　仰見星光滿諸天
　　燦爛無邊！

(副歌)
　　聖哉！聖哉！聖哉！萬有之神
　　恩寵榮耀滿天地　　宇宙群生齊讚美
　　至高至尊！

(三)大地沉沉黑影深　　萬彙投藏愛之心
　　吾衆感恩忽忘形　　超過星月到天庭
　　獻上寸心。

此詩共四節。第一節的大部分是我譯的，第三節的大部分是劉博士譯的，副歌是合譯的，其餘則分不出是誰譯的。合譯的詩，尚有幾首，茲不詳載。合譯有利亦有弊：利在兩人有思想的激動，有文字的斟酌；弊在不能澄心一志，與神遨遊而有所得於冥冥的幽思遐想。無論如何，人非至友，決不能同譯讚美詩。

我譯讚美詩，從經驗中得了幾條應循的規則。除了當時的習練之外，第一，應當知道原詩全體的意義與精神。知道了這一點，譯者可以從自己的見識體會中，取出材料來與原詩相調劑，使原詩或兩節並一節譯之，或一節分拆而譯之，或竟修改其原意，使不合於理的觀念消滅，使合理的觀念代替之。這樣譯者不但作了一番傳達的工夫，並且亦作了一番修改的工夫。有許多很好的讚美詩，不是今代的產物，雖含蘊着不合時代理想的過去物，卻有一種美情，一種高潔的宗教可以供我們採取享用。我們為了大多數教友的緣故，就不能不將詩中的觀念作一番修正。例如《團契歌》的後半，不是翻譯的詩，乃是補作的詩。

第二，譯讚美詩最好用中國的文法與言詞，俾去西洋色彩，而帶本國文化的徽章。我譯 Joseph Addison's *The Spacious Firmament on High* 是依照這一條規則的。並且是意譯，不是直譯。意譯而不失原意，容易流暢而可用；直譯雖規行矩步，終不免凝澀古板的弊病。

茲錄該詩如下：

（一）青空萬里毫無雲翳　　覆幬瀛海籠罩須彌
　　　靈景耀彩大地盤旋　　流轉不息天行剛健
　　　穹蒼永遠傳述化工　　發育萬物奧妙無窮
　　　充塞宇宙盡是神愛　　萬國衣冠俱當崇拜
（二）絳霞紛散夕陽在山　　平野清曠天色斑斕
　　　沉沉薄暮黯黯林莽　　復見銀輝月上高岡
　　　須臾閃爍衆星競曜　　虛籟幽爽更覺天高
　　　瞻彼寥廓如在傳宣　　神工奧衍帝律森嚴
（三）時行物生天道不言　　萬化奔流衆曜廻旋
　　　上天之載無聲無臭　　臨下有赫若昔大猷
　　　統攝衆象橫絕四海　　存全於殊妙極真在
　　　我今虔誠頂禮瞻仰　　天父尊榮悠久無疆

第三，用白話譯詩不適用時，儘不必拘泥一格，儘可用文言。白話中如我們的"們"字、"的"字、"了"字等等有時不能不用，用時又來得不湊巧，剛剛碰在不適宜的地方。若用近於文言的白話，或白話文言兩湊的文體來譯讚美詩，這個困難就可避免了。下列一詩，可以為例：

Matthaus A. Von Lowenstern's No 444 *Hymus for the Living Age*

（一）生命的主，全能大慈大悲神，
　　　幽夜之光，萬籟托生之本根；
　　　求你垂聽，聖教懇切呼籲聲，萬有真宰啊！
（二）求你垂鑒，方舟四圍浪濤驚，
　　　求你垂鑒，寇讎旗幟又鮮明；
　　　鳴鏑毒箭，雖同飛蝗與流星，神能護其民。
（三）求你垂援，鎧甲不足護我躬，
　　　求你拯救，罪惡直撞與橫衝；
　　　主是巨磐；死亡決不能搖動，主能賜平安。
（四）主賜平安，衆難瓦解而冰消，
　　　主賜平安，信衆愛力更堅牢；
　　　當此奮戰，危難湧起如怒濤，在主有平安。
（五）主顯奇能，群凶辟易真理昌，

發大慈悲，信眾懺悔超死亡，

大道永存，聖教威赫之靈光，充滿天地間！

第四，譯者熟諳音律，應當自己彈唱諷詠，使自己心領神會，靈性出沒乎其中。今日不能譯，明日即可譯；良久不能譯，忽焉便可譯。這與吟詩一樣，若能搜索枯腸，枯腸裏自然會有詩出來。人若日餐乾坤清氣，而靜待其化，其化詩化美，決不會使我們失望的。至若譯者不諳樂律，那末可以把原詩仔細尋繹，得其神韻，然後與諳樂律者合作，或聽他唱幾次，或要他彈幾次。這樣還不夠，那末可以用我的笨法子。我是愛音樂而不諳音樂的，所以我翻譯之前，必將原詩每行字數圈出，在凡應當注重的字上做一記號，以便設法在此等處用聲音圓亮，語氣轉注的字。譬如我譯 John Kebel 的 *God the Lord, a King remaineth* 之先，我便備下空格，每圈為一字之空格，而加 "×" 符號在應當注重的空格中，如下：

〇〇〇〇⊗〇〇〇　　⊗〇〇〇⊗〇〇

〇〇〇〇⊗〇〇〇　　⊗〇〇〇⊗〇〇

〇〇〇〇⊗〇〇〇　　⊗〇〇〇⊗〇〇

有此空格，就此將字填進去，像填詞一般。這一首所填的如下：

　（二）大地輪逝萬化變形　　宇宙人物縱有窮

　　　　神之寶座永不移更　　超乎眾理無始終

　　　　阿利盧亞　阿利盧亞　神德今昔永相同

　（三）長江大海浩浩蕩蕩　　風光搖動煙蒼茫

　　　　海鷗上下衝掠濤浪　　海雲萬里海天長

　　　　阿利盧亞　阿利盧亞　潮聲澎湃獻頌揚

第五，西洋詩的興比，與中國詩的興比不同。譯讚美詩尤不可不明白這一點。西洋的詩料與中國的詩料不同。專寫性靈的詩比較用天然美景來表明宗教觀念的詩為難譯。

再者，原詩用了《舊約》中，或《新約》中的典故，若用中文勉強直譯出來，簡直就不成其為詩了。請舉一例：

　　Croson him with many crowns, the Lamb upon the Throne. 若譯作：

　　　　獻奉重重皇冕　　聖羔在寶座上

試想聖的小羊高高地坐在皇位上，底下有許多人奉上各樣冠冕，這種景象，在我中國人想像中是何等奇特怪誕的景象！所以我為自己立一規則，每逢這種難譯的地方，就完全不譯，另想方法。

第六，譯詩的人必要多讀中國詩，必要多讀《聖經》，潛心默修，更必要多自訓練。我幾乎要說非詩人不能譯讚美詩。我自己不是詩人；但是因為環境的要求，同人的需用，來得急迫，所以我也不揣冒昧，試做我不合做的要工。

現在中國教會尚不能多自創作讚美詩。大部分的詩還須譯自西洋。譯出的詩原屬不少；但因可用的不多，我們就不能不盡力從事重譯，去彌補現時的缺陷。詩既從翻譯而來，調亦不得借重原詩的所有。西洋的讚美詩與讚美詩的音樂，已經有千餘年的試驗，有千百人的創作，當有精到的優點。此種優點，非一朝一夕的成績，亦非一國一族的私產，我們介紹之，傳譯之，本係應有之事。同時，我們應即自為創作，或用舊調而著詩以合之；或創新調而作歌以就之。顧子仁先生近得中國曲調十餘種，聞皆可譜為讚美詩的調子，祇要有相當的新詩合拍上去，便得雙美兼收。我們深望顧先生有極好的成績供獻給我們。我則遇暇有興，仍擬繼續翻譯，一二年內，若能得數十首，或百首，定要不揣譾陋，為我對於同宗們的曝獻。

十六，三，七，燕東
原載《真理與生命》二卷五期，1927 年 3 月

本期弁言

　　自本期起，《真理與生命》為欲對於中國宣教師作一點曝獻，擬載關於說教材料一類的文章。本刊的意思並不是要將囫圇成篇的宣教文登載，以冀讀者抄襲應用，作為講道的資助，乃是要將宣教文的經句大意，布一格局，以為暗示，俾讀者可以玩索思想，由是而自出心裁，聯成講章。人的思想是要因刺激而興奮的。本刊此後所載的說教文章，希望祇有刺激的功用，沒有越樽俎代庖工的效果。人非鸚鵡，寧當學不解不中的言語？人非木石，豈可沒有切磋提撕的工作？本期所載柏基根先生的"耶穌一日之思想"一文，即是說教文章的一種。此篇分析《馬太福音書》十一章各段，表顯出耶穌心境中的經過，言簡而意深，頗值讀者去尋味。當此時期，宣教師每逢主日宣講《聖經》，而要使聽者得實益，殊非容易。同人等有鑒於此，故試載宣教文章以為宣教師的參考。但是各地情形不同，各人心境有殊，故於此事，要請讀者對於我們有所啟示，有所要求，有所指教，有所評論，使我們能作切實的貢獻。飢者贈以衣，渴者贈以履，弱者贈以六石之弓，強者贈以一羽之末，雖有誠心，要皆非所宜也。

　　本期的思想大部分是結集在靈修問題上。在這聖教受掊擊攻捍的時候，基督徒若不深修潛養，體認出一個安心立德的真際來，殊不易於堅持雅操，臨事不變，而榮顯上帝。我們的精神與信仰，必須統一集中，庶無人格渙散，心境恍惚的困難。我們當知什麼是靈修；既知之，又當躬行實踐，作此靈修。所謂主敬主一，惟精惟一等工夫，原來無他，主觀方面言之，方法方面言之，不過自我集中而已矣。基督徒決不能摹做哲學者，專做冷如寒冰，靜如危石那樣主觀的，唯理的潛養。他不能不有自我激動而集中，但他有情動乎中。還要向着哲學家所不能達到的上帝，去集中他的自我，由信仰而超乎理表，遊乎物外。與天地的精靈作密切的往還，曠放的遨遊。是以基督徒的靈修是一種精神生活，因信而從跳不出的理智範圍裏一躍而出，直入神秘的境界。基督徒因此得能力，受安慰，深信生命自有真在，固非言辭所能盡。人與人遇，心境所經，舍主觀心理的兔起鶻落，尚復何有？他人有客觀的存在否，實不過主觀的人努力假定之，以應其生命之所需而已。生命所需既如是，如是便客觀了。**我們做靈修工夫，深識上帝的存在，不但在此個我之我，亦為一切萬有無窮的所以然**，亦以生命實際的需要而假定之而已。假定之，理智之事也；識其實有之而與之往還，信仰之事，實際經驗之事也。而實際之經驗，至妙至妙，蓋非深夜兒啼的擾亂可以為之下定義者耳！

我們若細讀《新約》，當能知道耶穌的修養。耶穌不是哲學家。耶穌深信上帝是父親，也漸漸地覺察到他與上帝密切的關係。他祈禱，他讀經，他默念，他作主一主敬、惟精惟一的工夫，他乃得到了徹底的解悟，知道他是他，上帝是上帝，他的自我集中點是上帝，他的自我是上帝顯示的出發點。他祈禱、讀經、默念、禮拜、與人同作靈修的涵養，獨自潛作靈修的妙化，以致他自上帝始，自上帝終，自上帝永遠啟示，而作成人類的救法。他的靈修如此，他的信徒的靈修，也必須如此。因此我們培養心靈，要有宗旨，不能作道家的潛虛，和尚的參禪，哲學家的催眠術。**我們要離開了俗學狂禪，追蹤耶穌，作實際的工夫，就是要信上帝全體絕對的真在，要愛敬上帝，親近上帝，由愛敬、親近而覺察到上帝與我的關係，感悟到上帝在我身上的旨意；要在克己愛人的日常行為上成全這個旨意。我們要追躡耶穌的聖踪，時時記念上帝的愛，時時體驗上帝的愛，時時用祈禱、讀經、崇拜、服務的方法來衛養開擴這上帝的愛。一方面使一切懦怯、懶惰、妒忌、驕矜、淫慾等等惡德在上帝愛裏消滅；一方面使奮鬥、犧牲、為善的能力，在上帝的愛裏伸張而廣拓**。耶穌的修養有效果。這效果在聖殿中、曠野裏、加利利海濱、客西瑪尼園內、十字架上顯出來。一切是為上帝，所以一切因了上帝的愛，是為人類。"父啊，你的旨意成全。""父啊，饒恕他們，因為他們所作的，他們不知道。""父啊，你的國降臨，你的旨意行在地上，如同在天上一樣。"基督徒同志們，我們今日心亂意煩，要快快地預備見上帝。

原載《真理與生命》二卷六期，1927 年 4 月

永不失敗的基督教

我所願聽的宣教文大綱之一。《哥林多前書》十三章八節、十三節

一、世界上沒有永不失敗的事業與製作。一時代的成就，到了一代之後或幾代之後，就不適用了。我們可以舉幾個明透的例子來：

（甲）個人有變遷。成人的經驗與思想，與孩子們的不同。成人當舍乳進飯，亦當舍嬰孩的心理而作成人的理想與事業。《林前》十三章十一節）

（乙）人群生活有變遷。理想制度都要變換。即預言方言知識，亦都要廢掉。此時的成就，行在彼時，便不適宜。不但不宜，且有阻礙生命進展的危險。（請思想，舉例。）

（丙）宗教也沒有永不失敗的。從來風起雲湧的宗教，亦復不少，現在很難存在了。（請作具體的思想。舉例以明此點。）現在有人說基督教也過時了。基督教果然是過時了麼？

二、什麼是基督教？什麼是永不失敗的東西？

（甲）耶穌的宗教是什麼？是不是一種信仰，深信上帝的父德是愛，深信人是上帝的子女，可以因愛而上合與天父的大德，深信愛是永不失敗的，徹底的人生與人道。《馬太》五章四十三至四十八節。《約翰》十五章八至十七節）

（乙）耶穌的宗教是人生必需的維持力。《約翰》十章十節）上帝愛人，人當信此愛，那末生命就可擴大。人生經歷此世，惟有愛可以維持他，使他經過憂喜安危而無損其為人。《約翰》三章十六節）

（丙）據使徒約翰的意思，人當知道上帝是愛，亦當愛看得見的弟兄姊妹。《約翰一書》四章十一至十六節）據保羅的意見，我們現當有信有望有愛；三德之中，惟愛為大。《林前》十三章十三節）從實行方面看，使徒雅各以為在上帝天父前純潔無穢的宗教即在探視在困難中的孤寡，而

自己不沾染世界的污穢。(《雅》一章二十七節)

(丁)"愛是永不失敗的。"

三、基督教是有宗教信仰的愛的生活，基督教的宗教家是果然失敗的，他們的宗教，愛——是永不會失敗的。

(甲)耶穌被殺在十字架上是失敗。耶穌死後，愛的宗教因此得了廣大的成就，足見愛的宗教本身是永遠不失敗的。

(乙)自古以來的先聖都受艱難痛苦；他們好像是失敗了。然而他們的宗教是永不失敗的。(此處當作具體想。舉出若干歷史上的基督教宗教家來，作默念的材料。在演講時倘太費時間就不必舉例講。然而思想時，卻不可不舉例想。)

(丙)基督教是以失敗為宗教成功的方法的，所以耶穌的失敗，其實就是他的成功。

(丁)現在非基督教運動非常激烈。信徒不是帝國主義的走狗，亦不是資本主義的奴虜，所以對於因帝國主義、資本主義而發的非教運動，不當有絲毫的恐懼。

一切都當變演進步，所以對於攻擊基督教的思想、儀節、組織等等的非難，亦不必有絲毫的恐怖。(請仔細作徹底的思考。)但是基督徒若無愛德，不能切實具體地表彰耶穌的生活與精神，因此而受人攻訐，那就應當恐懼了。

請問今日基督教受極厲害的責備，其一部分主要的原因是否就是為了基督徒辱沒了愛的使命。

四、結論。

若人說愛也終要失敗的，若世界上有不愛的人，不許我們自由地作愛上帝愛人的生活，那末我們就必要奮鬥以保護我們應有的人權與自由。我們還是要用愛心去奮鬥，但是我們信仰十字架是永不失敗的。我們相信世界是永遠進步的，也相信人能夠促進世界的進步使之為天國，為人類日進美善的寓舍。

我們的覺悟是：人若要促進世界的進步，他必須要有上帝在人群中運動，必須要用愛做動機、做方法。愛是自由發展的，決非可以勉強壓迫的。

我們要為此奮鬥,保障而擴展這為人所以為人的生命勢力。我們雖暫時受苦而失敗,我們卻深信這為愛而有的犧牲與奮鬥,一定不會永遠失敗的。

原載《真理與生命》二卷七期,1927 年 4 月

我對於創造中國基督教會的幾個意見

在過去百餘年間，基督教在中國的組織與宣傳，皆由外國教會與教士指導與施行。一切設施計劃當然無不倣照西方教會各宗派的定式。宣教士與人不同的地方就是他覺得有一個極重大的宗教使命，要奉基督的遺意，喚醒人類，俾得救法。宣教士與人不異的地方，就是他也是時代的產品，受環境的支配，背景的限制，**祇能把他所覺悟而了解的傳佈於人**。西教士用主觀的方法傳佈宗教，原是不足為奇的事。不但如此，凡屬自覺有使命的人，總想自己是先覺，他人是後覺；自己祖國是前進的國，他人的國是落伍的國。其中英俊卓犖之輩，固然抱持偉大熱烈的摯誠至愛，足以為耶穌的使徒。大多數的人在這種情形之下，卻萬不能免去自尊自大的傲慢，獨行獨斷的專橫。西教士的惟一目標是傳教救人，無論其出於愛心的至誠，或出於自大的心理，皆有不及慎擇方法的危險。**擇法不及審慎，自然要走捷徑；於是乎宗教就去依賴政治的勢力與保護**。當彼西教士奔走而獲得傳教條約之時，其存心未必要使中國受虧損。其目的乃是要使基督教速於流傳，中國人因此而得基督教的實益。他們在當時決不會夢想到今日中國人的覺悟與反教運動的摧擊。可是他們明白地指示我們，凡事不徹底，仗勢力，不仗神的愛，基督教是不會得獲勝利的。我們也瞭解我們現在所深深覺得的基督教有兩重障礙，就是（一）基督教**組織與思想的不合適**，（二）基督教的帝國主義色彩，一半是由於西教士的不徹底，沒有早早的體會得耶穌的心志，一半卻是由於環境所使然。

我們對於西方傳來的基督教以及其種種自表的方式抱持不滿意，看基督教祇是一種舶來品，祇是一種帝國主義的工具，實在有不能持平的地方。我們因為非難者的抨擊，就急不擇言，不詳察，起而直作非難者的回聲。我們因爲愛國的緣故,急於表白基督教實在沒有將我們變成帝國主義的走狗,故又岌岌乎打口號,立標幟,要將基督教從西國的政治勢力下奪過來與本國的政治勢力結交。基督教是主張真理、正誼、公平、仁愛的,苟一偏於不平,其效果便與受帝國主義庇覆的效果相髣髴。或左或右,我們就終不免於精神生活的破裂;基督教的精神生活若然破裂,其所謂教,就不免於破產了。我們持平去看,必要感悟到基督教的使者雖然做了不少不幸的謬舉,基督教對於中國的貢獻,確是甚偉。別的事情且不提,祇看我們自己因信耶穌而得的宗教經驗,就必要覺得這是無上的價值,無上的生命。沒有宗教經驗的人自然絕不會瞭解這個意思,我們也不希望他們瞭解這個意思。但是心中覺到這神的愛力的,實在不能不有見於生命的意義自己的歸宿,他與一切有的統一。宗教是人生經驗中最奧妙,最真切,最能在一切困難危險中給人勇猛、平安、快樂、能力、愛與奮鬥的精神。基督教是一種宗教奧秘與倫理生活合併的宗教。她對於我們的貢獻,是我們深深瞭解的。這種貢獻,不是無影無蹤,忽然發生的,**乃是西教會西教士用了他們所知道,所了解的許多不合適的方法**,來引導我們去接受的。至於基督教對於中國人的種種覺悟,有幾何直接間接的貢獻,對於中國人的社會政治革命有若干直接間接的輔助,將來自有中外歷史家,在安靜的研究室裏,用公平的學者的眼光寫下來。我們子孫的福氣,一定是要比較我們的好一些。

現在已經到了中國基督教的交替時代。有許多的西教士已經瞭解西方傳來的組織制度等等,倘使中國以爲不合適,不中理,應當由中國信徒從自己去試驗,去創造,去改作。守舊泥古,僵性的西教士當然不贊成這些意思。他們絕不能察見時勢要求中合理的改變與創舉。爲了他們的緣故,基督教的事業不免件件落後。等到沒法想了,應有的變化,仍舊來到,不過連帶來了些不必有的東西。乘時而作合理的改變,那末改變了還可以有大貢獻。到不得已而勉強改變,其時的改變雖與先時應有的改變差不多,卻已失卻了良好的機會,獲得了投機遷就,敷衍降伏的惡名。**因此我們要知道,在中國國家發生大變化的時候,我們應當作徹底的思量,與徹底的創造**。基督教已經放過許多馬後炮,基督教難道還沒有學習那一個放馬後炮即是失敗的功課麼。失敗,因爲對外則爲投機,則爲不誠;對內則使教內最有思想,最有血性的分子去失了希望。西教會與西教士在這時候,應當冒險將他們在中國爲中國信徒所立的教會與一切教會權交代給中國基督徒；中國基督徒應當擔任巨艱接受西教會西教士在中國爲中國信徒所設立的教會。這是一件冒險的事。交替之中總要有幾處要經過失敗的。可是這年頭，我們不能怕，祇要信。

剛在中國出世的教會，是西教會的後裔。我說中國教會剛在出世，因爲現在我們的教會還不是中國教會。教會是有精神的主權與組織的獨立的團體。可是基督教會在精神生活與宗教事業方面是沒有種族國家界限的。換一句說，教會是有限量的，必須有西國的教會，中國的教會之別；宗教是不分界限的，西國人可以輸捐，遣人來輔助中國的信徒。從精神方面說，中國基督徒與天下的基督徒同信上帝，同宗耶穌，同盡心力作建設天國事業的。從組織制度方面說，中國的教會必須有獨立的建設，自治的主權。我們曾聽人說信徒的團體有世界的教會、各國的教會之別（Universal Church and Churches of Different Countries）。可是我們要分清楚，同是一個名詞"教會"卻有兩個意義。所謂世界的教會，乃是各國教會內的信徒，不分種界國界，而共有的精神團契。這樣，無論哪一個教會，哪一個信徒，都可以做世界教會內的分子。更確實地說，**凡是真信徒即是世界教會中的分子**。所謂某國的教會，某地方的教會，乃是一種保持發揮生活的組織與制度。精神生活可以中外有默契。宗教制度，必須隨時隨地而有差別。（一個地方的教會也可以有團契與制度兩種意義，但此處因要說明一地方的教會與世界教會的關係，所以祇下以上的定義）世界的教會既不是一個制度，當然不與各國的教會發生主權上的關係。各國的教會既各自成立，當然各有主權，彼此不能相侵犯。甲國的教會差教士到乙國傳教，設立了教會。**倘使這個教會，在當地沒有自治自理自傳的主權，那個教會即不是當地的教會，乃是甲國教會的宣道處。**我們中國的教會是外國教會的雛形，在未曾成爲我們的教會以前，還是外國教會的宣道處。總而言之，**一個教會，若果真是教會，她必定執有完全的主權。**

但是中國教會是西教會藉西教士在中國創設的。一切設施，都是西方式的。若要中國基督徒收受過來，自己辦去，經濟人才兩事俱感不足。在中國的教會所以有今日那樣規模，全是西教會的經濟與人才所造成。中國今日也有些人才可以擔任巨艱了。但是人才的數目仍是極小。經濟那就更不必說了。這樣，假使說，中國的教會必須中國人自己擔任經濟人才兩事的維持，或大部分的維持，那末中國基督徒祇能夠做以下兩事中的一件事。（一）中國人祇好苟且敷衍，仍舊住在西教會的分教會內，靜默安穩，不再去求得中國的教會。倘使這樣做可以使基督教在中國有道德上的發展而不受打擊，那末敷衍下去，亦未必非得計。否則，這樣辦，基督教不能不流於破產的結果。（二）中國基督徒祇好另立自己的教會，與西教會完全脫離關係。這實在是很不幸的事。可是我以為中國教會，可以成立西教會及西教士仍舊可以給予充量的經濟與人才的援助。西教會遣派教士設教會在中國，原是要在中國創設神國，原是為中國信徒。一旦中國信徒有接收教會的必要，西教會如何便可說非有經濟獨立，即無教會獨立呢。時期到了，非有中國獨立教會，我們無以傳基督教，而奠天國的根基；那末西教會應當為神國推廣的緣故，不但將教會交給中國信徒，並且應當歡忻地予以經濟人才的輔助。請以譬喻明之。我的兄弟成了家，因為家裏的人有病，自己有債，故不能維持其家室；於是請其富有的長兄——我——給予經濟上實力上的輔助。長兄應當怎樣辦呢。假使弟兄很有獨立的精神，要長兄幫助他，長兄應當給予幫助呢，還是說要幫助就必讓我做你家裏主人呢。總而言之，經濟人才的幫助，若果是為天國的發展，基督徒就當從道德方面看，不當從營業方面看。從道德方面看，西教會用經濟輔助中國自主的教會，是以有餘輔助不足，使不足的人因此得以發展那中西共同要發展的天國事業。人拿錢幫人成一美事，就必要因此操縱他的主權麼。西教會悉心願欲，盡力使中國有中國的教會，原是西教會的責任。西教會盡力以經濟的助力輔助中國已立的教會，使不致渙散消滅，使得上進伸展，更是西教會道德的責任。若說西教會必要根基有錢者操權的原理，來對付教會，那末據我們看，**西教會祇好停止營業，中國信徒祇好另立教會**。

西教會若將在中國辦的教會移交於中國信徒辦理，又將經濟人才源源地接濟；中國信徒就當盡力與西教士合作。我們先要知道幾件事：第一，西教士在中國教會中的位置；第二，中國基督徒創造教會應走的路徑；第三，中國基督教會重要的事業。請依次論之。

在中國教會裏，西教士仍舊有重要的位置。他們**代表西教**會對於中國教會表示深切**的友愛**。他們是西教會的**愛的使者**。同時他們也是中國教會裏的教友，與中國教友完全處同等的地位，有選舉權，有被選舉權。教會之中，應當以有經驗，有信用，有功績，有學問，德行優長的人為領袖，不當分別種族，專使中國人為領袖。若中西兩人才力相當，那末當以中國人為領袖，西國人為顧問。但無論如何，因為西教士的歷史背景，訓練經驗等多所見長，他們總可處顧問導師之列。中國事多須西方經濟人才的援助。若商業教育政治各方面，可以有西方的顧問；宗教生活上豈不更當有深思遠慮的信徒從西方來為我們的顧問與導師麼。可是西教會遣派人來亦須遵循公認的規則。西教會當採取中國教會的意見為覓相當的人才來做中國教會的導師與顧問，亦當先得中國教會的同意，然後再決定誰當派來，誰當召歸。西教會遣派來華的教士，一入中國教會，中國教會應當知道西教會的指點，按當地的需求，而指派他們作他們宜作的事業。

關於我們創造自己的教會，我們第一要瞭解教會**是宗教生活所萬不可缺少的機關**。精神生活須有所憑依。宗教者毛也，教會者皮也，皮之不存，毛將焉附。近日有些人主張我們祇要有宗教，不須用教會。這個主張很有要義，卻又很沒意思。猶之飲食：所重要的是食料，苟無食料，雖有珍鼎，有何用處。所以重實的人，必須主張我人的真切的宗教經驗與精神，事功與貢獻。可是食料鮮美而豐厚，卻無處安置——安置於杯盤鼎鼐，甚至於安置於地，莫非器也，形也；孰為飲食而吞其鼎鼐杯盤也哉。然而食則養身，器則存食，有飲食則直接受用，有器具則間接受用；是以未有式飲式食而不美其器寶其器者也。夫婦之愛，所以成夫婦；若無家室，其愛何以存而增益。**教育不可無學校，工藝不可無作場**，一切自由生活決不可無法度制儀。今中國人誠能批評，誠能反抗，誠能廢除毀壞一切法度；惜乎對於創造，了不注意。創造毀壞，原不分離；徒然打破，兒戲而已。我們對於教會的反動，其中有極重要的理由。**但是反動則可，廢除則不可，改作則可，打破則不可**。我們應當詳知制度的利弊，應當除其弊收其利。教會的弊，猶一切制度之有弊，蓋人盡知之。教會若注重繁複的信條，她就必變為一個祇有空文，不符實在的宗教經驗的軀殼；久而久之，簡直就成一個迷信的機關，祇能包容守舊不通的盲從者，絕不能得有識者為其教友了。這是一弊。我們要有教會應當採用**一個極簡單的信條**。北京燕京大學裏有一個燕大基督教團契，與教會不相差異。入團契者為契友。所謂"契"，是質不是量，以生活的交觸默會為實際。所謂"團"，有組織之謂也。爲契友的有願詞，須簽約。願詞但言"我某某願意認識耶穌，依照其道而行"云云。這是一個極簡單的信條。教會若多重禮節遺傳等等，自然要不易適境。這又是一弊。此種弊端，我們雖不能完全免去，卻也儘可以損之又損。**我們的教會總以不限制信仰的發展為宜。**至於教會的利，則在於信仰的團結與協作，既可保持維繫此宗教信仰與生活，又可藉教會而對於教外同胞作切實的貢獻。組織者事功之母，亦美善之彰著也。

然則我們創造教會應走什麼路徑呢。

第一，須法西方教會。讀者見了這一句話，或者要稀奇起來。我們現在不是打口號，天天的呼叫"本色教會"，"本色基督教"麼。是。可是基督教自基督教，決無本色的可言。"本色教會"，僅一名詞而已，尚沒有存在；即或可有，亦是一種中國基督徒所創造的制度。譬如我現在寫這一篇話，我可不可以叫它是一篇本色話。我想可以叫它爲"本色話"，因爲我從心中把話發出來，表明我的本色。我的本色，究竟從哪裏來的。不瞞讀者說，我的本色是天南地北往古來今的東西，不過從我裏頭經過，由我的意識組織而已。本色教會亦是如此。中國自昔沒有基督教會；魏晉以前沒有庵觀廟宇。所謂庵觀廟宇，原是中國人創造的東西；**凡是中國人自己所創造的，不問其元素是從哪裏來的，都可以稱為本色的東西。**英國人織呢絨，原料是中國貨；但是呢絨到中國來的時候，名稱是英國貨，不是中國貨。同樣，我們要精細地研究西方宗教史，宗教藝術，宗教組織，以期一方面避免西方教會已經經過以及現有的錯誤，一方面採納西方教會精密的實用的美藝的種種好處。我們效法西方，介紹文化，實在是一種甚偉大的貢獻。科學是顯然的東西，物質上的效果人人看得見的；所以國人要盡力介紹進來。宗教美藝文學等等，實在是西方比較深長久遠的精神文化，其實效不易表顯，而其重要乃較科學有過之無不及；我們也應當悉心瞭解，把來做我們豐富生活的原料。在這事上，西方深於宗教的人們，實在對於我們有很大的貢獻。我們老想西方文明是物質文明，西方人都是勞勞碌碌，做機械生活的。我們便拿了幾個青年會"幹事"做西方文化的代表。我們實在是錯了。西方有宗教，美術，精神哲學，實在足以表顯他們精神生活的強固。據我個人看來，**他們的了解，思想，哲學現在遠超乎中國固有的許多優點。**

第二，我們要瞭解中國的文化遺傳。宗教是文化的重要因素，所以必須與中國文化中永久的因素如美、藝、音樂、文章、哲學、宗教觀與經驗等打成一片。這不是一朝一夕的事，也不是東拉西扯所能造成的，因為中國的基督教決不能如物質的混合物，乃是精神生活的化合物。據我個人的看法，我以為將來基督教或許要從中國的自然經驗，報本思想，倫理觀念，神秘哲學得其一部分宗教解釋的方式。然這個也說得太快太早了。我們現在最好把西國的宗教方式接過來，暫時仍舊貫，等到我們有實在確切的見解的時節，再將我們的創作來代替不合我們國情的東西。我們現在反對舶來品，大部分還是盲目的，因為我們究竟沒有公開的，同情的，願意忻賞的研究。舶來品是中國所急需的，逐客令是有識者所不下的。我們要舶來品，為的是要使自己有更豐美的創造，我們要研究瞭解中國固有的文化，為的也是要使自己有更壯闊、更渾厚、更深邃的創造。我們創造的方法是先消化，後著作，使心血意識裏的中西文化發而為中國基督教生活所表顯的形式。幽微的教義以至於音樂、建築、禮儀等，皆是宗教生活所持以**自發的徵象**；因為以理論發表而自明者為科學，超絕理論，入乎理論而又出乎理論，直至達乎象徵而得傳遞其幾微之幽者為宗教。**宗教非自外鑠我也，由內發者也。**

第三，中國基督教會若要在中國人心中使基督教生深遠的根，必須作兩件根本的事。第一是使基督教得有理解；在科學昌熾迷信隱滅的時代，基督教決不能關閉理想之門。反對理性是反對人性；反對人性，是反對耶穌。然理性絕不能使人所見同，所信同。基督教教會中必須要有見解各異的信徒；若能以耶穌的教訓與人格為信條，其餘細節儘可隨人而異，所謂新舊之爭，實不成問題。其實現在對於近代派、基要派的戰爭，我們恐皆不能完全贊同；近代派少根基，基要派多迷信。中國基督教要在思想上作無畏的考究，神學之爭，儘作明日黃花觀之可也。第二是注重個人化的宗教生活。宗教與科學異，亦與法制異；科學法制重其類，宗教重其獨。**獨對上帝是宗教中的妙境，深於宗教的人莫不由此獨對工夫得能力與熱誠。**若一旦基督教會不務保持此等超絕的生活，基督教中將沒有人知道宗教的實在，將沒有先知與不愛名利貨色的人。若一旦而教中絕此種人的蹤跡，基督教就必化為僵石。宗教非倫理也，發於心性則超絕倫理，發於人間則由於倫理；倫理者宗教在人間發光明的方式也。近代派將宗教降為倫理，故無深切根基與能力；

基要派將宗教擠成一團很糟的舊教理，故失卻根基與能力。宗教保留出世間生活，亦保留入世間生活，注重個人化的靈修，亦注重所謂"社會福音"。

第四，中國教會是一種制度，雖當根基政治上的信仰自由原則，立其基礎，卻絕不當與任何政黨，任何政府有政權上的關係。教會不當爲政黨所利用，爲政府所支配。因爲一受利用與支配，就有不穩固與正直的危險。教會爲信教國民所組織，信教國民既爲國民，自當有國家政治的興趣與行爲；因此教會自不免於政見的色彩。教會中應當盡是信徒，不當專爲一政黨中的信徒所設；故有政見或有對於政治道德的讚賞摘責則可，以團體而加入政治運動則絕對不可。其不可的理由有四：（一）中國教會與中國社會尚未打成一片，若要加入政治運動，必要受社會的反響。（二）執政權者若以教會爲不利於其政治行爲，他們必要循中國歷史上及西國舊歷史上的先例來干涉教會的內政，某事許可，某人許可等等。這樣一來，教會雖存在，其必爲政府的走狗，可無遁逃之法矣。（三）西方教會與政治聯絡，已經吃了不少的虧，或因政府的干涉而損失其靈力，或因干涉政治而丟棄其精神。西方信衆如瑞士、蘇格蘭等人民用了重大的代價，剛才得到了"自由國家中的自由教會"的一個原則的勝利。今由西方人最得力最進步的宗教生活與精神，皆由此種信衆中發生出來。將來，倘使中國教會必須爲信仰自由而奮鬥——我希望不必——**教會在政治上應當採取獨立或不干涉、不理會的態度**。信徒們必要作政治生活：若必須有組織，就當加入民衆的政治團體，或基督徒與基督徒的同志自組合適的非教會團體去實施他們國民的正當事業。（四）教會今日在政治方面，若欲有所言論與主張，除了主持正誼人道之外，似不免於投機之誚。如果投機，教會的中堅力就丟失了。

論到中國教會重要的事業，我以爲有以下幾件事。（一）中國教會的教堂與其他非學校的教會團體，皆須實行宗教教育。教育與宗教，在中國已成分趨之勢；教會學校應當不再有必修的宗教科，必到的宗教禮拜。學校的宗教教育至少已經消削了十之八九。這部分的事業，實係極重要的事業；若學校不做，那末將來教會裏對於宗教有知識上的瞭解的人，必要稀若鳳毛。所以教會要直接在教堂內實行宗教教育。（二）中國教會要發起教友的讀經讀書運動。從今以後，基督教佈教之法，必須重新改變。帳幕大佈道，奮興會等等方法皆不適用，且恐怕未必受社會所允許。教會的工作因此不能不借重宣傳的文章書籍。此種事業，我們必要仔細研究，有所貢獻。（三）中國教會必須注重講學與修養兩件事。宋小程子說："涵養須用敬，進學則在致知。"中國基督教學者雖然不多，然能講學的人卻亦不乏。教會當局應該組織信衆中有知識的人，邀請非信徒而與信徒有深誼的人，成爲友誼團契，請信教學者講解教理給他們聽，引起他們的問難與討論，更引起他們靈修的興趣。（四）**中國教會當盡力設法栽培教會領袖**。有許多人想中國教會沒有錢，且與西國教會的實況不同，竟可廢除牧師的聖職。我們要知道牧師之職不但是服務教會的職司，亦是專修教中宗教泉源的職司。此職司由人設立，亦由神上帝設立。我們中國人有時太偏於實驗主義派的片面觀，不務深入，故不能瞭解牧職在宗教事業上的重要。可是我們不用有許多牧師。我們要有得力的牧師。一位學德才識俱有所擅的牧師可以在一地方服事三四個教堂。他是專家，負指導組織之職。其講道傳教教育等等事功當由教友組織委員會分任之。這種**特別造就的專門人才——牧師——是中國教會所必須的**，也是教會應當急於栽培的。（五）**教會當與西教會有深遠的宗教默契與友誼**。我們的教是世界教，此教的精神是世界精神，與西方教會有直接關係，一方面用言論理想報告等等激起西方信衆的深省與瞭解，忻賞與同情，由是而收推廣宗教同情同志的實效，一方面由此而使中國教會得有經濟靈心鞏固的根基。

以上所論，擇焉不精，語焉不詳。一俟有暇，再當與關心中國基督教事業的同志詳細討論當前的問題。茲所論者，幸讀者教正。

十六，五，廿，京西燕東園
原載《真光雜誌》二十六卷六號，1927年

基督教與中國文化

吾教中高談"本色教會"的聲浪比反基督教的旗幟略爲先起,到如今已有六七年了。此聲一起,所謂"中國化的基督教"等思想相繼而迴旋於我國信徒的心胸。這種思想的內容是兩種根本的承認:(一)基督徒清澈地承認基督教雖層層包藏於西方教會的儀式教義組織建築之中而幾乎不見其真面目,卻有一個永不磨滅的宗教本真;(二)基督徒乾脆地承認中國文化雖於科學方面無所貢獻,卻有精神生活方面的遺傳與指點。從這兩種知見,中國基督徒乃覺悟基督教本真與中國文化的精神遺傳有融會貫通打成一片的必要。基督教的宗教生活力可以侵入中國文化之內而爲其新血液新生命;中國文化的精神遺傳可以將表顯宗教的方式貢獻於基督教。基督教誠能脫下西方的重重繭縛,穿上中國的闡發,必能受國人的了解與接納。

可是這種見解,到現在還是理想,還沒有成績。這是有幾個緣故。第一,中國基督徒知道基督教有本真,卻因經驗與知識俱皆淺薄的緣故,沒有真知道這個本真究竟是什麼東西。知道中國文化中有精神遺傳,卻因中國文化泛廣而不易整理的緣故,尚不能斷定其幾方面可以與基督教相結合。信徒中間雖有不少的試作與暗示,依然是一種消極的狀態,不曾見有積極的創舉。平心而論,今日中國教會裏不但沒有發現所謂"本色教會","國化基督教",而且無形中減少了信徒的宗教熱誠。第二,有一個錯誤的觀念,片面的成見,在中國基督徒心裏作梗,使基督教因此反與中國文化不易發生關係。從思想方面看,中國的哲學實在是過時的理論。中國哲學(如宋明學術)因爲沒有受過科學的磨礱,所以不免於空中樓閣的虛玄。若使基督教不以近世最精密的哲學爲宗教思想的指導,而必要套在中國的舊理想模型裏,其結果能使人滿意麼?我以爲硬要使吾們不曾發生正解的基督教與中國固有的文化發生機械的關係,實在是一個錯誤的觀念,決不會有良好的成績。

我以爲在人生前趨的行程中，我們信基督的領袖應當虔敬懇切地去了解基督教與世界文化，俾在我們心裏血裏結成我們的新生命。我們是中國人，活在中國的環境裏，然而我們亦收吸世界的文化與基督教，亦曾在中國的思想境界裏優游。一到我們要發揮我們的宗教信仰時，無論我們用什麼方式，我們所發揮的總要與各國的基督教有不同的儀型。我們自發的基督教生活在根本上原是世界的基督教，在殊異方面即是中國的基督教。"本色教會"四個字，不過是四個字罷了。好像一個活潑的人要穿一件衣服。他在西方穿西服，就是洋人；在中國穿華服就是華人；在本國穿本國服，就是"本色"人。現在那赤裸裸的，活潑潑的人，不知道在哪裏，卻大家打口號，彼此呼應要一件衣服。找出些儒冠方巾等舊東西來……第三，我們提倡本色教會沒有成績，也是因爲在這時候我們沒有功夫去打算創造一個本色的基督教會的組織，建築，教理等等。生命是內發的，漸長的。現在我們當前的問題是"收回主權""移交主權"。或者中國教會成立的第一步就是自理。

我們雖說基督教與中國文化決不能用機械的方法，使在一朝一夕之間發生關係，我們仍舊可以察看基督教是什麼，中國文化裏有什麼幾點可以爲基督教所藉用。基督教是宗教，因爲是宗教，所以要用倫理，美術，哲學，以及實際的服務作其表顯精神與意義的方式。不過凡是宗教總有理知方面的解釋，與非理知方面的奧妙；凡是進步的宗教，所有的奧妙與所持的解釋多少有清楚的編織。解釋如樹木，奧妙如淵泉；在進步的宗教裏，解釋比較周密偉大，猶諸大樹，其本固，其枝葉茂，其根深入淵泉。可是解釋可以完全根基於奧妙，奧妙卻依舊遠超解釋，猶之樹根可以深入淵泉，淵泉還是遠在深根之下。宗教是生命的奧秘，誠於中者爲內德，非言語可以形容，形於外者爲外量，儘可用倫理，美藝，哲學，服務表彰而範圍之，卻不能因此可以表彰而範圍的元素而便謂宗教即是倫理美藝哲學服務等。倫理不是宗教，儘可離宗教而獨立，祇要假定人有自由，應負責任，應享權利，應作工具，亦應爲目的就是了。同樣，美藝，哲學，服務等皆非宗教，儘可離宗教而獨存。不過宗教是生命，是生命的深奧處，淵源處發出來須有要道，須有方式，有使生命得豐滿的內德，須藉倫理美藝哲學服務等方式而神其運用。宗教是人與神通連的生活，人與上帝截然分別而爲對象，由是而起敬起畏戰懼惶恐而崇拜；人與上帝渾然同體而爲真元，由是而有愛有仁，幽微通明而爲一。在宗教經驗中，衝突的都得通一；衝突的是外量，通一的是內德。凡真是虔敬的信徒，他必多少得一些此種經驗，心中或深切而知憂慮的幽邃，或開朗而喜樂的踴躍。他必要覺得一切乾燥無味的思想言語事情行爲，都圈上一圈深厚的情味。他必要覺得在一切無意義，無精彩的生活中有一個奧妙的維繫力，使他勇敢快樂而懷有熱烈的愛，可以做事。這樣說來，好像宗教是一件神秘的事；凡是沒有神秘經驗的人，就不得謂之有宗教。其實不然，宗教的教祖，使徒，先知們莫不深切地有覺於人神交際的幽妙。既有密識，然後行之，使人不能不嚮往焉。及至宗教有了教義組織之後，有倫理服務之說，有會集禮拜之儀，有團結運動之事；凡性上務實而不求幽妙的人們亦可以身入其範圍，爲教徒，且可有許多實際上的貢獻。故一宗教，必有淵源，必有川流；小德川流，大德敦化，二者固不可欠一也。

基督教在解釋方面最重倫理的方式；在奧妙方面最重靈修的幽潛。耶穌教訓人的言論，皆出於親澈的宗教。具體說出來他覺得非應用人最深切，最近密的關係不可；故說宗教的本真是上帝，人的天父，因此人皆是弟兄，應當相敬愛。至於幽潛的靈修，耶穌說："你禱告的時候，要進你的密室，關上門，對於你在幽密中的父親祈禱，你的父親在幽密處見你，要在明處酬答你。"基督教注重修行，行而不修，必致於騖外妄爲而丟失人生主觀方面的妙際；修而不行，必致於虛矯誕僞而丟失人生客觀方面的實在。修行二事，故當並重。然以現時的情形觀之，人皆注重行，放棄修，因此而所行之事，行事之人，都表顯宗教的毫無化力。霍金說："我看我們不能有好生活，除非我們生活中有足以使我們得獲絕對的離立與幽獨的東西：在於部分是必要而有用的，在於全體亦有用而必要。"他又說："我們在這時代懼怕幽獨與其一切神秘主義，因爲幽獨是滯頓生長與病態心理的淵藪，因爲幽獨是一切惡孽最高的咒詛，其本身在宗教裏尚且是一個腐敗的東西。我們在幽獨裏祇見丟失客觀性的危險，那真是重要的危險。但是請細想神秘者的用意，這究竟是我們審斷中的事：他的用意是要讓他的絕對對象與他進於自我的深入得同等的能力。神秘主義，在其真性質之正是'幽獨得救的'，其歷程比較我們已經對於我們自己無量主觀性的深處之探求，還要深進一層，且收取新得的增益，先用深沉的倫理與美藝的方式，以爲公共的應用。若在我們這時代，社會性增長，人皆浸沒在繁多的生活裏，了無神秘的可言；這時代估訂幽獨價值的能力與由是而有的自我意識的精深,也真沒有發展;我們這時代如何平泛淺薄之故,是因為這時代如何丟失了神秘的本能。"(Hocking, *The Meaning of God in Human Experience*, p. 404)據我看來,人生的煩悶,莫過於內外的齟齬。基督教外重道德的行為,內重潛養的幽獨,正足對於中國有偉大的貢獻。像中國這樣大國,一方面要解決物質生活的問題,一方面要解決人與人中間的關係問題,若沒有宗教做人民生活的淵源,怎能夠使人民多少免去生活的煩悶與膚淺,怎能夠多少保養人民的心力?我們基督的門徒,若果猶真確的信仰與熱誠,豈不見基督教將來對於中國文化的貢獻麼?

我們論中國的文化,應當知道自來中國人對於天然,社會以及精神環境的思想、態度、信仰、行為;因為文化與文明異,是屬於國人對於環境與生活的心理方面,屬於德的方面,文明屬於量的方面;文化的內包是觀念、印象、態度、信仰、行為,文明的本質是文化表顯的方式,如政府、教會、學校、商店、工廠、道路,以及一切的組織。中國的思想家素來偏於尊德性,所以祇能做籠統的極廣大的工夫,而不大做盡精微的學問;所以中國的文化不為不高,而文明實在疏忽漫散,不足以彰顯文化。文化文明是互相轉移的。中國因為偏於人的方面,對於窮求物理應付物境遂致沒有成績。中國民族原有極偉大的精神,極渾厚的能力,祇因為偏重實現人生不重精探物理,以致那種精神到了現在幾乎有破產的危險。中國的識者鑒於中國文明的不如西方民族,深覺科學的重要,急急乎設法灌輸科學知識。這雖不是一件容易的事,然其成績卻不難預決。將來的中國學人對於科學,不但要有更廣博的輸入,而且要悉心探討,作創造的工夫。我們不必憂慮將來沒有科學,沒有組織得精微邃密的文明;我們所應深思熟籌的是如何可以保持我國文化的精神,如何可以開拓此文化使得與世界文化融洽而繼增。在這一點上,我們要注意於介紹西方的倫理,美藝與宗教。西方的藝理與美術,本來與基督教有密切的關係。西方倫理美藝的深處還是基督教的深處。倫理美藝現在皆可脫離宗教而獨立;然而脫離宗教之後,尚能保持其深邃,使深邃與廣袤等量與否,尚是一個問題。我們中國人要接受西方的學與藝,也當接受西方的基督教;我們不能將西方的學與藝囫圇吞棗似的強咽下去,我們當然也不能將西方的基督教不問可否地全部收接過來。我們所要的是基督教的精華,耶穌的宗教經驗,信仰與行為。我深信我國人應有耶穌那樣的生活與信仰;我深信倘使我國人中有少數人，在經驗裏有基督教的精華，與中國文化的精華，雖然他們不去勉強造作本色的基督教或是保存中國文化，他們必定能夠從他們的生活裏表顯出基督教對中國文化的貢獻來。倘使我們中國基督徒盡力做現代的人，吸取現代世界的精華，不問要造成中國基督教否，要保存中國文化否，他們的生命裏必要發出中國的基督教來，而他們所發見的基督教，就是中國文化的保存，就是他們對於中國文化的貢獻。

以上所論，似乎盡是空談。但是有幾件事我們卻可明白了。（一）來一個洋教，勉強戴上儒冠，穿上道袍，蹈上僧鞋的絕對的不是本色的教會，也絕對的不是所謂"本色基督教"。（二）宗教是內發的，不是外鑠的，將來中國人能有怎樣的基督教，全看今日的中國基督徒有怎樣的預備。（三）中國的基督教不是一朝一夕所能產生的；而且我們不知道產生的時候，中國的基督教是怎麼樣。我們但能消極地斷定中國將來的基督教是不與西方的組織相同，不與中國固有文化中任何一件事相同。我們所希望的是我們不要在紊亂的思想裏把基督教的本真丟失了。

不過基督徒應當知道中國文化中幾個有勢力的傾向。這些有勢力的傾向，所以有勢力的緣故是因爲它們還依舊是中國人民活潑的生活態度。中國人對於自然有特殊的態度。在中國的思想史上，自然與人兩個觀念，非常融和，人與萬物同爲一道的行爲。我們看一部《易經》的一個根本原理就是自然與人祇有一理，物理倫理，本無分別，人但能夠闡知這個道理罷了。人在自然裏見人道，在人生裏見天道；人最高的生活就是法自然。機械與自由，心與物並沒有清楚的，敵對的，兩不相容的界別。《易經》謂："大人者與天地合其德，與日月合其明，與四時合其序，與鬼神合其吉凶，先天而天弗違，後天而奉天時；天且弗違，而況於人乎，況於鬼神乎。"大人能合天，能知道合天。"天行健，君子自強不息"；能自強，是有自由的。人的自由與自然的必要好像毫無衝突。西方人的自然與中國人的自然截不相同。西方人推求物理，以萬物爲一客觀的機械的統系，人外於物以免主觀的危險，物外於人以成抽象的觀念。人與自然成了敵對的東西；物的機械不能解釋人的自由，於是乎有許多人主張定命之說；人的自由在思想的抽象統系中沒有地位，於是乎主張自由之說的人，不能得到統一的思想。科學方法全靠精密的觀察分析別類敍述解釋，但入此殼中，即無出路。我國沒有發展科學，卻發明了人與自然融洽的道理。其所以能知這個道理的緣故實在在於我國的思想家與西方的科學家所用的方法不同。我國思想家大都以直覺去知道事物。譬如我自覺是我，又是有定理的，又是自由的，又是心，又是物，又是精神，又是物體。無論物理學家，心理學家我所覺得是怎樣錯誤，我總沒有法子不這樣去覺得。無論我自己怎樣不信任我的自覺，我仍舊不能不覺我是能夠自動自導，不能夠不如此自動自導。我的能，是自由，我的不能，是必然。我從直接的經驗中知道自由與必然是一事的兩面毫無絲忽的衝突。我國思想家祇重其合，忽視其分，所以不能造成精細的科學；西國的思想家祇重分而不得一個合的原則，或不認一個合則的方法，所以不能有知人知天兩事的一氣呵成，一線貫徹。

我國天人一貫之說，實爲我國根本的思想。自然與人，其道一貫；若老子說："道常無爲而無不爲。"那末，必要繼續說，"侯王若能守之，萬物將自化"。（《道德經》三十七章）若莊子說："凡物無成與毀，復通爲一。"他必說："天下莫大於秋毫之末，而泰山爲小，莫壽於殤子而彭祖爲夭，天地與我並生而萬物與我爲一。"（齊物論）道無爲，所以人亦要無爲；"已而不知其然謂之道"，所以人要任乎自然。若說自然有事要成就，人便當盡量地繼自然而做成這件事。人是自然的一分子，自然是人的本性；自然與人渾然同體，不過人能盡力實現其道罷了。孟子說："萬物皆備於我。"《中庸》說："誠者，天之道也，誠之者，人之道也。誠者，不勉而中，不思而得，從容中道，聖人也。誠之者，擇善而固執之者也。"又說："誠者自成也，而道自道也……誠者，非自成己而已也，所以成物也；成己，仁也；成物，知也。性之德也，合內外之道也。"從這些話看來，自然自有鵠的，就是要成己成物。天地實在不是一個死東西，乃是在"成"的歷程中，人在其中得以清澈地了解，盡量地努力，去完成自然的目標，達到自然的鵠的。（天與自然的意義同。可通用）人固執着天之道，誠心誠意地去盡人事，就能做到盡外盡人盡物而參贊天地的化育。聖人的事，亦不過如此。孔子"六十而耳順，七十而從心所欲"可謂聖人；然而聖人的實在，不過是合德天地，不過達到了不勉而中，不思而得，從容中道的境界。那就是天人通一，那就是合內外之道，那就是做人最高深最廣大浩然的經驗。爲了這樣的確信與見解，我國的思想家，不但不能有客觀抽象的科學，而且連認識論都不能發生。我是一切，我所以知一切；我知一切，因我參贊預分於一切，蓋直覺知之也。不但如此，即是荀子的制天之說，墨子的功利觀念，申韓的刑名之學，皆不能在中國思想界佔中心的地位。中國的偉大在此；中國的衰弱亦在此。

親近自然是我國人的特性。知人知天，在於我國人是一件事的兩端。格物致知，正心誠意，是一件事。本諸身方才可以"質之鬼神而無疑，百世以竣聖人而不惑"。可是我國的思想祇能暗示自然的道理就是人的道理，沒有清楚地說出自然——天——的實在與人一樣地是一個人格。墨子雖注重天志，說天要人兼愛兼利，雖沿襲舊說分別出天地人鬼來，雖在其書中提出上帝的名詞十餘次，卻依然沒有清澈地詮釋出一位人格神來。他所指出的天的所惡所欲，依舊脫不了渾淪的自然所表顯的德性；因為天兼而食之。自然亦未曾不兼而食之。人對天祈福祿，天對人行賞罰；但其心心相通的靈感，曾無隻字的道及。所謂"上同於天"，僅承認天人一貫的理；好像說在倫理的外圈邊際上，有還沒有直入人與天神心心交感的宗教。中國思想家除了墨子之外，明以人格加在自然的實性上的就幾乎沒有人了。董仲舒在《春秋繁露》裏說："人之（為）人本於天，天亦人之曾祖父也，此乃人之所以上類天也。"然而他即繼續說："人之形體，化天數而成，人之血氣，化天志而仁，人之德行，化天數而義，人之好惡，人之喜怒，化天之寒暑，人之受命，化天之四時。"這些話指明那做"人之曾祖父"的天非他，實為一個非人格的物質的自然罷了。直到宋儒，儒佛冶於一爐，尚沒有脫出這個蹊徑。張載的《西銘》裏將天人一貫的理說得精闢而簡盡，可是"乾稱父，坤稱母"依舊是乾坤，是自然，沒有成為人格；故祇說得"天地之塞吾其體，天地之帥吾其性，民吾同胞，物吾與也"。大程子《識仁篇》論仁極其玄妙，說"仁者渾然與物同體，義禮智信皆仁也。識得此理，以誠敬存之而已，不須防檢，不須窮索"。中國的思想家一方面覺得天地中包藏道德的本原，一方面又覺天地並不表顯人格。不但是天地的理是理不是人格；並且久而久之，古時活活潑潑的道，變了宋儒不偏不倚靜止寂息的理，又並且要人無我，放棄了自己的人格，方始可以真的合德於天地。程顥《定性書》裏說："動亦定，靜亦定，無將迎，無內外……天地之常，以其心普萬物而無心。聖人之常，以其情順萬物而無情。"這種說法，不惟奧妙，亦且偉大，決然有一至深的經驗做根基；但是所可惜的這種思想沒有給人生留一個進步的常新的世界，亦沒有給個人個性心理上實際上一個透闢的解釋。

我們不能不承認知識的進步須要順兩個途徑，一個是由外而量，足成抽象的準確的物觀知識，即是科學以及根基於科學的哲學，一個是由內而得（德與得同一義。量與質相對相成。質者德也。茲不用"質"，乃用"德"字明之），足成具體的直接的主觀知識，即是人生，以及根基於人生的哲學。兩個途徑往往相交錯，相輔導，而依舊各有軌範。我國的思想偏於人生方面，故所用的方法，直驗直覺，常近於宗教的方法。基督教要與中國文化發生關係，在此知識方法一端大有相似之點。至於我國的思想偏於法自然，甚至於絕聖棄智，至公無我，或固爲儒，或入於道，或流於佛，皆與基督教的根本信仰不同。法自然，故人的高點——峻極於天處——即是無心無情，即是無我。基督教不然，耶穌教人乃以人信仰中所組織所見示的至高上帝——人格——爲高點，所以說："你們應當純全像你在天的父一樣完全。"這種思想到中國的文化境界裏不能不使其自身發生變化，亦不能不使中國固有的文化發生變化。至其變化的趨向如何，全在吾基督徒的知識與經驗能不能達到高深悠遠的程度。

中國文化中第二個有勢力的傾向是倫理的傾向。人既是人，總得要有一個做人的道理；所謂"仁者人也"，就是人的基本道理。人與人相繫，推本便是孝，盡己便是忠，及人便是恕。義禮智信廉讓勇恥等德皆是"仁"人的道理在人人相接的各方面發出來的德行。中國人親近自然，在天地間優遊生存，所以對於自然且有一種責任。譬如"曾子曰：'樹木以時伐也，禽獸以時殺也。'夫子曰：'斷一樹殺一獸，不以其時，非孝也。'"(《禮記·祭義》)所謂孝，所謂"報本返始"，"慎終追遠"，都在渾然一德。中國的社會是家族制度，故其倫理，亦是家族的倫理；雖不免於守舊，卻不失爲出於人性的至意，足以做社會的鞏固的基礎。中國人從來不以人生爲不善不美。天地以生物爲心；天地之大德曰生，既曰生，生必有根本，報本返始，慎終追遠，實所以敬非所自，亦實所以使現在的人生美滿，足以爲將來的人渾厚偉大的根本。"民德歸厚"的意思端在乎是。我們或者可以說中國倫理的實體是仁，仁的根本是孝弟。(《論語》謂"孝弟也者其爲仁之本與？")"萬物本乎天，人本乎祖"，有祖父而後有我，我即有善繼善述爲本分。有我而亦有我的兄弟姊妹，同胞共與，我即對於人對於物有莫大的責任。胡適謂中國的宗教是"孝的宗教"。我謂中國的倫理是孝的倫理；倫理之極致，便成了宗教。弟的道理是從孝裏推出來，忠恕的道理是從弟的道理推出來。孝是道德，在爲人；孝是宗教，在報本。宋范仲淹曾對他的諸子說："吾吳中宗族甚衆，於吾固有親疏，然吾祖視之則均是子孫，固無親疏也。苟祖宗之意無親疏，則饑寒者，吾安得不恤也……若獨享富貴而不恤宗族，異日何以見祖宗於地下，今何顏入家廟乎。"這等態度是倫理與宗教統合的態度。張載的《西銘》，我們已經提過，是一篇偉論，又是倫理，又是哲學，又是宗教。其中所述，不過一個孝字，然而"聖其合德賢其秀"是何等大事，"存，吾順事，沒，吾寧"是何等精神。然則基督教進入中國文化的環境對於這樣的倫理應當發生什麼關係，作什麼貢獻。耶穌所深入的經驗是自己覺爲上帝之子，所重要的教訓是上帝是人的父親，最偉大的行爲是愛人而犧牲，死在十字架上。這個生命與中國的孝理孝敬，頗相一致。從今以後若基督教對於中國文化要有貢獻，基督徒必須一方面推廣孝義，使人仰見天父上帝，在深邃的宗教經驗中奠鞏固的倫理基礎，一方面解放個人使得爲上帝的子女，既脫出舊制度的束縛而伸展個性，復保持民族性的精神，而同時恢宏新社會中平等的弟兄主義。但在此點上也要看中國基督徒的了解力鑒賞想像力深不深。苟其不深切，結果亦只能隨波逐流而已。

中國文化中第三個有勢力的傾向是藝術方面的。宗教是生命，瀰漫融洽的生命，絕非言詞所能盡述，亦絕非任何方式可以盡達。近代思想家或以倫理的行爲來表顯宗教，或以社會心理來說明宗教，以爲宗教無他，即是一種保存價值的東西。甚致竟有人因爲宗教的生命是聽之不聞視之不見的，想要拿可以想清楚的倫理來代替它，將可以看得見聽得出的美藝來佔據它的地位，把可以執著的流動的社會全體人類全體來圍困它。宗教不是麵包，不是金錢，不是什麼東西，是以有人要與它不同中國，不共戴天。自然他們都是思之深，經驗之深的人們。自然，人就是他所飲食，衣服，居住的東西。不過有宗教的人迷信得很，以爲宗教自爲範疇，不入真、善、美任何範疇，並且還超乎其所自有的範疇之外。宗教不是一種方式所能表顯，所以必有事乎象徵。有事乎象徵，故必借重美術。凡有宗教，必有儀式，必有建築，音樂，繪畫，文章以傳遞其生活的豐富。有其珠，當有其櫝，雖有買櫝還珠的人，何復損乎明珠。道佛兩教，自晉六朝隋唐以來，在中國美術史上已佔有極重要的位置。在廟宇繪畫音樂等等方面，佛教積有貢獻。我們要了解美術儘可離宗教而自存；美術自存，並非即是宗教不得用美術來表顯其生命。我們也要了解信教的人有了深遠幽邈的宗教經驗，洶湧迴盪於胸中，便藉著他們的藝術，造廟宇，建儀節，創音樂，作詩歌，立佛像，圖諸天，以爲他們經驗的象徵。他們先有宗教經驗，然後有宗教美術，有宗教美術，然後能起人們的宗教生命。沒有宗教經驗，決然不會有廟觀佛像等等物。宗教經驗不易表明，宗教美術就是表明宗教的言語。我們中國的美術從中國人對於自然的經驗裏發出來，最能表發心靈中所覺到的意味。譬如淡墨山水，試問這件東西或爲雄渾，或爲悠遠，或爲清淡，或爲沉著，是從那裏一種理論裏來的呢？又譬如詩，王維的"山中習靜觀朝槿，松下清齋折露葵"，"深林人不知，明月來相照"。若僅將其落於言詮的講起來，豈不是一個人在山裏瘋癲似的舉頭獨看槿樹枝，在松樹底下採了些帶露的葵實來作野餐而已；豈不是竹林裏有明月照亮他而已。還有什麼意味？還有什麼神情？意味神情，皆在言外。所以陶淵明詩句云："採菊東籬下，悠然見南山；山氣日夕佳，飛鳥相與還。此中有真意，欲辨已忘言。"真意乃在不言之言中。若有人問李白的"客心洗流水，遺響入霜鐘"是什麼一回事？我就無言可答，祇可說這不是什麼一回事，這完全不是吃飯穿衣集會請客殺人放火……等等所謂事。這果然是空中樓閣，毫無腳踏實地之處。中國的詩書建築特別注重傳神，特別富有與宗教相類的意義。假使基督教要在中國人心血裏流通，她必要在美藝上有貢獻。在這年頭，國人皆在反抗儀型形式，基督教必要整備著奮鬥，在不合適的環境中使心裏迸出一種合適的美術來。

中國文化中第四種有勢力的傾向是中國人的神秘經驗。這種經驗寬泛地散佈在我國人的自然觀，倫理思想，及美術裏。以上所論，多少暗示這個意思。中國人是務實的民種，與印度的民族大不相同。他們所講究的是飲食男女，是君臣父子夫婦昆弟朋友，是放債討債，升官發財，福祿壽康寧。在實驗主義者的徒子徒孫眼中，中國人就是那些"各人自掃門前雪，莫管他人瓦上霜"的實利主義者。其中"淡泊以明志，寧靜以致遠"，"一簞食，一瓢飲"，"曳尾於泥塗中"的人，以及那些"正其誼不謀其利，明其道不計其功"的冬烘先生們，若然果有這些人，似乎也祇好算爲例外。其中爲正知見而度雪山冒瘴毒，萬里求經求佛的法顯玄奘道普智猛等高僧，其中禪宗密宗的信衆，大約祇好當作變相的中國人。可是實在說來，中國人是最務實的功利派，也是最不務實的反功利派。兩面都可說得通。無論如何，中國人中有少數人——少數人是絕對不可輕看的——作了一部《易經》，一部《道德經》，一部《莊子》，作了許多"露腳斜飛濕寒兔"等等解釋不出的詩文，作了戴逵的"五天羅漢圖"，吳道玄的"地獄變相圖"，王維的"瀑布圖"……等等，作了"南朝四百八十寺，多少樓臺煙雨中"。他們有一種放在實驗主義範圍裏泛濫出來的精神。他們有神秘的經驗。這種經驗在字面上浮着，幾乎遍地皆是。所謂"幽"，所謂"玄"，所謂"妙"，所謂"幾"，所謂"微"，所謂"潛"，所謂"虛"，所謂"無"，所謂"極"，所謂"如"，莫非都是一類形容理性與非理性銜接處的實際的文字。這些字表明那些被字形容的經驗在中國史上留下一個痕漬，我們就是對他蹙損了雙眉也沒有相干。老子說："視之不見名曰夷，聽之不聞名曰希，搏之不得名曰微，此三者不可致詰，故混而為一。其上不皦，其下不昧，繩繩不可名，復歸於無物，是謂無狀之狀，無物之象，是謂惚恍……"（《道德經》十四章）作《中庸》的儒家說："視之而弗見，聽之而弗聞，體物而不可遺；使天下之人齊明盛服，以承祭祀，洋洋乎如在其上，如在其左右。"（十五章）一國之內，總有人要拘形迹，不能越雷池一步，也總有人要做北冥的鯤，化鳥的鵬，去作徙於南冥的逍遙遊。若一定說是少數人能這樣做去；那麼什麼要緊的事功不是少數人創導的？將來在中國，基督教若能根深蒂固，在神秘的宗教經驗有深邃的得獲，即少數人亦足以像一粒芥子，一勺酵頭。祇要有少數有經驗的虔信的人存在，宗教即有存在，基督教即有存在；基督教即有存在，無論怎樣受搯擊，受逼害，也不能損其毫髮。教會的組織是重要，但終沒有個人的得有宗教經驗與信仰那樣重要。英宗教家應奇（Dean William Ralph Inge）說："組織的宗教在近世不是人事中最強的一個勢力。與愛國心及革命事業比較起來，它竟見得可憐的軟弱。基督教的能力是在於改變個人的生活——固然像基督明白地指示的，一小群；但是合攏來卻是一大數。在此地在彼地，救得一小群脫離唯物主義，自私，怨憎，那就是從古以來基督教會的事功，在將來亦不見得會改變的。"（*Science, Religion and Reality*, p. 388）這種事業在中國亦然。神秘的經驗起於少數人個人幽獨曠邈的自覺，似乎與人事無關，然而"潛雖伏矣，亦孔之昭"，其影響於社會國家也，雖於吃飯穿衣不同，亦足以使塞者通，止者流矣。

有人說,中國人講"如在其上,如在其左右","事死如事生,事亡如事存"的"如"字應當作沒有而像有的"像"字解釋。"祭如在",不管在不在,祇要"像在"那裏就夠了。中國人崇拜祭祀,都是做給活人看,那裏管鬼神的存在不存在。這種見解從主祭者一方面看不爲無理,但與不喜而對鏡學笑,不怒而握拳學怒同一空洞。其實"如"本是指點兩件事,一是主觀的經驗中須有深沉的精神與在神前一樣,一是神的不可以言語形容,下一"如"字,方可免去粗淺的擬人主義。所謂"如"絕沒有指點崇拜的對象的不存在,乃是指點崇拜者"無所不順"之"備","非物自外至者也,自中出生於心者也"。《禮記》裏有兩處記祭祀中的經驗,一處用"如"字,一處不用"如"字而用"必",而兩處的意義實同。《祭義篇》說:"孝子將祭祀……顏色必溫,行必恐,如'懼不及愛然。其奠之也,容貌必溫,身必詘,如語焉而未之然……'"《祭統篇》說:"身致其誠敬,誠信之謂盡,盡之爲敬,敬盡然後可以祀神明……齊之日,思其居處,思其笑語,思其志意,思其所樂,思其所嗜。齊之日,乃見其所爲齊者。祭之日,入室,僾然必有見乎其位;周還出戶,肅然必有聞乎其聲;出戶而聽,愾然必有聞乎其歎息之聲。"近代的心理學指出了此種經驗的過程與工具,一知半解的人們遂謂既知工具,宗教經驗的對象是決然沒有的了。我家新購一舊鋼琴,我女彈之,我心悅之。我在,人彈之亦響,我不在,人彈之亦響,我在我不在其響固相同,其情則不同。且不能說琴是工具,用之則必爲音樂,爲音樂時僅有彈者在,而聽者決不在也。人生奧秘的經驗,不一而足。宗教所指,其甚深。基督教在中國人心中實在已有精神上的根基,且看中國基督徒能深入與否,能表顯與否耳。

基督教與中國文化接觸周旋之點,豈僅以上四端,本篇僅擇大端而言之。至其與吾國的風尚習俗如何發生關係,實爲膚淺的問題。目下正在改變之中,我們應當盡力作切實的服務,生正確的了解,暫用現在的種種組織儀式以保持簡單的信仰,以待幾世幾年,將能積漸的渾厚的貢獻。我等誠信基督,則基督教實爲最寶貴最真最美的產業;惟此產焉,當全力保存之,亦當全力與國人共之。

十六,六,二,燕園

原載《真理與生命》,第二卷第九至十期,1927年,第247—260頁

短　論

本期卷首語　本期有幾篇長文，不宜分段截載，因要便利讀者起見，故特出一篇第九第十期合刊。我們很感謝馮友蘭先生、謝扶雅先生、博晨光先生爲我們做文章。他們對於中國文化皆深有研究，對於西洋哲學又多所了解，故他們的文章，實在是有價值的貢獻。本期一大部分的思想結集在中國的文化與基督教思想方面。馮、謝、博諸先生的學問見解，不必編者曉曉地介紹，祇請讀者細心披閱就是了。此外，還有兩位學者擔任作文，但是因爲郵寄遲緩之故，文章未曾寄到，本刊不能再待，祇得等接到後，在以下幾期內發表。這是我們很抱歉的。

生命社社員討論問題　五月十四日，生命社社員會集討論西教士在中國教會內的地位。介紹此題的社員將問題分爲三層：(一)中國教會若是教會，必有她一切所以爲教會的精神自立與管理主權；(二)中國教會的組織與建設，無論其去舊換新，或漸仍舊貫，皆須以中國基督徒性靈中內發的要求與了解爲試驗的指歸；(三)西教士在中國教會裏是西方母會對於中國教會表示友愛的使者，也是中國教會的教友，與中國教友處同等的地位，有同等的責任，享同等的權利；惟因其經驗訓練的比較深厚，亦可以爲中國教會中的導師與顧問。五年前燕京大學宗教學院的教授易文思先生曾在中國基督教全國大會裏演說，謂：

　　"我要謙卑地提出中國教會果然存在，西教會所組織的宣教會，除了中國教會的接待以外，在中國即沒有任何宗教的地位；我想時期已到，或快到了。人當清楚地承認歐美教會在中國繼續工作，應當祇是因爲中國教會的許可與邀請。一個教會或這個教會是基督教歷史上惟一有權威而合組的團體。教會存在之地，有一信男信女的團體，以基督爲元首，這團體就是有主權的團體。**他們可以指取，並且必須指取心靈的**

主權與教會的自理。"

關於西教士個人的地位，易文思先生說：

"我想有兩種，並且祇有兩種可能的地位：(甲)西教士可以把他自己算爲歐美教會的教友，借給中國，擔任基督教服務的；(乙)西教士可以算自己是中國教會的教友，與中國基督徒處於貼準同等的精神上與教會權上的地位，而沒有別種地位。基督教團契精神似乎鄭重地表明乙等地位是允當。"

此種言論，今日中國的信徒，略有知識的，已類能爲。且因政局的變化，環境的要求，所指陳的事，中國教會今日已有實行的必要。但在五六年前，做此等根本的、徹底的思想，無畏的言論，實在至非易易。易文思先生是英國教士，嗟乎，言猶在耳，人已云亡，思我前哲，能不慨然。五月十四日北京《英文導報》載中國青年會全國協會來會理博士對於西教士的言論，亦足以啟發我們，茲並錄之：

"請舉一個具體的例子。不數月前我記得曾聽見一個領袖的西教士，我的朋友的經驗。他是執行一種重要事業的首領。好幾年工夫，與他同感興味，同擔責任的是好些很有才識的西教士。不過對於這種工作有不少中國同事也深感興味的。我那朋友實在願意看見他們分負此事的責任。他第一步是請他們在幾種特殊的計劃上幫他的忙；他們出於對於他們靈性的領袖的忠誠雖不能常抱熱忱，也就遵照辦理了。後來他覺得要中國人感到自己是主人翁，就先請了一位，後來又請了兩位中國的同事加入他的執行委員會。最後，他覺得沒有辦法了，就去請教一位來探訪他的全國知名的中國基督徒，請他指點他怎樣纔能發展他那工作方面的中國領袖人才。聽了他一番言論之後，那位中國客人說：若中國人不覺得工作是他們的，他們決不會負大部分的責任；你那執行會上主要的制裁力若是西人，他們決不會覺得工作是他們的。並且若是中國人是西國人委派的，他們也不會覺得工作是他們的。**我的主張是廢棄你們現在的組織，創造一個新組織，使中國人在表面至少佔多量的言論**；決志不被舉爲主席，把舊組織的工具完全交給新組織去用，那末你必要快活看見'你的'工作變爲'他們的'，且得收更豐富的效果。"

所謂"本色教會" 年來新法百出，公理日廢，新法非不好，可是新法不盡是好的，而好的新法又容易被自私自利的惡人利用壞了。有人爲王安石翻案，打不平，那是多麼好；可是新法被小人弄壞了卻似乎是一件鐵案。年來"拉夫"是新法，"討赤"是新法，"打口號"是新法，"打倒"，"反革命"，"帝國主義的走狗"等等都是新法。羅蘭夫人何嘗不愛自由，爲什麼要嘆息痛恨於打"自由"口號的人們，而說他們藉自由的名而作惡呢？拉夫的可以拉婦，拉老師，拉財神；討赤的可以討同胞；"打倒知識階級"，打倒"新教閥"，打倒"落水狗"；反對三民主義是反革命，反對敲竹槓也是反革命，聯英聯日的是帝國主義的走狗，孔子也是"帝國主義的走狗"。口號是應有限制、應有主義作後盾的，決不可以亂打的。因爲革命的緣故，人覺得要希望將來的幸福，非得耐受現在的痛苦不可。然而罪惡是罪惡，無論怎樣輕恕，也不能變化性質。打口號是方法，然而亂打口號是罪惡。所謂"本色教會"是一種口號，亂打起來，也未免於中國基督教的前途有損而無益。所謂本色教會是什麼東西呢。積極的定義不易下，消極的界說卻可以下幾個。"本色教會"不是本色基督教，因爲基督教是耶穌所垂示的信仰與經驗，深邃悠邈，高遐切實的生命，對於上帝的正覺與交通，對於人類的正見與服務，對於理想的將來——天國——的努力與犧牲，對於一切有一切真善美、一切世界、一切環境的正確允當的態度。不是將中國文化去代替基督教；不是將中國舊哲學舊道德囫圇地傾入基督教，使他成一混合物；不是反對西方文化，抵制新思想、新學術；更不是轉瞬之間像玩魔術似的做出一個奇怪的沒有根基的新東西來叫做什麼"本色教會"。

　　本色教會是中國人信耶穌基督而內發的生命與組織，團契與服務，是中國人愛上帝、愛耶穌、愛同胞、愛人類的表顯與事蹟。

　　中國信徒覺悟到宗教深處，得了新生命，有必須分佈傳揚的急切的真熱誠，而奮鬥前進無以自已，有決志自養、自立、自理的勇毅，深深地、懇切地學習了解中國文化的精髓，西方文化、西方教會的菁華，擇善而固執之以為創造的根基，那時節我們就有中國的基督教與中國的基督教會了。若無自傳的現象，自立的勇毅，自理的能力，雖天天講文化，談"本色教會"，打口號，到千萬億兆年也是無用的。若我們真覺得直行得基督的事業，毅然決然表示他的信仰上帝心、愛人心，那末今日我們就有中國基督教，今日就有中國基督教會。

史必爾博士的議論　本年一月十一至十四日,北美國外佈道會第三十四次年會時,美國長老會國外宣教部幹事史必爾博士(Dr. Robert Speer)有幾句使人驚心動魄的言論。茲不加評斷,迻譯出來,請讀者有公開穩靜的頭腦去細想。他說:

"第一個(大問題)是在中國的教會的經濟自立。那不是西宣教會方策所強加的東西,不是外鑠的東西。那是在事業的性質中絕對地包含的。**一個人必要經濟獨立,否則他便不是自由的。一個民族必要經濟獨立。**自然那並不是說它不能做買賣。自然它必要經商,必要與他國有買賣的事,但這乃是說一個民族對於他國不能有奴從的關係,它不應當在接受他國慈善事業或在他國有任何權利得將其意志強加上來的境界,與他國有那種關係。我信經濟獨立是各國基督教會不能躲避的必要,我們閃躲是沒有用的,中國教會或別國的教會即是要置之不理也是沒有用的,——那是不可能的。"

"正在目下,自然,我們中間有人正談這件事,好像這是一個買笛子的人有沒有權利選擇歌兒腔調的問題。可是絕不是這樣。這並不是宣教會預備好了移交經濟管理權給當地教會與否的問題;宣教會預備好的程度比較當地教會能夠接收移交的程度還要高。那不是根本的問題。根本的問題是教會本身(指當地教會)是不是一個實在的教會,或是說她要不要成為一個寄生的與空名的教會。不到經濟獨立的時候,她決不能成為一個完全的實在的教會。"

原載《真理與生命》二卷九、十期,1927年6月

短　　論

為各基督教學校當局進一言　秋季開學的時候,已經到了。大概在關心宗教教育事業的人心裏,因為急切地要與同學們共得耶穌那樣的人格的原故,總覺縈迴着許多思慮,許多躊躇。現在我們深覺教育與傳教的目標不盡同,方法絕不同,從前那些宣傳宗教的法則,如強迫讀《兩約》,必須做禮拜,守安息等等,全乎是不適宜,不正當的了。我們不要弄錯了念頭;我們丟掉舊的宗教教育方法,並不全是因為政府不准許,思潮不贊成,乃是因為我們受了時局的影響,做了一番徹底的思考之後,深切地瞭解到無論政府思潮准許不准許,贊成不贊成,從前的方法是不正當、不適宜的了。我們放棄舊方法,是因為這些法則是應當放棄的,不全是因為利害關係,不全是因為學校在現時的政局思潮中,死生存廢的關係。若然不當廢除舊法則,若然我們從教育原理,倫理觀念上覺得我們應當保存那些舊的宗教教育的法則(其實不過是宗教宣傳的機械法則),那末基督教學校雖不能不關鎖前後門,亦不能因為一時的輿論與政令而讓步。如今我們決然不用舊時的方法,毅然捨去用舊法可得的效果,是因為我們應當如此做,是我們道德上的勝利,不是我們宗教上的失敗。不過當前有一個大問題,就是舊法既被棄置,我們以後怎樣去實現基督教教育的宗旨,去與我們的學生,特別是基督教家庭中出來的子弟,分有我們所最寶貴的宗教精神及生活。政府不要造就良好的國民,高尚的人格則已,若要造就有德有力的人才,那末我們在學校裏設法實行宗教生活,不僅絕對的不與政府的教育宗旨發生衝突,並且在實效上,輔助國家的教育,以備補其闕漏。我們在基督教學校內設法實行宗教生活是正當的。當用什麼方法呢?茲僅略述大概,待後再另立論說詳細討議。

第一,我們要正校風,使全體教員學生皆認真教讀,皆熱心公益與道德。若在校裏,無論信教與不信教的同事、同學皆能有風節峻嶒、絕惡如仇的氣象，那個學校就含有了宗教的情味。宗教必要有適宜的環境纔能生長，猶之草木，必須有日月的灼照，雨露的浸潤。在校風良好的學校裏，若有少數熱心的基督徒結集崇拜，共同潛修，盡力服務，他們就可不用一毫宣傳之力，而吸引多人的探詢與研究。

第二，我們當然要使基督徒與非基督徒的同事、同學中間，發生深摯的友誼，濃厚的和愛，凡事不分別，不歧視，不以教別為判斷，而以公平為準繩。若信道學生與不信道的學生間，有重重的隔膜，信道的同事與不信道的同事間有密密的障翳，我們雖有日月的光華，也不能照徹通明，況我們所有，還不過是勞苦竭照的爝火麼？

第三，我們要結合同志，成小團體，研究宗教，共同潛修。一方面要完全使信徒自動，一方面要親自加入。倘使我們為主愛人，我們就當不惜辛勞，不辭艱苦，不避煩難，去服務；有機會指導，便盡力指導；沒有機會指導，便默默地裏贊輔助，竭忠盡力，表示我們愛主耶穌的真誠。有禮拜，有會集，我們總不因細故而缺席；有難處，有痛苦，我們總不因自私而避免；有冤屈，有失望，我們總不因灰心而退卻；有喜樂，有榮譽，我們總不因貪得而私取；有紛爭，有衝突，我們總不因偏愛而廢棄公平。**我們祗知道負着耶穌的十字架，用自己努力而得的人格來表明我們宗教的生命**，為主作見證。

第四，我們要特別注重共同的崇拜，要設法使一切禮節、儀文、音樂，都表示宗教的美與妙。

第五，我們要用圖畫、書籍、電影、音樂以及其他的方法來傳達我們所寶愛的宗教生活與信仰。

第六，我們要與學生的家庭，特別是基督教學生的家庭，引起他們的興趣，使他們在家庭中注重宗教教育作我們的後援。

第七，我們要與教會——附近的教會或自屬的公會——發生密切的關係，使我們教員、學生能在其內做工，一方面督促她，使她清潔而純正，一方面造成她，使她確實地成為基督教宗教教育的機關，以備在最近的將來，基督教學校可以將一切課本的，靈修的教育交待於她。將來中國的禮拜堂——教會——要代替教會學校做虔誠的基督教教義歷史方面的教學工作。

我們在校內要維持推行耶穌的人生，原無一定的方法，端在我們因時制宜,去適應,轉移我們同事同學的心志。最要緊的一句話就是**誰果有耶穌基督活在他裏面,誰就能作有效率的聖證**。

中國教會應當敬聽的幾句驚心動魄的話 近來有論南京的教會者,說:"她已經經過了她的喀西瑪尼,但是她的五旬節還沒有到來。"(見《教務雜誌》本年八月號)這一句話,不但是為南京教會,實在可以對中國的全教會說。其中包含的深意,頗足做我們信徒細想深察的資料。試問喀西瑪尼之後,五旬節之前,基督的教會曾經閱歷過什麼要事。各各他的十字架和十字架上的獻身,豈不是那兩事中間的生死關頭麼?痛苦中的結合,靜默中的預備,摯愛中的祈禱,信仰中的等待,豈不是五旬節前的路程麼?門徒的疑惑,同志的渙散,少數人受復活的主深刻的教訓與感化,豈不是聖靈垂降之前的實況麼?沒有五旬節的大感動,能有基督教會產生麼?沒有聖徒的信仰、引導與永不失望的愛國心,永不退轉的愛主心,能有基督教的根基麼?今日的問題不是今日中國的基督徒有沒有神學,乃是今日中國基督徒在經驗上能不能經過這一段喀西瑪尼與五旬節中間的歷史。並不是今日中國基督教會能不能加入政治運動,多受一部分國人的歡迎,少受一部分國人的反對,乃是今日中國基督教信徒有沒有心靈上深切的預備,道德上堅持的能力,信仰與希望上懇切的嚮往,宗教生活上實在的犧牲,實在的必死之心。

美國公理會全國協會本年五月三十一日在歐馬哈(Omaha)集會,對於中國教會有一句話說道:"我們第一注重的不是宣教會(即差會)本身的前途如何,乃是中國基督教會的幸福如何。"別的公會的母會,也有同樣的表示。凡與西國母會有關係的人,都知道他們對於中國教會前途危險,有深切的顧慮。但是時期到了,為父母的不能不聽憑子女自立,不能不懷着不安寧的信心,不穩固的希望,表面上快樂地將家產一部分交待給子女,讓他們自己去經營。中國信徒對於母會慈愛的誠意,自當表示深深的感激;無論母會懷慮的當不當,我們總應當回顧自身,作透徹的反射思量,看一看母因我們道德力與宗教經驗淺薄而懷抱的憂慮,應當怎樣地喚起我們,使我們去儆醒努力,免於失墜。

《教務雜誌》(一九二七年八月期四百八十頁)的編輯說:"中國教會是在開始作她自己的思考了。她要有錯誤,然而她必須創立她自己的大憲章……要在她自己的民眾中間今日之下,持有活動而愛人的勢力,**中國教會**

必須要能證明她是她自己的靈魂與歸宿的主人翁。這是她對於自己環境中的變遷必須有的反應。直到現在，她的基督教經驗是大概由外傳與的，是從西方來的。這是不可免的。從今以後她對於上帝與基督，必須要有直接得獲的經驗。"我們中國基督徒應當問自己有沒有直接的宗教經驗。假使我們自顧中國基督徒隊伍中千奇百怪，不但是無識的教友心裏充滿了從中得利的念頭，即是所謂領袖中，亦有許多人僅能勉強維持他們表面上大家可以稍為觀看的人格，使自己的偏黨勢利，假時髦，敷衍，滑頭，冒牌激烈，乾燥的響喉嚨，帶着不如意的強笑，在薄紗似的罩子裏籠着，以致使人與我眼看眼閉地同存而不管明眼人的腹笑，有心人的殷憂……假使我們自己中間，心如無根的浮雲，事是不繫的扁舟，我們對於人家指點我們，要我們有直接的宗教經驗的話，應當怎樣的戰慄恐懼啊！中國教會的危險不在於中國信徒的無經濟力，無辦理才，不在於他們浮蕩的神學，也不在於他們輕躁的革命思想，乃是在於他們實在缺少直入的宗教經驗。

基督教會與政治　宗教是個人對於精神世界、決定人運命的主宰的信仰與態度，教會是這些個人所組織以維繫傳拓此種宗教的機關。這樣的教會應當與政治發生什麼關係？

　　政府與教會有重要的關係。政府是全民的總機關，管理一切國內的事以及國家與他國發生關係的事。國內有許多重大的事是一部分人民自由結合而舉辦的，不是全體人民都參加或都讚成的。這種結合與工作，政府可以承認其正當的存在，而許與保護。基督教會在中國就是這樣的一種結合，在於信仰基督的國民，教會是表顯他們所尊重的宗教生活的機關，政府雖決不能偏袒教會，卻應當加以承認與保護。政府為自身的安全與廣大計，為信教民衆的幸福與滿意計，應當盡力保全他們信教的自由。政府有保全一切人民信教自由的義務。信教自由包括着人民自由結合，建造教堂廟宇，自由崇拜、宣道、行善、施教等等權利。政府不能偏護，當給各教信衆同等的權利，也不能姑息，當禁阻一切邪教與秘密會社。信教自由是人權，剝奪信教自由是剝奪人權，是以政府若取消信教自由的人權，或壓迫任何一種世界已經公認的宗教，無論信教與不信教的人民，皆當抗議抵制，使其政策歸於無效。

　　政府除了承認教會的存在與保障信教自由的人權之外，對於教會更無其他的職務。當然任何一種宗教出而干涉他種合理的自由結合，如學校中的科學教學等事，政府當加以禁罰。任何一教宣傳邪說，施用不正當的方法，愚弄人民，如白蓮教、紅燈教所有的作為等等，政府亦不能不有所裁制。**不過政府決不當干涉教會的內務，決不當指派聖職，強佔教產，使教會不能實行其宗教生活**。如有此種行為，教會應當為自身以及國家的幸福計，起而奮鬥，作決不屈伏的抵抗。

教會對於國家有重大的責任。基督教會應當本基督的教旨，用慈愛公平，對付一切國家的與國際的重要問題。不應當隨波逐流，順着風濤，走最無抵抗的路子。**教會絕對的不應當加入任何政黨**，絕對的不應當跟着呼叫"革命"的人嚷"革命"，跟着高唱"三民主義"的人說耶穌也講"三民主義"，跟着談黨化教育的人亂鬧黨化教育。**教會是超乎政黨的機關，她的聲音是審判是非，鼓勵正誼，反抗罪惡的聲音**。政府不良，有罪惡，她就要責備，不當原諒。政府為善，有良政治，她就當稱許激勵，求上帝佑護。國家與他國開釁的時候，她祇能求上帝饒恕交戰國的罪惡，不當求強權武力的勝利。若教會處於武力之下，伏於刀俎之上，她雖不能發言持論，她還當守持正誼，明示原則，而流淚祈禱。**無論如何，教會終不能倖免於必須負的十字架**。路德・馬丁是改教的先知，革命的首領，卻使教會（德國的路德宗）在政府權威之下，受了極不良的精神的壓迫。英吉利的國教也常做政府的留聲機器。我們中國的教會當如何？我以為倘使中國教會也必做政黨或政府的走狗，無論是非，善惡，惟有政黨或政府之命是聽，我們與其被軟禁於教會之內做噤若寒蟬的可憐蟲，不若將一切教會打得雪片一般，再結同志在嚴洞裏，在封鎖的門戶背後，去真心誠意地崇拜上帝。

以上所論，並不是說教會不應當努力輔助一切真心誠實為國家民族求解放求幸福的運動。不過她的責任是在正其誼，明其道，為其教友祈禱，為一切善運動祝福。她要出於自願，絕對地不能被一黨一派所利用。我們都知道中國剛纔萌芽的教會，處於內亂滿地的境界，實在有非常大的危險。當此情形，中國基督徒要竭盡誠心去瞭解耶穌的宗教精神與原則，以為一切政治社會運動的準則與判斷，絕對的不可把政治運動、社會運動中不粹不徹的主義，附會到耶穌的教旨上去。總之，教會是立在耶穌的福音上面的，祇知道行其博愛犧牲的道理。與此合者為是,與此悖者為非。至於基督徒個人可以各依己見,加入政舉,以盡國民之職,是則教會不與焉。

原載《真理與生命》二卷十一期,1927年9月

短　　論

十六年國慶節　自從民國開始以來，國恥與國慶糾纏轇轕，分拆不開。我們的事業就是要增加國家可慶的事情，減少國家的恥辱。我們做人，無論在國家方面或在個人方面，大概有兩種可恥的事，有兩種可慶的事。受外界的侵迫，使我們失掉所以為人的主權與尊嚴，不但有物質上的損耗，而且有精神上的虧削，是一樁可恥的事。受心理的壓迫，或受制於損人利己的私念，或受制於獸慾魔障的束縛，或受制於迷蒙、妄想、愚魯、恐怖的淫威，也是一樁可恥的事。他人向我犯罪孽，使我損失人的尊嚴是可恥的，我自己犯罪孽，使我損失人的資格也是可恥的。將這個觀念立為一個總原則，我們可以說罪惡是恥辱的根源，所以欲除恥辱，必先要剷除一切罪惡。將這個觀念推放到國家上去，我們可以說，凡一國家受他國的侵略與威脅，掠奪與欺侮，是大恥辱；凡一國家的人民，不自振作，處事必自計地盤權利，臨事必因循苟且，無協作的可能，有嫉仇的必然，不負責任、不顧大局，也是大恥辱。這些恥辱既是罪惡，那末凡竭力做良好國民者，必須盡心盡力破除一切罪。可是破除罪惡是消極的事；雪恥是消極的事。要破除這些罪，我們非有積極的事功不可。

積極的事就是增進國家國際的地位，使其得獲相當的尊嚴。換一句話說，我們做國民的，應當盡力為國家立一個有力量，有道德的人格。世界上有許多國，猶之有許多人；有他人然後我有權利義務，以及由權利義務的維持發展而表彰的人格，有他國然後我國有權利義務，以及由權利義務的維持發展而保全的國家的尊嚴。我們若說國家在各國間的地位，不但須由強力保持，並且須由道德繫護，那末我們就有一種大責任去為國家謀有力的道德精神。我們若說，國家的道德是國民個人的人格所集結的，那末我們做國民的就當竭力去增進國民個人的人格。國家有能力，在各國中間，不失主權，不失尊嚴，方為可慶。國家有道德，其國民皆能通力合作，謀求公益，不以獸慾亂國家的情緒，而以服務造同群的幸福，一有國難，一國之人共赴之，務使國家不失主權與尊嚴，那樣的國家，才可以說有可慶的事。

國慶國恥在現代的中國，是年年必須有的紀念。我們切心的痛苦，就是恥大於慶，使我們每逢雙十節不能有放懷稱心的大快樂。可是我們還得要大快樂一下。在去年一載之中，我們國內雖有許多可痛可恨的事，雖然同胞經過了許多的苦難，被殺戮的人，被傷害的人，含冤受屈，在在皆是，我們卻有極可慶賀的成績。國內有為國家人民的將來謀遠大幸福的運動，有反抗此種運動的惡勢力；然而因了人民自有的覺悟，善運動裏面的惡不得不消散，反抗善運動的惡勢力，也不得不藉借為善的方式去維持自己的存在。一年之內，同胞對於自身與國家的覺悟，增進到了什麼程度是不能測量的；但是增進得不慢，是可以相信而可以慶賀的。一年之內，國家在各國間的地位，或起或落，雖無定程，其中所有的進步，卻是歷史上重要的事實。一年之內，我國的思想經過了幾許變遷，雖然紊亂不堪，卻也是進程中必經的步驟。在一年之中，一國的人民，在政治、社會、經濟、教育方面，因為大激動、大擾亂的緣故，單獨地、共同地受了許多教訓，學了幾許功課。大概政客軍閥，雖因私心利慾之故，不易學習新功課，其中有幾件事，大約也進了他們的頭腦。他們也覺得人民是不可欺的，好事情是多少總須做一點的，倒戈是總要被他人倒了戈去的，等等。

我們本年的國慶，是痛苦中期望將來的幸福時的慶賀。有希望，有根基，有力量，我們更要負責任去為國家同胞謀實益，建設國家的事業。無論如何，我們要為國家、為同胞懺悔我們不負責任、因循苟且的罪過，要革面洗心，剗除一切精神上使我們不能有國慶的原因。我們與同胞在精神上，思想志向上，一同努力前進，這是最大的喜慶。

* * * * * * * * * * * *

信基督的國民　　信基督的國民與其他國民有分別沒有？從表面上看來，我們可以說沒有。他們應當有同樣的義務與權利，應當同樣盡國民對於國家的種種職務，不應當因所信的教所戴的目名而妄生區別。"我比你聖"的那種法利賽態度不但是愚不可及，並且是自小自戕的心理。為父母當慈，為子女當孝，為朋友當忠信，為夫婦當節義，為主為賓當開誠佈公，盡力合作。

能在這些關係上作良善的國民，就是有仁，就是能愛。無論信教不信教，既做人，就當盡人道，做人事。對於國家亦然。國家的政事社會教育種種事業，人民不管信什麼教都當參加，都當設法作切實的貢獻。做人做國民，在一切正誼人道上，沒有絲毫信教與不信教的分別，不信基督的人不能享比信基督的人更多的權利，信基督的人不能輕蔑他人，也不能卑視自己，而妄生區別。然則信基督的國民果沒有與他人不同的地方麼。那又不然。基督徒做國民，人格不必一定比不信教的國民中最有德行的人的人格更高超，事業不必一定比不信教的國民中最有貢獻的人的事業更偉大。他與其他國民不同之處，全不在乎這些事。他的特殊點是：第一，他的信仰。他深信上帝是他的天父，耶穌是他的基督，因此在心靈中常與神明交接，見得到上帝在他身上的旨意。這個旨意比一切的旨意為高，要影響他做國民時的態度與行為。若國家有任何與上帝旨意，耶穌教訓不合的舉動，他就要抉擇他的宗教加在他身上的責任，不但不能加入此種舉動，而且要努力反抗。這樣做，他似乎不愛國，要遭人誤解，其實他要遵行他所覺悟到的上帝對於國家的旨意，使國家得獲最確的利益，乃是抱着深摯的愛國心。基督徒要遵行神旨去救國，就是基督徒徹底的國民事業；雖有時不為同胞所了解，其愛國心固騰熾懇切，毫無虛偽。譬如有時全國的人民不分皂白，排斥外人，基督徒或反而冒險去拯救外人的生命。本年春季南京事件發生的時候，中國愛國的基督徒，曾經冒險冒死去救護外國朋友，乃是這種心理的表示。譬如英德兩國在歐戰的期內，兩國人民彼此怨恨疾惡，其間卻有熱心的基督徒仍本愛主愛人的心，反抗人類相仇的戰爭，甚至因此而冒極大的危險。總之，他們愛上帝，要奉行他的旨意，確信自己是愛國的，也是愛人的，雖因一時被誤解，受恥辱，他們依然不變宗旨，不失信仰。他們雖係少數人，然而他們對於他們的國家，在道德生活上實在有最重要的貢獻。第二，基督的門徒做國民，有特殊的精神培養。他們與其他國民不同之處，就是在於他們為國為同胞作繼續不懈的呼籲。在祈禱之中，他們念念不忘國家，念念不忘同胞的疾苦，情願自己將身心獻奉在上帝的愛的壇前，作理當的馨香祭禮。這樣的靈修使他們更加愛國，更加得能力，可以去盡力做工，盡力服事人。密室的門外便是服事人的工場。這幾句話太理想麼？若這幾句話果然是太理想，那末基督徒與其他的國民就真個毫無區別，並且怕還不如不信基督的同胞們了。

第三,基督徒國民有一種特殊的使命。因有這種使命,他們便與人們不同。上帝的命令是他們最高的命令,上帝的旨意是他們最大的旨意。欲將這種旨意遵行,他們必須要用行為,用言語,引導同胞與他們同得對於上帝的信仰,同有對於基督的景崇,同抱對於宗教的熱忱。或得時,或不得時,他們要宣傳福音,因為宣傳福音是他們的使命,是他們做國民重要的事工。他們的看法是宗教的看法,不是哲學的科學的美藝的看法;雖每每十二分情願受哲學科學美術的引導,而含蘊日新的見解與美滿的享樂,卻決不如哲學科學美術的或為淡漠的旁觀,或為秘密的感受。這種看法,有其相當的效率與動作。宗教是經驗,是急不待緩的動作,是要在沒有中生出一個使人完全滿意的有來,是要創造將來的天國。所以基督徒國民自己覺得他對於國家的大責任就是盡力去推廣福音,務使同胞都做了天國的國民。在他們眼中,做天國國民,做理想國的國民確實是做國民的大成功。不做天國國民,他們想,人就不算得了國民最高的造詣。怎樣纔算做天國國民呢?請勿誤會,好像做天國國民是一件奇事,或是一件不可能的虛構的事。做天國國民無他,就是盡力學習耶穌,信仰上帝,用純潔無愧的愛心,擔任國民的天職,如此而已。祇要盡力學習,全心信仰,那麼膏車秣馬,可以有致千里遠道的希望。總而言之,基督徒國民的特殊點是在於他們的宗教心理與行為。造成這種心理與行為,乃是他們特殊的使命,乃是他們對於國家特殊的貢獻。

* * * * * * * * * * * *

基督徒國民的訓練 做基督徒、做國民,若為一事,豈不當有特殊的訓練麼?我們做國民的時候,應當整個人去做國民;我們敬拜上帝,心靈上達的時候,應當整個人去敬拜上帝。既是這樣,那末我們就當盡力設法使自己,使同宗基督的弟兄姊妹們,訓練學習,**得獲統一的人格**。做國民時的我,就是拜上帝時的我;拜上帝時的我,就是做國民時的我,並不分裂割截,用一部分拜上帝,用一部分做國民,用善的部分做宗教生活,用次善的部分作日常生活。我們要看一切都是平常的事,一切都是宗教的事。譬如祈禱的一刹那我們有神聖的光景,與人接物約終日,捫心撫膺的清夜,我們卻非但不神聖,而且叫怨憎、貪癡、淫惡、虛詐弄得人顛來倒去,我們算有了人格麼?算得了做人的意義麼?斷乎不然。教外的同胞掊擊批評我們的緣故,是因為我們言不顧行,行不顧言,出乎爾,反乎爾。我們口說博愛,心懷虛詐,一旦臨事，無以自明。基督教的所以不能推行，基督徒的所以不蒙尊敬，就是因為我們沒有統一的人格。從今以後，我們要訓練自己，務求做國民的我與做基督徒的我，成為一個整個的我。譬如《聖經》上說："凡有愛心的，都是由上帝而生，並且認識上帝。沒有愛心的，就不認識上帝，因為上帝是愛。"(《約壹》四章七節、八節）凡是讀過《約翰一書》的，沒有不知道這幾句話的。可是讀經與做人究竟發生了幾許關係？若是不發生關係，那末我不愛人，沒有切切實實地做真愛人的要工。若是我們沒有切實愛過人，那末我們雖各為基督徒，其實還睡在鼓裏，連上帝都沒有絲毫的認識。我們一個人簡直做了一隻鴿籠式的書信格子，一口藥舖子裏的抽屜廚。

現在中國教會裏，豈不有近四十萬基督徒麼？倘使他們中間有一二萬人，真用宗教的熱忱去做國民的事業，我們中國豈不就多少變了基督化的國家麼？四萬萬與一二萬比較，自然太倉一粟的樣子；可是兵在精，將在謀。少數人往往比多數人為有勢力。精神的事功決不能以數量論。從數的方面論，中國基督徒不過是一小群。這一小群雖然可以加大擴充，卻恐永遠不能（？）成為中國的最大多數。可是小群不一定是小貢獻、小勢力。時勢現在要做我們的障礙，政潮現在要做我們的羈絆，國情文化現在還與基督教有格不相投的齟齬；但是永遠的生命力可以有長期的等待，時代的性質決不能永遠無改變。我們若確信基督教——福音——是上帝的大能，要拯救凡係相信耶穌的人，我們即不必恐怖憂慮。所可慮的祇有一件事，就是我們沒有堅強統一的人格。

要有此種人格，我們應當怎樣辦？第一，我們要訓練我們的靈性生活。我們要把這個當作習學做國民的基要工作。第二，我們要設法使我們的宗教生活、靈修、禮拜等等事與我們的國民生活連結起來，成為統一的。譬如我們為信教的同胞男女兒童設立平民學校，俾得學習書算誦讀，以及為國民種種常識與工作。一旦信教的同胞都能讀《新舊約》，他們也就能閱讀日報月誌，記賬登載日記了。他們的宗教與為人便因此兩不分離。基督徒的訓練是兩方面的：從內性生活一方面看，他要學習由耶穌而與上帝，我們的天父，有密密的心通，藉此而得靈感與能力；從外延生活方面看，他要學習將基督的博愛犧牲服務精神，貫注到一切事情裏去。基督徒與非基督徒有沒有性德上的分別，決不是我們自己可以規定而宣告的，乃是要與我們有關係、有往還的人覺察出來。因為分別端在意味,端在不易判別的質性上。無論如何,我們人格內外的和諧,實在是要從統一的訓練而得。近年來教會也注意到這件事,尤其是青年會,故以公民教育相號召。對於此種覺悟與事功,我們實可無間然於心;不過我們或有時覺得青年會對於公民教育的努力,尚完全是一種外延的工作,沒有與真的宗教生活,內性的宗教覺悟,發生重要的關係。這種內外統一的工作不無許多難處。可是我們要試驗,要努力,使那性靈深處的愛與虔誠都滔滔的流到我們的公民生活裏去。第三,我們要訓練我們去關心同胞的痛苦,國家的政治。教會是宗教機關,因為必須保持他的獨立性,不能加入任何黨派,任何團體的政治運動。固然,然而我們做基督徒的,在教會內外,應當十分注重政治問題、社會經濟問題、國際問題,使我們有見識,看得出種種大運動的道德性質,從教會方面發表基督徒的督責與贊成。教會應當做先知,擔當先知攻擊罪惡,維繫良善的聖工。這樣,教會就做了超然批評引導的機關,專向人宣說種種事務上上帝的旨意;我們基督徒個人就用個人的國民資格,加入各種政治的、社會的、經濟的、教育的運動,去為國家同胞自己謀福利,去為耶穌作見證。

＊　＊　＊　＊　＊　＊　＊　＊　＊　＊　＊　＊　＊

上海兩大會　本年十月內,國慶節前後,上海有兩個基督教大會:一個是中華基督教會臨時總會第一次大會,一個是中華基督教全國協進會年會。中華基督教會臨時總會是長老、倫敦、公理三宗所發起而組織的,其目的是在於"聯絡各宗派,化除門戶之分,而遵從救主最後之祈求,使合而為一之教會,得實現於中國"。此次十月一至十二日,在聖瑪利亞女校開會,聞出席者將有百五十人從十八省區來,代表十五大會,五十二區會,華信徒十五萬人左右。該會除討論教會合一的重要問題,尚有名人的演講。凡為協進事業,拒毒事業,宗教教育、聖書會、文字等等事業,教會與農工的關係,學生立志證道團、國內佈道、節制、婦女、主日學、平民教育、信仰自由、本色教會、公民教育,時局與教會等等重大問題,皆有名人講演。在中國基督教飽受艱苦的時候,國內得有這樣盛會,不可謂非基督教確有內充的力量,足以趁艱難而自振。中國果然要有教會出現了。我們深深地希望這會能夠將手指頭放在要緊的地方,不要因聚會而聚會纔好。全國基督教協進會在一年中受了許多的攻擊,經了許多的艱難,現在到了年會的時節。本年重要的問題是該會的重新組織，對於明年耶路撒冷世界宣教大會的籌備，對於再開全國基督教大會的建議等等。這兩個會似乎祇能談談事業，不能討論教會的信仰問題與組織問題，不能使中國信徒在這兩個最切心的問題上得到引導，這是最可惜的。我們會是各樣都有了，我們卻要問我們有了基督教沒有？

原載《真理與生命》二卷十二期，1927年10月

短　　論

我們對於社會國家的態度　　本期有幾篇文章極注意於中國的社會問題。徐寶謙先生在"現代青年生活上矛盾的現象"一文裏,告訴我們竟有人要否認一切人生觀。這種否認,是一個青年理想衝突問題,也是一個極要的社會問題。社會的紊亂痛苦,不能不影響思想,思想的崛起變遷,亦不能不影響社會。倘使我們仔細推求,總能在各種的社會問題上,見得到中國近來新思想與舊社會的爭戰;新思想而不能堅持確信自己光明的將來,便可以成爲自殺的利器;新思想而不能持平,得內部的多少的統一,便可以作爲進步的障礙。究竟不是思想不好,乃是作思想的人不肯徹底想透,做了一半的推敲,遇了多少的缺望,就撒了手。撒手決不是問題的解決。我們做基督徒的,處於非教思潮澎湃的時代,居於政治混沌,社會擾亂的境地,豈不也覺得有紛至沓來的思想問題、社會問題,使我們終日煩憂而手足無所措麼？豈不是也使我們失卻信仰、陷於悲觀之境麼？可是做國民的,無論其爲基督徒與非基督徒,都應當知道我們在一切煩惱中,精神上的痛苦,祇有實在宗教生活可以破除,此外更沒有方法。我們當知道對於社會國家不應該悲觀,不應該消極,而要抱一種宗教的態度。據我看來,人無希望是無意義的,我們對於社會國家的宗教態度,是合理的態度;對於社會國家的宗教的人生觀是合理的人生觀。

　　一,我們的宗教對於我們所要求的是全心的信仰。基督徒要全心信上帝,學基督,決不能三心兩意。宗教的能力是在於"全",因爲在"全"之中有平安,有能力。現在有許多的思想與學理使我們將信將疑,出爾反爾,所以我們有煩惱,無能力。等到回復了全,我們就會知道我們是上帝的子女。同樣,我們應當全心相信,社會國家經過了現在的困難,必要有將來,有光榮偉大的將來。

二，宗教要求個人在千難萬難之中，作自己的發展，作創造的貢獻。社會國家對於個人，也如是要求。每一個人要深深覺悟到我即國家、國家即我的真理。國家是一個客觀的現在的整個，存在的進展的全體，猶之宗教所求的客觀真在爲全在，爲總體，爲絕對不變的基礎，而由此爲一切變化進取的基本與解釋。這是我們從經驗中找出的意義，因爲我們沒有一種經驗不含帶着全體的指示與意義。我們也要如此看社會國家。我們要看社會國家是一個全體，一個整境，在我之中興起湧現，可以由我而繁增其內容。我們不能不適應環境，因爲我們的環境不是我們所創造的，乃是給我們的（That which is given），但是我們可以在可能的範圍內創造我們的價值，使環境適應我們的生活。我們有精神的環境與基本——上帝，我們不能不承認他的全在與永存，超絕與慈愛，然而我們因他永不改變的活動的愛，可以發展自己的人格，建設精神的生活。至於社會國家亦然；我們已在給予我們的社會國家內做一分子，卻亦可以創造社會國家的將來。國家與宗教都是價值範圍中的對象，其對於我人的存在與發展，必須要有信仰有能力的人，從精神裏創造出來。上帝是我們的，不是我們所創造的，他要我們建立天國；中國與中國的社會是我們的，也不是我們所創造的，我們各個人，卻要從所得的學識、經驗、覺悟、才力、道德，去創造她的將來，使她由我們個人的真、善、美，而成爲有真理的光輝，良善的能力，美藝的精神的強國。我們爲宗教爲國家，對於自己應當尊重保全，負發展的責任，不當作自暴自棄或竟致於自殺的行爲。

三，宗教要求個人作自願的犧牲，國家與社會對於個人也作如是要求。我們前面祇有兩條道路，或是自願將自己洗滌整理，供在宗教的人群的祭壇上作祭享的犧牲，或是自私自利，失卻一切的所以然。宗教說，宗教也代替國家社會向我們個人說："人啊，聽着，凡爲我捨命的人，永遠不死；凡要保全自己生命的，死亡已經在他眉目上直現了。"

* * * * * * * *

"打倒帝國主義"與"打倒"煙毒　中國的社會問題千千萬萬，哪裏說得盡，話得清。於是乎我們也學學時髦，打兩句口號說說。鴉片的禍害，人盡皆知，現在因軍閥要人民的膏脂，所以要借煙燈、煙盤、煙槍來吸取。這是國內的"帝國主義"。至於外國的帝國主義，更凶了，請看從《拒毒》月刊第十四期上節錄的話：

"年來印度波斯的鴉片，恃外人之治外法權，輸入至夥，僅去年英船瀘州一次，由香港私運來華者，已達一百箱之多；而嗎啡，海洛因，哥根等麻醉毒品，爲伍連德博士之統計，每年輸入達八十萬兩以上，金錢損失已數千萬元之鉅，而民衆所受之戕害，其損失又豈可限量哉！此外又有外人在華私設工廠，製造嗎啡，不肖華人利用外洋原料，仿造毒丸，在南滿、山西、直隸、山東、河南爲尤甚。據統計山西每年損失於金丹白丸者，達一萬萬元；濟南每年銷售日本毒物，達五千餘萬元；各地之外國租界，尤爲鴉片貿易之中心，縱毒之大本營。此等嚴重現象，實英、日、德、荷、法等帝國主義者之滅種政策，凡我國人咸當格外注意之。英、荷、法、葡各屬殖民政府公賣鴉片之慘禍，據調查各殖民地均嚴定禁律，不許白種人吸食鴉片，違者處以十年監禁之罪，獨對華人，則不但不禁，反實行公賣，並設種種方法以誘惑之，以獎勵之；故華僑吸煙盛行，染癮者，百人之中，在本國曾吸鴉片者僅十三人，其餘八十七人，均在南洋始染煙癮，帝國主義者鴉片政策之可怕，有如此者。更有進者，南洋各殖民政府均恃華僑煙稅爲大宗收入，據一九二二年調查各地煙稅收入，與政費收入百分之比較列表如下：

地名	煙稅總數	煙稅與全部收入比較百分數
英屬海峽殖民地	14,730,742元；	42.9
英屬馬來群島	29,472,074元；	28.6
英屬柔緋	3,451,541元；	40
荷屬東印度群島(1924)	37,500,000元；	30
葡屬	6,000,000元；	60

* * * * * * * *

基督教化的經濟關係　　中國社會的紊亂大半是由於經濟的壓迫。列國對於中國的侵略是經濟的侵略，國內諸種的不安寧是經濟的，或含帶着重要經濟性質的不安寧。當然，中國今日有三個重要問題，就是政治，教育與經濟問題。三者互相影響，互相轉移，而在人民方面，總覺得經濟問題最爲急迫。本期有嚴景耀先生一篇論文（未完）提起北京犯罪的實況。他指示我們大多數犯罪的原因是經濟的壓迫。並且近年來這種犯罪人數、案數的增添，實在足使我們驚駭的。在經濟狀況不安寧的中國，基督教深深地感受了一番覺悟。中華基督教協進會的經濟委員，作了好幾年的調查與研究，於本年8月18～28日在上海召集大會。赴會者有中、日、英、美代表60人。茲於篇幅有限，不克論列；且全部報告，未曾來到，尚不便加以斷案。因此事重要，故先將其建議案轉錄，既供讀者參考：

建議案 大會建議案五種：(一)基督徒之經濟。(二)基督教與社會經濟制度。(三)勞動問題。(四)鄉村經濟問題。(五)耶路撒冷大會。

茲將對於耶路撒冷大會建議案十條，抄錄於下：

一，建議承認中國刻下急需差會增加其培植基督教鄉村服務領袖人才之工作，俾農業得以改進，人民可達提高生活之程度。

二，建議承認中國刻下急需差會增加其基督教在工業界服務領袖人才之工作，俾一般實業界之工作狀況得徹底改良，而敦睦僱主與勞動間之相互關係。

三，建議宣教士及其差遣國內之基督徒，當利用個人或團體勢力，以左右國際貿易，使有害於人之商業，得嚴行取締或禁止，並使正當商業得貫徹其互惠之原則。

四，建議佈道運動之各差會當利用其勢力，使投資各國，對於其借款條件，務求公允互惠，不得含有政治侵略之動機與可能。

五，建議凡外人設立工廠或組織事業於工業情形不十分圓滿之國家，須勉力規定其公準，以謀與其本國最良之工人待遇與工作狀況相符合，並用其勢力以謀求此公準應用之普及。

六，建議基督教當對於謀求改良工作狀況並提高工人地位之勞工運動，取合作態度。

七，建議基督徒僱主當不顧犧牲而為善待勞工之實驗，藉以發明僱用間合作最善之方法。

八，各國基督徒當盡力之所及增進其國內外僑為本國人民中間之了解而敦睦其間之友誼。

九，建議請求基督教協進會經濟關係委員起草一決議案，答覆耶路撒冷大會研究案第七項。（參看研究案）

十，請各國宣教士基督徒對弱小民族為自由獨立奮鬥表示同情，而加以相當的援助。

推行 大會對於推行一切建議案，頗有詳細計劃，共分四門：（一）大學教育，（二）文字宣傳，（三）人材訓練，（四）教會提倡。目下協進會經濟委員會正着手編輯大會材料分類出版，並且進行召集地方會議，藉以宣傳大會精神，竭力實行經濟改造。

原載《真理與生命》二卷十三期，1927年10月

短　　論

小團體　中國的信徒，特別是有覺悟的青年，對於宗教生活的培養，皆趨向於小團體的真契。這種趨向是基督徒對於自己的信仰與生活發生徹悟的明證。我們因爲有組織的、大規模的宗教不足以引起我們的興趣，激勵我們的熱誠，給予我們信仰的理解，所以要有小團體的生活。不但如此，有時教會的儀式禮節我們不了解，有時教會領袖的因循苟安，普通信衆的迷惘懵懂，使我們感覺到一個難題：就是宗教與現在宗教制度的衝突。無論如何，我們已經曉得教會要得活潑復興的能力，不能不賴恃小團契的活躍，因爲在中國（恐怕在全世界），從前所通用的那些群衆宗教鼓勵法，如奮興會等等東西，是完全沒有用的了。基督教的長處是在於改變個人的生活，而改變個人的生活，必要個人自己有動作，有覺悟，有因覺悟而發表的生活。從今我們要知道，我們有教會，纔可以發表宗教中巍大神秘的經驗，奧妙而有意義的象徵，與夫廣大接連的工作與精神；我們有小團體，纔可以使個人有自動自發，無怖無恐的宗教生活。現在教會的需要是在於了解此種趨向，而使大規模的組織受小團體的激發，使小團體的精神在教會裏得偉大強固的工具，以顯揚上帝的尊榮，發揮耶穌真的愛的福音。小團體的優點是在於同志的契合。倘使團體是各分子自動，因志向的相同，工作的相助，修養的相提攜而建設的，那末決不肯容納不良分子混進去。我以爲基督教在今日，不但青年信徒應當有小團體，即成年的男女信徒皆當有小團體。這不是以小團體代替教會，乃是以小團體促進教會中最重要的事工，就是從切實的宗教信仰，創造個人的人格。可是小團體是有危險的：（一）小團體也可以成爲被動的東西。（二）小團體可以東拉西扯，無有宗旨鵠的：是以小團體當有宗旨，有紀律，尤當有最小限制而人人必遵的幾個信條。（三）小團體容易丟失了精神，因爲它是人格所維持的，不是制度所維持的。心一冷，事情便告終。

(四)小團體必要有相當而切實的工作,不然他便要變爲贅疣。"永遠的儆醒是自由的代價。"

* * * * * * * *

崇拜與儀式 我們做宗教生活,要有小團體,也要有大規模的有組織的崇拜。宗教生活中有幾個元素,如敬畏、頌贊、祈禱,如心靈與上帝相通,從此而立願奮進,皆須有合適的儀節,莊嚴的典禮,富有美感的徵象來發表的。宗教要用徵象來作解釋,明意義;假使我們不明白禮儀的意義,自然要覺得種種形式的空泛。假使我們竭力去了解徵象的意義,用審美的眼光去觀察,用誠敬的態度去參加,我們就必要得獲情緒的陶養,宗教的精髓。中國信徒現在應當快快起頭學習崇拜,了解徵象,明白對於上帝的尊敬,不當便想我崇拜了於我有什麼利益,應當常想虔敬誠切地崇拜上帝,是要彰顯上帝的榮耀。我們要有客觀的崇拜,成全宗教的奧義,不當專事主觀的崇拜,好像用崇拜的方法來做宗教的買賣。崇拜時,崇拜者祇知道、祇覺得被崇拜者的尊嚴廣大,不關心於自己的得利益與否。當然,凡虔誠崇拜的人心中必能得安寧與快樂;有花而有果,乃是自然的結局,並不是有花時不對花,專想果,而因此得效力。本月二十三日北京燕京大學的燕大基督教團契有一個歡迎新契友與舉行聖餐的禮拜。該團契是一種宗教生活的試驗,其禮拜儀節也是在試驗中。茲將該日的禮拜秩序錄下,略加解釋,以供關於崇拜問題的信徒的參考與批評。

燕大基督教團契迎新與聖餐禮拜秩序

　　十月二十三日上午九時半 甯德樓

(一)儀式著往　唱詩班 Hymno of the Living Age 169

　　執十架標幟者在前引導,歌詩班與主席、講員、贊禮員皆穿聖服,整隊進堂。同時唱以下的詩:

　　　(1)聖衆觀瞻榮耀耶穌　　他爲人類擔憂惶
　　　　萬千世界朝拜救主　　他已決鬥勝死亡
　　　(疊句)頌揚頌揚　　　　頌揚救主壽無疆
　　　(2)天上神軍獻上華冕　　日星炳耀主榮光
　　　　堂皇高座法相莊嚴　　諸天諸地同頌揚
　　　(3)罪人曾將棘冕辱他　　安知命分有所當

    陰府權柄不能傷他　墓土不能永埋藏
  （4）千萬聖衆環侍壇前　感謝救主澤流長
    歡聲雷動山川震眩　高呼耶穌萬世王
（二）主禱文
（三）團契歌（此歌前在《興華報》等雜誌中發表過）
（四）祈禱　禱文曰：全能慈悲的天父，我們今天聚集，要將我們的身心，奉獻在聖壇前，要與一切羣生歌頌你的聖名。你是至聖至高，至大至剛；你的愛貫徹宇宙，你威厲赫煜的榮光，充塞乎天地之間。你是生命的本原，我們在於你得生命的意義。你是我們的起點，你是我們的歸宿，我們愚魯中發明的智慧，我們懦弱中表顯的剛強，我們恐怖中得獲的勇猛，我們絕望中永遠存留的希望。不是我們認識你，上帝啊，乃是你願意認識我們，在耶穌基督裏將你的恩寵與真理垂示於我們。不是我們尋找你，因爲暗中摸索，我們每覺愈近的愈邈遠，愈應當明瞭無遺的愈退隱而幽密。慈悲的，我們的天父啊，不是我們尋找你，乃是你永遠尋找我們。若不是你已經得着了我們，我們便永永遠遠的不能得着你。不是我們愛慕你，乃是你，父啊，眷顧我們，記念我們，將你浩瀚無涯的愛流轉在我們的心裏。你使我們得有你的形像，你使我們承受你的自由與權能，你使我們向你起敬愛，與你同作創造生命的奇工。我們爲人，我們有人格，都是因爲我們有你。你是我們意義的意義，生命的生命。我們是屬於你的，你要將你自己屬於我們。我們雖然至卑微，至軟弱，至狂妄驕誇，遠離真理，你卻要藉耶穌基督的啟示，使我們歸向你，以致你可以將一切託付於我們，將將來的天國託付與我們，將你榮耀威厲、永遠不變、無量的本真，毫無顧惜地託付於我們。

  慈悲的聖天父，我們深深感謝。我們帶着憂慮，罪孽，痛苦，災障，與夫一切破壞我們人格的整體的過惡到你聖壇前。我們絕不用呼籲，我們祗要知道你是，知道你在，知道你永遠引導我們；祗要誠心歸向，我們便得獲了你慈悲的饒恕，恢復了人格的統一。你的光照耀在哪裏，在那裏就沒有黑闇。因此，父啊，我們不求別的，祗求你永遠向我們顯示自己，祗求你永遠賜我們你整個的榮耀，自己的生命。上帝啊，有你的就有一切，就有自己與自己的真在，就有無盡藏的平安，就有力量爲社會服務，爲同胞作工，爲國家效力。慈悲的聖天父，求你向我們，向我們的同胞，明切地顯示，使我們得有力量，奮鬥進取，勝過一切黑闇與罪惡，而做成你聖善的旨意。

聖天父，全能全善的上帝啊，你的名何等聖，何等優美。聽見你微小的聲音的人，心中何等歡忻踴躍。你的國何等巍大尊嚴，何等壯麗華美。父啊，我們是你的，是爲你而生，爲你而存的，要成全你的聖工；願你的聖名受讚頌，受榮耀，從無始直到無終。亞們。（祈禱畢，歌詩班"亞們，亞們"。）（請注意此乃客觀崇拜的禱文）

（五）音樂

（六）演說　由團契主席致歡迎新契友辭，約十分鐘之久。

（七）宣誓　誓曰："我（各新契友自稱其名）決志學習吾主耶穌基督，照着他用言行垂示於我們的道路往前進行。"（主席與各契友同念）

（八）短禱

（九）獻身歌　歌曰："仰之彌高鑽之堅　大哉耶穌德配天

　　　　　　　我眾願隨主高躋　敬獻身心在壇前

　　　　　　　全歸主　全歸主　奉獻身心永歸主

　　（此歌共四節，茲祇述其第一節，唱時眾立。）

（十）獻捐

（十一）聖餐典禮　（甲）勗言。（乙）懺悔祈宥。（丙）宣慰。（丁）廣祝。

　　　　　　　（戊）祝禮。（己）籲謝歌。（庚）頒禮。（辛）綏安歌。

　　　　　　　（壬）祝福。（典禮文太長，茲以篇幅有限，不載。）

（十二）儀式飾歸　執十架者引導唱詩班、主席、主禮人、贊禮人退席，一路唱"寶架歌"。堂中會還遠遠聽見祈禱聲，直到聽見歌詩班唱亞們後，始退席。"寶架歌"如下：

　　（1）基督寶架我所誇耀　巍然永存宇宙間

　　　　　一切聖蹟光華普照　莊嚴燦爛億萬年

　　（2）生命之光時或眩耀　愛如好花滿蹊徑

　　　　　也是寶架無限榮耀　引我忻喜向前行

　　（詩凡五節，茲錄一、三兩節。）

是日負執金色十架者，乃一女學生，引着燕大團契中的年長任職的教授們前行，一種意義，非常動人心魄。倘我們知道十架所表明的意義，以及青年與女子的位置，我們便不能不受這一點禮儀的感動了。中國教會應當開始考究宗教崇拜的儀節，以及儀節的意義；本論陳述燕大團契禮拜的情形而略加說明，也是要引起讀者注意、興趣、批評、討論、研究與創造。

原載《真理與生命》二卷十四期，1927年11月

敬致全國中國基督徒書

全國諸信奉上帝，追躡耶穌聖蹤的同胞道鑒。教會是為保存嗣續信眾的宗教經驗而設立的，當其創設之時，原為一種工具，不是一個既成不變的究竟。不過為了教會是保存經驗的組織，儲藏價值的機關，把守道理的制度，教會就容易丟失她引導社會的道德責任，非但不能開社會事業的先河，亦且事事受社會的引導而猶然瞠乎其後。生命不能無形式。生命的膨漲擴充，有視乎其形式的能伸縮與否；能伸縮則進，否則僵且死。僵且死而新生命不能離舊機體，入新機體，以另謀擴張，那末其僵且死的便無所嗣續而絕種於人間世了。今者中國的基督徒受着宗教經驗的指示，深覺此種經驗須以無畏的愛來表彰其意義，絕非現在教會的制度所能輔助促進；因為教會要保舊習，但知有利害的關係，不敢完全服從良心的主張。我們又受着新思潮新運動的激勵，深覺我們實有得獲公平，奔赴真理的要求，在我們經驗中實現出來，而卻為教外同胞所不瞭解。教外同胞看我信基督的人民，既素來貿貿然安居於不平等條約中的不平等傳教條約之下而毫無清澈的反動，甚且有人依傍洋勢以為誇豪，凌辱同類；復從來茫茫然放失在迷信的闇霧中而不知，甚且道聽途說，妄想胡行，以天堂地獄，童女生子，肉身升天等等牛鬼蛇神的妖言為道理；自然要憎惡鄙棄而反抗我們，稱我們為洋奴，笑我們為走狗，攻擊我們像攻擊仇敵一般。可是一直下來，我們中國基督徒中未嘗沒有徹底覺悟的人。在一九二二年，基督教全國大會中，中國基督徒曾以自己的經驗，作一宣言，提倡本色教會，亦急切地說明"基督教傳入中國的歷史，和中國國史上傷心的經驗，不幸有相連的關係"，並請求"凡在基督教會中服務者……與國際的不公平，盡力奮鬥"。（見第三股報告"教會的宣言"）可是教會全體的進行遲，信徒中少數有覺悟的中國人的能力薄，所以早有的主張，便成了難結的碩果。現在全國人民皆覺悟起來，力作社會與經濟，外交與內政的革新運動；教會中有覺悟的分子，不能等待教會全體有所主張，遂以個人名義集各公會的同志討論當前重大的問題，發表宣言尋求中國基督教運動的新方向。武漢、上海、開封、蘭州等各地同志莫不有所表示。**為目今的基督教計，基督徒不能不撇開教會公會而自相結合。以謀生命的擴展，使我們有無所畏懼的真基督教表示出來。為教會計。我們又當勉力寄居於各公會之內**，謀求一個變舊酒囊為新囊的辦法，使新酒不致裂囊而瀉散。以前者促進後者，庶中國有本色教會的出見。

中國今日社會與政治的革新運動，是全民的運動，決不能限於任何一省一派。在這種事情中，**為領袖的必須要使因見識狹窄而被領導的人多得了解，少生誤會**。凡係壓迫民眾的，結果必要使民眾發更激烈的反動，更危險的行為。凡系愚蒙人民，恫嚇人民的，結果必要自己受損失，因為中國人民已經超過了可以完全迷蒙，專門盲從的不動天君的程度。教會裏的領袖應當有徹底的覺悟，明瞭的見解，去使同宗的同胞得正確的引導。試問基督教是不是要主張公平；是不是要個人發展個性，國家發展國性；是不是反抗罪惡，要求人人在政治上，經濟上，知識上，工作上，享樂上，犧牲上都有相當的人的生活，以致人可以免除一切不能，且不必擔當的痛苦？是麼？真的是麼？那末我們要使中國的信徒人人瞭解今日中國的革新運動，不但是與中國基督教運動沒有衝突，並且就是基督教本身上所應提倡的運動。真的基督教，在消極方面，一定要反對帝國主義，精神侵略，以及一切資本的壓迫，軍閥的專橫；在積極方面，一定要盡力贊助勞工婦女的解放，謀求國家國際徹底的和平。中國全民運動所謀求的，盡是基督教素來所提倡的；基督教在這種事情上，有歷史證明其曾處領袖地位。倘使如今因為遲疑不進的緣故，落在人後，也應當急起追隨，務使信徒皆有瞭解，而參加在運動之內。**中國今日基督教運動與中國今日的全民運動，吾們要認清是一致而毫無衝突的。不過我們也要認清基督徒在全民運動內有殊特的貢獻，就是誠實的言論，仁愛的方法，熱烈的精神，懇切的服務，以及持宗教信仰，以完成上帝拯救中國的旨意的決心。吾們要認清今日中國的奮起，是上帝的旨意，是我們所素常呼籲切求的**。上帝答應祈禱的方法，或許我們所未料；然而我們的祈禱，已蒙允准，實甚了然。我們現在應當存着感謝的心，努力向前。

中國基督徒對於不平等條約，在這兩三年內，不但已得確切的瞭解，已有主張廢除的宣言,而且亦已實行廢除的工作。不平等條約,及此種條約中的傳教條款,是外國政府強加在中國政府上面的條約。中國基督徒是中國國民。中國國民在自己國內,決然沒有受條約保護的道理,更沒有受不平等傳教條約保護的道理。然而條約存在,我們要信從耶穌,服事上帝,要加入教會,與信衆結精神的默契,便不期然而然的將自己列在傳教條約保護範圍之內,變成了一種特別的民衆,叫做"教民"。因爲我們心在耶穌,不在條約,所以最大多數的信衆,從前沒有理會到做信徒就是做教民,是妨礙我們國民資格的。現在我們深知有做"洋奴"的嫌疑,亦深知傳教條約與基督教原理有根本上的衝突,並與我們國民資格有不兩立的地位。我們既有這種覺悟,三件事內,就必急做任何一件;我們或者脫離現在的基督教會,而以中國國民資格另組教會;或者竟不再做基督徒;或者加入廢約運動,一方面與全國同胞共同奮鬥,不達目的不止,一方面促勸西宣教士使他們既宣告自己不受傳教條約的保護,復運動他們自己的政府立即與中國改訂平等的條約。現在我們已在決做第三事,因爲廢約運動,是我們無論如何必須有的。今謹致書於諸同道者,並非因諸同道對於此事不瞭解,不進行,乃要諸同道齊心努力,不停頓我們的奮鬥。**我們從國家與國民方面看,此種條約不能有一日的存在。國家與國民皆與此種條約不並存。從基督教方面看,此種條約,也不能有一日的存在,因爲平等博愛,決不能與不平等和侵略主義並峙於光天化日之下。所以基督徒必先攻擊不平等條約,設法而廢除之,不如是不得謂之基督徒,謂之洋奴走狗,皆無不可。**

對於非基督教運動,我們素來無所恐怖。武漢的中國基督徒認此運動爲基督教的"諍友",雖但指此運動對於吾教的貢獻,不指此運動所雜用濫發的宣傳而言,卻實在是真理。因爲基督教會在政治上,不無爲帝國主義走狗,爲資本主義奴虜的劣跡;在思想上不無反對科學,糟蹋理性,散佈迷信的妄作;在行爲上,不無倚勢凌人,仗教作禍的醜事。所謂平等博愛的言論既未成爲基督徒行爲上的事實;所謂道理福音,又每藉非人格的機械方法而流布。教會之內,中國人既不免於噉飯而哺餟,西國人復每見其獨斷而專橫。事勢所至,善事不彰,惡事難隱;遂致基督教在醫藥教育慈善事業上,對於我國偉大的貢獻,也受了不當得攻擊的攻擊。甚至禍起蕭牆,有許多基督教學校的退學生,做了非教運動的健卒。深究其故,**人所非難而掊擊的,是不善**

的教會與腐敗的教友，並不是基督教的根本。人所非難的，是教會裏的非基督徒。教會裏如果沒有非基督徒，教外的非基督教運動決不會發生；即或發生，亦斷斷然不會有響應的人，不會有戰鬥的力量。我們清心考慮，深覺基督教對於中國有莫大的貢獻，也深覺基督教範圍內須有一番徹底的廓清。**所以我們雖明知非基督教運動的動機未盡正，言語未盡是，行為未盡當，卻依然要以它為上帝廓清教會的工具。**非基督教運動，是爲教會驅逐惡劣分子的，是使教會認識她範圍內的非基督徒的。從今後，我們要認識凡敵擋基督者，凡不給予人以正確的瞭解，純粹的愛心者，雖自名爲基督徒，亦依然是非基督徒。從今後，我們要歡迎艱難，因爲艱難足以助我們鑑別是非。從今後，進教會有經濟上，事工上重大的擔負，無條約上，勢力上特殊的權利。十字架在前，真信徒在後，我們的信仰因此反而宏大了。同道們，我們應當爲了上帝奇妙的計劃獻上我們的感恩心；更應當禱求上帝，使教內的非基督徒早日懺悔而爲真基督徒，使教外的非基督徒覺悟到他們對於基督教實在的使命。

我們中國基督徒，既爲中國國民，自當加入國內謀求廓清政治，改良社會，整頓經濟，收回主權等種種運動，以盡我們國民的本分。但是我們盡國民的本分，**也希望我們的國家與同胞，對於我們，有正當的待遇，使我們得有信教的自由。**凡是受不平等條約保護的人，其信仰原沒有自由的基礎；凡是受國家與同胞所承認而保護的人始得有信仰自由的擔保。我們是基督徒，要求得有信仰上帝，隨從耶穌的自由權。**但我們決不願享受任何特殊權利；**我們主張凡爲人類皆得在世上有信教自由權；凡爲國人，皆得在中國國土上有信教自由權。**我們要主張信教自由是人權，須必得有人權的保障。**信耶穌的人，當自由信耶穌；信孔、佛、老、穆等教的人當自由去信孔、佛、老、穆等。外國人在中國，儘可保守固有的外國人的信仰而不受中國干涉；中國人到外國，儘可堅持原有的中國人的信仰而不受外國取締。我們也要主張國家應當取締禁止一切妖言惑衆，阻礙社會進步的邪教如義和團、白蓮教、紅燈教之類。信教的人，不論其隸屬何教，若其無損於人群，有益於人心，然後乃得自由宣傳，並自由結合團契，組織機關，以達宣傳的目標。傳教有自由，受教亦有自由；故傳教的人不能用強迫誘惑的手段；受教或不受教的人不能對傳教的人施行暴狠凶厲的行爲。說者須願說，聽者須願聽；傳者須願傳，受者須願受。反乎是，則信教自由便不能存在了。近來有些基督徒因為一時受了反教者的刺激與攻擊，一時嘗了信教不自由的痛苦，所以對於信教自由發生了問題。同時，我們亦曾聽得有人主張將信教自由一條，由國民黨黨綱中除去。信教的人為此亦不過略起恐慌。此種恐慌實在是出於不瞭解，不徹底。假使我們真能瞭解中國的歷史，必能見到中國人民，雖因信教而受過逼害，卻比較為真有信教自由的人民。假使我們果然明白歐洲的教會史，我國的國民性，以及近代世界寬大的科學精神，那末我們必要知道即使國憲之中不留信仰自由一條亦不要緊。**我深信將來中國的宗教信徒，沒有為信仰自由奮鬥爭戰，革命流血的機會；我也深信將來中國的宗教信徒，若要保持迷信，依賴外力，妖言煽惑而自詡為自由的宗教，便一定不能得有信教的自由**，縱然國憲之內定下千萬個信教自由的條款。至於現在，我們更不必為信教自由憂惶。現在我們有十二分的信教自由權在手掌中，祇要我們徹底地承認他人的信教自由權，徹底地在自己精神生活上發揮信教自由權就是了。

同道們，我們常說基督教對於中國有莫大的貢獻。我們仔細計量，覺得基督教最大的貢獻，無論在信仰方面，人才方面，服務方面，莫不由基督教教育而來。為此我們應當十二分的寶愛基督教學校，及其所作的事功。我們要明白基督教學校是我們信仰的護身盾，也是非基督教運動射擊的目的地。辦學校的人處此困境，而要謀求工作的改善，政府的承認，創校者助款者的瞭解，實非易事。然而辦學的人，思想較為公開，見識較為遠大，計劃較為周到。北方的燕京大學，已在北方政府教育部註冊，且得有教育部良好的贊許。南方的嶺南大學，已歸華人辦理；產業由美國創校者租借於嶺南大學董事部，租金年收美幣壹圓。一切辦法已開始試驗。武昌的華中大學則依黨政府條件，施行教育，亦可以進行無礙。東南的基督教教育家某等，仍與國民政府的教育當局作過幾度商榷，綜其結果，得有四條，為基督教學校所必須遵行的。（一）教會學校，須呈請政府教育部註冊，受政府管理，為私立學校。（二）學校行政，須由華人自理。（三）宗教教育須採自由選習制。課程之內，宗教科不得列為必修；禮拜宣教等事，須聽學生的去就，不得強迫到堂。（四）學程之中，必須有相當程度的黨化教育。現在中國乘着在痛苦中國恥中產生的覺悟，奮然崛起，決計要收回一切主權。教育權不過是應當收回之主權中的一件而已。然而基督教各校的當事人，程度不齊，見解不同，猝然臨之以收回的辦法，不免有人要覺得手足無所措了。有些人以爲如此辦法，與遺傳下來的辦法，太不相同，好像一遵收回主權的條件，就不能藉教育而傳宗教了；與其受氣，犧牲了主人的位置，去做素來僱工的陪客，不如將學校關閉，反正受損失的大有人在。有些人還在未受影響的環境中，心裏雖然憂懼，卻仍要觀望，不肯作徹底的準備。有些人見識超卓，與其觀望，不如乘勢，一方面準備呈請立案，一方面設法將主權移交。這些人覺得如此辦法實爲最合耶穌的教訓，最能明顯耶穌信任同類的旨意，最能表彰耶穌施教的精神。不但是這樣，即使中國政府與人民絕對的禁止了宗教的宣傳，他們仍舊覺得他們還能夠用言行來表彰他們的永生主。兩年前，在美國紐約城中，開了一個中國基督教教育會。在會中勃耳登博士(Dr. E. D. Burton)演說，發了很偉大的議論。他說："我信我們應當預備作無論怎樣的改革以達到我們在中國開辦基督教教育的根本宗旨……我希望將來沒有一日我們必須要解決學校內不準教授宗教的問題，但是假使我們遇到了這個問題。我們將如何回答。我的回答是**我要住在中國；我要住着，且要設法用我所能作的最有助力的服務來服事中國人，藉以表示基督教的精神。他們縱然不准我用言語來傳示，他們也決不能決不肯剝奪我用行為來彰顯基督的機會**……我們誠不能供給不是基督教的教育。**但是我們能用辦學的精神來表明我們的教育是基督教的，縱使我們受禁制而不能直接教授基督教。**"若使今日中國辦基督教教育的西人皆作如此想，皆知道如此乃可謂有耶穌的精神；若使西國宣教會亦皆作如此想，皆知如此乃可謂有耶穌的精神；又若使中國基督徒亦皆作如此想，皆知如此乃可謂有耶穌的精神；在今日來日中國收回教育權的時候，中國的基督教學校，會有一個關閉的麼？基督教教育的宗旨是要"造就健全國民，發展共和精神，培養實業知能，更以基督之犧牲與服務精神，完成其高尚人格"，誠如是，教育權移交之後，中外協作，依然進行，基督教教育豈沒有甚大的貢獻麼？我深願全國的中國同道能夠徹底地瞭解目今基督教教育適當的辦法，將來基督教教育切實的貢獻，對於現有基督教教育能供獻我們的指導與愛護。**在這時候，若泥守舊見，我們決不能保障基督教；若操之過激，我們亦決不能無為危害於基督教。**我們總要有遠大的眼光，明確的見解，具體的辦法，建設的建議，基督的真精神。

收回教育權,從教會方面看,就是收回教會權的問題。中國基督徒,近幾年來,竭力提倡自立,自養,自理,自傳。在實驗上已經感覺到人才經濟兩乏的困頓,西國教士誤解的艱難,中國信徒反對的痛苦。在多數人看,權利經濟,實際上總比爲基督教築鞏固的根基爲重,總比實顯耶穌爲要緊。但是現在時勢相迫,理性相驅,我們不能不注重教會權移交之事。各處中西信徒對於這個問題已經在作深切的考慮。考慮之先,考慮之中,考慮之後,無時無刻不覺到中國人方面既無相當的人才,復無可持的經濟。一部分的中國人或不免看西宣教師爲不覺悟,爲過慮,爲無基督的精神,爲不脫帝國主義者的蹊徑。一部分的西教士,看中國信徒,或者有過激的行爲,或者有不可信託的艱難。不但如此,今日中國教會的組織與制度,莫不仿照西式,莫不與中國現在的經濟狀況,社會狀況相齟齬。歐美的教會制度與建築,厥惟歐美人能創辦之,亦惟歐美人能維持之,初不慮及有移交問題之迅雷不及掩耳也。若一旦而移交於中國信徒主持,則不啻西教會的放棄事業而聽其消滅,更不啻使中國信徒擔任其消滅的罪過。爲此,教會權的移交,實爲一件難事。我們要認清在現今的中國,教會權是不能不即刻設法移交的。我們也要認清若非西國教會應許移交之後,繼續作人才經濟兩事上充分的捐助,我中國信徒,在許多教堂醫院學校裏,決不能接受所移交的事權。簡言之,若使移交教會權,與教會經濟來源的斷絕或銳減,必要同時發顯的,那末教會裏就少有人要在那裏接受移交了。因爲現在的中國信徒不能擔負經濟的重任;即使盡十二分的力,亦不足以補苴隙漏。說來說去,人才經濟,互相繆轕,不易清理。無怪乎對此問題,討論則可,實行則不知幾時方可。我們在事實上,又不能不認清我們公會有分,區域各殊,環境互異,具體的方法,也就得因時制宜,各取所當了。各取所當,那末教會權的移交,似不免於五種結果。(一)妥善的移交。(二)表面的移交。(三)有些教堂及他種教會機關的倒閉。(四)中國人脫離原有的教會,自創適用的組織。(五)亦不移交,亦不關閉,而苟延殘喘。這些事,或許都要實現,或許都有相當的好處。我們祇要信愛主,力事準備,不要自爲驚怪就是了。

以上種種使我們聯想到我們對於西國宣教士的態度與希望。我們深信有許多西宣教士到中國來,是因爲他們被宗教衝動所驅使,爲要宣揚愛的福音,並沒有做帝國主義的前鋒。他們盡心盡力在中國行道行醫辦教育辦慈善事業，對於我們與我們的同胞已作了甚大的貢獻。我們對於他們應當深深地銘感。在今日的情勢之下，也有不少西宣教師瞭解我們的要求與希望，對於我國的革新運動，極表同情。今日中國教會內中西協作，尚有耶穌的精神表彰出來，尚不致有感情上工作上的破裂，泰半是因為他們有瞭解，有寬大的見識，博厚的同情。所可惜的是良莠未齊，有一部分西宣教師不曾表示出耶穌信託人，認為教會權移交過來，他們在中國教會裏就沒有位置與工作。一遇困難危險，雖尚未有因受逼害而舍生命的人，便即聽從他們各所屬之政府的命令，離開他們的教會教友，而自就安康的去處。他們大隊遷移，離開他們的職守，祇知道聽從己國的政令，不知道與他們的教友一同受苦，或者也有苦心。但是依照我們所瞭解的福音，這種行為似乎是與耶穌的教訓不相符合。他們到中國來傳福音，我們就不能不問他們所傳的是不是耶穌的福音。他們若果然是到中國來傳耶穌的愛的福音，那末他們一定是愛我們的，一定要在這艱難困苦的時候，更加盡力與我們同居，為我們籌備計算，使我們的信仰得以堅持，使我們的教會得以成立。我們願那些不愛我們的西宣教師平安回籍，更願那些真愛我們的西宣教師與我們一同負軛受苦。上海中華基督徒的宣言中說：“我們今當經歷極大困難，很需要西方較老成的基督教社團和在華的西國宣教士繼續與我們合作……將來中國基督教會的組織和程式，無論發生怎樣的變化，我們仍然需要外國宣教士的貢獻，就是希望他們把從耶穌基督那裏得到的上帝經驗繼續地介紹給我們。”**可說，現在我們希望西宣教師不要自外，切切實實地幫助我們，與我們合作，使教會權可以移交，中國的基督教會可以早日成立。**將來中國教會成立了，西宣教士做了中國基督教會的分子，教書的依舊要教書，傳道的依舊要傳道，幹事的依舊要幹事。基督的教會，一方面是民族性的，一方面又是國際性的；由其奉教的民族言之，教會須是該民族的教會，由其基督教的本身言之，教會當亦須是西宣教士所可屬的教會。**將來中國教會的性質如何，雖有賴於中國信衆的見解與信仰，亦甚有賴於西宣教士現在的指引與貢獻。**誰能服事人，誰有德望、資格、信用、經驗、見識、才學、訓練、貢獻、功績，以及基督的精神，誰便是教會的領袖，誠不必分別種族的界限。中西當無高卑之別，無主客之異。教會自身即有主權，不用外授。誠如是，則所拋棄的，乃是與基督教本身沒有關係的附屬品，不是西宣教師的地位，工作，與貢獻。願我們徹底地將這樣的意見告訴西宣教師,希望他們與我們的中間有明白的瞭解。

基督教是世界的宗教,人類的宗教,所以在中國固當發展中國信衆的國性,使他們自有的精神遺傳得與基督教融合為一;在中國與西宣教師及諸外國發生關係之際,應當徹底明白地主張種族間的互解,國家間的親善。今日國際的大憂患,就是強淩弱,大欺小,衆侮寡,智倂愚的侵略主義,也就是由此而正在醞釀的將來的戰禍。今日基督教的使命,無論在國內或在國際,就是盡力提倡人類相互的諒解,種族相交的友誼。而完成此使命的方法,則端在基督教內國際團體的愛結,國際文化事業的擴展,以及愛的福音努力的宣傳。因此國家有戰禍,基督徒應當在國內擔當艱難,作消除此戰禍的事業,不當見危棄義,臨時引退。世界有戰禍的積漸,危機的藏伏,基督徒更應當大聲疾呼,懇切督責,冀得有力的,操人類生死的政治家的覺悟;不當隨聲附和以自列於帝國主義黑旗之下。英國文豪衛爾斯說:"我深覺得現在世界上沒一件事比較種族的成見更為可惡。這種成見所稱道所維持的卑鄙齷齪,兇殘怙惡,比較世上什麼錯誤(所主張)的還要多。"基督教的使命就是要打破這種成見,用她自己愛的福音來作國際關係,種族關係的基礎。同道們,我們要深深省察,因為我們自己實在少有廣大的見識,仁愛的精神,祇知道因風轉帆,隨波逐流,而不去追根究底地瞭解我們在國內在國際的道德責任。我們也容易墮落到狹義的、自危的、危及世界的國家主義漩渦裏去。**我們要深信當有清澈的國家主義,當有中國國家峙立的國體**,但我深信這個國家主義必須要基督化,纔能達到最高的程度。我們是中華國民中一小部分,勢力甚微,然而這一小群國民,為國家計、為國際計,應該先事預備,在一切的不平等不瞭解中,栽培衛養世界的和平種子。對於不平等,我們要盡力奮鬥;對於各國國民間的親善,我們要盡力維持;這就是我們愛基督愛國家的工作。**可是我們要認識這個時代,是中國民族重新奮興的時代,我們要在短時期內,創造新生活新事業**。一切制度要受批評,一切價值要受估量。同樣,中國基督徒應當在教會的組織、制度、教義、經驗、工作上,都要加一個"為什麼"的問號。又應當急起直追,研究考量,創造一個中國的本色教會。一方面中國教會要逐漸地從各公會裏脫胎出來,不再回顧她的遺蛻;一方面中國基督徒應當努力創造,使中華固有的精神遺傳透入基督教之內,使基督教的精華注射於中華固有精神文化之中,以致中華文物與基督生活冶為一爐。中華的精神遺傳，與耶穌的宗教生活原是一物，但有程度方法之差異耳。同道們，請你們不要恐懼驚怪，因爲恐懼驚怪是出於不徹底，是出於道聽途說盲從胡行，也是出於不信上帝，不愛真理。**請你們不要怕基督教本身的推翻；基督教是要被我們重新解釋的，其精華的所寄，可以亙萬古而長存，決不會因估訂詮釋而坍塌的。**你們若所信非教，僅及於教的附麗品，那末你們就應當奔走駭號，好像末日真的要到了。因爲在創造本色教會的程式中，有幾件事是極爲明瞭的。第一，一切公會是要得獲自然之死的，因爲中國的基督教必要趨向分宗派，滅公會的路徑。假使公會就是我們的基督教，那末我們的基督教命運就不長了。第二，許多教義是要倒斃於研究的路上的；所謂童女生耶穌，異跡，肉體再活，審判，末日基督再臨，等等教義，在科學上，哲學上，宗教經驗上，中國思想上，皆沒有立足之地。假使我們的宗教是寄託在神學上的，那末一旦神學有變更——因爲神學是必須變更的——我們就再也不會有基督教的存在了！第三，原有的教會組織，禮節，建築，事業，都要有莫大的改造與更張；禮拜的方法與秩序，牧師的教育與職務，都要有莫大的整治與演化。假使現在的崇拜與組織就是我們的基督教，那末基督教的前途就危險了。大凡宗教，皆有三個要素，第一是宗教衝動，第二是教會組織，第三是宗教哲學（即神學）。宗教若要從一個環境中拔出來，移栽在一個新境之內，那末這三方面必須都要有變化，方纔能夠到期生根，按時開花結果。今者基督教由西方傳來中國，中國基督徒既已得獲了精神的感化，自當因背景的闓示，信仰的指導，而有新的貢獻。中國信徒的創造本色教會，發表中國的宗教哲學，就是中國信徒對於世界，對於本國有宗教上的貢獻。不然，基督教是裝置在西洋載運的匣櫃內的；我們不把她打開來取出，放在我們家裏，使與屋內一切器具作一有統系的成列，我們就無貴乎此笨重的櫃檯了。

然則真正的基督教是什麼呢？中國的教會不當保持相當限度的信仰麼？曰，然。**我以爲中國教會，應當建造在耶穌的磐石上，就是我們的大本、天父上帝，是仁愛的神靈，萬有的真在；耶穌是人類的先覺，我們的宗師，是初熟的碩果，神裔的長子，是指示人以達到豐盛生命的道路的嚮導；天國是人以愛相生，以信相育的新人類新團契；人天的愛與靈契是無上的永久的生命。**這是我自己的信經，我很願意同志們也有如此的宗仰。這是我以爲合乎生活要求,緣是而合乎實際理性的信仰;所以我大膽地以爲中國本色教會應當以這幾條爲其根本的宗教觀念。至於宗教經驗,實在還要簡單;因爲在我們與宗教有關的喜怒哀樂中,無非是要求與使我們自得的真在合而爲一,使我們在千難萬難的奮鬥中,與一切和睦而有安心立命的境地。在這種無定名而有勢力的追尋與渴望上,在這種興奮中湧現的愉快痛苦奮鬥平安上,我們因信耶穌教訓與行爲真實,建立了我們的宗教觀念。這就成了我們的基督教。這種信仰,絕非科學所能推翻,絕非理知所能破除;因爲這種信仰是由主觀的覺悟生,出乎科學的現象分析客觀研究之表,超乎理知的範疇限制,回顧作用之外,而仍可藉科學的指示以揭示其迷信,用理知的邏輯以組成其哲學。我們的理由,就是人生全部的需求。人生求宗教,所以我們有宗教;基督教最合此理,所以我們確信基督教,傳佈基督教而不疑。

宗教的解釋,須要借重理知,以致人生全部的宗教要求,得有一番說明;以致人所深信的大道,得以因文而載道。可是宗教是生命,是能力,其成效在於明證,其明證在於信,在於行。在今中國國家全部變化改造的時候,同道們,我們的信德大受試鍊,我們的責任,大爲加重。**我們應當慎獨謹省,在上帝壇前懇切呼籲,使我們能夠轉弱爲強,得在現時肩我們重大的使命。我們應當招集同心,修養性靈,研誦聖經,以資互相砥礪。**在這時候我們的心應有饑思食渴思飲的要求,決不可以作枯涸的荒澗,**而不爲雨後的飛泉泛濫的長江。**我們的信仰搖動麼?其主因還是由於缺少精神的修養。我們臨事恐慌,手足無所措麼?其原委還離不了平素涵養的淺薄。我們悲觀失望,覺得事無可爲麼?這也是因爲我們靈性弱,素養淺,而聖經歷史知識的未充。在這時候,我們不能做靈性上的小孩子,應當做剛健的成人。我們不但要栽培信德,修習靈明,使我們的精神與上帝有息息的交通;亦且要留心國事,盡力讀書,打破我們故步自封百不參預的陋弊。**在中國基督徒面前惟一光明之路,是一條奮鬥的道路。**中國基督徒生在今日,不但要受同胞的輕視,並且還更要受非基督教的人們的攻擊與逼害。**我們處此世,在此境,實在是在**那裏做一件不可能的笨事。非得有上帝威赫的靈感與我們同在,將我們軟弱委靡的心志變作攻擊不破的堅壘,將我們畏縮遲疑的行事變作衝鋒陷陣的苦鬥,我們的思慮工作,**決不能有強固永久的成績。**試想四萬萬人中基督徒有幾多,試想四十萬基督徒中耐戰能勝的健卒有幾多。再試想四五千年的文物背景上，基督教已經雕鏤了什麼深刻印象；基督教所刻的印象，有什麼磨而不滅的東西。基督教在中國，雖經百十餘年之久，豈不仍如太倉的一粟，大海的涓滴？我們若果能深思熟察，我們就要覺得處於三教已立之地，新學正來之時，國恥必雪之際，社會方變之期，基督教尚不算受過了了不得的打擊。來日的艱難或要什百千萬倍於目前。可是我們要失望麼？**信耶穌的不失望，因耶穌的方法無他，就是以寡敵衆，以愛敵恨，以善敵惡，以忍耐敵暫時的逼害，以完全的失敗敵非難者的勝利，而以完全失敗為成功的起點。客西瑪尼，各各他，十字架，荊棘冠，是基督徒永久勝利的表幟。**因此基督教是不會失敗的。同道們，我們跟隨耶穌，沒有別法，祇有背負十字架，纔能成全我們自救救人的事功。今日正是我們失敗的時候，也正是我們戰勝的時候。但願萬愛的神靈扶護我們，使我們奮勇當先，不辱我們的使命。

朝聖雜錄（一）

　　自從一九一〇年，哀定堡基督教大會後，該會所產出的續行委辦會組織了國際宣教協會，以利世界宣教事業的推行。歐戰之後，世界的學術思想與民衆運動，潮湧浪鼓，使基督教受了劇烈的刺激。於是乎基督教中有識之士，不能不力謀教內的自覺，俾宗教生活得以適應人類的新要求。十年之內召集了三次世界基督教領袖大會，第一次在英國牛津，第二次在美國麻哈根湖畔，第三次則將在耶路撒冷開會。

　　此第三次之會，與前次大相懸殊。集會的地點，特擇在耶路撒冷，時間特定在耶穌的受難節與復活節（本年三月二十四日至四月八日）。揆其原意，乃要赴會的人身歷耶穌生長經行之地，朝瞻聖蹟，而想見耶穌的聖範。在宗學方面看，此番身臨聖境的人，應當解脫了沾泥帶土的神學之履，深深地在精神中與耶穌直接相見，以期得獲耶穌的宗教的真際。大有囘到耶穌赤裸裸的宗教經驗的深意。大會二百代表，能否有人果得一個新見象，自然尚是一個問題；因為這全在乎他們果肯徹底地重作基督教的價值與否。此番大會要討論的是基督教與世界問題，是在世界各國推行基督教的問題。到會的人，不但要想見耶穌的言行經驗，受難與復活，亦且要想到耶穌傳給使徒的使命及使徒承受神力，宣傳福音的精神。

　　大會代表，皆係基督教著名領袖，僅限二百人。二百人中，中國赴會代表乃佔二十人，合全數十分之一。這足見得在基督教領袖們看來，中國將來在基督教的事工與影響上有極重大的關係。基督教將來在中國的成敗，實要為基督教在世界上興衰的關鍵。前兩次大會，代表人物大都限於西方教界的領袖。此次則不同，先進教會的代表與後進教會的代表，數目均等，有徹底平等相見的現象。會期有半月之久，半月之內，東西南北，黃白紅黑有學習遺忘國界種界，徹底實現愛的團契的良機。耶穌的宗教團契，原是一小輩有覺悟、有勇敢、有決心的信徒。故大會在精神方面,有兩個決要達到的鵠的:(一)會眾共見一個新見象,由親近耶穌而仰瞻上帝,得一穩固有力的信仰基礎。(二)共作團契而彼此瞭解[注],可以重作基督教的價值,重訂基督教的解釋,重定基督教的趨向,重劃基督教的方策。

自第二次大會後,穆德博士等即週行世界,籌備第三次在耶路撒冷開會。所定大會討論題目,係各國基督教領袖討論的結果。一九二六年春穆德博士來華,在滬特有三日之會,商量中國教會中的重要問題。當時徵集中國領袖及西宣教師意見,一致贊成在耶路撒冷召集世界大會。但會之性質既屬世界的,其應討論的題目,亦必係世界的。經過一番研究後,籌備委員決定五題:(一)基督教的生命與福音,及其對於他種宗教與思想的態度。(二)宗教教育。(三)先進教會與後進教會的關係。(四)國際種族的糾紛。(五)農工與基督教的關係。

中國赴耶會(此後耶路撒冷世界基督教宣教大會簡稱耶會)代表二十人,即余日章、誠敬怡、羅運炎、韋卓民、費宗之、李天祿、譚沃心、曾寶蓀(女士)、鄭盛組新(太太)、陳崇桂、鮑哲慶、衣興林、高墨泉、趙紫宸、來會理、羅炳生、吳哲夫、朗彼息(女士)、戈德白、倪斐德、麥美德(女士),其後七名,皆係西人。其中來會理乃特約赴會,為記錄書記者,非中國直接遣派之代表也。各國基督教協進會乃世界宣教協會的支部,故世界宣教協會所召集的耶會代表,皆由各國基督教協進會所推選。此機關選出代表,可以各方面具見周到,較諸各公會自行推選,實為公平。當選代表,當然不代表其所屬的公會,當然祇能代表中國基督教事業各方面的思想與趨向,且當然代表中國基督教中少數有勢力有覺悟的信徒。

中國赴耶會代表先在上海會齊。二月十三日至十五日三日,由中國基督教協進會召集全國基督教領袖,開會三日,批評及討論耶會各問題,並提出新問題,交與代表,俾資參考。一年之內,協進會為耶會竭力籌備,遣派幹事往各處講演鼓吹,組織討論團,徵集意見。最後以上海三日之會為總結。協進會幹事為代表們領取護照,購買船票,轉送行李,無不事事周備。臨行前數日,上海基督教各要人,各團體,開宴餞別,殷殷贈言。即張之江、李鳴鐘兩將軍亦特請大餐,敦囑諄諄。然則中國赴耶會代表的幸福不為不大,其責任亦不為不重了!

代表們坐的日本輪船叫香取丸，像香客朝聖山應坐的海船。岸上舟中搖了幾許白絹與帽子，經過了夫婦父子母女的分別，有情人流了些留不住的淚，便放走了留不住的流水與行人。吳淞口外，海闊潮平。（我個人此番去國離鄉，心中甚滿亦甚平。不為無情，亦不為有情；竟別有一般滋味在心頭。）二月二十一日香客們，代表們動身了。當晚在船上組織了代表團，以余日章為主席，誠靜怡、曾寶蓀為副主席，趙紫宸、來會理為中西文書記，譚沃心、羅炳生為旅行中社交及事務幹事。組織後，因同船日本赴耶會代表之請，赴其交際會。中國代表同行者十七人，（其餘四人已在國外）以十一人居頭等艙，六人居二等艙而得在頭等艙內行走。日本代表則皆居二等。此並非中國代表較為闊綽，實以艙位支配，及船上集議房舍祇能如此安排而已。我等到日本代表所安排的二等餐室中，會督鵜崎庚午郎即讀《聖經》演說，口口聲聲要我們成為弟兄，忘卻種族之見，忘卻歷史之識，所在基督中得精神的同心。日代表美國人名衰克司林者，日本基督教協進會英文幹事也，亦起立演說，大旨與會督所言相同。室中名花悅目，糖果適口，據日代表報告，此乃特自日本攜來，專以供我等享受的。中國代表由余日章答詞，略謂"徒尚空言，不如力求實行。所謂'弟兄''友愛'等等名詞，豈宜隨便輕說，而不直發諸心，實行於平日生活中麼？我等當求實為是。此番盛意，我等皆敬領"云云。是夕總算盡歡而散。

香取丸中第二日早晨我等即開會，議定日程，討論耶會各問題。代表中有挪威人以思想宜一致相勗，且盛稱本團有充分的預備，而中國尚未有共同的意見，印刷的讀品，作耶會的參考品。我等討論良久，或問我等是否應當壓迫自己，遏止個性，但作人云亦云的言論，抑人各獨自思考，努力以一己的見解，供公衆批評，以為實在的貢獻。結果議決在船中開會時，各代表有盡量的自由發表意見權。同時，各代表擔任每人將中國基督教運動中的重要問題，書一紙條，交於書記，俾得分類整理，然後報告，作按序逐條討論的根基。是日紙條交進後，書記即仔細將問題類別，共六十餘題，別為六類，即基督徒精神修養，宗教教育，基督教福音與他種宗教的關係，教會問題，宗教與政治，勞工農邨問題。這些問題，大都與耶會所要討論的題目大同小異。

從上海到香港之間，同船有一匈牙利青年，名白拉司 Franscis Balazs 者；隨身僅有一套衣服，破履布衫，坐三等艙，大有美國 Bill Simpson 的行徑。彼代表本年秋季將在荷蘭開會的世界青年和平運動，亦為一單位教將來的教士。我曾與彼談話兩小時，頗覺敬其為人。彼告訴我說日本學生對於他頗感興趣，問詢交談，備極殷勤。及到中國，學生對他漠不關心。香取丸到香港前一日，中國赴耶會代表擬請白拉司唱各國民歌，且演講歐洲之青年運動，在會議時提出，徵求意見。西教士某（此人乃一奇怪的舊思想者）一聞白拉司係單位教徒（單位教即信一神而不信三位一體說的基督教），即謂代表團決不當請他演說。若我等請他，在中國的"時林西報"豈不又要來非難麼？後來我與譚君擬集少數個人請白拉司演說，商諸船上當軸，不曾得其許可。為時已促，亦祇得作為罷論。

二月二十四日清晨，船抵香港，香港基督教代表十餘人，登舟來歡迎我等。我等登岸後，先則各自遊覽，繼則坐汽車周行香港全島，同覽山川之勝。香港青年會請余日章，我亦被邀同赴公宴。晚上香港基督教聯會公宴中國赴耶會代表於南唐酒家，盛饌豐餚，既鮮且美，燕窩魚翅，紛紛遞送，足見香港基督徒之富且闊也。我與青年會幹事徐君談，彼謂香港基督教聯會，乃八公會組織而成，以十五人為董事，牧師教友二十五人為職員，為執行會，作基督教界一切公同事業，如勞苦人中的宣教工作，主日學，九龍的老人堂等等之事。大多的公會，皆能經濟獨立，不受外國的援助。即聖公會中亦皆中國人負責任事，祇用西人作教會與香港英政府中間的媒介，以利教會工作的推行而已。五年之內，香港的聖公會會堂中已准許各他公會的宣教師說教，香港的浸禮會會堂中已准許各他公會教友入赴聖餐。門戶界限，漸漸破裂，豈非實在的進步麼？至於學生方面，工作較為輕忽，因該地學生中尚沒有中國各地的學生問題。青年會依然對於他們辦些體育及查經班罷了。據友人言，香港廣州相隔雖不遠，而人的思想與態度，大相懸殊。廣州人皆在一不穩固的社會狀態中，香港人雖生意上近年大受損失，卻依然安居樂業，不愁衣食。故廣州人事事圖新，香港人事事守舊。我在香港人煙稠密之市，觀察來往的人，其女子少有剪髮者；拖油辮，梳光笄猶滿街也。或者此亦守舊的一種現象歟？

當晚公宴後，我等乘三四輛汽車登高，盤旋而到青年會會所。既到則濟濟蹌蹌，士女盈室，等待我等演說。其時已八時後，日本代表小崎說："我但致謝辭一二言耳"。及至演說，他述說了十五世紀至近今的日本基督教史，且盛稱基督教受日本知識階級器重的情形。據彼所論,日本基督教現在只要推及民眾,通力合作,就好了,簡直沒有什麼難問題。菲利濱代表濮克蒲演說,辭藻濃豔,頗如美洲內革羅人的嗜尚。他的題目是基督教與菲人的政治運動;當然這是很時路的言論。其次則倪教士演說,以教會須合作,統一移交相砥礪。中國代表推我演說,我便述說耶路撒冷大會的意義與中國基督教運動當前的重要問題。聽眾的程度,實在很高,因各演說員皆說英文,皆由譯員翻譯。即說普通中國話的我,亦須由譯員翻成廣東話。悠悠兩小時,挺腰直背而聽之,而能四座無譁,詢活潑好動的廣東人的程度高深也。十時後,下坡至埠,乘小汽船達香取丸。回顧香港燈火燦明,一片輝華,猶之珠冠玉帶,降自重霄落於濤中!

二月二十六日舟在香港新嘉坡之間。

六吉兄:

兹上"朝聖雜錄"第一段乞收,登載於《真理與生命》。船中且會且讀,頗覺忙乏,不能多作文章。恐此後還更多事,不能按期呈稿。但我總須盡心耳。海波平靜,未曾一日暈船,船身今較轉,側甚,但我仍能飲食作工。燕京諸友人幸為我道候。願您平安。

紫宸上 二十六晚十時
原載《真理與生命》三卷四期

編者註:"彼此瞭解"藍本爲"彼些解"。

朝聖雜錄（二）

　　二月二十九日我們的香取丸到了新嘉坡。船一靠埠，就有基督教中的同道們，幾有二十人上船來歡迎我們。我衣袋裏帶着的名片用完了，還不夠，重新到問詢處取了鑰匙，開了艙房，取出一大批名片，與上船的人交換。他們請我們坐汽車一直到中華俱樂部；在那裏陳樹南醫生請了許多陪客招待我們，為我們大開綺筵。余日章博士與曾寶蓀女士相繼地代表我們赴耶路撒冷的團體當席演說，道了謝。下午我們坐了二十餘輛人力車，魚貫而行，到星洲幼稚園參觀。這幼稚園是我們的僑胞創辦的，房屋是一座三層洋樓，頂上有花園，可以當作體操場。第二、三層上兼帶辦一個初小學校。孩子們的玩具，學校裏的設備，都十分完備。牆壁上除了中國名人如譚延闓、章炳麟等人的字幅之外，還掛着許多學生的成績。其中以小學生的國文論說筆記書函為多。華僑的艱難就是與祖國的文化容易隔離，所以注重國文國事，實在是一件重要的事情。現在星洲幼稚園能顧到這一點，這實在是可佩服的。房宇寬暢，空氣光線俱佳，一半是因為天氣終歲無春夏秋冬的緣故，一半當然是為了善於建築的緣故。我們參觀畢，就到客室坐下，享用茶果，吃些嫩黃薄皮二寸來長的香蕉，剝些紅毛荔殼大核而有白玉色的肉的酸紅毛旦（Ramluan），嘗些飯後再也不能勉強加食的冰淇淋，言歡說笑，非常快樂。茶點後，相與攝影作紀念。有一位姓黃的是從前見過的，曾經聽過我的講演，與我十分親密。次日上船時，他以物贈其友陳君，因找不見我，轉託他送我一個大的波羅蜜。此乃新嘉坡土產，價極低廉，但是"桃花潭水"，豈及汪倫之情耶？

　　我們離了星洲幼稚園，便一路嗚嗚的汽車，遊覽勝景，看積水池中的仙渚幽島，植物園內的瑤草琪花。其地雖無耐寒的孤梅，帶雪的奇松，經霜的老柏——這些是溫帶中孤標傲世的高品——卻有四時不絕的美人蕉，經年不謝的長青樹。鳳尾草蓬蓬鬆鬆地長在大樹臂膀上,也是一種奇觀。熱地的草木,正如暴富人家的廳堂齋軒,裝飾得挨擠不開,五光六離,萬分的豐盛。可是不同之處,就是天然的豔麗,與矯作的比起來,不免有美醜之殊了。

晚上我們的汽車將我們載到怡和軒俱樂部。是一座三層樓,華僑合辦的地方,在那裏可以作逍遙遊。陳嘉庚宴客,林文慶作陪,我們便大嚼了一頓福建菜,水陸雜陳,珍錯滿前。飯畢,即到中華美以美會禮拜堂,講耶路撒冷大會的事情。禮拜堂中早已坐了幾百擁擠的男女僑胞。我們的領袖指定衣興林牧師,誠靜怡牧師,鄭盛組新夫人,與他自己——余日章博士——作演說。於是衣牧師操了山東土音講山東教會情形,誠牧師報告中華基督教會的成立經過,鄭太太述說中國的婦女問題,余博士講"人格救國"及對於耶路撒冷大會的希望。連講帶翻譯,一坐就是兩句鐘,可是聽眾安靜敬聽。我就感覺到中國人一離本國,氣質就純粹厚實得多。我也覺得僑胞們非常活潑,對於祖國,事事關懷,對於宗教也頗顯出熱心來。

次日我們參觀陳嘉庚公司的工廠。日中上船。三月二日到檳榔嶼。那裏的情形,似乎與新嘉坡髣髴。因為時間局促,在那裏就擱不過三四小時,所以我們沒有豫先通知該處教會。當然我們就祇好自雇汽車兜一個圈子。

我們在船上,因為海不揚波而有風,船不轉側而直前,所以大家安健無病,鎮日價開會討論。我們的討論,當然不會透徹的,人又多,口又雜,意見又不齊。起頭有人要我們有一致的思想,有的人就覺得難受。可是漸漸地濃酒變成淡薄酒,傾出來放在思想的席上,大家一盃一盃地同喝了。主席派我做第一股股長,討論基督教的生活與福音,以及基督教對於他教與科學的關係。其餘的人,也分股去討論問題。我以為這個第一題是不大重要的;等到一唱"楔子",就覺得我的思想與態度,竟與同道們有點相齟齬了。開場我們願意談談經驗。等到一開口,大家都講起怎樣地得基督的幫助,怎樣地從他得能力等等老僧常談的口頭禪來了。所講的大都是懸揣理論,並沒有多少經驗。我一指出我們所說的沒有什麼經驗,不過是些理論,並且沒有什麼切實的根基;我股內有幾位就覺得異常地怪誕。我告訴我的同道們我年幼時的經驗。我說我童年時敬拜觀音聖帝,獨在一座店樓上跪拜頂禮,心中覺得非常愉快,非常平安,當時我也覺得觀音是與我十分親近的。這樣看來,我童年時的經驗正與我青年時初入基督教的經驗相仿,一樣是滿意的宗教經驗。經驗上的分別小，而理想上的分別大，而且看來好像兩種理論可以激起髣髴的心理；那末我們的信仰，似乎不能為我們指明究竟我們所信的是非實有，也許不過是一兩種幻想罷了。我又說我好像不能直接經驗到基督或是上帝似的；至多是我試照基督所教訓所指示的去行，看在我的心裏、行為裏發生怎樣的變化。假使結果是滿意的，有理的，我也許可以說從此看來上帝是實有的，基督是實在給我能力的。我所說的依舊不免是理論與解釋。我的話沒有說完，因為我還要表明我是誠信耶穌的門徒，與我討論的同道們，就有兩位發起急來。因此第一次的討論可以說完全沒有好結果。第二次開會，大家都說了些基督教特殊的優點；祇是各人各說，沒有批評。第三次同道們要我講我的意見，我就講了一大篇，忽然叫我的同道們滿了意。其實我早已覺得兩件事：一是我們大家都是誠誠懇懇要做真的基督徒，一是我們看法不同，態度各別，無論如何，不會投機的。我所要知的是真理，是自己的理性可以識別的；有幾位同道們所要得到的是實益，真理不真理，全不打緊。有一位說：「這全不是用自己的小見識尋求真理的事。我們的信仰，乃是上帝在《聖經》裏明白表出的天啟。」在此地我要將我心中切切的感覺披露出來告訴讀者。我近年來好像無論在哪裏都會發生反感。在不重儀式的環境中，我卻要注重禮節；在頑固守舊的環境中，我卻要關戶而出去吸一些鮮空氣；在過於偏激，新不可當的環境中，我卻看出舊思想中的價值來，拼命想保存它；在現在的環境中，我又覺得基督教裏不相干的東西真太多了。我心中明明知道有一當，自己卻在那裏東倒西歪，努力地去捉摸它，好像剛剛要摸着，忽又脫了空。我把我的見解講給同道們聽，他們說：「我們原來並不相異。我們很歡喜聽你這樣講。你使我們覺得驚異；因為你並不怎麼錯。可是你所說的，用哲學的說法鋪張出來。你知道我們要一個簡明的福音，不必要哲學。」我沒有精神辯，所以祇好歡歡喜喜地讓他們以他們理論道學當經驗，以他們字字句句都是哲學的福音當簡明的福音。

其餘各股的討論，也有些個若接若離的地方。事情太繁了，我實在沒有法子細述，祇得不記下來。我們在船上與菲利濱、日本赴耶路撒冷大會的代表們常常往來，開了兩次交誼會。每星期日上午有公共禮拜，星期二晚上有祈禱會。日本的代表似乎又老成、又穩健，都是「大人家舉止端詳」的。據一位專門《舊約》的都留仙次先生說，日本的神學趨向觀念論，日本的神學院的功課,一門一門都按照西洋神學院的法子安排着。現在研究神學的大學生似乎不少;一方面,思想似乎極開放、極發達,又一方面教會的辦法,自組織以至於宣教法,幾乎完全與西方教會相同。甚至於公會雖自獨立,宗派的傳統,依然嚴守分界。他們中間那位代表領袖,鵜崎監督,是監理會的聖品人。他說話時,風度嚴重,老氣橫秋,大有主教尊威;可是他宣教的文章,祇有通篇的斷定語,沒有證明理由的解釋語。自然開口是"兄弟們",閉口是"我們要親愛",都是最高不過的道理。按我仔細的觀察,無論日本教會的内部,思想如何新穎複雜,表面上是十分穩妥的。聽其言焉,察其氣色,叫人深深地覺得日本的教會已經達到了穩固的地步。按他們報告,他們確信一位絕對全權的上帝,確信耶穌已經完全把他啟示給世人,確信我們依靠基督就得罪孽的赦免、靈魂的得救。我們的代表中有人對於日本代表周密的預備,虔敬的言論,穩健的信仰,覺得十二分佩服,言語之間,往往自愧不足,往往顯出羨慕。其實中國、日本的基督教運動,問題全然不同,我們正在不穩的時代,怎能強作穩固呢?當然,照現在日本的發達看起來,我們真正瞠乎其後矣。即以我們此番旅行而論,坐的是日本船,中國哪裏有一條船能載我們到國外去呢?船中一切的佈置,書籍,飲食,以及船上的日本搭客,有會繪畫的,有會音樂的,有會歌舞的,莫不表示日本年來進步的迅速。不過日本本不穩,故必須穩,中國本穩,故必須不穩。這兩國十年間的進步,據我看來,日本非穩固不可,中國非搖動些本有的穩固也非不可。一旦日本失去了穩固,譬如她的現在有病的皇帝打倒了,她就必遇見亡國的危險。但一旦中國守着穩固,地大人衆,要她進步就非常的難了。這樣的論調,並不是說我們事事可以亂作,動不動就說"打倒",動不動就去毀壞。"不穩"二字,並沒有毀而不建的意思,乃是成敗同進的意思。只要合理,其餘什麼都不必怕。我們要重估一切制度的價值,要使國人大家醒一醒。這幾年國內的亂事,當然都是叫人痛心的。軍閥怎樣魚肉人民,共產黨怎樣利用血氣未定的青年把他們做成了搗亂的機器,可謂同一可惡。但是這種不該有的不穩固,尚使我們儆醒起來,何況合理的批評與懷疑呢?中國決不怕不穩,中國所怕的就是人心不肯愛國與愛人。話雖如此,日本究竟有大好的成績,我們還得因此而觸目驚心,力圖上進纔好呢。

船上的交誼會是沒有什麼可記的。我所感覺的是別國人講天下一家,世界弟兄等等話，都像懇切誠信，極有把握的樣子；獨有中國人幾乎絕口不提這些動聽的言論。偶然提到，也不過在言語中一帶就過去了。這是為什麼呢？我以為中國人倒並非不十分注重國際親善等問題，亦並非——至少是我們船上這幾個中國人——抱着狹義的國家主義。他們所以不提"兄弟""親愛""和平"等名詞，大概是因為他們不願隨聲附和，更不願搭空架子。

我在此地要聲明我做這幾篇"朝聖雜錄"並非是遊記，不過略為記錄我沿路所得的，大都關於基督教及基督教會方面的雜感。明知我的思想有片面的偏激的地方。代表團終日在船上開會，開會前後，又須有充分的預備，我當然沒有工夫作有統系的思考與文章。我還須留出一部分工夫作遊記，名為《海天閒話》將我所觀察的風俗民情，所忻賞的景物花鳥，所收集、著作的詩詞歌詠一一記載，寄給《青年進步》，希望得些酬謝，以壯我羞澀的行囊。我剛寫到這裏，我們代表團第一股的討論報告正式被全團接受了。我請將應該休息的時光，抽出來將它譯成華文，以供讀《真理與生命半月刊》的諸君一覽：

"基督教與現今中國的非基督教的宗教及思想的關係。（此報告為非正式的，其正式的，尚在修正中。）

（一）現狀

中國現在的新思潮，以及其社會政治的不安寧，鼓蕩的很利害，使人去重新估訂中國文化的價值，分析評定中國的藝術、倫理與宗教。

當此民族覺悟增進之際，幾個極有勢力的思想家在那裏重新研究孔孟老墨以及其他聖哲之書，以期擷其精華，作為所希望的社會的基礎。雖有許多後輩學者，以為當此新文化應從了解科學與西洋文化的程途中產出的時候，古聖前賢所持的理論幾乎無價值了，其較有經驗較為穩健的領袖們，卻極注重中國的精神遺傳，希望由此而得國家康強鞏固的根本。他們很注重孔子的倫理思想。即在基督徒中，也有人盼望從古文化復活的興趣中產出一個可能的耶孔倫理的綜合。

非宗教運動表示一種有力的思潮，對於一切遺傳的觀念挑釁。非宗教領袖們以為無論什麼宗教，都不過是純粹的迷信；舊時信教的人僅為自己的恐懼所壓制而已。野心的人主，即便利用此種宗教的束縛來治理他們。非宗教運動的人們又說科學宗教兩相衝突。同時他們散播唯物主義與他種無神論的種子。

可是唯物主義的粃糠，決不能成為令人精神上、宗教要求上得到滿足的靈糧。因此在憂慮環列、艱難迫身的境遇中，有許多人正在找尋一個滿意的人生與精神的慰安。許多老學究及他們的守舊的從者現正趨向諸教同參的綜合教（如五教道院等），以期從中國現有的各重要宗教中得獲利益。其比較有進步的思想分子則轉向佛教，以佛教為能力與慰藉的淵源。在他們看，佛教似乎不與科學有衝突，而卻供給科學所不能供給的東西。佛教之路，誠然最近。千百年來，佛教乃學者的宗教，受學者勤懇的研幾；亦是民眾的希望，民眾常從它的崇拜儀節等等得到精神上的安寧。

然則在此宗教要求奮興之時，在此新舊思想並皆前列之時，基督徒當持何種態度，基督教當有何種的貢獻？

（二）對於非基督的宗教與思想的態度

基督徒應當歡迎真理，不問其來源如何。他發明他教真理的熱忱，與他自己信仰聖教的可靠與特殊的誠心，不是不能並存的事。他謙卑地承認自己了解真理的程度有限，承認對於他教的虔信分子，可有團契，且自特願受教誨的態度——這正與基督教的精神相符。

但是誠實的基督徒自當盡力鑒別。他固然要從自己的成見中得解脫，同時他也要依着他自己的宗教經驗與古來基督教聖徒們的宗教經驗，去仔細試驗一切要求加入他自己信念的觀念，庶幾得以明悉其真偽。這樣，他的態度，並不是徒求妥協的態度，乃是懇切願欲以合理的方法來估訂新觀念的態度。按此種辦法，人當努力先求瞭解他人的觀點，用同情心去解釋他人的經驗。這樣，我們與他教虔信的信徒得有團契，正足使雙方一同追求，得一人生更真切的瞭解。

同時，懇切的基督徒不敢對於自己經驗中上帝的實在不竭忠誠。他決不願犧牲他自己正確的主張，他要努力愛人，以致他可以引人認識基督，與他一同享受充滿聖靈的生活與快樂。

（三）對於科學與世俗的態度

基督徒相信一切真理出於上帝，而上帝是不會自相矛盾的。我們信誠實的基督徒與真心的科學家一樣，是誠求真理的，專一克己而信從真理，整備着放棄一切阻擋發見真理的障礙物。基督徒得有機會，也當用科學的精神研究宗教。他應當尋找一個宗教思想的理性根基，也應當忠誠懇切地對付一切他信仰中所產出的理智問題。

同時，基督徒以為科學、藝術、哲學，皆不足以為宗教的替代。基督教不僅是一個思想統系，更是一條生命的道路。基督教所發揮的生命，在科學哲學之先而又超乎科學哲學。人要忻賞此教，自當先有個人的經驗，從此經驗再達到對於生命全體的解釋。不但如此，基督教有事於人格，有事於人格與人格彼此的關係，人格與上帝無上的人格的關係。而人格彼此相關，非可以分析拆開而得解釋，亦非專於科學的研究而得了悟。在基督徒，宗教的確實，乃是從個人與團體的經驗的實在而得的，也是從個人與同群，更是與同宗的信徒，與上帝自己所發生了直接的團契而得的。

自然論與機械論的人生觀並不解釋人生的意義與價值。我們做基督徒的，應當用思想與生活表明我們從耶穌基督所得到的充分的生命意義。我們擔負着反抗自然哲學的責任，因為它不給人類最高的標準與祈嚮作理解，反將人生界不可磨滅的事實置於不顧之列。我們又要反對以自然主義作為人生的道路，因為現在有許多人按照自然主義而作生活，狂妄放縱，使道德人格，使社會所憑持而生長進展，而得康健鞏固的社會與精神的價值瀕於危亡。

（四）基督教特殊的福音

我們做基督徒的，因要引人到上帝座前，故以為最要緊的貢獻就是引他們歸向耶穌基督。

耶穌基督給我們一個獨一完全的上帝的啟示。他表示上帝是人格，是眾生生命之源，是一切愛的中心。

耶穌基督給我們一個對於害惡問題惟一充分的解決。我主耶穌基督在他的生活與死亡中，顯明上帝全能的慈愛。他也啟示上帝如何擔當（分受）人與罪惡奮鬥中所有的痛苦。耶穌基督是人類得救的門徑，人從他接受制惡從善的靈力。

中國人所知的宗教領袖中，惟有耶穌基督，在他裏面成功了宗教倫理的標準完全的實現與統一。惟有他完全達到人與上帝間有意識的至密切的團契生活。同時，他與人群有相愛的關係。中國今日特別需要學習怎樣與上帝相適。

耶穌基督注重個人的價值，建立人皆弟兄的最有效率的精神基礎，俾人得以主持種族間團體間應有的平等、公道與親善。

耶穌基督的天國在地的觀念，切實地指明人類弟兄主義藉以發顯的最滿意的程序。耶穌基督用自己的人格與行為，最充量地表明出進入天國的人應有的資格。

惟獨在於耶穌基督，人對於死後人格的繼存，能有不會搖動的希望。

因此，我們的福音是一個見證，證明人在於耶穌基督得有實在而豐富的生命。"

十七，三，十二日清晨，香取丸在亞拉伯海上。

六吉吾兄：

今奉寄"朝聖雜錄"第二篇。是篇思想蕪雜，次序混亂，以無暇修正，祇得奉上，乞不客氣地賜以郢匠的斧斲。篇末第一股討論報告中種種觀念，都帶著些北京朋友的思想色彩，特別是燕京諸同志及　吾兄的見解的色彩。

兄等雖未親自赴郇山，你們的精神卻在我心裏留著，在我口中說著，在我身上帶到聖地去了。當然這個短報告不全是我們的意見，但是淡酒裏的酒味，不能說不是我們釀出來的。茲以原文附奉；英漢文兩方互有小出入，尚祈賜正。報告原文用畢後，請轉送給李榮芳、許地山、吳雷川、誠質怡、柏根基、洪煨蓮、王克私、范天祥、費寶閨臣、司徒雷登、卞懿嘉諸位同道們一讀。茲又附奉菩提樹葉兩片，一以贈吾兄，一請轉贈許地山兄。此乃師子國哥侖坡克拉尼寺中大樹之葉，據老僧云，該樹乃佛證果時本樹之鮮枝，摘來移栽的，蓋六百餘年矣。我姑已聽之。舟中忙甚，不能作書暢言，就此再會罷。

紫宸上
原載《真理與生命》三卷六期

萬方朝聖錄

目　錄

序一	332
序二	332
序三	334
第一章　橄欖山頂	334
第二章　萬方賢雋	339
第三章　曠觀世界	345
第四章　同證福音	350
第五章　聖衆契闊	355
第六章　宗教教育	360
第七章　農工神聖	364
第八章　天下一家	370
第九章　靈國湧現	374

序 一

戊辰春，寶蓀經湘中亂後，承基督教協進會之推薦，附驥耶路撒冷代表之列，得識趙紫宸先生於申江舟次；先生溫厚儒雅，精擅哲學，然待人接物，恂恂然不以高潔自命，有柳下惠之和風，其為德也如此。論道溯源，微茫皆辨，清議滔滔，莫不中肯。下筆則數千言疾如風雨，未嘗稍加修飾，而文辭秀麗，具天然豐韻，其為才也如此。先生雖和藹如春，然求誠若渴，疾惡如仇，凡不合真理者雖片言隻字，亦必加以糾正，有大無畏之精神，其為勇也又如此。抵耶路撒冷後，一堂薈集者，五十餘國，先生正襟而談，聞者莫不忻服。會中問題雜沓，議論紛紜，雖在座者亦不易得要領。所討論者既攸關基督教前途之死生，故非得合眾論，集大成，為一書公之於世不可，舍先生蓋無人能勝此任矣。先生亦慨然俞諾，於歸途舟中，振紙作書，雞鳴而起，孳孳不倦，雖風雨狂瀾，未遑少息；十有五日而書成，凡九章，幾四萬餘言，對於基督教之貢獻，人類之需求，國際之和平，勞農之重要，莫不詳加討論啟迪，刪繁就簡，去偽存真，舍糟粕留精華；向之雜沓者，得成秩序，向之紛紜者，得成經緯，綜五絲之縷，織出齊紈，聚百寶之珍，綴成楚佩，益見先生之德、之才、之勇矣。寶蓀得躬逢盛會，知是書之源起；同舟返國，覩是書之著述；行將拭目見是書之致用，為聖教前途之光寵，亦何幸也！有此淵源，故不忖譾陋，謹以為序。

民國十七年夏湘鄉曾寶蓀謹識

序 二

回想一九一〇年予曾奉教會使命赴愛丁堡的世界基督教會議，今年春天又隨諸代表出席耶路撒冷會議，因而得見世界基督教事業在此十八年中的演變與進程，私衷很是欣慰。前次赴愛丁堡的代表共有一千二百人，中國代表不過三人，此次赴耶路撒冷的代表共有二百四十人，中國代表則不下十四人。愛丁堡會中大家注目在歐美的宣教事業；這一回則注意先進教會與後起教會的關係，大家的視線顯然是已由宣教會轉移到宣教地了，這是此次耶路撒冷會議的大勢。

會議的情形，本書記載得很詳細，不必多贅。現在僅把我個人由此次會議所得印象，就記憶所及，約略寫出幾項：

大家在橄欖山聚了兩個禮拜的會，對於會事都是非常鄭重，覺得這個會關係於基督教事工前途很大，未可掉以輕心。今日的教會雖處在嚴重的時代，問題繁複，頭緒萬千，但是依然抱着很大的希望，深覺耶穌基督是人類社會的必需，其天國的大業前途有莫大的光明，這個信念，鑽之彌堅。

聚會的時地也很使大家獲得不少的益助。會期剛逢救主受難及復活日，地點又在巍巍聖京，已使人生高山仰止的虔肅心，似乎把議事之誠，與祈禱之切，冶為一爐，為此次會議生色不少。

聚五十餘國的代表，二百餘人，當然語言不同，服色各異，習慣背景以及思想均不一致；但是大家聚集一堂，情逾骨肉，相處如家人父子兄弟姊妹，揆之世情，殊非易易，宗教感力之偉大，於此可見。

我們此次得履行耶穌周遊往蹟，攀登耶穌訓衆山巔，追思耶穌工作情景，復考慮耶穌建設大業，聖蹟歷歷，觸目驚心；感覺耶穌如有其上，如在其左右，精神奮振，莫可言宣，從此對於基督益當表示忠實，對於他的天國大業益當加以奮勉。吾主精神不死，我們如見其面，如聞其聲，他為這次的會造成靈性煥發的環境，使我們歡忻鼓舞地肩起十架，實行"往普天下去"的使命！

我友趙紫宸君亦此次會議代表之一，會罷歸來稍晚，過滬北上，舉其筆記一束見示，並囑為序，始知趙君利用舟中餘晷，已將此會經過情形彙編成書；述事的切要，行文的顯豁，引人入勝的地方甚多，出而公諸同道，必有一紙風行不脛而走的盛況。我讀了趙君的大作，便引起我的舊感，乃贅數言如此，不識趙君與讀者以為然否？

民國十七年九月六日誠靜怡作於海上

序　　三

　　余正束裝，將離不列顛，有海電自中華基督教協進會來，邀余著郇京世界宣教大會記。時余氣魄不舒，擬以倦辭，我友《國際宣教公志》主任貝登維廉先生，湘鄉曾寶蓀女士，咸以此舉重要，應屬於余，不宜辭謝。余受砥礪，中心奮感。回憶橄欖山上，默受縈多；會後縱覽聖蹟，歷涉山川，恒覺身在帝側。清夜撫膺，耿耿不眠，蓋宣教大會之靈潮道汐，固無日不迴旋騰躍於我心也。既而登舟，海波不興，薰沐幽禱，力疾著此書；朝斯夕斯，不遑寧息。十有五日而稿成，積四萬言。脫稿後，離案臨風，觀波瀾之起伏，接雲霧之蒼茫，始覺人在海上，快然於心，向之瘁勞焦慮，已不啻隨洪濤而蕩盡矣。

　　是書材料，半由自集，半由貝登供給；次第則略依馬修裴司爾之《到帝城之路》。修輯取捨，頗覺困難。敘事傳言，一以我國信眾應知應忽者定詳簡。我國赴會代表，計正式者二十人，特約者一人，各有所貢。書既簡短，自難縷述；況大會紀錄，未盡詳載，欲搜備文，安所適從，疏遺脫漏，不能倖免。至如高墨泉之詼謔，衣興林之豪爽，陳崇桂之虔誠，鮑哲慶之質樸，費宗之之踴躍，譚沃心之勤奮，李天祿之肅整，羅運炎之優雍，戈德白之懇切，羅炳生之幹練，吳潛川之雋闓，倪斐德之誠摯，麥美德與朗彼息二女士之溫靄粹美，皆彰然在人耳目，不待贅言而後昭昭然也。

　　書中言論次第，悉依題旨比列，讀者一覽，即可了然。惟此會關於世界基督教之趨向工作，非常重大；余雖扼要立論，亦或不免於紕繆。所願我盡我分，容有疏簡，則"非戰之罪"矣；書既成，行將付梓，余欲乘機感謝貝登之激勵，馬修之引導。曾寶蓀女士同舟歸國，且我尤多。每篇脫腕，即為評閱，值疑難，則相與斟酌，務合真際，銅魚石鼓，有叩皆應，此則余欲深深志謝者也。

民國十七年八月十一日紫宸序於孟加拉海舟次

第一章　　橄欖山頂

　　自從歐戰以後，世界情勢，變化迅疾。人類藉着科學的實效，不但能夠排空馭氣,躡海鑽山,聽無聲,視無形,而且因了生理心理學的新發明,社會歷史學的新研究,對於個人團體,改變了態度與觀念。全世界興起了絕大的思潮,個人要求自我的實現,民族要求自我的獨立。天下滔滔,莫非爭戰。這不是人與天然的角鬥,因為那個時代已經過去了。人對於自然界雖尚有許多未解,卻可以有確實的把握,可以用自然啟關自然,人在自然界的地位已經是十萬分的穩固了。今日之下,人的大患,是人與人爭,種族階級與種族階級爭,並且因為人能運轉自然,利用科學,所以爭戰的危險愈加廣大。個人的眼前,今日有一個很高的生命標準。民族的面前,今日有一個很遠大的前程。可是認識自己的,尚不曾認識人;認識人的,尚沒有力量與人同得偉大的生命。人的前面是希望與奮鬥,人的當境是窮苦、疾病、憂患、愚魯、罪惡與一切不平等。當讓的不讓,當取的未取;應與的不與,應獲的未獲。利益與利益,正在肉搏之中。於是乎有俄羅斯的革命,印度的不協作運動,土耳其的變政,中國的軍閥擅政,國民革命。東方民族,特別是我中國民族,豁然大醒,自覺潛勢力的變作現勢力,自覺古文化的變作新文化。可是舊的是奔潰了,新的還沒有成立。一切思潮,支派紛歧,奔馳澎湃,翻騰無極。在今日的世界上,一切人類的大運動,猶之萬峽倒流,千江匯集,翻成一個絕大的空前的狂瀾。

一鬼去,七鬼來,新鬼大,故鬼小;打破偶像的,跪拜在更兇惡的偶像腳下。不下迷醉品,即進興奮劑,藥性雖殊,功效則同,人類由是更疲乏了。人與人的爭戰,外之則為種族階級的奮鬥,內之則為人與自己的精神血肉的奮鬥。兵器所及,俱是破壞。破壞易,建設難。建設物易,建設人難。辛苦復辛苦,勞瘁更勞瘁,際此情況,不當進迷醉品,亦不當用興奮劑,乃須有引年的昌陽,滋補的食糜,充實人的精神。因此反抗迷信,攻擊邪說是應當的。可惜一知半解者流,食牙慧,嚼唾餘,即反對一切宗教,破壞一切信仰。所要求的是生命,而生命不可解;所建設的是人格,而人格不可久。意義價值,兩無着落。在這人類至不安寧的狀態中,基督教自覺應當力圖改革,不為迷醉品,不為興奮劑,乃為參苓肉食,滋養人生,對於世界作切實深厚的貢獻。基督教信徒有此覺悟,有此動力,乃有本年耶路撒冷全世界基督教宣教大會。基督徒深信人類應當歸依天父上帝,清清楚楚地做他的子女,彼此為弟兄;也深信基督的愛必須灌輸在人類一切關係、一切生活中。生命必以宗教為淵泉,亦必以倫理為流域,二者廢一,雙方俱損。本此覺悟,基督教要切實的了解、研究、解決本身各問題,俾得清潔整備,對於世界作貢獻。於是乎乃有本年三月二十四日至四月八日,耶路撒冷的全世界基督教宣教大會。

一九一〇年世界宣教大會第一次開大會於蘇格蘭的愛丁堡,其次則一九二一年曾開會於美國紐約的摩何根湖畔,一九二三年曾開會於英國的牛津。這三次的大會皆為英美歐西宣教團體的領袖所操縱,所主持。英美與歐洲的抗羅宗各支派以宣教會自居,將東方的中國、印度、日本、朝鮮、埃及及非洲各地看作宣教之地。故開會討論,東方各教會少有預列者。西教會決定方針,採取方法,即以行之於其宣教之地,未嘗仔細尋訪當地人的意見與態度。西教會施之,東方人受之,不問其施的當不當,受的該不該。可是四五年來,情形迥殊;各國各民族的運動紛至沓來,疾於迅雷不及掩耳。所謂宣教地的教會,皆組織了基督教協進會或國際基督教協進會,大有趨向本色教會的情勢。愛丁堡大會時,西方基督教領袖已清楚地察見二十世紀世界宣教事業,決非各宗派各自為計可以達於正鵠,奏其實效,故有各教會共同商量,訂定計劃,規定方略的必要。會後遂有續行委辦會出現。及至現在,各地教會的宗派,在各所在地,亦不復能獨立運動。所謂續行委辦會者,漸皆變為範圍事業擴大的各國協進會,而總機關亦變作了基督教國際宣教協會,這些會都係建議機關,不是執行機關,負擔着轉傳消息,流通聲氣,輔助各宗派事業,俾於重要工作上,彼此協作,可以有基督教合一的精神向世界各國作相當的貢獻。世界的形勢既如彼,世界各教會,無論其為先進後起,所經過的變遷又如此;於是乎不欲規劃世界宣教業則已,若欲統盤籌算,工作與精神凝合,生活與環境適應,當非召集東西各國先進後起教會的領袖,作共同公開的討論不可。一九二六年夏國際宣教協會執行委員會在瑞典的臘維克開會,一致決定召集一個大加擴充的國際宣教協會的大會。我們若細析此會召集之由,便可了然於此等決定的必要。中國、印度等國皆有國民運動,民族的意識與教會的意識幾為同源的潮流。一方面教會要求自決與獨立,一方面非基督教運動與世俗主義的勢力,不斷的向教會施展乍明乍暗的攻擊。教會對內對外,問題都極繁重。解決之方,非得各教會所在地的信徒自有主張,非得他們表白此種主張,而用基督的愛的精神,切實地與先進教會的信徒,同心協作,萬萬不能奏功。這是召集大會,擴充後起教會代表人數的最大理由。但先進教會方面確已清楚地熟識後起教會的趨勢與能力，承認後起教會果然是崛起的本色教會，忻然地賞鑑此等本色教會中的分子負責任的事實與力量，而懇切地要求他們的領袖們將他們的知識經驗，對於先進教會作相當的回應。不但如此，先進教會的領袖誠懇地要與後起教會發生歷史的和精神的，合作的和契識的關係，使雙方得在宗教的信仰上有深切的了解，流通的生命。西方信徒承認所謂各前宣教區的宗教團體為正色的教會，為含有重大使命，賦有獨立地位的教會。凡是教會，皆係整體，以自身為中心，不復為外國任何教會的附麗品。此種明白的承認，當然是一種新生活新思想的結晶，也當然是一種教會的趨勢；不是紙上的空談，也不是法律的規定。因此，此種承認，實將繁複的重估工作、政策、態度的責任加給先進的教會，也將重大的擔負、自決信仰、自贍教會、自宣聖道的責任加給後起的教會。從此，雙方要負一個道德的責任，不但要努力互相諒解，並且要竭忠彼此輔助。這些歐戰之後發生的覺悟，經歷了各國政局社會思想的劇變，漸漸地達到了先進教會中領袖們的決心。因此，各國的基督教代表，由各國的基督教協進會選請出來，在耶穌受難的節期中聚集在橄欖山上。

宣教大會為什麼要召集在橄欖山頂頭呢？又為什麼要在耶穌受難節期中召集呢？第一，此番之會，既以全世界為範圍，當然不能集於歐美，開於英國，亦當然不便開於遠東。偏西則西方的思想過盛了，或足以為東方理解的掩蔽；偏東則東方的時局欠安，或足以為大會的阻障。況偏西偏東，皆於政治問題易以牽涉，不為人誤解為帝國主義的作祟，也許為人誤解作文化侵略的詭計。因此耶路撒冷東的橄欖山就是最好的地點了。第二，地點適中，不但東西方人易以上香客的路途，即南洲北歐的信徒，亦不難"澤車款段"，雲集影從。經濟光陰，俱可即省。第三，耶路撒冷乃基督教開教的聖域，傳道的發軔地。橄欖山乃耶穌基督在日，時常退息，作深刻祈禱的聖山。飲水思源，我等信衆不能不追蹤神範。古詩人說："高山仰止，景行行止。"又說："自西自東，自南自北，無思不服。"我等登臨景仰，發生正念，愛主之心，不勝踴躍，正如詩人所述的光景。

我們的會場設在前德國皇后的避夏宮，在橄欖山的北端。這座渠渠廣廈，是在一九一一年建成的，既曾為德后行宮，復曾作德教士遊息退修之地。

清雅幽暢，更復壯麗；其前則花木翳然；其後則松柏叢茂，好鳥嚶嚶。且有負邱之臺，下臨死海，海水鐵青，遙入眼簾。赴會的人每每把氈攜書，坐息其下，作沉默的思想，玄穆的祈禱而心與神通。此屋在歐戰時為英軍截取，曾為英軍政治廳。直到近來，始歸還德國。故此番會場，乃德國所供給的，而非英國所假借的。會場之外，是登山大道，大道之前，是橄欖山坡。在橄欖山坡上，特設臨時木屋四座，甲乙丙為男代表的寢所，丁則為女代表的臥室。四屋之外，猶有篷帳十餘，櫛比鱗次，以補木屋的不足。帳前屋外，有許多暗示和平的青青橄欖樹，有許多鵑淚深染的"田野裏的百合花"。立在橄欖山上，有清風從幽谷中吹來。蓬蓬白雲時或飄泊在青空裏，令人有"盪胸生層雲"之想，足使煩慮全消。於是東望，見約但河流域，山勢斜傾數千尺，下達死海，復崛起而為河東的高原。西望，則超耶路撒冷而向地中海。轉而北向，則猶大的山邱之外，微茫中即是計時可達的撒馬利亞與加利利。由北而南，隱約中可見小小的伯利恆，有不斷的道路，旁希伯崙而直達埃及。倏忽之間，三千餘年的歷史，風起雲湧於眼前。亞伯拉罕所經之地，非那東北的高原，下臨約但，迤邐而西南，以至於聖城的殿宇巨石麼？他遠離鄉國，作信仰的探險，絕不知歸向何處，豈非聖衆信仰的遠祖麼？巖邊石上，豈不猶有絳霞紫氣，濛濛地來還麼？摩押群山，歷歷在目，得非摩西所曾到，在那裏望見應許地而未獲及生而入的地方麼？約書亞的軍鼓已經銷聲絕響了！撒母耳的燔祭，已經煙散霧滅了！以利亞的祈禱已經隨舊日的焰車火馬騰入九霄中去了！然而精神猶在，儀型還存，山河尚向人訴說那些永遠可歌可聽的故事。看啊！東西南北，山勢谷陣，皆達於對山的聖城。耶路撒冷，榮耀的耶路撒冷，誰能描寫，誰能繪畫這入水不滅，入火不焦，歷經萬難，猶然巍峙的聖城呢？三千三百年來，崛強的磐石依然突兀着勢力雄偉的巨額，托住着渺小高古的孤城。城內僅有一個流泉，城外坡荒谷絕，幾乎飛鳥所不到。然而被圍十八次，受創無窮盡，蹶而復起，死而復生，以至於今日。波斯的帝國主義，亞述的野心，巴比崙的侵略，希臘、羅馬的攻擊專制，壓迫凌侮，莫不赫赫可畏，無敢誰何，固歷代的勝國也，而今安在哉！耶路撒冷，耶路撒冷既貧且苦，在世無所有。可是先知居其中，救主經其內；亂礫塵土裏，升起來的是人類信仰的精神，是人類不滅的靈魂！

　　橄欖山下有客西馬尼園；其南則為伯大尼、伯法其邨子。山巔之上有俄國教堂，園林幽寂，飄然若在塵垢之外。清鐘噌吰，遺響凝冰雪，往往發人深省。當時，正是耶穌受難的節期。數日之中，各國信衆隨着耶路撒冷英國聖公會主教麥根泥博士追躡耶穌的遺跡，入伯大尼，登伯法其，遙望聖城門牆，想見耶穌騎驢而來，激昂慷慨地直入悲苦中的凱旋，榮耀中的死亡。當那被賣之夜，我等皆赴逾越節的新約筵，默默地出城，進入客西馬尼園，在松月之下，冷石之傍，懇切祈禱。受難日在靜默的禱告中過去了。復活節在歌唱的歡喜中來到了。耶穌說："你們要往萬國傳福音。"我等在那時，真箇聽見了他的聲音！真箇望見了從天下降的新郇！

第二章　萬方賢雋

這樣的大會，人數決不能過多。人數一多，便弊病百出；因為千百人的會集，祇能有名人的講演，不能有會衆的討論；祇能有領袖的主持，不能有公開的互識。若集各國的優秀信徒，而僅給少數人作貢獻的機會，豈不是食魚而舍熊掌麼？況且萬方咸集，即川資飲食，為費浩大，若增加人數，豈不既須加增經費，又須延長會期麼？為此，這次大會與一九一〇年愛丁堡的大會迥不相同。愛丁堡濟濟蹌蹌，直達一千二百人，而耶路撒冷雍雍穆穆，為數僅及愛丁堡的五分之一。且愛丁堡之時，後起教會尚無影蹤，各宣教地的本地代表僅及二十人。耶路撒冷則不然，二百四十人中後起教會的代表，連西宣教師在內，幾佔全數的五分之二。其中後起教會的本地代表足佔五十人。每一後起教會，本地人佔三分之二，西宣教師至多不過三分之一。以所代表的信衆人數而論，則後起教會的本地代表決不當若是之多。然而大會所須的是各方賢達，萬國英雋，所求的是真知識真瞭解，並不要硜硜然作數量的計較。

不但如此，這次基督教國際宣教協會擴充的宣教大會，雖屬宣教會性質，雖以宣教事業為宗旨，卻不是宣教師大會。宣教事業，乃信徒衆擎共舉的事業，合之為一事，析之為萬端。宣教的工程務必以學識為根基，經驗為泉源，既非紅魚青罄相類的機械工作，復非杜撰臆作一般的無稽之談。所以宣教大會要依賴各國人的經驗，各界人的知識，各等人的協作。第一是專門家，第二是宗教師，第三是各界事業的執行家，第四是學生，第五是雜行。這些人有千萬不同的閱歷，聚首一堂，實為世界的大觀。他們從不同的地方來，說不同的言語，陳不同的意見，卻皆遵循兩個重要的條件：（一）他們都是深信上帝、忠事基督的信徒；（二）他們都要尋求各方面意見，用基督的忠愛，與同宗的信眾協力同心，將豐美的生命分送給人類。大會之內，大多數的人是努力作工的。或分股討論，或各自撰寫，或公眾集議，或焚膏油以繼晷，或隨晨曦而興作，莫不忻忻然殫慮竭智，百忙中表顯出從容優閒的氣象來。

最彰著的是縝密的組織，周至的籌備，靈敏的統系。會前兩年，即有穆德博士等遍歷東西，徵集意見，物色人才。執行會決定了題目之後，即由各國專門家，依據各題，收集材料，著作文章。論孔教則有中國司徒雷登、來會理兩博士的述作。論佛教則有日本美教士臘司曉爾博士、美國宗教學教授桑德士博士的精撰。論回教則有埃及英教士蓋地納博士的名著。論印度教則有印度蘇格蘭教士麥葛業克爾博士的論說。論文化與世俗主義則有美國宗教家鍾恩嗣博士的偉作。論宗教教育則有美國耶魯大學教授槐喀爾士、英國專家魚登博士的篇章。餘則工業、國際、種族、農邨、教會各問題，莫不有名人切實的作品供大會參考。各地代表團到會之先，又皆經過多次的會集，幾許的討論。二百四十人的心胸中滿載着全世界信眾最新穎、最急切的希望與思考。英國代表對於基督教生活及福音一題有很深密的研究。日本代表團對於各問題皆有所述，印成小書一冊。荷蘭、德、瑞士等國的代表，在會前已先自集，細究基督教的內容與工作。印度代表團則有極徹底的宗教教育觀。即我中國代表團的研究，亦不亞於他人。未離華前，我等作各方面意見的徵集，材料的採求；及到香取丸船上，海不揚波，人人健康，故每日集議，有時而意思融洽，進行平易，有時而爭執興起，辯詰多端。結果，我們印成了一冊四十八頁的意見書，有了一致的態度與言論。馬修斐司爾謂中國代表在大會內特顯清楚的思想與建設的勢力。然此，皆我等辛苦整備的結果罷了。總之，此番大會的分子，類皆有以一當十，以一當百的預備。人是盡力的人，會是勞作的會。一堂濟濟，乃少有博大雄偉的演說，而多有精密周詳的貢獻。

以上所論，其大端而已。至於司打字者、司印刷者、司膳食者、司居處者、司旅行者、司銀錢出納者、司洗掃整理者、司下役者，不下百餘人，無不井井有條,旋轉如意。散亂的意見不旋踵而結集為文,印於紙上,散在座中。不知科學方法的人,若但見紊亂的頭緒頃刻間成為統系,必要想其間有個神蹟,清楚的人事,卻像糊塗的鬼推磨。可是縝密的組織,是人利用機械,不是機械籠罩人。在一切的整齊中,有人的意志,剛強豪健,如奔濤,如馳電。其時,春陽乍轉,晴日當空,勞碌之人,胃量驟加。然而式飲式食,莫不果腹。土地乾燥,水源微薄,代表等洗沐盥櫛至為不易。然而人人知其難,雖日照荒邱,風搖木屋,揚沙入面,飛土沾衣,終十五日夜,絕不聞半個哼字。組織籌備,小分屬於利用機械的科學,大分屬於抱持偉大的精神。預備事,是一事;預備人,又是一事。故萬方雲集,雖有恃於物質上的佈置,卻至有賴於二百四十人內心的訓練。有心人入廻廊,必聞打字機"大珠小珠落玉盤"的清響;入林園,必聞晨曦中的鳥語,松柏間喃喃地祈禱的聲音。其中最能動人遐想的,就是曉鐘後各種祈禱會。愛團結的人作團聚的呼籲。愛幽獨的人作孤寂的崇拜。假使禱告有形色,我等有天眼,我們必能見氤氳繚繞,散煙凝一的精神,冉冉地上達於上帝的寶座,悄悄地如匹練,如長帛,如鐵鏈,如金鎖,將會中散處的分子縛作一個屬靈的團契,肩為一個鏈合的生命。

且請看萬方的賢雋,各國的俊秀。論衣冠,則輕衫窄袖者有之,寬衣博帶者有之。論言語則啼如鴂舌者有之,倒如傾峽者有之。唧噥咕嚕,咿唔暗喔,不同之中有同笑,不了之中得了解。論面目則黃白紫黑,高顙亢鼻,碧眼朱髯,無不全。亞非歐美五十國,豈不應有此異麼?但此皆肉眼所見者耳。

請略舉各界代表而一覷其個人的形儀。學生運動的代表中,有美國葛黎結菲女士,曾經登臺演說,指陳青年人要求激底跟隨耶穌的志願。輕啟朱唇,言語得當,絕無畏縮的態度。有荷蘭的希米德,精思詳審,抱負不凡。有英國的奧斯朋,英偉豪卓,氣宇軒昂。有非洲的尤根,思想精闢,言語流麗,每有訴說,必陳種界的不平,穩健的措詞中,含着沉鬱悲壯的深情。有瑞士的亨理雅德沉默寡言,觀察周詳。這幾個人是基督教學生運動中的健者,都很真懇誠摯,急切地要求真理的實現,聖教的廓清。對於各國的政治民眾,種種運動,尤屬注意。

大會中女界的代表,則有印度詩人之女蒂蕾客女士,輕羅覆寶髻,浪影蕩長裙,飄然若非人間凡女。與她同遊息者有南息夫人,亦印度人,而歐化頗深。她曾問死海灘頭拾石子的人:"你要這些石子何用?"那人回答說:"可以放在花盆中。"她就笑道："石子放在花盆裏,能使花兒長得好麼?"日本久布白落實夫人為婦女扶風會會長,對於菸酒,如臨大敵。大會中各專家及宗教師,類皆口銜菸斗,夫人耳目鼻所及,至為不安。高麗金活蘭女士活潑聰慧,殊少倫比,或服寶藍海青,或垂桃紅廣袖,皆足以表示高麗不死的精神,偶然辯論,詞鋒極犀利。美國女代表中則有倪格深夫人,悠遠疾癇,敏捷清新,言詞之間,常有衛道護教的至意。英國女代表中則有葛蘭夫人,既博學而多才,復誠懇而好惠,聽她言論,覺有春風和暢的快慰。餘如穆德夫人、史必爾夫人等,皆練達和樂,溫靄可親。至於中國女界中,鄭盛組新夫人抱純美的天資,懷廣博的經驗,與人接物,一以至誠,能使人不期然而深深敬服。曾寶蓀女士學術淹通,口才無礙,尚歷世亂而不驚;胸中盪豪俠的情意,筆下走典麗的詩文,真是稀有的美材。以鄭曾兩位女士,列在世界基督教女領袖之中,不但是基督的榮耀,亦且是中國的光輝。

　　其次,我們當與大會中的學者相把晤。其中詼謔百出,名言出口如斷串珠的是美國耶魯大學的宗教教育教授槐喀爾。溫文和靄,忠厚誠樸的是美國教士,開羅大學校長華德深。口操倫敦土語而精擅經濟社會學的是英國倫敦大學經濟工業學教授韜耐。沉默寡言據思悠深而說話如婦人女子的是德國妥平金大學基督教哲學教授海謨。平易和善,學如淵海的是美國哈佛大學哲學教授霍金。健捷而多智,滔滔如翻江的蛟螭的是德國柏林大學宗教學教授李希德。笑聲傾座,莊詼並出,而足以驚人聽聞的是南非洲大學的本地教授健拔武。期期艾艾,恂恂如鄙人的是日本舊約教授都留仙次。宏材自許,攻考佛學的是美教士,日本長老會會員宗教學教授臘師曉爾。中國代表中則有齊魯大學副校長李天祿教授,胸有成竹,學無方限,足為宗教教育的柱石。華中大學哲學教授韋卓民既善雅謔,亦擅精思,彬彬文質,不愧學人。這些學者,大都著作等身,他們都聲名藉甚;以宏博的實學,為聖教的干城。他們無不注重科學,發揚正信。預列大會的人,與他們薰習兩週,誰復能說基督教不是根基於真理,趨向於真理,行動於真理的宗教呢?

　　復次,則請介紹基督教中的社會領袖。此等領袖亦皆各擅實學,各有獨見。深悉勞資近情而專事工人利益的有喀里謨蕭,他是日內瓦國際勞工局本地工業部部長。熟諳傳教方法與精神的,有南美美國教士梅侃博士,他是哲學家文學家而兼為宣教事業的宗教家,為人非常的深懇沉毅。深得印度人心而為印度社會上的精神勢力的有龔斯坦雷，他曾著作《印度道上的基督》、《圓桌邊的基督》兩書，都是近代宗教界的名作。幹才敏捷、思想透闢、言語如流泉激石、而目光閃鑠、像有急矢脫絃之勢的是印度保鹿，力能影響印度青年及學生運動的有達泰博士，他們二人於世界政局的情勢，各國社會的實況，尤所洞悉。以文學為思想界、青年界導師的有馬修裴司爾。其餘以宗教師而為社會明星的如美國麥可耐耳主教，以教會幹事而為人群造福的如美國的顯爾博士，以宣教士而為非洲社會干城的如英國衛耳干博士等，不能盡為介紹了。再回顧中國代表，則羅運炎博士，曾寶蓀女士等皆係服務社會的領袖；出類而拔萃者，當然是經驗宏富、事業廣袤、德識俱深、才力等大的余日章博士。

復次，大會中有宣教師、經師與主教若干人，多半是懷俊姿，挺英秀的人物，我們在國內所不常見的。論宣教師，如印度英教士李特、荷蘭葛雷幕博士、中國滿洲的愛爾蘭教士倪斐德先生等，都是碩學之輩。論經師，則英國的桂客有博大儒雅的優容，雷文有精粹穎達的見解，衛廉士有懇切忠實的感力，這三個人都是英國教會裏後起的俊傑，各有所擅，各有所著作。可是大會中最多數的宗教師，多為主教一類人物。日本美以美宗的主教鵜崎庚午郎，尚遊心於玄默。當他為種族問題討論股主席時，能夠"損之又損，至於無為"，好像深悉辯詰議論，不會越出範圍。人或為他詠"縱然一夜風吹去，只在蘆花淺水邊"之句，或以低眉菩薩稱之，英美人周旋於前，餘則依歌而和之，未始非大會之韻事也！非洲奈其利亞副主教薏慰爾博士，臉如森森的寒夜，目如灼灼的星芒，用土音宣禱時，使人如覺在叢莽中。美國美以美會主教麥可耐耳吐屬溫雅，蘊藉非凡，有濟世利物的慈懷，亦常有怒馬獨出，衝鋒破陣的驍勇，可謂主教中的儒將。美國監理會主教皮金缽當時感病，沉靜無言。英國方面，主教獨多。沙爾斯勃疊主教達那爾生英偉卓犖，語論高曠。孟切斯得主教單博邇厚重而多文，演講最難的題目時，亦能珠圓玉潤，從容中道，令聽者覺得"譬如食蜜，中邊皆甜"。其他如耶路撒冷主教麥根泥，波斯主教林登等，亦都是才識並優的英國人。可是大會之中，有主教的資望，無主教的職位，純粹忠樸，胸懷廣大的宗教家即是我中國的誠靜怡博士。英國學者論誠博士說："十餘年前聽過青年牧師誠靜怡在愛丁堡大會中用七分鐘演說中國教會自決的七大端的人，如今於一九二八年在耶路撒冷大會中，見有一二十個中國教會中有勢力的領袖贊助他，再聽他講同樣的題目，總會覺悟到他那一九一○年的演詞實在是先知超邁瑩澈的聲音。"以上所敍述的基督教宗教家，雖學術有淺深，才略有大小，器量有廣狹，可是他們忠事基督，虔奉上帝，勤奮工作，努力服務人群是一樣的。

大會主席穆德曾在十八年前為愛丁堡大會主席。如今學識較富，經驗愈深，資望亦加重，故在會中調度，無不指揮如意。按大會簡章，會衆演講討論俱用英語。英美國人當然熟習英語，故登壇議論，每人祇給六分鐘。其他各國人則每人可用八分鐘。凡要演講討論，發表意見的，必預先以書面進陳。主席由書記得諸書面，按題按名，請人登壇。此種方法當然是極有伸縮的。可是主席敏捷威重，能使人盡其言，題盡其蘊。有以時刻的限制而不及發言的，主席必另設方法使盡所懷抱，或使其隔日再登臺陳述，或使其在較小的分會中按題發揮。大會空氣緊張時，主席一句話，能使人寧靜和穆。大會情形懈怠時，主席一句話，能使人振作興奮。穩固的鎮定，不可轉移的堅決，尊敬人格的禮儀，消除不中綮肯的言論的警告，神速的詼諧，絕不輕忽的儆醒，引達思想的提示，收執新思想的敏捷，與夫不殫煩屑的忍耐，好像都匯集於穆德一人。廣額深晴，厲容霽色；眉如蝟毛，緊縐則威；脣若塗朱，堅閉則嚴，然而接之也溫。深知穆德博士的人每謂其才具雖大，得力之處，卻實在於他能在千忙萬忙中，有靜默，幽閒，決絕的祈禱。

主席有良好的輔助，所以措置會場，更覺裕如。史必爾是自強不息忠信誠懇的幹才。王舍斯是精練老達，思想如澄潭，工作如疾風的實行家。侃復得是人情關悉，經驗廣富的執行家。史篤拂是表裏精粗，行行俱到的辦事才。息魯謨是周密細緻的會計。久在中國的來會理博士，德如流川，行如高山，行文染翰，必確必工，是會場上最得力的書記。這些人都是美國的人才。論學識則英國代表比較深博悠遠。論作為，則英國不如美國的迅疾透達。可是英國有疾風捲驟雨的貝登維廉，輕煙籠遠樹的陶勃生，穿雲透霧，行如爛爛的星光的石恒勵，亦未始不是任艱達微的練材。此外，幹練的大才，尚大有人在。加拿大的安迪恪博士，美國的鐵峰達否、佛蘭克林，中國的美教士羅炳生，法國的柯維，比利時的安耐德都是精通世務、洞悉人情的，且都有不可輕忽的貢獻。總之，此番大會實在是萬方賢雋，精粹匯集的大會。

第三章　曠觀世界

　　愛丁堡宣教大會是西方基督教抗羅宗第一次合作的大會，耶路撒冷宣教大會是世界基督教抗羅宗第一次合作的大會。其間相離十八年，而十八年間，世界已經經過幾度的劇變。因此愛丁堡所討論的問題，與耶路撒冷所商榷的問題，迥不相同。愛丁堡的籌備會分八股，各事一題。題目是"宣教於非基督教各國"，"宣教地的教會"，"教育與民族生活基督化的關係"，"宣教師的福音與他種宗教的關係"，"宣教會與各國政府"，"教會各宗的合作與統一的提倡"，"宣教師的預備"，"宣教會的大本營"。每一題目皆表現片面的觀察，西方的態度，若以耶路撒冷的問題臚列其間，絜短量長，就不可同日而語了。第一，"基督教的生活與福音，與非基督教的諸派別，應有何種關係"，這個題目，將生活列在福音之先，經驗放在解釋之前，絕不提示這福音是宣教師的福音，僅與他種宗教有關係，而不與人類一切思想行為有關係。第二，"宗教教育"，是今日一個重要問題，十八年前幾乎不在人的腦絡中。第三，"先進後起教會的關係"，與當年的"宣教地教會"那個問題比論起來，其內容竟有天淵之別了。其他如種族的紛爭，亞非兩洲的工業農邨問題，來日國際合作問題，都是耶路撒冷的繁重問題，亦都是愛丁堡所不注意的。人或以為世界變遷，基督教不變遷。這種思想是錯誤的。即據兩次大會的題目看來，十八年內，基督教內部已經發生了絕大的覺悟，基督教內的思想家不但是認識這個擾攘紛亂的世界，亦且了解基督教切實的根基與廣大的使命。

　　歐戰之後，基督教進入了一個新境，也遇見了前所未有的人類的大仇敵。今日之下，人類好像飄泊流落在一個自知是夢的夢境中。布林歇維克與法西斯諦主義做了許多人的"狄克推都"。相對地說，生活好像雨中的怒草，倫理範圍中的絕對信仰與威權好像霜後的殘花；人格無確實的存在，家庭有破裂的情形，人所持以生者，適足以速其精神的死亡。同時，西方文化的墮落，東方民族的崛起，忽將帝國主義與基督教生活並為一談，使基督教一轉瞬而變作羅剎國。機械主義籠罩了人間世，世俗主義攘取了世人心；咬牙切齒的人向金錢而角逐，委心任運者流尋娛樂而瘋狂。獸性未馴，人欲橫流。當這個時代,亞非有經濟工業的變革。千萬勞工、兒童、婦女,都像撲火的飛蛾。文明的代表,鎮日價磨牙礪齒,吮血嗜膏,而落後的民眾,迷惘昏瞶,不啻餓鬼畜生。各種宗教,或隨潮流而淹沒,或藉混合以圖存。人的道德,因為人格受了攻擊,失去了中樞。專斷的心理學,片面的哲學,殘鱗斷爪的人生觀,相對的功利論,與橫行逆施的共產主義,麻木不仁的資本主義,混在一起,變作人類癡蠢的夢想。燕京大學的歷史教授洪煨蓮先生,寫信給史必爾博士說:"基督教從一方面侵犯他宗教,但這些宗教現在後方失援,正因一群新仇敵——科學的不可思議說,唯物的定命論,政治的法西斯諦政策,倫理的打倒偶像主義——而大受摧傷。這些新仇敵已經深入各宗教的疆域,故基督教在實際上,儘可置那些精疲力盡的老宗教於不顧。基督教應當計慮前途,怎樣去與這些新勢力周旋。"是啊,基督教應當怎樣對付科學的不可思議說,唯物的定命論,政治的法西斯諦政策,倫理的打倒偶像主義呢?

大會裏討論基督教與近代文化時,會眾分作五股。其中一股專究基督教與世俗主義的關係,人數衆多,幾佔全會人數五分之二。在會的人無論加入此股與否,無不覺得基督教最大的問題是對付無宗教與非宗教的思潮與行為。不但是宣教師要破陣衝鋒,即全教會,全數信仰基督教的科學家、哲學家、美學家、美術家、實行家,都要加入戰綫,與人的仇敵去奮鬥,直到戰勝的日子。當時,人人奮發,一方面深信聖教有究竟絕對的實在作根基,一方面明白徹底地承認科學的貢獻與輔助,與世俗主義中一切強有力的優點。

耶魯大學宗教教育教授槐喀爾博士堅決地主張科學不是反宗教的唯物生活的本源。他說:"說科學是反宗教的人,忘記了兩個事實。第一,他們忘卻了不思想的非科學的唯樂主義,那個祇圖快樂的生活觀是唯物主義的根本。第二,他們忘卻了假使人全心講理性、尊科學,他們便須有宗教。究竟沒有一件事能比透徹的科學哲學的宇宙研究,更於我們的宗教位置有助力。時常分別而記憶科學與自然主義的哲學為兩物,是一件最重要的事。"英國的經師桂客對於科學大為尊重。他慨然說:"《新約》的真理觀,指示著一個究竟實在的世界,與科學的真理觀渾然同物。用科學方法尋索真理的行為裏,包容着一種嚴格的知德兩方的訓練。這種訓練的本身是宗教的。"

關於哲學方面,大會的態度亦是闊大的。哈佛大學哲學教授霍金對於基督教是深抱誠信的,卻公然地說:"現在的新境是一種世界哲學的廣布所造成的。這種哲學的流傳，不藉任何教誨，也不藉任何宣傳，乃藉其本身自有的跟隨工業文化遊行的能力。我們可稱這種哲學為科學的唯物論，或自然論。表面上看，這件東西是與一切宗教觝觸的，可是我們要承認，從歷史方面觀察起來，它是基督教的後裔。它是從基督教所奪取的思想自由裏產出來的。沒有自由的思想，世界上不會有自由的人。可是這種哲學的流傳正要求着宗教形勢的新陣圖，要我們承認一切顯有宗教本質的事物是我們的友助。我們不但要承認這種哲學的漸在廣布，**亦且要知道一個世界的宗教存在着**。我們用各別的名詞加在各種宗教統系上面，但是它們不是離立的，不是各自封鎖的分體。它們匯集為人類對於神公共的信仰。"

至論唯物主義，有表示痛心疾首的，如孟買英教士麥肯隨。他說："我寧願人對於紅漆的木塊、無知的石頭五體投地，絕不願見一個受教育的人毫無所信，而僅以唯物主義為滿意。"有以為唯物主義非西方特產的，如美國美以美會的幹事鐵峰達否。他說："以人逼人而攘奪財物的唯物主義，是與人間一樣廣闊的。"有批評而充實此說的，如美國南美基督教合作委員會的應門博士。他說："究竟這個世界，今日之下，分裂為需求原料的製造國與供給原料的農牧國。前者為急進的西方民族，後者為落後而被西方民族壓迫的民族。我們現在面對的事實，從目前的宣教會方面看，是壓迫他族而自進的民族為'差遣'宣教師的民族，出產原料的民族為'接受'福音的民族。在這種情形之下，我們怎樣去造出這兩大部分人類的相當關係，使他們彼此得有精神的團契？"唯物主義的定義，在這種討論會中，當然是要弄清楚的。基督教的仇敵是專認有相對的物，不認有整個的人的主義，是祇信物欲互薰，物外無實在、無上帝、無道德的主義。基督教不是出世主義，乃是他世現世在生活中統一的宗教。因此，英國孟切斯得主教單博邇能公然地說："基督教是宗教中的最尚物的宗教。這就是基督教的光榮。這並不是說基督教不及他教的注重精神生活，乃是說基督教自有充實的精神勢力，故能直對物界而奪取管理的主權。它根本的肯定是'道成了肉身'。"

耶穌說："我來不是要破壞，乃是要成全。"又說："凡不敵擋我們的，是與我們一致的。"從古以來，基督教的廣布，處處證明它成全的力量。耶路撒冷大會的思想，亦每迴旋於此。大凡世俗主義的優點，大會皆樂於肯定。世俗主義，就是一切不敬上帝，不奉耶穌，不信宗教，專恃人力，專憑人功的態度，思想與作為。當然,此中有藝術的美,有學識的真,有道德良善的勢力,有造福人類的事實。真心愛上帝的人,自然忻忻地會見春煦的遍照,秋雨的均霑。可是我們憑聖衆雲生潮起的見證,本自己幽邃深切的經驗,覺得人生至寶的價值是人自己,宇宙究竟的本真是上帝,靈性博大的生命是全人歸向上帝的活動,惟有宗教乃能給人類價值的保存,實在的意義。宗教是人神共作的生活,不是我們用科學的方法,零零碎碎地尋着了上帝,乃是上帝藉基督的生命,完完整整地成全了我們。世俗主義縱然有優點,卻自我們看來,好像無根的遊雲、無歸的狂風。人生的痛苦憂患、罪孽愆尤,非宗教無以自滅,非信仰無以自消。故大會各代表一方面誠懇地為世俗主義中的優點感謝上帝,一方面更懇切地肯定了耶穌基督為人類得救的門路。

耶穌來是要成全一切善。因此大會中討論基督教與他教的關係時,幾乎過偏於對於他教的賞鑒。論孔教時,華中大學韋卓民教授說:"孔教與基督教之間並無爭端。孔教以宇宙為道德的統系,人為其中一個整個的機體。孔教以為人含有羣性,若得致自己的中和,盡同類的情性,盡自然的道理,便能得充分的生命。孔教又以服務人羣一端為人格教育的極致。在這幾點上基督教決不要銷毀孔教,卻要成全孔教,使其倫理得一個宇宙的基礎,使其非人格的、自然主義的或泛神論的哲學,遷善改正,得以永生上帝為其簇新的靈魂。不但如此,基督教能給中國人一個善生命切實的標準。孔教的大德是仁;仁者,人也。惟有吾主耶穌基督究竟無上地實現了人的德性。"燕京大學趙紫宸教授從宗教本質方面觀察,亦說基督教對於孔教特有貢獻。他說:"孔教注重原始報本,是孝道的宗教。基督教信仰上帝為究竟的本原、宇宙的真在,實較孔教更進一步。孔教對於苦厄罪惡問題,未得清楚滿意的解答。惟基督一生一死,充分地表明了上帝的全能與全愛,顯示了上帝自己與人類同受痛苦,同作奮鬥。是以孔教所注重的中和,乃為基督所達到。不但如此,尊孔的人,雖亦可與孔子主觀地作精神的交際,卻不能如主的門徒一般地與永生永愛的基督作主客交接的相通。孔子雖重人生,有教無類,但至寶貴的人,祇能在主耶穌,得有自己——永遠價值的本體——的保存。孔教中雖有天下一家、四海兄弟之說,卻無實在的根基與能力,是以不若耶穌基督生活裏所實現的天國。這個天國包容今世他世,推廣於心中,建設於人間。"

討論他教與基督教的關係時，女代表方面頗有懇切的言論。本章限於篇幅，祇能略引一二人的意見。長沙藝芳女學校長曾寶蓀女士說："論女子，孔子曾有兩次直接的議論。其一是：'女子小人為難養，近之則不遜，遠之則怨。'其二是：'武王曰，予有亂臣十人。子曰，才難，不其然乎。有婦人焉，九人而已矣。'孔教這樣看待女子，那麼中國女子的退後而沒有進步，還有什麼希奇呢？……沒有一個民族能夠高出於它的女子的地位的……因此，孔教給中國的訓誨是不夠的，因為它祇及到了全國人民的半數。中國的女子祇能在基督的福音裏尋得美滿的生命……在於基督，男女是平等的，須要遵守同等的倫理標準的。基督給女子的是生命、靈魂，以及達到上帝的道路。在於基督，中國的女子要得她們應有的地位，不但要因此而為中國的國民，亦且要做基督教世界的國民。"朝鮮金活蘭女士的議論，亦與此相捋。據她看來："高麗人的思想與生活，受了孔教的影響，充分地承認女子在家庭社會裏做工具的價值。直到基督的生命與福音傳到了高麗的時候，婦女們纔覺得她們自己原有本身的價值……"

當時，大會中的人覺得他種宗教都像垂死已死的光景。祇有印度的宗教似乎不是這樣。印度教似乎尚能與基督教相比擬。印度律師金楷當衆演說道："基督教的獨性是什麼？不要在罪人中看，要在他種宗教所產出的聖哲中看。基督對於印度教中最良善最厚德的人有怎樣的福音？……我們有聖徒麼？印度教中也有聖徒。我們與上帝和睦了麼？印度教徒也有這個經驗。我們為公義奮鬥麼？他們也這樣奮鬥……可是基督曾攜來一種新的創造力，足為新天新地的乘駕。這個能力是印度教所需求的。必要等到我們發現了這能力，我們方才能見基督吸引印度教中的罪人與聖徒。他們並不要生命的道路，他們要**生命**；他們不要人傳基督，他們要基督。假使你們有基督，將他送過來。假使你們有聖靈，就將他給我們。"

在新的世界情形之下，基督徒如果確信世界所必需的是基督，如果確信基督本身自具共性獨性，他們必須作兩件事：第一是徹底地作基督的生活，第二是努力地創造一個新的宇宙觀。這兩個觀念在會中非凡顯露。美國基督教學生運動葛黎結菲女士很誠懇地提出了第一個觀念。她說："學生們在耶穌裏看見了真理，心中常有劇烈的衝突。若然要依照耶穌那樣徹底地做生活，我們或許要'損失一隻手'、'一隻眼'，或許要'恨'家庭，要'喪掉生命'。青年們因此覺得兩難。他們若是誠懇忠實,他們就須作兩件事的一件,或是改變他們的上帝觀,或是遵照這上帝觀而作生活。若是改變上帝觀,那末對於基督的熱誠就沒有了;若是遵照基督而行,也許就把自己的性命丟了。耶穌死,為的是要徹底地生活。他死了——但是他還活着。這個思想,真叫人踴躍地得了新的上帝觀與人生觀,真叫人知道我們與上帝連結着同做危險的生活,同舍性命,以致我們得將上帝的恩賜,就是基督,分送給世界,使世界,我們各人所居住的那一分世界,從此得救贖。"非洲金岸的英教士衛耳干博士舉出非洲信徒切實作基督生活的事實來作大會的棒喝。他踴躍地說:"耶穌基督供給了這等人的需要。結果,非洲人有一個偉大的功課教給我們,就是他們嬰孩一般的簡單的信仰。我們非洲的弟兄們所見的基督的心,是我們從未見過的。我想到哀葛雷、莫登、赫潑、尤根那輩人物;他們已經把怨憎兩字從他們的生命中驅逐出去了。我與他們遇見時,深自漸愧,幾乎要使我們卑服到塵土中去。他們有十二分的理由,應當懷冤抱恨,但是他們並不皺着眉頭,卻含笑地負基督的十字架。"

人要作基督的生活,人也要解釋基督的生活。暨南傳教的荷蘭學者葛雷幕博士對於新的宇宙人生觀非常注意。會眾屏息敬聽他的言論。"我們是在產生新哲學的痛苦中。"他說,"你們要產出一個上帝觀、人生觀的新宇宙論來。我們現在有的是不銜接的教義;但是西方還沒有一個籠罩萬有,吸引信仰的人生哲學。我們若不達到一個新的基督教人生觀、世界觀、上帝觀,無論是教會,是宣教師,都不能清楚地表白我們的福音。"

第四章　同證福音

基督教本身問題,當然是大會最重要的問題。與他種宗教比較起來,基督教的公普性與獨有性在哪里?換言之,"基督教的生活與福音裏,究竟有沒有獨具的、公普的、具足的、有威權的元素?基督教是不是執有獨具價值的宗教?我們怎樣在基督裏見一個具足、絕對、究竟的人類的救主?他的上帝觀與世界觀是不是獨特而必要的?他的人格是不是空前絕後的?我們知不知基督教應是如何的宗教?我們在家庭、商業、政治、社交、階級、國際、種族等等實際情形裏,不是全然手足無所措,不知什麼是基督徒的本分麼?"這些問題風起雲湧,當前如海上的奇峰,截路如嶺外的橫江。誰能直截痛快、不枝不蔓的答覆呢？上帝的子女、基督的忠徒對此,第一件事是低頭屈膝,痛切的祈禱。

　　至論基督教的公普性,而不同時指陳基督教的獨特點,自然易於流入諸教同源,異途同歸等全不費力的思想。可是一切宗教,若果祇有淺深之別,並無根本之異,我們就祇需有一個混合教,不須硜硜於此教彼教,把基督教冶化在諸教的鑪中就是了。開會之前,預備作大會參考的,有幾篇討論基督教與他教關係的文章,對於他教,頗持公開忻賞的態度,對於基督教,但說它能成全而包蘊他教的優點,未曾明晰地指出它獨特的元素,於是有一輩人恐慌起來。柏林大學宗教學教授李希德博士以為有"廣大而恫嚇的混合主義流傳在全世界了。有許多非基督徒",他繼續說,"能夠接納多量的基督教真理,使與他們自己的宗教相混雜。又有所謂社會福音,邀請着各教懷抱善意的人們,越疆過界,對於世界的罪惡,作共同的爭戰；於是乎這種混合的傾向更盛起來。這種作戰固然是需要而急迫的,但是基督教救贖人類的使命是根基於上帝絕對獨特的作為的。我們要宣傳的是這獨有的救法。他教之中絕未曾有。絕不會有與這救法平行的事實。教會迫切的責任是在於堅決不移,將雙足立在這全部聖經同聲宣揚的獨特的救法上。"

　　印度美教士龔斯坦雷以為"混合主義則重雜湊,選擇主義則重採揀,惟獨生命乃有收吸消化的功能。我們若果是基督徒,我們就應當承認他種信仰的價值。當然,基督是絕對生命的本身。我們要確守他獨特的實在,卻也要對於他教,抱廣大的同情。"霍金教授的意見與此略同。他說:"哲學範圍內最遭忌的是強合主義,是不相互屬的觀念的補綻縫結。我與反對宗教混合的人深表同情。因為僅為混合,其中決不會有生命。但對於他教的思想與經驗,卻實可有一種不為混合而適現世新境的款洽……人所畏懼的是混合之後,本教失去了他的自我真相。在友誼生活中,思想交融,彼此增益,未聞有丟失人格的危懼。同樣,忻接他教時,基督教不須慮及本真的淹沒。且我們對於他教必須公開的緣由,尚有三端。(一)宗教流布,必須藉當地的言語與概念。借重他教,發揚教理,殊屬不妨。(二)人的宗教必須與其父祖的信仰多少相連續。崇拜的人應與祖宗作共同的崇拜。崇拜祖宗是一回事,與祖宗同作崇拜另是一回事,而後者足以解釋前者。(三)我們自己的宗教思想，也須與他教接觸，而得擴大成熟。天國原是入麪之酵。酵麪相和，雖難分解，然而酵自內藏，固毋庸懼其喪失。我們當將宗教蘊藏在世界的麪團裏。誠然如此，我們對於自己的宗教就會得一個較廣較真的觀念。因為宗教是生命，須有繼續的增長。"

英國經師桂客補充此意，慨然地說："基督教的福音，並非眾理之中偏執一理，乃是上帝在基督裏的大作為。耶穌自己是獨特的，不僅他的教訓是獨特的。可是這福音既為獨特，亦復具有公普性。神光照處，哪里沒有返映的輝明？基督的門徒決不說，'你有你的真理，我有我的真理，將來或許混雜起來，得一個綜合。'他要說，'我知道我所信的是誰，所以我在一切非基督教的宗教和統系裏察見他的工程。'且基督教每將它所接觸遭逢的材料來建造它的自身。耶穌藉用猶太的神國觀，聖保羅用希臘教的名詞，初期的教父用柏拉圖的哲學，學院神學家用亞理斯多德的理論，諸如此類，皆所以發明固有獨特的生命。"英國孟切斯得單博邇主教浩浩蕩蕩地總集諸說，闡揚基督道："我們所求的不是一個新基督，乃是如後起教會所攜來的一個由新觀點仰見的基督。我們在各宗教裏發見基督裏固有的真理，並不得了混合主義，倒反覺悟了他是各國中心的願欲。同樣，將基督的權威應用在商業、工藝、種族種種生活上，並不是藉此代替個人改革心意的重生，乃正所以給個人以宗教生活的鼓勵。這樣我們不將宗教世俗化，卻將一切生活基督化了。'耶穌獨尊'是福音，耶穌是全世界的救主，是一切生活、一切行為的君王。"

大會中討論所集結的意思是：我們的福音，乃係上帝的作為，是他賜給人類的救法，備至周全，得未曾有。耶穌基督裏，人神和睦，萬化攸歸。比利士的非洲剛哥宣教會總幹事安耐德博士說："我們是上帝大作為的使者。這就是我們啟程的標準。福音是他給我們的，並不是我們自己造作的。"芬蘭宣教會主任泰卡南先生說："得獲了基督的人，不須加入什麼隊伍去探尋；祇要為自己的經驗作見證，將耶穌的實訓傳給人。"荷蘭的葛雷幕博士說："我們不須尋索一個新基督教。因為基督教已經在這裏了，一個固定的事實，是上帝的恩賜，不是我們造作的東西。"

基督教本身問題，會中討論最久，亦最詳細透闢。全體討論後，復交五個小委員會再加審核。五委員會的主席及書記，連同會中幾位重要的宗教家，復於委員會討論之後，合組一個二十餘人的起草委員會，作基督教福音的宣言。起草委員會商榷了幾次,再以七人組織一個起草的中心委員會,實行起草。著者自己由大會入分委員會,由分委員會入起草委員會,由起草委員會入起草的中心委員會,朝於斯,夕於斯,身歷個中種種的艱難,耳聞目擊,受感至深。二十餘人皆各國基督教會的精華,由絕不相同的背景,發風馬牛不相及的言論。但其間祇有彼此意見的容納,絕無甲乙齟齬的情形。發言的人莫不慷慨懇切,預列的人莫不肅慎端莊。初稿宣讀後,衆皆以為不滿意,增削删改,不遺餘力。會議之餘,便是祈禱,祈禱之餘,便是默想。七人各作宣言一節。每節宣讀後,衆議以全部交給單博邇主教,俾集衆說獨撰一文,以為宣言。一二日間,宣言稿成,兩讀之後,起草委員會以為滿意;於是印刷成篇,呈於大會。其中種種經過,由紛沓的觀念,至一致的思路,由歧異的來歷,成統一的文章,不損失一個重要的思想,不捐棄一個清澈的貢獻,不犧牲一個切實的信念,使新舊同化,東西合璧——凡這些成績,一方面果是衆心融結所使然,一方面卻係誠懇呼禱的功效。上帝的靈確實運行在我們中間。四月二日下午,單主教在大會中宣讀宣言全文,會衆屏息敬聽,無不深受感動。讀畢,經過極簡短的討論後,即為全體一致通過了。

宣言全文甚長,本書不能詳譯,請舉數端,記載於下。宣言的導言是南美美國教士梅侃博士的手筆,述今日世界生活根本的搖動,人類的痛苦、希望與尋求,以及各方對於耶穌的注意與忻服。其"福音本身"一節分四段;第一、二、四段,係中國代表的著作,第三段係德國妥乎金大學神學教授海謨博士的大意。海謨博士是神學界的名宿,學術淹深,思想精核。他在大會中講演福音的本身說:"人是上帝的創作,故與上帝有當然的關係。但人雖都是上帝的子女,卻皆成了浪子遊女,遠離父家。世上諸宗教都是子女思家,願作歸計的狀態。但是他們不能歸回,必須父在他的兒子耶穌裏成全了復和、復活的救法,親自來尋求他們,收容他們。"福音一節後,加入去年八月間瑞士羅桑世界基督教信仰及組織大會所宣說的教旨數段,一方面藉以表示世界基督徒的公意,一方面肯定我們原有的共同的信仰。宣言中"宣教動機"一節,一部分是龔斯坦雷的貢獻,其餘如"我們工作的精神","對於世界的邀請"數節,皆係多人思想的凝集。請先載錄"福音本身"一節:

"我們的福音是耶穌基督。他是上帝及吾人由他可達(的人格)的啟示。在他裏面,我們面覿宇宙的究竟實在;他使我們認識上帝是我們的父親,純全而有無量愛、無量義的；因為在他裏面，我們仰見道成肉體的上帝，是上帝究竟的又是永遠擴展的啟示。在於他，我們生活，行動，而有我們的存在。

"我們信一切演變中，無論光明幽暗，上帝是在工作，燮理，超絕地燮理。耶穌基督在於他的生活，藉着他的舍生與復活，將父親垂示於我們，表明上帝是無上的實在，是全能的慈愛，是在那裏用十字架，用與人同戰罪惡而同受的苦難，使世界與他重新和睦，與人類同荷罪惡的擔子，為他們擔當（罪惡的重負），按照他們心中的寬恕、懺悔與歸信，赦免他們，且時時創造人類，使能日新而得永遠增長，永遠擴大，永遠存在的生命。

"我們在基督裏仰見上帝，便深深地覺得自己的罪愆。我們不配受他的慈愛；我們因着自己的過錯反抗了他聖善的旨意。可是我們若祇向基督的靈歸信誠服，以致他救贖的慈愛得以使我們與上帝和睦，這使人知罪的現象，也會給我們一個罪蒙恕免的印證。

"我們重新肯定：耶穌基督所詔示的上帝要他的衆子女，在一切情形之下、一切時代之中、一切倫理之間，作愛與公義的生活而歸榮耀於他。上帝藉基督的復活、聖靈的恩賜，將自己的權能交給人，使他們與他同工，鼓勵他們向前作冒險舍己的生活，預備他的神國充分的降臨。"

宣言中論"宣教動機"一節，有極重要的幾段言論，請傳譯如下：

"基督的福音是世界最大需求的答覆。這福音不是我們的發明或創作，乃是我們所承認的上帝的作為。……它宣揚榮耀的真理。它的本質就不許我們說，這福音或為一部分人的正信，或為他部分人所不需。它若不是全人類的真理，它就不是真理……

"我們拒絕商界或政府，或明或暗地利用宣教事業去達不當的目的。我們的福音含純潔的性質，重人格的神聖，明白地抗拒一切人侵害人的行為；因此我們決不能容忍任何有意無意利用宣教運動的欲願，去將經濟的、政治的、社會的壓迫加在任何民族身上。再深入一層，我們自己要拒絕任何宗教式帝國主義的病象。我們絕不當將信念與教規強加在他人身上，藉以管束他們的靈魂，使他們得我們臆撰的利益。我們所依順的上帝是尊重人的意志的上帝，我們切願尊重人的意志……

"我們真實而迫促的動機是起於上帝的本性。我們將心獻奉（給）他。他既是愛，他的本性便是（將生命）分與。基督是父永遠的自己舍與在時間中的顯示。我們在基督中有默契,深覺懷抱着不能遏制的熱誠,要將基督分與於人。我們為基督的愛所強使……他成了我們的生命。我們要分送這生命……

"我們誠信世界當有基督的生命。我們不知更有他物比此尤美;我們不能以不如這生命的他物為滿意。我們到未信基督的民族中去宣教,並不因為他們是世界的不良分子,也並不因為他們獨需這福音。我們出發,因為他們是世界的一部分,與我(們)有同樣的需求,要得超越自己脫離罪惡的救法,要獲純全豐足的生命,要有有基督形像的重生。我們願得一個世界,在其中人不將基督釘在十字架上,在其中他的靈能夠執掌王權。

"我們信人的受造,是為基督,人不能離他而生存。我們的父祖因人不得基督而死,起大恐慌;我們也有此種恐慌。但我們更因人不得基督而生,深深地危懼。

"基督徒的動機,本極簡單。我們不能離基督而生存,我們不能見他人生無基督而自安於心。我們生在不類基督的世界決不能滿意。他心滿戀念尋求他的弟兄而不得安息時,我們決不能懈怠着……基督是我們的動機,基督是我們的正鵠。我們必須將基督完全給人,我們給人的不當比基督為少,也不能比基督為多。"

宣言中的思想,盡環繞於基督,因為他是基督教生活與福音的中心。但願基督,我們榮耀的救主,在宇宙人群之中有無量的尊崇權威。

第五章　聖衆契闊

集五十國的民族於一堂,歐美人為先進教會的代表,亞非南美的人為後起教會的代表,當然各方面的經驗、思想、態度、計劃以及希望,要呈紛沓的現象。可是會中後起教會的分子,雖不若先進教會的宿將那樣老成幹練,卻亦英武流達。兩方面有話即說,毫無凝滯,實可謂旗鼓相當。後起教會所表示的是倔強自由的人格,先進教會所持守的是謙退賞鑒的態度。雙方教會,各自程度不齊。故態度、計劃,亦有進退高下的區別。對於後進教會,德教會如取緩進的態度,英教會如取穩健的態度,美教會如取疾達的態度。有許多問題為先進教會所洞鑒而為幾處後進教會所未逮的。因此祇有較為開明

的後起教會始能與先進教會作暢意的周旋。大會的"基督教生活福音宣言"中,有一段意思,是此種周旋的結晶,請載於下:

"我們不願將我們的福音與西方教會固定了的教儀結在一起。這種教儀原由西方教會的經驗得其意義。我們寧願將教會萃集的歷史的經驗,全部交給各國後起教會,憑其處置。我們誠信這種宗教遺業,有一大部分是從實在裏產出的,足有分與的價值。但是我們熱烈地願望後起教會能夠依自己民族的天資,順自己種族的遺傳,去闡發宣明這福音。無論何方,皆不當操縱他人個人的或團體的信仰。"

亞非南美後起教會的程度,自然高下不齊。譬如非洲,文物既近於原始時期,思想當然偏於厚實,要求當然趨於簡單。由甘大的青年酋長柯羅比亞蝟髮猩脣,鍋顏星目,披着嫩黃軟綢的長袍,覆着墨綠繡金的肩帶,含笑地訴述由甘大教會的穩固。他說:"這教會自初始便在多數本地人手中,全沒有他國後起教會那種問題。在民議會中,本地信奉基督教的酋長佔據多數。英政府是與我們極表同情的。教會裏面沒有一件事不先得了會衆同意而執行的。其間重要問題不在別的,乃在教內有學識訓練的歐洲人如何去養成本地的領袖。女宣教師亦是需要的人材。"奈其利亞的副主教蒿慰爾的思想較為成熟。他說:"先進教會對於後起教會,好像慈母對於子女一般。假使慈母要永遠撫養她的孩子,那末不免鑄了大錯了。"他綜結說,奈其利亞教會對於宣教會最大的要求,不外乎四端:第一是本地人材的儲育;第二是發展婦女間的傳道工作;第三是實現良善高潔的人格,以為福音的確證;第四是宣傳簡明切實的福音。

日本的教會也似乎沒有繁重的問題。該教會領袖們似乎皆胸有成竹,坦然無間。美以美會主教鵜崎庚午郎說:"先進後起教會間的協作當以平等為根基。"據他的意思,雙方互讓,彼則不為排外非教的已甚,此則竭力了解忻賞,俾彼方逐漸增益,然後無論何種問題,都可以得積極的解決。因此日本方面的建議是宣教師在本色教會中應佔贊助顧問的地位,受當地團體的指揮。若宣教師同時亦在他團體中任職,當亦受該等團體的支配。譬如當地的宣教師團體,固然有它的功用,既可以藉作與宣教會互通款洽的機關,復可以為管理宣教師個人事項的組織。祇要本色教會能決定自己的方針,管理自己的事業,得與宣教會直接交涉,那就好了。

巴西國白臘迦教授是南美基督教聯合會的主席，他所報告的情形亦殊滿意。南美教會已成為南美民族的教會，人民已能維持教會的生活，惟急需深有訓練的宣教師罷了。

墨西哥基督教協進會幹事麥樂衮敍述墨西哥教會近況，注重先進後起教會間相互的依賴。據他的意思，"墨西哥人民中三分之二是純粹的印第安人，稱他們的教會為本色教會的確非常恰當。墨西哥憲法上規定了一切教會產業皆係國家產業，一切宗教活動，皆須限於教堂之內，幾使羅馬教與抗羅教受了同樣的搖動。抗羅教因其教堂多係私產，故關閉了的達到百分之五十之多。但是經過了此番攻擊之後，教會反呈現活潑的氣象。墨西哥教會的大志就是要在世界教會內做一個生命豐足的分子。從這方面看來，先進後起的教會並不彼此獨立，實屬互相依賴。獨立的觀念與基督全體的觀念是互相枘鑿的。"

東方後起教會難題最多的要算印度與中國的教會。印度年來亦有新思潮新民族的運動。教會領袖中有深切覺悟的人日漸加多。人民間要求自由解放的願望亦日漸增益了。南印度錫蘭基督教協進會幹事腓力荷曼慷慨激昂地說："我願意天降災禍，搖撼印度教會，使他從安恬迷矇，依賴西方教會的好夢裏醒過來。這種依賴心，即在最舊最好的教會裏尚且是一種死重的壓迫。假使猝然間起了革命，事事破裂了，印度教會忽與西方教會斷絕了交通，那時要發生怎樣的事情呢？西方教會須要快快地將教育機關交給本地領袖，使他們脫離了古傳的依賴性。同時印度教會應該整備着擔負一切責任，履行一切工作。"這種意見亦往往在印度代表與他國代表個人間的閒談裏流露出來。年來，中國空前的大革命，將中國教會當頭一棒，打得它豁然清醒，印度信徒對着中國教會經過的艱難，的確有些誠懇的羨慕。

中國方面，對於先進後起教會的關係這個問題，預先早有整備。我們在渡亞拉伯海時，各代表的思想已經有了一致的趨向。余日章、誠靜怡兩博士深悉國情，洞燭教況，足以代表我國最重大、最清澈、自動自發的思想。因此我們在途程中，經過了透闢詳明的討論後，就決定着中國的基督教運動必要以中國教會為中點，絕不能以宣教師團體為重心。且宣教師團體的組織應當即行解散，因為此種決定方針，規劃事業，執行工作的團體，在中國教會內沒有存在的餘地，在中國教會外亦沒有存在的必要。中國的教會既是教會，當然要執有教會的主權,當然要與先進教會內各宣教會直接周旋,亦當然要自定一切的方略、形儀、組織與思想。在這幾點上,中國與日本的意見,實在大相懸殊。也許因此日本教會沒有繁重的問題,而中國教會一舉手一投足,便是不易解決的艱難。至於宣教會對於中國本色教會人才經濟兩者的供給,我國代表亦預籌明切的計劃,主張宣教師須由中國選擇、指任為中國教會的分子,並須對於中國教會直接負責任。中國深願中國教會與西方教會有明切的了解,定合作的原則,以致中國教會得有自由無礙的內發,宣教會得有徹底遵行基督聖訓的行為。教會資產應即設法移交中國教會。經濟的補助,則主張按各地教會的程度,各種機關的性質,在相當與可能的短時期內,逐期裁減,直到中國教會完全自立而後已。

誠靜怡博士是大會先進後起教會關係委員會主席,在大會中曾作一度重要的演說。請迻譯兩段,以見一斑。他說:"本色教會非他,不外乎尊崇耶穌基督為絕對元首的教會內強健生長的現象罷了。教會並不是為變作本色而存在的。我們中國的代表團,在船上時,試下了一個定義:'我們以為本色教會就是最能適合中國人民宗教需求的,最與中國的生活與文化契合的,最能促進中國基督徒的責任心的基督教會。'"

"中國的非基督徒依舊以基督教為洋教。所以中國基督徒共同地願望,人們能速速地了解基督教實在是東方人民的宗教。我們深信東西教會應即發生直接的關係,不須再藉宣教師團體的組織作雙方的居間。宣教師的地位依舊是重要的,他們自有恆久的位置,不過他們從此應當為中國教會的分子,聽中國教會的指揮,而不受中國教會以外任何機關的驅策。當然,本色教會的發展,不是各方齊一的;所以此種改革不能於一旦之頃,一期之內,完全現實於各地方的教會。可是衹使教會變為本色,並不曾解決我們的問題。教會存在,為的是我們要共同崇拜上帝,要得信徒的靈契,要陶養信衆日常的精神生活,要互相集結服務我們的同胞而宣傳基督的福音。教會所以要變作本色教會,原是因為要它履行這些事工時,能有最大的效率。"

大會討論中,亦頗涉及後起教會內的思想儀式等問題。柏林基督教宣教會主任喀那格博士是思想較舊的學者,但論後起教會的神學時,他卻甚為闊達。他曾倡言"西方的輔助,席棚而已"。得有更美的建築時,"席棚"自無存在的必要。他又說:"我們熱切地等待着,希望聖靈感動了中國和印度,使他們闡發出一個切實的神學來。"美國麥可耐耳主教莊諧並出,慨然歎息道:"後起教會到如今還不曾產生出一個可以叫人敬服的的異端來,真不免令人失望。"先進教會的領袖們,對於後起的所謂本色教會,大都抱寬大賞忻的態度。他們最注意的一事就是雙方教會精神生活的團契與歷史關係的聯絡。基督教是欲以精神生活統一全世界的宗教;先進教會因此切願與後起教會有水乳交融的關係。美國浸禮會宣教會幹事富蘭克林斬釘截鐵地說:"我們所求的不是父子的關係,乃是夥伴的關係。我們必要擴充相互的誠信。後起教會現下的錯誤,不比當日哥林多教會的錯誤大,但是保羅對於哥林多教會怎樣的信託。上帝的靈在東京、孟加拉、孟買感動人與在紐約、倫敦、柏林感動人,確屬毫無分別。不多時,先進教會要從東方的才俊聖哲收受禮物了。"

教會關係最重要的幾點,當然是本色教會的意義、宣教會的人材經濟的援助等等。若先進教會不明白後起的本色教會含有何種意義,那末人材經濟的問題,就無從解決了。所以教會關係的分委員會對於這幾項須作深切普遍的研究。華中大學教授韋卓民博士,代表中國作了很重要的貢獻。本色教會的定義的報告一大部分是他的著作。請轉譯如下:"一個教會藉着耶穌基督,在上帝中間建定了根深蒂固的生活,在世界教會中成為整個的分子,方可謂之活動的本色教會。

"一個民族,能將固有的文物精華吸收在解釋基督的學說中、在崇拜服務的禮儀中、在習慣中、藝術建築中,同時又能保存歷世歷代教會的遺傳,那時節(他們就有了本色教會)。

"能使耶穌基督的精神影響生活各方面,能使男女信衆盡力盡材為它服務時,(他們就有了本色教會)。

"能努力將生命分與自己的民族時,(他們就有了本色教會)。

"能在社會中為精神勢力,注意當代一切問題,勇敢諒解,對於此種問題的解決作貢獻時,(他們就有了本色教會)。

"能有宣傳福音的熱誠,能勇敢地作開山闢路的工程時,(他們就有了本色教會)。"

先進教會急要知道的是後起教會對於西宣教師的需要。遣派宣教師到天下萬國傳福音,輸助經濟給萬國的教會,實在是先進教會生命所寄的兩件大事。但到了現在，先進教會必須尊重後起教會的人格與意見，必須按照雙方共見的倫理原則，然後乃可以作人材經濟兩項的貢獻。可是後起教會的代表，異口同聲地陳述願得先進教會人材經濟的輔助。余日章博士演詞中有一段說："西方的基督教運動……請求中國教會提出方針原則的建議，以致他們可以藉作與中國教會協作的引導，實在是最允當的。我們中國基督徒十分鑒賞這樣的態度與精神。"余博士詳提工作方針與原則的意見，其中關於宣教師一節說："（先進教會）要繼續地遣派宣教師，或作暫時的事工，或作恆久的事工。這些宣教師要用自己的人格以及待人接物的誠意，為基督教的信仰，作凜然有生氣的見證，也要受中國基督教運動的指揮，與中國的同工站在平等的地位上，行相當的任務。"

教會關係委員會的報告上說："後起教會依然迫切地願望要求先進教會不但作經濟的援助，並且遣派抱有夥伴精神的宣教師。先進教會要援助後起教會，鼓勵他們養成他們的牧師、教師，輔助他們的偉大複雜的宗教教育，啟發他們在農村工場中的社會服務，砥礪他們在未曾聞道的民眾間、階級間與新闢的地方，所應做的宣教工作。"

關於經濟問題，則報告上說："大體而論，先進教會所援助的經濟應由後起教會或其特組的機關直接收領，自由處置。

"條件當由雙方決定，然後後起教會當按此條件，完全自由地執行款項的處置權。"

第六章　宗教教育

基督教最大的事業是建樹基督化的人格，而建樹基督化的人格，端賴宗教教育。這個題目，包蘊至廣。大會宗教教育委員會中雖有不少專家，足可將問題各部分條分縷析，加以討論；然因限於時間，限於大會的性質，祇能結集一個趨向，決定一個根本觀念。況且各國國情，彼此懸珠，細節規程，適於此者不適於彼，即硁硁然紙上著了一大片七曲八灣的墨蹟，也沒有確實的用處。

目今世界教會中在宗教教育上有四個難問題。第一是各國政府與基督教的關係問題。一方面，政府要求教會按照新的教育法，改良宗教教育，輔助政府幹辦以宗教為中心的教育。譬如英國政府對於非洲屬地就要這樣辦。另一方面,政府施行教育,不但一切法令裏沒有宗教教育的地位,並且在實際上亦百般阻撓基督教教會學校施行宗教教育。譬如土耳其本是回教國,變政之後,力圖自強,學校裏既不許有回教的宗教教育,復何恤於基督教？中國方面年來有收回教育權的運動,有限制基督教宗教教育的事實。國立學校內孔孟之書尚且不教,私立學校內《新舊兩約》又為何得佔位置呢？非基督教的國家,如土耳其、中國在此新思潮膨漲的時代,政治社會一切制度都須經過改革。宗教教育當此情形,幾無立足之地。基督教欲謀工作的存在,則非內部覺悟,一方面力謀遵依政府的教育計劃,一方面徹底改良自己的教育方針,決不能達到鵠的。基督的忠徒,處此時局,應當樂觀,不應當憂懼；因為一個民族經過革命,勇往向前,決不是反抗基督的生命的。衹要我們自己有生命、愛真理、愛同胞,我們便在無論何種艱難困苦的情形之下,都會有辦理生氣活躍的宗教教育的。不但如此,我們還要存感謝的心,因此棒喝齊來,適足以使我們儆醒警覺,革除舊習,圖謀真生活。德國代表團主席史龍客博士說："我們基督教教育有一部分工作,在目下,就是要掃除基督教與商業、政治、法律及罪惡的關係。自從中世紀來,基督教是與所謂文明相結合的,並且有被文明收吸的危險。"

　　第二是宗教自身的問題。西方教會,宗派繁多,各尊一說,各尚一義,彼此嫉視,互相爭執,好像操刀自割,簡直把宗教本身棄置了。美國耶魯大學教授槐喀爾說："我們遭逢了一件悲哀的奇事：我們看見強迫我們國家到世俗主義裏去的不是叛教的人,不是無神論者,卻是熱心的、正統派的基督徒。這些人執着自己的宗教教義,就說這便是宗教,必須要夾在課程裏去。結果我們就被他們定了服從世俗主義、無神論的罪。國家被他們逼得變成了無神論的寄母。我們呢,失卻了宗教自由,因為我們失卻了宗教。"

　　第三是宗教教育與近代哲學的關係。"德國艾勃哈特博士批評近代的教學法,以為教育哲學若專以人為實在的衡量,結果便是一種觀念論的宗教。一切實在僅有內在性。這種教育論,不能指示出人外廣大的實在,就是上帝,也不會指示出含有群性的人是依賴他的。"美國霍金教授對於近代的心理學也下了一點批評。他以為近代心理學沒有計算到兒童服從威權的需要,也沒有明白青年心中對於宇宙那種不可救藥的世界哲學的需要。

第四個題目是與第三個題目相鉤連的。就是宗教教育與科學的教育原理及方法。近年以來，教育學發展得非常迅速。心理的研究，智力的測驗，加增了人對於心象變化的學識。這種學識，效率至大，一方面可以循着心理發展人固有的智能，一方面可以按着情形，改革人應除的習慣。要造天國，必先造天國的國民，要造天國國民，必先知道人心理，而後遵循這種知識去加增人良好的習慣，剷除人不良的根性。因此，基督教若要建立基督化的人格，必須先行實施宗教教育；若要實施宗教教育，必須先將普通教育學中的心理律教育法應用到基督教教育的教學上去。這種議論，雖已獲得多人的了解，卻還未得多人的應用。槐喀爾教授重重地批評現在西方普通的宗教教育說："我們造成了惡環境，青年們自然有不良的回應。我們不責自己，反去懲戒青年們。若父老輩裏有汽車狂、俗樂狂、無線電機狂以及縱慾的瘋狂，我們就可預料子嗣輩裏的人，必然也走在這幾條路上，並且還要走得遠些快些。在主日學裏，我們也有思想錯誤的危險。我們以為將世界的兒童縛手縛足，使他們作齊步的操練，同時同讀同樣的課本，那就算有宗教教育了。上帝可憐罷！"霍金教授也說強將成人的意見加在兒童身上，刦奪了兒童自己發明的快樂，那種作為實在不減於極惡的罪孽。可是力闢錯誤的宗教教育雖屬重要，注重合理的宗教教育卻尤屬當務之急。大會的真貢獻，乃在積極的方面。

宗教教育委員會第一件事便是研究耶穌的教育法。英國雷文經師用透達的言辭、精闢的思想來發表他耶穌教育法的研究。他以為耶穌的教學法有由淺入深的門徑，適合人生進步的程度。耶穌最初期的工作是宣傳簡單的福音，使人與上帝接觸，認識天地間普通的生活。其次，他用譬喻與'設計教育法'合在一起，教人由人間平凡的事實，而識上帝的同在。到最末期，他便放棄了小譬喻，指示出那無上的譬喻——就是他自己。他藉着同伴崇拜英雄的心理，說明自己的生死，使門徒由精神的契合，得與他一同犧牲服務，榮耀上帝而達到有他自己形像的人格。耶穌是人類最高明的師傅。門徒是學習而與他同生同死的學生。而基督徒信仰的生活是日受宗教教育，日進於精神世界的知識的生活。在耶穌的言論裏，教育與傳教二事，簡直是一物，毫無性質上的區別。他教育的宗旨是很清楚簡單的，就是要人自由，不受私念小我的束縛，不為驕淫罪惡所箝制，心中充滿着愛上帝愛同類的熱情，深深地在永遠的生命裏滋長着。

雷文經師指陳三點為耶穌教人的特點。大會宗教教育委員會報告中發明這三點說：

"耶穌注重生活。他的宗旨是要發展人格，他施行教育即是要達此宗旨。他的教訓中沒有問答式的強作，也沒有武斷的言論，也幾乎沒有直接給人世事的消息。他的功課時常引起興趣，發生鑑識，而絕不關門閉戶，封鎖人們的考察。

"耶穌注重自由。他從不強人聽受他們沒有力量聽受的言論。他對於人有無量的尊敬，祇供給他們豐足的教育材料，憑他們自由接收、領會或棄絕。

"耶穌注重團契。他最豐美的教訓，是在他與門徒自由結集的小團體裏發表的。他與他們分有生命，他們與他同走一條達到生命的道路。教育不在孤獨的美備裏找目標，乃在有機能的、有組織的人群裏達到它的目標。"

基督教大宗師的教育生活與原則既是如此，那末宗教與教育，當為不能分離的人生的兩面。槐喀爾教授說："宗教沒有了教育，便會墮落到與惡為敵，亦與善為敵的地步，因為宗教沒有了教育，萬不免於流為愚魯與迷信。"印度代表嘉德基則以為宗教當在教育範圍內佔中心位置。"惟有如此，"他說，"那些種族、工業、教會問題，可以希望有解決。"各方代表對於宗教須為教育的精神，教育須為宗教的輔助一個觀念皆表示同意。英國沙爾斯勃壘主教達那爾生懇切地說明大會對於全世界的教育界有透徹地說明這個觀念的機會，故當設法創造宗教與教育有密切關係的輿論。教育委員會報告中有兩段長文發揮宗教與教育的銜接與互賴。本篇不及備譯，讀者可於華譯的大會報告全文得之。

至於各國政府對於宗教教育應取何種態度一層，報告中亦有所陳述，惟因各國的情形不同，所有的議論，不免僅為紙上的煙雲而已。

關於宗教教育的實行，該委員會報告中亦有詳密的意見。所論列者有十點之多。(一)家庭應為切實的、重要的宗教教育中心。(二)城郵的社會裏應有基督教生活的影響，作改良習尚、娛樂等等的勢力。(三)學校裏的宗教課、崇拜及宗教事業應當加以改善。(四)主日學的宗教教育事業，應當注重領袖及方法。(五)教會應更注重成人的教友們的宗教教育。(六)宗教教育應與社會問題互相呼應。(七)教會應注意於宗教教育與宣教事業的關係。(八)訓練教員。(九)宗教教育的研究、視察與指導。(十)訓練宣教師。英代表葛蘭夫人深以教會擔負教育,訓練成人為重要。"教會是教育的團契,"她說,"應當成為一個實施成人基督教教育的學校。"

大會對於宗教教育問題非常注重。委員會中作了許多反覆的討論,纔集成了一篇報告。宣讀之後,大會以為不滿意,提交委員會再議,一而至於再,再而至於三,報告始得成立,問題艱難浩繁,可以想見一斑了。茲以報告的結尾語譯述於下,以傳達其希望與精神。

"我們深願再得古教會教父的遠鑒。他們了解人類歷史全部的經過,盡是人類從上帝的道,進受教育訓練的歷程。上帝的靈自初始至今,使混沌為宇宙,使生命前進的形態顯示上帝的真在,使人類從上帝得抱求備求全的向上心,使自己為基督徒一切功業的淵源與根基。我們深願認定我們的工作為這亙古綿延無所不至的運動的一部分。我們是基督的經理,應當開山闢路,使救世的大業得以由是而逮於建立,使上帝的國得以下臨斯土。世界眾學者,由各方面的考究而發明的新教育觀念,已經做了我們精良的工具、廣大的機會。我們要藉此擴充上帝的國。我們自己要收受這新觀念,以供教會應用。我們知道我們須先隨順救主的聖範,與主有深深的契合,然後乃能將此觀念作正當的應用。因為使衆子與他同得榮耀的主,從受苦而得全備;他曾在這聖山上擔受痛苦,學習誠服;他是我們的聖範。"

第七章　農工神聖

農工問題是今日世界重大的問題,也成了基督教會中重大的問題。無論信奉或反對基督教的人,現在都向着基督教要求宗教精神灌施到人群各種生活裏去。宗教既是生命,當然要瀰漫於人生的各部分。若宗教祇會誦經禮拜,不問人類實在的疾苦,那末它也許是少數有特資的人所能享樂的美藝,決不是人類全部所當宗仰、所能宗仰的生命之源。因此基督教必須以不屬世界的精神勢力,努力地侵入這農工茹苦含辛、呼創號痛的世界。宗教當然是宗教,決不能廢去崇拜修養,以及一切玄默的退想,奧衍的經驗。英國倫敦大學經濟學教授韜耐明白地說:"基督教不是一種人道主義的倫理學,基督教會也不是特為改良社會而組織的團體。假使一個宗教，無論它的實利主義怎樣高尚，僅因實利主義而存在，它就失卻了所以為宗教的實在。可是宗教注重個人修養，固然不錯，然而個人修養至多僅祇生活的半面；它所壓下的那半面，據我看來，確是我們這個時代最當了解而執著的部分。究竟，無論基督教有什麼內容，至少它是一種教訓，肯定了上帝與人的性質和關係，切實地指示人若非遵依吾主言行中所表示的生活原理，努力盡人事，人決不能達到人類能致的最高價值；也切實地指示，一切他種作為，比較這種努力，祇有次一等的重要。在《新約》裏，在教會全盛時代的教誨裏，在人的理性裏，我們找不到改革心術、改革社會兩件事絕對的區別；我們不能說要改革社會必須先改革心術。上帝的國固然不屬於這世界，但這並不是說這世界不是上帝的國的一部分。我們應當留心，不要犯了那個通常的謬誤，以為我們所要求的是心的改革，我們所不必要求的是任何他事的改革。"

大會對於農與工兩個問題非常注意，一方面要認明當前的事實，決不逆反世界進化的潮流；一方面要認明自己的宗教，設法將基督的聖訓實行在農與工的生活裏。代表之中，有許多專家對於這個問題極有貢獻。其討論的程序，先集各方面的報告，後定對付實情的方針。各方的情形既極紛歧，大會當然不能為適合各種農工狀況，詳細的建議。

各方的報告，紛歧雜沓，不能盡述，請但述東亞三國的農鄉狀況。以農村生活論，日本實為最好。日本基督教協進會幹事哀格斯林說明日本的靈魂是在農村之中。日本的農民佔日本人民全數之半，有三千萬之多。他們雖居窮鄉僻壤，他們的子女們都能受六年的教育。因此日本的農民都是識字的，對於社會國家都極注意，並且他們在國會裏亦佔重大的勢力。可是他們大都迷信，而抱着唯物的實際人生觀。

論印度的農村狀況，印度錫蘭青年會幹事保鹿報告說，印度有許多基督徒農民，為了貧窮徹骨的緣故，現在正在監獄裏坐地。他們為皮而偷牛，因窮困而為盜賊，實出於不得已，並非皆是惡人。教會要救濟他們，為他們買了一片地，給他們耕種。不轉瞬間那片地便到了小債主手裏去了。保鹿先生以為為今之計，最要緊的就是開辦內容廣大、組織完備的基督教農民教育。究竟，印度人一切生活莫不以農業為根基。要使印度基督化，非從農民入手不為功。而目今的農村卻在三種惡勢力之下，就是徹骨的貧窮，可懼的愚魯,普遍的不識字。窮字上面,再加債字,實至難堪。結果便是飲食不具,勞作過度,劣居穢水,童工與疾病,皆足以減削健康,減少出產,使人易染惡疾,懶惰而悲觀。並且貧窮愚魯,互相旋轉,旋轉不已,諸惡俱興。

上海《興華報》主任羅運炎博士報告中國農民的狀況。他敍述中國農民革命運動說,今日中國農村的狀況,雖與印度頗相類似,然卻有一個極重要的區別。中國的農民現在自覺生活的不滿意,漸漸地組織起農民團體來了。這一點是極可注意的,因為他們素來是和平、安靜、勤懇、勞碌的人民。現在則不然,他們要求工作應有合理的報酬,使他們得以維持合度的生活。中國的農民協會,起先原是抗拒兵匪的組織,現在卻變為改革農民生活的武器了。入會的人,在消極方面須具兩種資格:第一,負產百畝的農家,即為小財主、資本家,不得為會員。第二,凡是基督教會的牧師、祭司,皆沒有入會的資格。我們應當留意這一點。中國農民對於教會是不信任而懷疑懼的。可是農民協會勢力日張,他們對於人生祇抱着一個純乎唯物論的觀念。為今之計,基督教會當作三件重要的事情:第一是研究實況,熟悉農情;第二是表白基督教的態度,言顧行,行顧言,使農民知道教會決不反對民治主義,而適為平民精神的家庭;第三是努力使農民與教會,佃戶與地主間有正當的了解。

以上三種報告,已足表示各國農民生活程度的不同。其他如南美、非洲、菲利濱、高麗等處皆有詳細而不同的報告。至於美國情形自不相同。國家富足,農民樂業,普通的農家皆可趕汽車,買無線電機,讀新聞紙,與通都大邑的工商交通聲氣。

然則基督教的農村問題,是一個什麼問題呢?美國國立米希根大學校長勃德菲爾博士,是當世農村學著名的專家。他說:"我們的問題是如何使每一個農村社團成為上帝國內整個的個體。我們須要教育農民,使得了解田園的性質,習用最良的方法,收最良的效果。我們要輔助他們,使他們牛羊遂、五穀登。這種工作的本身便是基督教的工作。土地是上帝的恩賜。管理土地的人是上帝的經理。後來世世代代的飲食全賴這個問題的解決。"勃德菲爾博士的大意是農民的安寧,以工作充分的酬報、田園豐富的出產為根基。農民有滿意的生活,方能預分世界大事。若將宗教與農事融化凝合,成為一個精神物質雙方調劑的生活,天國就可謂實現於農民中間了。農的問題比較工的問題，更易解決。基督教應當不遺餘力服務農民，而服務之道，捨特設的基督教農民教育，沒有他法更為有效。

關於農民教育一層，專家如費爾司都客斯農村事業基金委員會的教育股主任龔斯博士，竭力主張訓練人才作農民教育事業的領袖。"農民，"他說，"也都是人，都需要充滿的生活。耶穌來住在需求簡單的小民中間，已經為鄉村社團明明地奠下教育基礎，教他們知道田地與田地的出產是父的恩賜，人們可以從發展地產，與上帝交通，而得美滿的生活。"從教會宣教事業方面觀察，鐵峰達否歷遊了印度、暨南、蘇門答臘、菲利濱及遠東其他諸國的鄉村以後，深覺基督教農民教育的缺點。他以為農民教育訓練學校是必須設立的；祇有這種學校能就當地的需要，集當地的人材，因時制宜而作實在的貢獻。他問："全東亞現在有這學校麼？"他答說："沒有。我們現在正需這種學校去養成各處本地的領袖與牧師。人們要直入農民社團，用他們自己的手作工，去證明勞作的高尚。因此，農村學校的教員非經過一番訓練不可。我們應當將農村中的學生為中心，也應當聘任抱有農村心理的教員去施行農民教育。"

但是創辦農民教育，發展鄉村社團，無論在何國何地，決非基督教會可以一手包辦的。故最要緊的一端，就是選擇幾個農村為中心，盡力做完備透徹的試驗。果有良效，那末當地的政府人民定會仿照擴充，與教會合作，去達共有的目標。可是"基督教會要負領導鄉村社團宗教生活的責任。其他團體當有鄉村的心理，合作而發展社團意識，造成分子們愛社團的熱忱，以致社團可以成為一個廣大的家庭。教會的目標就是聯絡各團體、各勢力，在這天然的，所謂社團的人群裏，共作那創造天國的要工。"

大會對於後起教會所在地的農與工兩個問題似乎覺得農重於工，而工難於農。工的問題非常複雜，議論亦至繁多。本篇但舉一隅，提出幾點專家的言論，以供讀者。日內瓦國際聯盟勞工局本地勞工部主任葛里謨蕭先生討論工資不平一端時，舉出一個例子來，說："請舉強迫勞工一事。近年來我所知道的最惡的一事，可以表明世俗主義，在未曾開化的民衆中，所可有的意義。這件事一九二七年在一個歐洲的國會裏曾經提出過。有人向那該負責任的政府說：'某強迫工隊的勞工，百分之九十四被虐待而死，是否事實？'那政府沒有否認這件事。公式的答覆是祇有一隊有此死率，其他同地的工隊,僅有百分之四五十的死率!最教人惱恨的一件事是新聞紙將此事宣傳出來以後,社會上竟不加可否,無人過問。我們非洲的弟兄們現在被世俗主義的文化壓制在侵略的鞭笞之下……基督教啊,你沒有生活與福音傳給印度、非洲、中國苦難中的人麼?"

韜耐教授在大會中演說,曾有一度極可注意的言論。"一百年前,工業主義是英國的現象,五十年前,是歐洲的現象。至於今日這現象是普遍全球的了。工業化的歐洲要原料,要銷場。因此歐洲內部的工業革命,同時無可倖免地在歐洲之內造出了一種新的經濟關係與統系。這不是偶然的事,乃是歷史的必然的事。一八七○年後歐洲空前的經濟運動,與一九一四年前四十年歐洲的經濟侵略政策先後發生。前因後果,無可倖免的。直到目前,工業主義雖造成了些富有的氣象,卻正丟失了它道德的威權。目前,歐洲正在物質的凱旋中,深覺自身的錯誤與痛苦;人們正努力地要達到一個物質生活、經濟生活的調劑,使物質不為人的奴主而為人的奴隸。恰在這時候,這個工業主義風馳電走一般地在沒有整備的人民中,作不可遏制的進行。"韜耐教授以為這種工業問題確實是一個宗教問題。他繼續說:"歐洲以外的民族要走歐洲的經濟路程,一方面走到了眩目的物質的發達,一方面走到了齷齪與階級紛爭呢,還是要學習歐洲未曾學習的功課,不但去征服自然,並且也去抬舉自己的靈魂呢?這個問題據我看來,實在是當代數一數二的重大問題……這是一個宗教問題,因為它所注意的是精神生活滋生的情形,人我間的道德關係,人在社會內的行為,以及社會程序與人群道德的健康互為的轉移。"

詳論了基督教與工業問題的關係之後,韜耐博士自問說:"基督教社會學應有的根本原理是什麼呢?"他就規定原理說:人格是神聖的;為經濟的緣故而犧牲人類的幸福、兒童的健康與發達、同類應得的自由權與責任權的唯物主義,是違逆神明的大罪惡;人的工業是共同服務的團契,不是妄自尊大的戰爭;社會全體應負責任,使其各分子都得享受精神上、物質上幸福的機會。經濟進步不是鵠的,乃是方法。結束,韜耐博士指出基督教的工作是維持社會的公義。據他的意見,教會當負責任,使基督教的社會原理得有明白的表示與應用,使人知道享受物質生活與精神安寧的道路,使人了解而改革社會與經濟的組織,俾得為表現公平的制度,而不僅為表示經濟要求與便利的制度。

其次是美國美以美會主教麥可耐耳的演說。他以為我們應當推廣基督的權力範圍，俾得管理人類全部的生命。要這樣做，我們第一便當注重人的價值，第二便當在一切生活中實行基督的訓誨。"我們要怎樣具體地表示人的價值呢？"他問。"教會當然不能詳細地指點工業家怎樣做他們的營業。教會的事業是創造強健的輿論，使工業界不能不尊重人的價值。兵法的要道，即在擒賊須擒王。現在工業界的王是唯物主義。那末我們便須攻打圖利的動機。這個動機完全注重在付過工價及管理、利息、冒險的代價外所有的贏餘。贏餘一物並不代表個人努力的結果。要求不付代價的贏餘是世界上許多患難的根源。美國人在中國辦工廠，機器是沒有護蔽的栅欄的，作工時間與工資是沒有定制的，而辦工廠的人，卻得了對本對利百分之百的贏餘。這就是經濟侵略由贏餘的動機加在人身上的壓制。

"可是基督教會應當發出先知的聲音來。用石頭打擊先知是最不經濟的利用先知的方法。現在必須脫離了教會去作先知的實在太多了。現在教會的講臺上，沒有橫掃社會的大火放出來。在近時間我們祇怕沒有這種危險罷！請舉一個需用先知的具體例。有些個宣教師若然放膽直言，他們自己的政府就要將他們提押回國了。若然，時辰到了，宣教師不能不冒險攻擊他們環境裏經濟的情形，教會與宣教會就當為他們的後援，與他們一同擔當危難，在他們被迫回國時，為他們預備新的作工地。"

大會得韜耐與麥可耐耳兩專家，發表基督教的社會原理及教會應如何應用此等原理之後，便深覺教會須深深地自己認罪，也須表明基督對於社會經濟的聖訓。工業委員會的報告中，因此指出基督教審斷社會與經濟制度的三個基要的標準來。

第一，基督教訓我們，人格是神聖不可侵犯的。

第二，《新約》的教訓中指明人都是上帝的子女，故彼此是弟兄，必須互相服務，表示神裔的地位。一切經濟侵略，俱是罪惡。凡是罪惡，我們必須攻擊，不遺餘力。

第三，基督教訓中指明人類團體的責任。"基督教會是一個團契與社會，包含着人類彼此為肢體的一切倫理。按《新約》的教訓，祇有在這樣的團契裏，人能結基督教生活的碩果。因此，一切毀壞這團契的勢力——爭戰，經濟侵略，贏餘的私圖，輕棄兒童及老病軟弱者的罪惡，都是明白的、必然的反抗基督教精神的仇敵。"

在懇切的討論中有許多關於對付問題的提示。有許多人提出教會應如何對付資本家在物源未闢之地的投資，俾得有利於當地人民；應如何對付各國政府，俾得消弭經濟社會的不平等；應如何審察國際聯盟的公債與用度；應如何注重私自投資的解放，俾得脫出政治家的操縱；應如何與國際勞工局合作，破除強迫勞工制中種種的罪惡。詳細情形，具載在大會報告中。大會覺得教會應負的責任是非常重大的，應作的事功是非常浩繁的。在大會切實的提案中最重要的一件就是：國際宣教協會要各國教會、協進會、男女青年會、國際勞工局等機關通力合作，在歐美及各國教會所在之地，組織一個大規模的社會經濟的研究與通訊社，專作研究社會經濟問題的事功，專以推廣基督教社會經濟的原理的應用。教會面前，有一個至難至複雜的問題，故教會中的分子，應該努力團結起來，創造輿論，流傳消息，攻擊罪惡，維持公平。基督的精靈已經招呼我們了。同志們，興起罷！

第八章　天下一家

種族問題是一個很複雜的問題。其中包藴着許多心理上的轇轕，思想風尚上的誤解，因文化不同而發生的衝突，社會、經濟、政治的不平等。大體而論，目今世界上種族的衝突，是白種人與他色種人的衝突，是西方文化與東方文化的衝突，是帝國主義與弱小人民的衝突。基督教是主張天下一家、人類一源、萬民一信的宗教，處於這種族間不平等的世界，若不努力使強食弱肉的現象漸漸消泯，轉作萬國友愛的情形，其本身即無發展的希望。不但如此，侵略弱小民族的帝國主義民族則是遣派宣教師到萬國去宣傳基督的民族。劫奪人財產，侵吞人土地，剝削人自由的國家即是宣傳人類大平等的國家。虎視鷹揚的威武與犧牲服務的精神好像是同樣的勢力。這兩種事實是互相輔益的呢？還是彼此齟齬的呢？在過去的時期中，兩事固已並進而同存；但在此倫理思想發達的時候，這兩事就有彼此掊擊，不能並立的勢子。基督教的識者明知這是必然之勢，或者是帝國主義勝，或者是博愛主義勝，決無同存並立之理，所以大聲疾呼，要對於國際的不平發出先知先覺的聲音。

此國的人要愛國，彼國的人也要愛國。五十國人民代表聚於一堂，而要人人有徹底的公道，對付己國，對付他族，簡直是不可能的事情。此番大會之中，強弱國的人民彼此晤對，能毫無隱諱、毫無顧忌地討論此世界至繁難的問題，同時激昂慷慨而不失優容的寬度，悲壯沉鬱而不失莊肅的禮儀，一以基督為嚮導，這實在是基督教特色的表現。大會種族關係委員會的主席是日本鵜崎庚午郎主教，是一個帝國主義的國民。委員會中有美國人，甘拿達人。兩相對峙，似乎帝國主義國民間已有訴不盡的悲痛。美國限止日本、中國人入境，日本引為奇恥。會場上猶有其鬱勃之意。人雖不解日本代表所作何語，有何主張，然其不平之鳴，可謂遺響繚遠的了。同時會中有高麗代表曾在日本壓力下求生活。鵜崎庚午郎主教在廣衆中述說日本治理高麗的妥善。語甫畢，高麗代表金活蘭女士即以婉轉的美詞指明高麗人民在日本鐵蹄下的生活，以為日本對付高麗在物質方面固略有可觀，此僅表面上耳，然高麗的精神已奄奄欲絕了。委員會的書記是尤根先生。他是美國的內革羅人，第一個得英政府允許而入英屬的非洲作學生事業的。坐在他旁邊的有英國代表，印度代表，其他英屬地的代表。若以問題變成了一個千鈞萬鈞的重擔子，那個重擔子的一大半自當壓在英國代表的肩頭。

第一個星期，大會中每晚有公開的演講，陳述各國的實況。印度代表達泰博士的演說，足佔一小時之久。他用精明強練的言語，一事一事歷舉英人對付印度的不當，又一事一事說明印度人心中的願望。尤根的演說較為沉鬱悲壯。他歎息着說："目今情形，實在與吾主人格神聖的至訓大相背馳。即教會之內，也有優等民族劣等民族的謬論。基督徒不曾挺身而出反抗爭戰，也不曾抵制強大的民族對於弱小的民族的侵略。做基督徒是要付代價的。我們若願付代價時，我們須要作四件事。我們要有懺悔的傷心，為我們自己及我們種族的罪愆深深地痛悔。我們要覺得我們是一個牧人的群羊，在於他合而為一。我們要有負荷彼此重擔的寬容與忍耐。我們要大膽無畏地依賴上帝。"尤根的話深中肯綮。他將指頭正放在痛處。與尤根同時演說的有赫潑校長。他也是美國內革羅人的代表。"我所關懷至切的，"他說，"是我的後人，我的子女與他們的未出世的後裔，是強食者與弱肉者將來的種族關係。壓迫人的與被壓迫的俱不得逃避痛苦。誰為不平,誰必受不平的嚴重的道德反動。你們不能維持白色人種的文化,使無道德上的衰朽,而同時不以公平待內革羅人。我雖因目下的情形而滿心憂鬱,卻還覺得我們有漸進而解決問題的可能。因為第一,我直截痛快地信耶穌;第二,我信白色人種究竟有公平心;第三,我深信內革羅人,知道他們有能力,能持平,能不過分,能抱負樂觀,能擔當艱難,能從他們自己方面進行而解決此巨大的問題。然而究竟的希望,我重新說,是耶穌的意志在人心中不可抵禦的運行。"

民族間不平等的狀態,千端萬緒,不能詳述。因此各民族所抱的態度與希望,並極紛沓複雜之致。其大致相同的是小民族抱屈含冤,不能自振於危難與束縛。意識較強的小民族則力鼓自由的精神,以與強國爭命。在會中,傍觀者可見印度人的責備英國,菲利濱人的責備美國,高麗人的責備日本,莫不懇求基督教出而主張維持種族間的公平。關於白人在非洲的經營與夫各國間種種困難的關係,大凡預列大會的人,莫不聽見了急迫的籲求。

大國之間,亦有軫轕。關於中國與他國的關係一節,余日章博士曾在會中發過剴切明瞭的言論。其中一段說:"我要直截地說中國人民,以大概論,並不盲目地排外或非基督教。他們反而忻賞外人及基督徒所執有的真善美的價值。同時,他們為了外侮外患,外國的凌辱及侵奪的緣故,亦實在是排外排教的。他們要廢止不適現狀的不平等條約。中國現在有許多勢力浩大的外僑,絕對不肯直截了當的接受必然的勢子,尚貿貿然希望這種條約無限期的繼存,因為他們不肯放棄這種條約所擔保的特殊權利。他們矯揉造作,要世界相信中國不受蘇維埃影響的人民與中國的外僑一樣願意保持現狀,對於不平等條約的廢除,漠不關心。他們也要世界相信那些運動廢止特殊權利的中國人僅屬少數染受蘇維埃影響的過激派。據他們看來,列強應作的事便是堅持不動,直待一切運動自去銷聲滅跡。何等盲目而自騙的思想啊!"余博士以為中國民族進行的途程上最大的艱難與危險,約有十大端。其第一端便是中國的國際問題。他說:"中國人民在許多問題上,意見不能一致。但在廢除不平等條約一事,則人同此心,毫無異議。將來實際的辦法,也許中國與列強分別訂約,同意將現有條約中的不平等各節盡行剷除,使雙方立於相等相互的地位。途程上的難點果然多而且巨。但為國際的友誼，世界的和平起見，這個問題愈早得滿意的解決則愈好。可是現在人還在轉惡劣的圈子。我們總得設法打破這個圈子。列強以為祇要中國能重建和平，重整國紀，組織一個負責而有力的政府，他們立刻會情願修改現在的條約。中國人民的意見則不然。他們以為中國若不斬斷了外國的鐵鎖鏈，他們決不能從現在的大亂中建造秩序，亦決不能建立一個統一的負責任的全國政府。"

大會對於種族國際問題，當有兩途可取，一途是痛心疾首地發激厲的空言；一途是仔細研究，憑上帝的靈助，教會的協作，作切實的貢獻。空言虛文，幾成了普通的、不能引人注意的現象。世界所要求的不在於此，而在於事實的列舉與解釋，以及積極的建設的解決問題法。因此大會舍第一途而取第二途。種族關係委員會報告中深深地注重建設的程序。該報告當然與其他的報告一同聲明耶穌聖訓對於種族問題的指示。凡為基督徒的定須恭敬他人的人格，亦定須尊敬他族他國的主權。否則，上帝為父，人類為其子女，彼此為弟兄的信念，便直等於夢幻泡影了。根基於此根本原理，基督教應作的事是研究實況，要得切實的知識，以供世界由此而創造顛撲不破的輿論。第一，我們要對於"釀成種族間仇恨的社會、政治、文化、心理、生理、宗教的元素，作徹底的分析"。第二，我們要"慎重地研究當代的種族衝突在何時何地最為危險，在其他何種環境中逐漸發生，及其發生的狀態與結果的趨勢。衝突的根源，雖比較輕微暫時，卻含有重大的關係的如勞工問題，如範圍較小的學生流遷問題，我們皆須特別加以注意"。第三，我們"當從耶穌對付他那時代的種族問題而發生的生活的教訓，當從使徒的遺範、教會的性質，而得新的光明與指引"。

對於種族間四種關係，大會切實地表示了它的公意。（一）一國之內，種族不一，應如何建造各方的了解，俾得作共同的生活。所注意的是機會營業的均等，行動的自由，法律上的公平，產業土地權的分配，以及基督教原理的履行。（二）大國對於屬國的人民，應使屬國的土地財源得以發展，藉以造成本地人民的幸福；應教育訓練屬國人民，俾得早能自立，治理其國；應保護他們俾不被煙酒的侵害而受西方文化的惡影響。（三）關於移民植國一層，信基督的人民自應存普濟之心，接受避難的遠人，俾其在所流落的社會內得享群的生活。但人類遷徙，大都是為了經濟生活的緣故。強國之民遷入弱小種族間，易使弱小的人民深受壓制。強國的政府應當加以保護，以免鯨食鯨吞的禍害。弱小的低劣的民族，遷在強國的民族間，易使生活程度、道德程度漸形降落。強國若欲限止此種人民入境，當然自有理由，但不當以種族與皮色為準則。對於各國人民的入境，應有同樣持平的規定。（四）其他種族間的問題，尚繁且多。大會深信基督教對於凡此種種問題，必須有明切的表示，務使基督的聖訓，得以實行於世界。

為此，基督教當務之急，即是創造公正的輿論，刺激個人的良心，引起種族正當公平的解決。同時，基督教應使教會對於此項問題十分注意，一方面負督促世界進於親善的責任，一方面教育宣教師及先進後起教會內的青年，俾作種族間親善的中堅。在基督教的家庭及學校內，此種問題應得實際的解決。款待異國的行客，交接他族的朋儕，皆為人類生活中重要的事業。因此，教會自應鼓勵學校之間教員學生的交換，教會之間宣教師的互聘，各國人民交遇之間，彼此親善的禮貌與誠意。

大會閉幕之前，通過三個積極而穩健的議案，俱與種族問題有密切的關係。（一）"此大會懇請全世界教會計劃在猶太人中作奮力的宣教工作；特別要研究目下改變的狀況，急切代禱，而增添在猶太人中作工的機關的後援。"（二）"國際宣教大會呼召分擔基督教世界使命的信衆，懇切祈禱，努力運動，（甲）廢止爭戰，不令為任何國家政策的工具；（乙）以和平的方法解決國際的糾紛；（丙）改革一切造作爭戰的態度與行為。"（三）"國際宣教大會將其深切的確見載在紀錄中，表明我們祇當用不與個人間、國家間的善意相衝突的方法作宣教師的保護。我們急迫地懇請一切宣教會不向他們的政府要求武力作宣教師及教會產業的保護……國際宣教大會以為我們的國外宣教事業既是一種精神的道德的運動，而不是任何政治的運動，我們的工作自當實行於兩個偉大的人權範圍之內，即是：一切人類的宗教自由權，一切國家在其境內自有的治理權。"

第九章　靈國湧現

耶路撒冷的國際的宣教大會，是世界抗羅宗基督徒討論宣教事業的大會。討論的問題雖多，有一件事是各方的信徒所共信同持而毫無疑義的。

全會的人一致深信基督是人生最高生命的淵源；凡得基督的人，不能不宣傳他的福音，表揚他的啟示，分舍他的生命。可是宣教事業雖係恆久的事業，其趨勢與方法，對於現在的世界，不能不有所改變。世界上沒有一國可以直稱基督教國的，也沒有一地可以圈在宣教事業範圍之外的。世界上又有許多的宗教，宗教中又有許多的派別。基督教在此環境之中，深深地覺得自己具有獨特性，一方面要承認自己範圍內宗派的分裂，一方面也要表明在實際的生活上，基督教究竟巍然獨峙一個世界的精神團契。近代有許多人想基督教處於這個新思潮、新學術激蕩的時候，應有一蹶不振的狀態。殊不知基督教的內情卻不如此。因為基督教是宗教，若基督的門徒虔心守道，日與上帝相交親，他們自有能力的淵泉。他們有人所不能預料的內力。在此愈難成為世界團契的時節，基督教卻愈有成為世界團契的事實。基督教曾經閱歷浩劫，飄風過去了，驟雨過去了，天柱地維也好像摧折了。煙消日出處，它卻皓日當空，一輪猶在。科學為它洗滌了塵滓，評論為它掃除了糟粕，哲學為它解釋了蒙蔽。當那煙塵迷亂的時候，人或亂嚷基督教破產了。然而科學、評論、哲學，漸漸地變了形態，放棄了舊日的見解，而基督教的真本原真生命，未曾或受絲毫的損失。人哪，你所要求的急需的是面向上帝，由基督而認識他，你認識了他時，你就站立在永不毀壞的磐石上了！

以宣教大會而討論宣教大事，直截痛快地說明基督教的信仰與事實，當然一方面要回想此種大運動的根基地，一方面要組織一個促進事業，交通聲氣，增益團契的世界機關，俾全球信衆都能歸趨於志願希望工作的一致。因此，大會閉幕之前，兩大要事是根基地的討論與國際宣教協會的擴大。請先論根基地問題。聖教東漸，根基地當然是英美與歐洲。這是從歷史上、規模上着想的。論實在，則每一獨立自傳的教會，皆有宣教根基地的資格與可能。可是據現在的大勢而論，宣教的根基地，尚無任何的改動與轉移。經濟人才以及許多計劃，依然出於英美歐洲的教會的輸將、遣派與決定。所可注意的是根基地的獨決性已經消失了。從今以後，英美歐洲的宣教會不能獨自專擅，任遣宣教師，任闢宣教地了。先進的教會必須事事與後起教會商榷後可以進行。為了這個緣故，先進教會對於根基地一個問題頗費躊躇。從前所用的號召信衆的思想，如今簡直毫無用處。說基督徒應入黑暗之域，拯救人的靈魂呢，人的惡劣卻不如所說之甚。說非基督國人民也有高尚的文明，並不較任何國人為低劣呢，那末傳教事業就太難辦了。況且現世的宣教，不能專恃口說，也不能強為外鑠的工作，必須由生活的感應，友誼的了解，而內入人心，然後信仰內發，發而為宗教的經驗與生命。人人能作機械的我善爾惡的宣教行為，卻不是人人能真切懇摯，不損傷他人的自由，不輕視他人的人格，而以宗教分送別人。由是根基地的宣教會有得人難的艱虞。人才之外，復有經濟。因為宣教會中普通信徒的宗教程度夠不上的緣故，經濟一層也感困難。說不信基督的人在地獄中生受痛苦，聽衆每肯慨解金囊。說不信基督的人也有道高德重的人，不過得識基督，生活可以更加豐滿，那末聽衆便要握金錢的囊口，將信將疑地無心佈施了。因此在這世界思想趨高，民族間逐漸了解的時節，宣教會中感受了極大的艱困。宣教事業中第一件大事，就是徹底地教育西方的教會。但是西方教會的程度雖不甚高，卻比後起教會的內容，當有什佰倍的豐厚，我們要自見眼中的梁木纔行呢。有時西方教會中的優秀分子，程度過高了，反深深覺得後起教會若不急切地需要他們的輔助，他們決不肯將自己的生命強送過來。這樣看來，先進教會的困難，也就是後起教會的困難，不過方面差殊就是了。無論先進後起教會，皆當努力學習基督，自卑以尊人，自尊以律人，然後雙方交信，務使基督的大道得以流布於人心。這樣，問題纔有解決的希望。

宣教會欲求根基的鞏固、生活的勃興，所以對於後起教會有熱切的期望。根基地委員會報告中有一段說："國際宣教協會懇請後起教會所在地的基督教協進會，及未曾組織此種協進會的各地的他種協作團體，精細地研究全局，詳察當地人民現在及將來的需求，對於先進教會說明：

"一、他們代表當地信衆，表明他們確信對於先進教會的宣教運動尚有需求。

"二、在他們的觀察審斷中，何種工作最為重要，所要求的作工者當具何種品格與訓練。

"我們能誠心向後起教會說明這樣鼓勵先進教會的陳請，實為基督教運動中無價的護教觀，特別有助於募工的事業，足以聯絡，增益我們輸捐援款的團體。"這種言論，何等迫切，後起教會，若能熟察其心，當可深深的諒解了。

從宣教會最大的問題上看來，第一便是精良的人才。因此委員會的報告中對於血性的青年男女尤屬注意。"經驗指示我們，令我們知道募工一節必須注重青年們現有的志趣。有些地方的學生注意基督教福音的獨特性，以此為辭便可引起其思想。有些地方的學生深深地注意社會的改革，對於他們，我們應當指陳在國家種族必須交觸並存的世界上，基督教運動實在負重大的救贖社會的工作。學生們應當見到一個信基督的中國的確是一個信基督的英國或美國的先兆。反之，信基督的英美亦足以促成一個信基督的中國。在我們最優秀的青年中間，有許多人深信基督教應當提倡世界的和平，掃除一切可能的爭戰的原因。我們因此要明切地陳述教會有宣傳善意，造成國際諒解，世界和平的福音；且注重每一宣教師在他國他族中，作和平使者特獨的機會與責任，在自己國內，作感化國人有力的影響。"

同時，宣教會渴望東方的學生不再在西方熱心的青年中作反抗宣教運動的宣傳。故說："東方的學生在西方大學內影響所及，足以減削青年們對於宣教事業的興趣。在這件事情上，我們需要東方後起教會的援助。我們深願東方教會的領袖們繼續地來到西方參觀我們的教會、學院與學校，向我們解釋他們經驗中基督教的意義，他們人民生活中基督教所有的貢獻。"

但大會對於根基地問題雖認清有如許的困難，其精神則依然所向無前。艱難原是偉業的道路，不有艱難，安有使命？明切指陳的意義，原是要使人發生諒解，不是要人有所悲觀。故大會慨然地說："我們若無絕對的確信，知道上帝的愛，吾主耶穌基督的恩寵，聖靈的交通，與我們現在的教會同在，正如與古昔的教會同在一樣，我們決不能對付當前的大事業。這事業實在太重大。但是我們與上帝同工，這事業就不太重大了。我們應當更追求上帝，多識上帝，因為我們知道我們的上帝直識，能使我們得力量將這救世運動打到各國的靈魂裏去。我們必須歸向上帝，得新能力以對付新時代。我們懷抱着迫切的感覺，惶悚恐懼，切願與東西的教會，共見上帝在這聖地加給我們的責任⋯⋯教會須要重得聖靈的感化，藉獲重新的生命。此非空論，乃係必要。教會若不願意切求聖靈用它，由它而開放新生命勢力，我們就不能遵行上帝的旨意，也不能在各國急需精神生活的時期，作它們的援助。（由是）國際宣教協會懇切呼籲，請求各處的基督徒深深地懺悔，重新依賴祈禱的能力，作一個全不計算的犧牲的奉獻。我們相信教會祇有立志專求至重至要的事業，放棄教制上種種限制，重向上帝，纔能得重新的生命，有力量作當前的事工。有許多人覺得祇有合一的教會纔能贏得這世界。我們中間可憐的分裂，不啻一種可恥的罪惡。我們大家同意我們在偉大的精神生活、道德問題上，所作的靈證必須是基督的身體——教會全體——的靈證，每個分子在裏面彰顯上帝的慈愛與榮耀。"

教會全體應有精神的統一，故全世界應有一個聯絡東西教會的機關。大會重新組織了國際宣教協會，俾各國的基督教協進會為其支體。此會的功用是：

"鼓勵全世界基督教運動問題的思想與研究，敦請各國專家指導此種重要問題的解決，將研究的結果傳佈於一切在教會內作宣教的工作的人們。輔助調協各地宣教機關及各國基督教協進會的工作，在必要時，設法達到宣教問題上共同的行為。由共同的商榷輔助聯合基督教的公論，藉以維護良心的自由、宗教的自由、宣教的自由。輔助集合世界基督教的諸勢力以求國際間的公平、民族間的善意。負責刊印《國際教務匯志》以及他種協會以為有助於研究宣教問題的書籍。在需要時召集全世界宣教大會。"

國際宣教協會的功用既係如此，它的執行委員應由各國教會代表擔任。大會選舉穆德博士為會長，王舍斯博士及貝登惠廉先生為幹事。這三個領袖皆係德學淹邃、精幹練達的人才。中國方面，中國代表團一致公舉誠靜怡博士與曾寶蓀女士代表中國的基督教運動，作國際宣教協會的執行委員。誠博士足當中國教會的先覺，曾女士則為中國教育界及女界的領袖。誠博士又被大會公選為協會副主席。由此觀之，中國將來在國內與國際基督教運動中，實有一切後起教會中最重要的位置。我們責任的重大也可以想見了。

著者回憶大會的景況，深覺有四大特點，不能不為我國信衆述說的。第一是大會中各國基督徒合一的精神。未開會前，人或以為如許種族，如許不同的思想，如許衝突的宗教組織，如許牴觸的神學，如許不同而齟齬的要求，斷無方法可以使之統一連結，作成一致的見解。會中第一個禮拜盡是討論，頭緒紛紛，毫無結果。但是人人祈禱，努力工作。不旋踵間，彼此得了諒解，不但各方面發生了友誼，而且各個人多少仰見了上帝的作為。上帝的靈實在運行於我們心中。我們經驗了世界深默的團契好像得了神國靈默團契的朕兆。高山之上，曙光已白；等待着，天國離人不太遠了。

第二是大會實事求是的坦白的討論。各人心中所積蓄的幽怨痛苦艱難，與夫獨到的見解，隱藏的疑慮，熱切的信仰，莫不在大會中和盤托出。人是不可靠的麼？在大會中，我們彼此誠信，傾心吐膽，深覺得世界上若有此等生命的擴大，一切問題，皆不難得滿意的解決。

　　第三是大會中一切思想的向前。著者未到會前，曾有一種感想，以為教會的思想幾乎事事落後，欲求其對於人類作廣大的貢獻，似乎沒有可能。及至到會之後，得聞各方面的言論，覺得舊習成見，雖有勢力，卻遠不如種種新傾向新要求潮湧的浩浩蕩蕩。我們中國信徒及他國人民所希望所注重的倫理問題，莫不一一列陳。

　　大會的各報告中結集着今世一切有力的向前運動的情感與標準。當然，共見易，獨行難。他日我們要履行所見的原理，自然竭盡力量，依恃上帝，始或見效。但是種籽是生機充足的，長發是可期的，我們祇要忍耐着，奮勉着，待其生發，使其增長就是了。

　　第四是大會中宗教生活的實在。在討論艱難的時候，一件最重要的事情，就是祈禱。松林之中，斗室之內，滿包着上升的祈禱，心獻的燔煙。大會代表如都仰瞻着受難的基督，復活的救主。在復活節清晨，各宗派從不同赴聖餐的領袖，跪於一隅，作共赴聖餐的精神團契。當其時聖靈的確運行在我們中間。我們的領袖們說：「主復活了！」我們回應着說：「真的，主真的復活了！」我們眼中擎着淚，心中充滿着平安，因為我們知道主在一切時、一切地是與我們同在的。

　　大會既結集了東西的思想，共見了教會的工作，便對於世界的信眾，作懇切的呼籲，請他們從熱切的祈禱，奉獻自己，奉獻上帝，由服務犧牲而歸華美的尊榮於吾主耶穌基督的父，慈悲威赫的上帝。那宣召的聲音說：

教會應當祈禱！

"（一）求得宣教的精神。教會應見一切世界對於基督的需要，應犧牲一切將他宣傳給一切人類。

"（二）求得祈禱的精神。基督自己祈禱，也教門徒們祈禱，皈依基督的信眾也當如是學習，如是祈禱。也應增加代禱的人數，直待全教會成為儆醒祈禱的團體。

"（三）求得犧牲的精神。以致教會能夠願舍一切為基督作見證。

"（四）求得合一的精神。教會應求在基督裏得獲一個新的合一的經驗。

"（五）求得解釋聖道的恩賜。教會應用言行，學習宣傳永遠的福音，使今世的男女盡得正解。

"（六）求得在道德問題上，作無畏的見證。教會在今世道德問題上的明證，足以表明上帝的神心，使世界知道覺察此證的重要。

"（七）求得服務的精神。求上帝使許多男女在今世代獻服務，毫不自惜，在國內外為主作工。

"（八）求得我們精神生活上全備的改革。求上帝將我們生活中妨礙上帝慈愛、能力與啟示的阻障，完全剷除。

上帝的聲音呼召着；弟兄姊妹們，起來，我們祈禱罷，我們努力去遵行父的旨意罷！"

中華全國基督教協進會

中華民國十七年十二月出版

編輯者言

讀《真理與生命半月刊》的同志同道們，或有人要問兩個問題。第一，為什麼本年秋季應該出版的半月刊，遲了一個半月光景纔得出現。第二，——這是一個更重要的問題——為什麼這半月刊沒有幾年前北京證道團那般透關嶄新的文章，叫人讀了就會激昂慷慨，歌哭隨之，而深信，而深知基督教內滿有自新的能力。對於第一個問題，我們的答覆是：本年的情形實與往年不同；我們中間有幾個同志剛從歐美回國，回國之後，即有各種任務，如學校的開課、積事的趕辦等，糾繞其身，縈纏其心，使他們不能立刻援筆臨穎，馳騁於文翰之間。不但如此，本年國民革命告一段落，中國到了統一建設的時期。政府對於人民，應施訓政的計劃。同樣基督教運動經過了打擊，遭遇了摧殘，一方面到了損之又損的地步，一方面卻又該重新估量內力，打起精神，在亂礫煙瘴之中，建築新道路。祇要我們能夠通力合作，將我們的信仰思想，經驗知識，傾在團契的友誼與討論中，讓他們磨擦陶鑄，發生出新火來，新種子來，我們便可發展中國基督教的新生命。《半月刊》同人為了這個緣故已經開會討論，滿要決定本年對於讀者諸君的貢獻。我們的討論雖然頭緒清楚，同人等卻還不能將這些問題截然訂定。編輯者與諸同志皆係職務忙迫之人，大都一人作兼人的工作；欲利其器以善其事，自不得不遷延時日。說到此地，我們就該作第二個答覆了。本《半月刊》的許多同人，依舊是當年北京證道團發刊《生命》、主持《真理》的分子。這幾年來我們的思想經驗各有演變，且雖依然奮鬥，深信我們的懷抱不亞於當年的深摯懇切，而年齒卻加增了。我們提倡基督教新思潮的時候，對於許多問題都有大體的同意；因此痛下鍼砭，每中窾要。我們不單要回顧曩昔；單是回顧，是衰年的景象。目下的情形，我們有一番回顧，更有一番向前的努力；歷史似乎比從前濃厚了些。從前找出的路子我們還是走，可是此後我們願意走到實在的建議裏去。問題是：中國的基督教該有怎樣的思想、組織、生活、方法與貢獻？該怎樣存立，發展。問題的表面是簡單的，其內包其外延皆有至繁至複的關係。真的，我們要痛下思考討論，然而文章，固然要與當年勢如破竹的情形不同了。破竹竿與編竹器原非同日而語的事情。我們在努力時，無論貢獻如何小，深信可不失望，也深願受同志同道們的指導。

從本期起，為本《半月刊》擔任著述者的組織與前略有不同；分為編輯員與撰述員。撰述員的職務是對於本刊隨時作撰述的貢獻。編輯員的責任則較為繁重，除著作撰述之外，尚須按兩星期赴編輯會一次，專任討論本刊的內容及計劃；凡遇重要問題的發生時，有與總編輯會同閱稿，酌量增損的本分，致可與編輯共負言論的責任。這樣，編輯部就成一個更為堅固的組織，亦成了一個更為深密的團契。工作難，交契深，臨事則細經考量，鄭重麼？不當鄭重麼？我們深喜本季有前《生命月刊》總編輯劉廷芳博士回國，與同人們共擔編輯的責任。劉博士遊歷歐美兩年，於兩年之中，曾任英美數大學講師，赴歐美基督教數大會，演講八百五十七次之多。我們深喜梅貽寶博士也回國了。他是研究哲學的。北平青年會總幹事陳立廷先生本年新加入本刊編輯部。這幾位同志都是謙退虛受的基督徒，自視恒若不滿，因此為他們作揄揚的言論是不應當的，不過此處提起一二語，略為表明同人誌喜的意思罷了。

再者，本刊是生命社出版的，編輯部既擬有更深密的團契，以祈因此而得更深切的文字貢獻，生命社全體更宜佈置周詳後，放開社務，鞏固團結力，作縝密的討論，以為編輯部的指導與援助。本年之內，生命社已決定開五次全體大會，一方面聯絡情誼，一方面交換意見。社員負本刊經濟的責任，自當更負思想發展的責任。社員之中，有不多西國朋友；為他們的便利起見，本刊在施與受兩方，皆當發表英文的論著。西國社員用英文發表意見，當然較用漢文為適宜，從英文收吸意見當然較讀漢文為容易。因此本刊繼續有英文論著一欄。惟本期因無人投稿，故暫付闕如。

本期的內容及形式也有可以注意的地方。形式是顯然的，讀者可以將本期與前期比較，看出同異之點來，也看出同異之點的所以然來。內容方面，第一，吳雷川先生那篇"我對於基督教與國民黨的聯想"是值得讀者注意的。篇中措辭的圓滿和緩與切實的指導、透闢的提示，在在表顯出雍容揖讓的虛心，與鞭辟入理的遠慮是不相枘鑿的。平淡中的突兀宜不惹人注意，但我們的話原是為有心人、用心人而發；決無故意用興奮劑迷醉品之理。病態心理，實在不是我們所要利用的。第二篇是吳耀宗先生的文章——"我所認識的耶穌"——其中經驗、學識、生活、行為、深厚的理智與熱烈的情感，融成一片，豈不是宗教界上具有卓見的文章。善為文者將文與心合而為一；見文而不見其心，其能為善讀者乎？至於徐寶謙先生所譯的《神學與人生》，乃是繼續前數期的；有其始，應有其終。該書——《神學與人生》——行將譯竟；待譯竟時，中國基督教文字界上得了一冊有用的整書。誠質怡先生近正從事於《新約導論》的著作。本期載其第一章；將來源源繼續，對於要求瞭解《新約》的人，學生，牧師等，宜有相當的補助。此外本期尚有詩兩首，一曰"懇求"，一曰"客西馬尼"。詩之為道，所以言志，所以達情，所以潤心，所以助靈修。本刊在文藝方面，尤重詩歌，良以此種清吟高詠，足以冶自然、人羣、獨見的諸美於一爐，而達信者的全心，使領悟之心超此塵凡，入彼妙境，藉此痛苦，得彼安寧，由此情懷達彼生活，豈非救濟顢頇的參苓，消解枯涸的溪淵麼。詩縱未粹，意固是焉，容之或有當耳。

原載《真理與生命》三卷十一期，1928 年 10 月

編輯者言

基督教革命

本期論文內,有吳雷川先生提出的"訓政時期中基督教會應有的工作",吳耀宗先生提出的"醞釀中的基督教革命兩個問題"。我們深覺這兩個問題的急迫,願意讀者與我們作共同的討論。對於宗教我們儘可有兩種並行不悖的看法:(一)宗教是為社會保存已被公認的重要價值的生活努力;(二)宗教是革命進取,為人生開闢創造新價值、新生命的生活努力。由前者觀之,宗教不免是守舊的,是制度,是組織,是有統系的權威。因為價值的保存,莫不有待於其器具。一到社會上許多價值無待宗教保存扶持的時候,宗教便死無葬身之地了。不過宗教雖死,貢獻昭然耳。由後者觀之,宗教是永遠創新的生活。惟其是永遠創新的生活,所以它可以搭鷹架,拆鷹架,毀工具,造工具,消滅價值,創造價值。有人要問,現在不是宗教"落伍"的時代麼?宗教還能創造什麼呢?基督教徒天天放馬後礮,湊趣不足,繼之以投機,投機不足,繼之以捕風捉影,說玄虛,騖外而舍內,多見其為槁木,為死灰耳。我回答說:聖教中先知聖徒,果盡是守成的人麼?耶穌自己果無革命的思想言行與事實麼?在古時候,宗教為人事之母,美藝、政治、法律、工商,以至於哲理科學莫不共沐其覆育之恩。後來,人事分化,各自獨立,猶然各含一部分的宗教意味。即今之科學家,視其所事之科學,猶有與宗教無別的精神。人事既分,宗教就不必再有創造美藝、倫理、政治、法律、哲學、科學等等的事功;祇要收集容納其子孫曾立的貢獻而修飾自己、整飭自己,使自己成為純潔粹美,整個兒,全個兒的生活。換言之,宗教不創造事物,乃專創造個人,修飾其性情,整飭其態度,使其生活得其全而為豐美滿備,內而心靈,則心與神相通;外而同羣,則人與羣共作。宗教的永遠責任是造就個人,再由各個人進入政治而創新政治，進入美藝而擴充美藝，進入其他生活而使其他生活得以駸駸乎有日上之勢，以臻於至美至善。這不是說宗教的團體——教會——不必努力於社會服務的工作。宗教與教會，固有密切的關係，然而是兩件事。然則我們要注意於今日中國基督教革命，我們在"醞釀中"就當做革心，改革我們的態度與精神、思想與信仰；一言以蔽之，我們要悔改，要換一個心理，因為天國近了！革心如何？你若面向上帝，查一查自己，就知道了！愛。徹底的愛，我們上帝的心，要做你的標準。而後，我們必可有好教會，有教會的事業。耶穌的革命勢力在此，舍此，吾恐南其轅而北其轍耳。

為學生軍進一言

學生是我中國最有覺悟的分子，也是最容易糊塗的分子。舉一例而言。為國奔走，甚致於犧牲性命，謀求革命的成功；所有貢獻，彰然在人耳目，不是因於學生的覺悟麼？然而為國為學，原應當有同樣的態度。竟有人藉為國的名，故意曠課不學，肆行搗亂，這不是學生中間容易有糊塗的人麼？現在我國經過了許多人的犧牲，纔得達到訓政時期。我們要明白在繼續的革命生活中，今後的重要部分，是在於建設，是在於訓練我們自己；由我們所得的訓練而去訓練同胞，使我們都做中國有覺悟、有愛國心的國民。在訓政開始之時，有許多學校裏組織了學生軍。我們憑基督徒的眼光看來，學生軍的組織，至少有兩點切實的好處。第一是紀律，第二是工作。這兩件事是連帶的；有好紀律就有耐勞克苦的工作，有好工作就有嚴肅整飭的紀律。紀律與工作與中國的威嚴、學校的學風有密切的關係。中國是積弱的國家，要使全國人民轉弱為強，不受任何帝國主義的欺凌壓迫，非有切實不懈的訓練不可。學生軍是此種訓練的一法，也可謂此種訓練的精神凝結處。故凡為學生軍者，就當下決心，不懈怠。但軍隊的秩序曰紀律，學校的秩序曰學規。紀律是有威令維持的，軍人不能不遵守；若因畏懼威令而遵守紀律，雖有至徹的秩序，也於人格無足重輕。學校的學規是沒有威令的，至少最大部分是沒有威令維持的，所以遵守與否，全視學規的當否，與夫學生的人格如何。現在為學生軍的人若因一事而事事認真，毫無纖介的輕忽，那末學風也就不期然而提高了。總之，無論是紀律是學規，都賴人格為中心。我們要問學生的人格是不是中國國家人格的表顯？倘使是是的，那末我們就從學生軍聯想到中國前途的光榮了。

原載《真理與生命》三卷十二期，1928 年 11 月

編者注：

①此篇雖未署名，但總編輯為趙紫宸先生，故臆斷為趙先生之作。

耶穌是誰？
——耶穌是人的朋友

數年前有一位學生問我說："請你用簡單的話答覆我這個簡單的問題：'人生是什麼？'"當時我想罄盡天下的大經大法還不足以回答這表面上看來似乎簡單的問題，少年人看事情真是容易。可是我不願使他失望，所以略加思索，便猝然答道："人生是友誼。"從那日起到如今，我越想越覺得這個答覆的不錯；閱歷思想，這幾年來，在我身上都為這句話作見證。耶穌到世上所做的事也就是創造了他與人中間，人與神中間的友誼。他說："人為朋友舍性命，比這更大的愛是沒有了。你們若遵依我的誡命，你們就是我的朋友了。我不再稱你們為奴虜，因為奴虜不知道主人所作的事；我要稱你們為朋友，因為我從父那裏學習的都已告訴了你們。不是你們揀選我，乃是我揀選你們，並且派你們去結果子。"我們與二千年前的人一樣要問耶穌是誰；可是在我們能夠徹底地答覆這個問題以前，有一件事是清楚而毫無疑義的，就是耶穌是人的朋友。

人有朋友，生活便有意義；否則世界雖壯偉大，人類雖滋衍繁盛，我處其中，不啻在一廣大的沙漠，越廣大越孤獨而已。人的宗教亦無他，不過是人與宇宙的中心，互相通連，結成友誼的生活與工作而已。保羅說："我們既因信稱義，就藉我主耶穌基督得與上帝復和。"換一句說，"我們為人，因着信仰，得到正當的生活。我們由我們的朋友耶穌基督的介紹，得與宇宙的中心，天地的本原做朋友。"人生無他，宗教無他，至其極便是我們由朋友的生活與犧牲而為人的朋友、天的朋友，使生命全團成為一個奮鬥相共、痛苦相共、勝利相共、榮華相共的大友誼。我們努力為人原是要轉變一切漠不相關的事物，一切抗拒人生的勢力，一切殘害我們的仇敵，使他們都做我們的朋友；也原是要使倔強悖逆的我們，聽從愛的命令，而為上帝的朋友。

然而交朋友有道,有應循的條件。我們看耶穌怎樣做人的朋友,就知道他遵循了什麼條件。這並不是說耶穌與人做朋友,是苦守着法律去做循規蹈矩的動作。他做事情,無論待人接物,莫不自由自在,無有牽強。但是我們觀察他的行為,其中自有清楚的原理。第一,我們看出耶穌是絕對地恭敬人的。敬是友誼中最基要的成分;沒有敬人的心,即沒有真友誼的實現。敬是不降低自己的人格而能擡高他人的人格的道德。耶穌對於一切人都持尊敬的態度;他的眼睛看透了一切人面人性的不同而達到人裏面的共相——上帝的形像。在於他,那患病十八年的傴僂老婦,譎詐強取一世的稅吏撒該都是亞伯拉罕的後裔。在於他,兒童婦女、稅吏罪人以及官府祭司,無智無愚,無貴無賤,無賢無不肖,皆有他注意、幫助的價值。

第二是誠。其實誠與敬是不能離立的;誠是敬的體,敬是誠的用。凡真心要做人朋友的,必先開誠,必先做推赤心置腹中的工夫。誠是不可虛飾矯作的東西;不誠的人,決不能在眸子裏、聲音裏、舉手投足裏、周旋酬酢裏、一切纖細毫末的情形裏隱藏他的虛偽假作。附耳的低語,真的,要在屋頂上顯揚出來。有眼睛的,總看見過世人所謂的交友之道。這時代,似乎也是在我們中間,與人相見,一握手便是朋友,一識面便是朋友;但是共事同工,便不是風馬牛,就是妒忌猜鬥,以致一個團體,得不到一個團體的中心點。為什麼?豈不是因為人人相見,彼此接近到一個程度,尚離多少步,即不走了麼?深的心沒有與深的心相交觸。誠而不在,友誼於是乎泛泛矣。耶穌不這樣;他知道將自己交託於人是不容易的事。一面的事容易做,雙方的事不容易做。我固誠矣,人不誠何?《約翰福音》第二章二十四節說:"耶穌不將自己交託給他們,因為他知道人心。"這是《聖經》中一句最難堪的傷心語。人的痛苦,就是一腔熱血毫無使處。耶穌的家人不了解他,門徒不了解他,仇敵當然不了解他,直到如今我們中還有許多信眾沒有徹底地了解他。但是他究竟至誠地做了我們的朋友。聽!"但我稱你們為朋友,因為我所得知於父的都已告訴了你們。"

這句話使我們想到友誼的第三個條件,就是自啟。人與人為友,固然不應當欺詐、弄手段、作種種的不誠,但自積極方面看,還當乘機會以自啟其心。各人的心有個深處;未到深處,祇可謂之初識與面交,不可謂之朋友。要達深處,除非自啟,而自啟的路,不專在言語,絕不在自誇。有的人,還要加給他；沒有的人，連他所有的也要奪去。有愛心的一笑一顰，都啟示愛，愛就加給他了；沒有愛心的，無論如何"巧言令色"，亦不過"鮮矣仁"而已。《聖經》有未載之言，門徒得言外之意。凡親嘗耶穌的教訓的人，都帶上了不可思議的新生命。

朋友或自來，或不自來；或求而得之，或不求而得之。然而欲與人為友，精神努力向前，不息地探索，不止地侵進，必從搜尋而後得良友。耶穌如何得抹大拉的馬利亞，如何得彼得、雅各、約翰等人？求而得之。人中間有許多人，或因教育的錯誤，或因事業的失敗，或因閱歷的不順，或因性情的懦怯，丟失了豁達開朗的勇敢，變成了閉塞封固的弱者；心中急急地需要他人的熱情與愛護，而自己沒有方法去尋獲。這等人若不是有人尋找他，也許終身無出頭的一日，也許悲哀失望而竟自殺。可是這等人是最忠實的朋友。耶穌來就是要找尋這樣迷失的人，就是要做他們的朋友。耶穌尋找他們，我們也應當去尋找他們。不用言語，不用虛浮的囂張，乃用誠而且敬的愛心。我們果然如此行，我們就能夠變泥土為鐵石，變鐵石為黃金，就能變化氣質，使弱者成為天下莫敵的堅強。耶穌的宗教不是奴虜道德，不是無抵抗主義，乃是轉弱為強的勢力與生命。他能使抹大拉的馬利亞為世界婦女的模範，使加利利海捕魚的人去得人如得魚，使一群無知無識的小民搖動全世界。這都是因為他把自己贈給人，叫他們得了他們急需迫求的朋友。

朋友是有公共目標的。或因文字的興趣而為文字交，或因貧賤的共當而為貧賤交，或因精神的投契而為至交神交。無論興趣的高卑，目標的遠近，一有共事，便為同志，一為同志，便相契合。所以交朋友第五個條件是公共的目標。當然小人以利交，"黃金不多交不深"，也似乎有一個共同的興趣與目標。但，利有所偏，有時盡，有時不均，有時損人，有時大有損於自己的人格，故雖"小人之交甘如醴"，決無實在建設、實在耐久的可能。因此交朋友不但須有目標，且須有崇高永遠的目標。耶穌找人為朋友，無處不高舉天國的旗幟，無處不以全愛的上帝為人格的指歸。人的品格，有可衡量；觀其朋友，可以知矣。善人必有善友，文人必有文友，直人必有直友。聽其言也，察其朋友，人焉廋哉，人焉廋哉！

第六個條件是服務，是共擔痛苦。"貧賤之交不可忘，糟糠之妻不下堂",其所以深根而固蒂,人莫能離間之者,端以其間有一個共擔痛苦的團契。耶穌找人為朋友,一方面固然要與人共享新生命,一方面也要與人共擔痛苦,而創天國在人間。他的"新約"是用血設立的。一杯紫霞色的葡萄酒,在逾越節的夜間,不是有甚深微妙的意義麼?這世界是在痛苦中,在害惡中,在打破痛苦害惡的奮鬥與冒險中。我們在這世界上或信上帝——宇宙的中心——是全善的,或信上帝是善惡相混的,或信別的,或竟無所信。數者之間我們擇信上帝是全善的,也擇信惡雖在經驗中帶有真實性,卻是可以被善因痛苦而消滅的。一切痛苦害惡俱是發展善性的阻力,好像上帝安排着要使自己的全善由人的奮鬥而彰顯。而且我們可以擇信一切為惡而死的人,若懷有寶貴的價值,決不因死而不存。無論如何,耶穌介紹我們進入痛苦的團契,使我們天天背負十字架帶着他的死,而由他去認識結交那人羣中與我們一同擔當痛苦,一同攻打害惡罪孽的上帝。有惡有苦,乃有全善的上帝,乃有與我們一同奮鬥的上帝做我們的朋友。耶穌奮鬥着,祈禱着:"父啊,你的旨意成全罷!""父啊,饒恕他們,因為他們所做的,他們不知道。"人心若未曾死,總會認識耶穌是人的真朋友,總會由他而學習認知宇宙的中心——上帝,而以他為我們千難萬難中,永遠幫助我們的朋友。

當然,朋友二字的意義,有深淺廣狹之別。由廣而淺的意義說,人當為善人的朋友,也當為仇敵的朋友。耶穌是思想最徹底的;倘使他的前提不錯,那末結論一定是愛仇敵,與仇敵為朋友。世人雖十分信他,卻遠不敢透徹地從他的前提想到他的結論。耶穌教訓我們,上帝是父,人是弟兄。父愛人,要因愛而轉移人心,使惡者皆向善,弱者皆成德。一切世人皆當愛,皆當入愛的團契,就是天國。那末,誰不是我們的朋友呢?我們的同情心抗拒着一切人為的限制,一切不理性的限制。我們的信仰與宗教不肯認識一切階級、制度、種族。我們的經驗與要求不能容忍害人、欺侮人、殺人的爭鬥與戰爭。誰都是我們的朋友。已死已老,垂老垂死的人是我們的朋友。未來來生,將生將來的人也是我們的朋友。現在的人,無論如何貧賤困苦,卑陋齷齪,按着耶穌的教訓說,都是我們的朋友,都當受我們的尊敬與好意,都不當從我們得任何痛苦與患難。

可是我們不能與多數人作深相結識的朋友。這種深相結識的朋友是不容易得的。若能得一個這樣的朋友，人就能達到道德經驗的最高點了。所以說，"得一知己，雖死無憾"，"士為知己者死"。曲彌高，和彌寡；德逾深，心逾孤。父與子爭，媳與婆爭，與烈火撒在地上。人在兄弟中也許不得朋友，父子中也許不得朋友，夫婦中也許不得朋友，然而"德不孤必有鄰"。心潮奔騰，上親雲漢，雲海相拒，而復相接；良友知己，乃從天外飛來。心的呼喊，雖天海亦有應響；上帝與朋友同來了。到了深處，無事不可言，無言不可盡。到了深處，人生即顯而為浪漫的，其歌也有思，其哭也有懷。到了深處，心的眼睛見了上帝的面，因為朋友的臉上心中，都是全部的宗教，都是是，在神秘的一刹那。到了深處，我們就得重生，一切都變換了；撒該放棄了家產與金錢，彼得約翰撒開了漁網漁舟，保羅把拉比的體統與名位都放下了。到了深處，哲學祇值得一文錢，神學就好像夏天過夜的魚肉，倫理本分損失了威權。在亂紙堆中挺生了、衝出了一個新生命。到了深處，清清楚楚的懸掛在眼前一個必須背負的十字架。

耶穌來，究竟是為什麼？他與人為朋友。凡與他為朋友的，都經驗到人生的大意義，都覺察到自己品格的提高。在耶穌裏——在做人朋友的耶穌裏——人見了上帝。除了在真的朋友裏人不能見上帝；除了人自己努力與人為友的心裏，人不能在自己裏面見上帝。人因與人做朋友，使人的人格解放了，自由了，提高了。在那解放的一點，自由的一點，提高的一點裏有真，有善，有美，有愛，有全，有實在，有上帝的表顯。耶穌來究竟是為什麼？是要與人做朋友，要由自由的朋友關係而介紹人與他所垂示於我們的上帝做朋友。上帝是宇宙中心與本原，是人類全在的朋友。我們有他，我們自己就做了人全在的朋友；耶穌的寶血就洗淨了我們的罪，我們自己的血就洗淨了人們的罪，我們在上帝面前，可以坦然無懼，稱他為"阿爸父啊"。宗教是心的祈禱，祈禱是人心向前的努力，人心向前的努力是交朋友。因此我須要效法耶穌努力祈禱，在深奧的默契中，乃與上帝有不相隔斷的友誼。人哪，在一切痛苦罪惡害險中，我們與宇宙有友誼，與人類為朋友了；宗教在是，信仰在是，上帝在是。耶穌來，祇為了這件事。耶穌是誰？是人類的朋友。從今以後，最沒有希望的人都有了希望。兒童們若能與我們做朋友，那末凡不失赤子之心的人們，都可以進天國。彼得的鑰匙到如今已經生了銹，不能用了；朋友們，天門蕩蕩開，為何不進來。

十八，一，七，夜，燕東園的歸思齋
原載《真理與生命》三卷十七期，1929年1月

編輯者言

基督教的趨向 現代的人,心裏根本的要求,撇開了表面上的經濟政治等問題,是什麼是實在有的,而不是誆騙人的。人覺得生活枯燥冷酷,非有宗教的維護不可,但是他要問宗教裏所說的信念是不是指點出一個真有的實在。因為這一點,現在有許多基督徒要回到基督,回到歷史的耶穌,考查考查他自己和他的宗教。在耶穌的言行生活裏,人找出了三個很重要的元素:第一是他對於上帝,天父,的覺悟信仰與深契;第二是他從時代思想的影響而抱持的末世觀;第三是他的天國觀和達到天國的博愛犧牲之路。第二個元素我們知道是暫時的,也不是耶穌思想中最重要的一點。因此,簡括些說,人若要求一個基督教的真相,就得用歷史的研究眼光去瞭解耶穌和他的上帝觀和天國觀,一方面與他同入精神生活的實驗,一方面從退密的修養裏出來,作社會服務的根本工作,藉此而建設地上的天國。我們要在今日的中國,今日的世界做誠實懇切的真基督徒,我們就須要知道教會裏的先知先覺已經為我們指出了一條道路與五個清楚的趨向。道路是學習耶穌努力追躡他的高踪,去實行愛人的種種事。趨向是(一)持科學的態度去求真理與實在,(二)持愛人的行為去表明我們的活潑潑的信仰,(三)持親密的信眾團契生活去培養精修我們的人格,(四)持切實的服務社會人羣的大計劃去努力實現天國,(五)持廣大無邊的國際友誼的運動去成全我們最高的天國觀。換一句說,耶穌是我們的道路,我們要使基督教科學化、倫理化、生活化、社會化、世界化,由此種的進化而達到我們理想的鵠的。這不是說我們要放棄神秘的宗教修養,撤除靜獨的正知見,毀滅教會的形式禮儀制度,一切應有的組織,犧牲個人,超脫塵俗的宗教,脫離謀求祖國幸福與偉大的努力工作。這確實是說:我們先求上帝的國與他的公義,其餘一切都要加給我們。有我們的道路與趨向,努力進行,一切應有的都可以有;沒有我們的道路與趨向,縱使有宗教教會,一切俱是迷醉,俱足使我們的生命停滯凝固,以致於殭,以致於死。敢問信道的同志們,你的趨向如何,你在哪一條道路上,你有沒有實在充滿的活命?

先進教會對於後起教會的一個根本要求 去年春天在耶路撒冷開世界基督教宣教大會的時候,我們中國的信衆領袖們,代表着中國新從艱難危險裏萌芽的後起教會,侃侃然向着西方有實力有根基的先進教會代表,陳述我們要自己獨立,又要和他們通力合作的堅強崛峙的意見。不但是我們自己忻賞這種朝氣,在自己的噓吐裏呼吸了好一回,即是先進教會深有識見的領袖也盡情恣賞了好一回。其中有一點是西宣教師遣派來華的問題。我們都明白地說中國教會繼續地要求先進教會遣派後起教會認為合適的人物到中國來輔助我們教會的進行。當時先進教會的領袖對於召募人才、訓練人才的問題深覺為難。老式的人才已經是落伍者了,新式的人才卻不易羅致儲集。近十年來美國青年男女應募的人數目大削;比起十年前來,人數祇有十分之一。先進教會的精神勢力大部分依仗宣教人才的熱心與努力;若這一件事減色,全教會就覺得有點氣餒了。然而美國的青年信衆為什麼對於國外宣教沒有前數年那般踴躍了呢。緣由是很複雜的。就中有一個理由卻甚清楚:即是美國宗教最熱心、品格最高潔的青年已不情願專聽宣教會的召募與指引。**他們要確實地明晰地知道宣教地的後起教會的態度,與其切實的大計劃,懇切的要求,合理的選擇與聘任。他們願學願受指揮,但是要得確實的計劃事工前途的保障。他們的要求就是先進教會對於後起教會根本的要求**,先進、後起教會的運命皆有繫乎這一件事。中國的教會,敢問,將如何對付這樣的要求。中華基督教協進會在去年秋季年會時,曾有一度籠統的宣言。這種宣言的精神是好的,然而籠統糢糊,卻不會使先進教會內實事求是的熱心的青年信徒得到滿意。再過幾時,無論個人的主張,團體籠統的宣言,說話怎樣的慷慨,俱不足以為中國羅致最有貢獻的基督教使者。然則中國教會將怎樣對付這個題目呢。

中國有沒有教會 一九二二年春在中國的各公會居然由續行委辦的主持,結成了一個基督教全國大會。其時號召全會的大題目是**中國教會**,其時第三股的報告,居然是中國人著作的教會宣言,洋洋灑灑極盡淋漓之致。中國信徒的心聲中發出對於中國文化、中國精神的遺傳的認識。那時節中國教會似乎已具雛形。可是近幾年來，教會受非基督教運動、共產黨、新思潮各方面的迎頭痛擊，現實了兩件清楚的事實，許多本來漠不相關的教友離開了教會，許多有思想有熱心的青年信徒也離開了教會；並且掊擊教會最厲害的就是曾經滄海的出教分子。當然一件很可忻喜的事是教會裡有堅持到底臨難不渝其信的信徒。可是這樣的人大都是在中年以上。當此之時，有思想的基督徒就要問教會果然是個什麼東西。目下，中國簡直可以說沒有教會；若說有教會，那麼這個教會的現狀就是這個問題的許多答案的綜合。有一般人說他們祇要宗教，不要教會，好像宗教的維繫、發展、流布、繼存是不依賴組織與制度的。有一般人說他們對於現存的公會，與其他種種組合皆不滿意，極願有一種新的可以發展精神生活的團體；可是這種烏托邦還是烏托之邦。有一般人說祇要有小團體，真團契，所以零零碎碎實際上分散了許多小教會，在其中卻不見有永久維繫，長久繼存的可能性。有一般人主張維持一個中華基督教會，又有一般人主張先組織中華聖公會，中華長老會等等，然後再求進展；此其中落花流水也不是使人眼花落井水底眠，便是使人但願長醉不願醒。當然一剎那頃，便要使中國人有一個教會是辦不到的事。然而中國信徒對於教會熱烈的要求，清楚的意識，強有力的教會觀念何在？問題是中國信徒有沒有教會，請有心於此的同道們做一個切實的答覆。

青年會第十一次全國大會的總題　本年青年會要舉行第十一次全國大會，這是一件基督教運動中極重大的事。其總題是青年會在中國政治、經濟、工業、知識、道德、思想的建設中應有何種的任務。這一句話裏看得出中國基督教青年會，雖然受了許多人的攻擊嗤笑，卻實在是清醒活躍，深覺自己的功用的。非基督教的人對於青年會的批評、訕笑、謾罵，我們已經聽見了。教內的人說青年會崇尚敷衍，不專求信仰的深造而徒事虛張聲勢的號召，既俗且陋，又太覺商業化，這等也挾些理性的批評，我們也已經聽見了。然而我們要平心靜氣，仔細觀察，青年會對於社會服務，平民、公民教育等事業實在是極偉大的事。我們要明白中國的基督教青年會在中國基督教運動中是佔大勢力，是有大貢獻的。它雖把有些事做得不高妙，譬如出版物一端，然即以基督教的出版物論，還要算青年會零零碎碎地有點東西出來。青年會是有特色的，我們應當注意。第一，這個機關是無宗派的，最自由的,最容易改善的,也最有活動力在裏面,主張順應時代青年的要求而計劃改善的。第二,這個機關是全國的組織,每一個支體有獨立性,整個結合有聯絡性;若其董事幹事們果能善用這個機關,就可以一舉而得全國信衆、會友的嚮應。曾有人將青年會與共產黨、英美煙公司、美孚火油公司相提並論,其言雖無倫次,然其對於青年會效率偉大的認識,我們卻無間言了。第三,青年會是教會的前鋒,曾經衝鋒入陣,現在還驍勇可喜。第四,青年會是最近於中國人自己管理供給的團體。第五,青年會是基督教會社中最與社會接近的機關。以這樣的機關,作全國的計劃,若我們把頭腦子裏的精華絞出來幫助它答覆第十一次全國大會的總題(這個總題包含着強有力的覺悟),然後督促輔助,用同志的愛護,使其計劃得有充量的實現;青年會豈不定有重大的貢獻麽。

原載《真理與生命》三卷十九、二十期,1929年3月

陶詩中的宗教

這時代是一切宗教的過渡時代！尤其是基督教的過渡時代。其間有幾個思想的趨勢，已經彰明昭著的了。人對於藝術有非常的重視與忻賞，深覺人生應當藝術化，而藝術亦日趨於平常生活的注重，與夫此種生活平凡中的神秘。同時，人亦厭惡一切矯飾——即好為矯飾者亦有時起這種厭惡心——深覺虛文縟節，足以掩蔽真際。這種心理特別是在宗教上顯出來，特別是顯出來的時候，帶着藝術與空文衝突的感覺。人的生活已經超出了夙昔的教義與儀式，似乎解悟到在昔的宗教，實非吾人之所謂宗教了。可是往者已矣，來者但略有朕兆而尚未清楚地呈露。吾人正等待着信仰產生出自身的正解與方式。在此等待之際，吾人察見今日與將來的宗教必須含蘊的兩個元素：（一）肯定人生價值的最高點是精神生活的自由與擴展；（二）肯定宗教是人與人群自然，以及一切真善美達到融洽統一的思想情感經驗與行為。准此，則將來的宗教，必自最少數人的解悟，歷經世紀而後漸漸地成為多人的生命，必須有至性至情的人，深受培養薰陶，而後乃見宗教的真相。天分與學力兩者兼包，然後宗教乃能昌明廣大，乃能引領人群進入吾人今日所尚未窺見的奇妙豐美的生命。這樣看來，宗教並不是一件已過的事，乃是一件在生未生，在來未來的事。

這種的宗教，我在陶淵明的詩文裏看見了。陶詩簡妙，故美；自然，故真；執定精神生活的超乎物質而呈其偉大的自由，故善。凡讀陶詩的人，總多少能覺陶淵明是怎樣一個人。他的詩無處不表顯他的毫無矯勵，無處不表顯他的至性至情。因為他人格的偉大，所以他的詩裏便毫不隱藏地示現出他生活的衝突與融洽來。沒有衝突，生命便不須有融洽，不能有統一。由衝突而奮達於融洽統一，執所是，可以建天地，質鬼神，俟百世，那的確是宗教的本質。他在《始作鎮軍參軍經曲阿》那首詩裏說：

>"弱齡寄事外，委懷在琴書。被褐欣自得，屢空常晏如。時來苟冥會，宛轡憩通衢；投策命晨裝，暫與園田疎……望雲慚高鳥，臨水愧遊魚。真想初在襟，誰謂形跡拘；聊且憑化遷，終返班生廬。"

他所抱的是遠志，所拘的是形蹟。無論當時的鎮軍將軍為誰，或劉牢之，或劉裕，其人皆氣勢焰焰，不可響邇。以"騫翮思遠翥"的人而委居於英雄無用武之地，則自當懷不忘溝壑之志耳。但事在進退之際，有志的人，豈能沒有心中的衝突。先生原是貧困的人，不但要奮發有為，亦且要餬口於四方。處困窮是難事，在先生看，屈身事權貴更是難事。兩難相較，則取其心之所安；所以艱難痛苦，一決志，則絕不退轉。《飲酒》二十首中有一首，很清楚地表示他心中的衝突、悲哀與決絕：

>"栖栖失群鳥，日暮猶獨飛。徘徊無定止，夜夜聲轉悲；厲響思清遠，去來何依依。因值孤生松，斂翮遙來歸。勁風無榮木，此蔭獨不衰。託身已得所，千載不相違。"

但他總覺得此生此志，無所寄託，自慕自惜，依依此情。《貧士詠》裏說：

>"萬族各有託，孤雲獨無依。曖曖空中滅，何時見餘暉……"

又說：

>"……弊襟不掩肘，藜羹常乏斟。豈忘襲輕裘，苟得非所欽；賜也徒能辯，乃不見我心。"

>"……芻藁有常溫，採莒足朝飡；豈不實辛苦，所懼非饑寒。貧富常交戰，道勝無戚顏。至德冠邦閭，清節映西關。"

《南史》《晉史》皆列他於隱逸之間，但是他何尚甘心去作隱逸呢？若說是隱，他卻"結廬在人境"；若說是逸，他卻"晨出肆微勤，日入負耒還"。然而他所以至終被列於隱逸的緣故，他在《感士不遇賦》裏說明白了。

序子裏說：

>"自真風告逝，大偽斯興，閭閻懈廉退之節，市朝驅易進之心。懷正志道之士，或潛玉於當年；潔己清操之人，或沒世以徒勤。"

又說：

>"寓形百年，而瞬息已盡；立行之難，而一城莫賞。"

這樣看來，人不能"立行"於朝市，便當"立行"於隴畝。先生的隱，無他，為的是要立行。可是他有志不騁，心中老是不安。《雜詩》裏說：

"……欲言無予和,揮杯勸孤影。日月擲人去,有志不獲騁。念此懷悲悽,終曉不能靜。"

我讀陶詩,對於陶的為人不能不深深敬服的緣故,是因為他毫無掩飾地在詩裏把心事和盤托出。他是不忘好爵,不"忘襲輕裘"的,"固為兒女憂"的,深知所擇的途徑是痛苦的;然而"有志不獲騁"便艱苦卓絕,在無可奈何的境況中,不能有為的時勢中,宣告他精神的自由,人格的獨立。沒有飯吃,勞作,死,都沒有壓迫他的能力。所以他雖然身受種種困苦,

"……風雨縱橫至,收斂不盈廛;夏日長抱飢,寒夜無被眠;造夕思雞鳴,及晨願烏遷……"他雖然苦到乞食的地步,甚而至於說:

"飢來驅我去,不知竟何之!行行至斯里,叩門拙言辭……"

總覺得身受飢寒,比較人格墮落為愉快。——自晉宋以來,這位靖節先生,真是我們中國人,特別是今日的中國人,的先知!

生活的衝突,不止於此。生活背後,有一個人生觀與宇宙觀。在陶淵明看來,他的人格,當然是最可寶的東西。他若艱苦砥礪,奮然操守,亦不過臨了一瞑不視,歸於烏有,豈不是以其所寶,即等於虛空,較之釣名沽譽,貪婪污濁,毫無長處麼。他從觀察與經驗了悟到,萬物各要永年,而萬化必歸於盡,不能不起一種精神上的衝突。在《形影神》詩序中,他說:貴賤賢愚,莫不營營以惜生。在《九日閒居》裏他說:

"世短意常多,斯人樂久生。日月依辰至,舉俗愛其名……"

雖說營營惜生,"斯甚惑焉",及歎逝水,亦不免於悲情。他在《遊斜川》詩序中明明的說:"忻對不足,率爾賦詩。悲日月之遂往,悼吾年之不留。"在詩文中又明明的說:

"開歲倏五十,吾生行歸休;念之動中懷,及辰為茲遊……"

《影答形》:

"……此同既難常,黯爾俱時滅;身沒名亦盡,念之五情熱。立善有遺愛,胡可不自竭;酒云能銷憂,方此詎不劣。"

《歸園田居》第四首:

"……借問採薪者,此人皆焉如?薪者向我言,死沒無復餘。一世異朝市,此語真不虛;人生似幻化,終當歸空無。"

《諸人共遊周家墓柏下》:

"今日天氣佳,清吹與鳴彈;感彼柏下人,安得不為歡。清歌散新聲,綠酒開芳顏。未知明日事,余襟良已殫。"

人生果然是幻化麼?果然是"吾生夢幻間"麼?果然是我"流幻百年中"麼?所謂天道,實在不易瞭解。所以說:"天道幽且遠,鬼神茫昧然。"晉人崇尚虛玄,好談道妙,但自先生看來,神仙虛無縹緲之說,全無可憑。有時先生總覺得人生苦短,應當及時行樂,如《九日詩》所述:

"……萬化相尋繹,人生豈不勞!從古皆有歿,念之中心焦。何以稱我情,濁酒且自陶;千載非所知,聊以永今朝。"

有時他也放開了想像的遠翥,翱翔於海闊天空,以舒其感懷,如《讀山海經》數章所言:

"丹木生何許?迺在密山陽;黃花復朱實,食之壽命長。白玉凝素液,瑾瑜發奇光。豈伊君子寶,見重我軒黃。"

"翩翩三青鳥,毛色奇可憐;朝為王母使,暮歸三危山。我欲因此鳥,具向王母言:在世無所須,唯酒與長年。"

可是想像的慰藉是一件事,理智的提示又是一件事。若想像的彩翼能夠飛翔於理智的青空裏,那才是孤鶩長天,真美融一。不然,若理智與想像,雙方離析,我們就當硬着頭皮面對理智所提示的事實了。在陶淵明則至少有兩件事為他所不能不肯定的:第一是精神生活的偉大,他從自己的修養了悟而經驗的;第二是萬化尋繹,人生有盡,他從觀察思想而闡達的。這兩件事是衝突的,因為物換星移,最寶貴的,亦莫可淹留,遑論保全了。《飲酒詩》說:

"顏生稱為仁,榮公言有道,屢空不獲年,長饑至於老。雖留身後名,一生亦枯槁;死去何所知,稱心固為好。客養千金軀,臨化消其寶……"

顏生、榮公亦"臨化消其寶"。彼尊榮一世者,善養千金軀,亦"臨化消其寶"。既欲消之,何必長之?既如此長,又既如此消,則事實如此,焉可不認;認定之後,然後謀求解決二者的齟齬。因此,先生便在《擬挽歌辭》三首裏,直截痛快地說明他自己的,也是人人所共有的終局:

"有生必有死,早終非命促;昨暮同為人,今旦在鬼錄。魂氣散何之,枯形寄空木。嬌兒索父啼,良友撫我哭,得失不復知,是非安能覺……"

"……欲語口無音，欲視眼無光。昔在高堂寢，今宿荒草鄉……一朝出門去，歸來良未央。"

"幽室一已閉，千年不復朝……死去何所道，託體同山阿。"

這樣看來，人是偉大的，人也要死的。若說因為人要死，所以就因循苟且也可，脅肩諂笑也可，醇酒婦人了我事也可，那末，人就不偉大了。若說人是偉大的，因為要死，所以灰心墜志，那末，人也就不偉大了。偉大應不死而終歸於死，偉大的影響留於社會，應無窮盡而天長地久有時盡。這個問題是宗教要設法解決的。可是在未解決之前，我們也得有一個不解決的解決，那個解決是人對於其時所謂之事實完全的降伏。陶淵明就得了這個解決法，一方面執着立行的必要，肯定了"匪道曷依，匪善奚敦"的惟一之路；一方面便順化樂天，作"樂夫天命復奚疑"的生活。得了這個方法，然後乃可，如《遇火》一詩中所說：

"……形跡憑化往，靈府長獨閑。貞剛自有質，玉石乃非堅……"如《連雨獨飲》中說：

"……天際去此幾，任真無所先；雲鶴有奇翼，八表須臾還。顧我抱茲獨，僶俛四十年。形骸久已化，心在復何言。"

陶詩中，有浩然長往的氣韻。以我想來，大凡偉人如先生者，雖然觀察上看得萬化歸盡的世態，精神上仍覺得貞剛不滅、形化心在的氣概。可是投降了罷。《神釋》一篇實在是先先最偉傑的作品，故錄於下，讀者細玩詩意，自應瞭解此中對於生命一個很有力的答覆：

"**大鈞無私力**，萬物自森著；人為三才中，豈不以我故。與君雖異物，生而相依附；結託既喜同，安得不相語！三皇大聖人，今復在何處？彭祖愛永年，欲留不得住。老少同一死，賢愚無復數；日醉或能忘，將非促齡具。立善常所欣，誰當為汝譽？甚念傷吾生，**正宜委運去。縱浪大化中**，**不喜亦不懼**；**應盡便須盡，無復獨多慮**。"

先生的人格既經如許的衝突而達到如許的統一，當然其偉大博厚，已可想見。可見懦夫弱者，誰也不能站立在《神釋》的根基上而守志不渝。或者，自此以往，弱者的宗教，必藉外力，而強者的宗教，祇須會心自得而已，亦未可知。

當先生之時,清玄之說尚,禪靜之見出。這些思想在先生身上,不無影響。但是先生雖屬清逸平曠,卻不為玄理所拘縈,絕無當時時彥那般滿口清談、五腸中熱的習染;雖有白蓮社的接近叩禪關、謁遠公韻事,過虎溪、語道旨的勝概,卻不為禪說所牽罵,絕無借假禪機以為生平慰藉之資的懦弱。從他那晶瑩澄澈的襟度看來,道家佛家的氣韻似已融化匯蕩成了他的人格。他的人生觀裏究竟有多少佛道的成分,我們不容易分析出來。我們知道他的努力立行,實出於儒家思想與生活的薰陶培養。他的博大是在於能容而不雜,能採而不闌,能了悟而不失其主持。《榮木》一詩,是以表顯他的本來面目:

"先師遺訓,予豈云墜;四十無聞,斯不足畏。脂我名車,策我名驥,千里雖遙,孰敢不至。"

他在儒家的生活裏着實看出豐美的意趣來。在《時運》詩中,他說:

"延目中流,悠悠清沂。童冠齊業,閑詠以歸。我愛其靜,寤寐交揮。但恨殊世,邈不可追。"

他因深得儒家生活的精髓,故能活潑潑地道出此種生趣,與夫此種生活的潛力。他雖略提三兩語,卻似乎較諸宋儒的呆滯冷澀更為健全親切。他一則說:(《懷古田舍》)

"先師有遺訓,憂道不憂貧。瞻望邈難逮,轉欲思長勤……"

再則說:(《飲酒》)

"羲農去我久,舉世少復真;汲汲魯中叟,彌縫使其淳……"

他秉剛健之質,承儒家之訓,孜孜矻矻,毫無倦意。《詠貧士》裏說:

"安貧守賤者,自古有黔婁:好爵吾不榮,厚饋吾不酬。一旦壽命盡,弊服仍不周;豈不知其極,非道故無憂。從來將千載,未復見斯儔。朝與仁義生,夕死復何求。"

《雜詩》中說:

"……壑舟無須臾,引我不得住。前塗當幾許,未知止泊處。古人惜寸陰,念此使人懼。"

朱晦庵論韋蘇州詩,嘗以比陶,而說韋"直是自在,陶卻是有力,但詩健而意閑。隱者,多是帶性負氣之人為之;陶欲有為而不能者也,又好名"。朱子以宋代理學大家的眼光,看出陶淵明的帶性負氣,欲有為不能,又好名的情況來，實在是看得非常深刻。在宋儒看，帶性負氣、好名，許是一種疵病，但在陶自己，卻並無絲毫的掩飾。他老實地對他的兒子說："吾年過五十，少而窮苦，每以家弊，東遊西走。**性剛才拙，與物多忤**，自量為己，必貽俗患……"

至於好名，也很難說。究竟誰果沒有一點名心呢？誰能矯拂自己的群性，絕不顧毀譽呢？陶淵明清楚地說："推誠心而獲顯，不矯然而祈譽。"不能如是，那末"既軒冕之非榮，豈縕袍之為恥"，凡有人情，當然不"忘襲輕裘"。然以先生看來，事若不出於自然而出於矯勵，當是"違己交病"，"深媿平生之志"了。事若違已，那末不但是名，即是生命，亦可以視如敝屣。況先生曾一再地說："百年歸邱壟，安用空名道"，"雖留身後名，一生亦枯槁"。名固可好，所以《詠荊軻》裏說："心知去不歸，且有後世名"，但決不矯然而祈譽，此則先生的高風亮節，正足令人五體投地耳。

以上一段話，不過是閒話。本篇所欲指出的，是陶詩中的宗教。我們於先生自得的貞剛中已經看出宗教來，已經指述其間由心中的衝突而達於統一的痕跡。至論宗教，除了儀節、組織種種行為與形式之外，以我看來，祇有人心中的神充溢集結，紛散湧射而已。因此我們要看陶詩中的宗教，就不能見形式，就祇可以見精神；而所謂精神者，即存乎其人，發乎其情，見乎其辭，成乎其與人群自然的感通。我們若觀察得、了悟得其間的神妙，這神妙便即是宗教的本質了。就中雖許不能見宗教的全體，其一部當亦可以瞭然見之。請先論陶詩中所露列的豪邁熱烈的深情。陶淵明少年時，酷慕荊軻田疇那一類俠士。（本篇對於先生恥事二姓一節，不加論列，因為這一節與本文沒有甚多的關係。我們承認他心境裏必有這一回事，詩裏也隱藏著這一回事。他在無論何事上決不肯使自己的精神分裂的，所以不肯事宋，不過是他全部生活中一部分罷了。）我們在《詠荊軻》那首詩裏，可以看出他帶性負氣的剛豪來：

"燕丹善養士，志在報強嬴。招集百夫良，歲暮得荊卿。君子死知己，提劍出燕京。素驥鳴廣陌，慷慨送我行。雄髮指危冠，猛氣沖長纓。飲餞易水上，四座列群英。漸離擊悲筑，宋意唱高聲。蕭蕭哀風逝，淡淡寒波生。商音更流涕，羽奏壯士驚。心知去不歸，且有後世名。登車何時顧，飛蓋入秦庭；凌厲越萬里，逶迤過千城。圖窮事自至，豪主正怔營。惜哉劍術疎，奇功遂不成；其人雖已歿，千載有餘情。"

從這首詩看來，先生果然是"少時壯且厲，撫劍獨行游"的青年，亦是"猛志逸四海，騫翮思遠翥"的青年。惟其如此，所以其中有奔湧澎湃、邁逸沖遠的宗教情緒。宗教本無他，祇是浩然長往的向前心而已。祇此心在焉，神在其中矣，上帝在其中矣。

可是先生之情，有時雄豪邁逸，亦有時悱惻纏綿。梁昭明太子說他"白璧微瑕，惟在《閒情》一賦"。我則以為惟其有此《閒情》一賦，陶詩便成了瑩澈純全的完璧。就這一點證明陶淵明是一個率真的人，不是一個迂曲的俗士，灰色的腐儒。情是連合人我的金鎖鏈，宗教也是連合人我的金鎖鏈。宗教自在一切美情中。我們讀其《祭程氏妹文》：

"……兄弟索居，乖隔楚越；伊我與爾，百哀是切。黯黯高雲，蕭蕭冬月，白雲掩晨，長風悲節。感惟崩號，興言泣血。尋念平昔，觸事未遠；書疏猶存，遺孤滿眼……"

讀其《祭從弟敬遠文》：

"……念疇昔日，同房之歡，冬無縕褐，夏渴瓢簞。相將以道，相開以顏，豈不多乏，忽忘飢寒。余嘗學仕，纏綿人事，流浪無成，懼負素志。斂策歸來，爾知我意，常願攜手，寘彼衆意……"

我們看出先生於弟妹骨肉之間，友愛何等深切。他的《責子》詩、《命子詩》與《子儼等疏》，都表示他真實的人情。黃山谷讀陶淵明的《責子》詩，"想見其人，慈祥戲謔"，正是有見地的言論。

先生對於骨肉如此，對於朋友，亦復如此。我嘗想人生是友誼，宗教亦是友誼。人的精神要擴展張大，將他人的美情美德席捲而納諸其中，也將自己的美情美德推而納諸他人的精神中；將天地的神秀收集於一心，也將一心歸之於天地的神秀。這就是美善真切的人生，這也就是統一人生的宗教。由這一點看，陶詩中便滿溢了宗教。《停雲》詩：

"靄靄停雲，濛濛時雨。八表同昏，平路伊阻。靜寄東軒，春醪獨撫。良朋悠邈，搔首延佇。"

"停雲靄靄，時雨濛濛。八表同昏，平陸成江。有酒有酒，閒飲東窗。願言懷人，舟車靡從。"

"東園之樹，枝條再榮。競用新好，以招余情。人亦有言，日月于征。安得促席，說彼平生。"

　　　　"翩翩飛鳥，息我庭柯。斂翮閒止，好聲相和。豈無他人，念子實多。願言不獲，抱恨如何！"

詩中好像說心中的情，天然的美，人的快樂，多要與良朋相共，所以"願言不獲"便覺"抱恨難堪"了。再看他《移居》兩首：

　　　　"昔欲居南村，非為卜其宅。聞多素心人，樂與數晨夕。懷此頗有年，今日從茲役；弊廬何必廣，取足蔽牀席。鄰曲時時來，抗言談在昔，奇文共欣賞，疑義相與析。"

　　　　"春秋多佳日，登高賦新詩；過門更相呼，有酒斟酌之。農務各自歸，閒暇輒相思；相思則披衣，言笑無厭時。此理將不勝，無為忽去茲；衣食當須紀，力耕不吾欺。"

人有朋友，什麼都可擔當得，雖弊廬不廣，力耕壟畝，亦足以為人生的樂事。今世的人，莫不競逐物利，此固宜然；但於人事，忽茲朋樂，我甚疑焉。或者今世的人輕視宗教，這重物利、輕友于也是一個重要的原因麼？

　　蕭統《陶淵明傳》中說起兩件趣事，頗可表明先生的平等觀與同情心。先生所崇拜的是人，所不肯尊敬的也是人。人而有偉大的精神，他就心嚮往之。詩中所提的荊軻、田子春、古黔婁、仲蔚、袁安、阮公、黃子廉等等皆為所尊敬。人而毫無意思，他就不甘心去對他示敬了。《傳》中說："歲終，會郡遣督郵至，縣吏請曰：'應束帶見之。'淵明歎曰：'我豈能為五斗米，折腰向鄉里小兒！'即日解綬去職，賦《歸去來》。"又說："為彭澤令，不以家累自隨。送一力給其子，書曰：'汝旦夕之費，自給為難，今遣此力，助汝薪水之勞。此亦人子也，可善遇之。'"對自己的兒子說："此亦人子也。"真是妙人妙語，可以抵得一部最新社會的倫理學。夫此之謂感通，夫此之謂宗教！

　　先生對於古人則嚮往，對於時人則同情，對於自己的祖宗，則肅慎恭敬。亦中國人的宗教，原以"報本原始"為主體。讀先生的《命子》詩，我們必覺得他對他的祖宗，孺慕甚切，景仰彌殷。他想到他的祖攷，便說：

　　　　"肅矣我祖，慎終如始。直方二臺，惠和千里。於皇仁攷，淡焉虛止。寄跡風雲，寘茲慍喜。"

推而上之，則說：

　　　　"悠悠我祖，爰自陶唐。邈為虞賓，歷世重光。御龍勤夏，豕韋翼商；穆穆司徒，厥族以昌。紛紛戰國，漠漠衰周，鳳隱於林，幽人在丘。逸虬逸雲，奔鯨駭流；天集有漢，眷予愍侯。於赫愍侯，運當攀龍。撫劍風邁，顯茲武功。書誓山河，啓土開封。亹亹丞相，久迪前蹤。渾渾長源，蔚蔚洪柯。群川載導，衆條載羅。時有語默，運因隆窊。在我中晉，業融長沙。桓桓長沙，伊勳伊德。天子疇我，專征南國。功遂辭歸，臨寵不忒。孰謂斯心，而近可得。"

這一章詩，簡直可以叫做祖先崇拜的、孝教的最高點。宗教是無所不包的，說它是浩然向前也可，說它是報本返始也可；推其本而慎其終，宗教固已在其中了。

若說人生是友誼，宗教是友誼的範圍，推而至於無量，那末宗教必然要包蘊一種理想的社會觀。這種社會觀又一定要包蘊一個對於現存社會的不滿意，一個對於理想社會的好規劃。陶淵明的《桃花源記》與詩裏清楚地有這種的理想。《記》裏說：

"……土地平曠，屋舍儼然，有良田美池桑竹之屬，阡陌交通，雞犬相聞。其中往來種作，男女衣著，悉如外人。黃髮垂髫，並怡然自樂。見漁人乃大驚，問所從來，具答之。便要還家，設酒殺雞作食。村中聞有此人，咸來問訊。自云先世避秦時亂，率妻子邑人來此絕境，不復出焉，遂與外人間隔。問今是何世，乃不知有漢，無論魏晉。此人一一為具言所聞，皆歎惋。餘人各復延至其家，皆出酒食。停數日辭去。此中人語云：不足為外人道也……"

我們將這一篇話粗粗分析之，就會覺得世上雖沒有這樣的社會，陶淵明卻有這樣的理想。這個社會是脫離世亂的，其中清美的風景，均勻的勞作，人人得享的快樂，人人得有的物質生活，人人得做的友悌的團契、和平的事業。這個是人國呢？還是天國呢？是文學家的藝術呢？是宗教家的信仰呢？今世能有這人人交好的生活，世世和平的組合麽？這就夠我們深長的思想了。不要弄錯啊，人類不是不要大規模的唯物文明，人類乃是要在大規模的物質生活中，保守人人中間的團契與夫個人的精神自由。這就夠我們深長的思想了！

再進一層，我們要知道陶淵明的宗教還有更深的底蘊。其幽邃處，端在於他與自然的妙契。他總覺得一竹一石，一草一花，皆有深趣；好像竹石非竹石,花草非花草,所含的美與神韻,似乎皆超於其物之為物。他與自然,融成一片,自然的靈魂,就做了他的靈魂。他在《歸去來辭序》中說自己"質性自然,非矯勵所得",所以決不肯"以心為形役"。然而自然界果是機械的境界麼?自科學的客觀態度觀之,則萬物莫非錘鑪鼓鑄,息息皆是機械的開闔,曾無絲毫自由,餘留於幾微之間。自我心的主觀態度直覺之,則萬物皆有內,莫非宇宙的靈魂,自由創作,日新以至於無窮。外之則為律,內之則為主。或固然矣。但是無論如何,陶詩所示,是詩人與自然的魂交神合,固非"足為外人道也"。且請看詩人與自然的融洽。

《時運》:

"邁邁時運,穆穆良朝。襲我春服,薄言東郊。山滌餘靄,宇曖微霄。有風自南,翼彼新苗……"

"斯晨斯夕,言息其廬。花藥分列,林竹翳如。清琴橫牀,濁酒半壺。黃唐莫逮,慨獨在予。"

《歸鳥》:

"翼翼歸鳥,晨去於林。遠之八表,近憩雲岑。和風不洽,翻翮求心。顧儔相鳴,景庇清蔭……"

《歸園田居》:

"少無適俗韻,性本愛丘山。誤落塵網中,一去三十年。羈鳥戀舊林,池魚思故淵。開荒南野際,守拙歸園田。方宅十餘畝,草屋八九間。榆柳蔭後簷,桃李羅堂前。曖曖遠人村,依依墟里煙。狗吠深巷中,雞鳴桑樹巔。戶庭無塵雜,虛室有餘閒。久在樊籠裏,復得返自然……"

"種豆南山下,草盛豆苗稀。侵晨理荒穢,帶月荷鋤歸。道狹草木長,夕露霑我衣。衣霑不足惜,但使願無違……"

《五月旦作和戴主簿》:

"虛舟縱逸棹,迴復遂無窮。發歲始俯仰,星紀奄將中。南牕罕悴物,北林榮且豐,萍光寫時雨,晨色奏景風……"

陶詩中寫風景的話,多而且妙,不可勝舉。且擇其最超越、最神妙的一首,全錄於下,以見其與自然統一的宗教。這一首,列在《飲酒》詩中,或許是飲酒之後,神來之作。詩中頗有禪意,頗有心與自然感通的默契。

"結廬在人境,而無車馬喧。問君何能爾?心遠地自偏。採菊東籬下,悠然見南山。山氣日夕佳,飛鳥相與還。此中有真意,欲辯已忘言。"

我以為這首詩自"採菊東籬下"以下,如不容許人為之做注釋,這幾句詩可以當作我們中國人宗教的精髓,與夫這個宗教的聖經。我又以為無論陶淵明的宗教觀或教義如何,他已經瞻見了"真意",已經與自然的靈魂——上帝——作了深密的神交。通首的妙境祇可以神會,不可以言傳,大有一落言詮,便成糟粕的意思。假使必要解釋一點,那末至多我們可以說,人原在人境之中,但心所遠颺,景自幽閒,自與自然契分交深,神與自然不期而遇;契深遇密之際,覺得生活非物非我,統統是美,於是乎得獲面覿了超乎物我的真意。這個真意——不是東籬的菊花,不是南山的佳氣,也不是相與飛翔的山鳥——乃是超乎言詮的神化的感應。既知而可辯,欲辯而無言。其中有不可臆度的平安,有超乎言說的生命。此等境界,我無以名之,名之曰宗教!

陶淵明果在他的詩裏包蘊了宗教麼?世上有惡,他以百折不回的堅志,質性的自然,精神的獨立,悠然長往,得了解脫。世上有苦,他以艱苦卓絕的精神,丟掉了他的生命,又奪取了他的生命。他對於世界毫無赫煜的功勳,顯耀的貢獻。他並沒有為人們解決了什麼麵包問題。他所貢獻的,與一切宗教家所貢獻的無所差別;他所貢獻的是他自己,是他的詩文,是他的高風亮節。咳!麵包在其中矣!他的詩毫無彫飾,毫無矯作,毫無典故的堆砌,鑪錘的鍛鍊,一切都是他至性至情中流出來的。我嘗反覆思考,深以為人生有絕對的不可為者,有絕對的必須作者,一旦決志,去其不可為,就其必須作,拋棄一切而從事於所決之志,斯即所謂宗教矣。科學家對於科學若決絕地奉獻自己,科學即便是宗教,美術家對於美術若決絕地獻奉身心,美術即便是宗教。推而廣之,忠孝廉潔俱是宗教。讀陶詩《飲酒》中之

"清晨聞叩門,倒裳往自開。問子為誰與?田父有好懷。壺漿遠見候,疑我與時乖。'繿縷茅簷下,未足為高栖。舉世皆尚同,願君汩其泥。'深感父老言,稟氣寡所諧,紆轡誠可學,違己詎非迷。且共歡此飲,吾駕不可迴。"

我乃知絕對的不"違己",絕對的執定了心的自由奮翩遠颺,真是超脫苦惡的豐美的生命。十字架已經壓在肩頭,"吾駕不可廻"了!

常聽人說中國人是專講功利的,沒有宗教性的,我總覺得心中不自在。

我又常聽人說宗教是這樣，是那樣；是反科學的，迷信的，過時的，落伍的，應當受非難、被淘汰的。我真覺得討厭悵悶之極了。難道我們中國人都已經把心和眼睛丟掉了麼？陶淵明的詩難道不是顛撲不破的宗教麼？中國人的宗教難道不是在陶詩裏頭秀挺着，生長着，開了它馥鬱的美麗之花，結了豐腴的甘碩之果麼？我們做基督徒的也許抱有比陶詩更高妙，更徹底的信仰與觀念；但我深願還未曾做基督徒的，還在非難宗教的，先平心靜氣讀熟了陶淵明的詩。我更深願懶於廉退之節，驅那易進之心的人，都會夢想到我中國人立人立國的根基——風節，也都會屏息凝神讀透了陶淵明的詩。嗟乎先生，高風亮節，邈不可追！是"狂馳子"之棒喝，是"不知所問津"者之導師！即今所存，豈祇此詩；昭昭遺訓，念念在茲。我驥可策，我車可脂。千里雖遙，心遠可期！

一八，四，十一，燕東
原載《真理與生命》第四卷第三期，1929 年

編者注：

①引文中的黑體字是作者在原稿中用重點號標出的。

我對於本年中華基督教協進會年會的返顧

　　本年中華基督教協進會年會，自五月十八晚至二十五日晨，集於杭州之江大學。協進會執行委員會選擇這個地方做會場實在可算一件得意的事。第一，百數十個男女代表坐了一節三等包車從上海到杭州，不再散居於大小旅館中，可謂絕好的經濟。省了會裏的錢，又省了代表的精神。第二，代表不分散，精神的團契就可能了，況且山明水秀，林木陰翳，足以把個安靜送到人心裏頭去，叫他們為會務多使一點勁。

　　本年的會比從前似乎預備得更周密些。未開會之先，華北、華南、華東、華中皆有區議會，把年會要討論的題目，都詳細地加以一番討論。此外又加上一個文字問題的討論會，把做文字工作的人們集攏來，叫他們擠出了些建議來。不但如此，會前誠靜怡博士對於中國全教會建了一個重要的議案，要教會經過一番磨礪之後，作一個佈道的奮進運動，叫它在五年之內，將教會的人數與事功加增一倍。又提出一個標語來——可惜太長了些——"求主奮興你的教會先從我入手"。不過也有些事，不曾籌畫得妥善。譬如紀錄書記選得太多了，一共有八位，以致所有的紀錄，既不能齊一，遂不易編制。這是小事，稍有不妥，也就罷了。

　　協進會修改憲章，由各教會直接遣派代表，組織協進會，使它正式成為教會的總機關——這是一件大事。基督教各全國機關當然依舊選派代表。特約會員，在協進會開始時，已經不受教會的歡迎，當然此番教會代表的數目長了，特約代表的數目就消了。總算不錯，憲章上還有他們的地位，不過從百分之二十五減到了百分之十五。以一百二十五人的協進會而論，特約代表尚得佔有十八人之多。這一般人從今以後須由行政委員會聘請，以二年為任期，連聘得連任，惟須於常會前兩個月滿任。今後常會不是年會了，每兩年開一次；因此行政委員會的責任比較大了些。憲章上雖沒有說特約代表不得為行政委員會會員，但因這些特約代表，必須受聘於行政委員會，他們就當然地被推在行政委員會的門外了。假使此後所聘的特約代表果係英雋卓犖之材，他們人數雖少，尚可用他們的才識經驗道德學問作協進會有力的顧問。不然，他們的地位，在協進會內就祇算等於零。在今日中國信徒之中儘多才德兼隆而不得為教會公舉的代表的人，而此等人又儘能為教會與社會、教會與青年間的鏈鎖。協進會決不當對於他們下逐客令，也決不當關門閉戶，不虛心地聽他們的聲音。本年年會時，雖有人藐視一般"博士"們，雖有人要把特約代表一等人物，完全由協進會推出去，斬草除根，弄個乾淨，卻沒有受多數人的贊同。在會中頗有年高德重的中國牧師們對於已往的特約代表表示欣賞與感謝。

中國教會尚在極幼稚的時代，代表之中，不免有人知識既甚薄弱，經驗又多狹窄，因此在討論重要問題時，咬文嚼字的無謂之爭多，而指事建議的積極言論少。若使一群深受新思潮鼓蕩的青年男女信徒入席旁聽，不知道他們要不要覺得不耐煩，要不要覺得灰心失望？在表面上看，拉長了工夫咬文嚼字，也會在七天之內定事，到時閉會，諸事大吉。其實不然，因為這樣一來，會衆祇好聽報告，祇好到閉會前開快車，就不能討論許多重要問題，也就祇好把些重要問題讓給常備委員會去辦了。好在代表中有些也是初次入全國會議的席。以後再來幾次，就會得不少的訓練，不致於遑遑然了。

此番會中基督教會確有一種退守的趨勢。討論分五組，就是先進後起教會的關係組，教會人才組，佈道組，宗教教育組，文字組。即以佈道人才一事論，會中頗有退守的思想。教會方面對於學校方面，覺得學校沒有盡力作傳道的工夫，沒有專門人才在內盡力辦事，沒有產出出色的傳道人員來，也覺得——祇是覺得，沒有說明——教會的職員沒有法子進學校去作挽回潮流的大事。似乎教會與教會學校中間有一重隔膜。有人建議要教會當局與學校當局常開討論會，設法溝通，俾得彼此輔助，達到公有的目標。甚至有人建議設立全用熱心信徒為教員，全用青年基督徒為學生的宗教性的學校，希望用退守法、防避法去造就教會應有的領袖人才。風霜滿路，花房中的琪花瑤草，要長久在和暖的花房中麼？教會的問題，艱難復艱難，倘要用退守、隔避之法來謀求解決，即不浮淺，亦似乎欠周密了。

文字組的建議尚稱圓滿。依照所通過的議案，協進會要設一個常備委員會，做基督教文字的調查與通訊機關。此外該委會又須聯絡各文字機關、討論會，希望從中發生合作與合作的大規劃。該委會又須促成一個推銷文字的總機關，又須設計提倡著作單本小冊、農民小報、家庭淺白書籍、衛生用書及不含直接宣傳性的叢書。其中一個最重要的建議是：協進會確信基督教應有一個全由華信徒領袖管理的文字機關，並且將此確信載在協進會的記錄裏。此機關應有十年大計，也應有西人捐募大宗款項，足持十年的試驗。這個機關產生出來之後，協進會一定要輔助它，好像輔助其他的文字機關一樣。這個建議也不無退守的性質，可是協進會既係教會公僕，當然要為教會設想，決不能由協進會產生出一個不對於任何教會負責任的機關來。中國基督教的文字事業，已經久在一個僵局中；若使協進會所確信的全由華領袖管理的文字機關誕生出來，穆德先生信這僵局就可以打破了。教會中許多西國領袖也這樣信。

　　可是本年年會的最大一件事，就是所謂"五年運動"。按照這個運動的計劃，全教會要在五年之內，救加倍的靈魂。換句話說，教會要奮力佈道，使教會在五年中得以加增一倍的信徒人數。這當然不專在量，也要在質，可是在我返顧之中，不能不有兩種杞憂：第一是我所見的全會對於這個計劃完全的贊同，而全會贊同時，卻不曾表示十二分的興趣與熱忱。這是為什麼呢？五年加一倍嫌太少麼？第二，五年運動的事功範圍未曾有切實的規劃。若使"救靈魂"三個字，就祗是救靈魂，……五年內加了一倍靈魂，又怎樣呢？

　　總之，本年的協進會年會還是進取的——目標是要奮興中國的教會，鞏固奠立中國的教會。協進會是教會的，可以為教會作廣大永久的貢獻。在今日中國思想道德政治社會生活改變的時期，教會果能進取，奪得好機會，把耶穌基督給中國麼？果能，上帝祝福它；不能，責任自有所歸。

十八，六，十

原載《真理與生命》四卷六期，1929年6月

新　　酒

"沒有人把新酒裝在舊皮袋裏；若是這樣，新酒必將皮袋裂開，酒便流出來，皮袋也就壞了。新酒總須盛在新皮袋裏。"（《路加福音》五章三十七八節）

客歲我因赴耶路撒冷的世界基督教宣教大會得以瀏覽聖地的風景，觀察聖地的習尚。那地方的人到如今擔水儲酒，還依然用皮袋——不是西洋式的橡皮水囊，乃是頸腿腹背尚具原形的羊皮袋。這種皮袋，新的時候，頗有些伸縮力；一到陳舊了，便變爲脆性，不會縮小，也不會擴大了；假使把性子暴劣的新酒放在裏頭，蓋上個蓋，擱在太陽裏一曬，酒性怒漲起來，皮不免要破裂，酒不免要橫流，兩敗而俱傷了。所以新酒是要裝在新皮袋裏的，不能裝在舊皮袋裏的。我們中國自從與西洋發生關係以來，就有文化的交觸和交戰，交接和交融，一般先覺的人民，也就有了性子激烈的生命。這種新生命，正像新酒，須要有個新皮袋來儲存他才好；須要有個新制度來容受他才好；不然，非但那必須破壞的舊制度、老遺傳要破壞，即使新生命本身也要潰溢橫流，以致於放失損傷了。舊制度遺傳的放棄毀滅，我們尚覺有些顧惜之心；那末新生命的橫潰散流，我們不更要顧惜麼？自從中國發生了新文化運動——所謂中國的文運再興——以來，我們所得的新生命不但還沒有儲存容受他的方式與制度，並且竟讓他橫奔散馳，日日的放失，這不要使我們的國命國脈，瀕於危亡麼？新酒是新生命，新皮袋是新而有伸縮力的生活法；我們現在所要急迫懇切求得的是一個能儲存容受我們現在已有的新生命的新生活法。

老中國原有許多皮袋，如禮教，如道德等等；已經有些個皮袋不適用於現代了。而新的禮教道德，其所要增添而修改的，卻還沒有實現。我們現代的中國人，特別是現代的中國青年男女，其道德性的豐富恐怕不讓於我們的列祖列宗。我們有蓬蓬勃勃的同情心，明明地知道要互助，要協作，要博愛，要犧牲，要自由，要平等，要服務同胞，要振興國家，而同時又總覺得人生如飄風不終朝，驟雨不終夕，得不到一個所以然，一個意義，一個大信仰。舊道德的方式，好像一隻紙老虎，下了一場雨，刮了一天風，就破爛的不堪了。新的活老虎呢，我們卻要創造一隻，卻又不會創造；所以煩悶煞，甚至東碰西撞，力竭聲嘶，也祇有喘氣瞪眼睛而已。

譬如道德二字，人家現在都用，可是都不愛聽。若指一個人，說他是道學先生，人就要有一副說不出話不出的神情來對付他，又像嘲笑他，又像厭惡他，又像可憐他，又像下了決心要避開他。那被指為道學先生的，非但不覺得受尊敬得榮譽，倒反會自顧形穢，忐忑忸怩，慚愧起來，好像道學是不時髦，不重要，不能在人的生活中佔位置的東西。同樣我們若提起"倫常"，"綱紀"，"禮儀"等字眼，聽的人都會你看我我看你起來。原來我們現代的人不是不要道德，不是不明白道德的重要與必需；其所以一聽"道德"兩個字就有掩耳疾走的衝動的緣故，是因為所聽的實非我們所要求的真道德。

其中有三個理由。第一，我們覺悟到所習見習聞的道德是假的，往往是有勢力者用以箝制籠絡利用壓迫那些無勢力者的方法，往往是矯揉造作，違反人性拂逆人情的鎖鏈與桎梏。這時代的人也常做自騙自，還騙人的生活。但人們雖作"魚目混珠"的勾當，什麼貼標語，散傳單，發宣言，拍電報，開大會等，大言不慚的愛國，行若無事的鼠竊狗偷；他們卻還是要真的，還是不要冒充的，道德！我幼年在私塾裏讀書，先生吩咐我不許走動；我一離開書案坐位，他便怒目圓睜，擎起施威刑的板子，痛打我的小手心。先生自己踱來踱去，一來就去，一去杳如黃鶴，有時醉醺醺的睡昏昏，有時色迷迷的夜漫漫，也沒有一個孩子會向他哼一哼。這種道德生活是空虛的，假！假的我們不要！

第二，我們覺悟到平常所謂之道德是死的。所謂道德，並不是活躍的東西，乃是規矩，風俗，典章，制度，條例，法律，無有一件不是呆板頓滯，礙手礙腳的機械。聖廟裏叩頭的時候眼睛祇好看鼻子，若一轉身錯了，便要得處分，受懲罰的，那種道德……就是死。進一步說，所謂道德若單是"周旋中規，折旋中矩"株守著風尚習俗，人云亦云，人不作亦不作的行為，其中毫不見一點個性的發展，人心的本然。那末，"道其所道，非吾所謂道也，德其所德，非吾所謂德也"而已矣！因爲這種"道德"是生意蕭索的，是渾渾噩噩的，是死的。規矩，風俗，典章，制度，條例，法律，原是人群社會所必須有的節文，原是人群社會所必須遵的軌範。孟子說："離婁之明，公輸子之巧，不以規矩，不能成方圓；師曠之聰，不以六律，不能正五音。"但人若衹硜硜於離樊之下，孳孳於牢籠之中，而不能有磅礴超脫、百折不回的精神，其所爲，其所建，其所得，亦不過爛泥入模型罷了。新酒是漲性激烈的，不但不能盛在舊而脆薄的皮袋裏，並且不能裝在任何不透風、不通氣的悶葫蘆兒裏。潰堤決壩泛濫於天下，原是不好的；但是潢汙淤塞衆穢之所集，亦是不好的。因此我們對付新生命，要其澎漲到極頂，也要其合於器度而不潰決橫奔。孟子《盡心篇》內有幾句話，足以表明道德的生命力。

孟子說：

"舜之居深山之中，與木石居，與鹿豕遊，其所以異於深山之野人者幾希；及其聞一善言，見一善行，若決江河，沛然莫之能禦也。"

舜的樂善是何等的生氣蓬勃，不過其沛然莫之能禦者，不是洪水！又《離婁篇》有一處說：

"曾子養晳，必有酒肉，將徹，必請所與，問有餘，必曰，有。曾晳死，曾元養曾子，必有酒肉，將徹，不請所與，問有餘，曰，亡矣，將以復進也；此所謂養口體者也。若曾子，則可謂養志也。"

這一段話，雖衹論孝，亦可以借來論道德的大體。那"養口體"的道德，豈不是悉遵軌範了麼？孔子說："至於犬馬，皆能有養"，單是循養，而不超脫乎口體之所必需，實在可說是犬馬的道德。說得更痛快些，就是死道德。至於"養志"，就不同了。養口體的道德，是就範圍的，養志的道德，是超乎範圍的；是出於至情至性的，風俗習尚可以勉強人去作養口體的事，卻不能叫人去作養志的事！

第三，我們所以厭聞"道德"，惡見道學先生的原故是因爲我們平常所習見習聞的道德都是外鑠的空論，外加的威權。自從我們有了新文化新思潮運動以來，我們對於一切威權都懷疑，都不尊重，都要抵抗。特別是那些拘束我們精神生活的鎖鏈，我們恨不得一時就把這些東西斬斷了！生氣蓬勃的道德是內發的，決不是外鑠的。惟其內發，故真的道德，有川流敦化的勢力,有充塞天地的浩大,有莫之爲而爲之,莫之致而致之的自然。惟其內發,故人有了道德便富貴不能淫,貧賤不能移,威武不能屈。能淫能移能屈的東西,都是有待於外的虛構,不是無待於外的實在。有待於外的,決不能作諸葛武侯的《出師表》,文信國公的《正氣歌》,以其無躬可掬,無正氣可歌也!

　　我再說我們所以厭惡道德的緣故,並不是因爲我們用不著道德,乃是因爲我們絕對的不要假的,死的,待於外的道德。從我們所厭惡的,正可以見我們所要求的——真的,生活的,內發的道德。可是中國的文運再興,中國的新思潮運動,不曾對於我們道德的生活有建設的貢獻。在這一點上,中國的新思潮與歐洲的文藝復興頗相類似。施繼德經師說:"塞利尼卞文牛禿自述平生……說話正如未喫禁果之前的亞當,簡直毫無分別善惡的知識。外教詩人(奧微特)尚能說:'我鑒更善之行兮,心讚歎以繫之;昔時躬之不獲兮,況愈下而隨之。'①塞利尼好像特於道德的意義上,不覺得善惡的分別。在道德方面,文運再興實爲無識鑒,無目標的冒險,故在這一方面,是失敗的。"②施繼德以爲歐洲的文運再興,在道德上是失敗的;我則以爲中國的新思潮運動在道德上亦尚未成功。在今日中國的文人中如塞利尼的渾渾噩噩者,不遍地皆是麼?即如奧微特的自傷行虧的,亦豈非渺不可求麼?試思中國的新思潮運動,在我們道德生活上的影響如何。簡單的說,新思潮使我們得了生活解放的要求,卻沒有給我們一種生活集中的訓練;使我們得了個人社會發展的欲望,卻沒有給我們一種統一建設人生的維持勢力;使我們得了重新估量一切價值的要求,卻沒有給我們一種安心立命的根基。經書的教訓,既不是金科玉律,那末道德就變爲此亦一是非,彼亦一是非的東西;人與人之間更無一定不移的關係。倫理既不是常道,既不是天經地義,那末人們不再能感覺到"天地之塞吾其體,天地之率吾其性"的宇宙性。老根基是給掘毀了,人生便是浮雲!中國今日的新思想,當然是衆流滙集的洪潮,其中含帶許多倫理的社會的觀念。可是所顯著的結果祇有兩端。(甲)個人主義。新思潮極大的貢獻是刺激人使人對於自己有深切的覺悟,個人因此得了解放的努力的開始。凡青年男女勞工兒童都漸感覺到自己的地位,權利,以及應有的生活,也都漸感覺到從前的倫理,有許多壓制人性的劣點。所謂"喫人的禮教"固然是應當打倒的偶像。人的欲壑無窮,人的要求與不滿意,亦因之而無窮。在此種情形中,人所持以自治者,莫不受根本的搖動與推翻。解放人從舊道德的束縛中出來的工作，固然是開始了，進行了。但有解放的工作，而無建設的制裁，有個人的要求而無公認的標準與根基，道德生活便難成真實內發而強有力的生活。中國的新思潮運動，對於道德生活的建設方面，還沒有貢獻。當然這種運動，不是沒有步驟的，將來自有積極的創作的貢獻。不過欲作此種貢獻，非得找著一個合理性、合人情的道德原理，使人尊重之如宗教對象然，便不能使人得安心立命的基礎。（乙）相對主義。新思潮所重的是"試驗室的態度"，對於一切現象須下一番審查考慮實驗的工夫。以科學的眼光對付事物，則事物莫不彼此爲相對的現象，莫不爲流形，爲變相。所謂永久絕對的事實，不變獨存的真在，邈不可追，恍兮惚兮，其中已無物矣。推諸人事，那末道德生活亦不過是依相對的原理而表現的生活罷了。前人之道德，既不是今人之道德，西方的習尚，又不是東方的習尚；所謂道德，即是一種時代所尚個人與社會相對的生活調劑法，由人類經驗的變化而變化，隨人生要求的改革而改革。由此言之，人竟不須有絕對的信仰。善惡相形，美醜相彰，是非相顯；即真善美，亦沒有獨立不遺的地位。人生在流遷中，一切在流遷中。道德的網，乃不復恢恢，四維不易張，一片俱是漏洞了！不周之山，已經被怒觸而崩絕了。

　　人對於舊道德的表現既生厭惡之心，對於新道德的創立，尚無建立之基，終不免於煩悶。但人對於道德是如此，對於宗教，則更如此。今日的道德，正如新酒缺乏了新皮袋；今日的宗教，更如新酒缺乏了新皮袋。即以基督教而論，吾們明明地覺察其中的虛構矯作。教會中豈不現有反抗真理，崇尚迷信的崛強麼？豈不現有畏懼真理，躲避在迷信中，以安逸自哄的懦弱麼？豈不現有滿口道德而行爲步趨法利賽人的僞飾麼？這些現象都瞞不過心求實在的青年，都不能欺哄尋找真理的有心人。這時代的人最恨的是虛假。不但如此，宗教是生命，亦是生命法。而今所宣傳的，不是前古的粃糠，即是近代的糟粕；不是不關痛癢的天堂地獄，靈迹奇事，即是偏於主觀的象徵，妙不可言的潛意識。照見一切的光明，乃由是而變了黑暗。所持以知者理，而不能以此爲強有力的命根；所賴以行者道，而不能以此爲生萬化的淵泉；所依以生者上帝，而不能舉上帝與夫表彰上帝的耶穌爲生活出入的依歸。所謂宗教便死氣沉沉了。而這時代的人最不歡迎的是無足輕重的死束西。至於外鑠之法，多而且繁，自無意義的禮文以至於無根基的教權，制度重重,法律重重的,皆是外加的宗教屍軀。宗教的表演,固有賴於相當的儀節與制度;但徒尚虛文,不計實在,則宗教最要的部分——崇拜——不過是演劇而已;崇拜最重要的領袖——聖品人——不過是俳優而已!

人厭惡宗教的理由,正與人厭惡道德的理由同。就是不要假的,死的,外鑠的東西。這種東西遍地皆是,何庸求索呢?然則人們現在果然不要宗教了麼?是大不然!宗教是人對於宇宙的大覺悟,對於人生的大決定,將其全部的生活對於宇宙人生作毅然決然,冒險而反應,進取而達於神契的行為。人而有心,孰不願有一種集中生活的大信仰?人而要求生命的意義,孰不是在尋找給人意義的大信仰?環身的事物,不皆致使人得煩悶麼?煩悶不是尋求宗教的徵象麼?若佛教是生命之路,則信佛教;若道教是生命之路,則信道教;若儒若回是生命之路,則信儒教或回教!若基督教果為生命充裕的宗教,則當信基督教。若俱不是,則俱不必信,而另創一種宗教以信奉之。近來,英美國人中,頗有有識之士,提倡人文主義(或人本主義),欲以之為宗教。本年英國有文豪衛邇斯著了一本小書,名叫《公開的謀叛》③,美國有力撲門著了一本書,名叫《道德的導言》④。這兩個人都是文學界的名人。他們俱覺得舊的宗教,不足以引起學識豐富的人的信仰。人不復能信上帝。從今以後,據他們看來,祇有人的高潔生活與社會的服務,足以為人群更高的宗教。他們的主張對不對,當然是另一問題;但是他們實是代表一小部分有學識,故有勢力的西洋人違叛宗教與找尋宗教的趨向。總而言之,近代的人並不要剷除宗教,乃是要丟棄那假的、死的、外鑠的東西,而創立一種果可維持人生的大信仰。

就基督教方面說,凡是有識的信眾,都應急急的要問:基督教果在淘汰之列麼?其現在存在的緣故,果然因為它已年深日久,根本鞏固,不易滅亡,如"百足之蟲,死而不僵"一樣麼?當然,這不是一個容易答覆的問題。簡單說,基督教若有實在,與夫根基於實在的生活之路,它當然不受搖動,不能淪滅。否則,安有不流於澌泯的理?若說基督教是倫理,那末便說他是倫理就是了,何須說他是宗教呢?凡是倫理上的價值,什麼博愛犧牲平等自由,甚而至於愛仇敵的愛,皆可以為有志的非基督徒所接受而發展,認識而施行,更何須乎贅疣似的基督教呢?若換一句說基督教為社會服務,那末社會服務就是基督教所特有的專作的事工麼?若基督教的根本信仰——萬愛的上帝在耶穌基督裏顯示救世的大道大能——煙消霧散了，難道口是心非，徒念幾句上帝上帝，徒尚幾多虛文縟節，就可使垂斃的基督教延長他的生命麼？對於新思想滿懷恐怖，於是乎堵耳蒙眼，緊抱著陳腐的教義，以使信仰不動搖，這果為有濟麼？對於科學哲學便依附趨就，不辨經驗的根本，思想的前提，生事的所以然，而不復敢堅持信仰，雖猶自稱為基督徒，其果能宏昌聖教，闡發真在麼？泥舊而抗拒新思想，趨新而盲從新思想，都是對於信仰的對象不徹底的表現，"無一可者也！"近一月中，我曾到三個不同的機關（中華基督教會，青年會，清華大學青年會）宣講宗教。每次是人家出題目，要我做文章。題目是"基督教是否違反理性？""基督教的人生哲學"，"什麼是基督教？"這些題目是十年來，青年們所注意的題目，都表明現在一般青年誠摯懇切的宗教的要求。然而十年之間他們沒有得到深切的了解；因為我們做領袖的自己沒有深切的了解，堅強的把握，清楚的理論，精明的經驗。現代青年對於宗教的煩悶，我們不能不負一大部分的責任！

我們中國的基督徒對於國內的新思潮運動，實在沒有切實地盡宗教方面，精神方面的責任。中國新思潮與歐洲文運再興相同之點在於人與宇宙的新發見；但中國則更為最近的心理生物社會等科學所轉移，更為本有的古代文化所影響。以中國固有的人生觀，與西方的科學相交觸，其結果非產生一種人文主義不止。人文主義的覺悟，則正如力撲門的近著《道德的導言》一書所說，是要脫出一切外鑠的已死的威權，用冷靜的客觀的態度，去創造人對於自己的大信仰。人所覺察的是人之外，更無權威。人所認定的是宇宙——大自然——對於人的痛苦愉快，漠不相干。此種人文主義，現在在西洋，在中國，有絕大的影響。基督教已經受其潛移默轉的變化，在表顯其自身的生活時，也往往帶著人文主義的色形。教中有識之士，明白這主義所含蘊的真理，覺察這主義所具有的缺點，以為無上帝，便是無根基的生活，乃別名之曰"世俗主義"⑤。人之外果無超越的真在，應受人崇拜的對象麼？大自然果漠然於人的運命麼？在於我諸信衆，這些俱是問題。但人文主義不過是一種有力的思想的趨向。此外則有許多哲學家，深受物理生物諸學的提示而察覺宇宙之中，自有衆理的歸宿。莫根的"出生者"⑥，懷德海的"具體理"⑦，皆可指之神明。餘如靄停頓，柯爾脫，米利根的科學思想既深且博，反足引起其上帝觀念。即批評基督教的羅素在其近著《物的分析》一書的末段中,亦說若欲知物的內性,殊非認其與心性的經驗相似不可能。然則從最近的科學哲學思想看來,超乎人者自有威權之存在,而大自然自未嘗於人事人心漠然無動於其中。

可是我中國的基督徒中,學識精深經驗宏博的人甚少。即有之,亦往往在公事室,勞案牘之形,絕不能深入宗教的堂奧,闡揚大道的幽微。是以新思潮洶洶然,我們便默默然。對於非基督教的運動,既無有力的反應,對於科學與人生觀的論戰又無一人的參加。即在教會之內雖曾倡言基督教須認識中國的精神遺傳,瞭解中國的文化根基,而發明闡合,以創本色的基督教思想與教會,而此種提倡,卻尚在風已滿樓雨未來的情形中!近幾年來,教會雖受重大的打擊,卻未嘗沒有極重要的進步;去年中華基督教協進會所決定的五年運動計劃,要積極地發揚基督教,而不再持躲避退讓的態度,深足以示基督教的內力。可是基督教依然沒有新的皮袋去盛此新酒。我誠恐新酒的漲裂速,而皮袋的造成遲;竟又不能不感覺得教會中做領袖者宗教經驗的浮薄,宗教理解的淺陋!

我們無論對於人與自然持何種態度,總不能不與人,不與自然發生密切的關係。既須發生關係,既能發生關係,其必須與可能之間,已具有極神密的交感交應。人我宇宙,既具有極神密的交感交應,我們便不能一口咬定說人即個人,可以遺世而獨立,物即自然,與人漠然無所關切了。我們所以感覺人生煩悶的緣故,端在於我們與人與自然有塞而未通的對峙;苟能通之,操精神的內力,持靈性的自啟,與人我宇宙,渾然若見其同然,本於一理,成於一本,我們便可出於幽谷,遷於喬木了。宗教之所以為宗教者,全在其有統一人天的根基;有此根基,則人便有道德的柱石,宗教的淵泉。不然,則雖轉我們熱烈的生欲,為冷靜客觀的態度,亦不能使人生得統一的經驗,安心立命的氣概。⑧我們所追求的是一個絕對無上,獨立不移,永不變更,內在而超越的生活中心。有此則人生有意義,可以冒險,可以進取,可以持"試驗室的態度",日日侵入不知未知的境域,絕不會有"道德的休假",人格的懦弱。⑨無此而努力奮前,若為有人格的勇敢,難道有此而同樣的努力奮前,不同樣的有人格的勇敢麼?要知我們日常生活中,一舉一動,一行一止,無論作何種肯定,皆須以一絕對不移,超乎人相對之經驗的實在為背景、為根基。有此則有一切,無此則一切不能有。我們儘可以蠡測海,今奈何乃以海盡於蠢？試問我們自己果是一個實在否？若說我們各個人俱是流轉遷化，一現曇花，那末我們又如何能肯定是非？我們不實在，一切就不實在了。若說我們各個人俱是實在的，那末從心理的觀察上看來除卻流轉變遷，曇花的一現，即已更無所謂我，安得有所謂實在？然則左亦不實在，右亦不實在，我們又何必求實在呢？據宗教的指示，則我們乃爲依賴實在的實在；不是我們尋着了實在，乃是實在尋着了我們。不是人選擇了上帝，乃是上帝選擇了人，不是人得獲了上帝，乃是上帝得獲了人。不是人能禱告呼籲，乃是聖靈用說不出的歎息，代替我們祈求，使我們知道實在，信仰實在，瞭解得萬事滙集，都於信愛上帝的人們有神益。我們生活是因爲有上帝；我們生活是因爲爲上帝。

可是基督教不像佛教，走入虛玄，專講不可思議的如來真如。基督教肯定了對於上帝的信仰，便同時肯定了對於人類的信仰，所以退而修，正所以要進而行，進而行，正所以要成全上帝的旨意。一切苦厄，由此而度！一切禍患，由此而得意義！⑩人與上帝，乃有人生公共經驗上的交遇，而其交遇的表演者即爲吾主耶穌基督。上帝住在人中間；上帝要住在人人中間。故基督教不是人本主義，乃是人神合本，天人一貫主義。瞭解了這一點，我們就有倫理宗教的根基，就有人生的道路。瞭解了這一點，我們便可隨時隨地祈禱獻心，感覺到上帝在經驗中，不斷的偕在。嗟乎！世界所需的是上帝，因爲他是一切倫理道德犧牲服務的大本。我們中國基督徒所需的是上帝，我們也深信中華全國所頌的就是在耶穌基督的人格生活裏所表顯所垂示的上帝。新酒所需的新酒囊，不是一個有根基的，對於人天的瞭解，以及由此瞭解而發生的行爲麼？耶穌所信仰的上帝，耶穌所詔示的人天連合的見解，以及耶穌全美全善的人格，即是今日人們所求的新酒囊！

十八，十一，十二，晚，燕東
原載《真理與生命》四卷九、十期，1929年12月

原注：

①：Ovid-Video Meliora proboque, deteriora sequor.

②：Adventure, by Streeter and others. P9. 55.

③：H. G. Wells——The Open Conspiracy.

④：Walter Lippman——A Preface to Morals.

⑤：Secularism.

⑥：C. Loyd Morgan——Emergent Evolution. "The Emergent."

⑦：Whitehead：Science and the Modern World. "The Principle of Concretion."

⑧：力撲門主張以 desinterestedness 爲其"Higher Religion"的宗教精神。

⑨：見 William James——Pragmatism。

⑩：這一點，當俟暇日，再詳論之。

編輯者言

宗教與倫理 宗教必須在倫理的關係上顯出勢力來,但宗教決不是倫理;倫理必須以宗教的生活為基礎,為淵源,但倫理決不是宗教。宗教與倫理二者相輔相成,當然不會背道而馳,然亦不可相渾而不分。人與宇宙的生命有交契,以宇宙的中心為中心,以宇宙的計劃為計劃,順其理,信其實,篤然而行之,密然而歸之……這就是宗教。所以有宗教的人必要與神明交通;人神交際,即是宗教;至其極則人全聽天命,順天命,奉行之,雖經萬險而不渝其志,而自有在地為河嶽,在天為日星,在人為浩然的大覺悟。基督徒信上帝為宇宙的真在,信耶穌為上帝的垂示,信天國為人天的歸宿,而一切以人神合一統之;故基督徒有宗教,也有宗教生活。至於人與人之間,立德修身,以行信義、仁愛、犧牲、服務的生活,那就是倫理了。講倫理而求其所以然,無論其所以然之為何,終不免直達於宗教;講宗教而欲入世,即路路是道德倫常。二物相連接,而仍為二物;因在普通的人生中,宗教的人神契密生活可以絕不與世事相關;而人人交際的事,雖毫無宗教覺悟的人,亦可以順理行之而不違。但在此擾攘不靖之世,而欲為社會國家做一點切實的貢獻,第一要立志做一個剛健的人。要做一個剛健的人,以遂立人、達人的志願,總應當使宗教倫理打成一片,在自己的人格中湧出一個宗教的倫理生活、倫理的宗教生活來。換一句說,吾人若欲自立立人,立人立國,其最切要的事功,即在退而在獨,則對上帝,與神明作深密的交誼,進而為人,則盡責任,為同胞謀應得的幸福。至於獨木難支,則集同道而砥礪切磋,以傳託生命。以傳託生命,故宗教有儀節、有教義、有組織,三者成,然後教會成;宗教固在人與神獨合,然後集人而與神相契合。去其神密的靈通心感,則更無宗教之可言矣。

(宸)

宗教與教會 宗教是生活，是行為，其源在遠，其根在密，而其行在光天化日之下。倫理生活而無宗教，則有規矩而無生意，不免流於乏味的、凝滯的機械生活。人聽了"道德"二字，有時要掩耳疾走，討厭不堪的緣故，不是因為道德的不好，乃是惡其索然無生趣罷了。人惡宗教是因其迷，人惡道德，是因其死；然而人信宗教儘可不必入於迷，人持道德亦儘可不必入於呆，全視夫生意果為真切精邃如何耳。宗教是生活，是人與宇宙同生活、同規劃、同進取的大生活，在其中發現天地之精魂即在於人，人的精魂即與宇宙的真在為一體、為化分。在此大自在前，人信有一個努力超前的進程；故人惟日欲求從自己、從環境得到圓滿的脫度。從罪惡得解脫，以達到上帝在基督裏所表顯的身量，是基督徒的宗教生活。基督徒欲達到、擴展此生活，即不能不有儀節、教義與組織；即不能不有教會。教會也者，宗教之徒所由以貢宗教與人的惟一法門也。如今往往有人，特別是青年的基督徒，感覺到宗教的應有，教會的無用；一方面也是因為教會的禁錮生活使信仰沒有活躍的機會，一方面也是因為這一般人不了解教會的重要與必須。宗教而無教會，正猶有思想而無文章；文章有精粗之別，教會亦有好歹之分；但決不可無之，無之則不能傳久遠。生活之所以為生活者，為其有體可附也，有器可用也。故人之生也，有政治則必有政府，有男女則必有家庭，有學術則必有學校，有一種生活則必有一種組織維持、發展而推行之。為甚麼有宗教便可以沒有教會呢？今日中國的基督徒，無論在教會之內或在其外，如皆不明白基督教會的重要與必須，從今以後，應當力求了解教會的所以然，而養成中國自己的教會了。

（宸）

五年運動 中國基督徒有鑒於年來基督教的受打擊、受損失，不能自伸其志意，所以集合提倡了一個五年運動，其在五年之內，積極地增進教會的人量，修刷信徒的性質。這是一件何等重大的事情。基督教若經危險困苦而直對危險困苦傳道的，必能廣大發揚；若背著危險困苦而逃避的，必定是要銷聲絕跡的。基督教是愈艱難而愈進取的宗教。是以那輩基督教的領袖提倡這個五年運動，實在是大有見識，大有經驗，大有眼光。在承平之時，這種運動是毋庸提倡的。其所以提倡的緣故，就是因為不容易辦，無法子辦，要在無道路處開闢一道永生之路。那些亂嚷無法、懷疑難辦的人，簡直不知道基督教的本性。昨日有一個美國宣傳福音的人，名叫瑞德‧保羅（Paul Rader），在不中聽的古話裏說了一個極有意思的譬喻。他說他曾是一個牧童，知道牧畜之事甚詳細。美國之西有牧牛場，遇嚴冬風雨，牛皆掉尾避去。風吹其尾，雪從背後來，覆草上，草順風雪倒，牛順風雪行，故牛但見雪不見草，皆凍餓死，墜崖死。野牛則不然，面毛蝟磔，頭鬣蓬發，遇風雪則直向風雪，故能逆雪而見其中覆草，伸舌卷雪而得之，不惟不凍餓而死，且得肥碩焉。其後有人見蘇格蘭有逆風向雪之牛，購而置於美國之西陲，使與其地的母牛合而生犢，犢以父性而得新生命，由是逆風雪而得草，滋生特甚。今日中國的基督教亦好像是風雪中的群牛，順風雪而退避以死乎？逆風雪而奮進以生乎？人非至愚，當有能辨者矣。然則我們如何對付這個五年運動呢？曰："請自隗始。"五年運動的一句警語是："求主奮興你的教會，請從我入手。"一人興，必能影響他人，至少也必能影響一人；人人興，則一年之內，即可以達到五年運動的目的了。我曾在各地見教會中人討論五年運動，雖皆竭力贊同，卻不人人覺得興高采烈，好像這是一件應當辦的事，也是一件辦不成的事。這種心理，是我們中國人的老心理，最卑陋，最不爭氣、不長進，不但是教內是如此。可是誰是為五年運動天天感謝主的呢？大多數還是西洋來的傳道人。西洋的弟兄姊妹難道不曉得困難麼？不明白要為此辛苦勞神，做得舌敝唇焦腰癱背直，或甚而捨命麼？難道他們愛中國還比我們更愛麼？不見得。他們卻比我們多認識上帝，多了解上帝，多明白基督的生活——就是冒險奮鬪。五年運動的宗旨是要我們去普遍耶穌的救法。中國除卻這個救靈魂、救心性、救命根的救法是沒有別的辦法了。中國的大患就是人不好，就是那些說漂亮大話的、做齷齪壞事的大人物、小人物的心不好。我們為五年運動努力，相信這是上帝的旨意，就是去救國。至少我們不應該落在西洋的兄弟姊妹後面，而沒有他們那種驍勇猛進的精神。基督徒啊，你要起來！拼命！拼命！

（宸）

原載《真理與生命》四卷七、八期，1929年11月

編輯者言

膚淺與矛盾

　　有許多青年，因為新舊思想與新舊生活的衝突，感覺得人生中有不易救濟的矛盾。有許多青年最歡喜推廣交遊，卻又怕得朋友；歡喜努力求學，卻又不高興讀書；歡喜做純潔的守身如玉的人，卻常覺得情欲的激撞，幾有潰決的勢子；歡喜做簡單的生活，到民間去犧牲服務，卻又覺得富貴勢位的不可忽；歡喜有堅固偉大的信仰，高尚合理的宗教，卻又不肯做、不常做"一摑一掌血，一棒一條痕"的靈修，內部的生活是一個四分八裂的我在那裏自相紛爭。與人交接呢，又礙着一重一重的制度，一層一層的組織。有時候，做人好像騰雲駕霧，隨風勢而轉移；又有時候做人好像移山填海，力不足而心有餘。兩個月之前，有一群青年男女彼此述說自己的宗教經驗。其中有一位說面前的路途甚多，用猛力殘殺以達人群社會的目的是一途，用愛心犧牲去救濟人的生活又是一途，聽聽都有理，想想也都有理，自己卻決不定走哪一條路子。其他的人則紛紛沓沓，或表示了一種"急來抱佛腳"的宗教，或指陳了一種不復信任遺傳而信仰搖撼的宗教。當時我就深覺近來的青年有深懇迫切的精神生活的要求。他們的生活是滿了矛盾的；他們的信仰經驗，以至於理解，都是極其膚淺的。以膚淺的信仰、經驗與理解，去對付這滿有矛盾的生活，正猶"蚊負山，商蚷馳河"，有什麼成就呢？人的生活在這年頭，總得是破裂的、衝突的。看哪！新的東西，科學，西洋哲學與藝術，所謂新心理學，新人文主義等等與我們原有的宇宙人生群治觀，現在的貧苦亂亡，心裏的七情六欲，無時無刻，不在玄黃龍戰之中。儵與忽[①]正在那裏鑿混沌的竅，混沌正在那裏呼天搶地的叫痛呢！可是，親愛的青年們，假使與我們生活相抵觸的東西有千萬，我們就須要做千萬個反應麼？那就難免膚淺了，難免於道聽途說，以標語為知識，以盲從為信仰，以迷信為宗教了。我們的生活果然要廣闊,卻也要精深;要廣闊,就當加增生活的交觸點;要精深,就當竭神殫思去尋找一個人根基的實在。一味蔓延,就不免於膚淺之病。若能面對上帝,在精神深處,得到了營養維持發展生活的潛勢力,那末生活廣闊的交觸點,不但可以不生膚淺浮薄的弊病,並且可以使我們的生活豐腴而充裕。今日的青年就當做:

(一)深刻的靈修以救精神的饑荒。

(二)徹底的對於人生的研究,以補知識的缺乏,以見為人的意義與價值。

(三)盡力的服務,在宗教上、學問上、行事上,以各界的專門家為行為的嚮導,以免盲從的危險,而獲合理的生活。

要做這幾件事,自當有一個秘訣。秘訣無他,就是一個"深"字。掘到底裏去,還要掘下去。掘得淺的得塵土,掘得深的得黃金。

(宸)

"我們能"

前天晚上有一群同志們會集,討論青年問題。某女士念了一段《新約》聖經,其中說耶穌問門徒們:"我的盃,你們能喝麼?我的洗禮你們能受麼?"他們說:"我們能。"這三個字真是有勇氣、有作為的青年對於問題的答覆。青年人最惡年長的人的紆徐曲折,畏首畏尾,對於妥協、衷中、周到等等態度,總不免於鄙視。做事情,應當果敢決定,直截痛快,何必吞吐含糊,毫不徹底呢?有時候,年長的人以為重大的難事,在青年看正猶纖介的細事,一舉手、一投足,便可以了結。果然,這些事,若老實地一做,也就完了。老年人就得學習這一點,不要因為年紀追上來,就蹲着讓它追上來捉住。在於勇為的人,天下哪有難事?青年人的字典裏沒有"難"字的。"我們能"踢足球,果然我們能;為國家謀前途,人民謀幸福,教會謀進展,雖須披荊斬棘,衝鋒陷陣,將生命去拼,我們也能。今日中國所需的是這個青年的精神,教會所要求的,也是這個青年的精神。自信!自動!我所切願青年努力維持的,就是在艱難、無可奈何時,仍抱"我們能"的態度。青年之中,卻有因"能"而丟棄禮貌,恃才傲物,輕視長者,使他人對之,覺有不嚮邇的情況;也有因"能"而不服紀律,妄作妄為,拾取皮毛而自眩其識見,好弄聰明而自詡其才幹。

此則青年易入的弊竇,易犯的惡習,適足以降低人格者,皆宜切戒者也。青年須要有壯年的經驗與學識,老年須要保青年的勇猛與精進。雙方互相刺激,互相輔助,那末家庭、學校、教會、社會,各種團體中就可因了解諒悉而免去這過渡時代中許多的痛苦。可是老年人中有馬援,往往壯健矍鑠,顧盼自豪;少年人中有賈誼,每每幽愁鬱結,賦鵩而終!故"能"者不盡是青年;須受訓練教育者,卻盡是青年!青年中有弱者,乃實為最可憐的可憐人。所談者無非是浪漫生活,所發者無非是牢騷,人皆非而己無一是,世皆濁而己獨不清。社會上人浮於事,卻不甘做小事情;不做一小事,終至於不會做大事。但牢騷是失敗的象徵,浪漫是頹廢的預兆,消極是積弱的表示,悲觀是無志的顯象,放縱肉慾是人格渙散的行為。青年中的強者應當注重人生及社會的建設。青年中的弱者,應當時刻不忘"我們能"這三個字。訥者努力說話,終有會說的一日;愚者努力學習,終有有識的一朝。弱者若將弱踏在腳底下,時刻努力向前行,不讓機會錯過,豈不會轉弱而為強麼?

(宸)

管閒事　負責任

"各人自掃門前雪,莫管他人瓦上霜",是兩句極好的教訓。請想罷,若社會上沒有清道夫清道車,各家自掃門前地,豈不是好麼?各人自有本分,不用管人家的閒事。閒事者,無關大局之事,無關公益之事也。在社會中,各人應有自己的事務,不容他人去干涉。各人對於自己的事體,盡當盡的本分,當然不用他人去干涉。及其違反本分的時候,他的行為,卻便與大局公益有關係了。旁觀的人就當起來干涉。這不是管閒事,乃是負責任。譬如我教訓我的兒子,你就不許來管理這件事。假使我不教訓而責打他們,棄絕他們,使他們無所依恃,社會就應當出來糾正我的行為了。我們中國素多說閒話管閒事的人,素少負責任的人。在少數人霸佔權位,多數人專說閒話管閒事而不切實負責任的機關裏,除非那少數人都是聖哲,決不會有平民的政治與精神的。譬如基督教會裏,有識的分子雖屬不多,卻也一天多似一天。然而現在批評教會的人甚多,而為教會切實負責任的人卻比較甚少。這不是說閒話的人的漂亮,乃是不負責的人的惡劣!若說教會裏某派的神學太新,使人的信仰搖動了,某派的思想太舊,使人的宗教丟失了;某等人的品格太低劣，才學太淺陋，行事太沒有眼光，組織太散漫，所以自以為是的人，義忿填胸，昂昂然，矯矯然，倡言用不着教會，脫離教會，這果然是負責任麼？若說教會太落後，言行既不符，工作復無謂，對於社會沒有什麼貢獻，所以應當對他抱消極的態度，這就算是盡人的責任麼？知道罷，再過三十年，那些使你不滿意的人，就都讓了你了。再過四五六十年，連你也墓木成拱了。可是教會是歷史的團契、世界的團契，從沒有一個機會有教會那樣的生命。現在的教會老老實實是守舊的，也許從教史以來是守舊的。但這不一定是說她永遠不會超前的了。我們深信真理是日見光昌的；我們祇要靜心修習，誠心研究，真理自身含有傳布的能力。所以神學上無謂之爭，我們不願參加。我們不必護道！我們卻要瞭解科學，哲學，藝術，本國與他國的文物與民情，知道這種人事與宗教的關係。我們深信教會有前途，有自新的氣象。換一句說，我們切願自己及信眾中的同志，在教會中，放卻管閒事的無謂之爭，而來彼此相愛，遵着耶穌的寶訓來為她負維持、開闢、發展的大責任。

(宸)

原載《真理與生命》四卷九、十期，1929年12月

編者注：

① 儵、忽：《莊子》寓言中的兩個神的名字。

青年基督徒的個人運動

　　基督教原來是一種青年信徒的運動。基督教若沒有青年的信仰，青年的鑒識，青年的努力與服務，建設與成功，就無所謂，就沒有什麼。施洗的約翰不以穿駱駝毛的襤褸衣服爲恥，不以喫蝗蟲野蜜爲苦，不以曠野爲不如皇宮而不肯居，乃能在沒有人的約但河邊發出了偉大的聲音，召人來悔改，加入天國的運動，因爲他是青年。耶穌與約翰本來是同志，聽約翰講道，心中火熱，就受洗，就加入了轉移了天國運動，立了新約，創了宗教，成了救法，因爲他是青年。他的門徒彼得、雅各、約翰，丟棄了營業、家產、父母，與他一同冒險奮鬥，做"人子沒有枕首處"的窮生活，因爲他們都是青年。雅各是殉道聖徒的第一人，在他之後有聖司提反：這個司提反把他的學問、道德、身體、靈魂都拿出來貢獻在基督的腳前，竟能與基督有同樣的榮耀的死；在千百塊飛擲的石頭之下，容貌像天使，祈禱像救主，說："上帝啊，接受我的靈魂！……上帝啊，不要將罪惡歸在他們身上！"因爲他是青年。聖保羅決然改圖，放下了摩西的法律，接受了耶穌的福音，冒萬死，歷萬險，爲基督教立了一個普遍的基礎，深奧的教理，偉大的生命，因爲他在蒙召的時候，是一個勇敢的青年。其他，聖教史上如聖奧古斯丁、聖方濟斯、羅得馬丁、衛斯理等，皆在青年時代受了感動，見了異象，決了方策。基督教是青年人立的，青年人傳的，青年人改革的，青年人用心血性命來創造救贖而擴大的。無論那種基督教機關中，若沒有青年在裏頭抱著偉大的不滿意不安寗，抱著奔騰的愛心，不可能的理想，拼命作工的，那些機關便都是妥當的，也都是僵化的！

　　基督教又是一個個人運動。基督教不是個人主義，乃是個人運動；因爲基督教要藉有覺悟的個人去引導個人認識基督，由基督而認識上帝，而建立天國——良好的社會。耶穌在約但河上，獨自看見了異象，聽見了天聲，得了一個永遠獨出的大發明。他恍悟到心裏的純潔而偉大的愛就是上帝的痕迹，他是上帝的愛子，上帝是他的父親，人類是這個天人父子關係中的一個全體。從約但河裏上來之後，他跑到曠野裏四十日發憤忘食，決定了用善法行善事的策略。當然，他看見前途的艱難、痛苦、危險、死亡，但是他決定了。他相信自己是對的。後來，聖司提反在以色列眾長老前，發表他的歷史哲學，指出列祖列宗殺先知，當代人殺救主的罪惡，也是以個人的瞭解做根基的。他固自信，所以做了殉道者的先驅。他見了異象。獨有他見了異象。他看見耶穌坐在上帝右邊。象是主觀的，他所獨有的；但是象裏的真理——耶穌德配上帝——是客觀的，普遍的，凡信者都可以崇奉的。後來，聖保羅在大馬色也見了異象，有聲音說："掃羅掃羅，你為何逼害我？"他誠服了，毅然決然地宣傳基督的福音，看自己的名利、地位、福樂，以及從前的種種如同糞土；於是乎，就蒙召作了外邦人的使徒，作了組織基督教，推廣基督教的第一人。保羅所見的異象是獨見的、主觀的，但是象裏的真理是普遍而客觀的。他見基督教的生命，不是束縛人的死律法，乃是自由的人格，乃是大犧牲，大冒險，大發展，大無恐怖，大有仁愛，大享快活與平安。司提反見異象而死，死得榮耀，"朝聞道，夕死可矣！"保羅見異象而開始工作，成偉業，立奇勳，"人能宏道"，"任重而道遠"。保羅又獨在亞拉伯精修三年。由此觀之，基督教的流布，全持乎個人的覺悟，個人的努力，與個人的精勇。耶穌之外，有使徒；使徒之外有千萬的信眾，莫不自己有心得，自己遇見了上帝，透入了天心。基督教是青年的個人大徹悟，大奮發，大精進，大努力的宗教運動。沒有這種運動，便絕對的沒有基督教。

今年夏天，在華北，尤其是北平，有少數青年基督徒得了一種新覺悟，發起了一個基督徒個人運動。其中有一位說："我們對於全國基督教運動感覺到空虛。第一，宗旨是不易捉摸的；第二，組織是太廣泛；第三，作工的人依然是這幾個，開了幾次會，也就算了事；第四，我們到底是莫名其妙，沒有徹底的覺悟。"大概為了上述的理由，他們就約了幾個同志，決意做個人的運動。這並不是反對全國學生基督教運動；乃是學生基督教運動中一部分人，覺得應該更認識他們的宗教中心，基督，應該作更深切的靈修，更實在的懇摯的宗教生活。可以說這個運動，是學生基督教運動中的一支生力軍。它的宗旨是青年基督徒個人各自努力去認識基督，也各自努力去引其他的個人認識基督。這是個對個的，徹底的宗教工作。所用的方法是赤裸裸的，所存的心也是赤裸裸的，就是：用至誠赤悃的心，自己建立人格，希望人格的力量去感化他人。這一輩青年的意思是：祇有好行為是基督的見證。他們要尋找朋友，介紹朋友給宗教經驗宗教思想比較精深的人們。他們感覺到言語沒有多大的用處；所以要立行，不要多言；至少要言顧行，行顧言。這並不是他們不談宗教，不用言語來將他們的覺悟供獻給他人。他們先要立行，等到他們的誠心被人信任的時候，他們就要講基督。他們不講別的，就單講基督，按照各個人知識的程度，信德的分量。其中的覺悟是有兩點：第一，立信仰的根基在乎行；第二，立思想的礎石在乎學。這樣，這些青年就要自作靈修，與人同作靈修。此外則服務勞碌也在程序中，不過隨各人的見解覺悟為指歸。至於學，當然不外乎讀書，介紹書，介紹書給人，人給書，事給人，人給事，人給宗教信仰與思想更加深厚的同志。

到了今年秋季，河北省各學校的基督徒學生代表開了一個秋令會。會裏的一部分青年是個人運動的發起者；他們並沒有什麼組織，也沒有為這個運動鼓吹。個人運動，在名義上看，就是各個人的事。可是他們也有幾個比較親密的同志，自然也開了一二次的談話會。他們坐在通州潞河中學的校島上，對著水裏的樹影，披著身上的斜陽，叫愛靜默的旁人看見他們在靜默中坐著。不過這一次的秋令會，倒因著這個個人運動，有了兩個特色。一個是沒有討論會，祇有演講會，表明青年的基督徒自感中虛，而要專心聽講，細心揣摩，苦心追求。一個是鮮明的標題：“個人運動”，這個標題，被分為三，即“個人運動的人格方面”，“個人運動的實行方面”，“個人運動的靈性方面”。所可惜的是時間太短，感悟還不甚透徹罷了。

我深願各地的信教同志，對於這個個人運動，努力地加以注意。所應注意的是：（一）青年的信徒，特別是學生中的信徒，已經有了徹底的覺悟，深深地知道基督化的生活，祇有基督化的生活，能夠幫助他們得到人格的統一，給他們快慰，平安，純潔的愛心，理想的事業，與夫奮勇的力量。所需要的是更深切的宗教經驗，是基督裏更純粹的人格統一，是含帶宗教意味的個人的社會計劃與服務。（二）這個運動是最簡單的，最超脫禮節儀文遺傳組織的，所以最易發展，最易蔓延。誰也不必聽誰的命令。那個團體裏有寬容，有膽量，有信仰青年的決心，那個團體裏就可以有青年基督徒的個人運動。無論那個學校那個教會要做這樣的事情，就可以自去發起，不必請問別人，也不必請教別的機關。(三)凡要指導這種工作的,先須知道祇有人格,行為,能有效率。在人格上,行為上,不十二分努力的人,雖有地位、學識、勢力等等,對於這個運動,亦不會有實際上的供獻。人格是真金,是會說話的;除卻這一點就請不必費心!(四)這個運動全不依仗外力,外力對於這個運動完全不能發生效率;因此誰也不能藉着這個運動去出鋒頭。凡是努力做好個人的,同時也努力引他人做好個人的基督徒,都是個人運動的奴隸與領袖。除卻基督,本運動一概不認賬!(五)究竟我們大家要認清楚基督教本身原是青年的運動,是青年個人的運動。在青年個人運動之外,沒有勢力如海濤,如狂雨般的基督教!信任青年的,祇看青年心中的基督為至寶,此外都不寶貴;若為了保存發揮青年心中的基督的緣故,而必須舍去舊組織,古遺傳,老方法,陳制度;那末,挑選罷,綿羊山羊,自有分列的日子。

我們對於有志於個人運動的青年,也有幾句忠告的話:(一)個人運動既專靠個人的覺悟,而不靠任何外力,青年的同志們當然就要各自努力靈修了。大都的人為了不同的理由,往往感覺到靈修這件事的空洞與乏味。小孩子學寫字,也是這樣感覺的。但是勉強行之,自然日進於藝;日進於藝,自然就津津有味起來。靈修是人格對於上帝,對於最高的理想,努力集中;且要把集中的人格去應付萬事。所以一方面是默省,體驗,存養,祈禱的工夫,一方面是在人事上,勞苦上的磨煉。等到內力充足了,一個青年,就可以抵得十個、百個、千個的力量。我們精神生活的本身要為我們做見證,力量從裏面迸發,效果在外面輻湊;到時候連自己也會覺得奇妙。上帝自有辦法。

(二)要努力找尋機會做需要朋友的人的朋友。你裏頭的基督是關不住的。你若不將基督送給人,講給人聽,你心裏的火就會低下來,一忽兒也就煙霧騰騰地消滅了。我們注重個人,因為個人能自由,能自啟,能自發。一個信主的青年是必需傳道的,或用行為傳,或用言語傳,反正總是傳。可是傳宗教全靠精神,也全靠正誼。我所謂正誼的是尊重他人人格,絕對不勉強他人相信我所相信的宗教;也是尊重自己的信仰,努力地發表,努力地分給他人,熱烈地希望他人相信我所相信的宗教。人們沒有強人信從的權利;人們應有自發分與的權利。人們又應當覺得傳自己所得的至寶於他人是人生最高的本分,最大的任務。

(三)個人運動中的青年同志,不可輕視,並且不應輕視團體的生活與各種於苦人有實益的工作。團體的生活，就是靈修；為他人服務，就是祈禱。個人運動是個人的事，無需乎組織，固然；然個人決不能離團體、制度而獨立，尤其是不能離精神生活的團體而獨立。個人是個人，但個人總得有家庭、學校、教會、政府等機關做他的寄廬。人生必溢出家庭的範圍，但是不可無家庭。學校之外有教育，教會之外有宗教，政府之外有政治，固然，但是人依然要有組織與機關，制度與計劃。譬如甲引乙信耶穌，不能不引他與教會或他種宗教的結合發生關係，這樣，個人運動，不是反團體運動，不是反教會運動。不但不反團體，不反教會，並且據我看來，還要把改革發展團體或教會的責任，放在有志向、有覺悟的青年身上。

（四）世上沒有單純的個人。假使個人運動祇是各個人各自為計的一回事，那末這個運動不久便一定要銷聲滅迹。我深願個人運動中的青年徹底地瞭解個人須自做靈修，須自得朋友，須自傳基督；個人也常常需要他人的鼓勵、指導、團契與輔作。因此個人運動應以個人為本位，應以個人救個人為事業，但亦須以少數有覺悟的個人為一團契，藉獲砥礪攻錯之益。北平的青年基督徒個人運動，原是這樣辦的。這個辦法的目的，不僅是個人的造就，乃更是由個人而侵入社會，做改革的服務。這樣，我們才能祈禱上帝，求他的國降臨。至於對於個人運動感覺重要，發生興趣的人，他們應當看得出這個運動將來勢力與影響。無論是青年會的當軸，是教會的聖品人及平信徒領袖們，是學校的基督徒教員們，都負有以個人的人格、熱忱、愛心與宗教經驗去輔助個人運動的責任。凡是愛青年的，對此大概總能感到極大的興趣罷。

（五）我深願青年信徒中有聖保羅，有聖奧古斯丁、聖方濟斯，有聖羅蘭、羅得馬丁、衛斯理、法克斯、托爾斯泰、甘地、賀川豐彥等先知，英雄，聖徒出來。機會是青年的；偉大的前途也是青年的。青年應當仔細探索耶穌、保羅、奧古斯丁、方濟斯、羅蘭、羅得馬丁、衛斯理、托爾斯泰、甘地、賀川豐彥等偉人所以有偉大的人格的原故，而矢志自立，訓練自己，不使私欲蒙蔽了清潔，不使試誘剝奪了自由，而直達富貴不能淫，貧賤不能移，威武不能屈的極致。中國所需要的是從苦難中挺生的聖賢，"其人存，則其政舉，其人亡，則其政息"；為政如是，為一切莫不如是。個人啊個人！你不要希望他人做英雄，自己做凡夫。基督是你的，中國是你的，世界是你的；你且計劃付代價！

讓我們立志作個人運動的青年們，用聖羅蘭的話祈禱罷。

"良善的主啊，教訓我們更忠誠地服事你，

施捨而不計代價，

奮戰而不顧傷痛，

勞碌而不求安息，

作工而不希望酬報，

祇要我們知道我們果然遵行了你的旨意。

主我們的上帝啊，亞們。"

我再說：基督教是青年人的運動，是青年個人的宗教運動！

十九，十一，五，夜半，燕東園
原載《真理與生命》五卷二期，1930年

新時代宣教法的商榷

五十年前在中國宣傳基督教，雖然有困難，還是一件簡單的事。到了現在，思想與生活愈來愈複雜，維持傳佈生活的方法，當然不能再"仍舊貫"。我們對於政治、社會、國家、家庭、工業、商業、教育、道路，等等問題，都已發生與從前不同的思想，我們對於宗教，尤其是我們所信奉的基督教，當然也感到不與從前相同的思想。不但是思想，即治國齊家種種的方法也跟着差異，正如耶穌說，"新酒要盛在新皮囊裏"。社會的各部是彼此影響的：譬如用驢車來做交通的工具的社會，決不能用電與汽，機器與大規模的組織來做製造物品的工具。那末，在日趨複雜，日重科學，日向民治的社會裏，在宗教方面，自應有一種新看法，一種新傳法。若要在人人希望坐汽車的地方，傲然自足地趕牛車驢車——無論從前牛車驢車的貢獻如何大——總不免是於倒行而逆施。

本文的題目是新時代中宣傳基督教的方法，我願意從討論宣傳法之中表示出新時代的意義來。我們宣傳基督教惟一的理由是因為我們確信基督教是我們國家社會所不可缺少的生活。我們若確信基督教是基督，基督是愛上帝愛人，是背着十字架去救人的生活；我們若確信這種生活能使信徒個人有勇猛、有建樹，也能使國家社會因這樣的個人而得鞏固的道德生活；我們若確信基督教是人的脊樑背骨，能把人支撐起來為正誼作干城的；那末我們就應當傳佈基督教的福音。可是新時代中，思想複雜，科學重要，信徒一與這個千變萬化的今日發生了關係，就不免於信仰的搖動。信仰一搖動，宣傳的力量就鼓不起來了。不誠實的人可以傳，常傳而無效；誠實的人不能傳，欲傳而無法。在這種情形中，什麼信仰都不容易固定；那些有主義的，大都還是盲從，還是固執，還是武斷與迷信。我們既不能盲從，又不能蠻橫武斷，就祇好做兩件事。第一，我們要先試驗背着十字架愛人的生活；從各方面看一看這是不是在我們經驗裏最滿意的生活。在於耶穌呢,這種生活是開闢一切生路的鎖鑰。我們若知道個人的生命是與人類編織在一個機體裏的,同時我們若試出背十字架愛人是滿意的生活,那末我們就應當把這樣的生活看作全人類所必需的生活。先得着這生活的人就當去宣傳。第二,我們同時要試驗祈禱的生活。祈禱是向前的思想,努力的體驗;也是與天地間的善意志,善勢力——上帝——的交通。我們若能試驗祈禱的生活,將宇宙間的善,將上帝的靈,實現在人格裏,我們就會知道宗教生活的力量。除了這兩種試驗,我們怎樣能夠證實基督教的是非呢?玄想是好的;但總不及實驗。有實驗,然後乃有確信;有確信,然後乃有宣傳的迫切的自動力。確信是傳教的惟一條件。而在新時代中,確信是從試驗而生的。

在新時代傳道,還有幾個必須遵循的條件。第一,這時代中最重的是人,也是人的自由。對於人現在的各種科學有各種看法,但現在的倫理,除了把人當作機械之暴烈的橫蠻外,總是尊重人的。人是自由的;所謂德謨克拉西者,務必以自由二字為根基,為目標。在中國趨向德謨克拉西的新時代中,人民應有全人類所必需的自由。我們須有思想的自由;若思想受壓制,被驅迫在固定的模型裏,那末科學哲學就僵了。科學哲學一到僵局,德謨克拉西就沒有保障。我們須有信仰的自由;若信仰受壓迫,那末人生最精深,最高遠的生活就被驅入牢籠,而心就容易死了。心死則德謨克拉西不能獨存。然則新時代中雖有剝奪人自由的暴力四面隱伏着,其趨向尚是對於自由有崛強的合理的要求。我們基督徒所要求的也無非是思想和信仰的自由。可是我要自由,人亦要自由;我有自由信教傳教,卻絕斷的沒有自由強迫人,要約人信我的宗教。從前傳宗教的人,熱忱沸揚,以為藉用宗教之外的力量,若能引人歸依基督,即用此種外力也未始不是榮耀上帝,擴展天國的一回事。於是乎有傳教條約的出現,使基督教犯了沒法洗滌的帝國主義走狗的嫌疑;於是乎學校裏有強迫禮拜與《聖經》必修課,使基督教冒了無可推諉的文化侵略的不韙。到了現在,我們就應當深深自省,有徹底的覺悟。**要知道從今以後,傳教衹有依持內充的精神,不能托賴外面的勢力了。**傳教的確是像姜太公釣魚,要用直的釣鈎,對魚們清楚地說:"願者上鈎,不願者去罷。"站在新時代的倫理上看,凡用物質上的引誘,武力上的威脅而宣傳的都不是宗教,都是魔鬼污衊宗教的詭計!

第二，新時代是注重科學的；我們宣傳基督教應當有科學的態度與精神。按照科學的態度與精神，**我們肯定所傳的，雖是超乎科學的價值，卻絕對的不可與公認的科學知識相衝突**。用科學的精密的嚴格的方法來研究現象，不能及到整全的自我和自我日常感覺到的質的生活。這些個，例如自我，意識，自由，上帝，永生，莫不因近代科學的抽離性而成為超科學的實有。但這些個實有確是宗教的元素。前幾天有一位醉心科學的朋友與我論神祕宗教者的心理，說他們的經驗無他，不過是神經作用，腦系作用而已。這話極對，並且是極合科學，但在人整全的生活上看去卻萬分的不通。因為這麼一講，倫常的道理，哲學的思想，甚而至於夫婦的愛，審美的情，朋友的忠信，志士的犧牲，都不過是腦系的作用，完全沒有超腦系的意義，和意義所給與的實在了。要之宗教人生，全在意義；宣傳此意義，乃是宗教惟一的任務。因此宗教的宣傳是超科學的宣傳；**其所超並不反科學，乃肯定其所不能及者耳**。可是我們卻有科學所加給我們的責任；從此之後，絕對不能宣傳天堂、地獄、神怪、靈異了。至少，我們即使相信靈跡，（因為有些靈跡，例如心在病象上的影響，未始無科學的解釋）我們也不能將靈跡當作宗教的中心。至少，我們再不能宣傳我們所懷疑的，我們所視為迷信的，**在新時代，迷信是基督教的仇敵**。

第三，我們要把目標認清楚。據我看，傳教的目標不是要傳佈一種規則，神學，儀節或制度。這些東西都是重要而必需的，但都須從生活裏挺生出來；生活不能被規則，神學，儀節或制度所拘束，限制與支配。耶穌說："安息日是為人而設立的，人不是為安息日而生活的；人是安息日的主。"我們斷然沒有宣傳宗派的責任與權利。宣傳基督教就是宣傳基督教，**除卻將基督教的宗教經驗與價值分給人，使人自得於心而漸有基督的心量一端之外，更沒有別的目標。我們要人像基督**，別種效果都可不管。耶穌要我們先求上帝的國與義，其他種種自然隨之而來。因此傳教的中心目標並不是要加增牧師的薪金，擴張統計的數目，推廣教會的勢力。

第四，我們要明白誰應負傳教的責任。牧師教士們當然是負專責的；可是在新時代，宗教即是生活，一切信衆都有宣傳的責任。耶穌說："凡有的要加給他，沒有的連他所有的都要奪去。"這句話是生活的根本原則；凡信教的必須傳其所有的信仰；不傳便枯槁衰朽，傳便自己的生命得發擴，他人的靈魂得救贖。換句話說：**傳教是保全自己的宗教的條件，誰傳教誰便是耶穌的真弟子。**

從以上的幾個傳教的原則看來，在新時代傳基督教是一件毫無飾詐，完全誠懇的事。因此，第五，我們可以規定傳教是一件有確實證據的工作。**傳教是作見證，傳教是證道。**我們在自己要用心證；對於人要用行證。言語不足，須有行爲。耶穌說："好樹結好果子……看果子就可以知道樹。"**基督教是基督：基督是基督教惟一的證據，基督教也是信徒人格裏的基督，在現代，信徒的人格是基督教惟一的證據。**有了這樣的證據，我們方才可以創立教義，闡發哲理，奠基督教的論證。不然，一切的理論都屬子虛。

最末，集以上的看法，我們可以從而知道，我們傳教，當注意現代的宗教與現代的人生融在一爐。我們常說宗教即是人生。耶穌受了約翰的洗禮，從約但河裏上來，忽然得了一個大發明。他恍悟到他的人格裏生命裏有神子的性質。他在人的裏頭看見上帝。他看見生活裏所騰湧的是宗教，因此他在曠野決定絕對的不用外力來宣傳他的信仰，絕對的不將石頭變麵包，不從殿頂上往下跳，不敬拜魔鬼。直到現在，祇有他那種赤裸裸的宣教法是徹底的方法。宣教是將宗教放到生活裏去。譬如我們要在鄉下佈道，單講道理，單做禮拜是不夠的；我們要使愛心在教育農事上表顯出來。我們要使農人用基督的向前心，用上帝的創造心去養雞，養豬羊，去耕田，去樹桑麻，把宗教變作流通在生活裏的血液。當然我們要祈禱讀經禮拜說教；可是這些事都因與生活有關係而得甚深微妙的意義。**生活與宗教要打成一片**，這是新時代宣教的根本原理。

傳教用舊名詞來講，是救靈魂；用新時代的話來講，是將生活分給人，使人在人群宇宙之中得有新覺悟，新事業，新勢力，新生命。**人知善而為不善是罪孽，我們要拯拔他們。人知善而不能趨向善是軟弱，我們要引援他們。傳教是傳救法。**不過上頭有一個十字架。因爲祇有有宗教的人可以引導無宗教的人進入深奧的平安；祇有得到了安心立命的場地的人可以使人得安心立命的快樂。傳教是中也養不中，才也養不才；是善人施捨自己，所以有十字架！

傳教的原則既如是，傳教的方法當如何？舊時的方法也有許多可以應用的。大凡胸懷廣大，器量宏遠的人，什麼方法都可以用，什麼手續，都可以容納。人的情性嗜尚各不同,傳教的方法也各不同。教會既有組織,則禮拜日有集合的禮拜,有宣教的講論,未始不是一種良好的宣教法。即所謂查經班,祈禱會,特別佈道,也未始不可行。但在這時代,這些方法,似乎不夠周轉。我們宣教是要宣給未聞基督,未信基督教的人們。這些人的背景與教育,紛綸雜遝,非呆板的方法所能羅致。聖保羅所以要在各等人中做各等人。

教會當務之急,莫過於把教會改為宗教教育的中心,**努力訓練教友,使他們去宣傳宗教**。教會固然要用專家,治理教會,指導工作,聯絡團契,創造事業,維持正道。**但教會在這時代要知道,傳道的人必須住在人間與人做同樣的生活**。在工界中傳道的定要是工人;在農邨傳道的定要是農人;在商界傳道的定要是商人;在政界傳道的定要是政治家;在學界傳道的定要是學問家。教會的工作,教牧的工作,不但是要傳道,並且要發見各界的傳道人才,設法使他們得訓練,負責任,能在他們的事業範圍內,用言行,用服務來表揚基督,宣傳救法。譬如學校裏,誰能進去,深入其境而傳教呢?祇有學校裏的教員,學生,有最好的機會。官立學校裏若有熱心的基督徒教員學生,在私人的交誼裏,在朋友的談話裏,在課外的研究裏,在自願的靈修裏,努力為主作見證,那個學校的校風精神一定會受好影響,那個學校裏未信教的教員學生一定會有人受深切的感動。教會學校裏若沒有熱心的華人,在教員學生中間宣揚基督,那末教會學校也不中用,因為生活裏沒有自然而然的湧出信仰來。同樣,政商工農各界中,若沒政商工農的人們提倡鼓吹,單靠外力,亦不易得偉大的效果。基督教應當學一點共產黨的方法。共產黨是在學界裏做學生,工界裏做工人,軍界裏當軍人,農界裏當農夫的。

除了全教會受宗教教育,全教會傳教之外,其他的方法,也有可以討論的價值;請略及之。

(一)宗教講演。近來有一個基督教的中學校請我去作一次公開講演,題目任我自擇,但以不傳教為度。我就選"宗教與美術的關係"為題目,據我所學的,為宗教美藝下了一個定義,作了一番比較,講了許多佛經裏的、《新約》裏的故事。我並沒宣傳基督教,也沒有作任何的宣傳;但我所講的卻可以作任何宗教宣傳的基礎。若然我們所講的是學問是事實,那末誰也不能拘禁我們。這不過是在不能傳教的學校裏所可有的一回事。至於在可以傳教的地方，宗教的演講，正是宣傳基督教的基本工作呢？

（二）長期講經。佛教有一個太虛法師前幾年時常作長期的說教。他坐在高臺上，侃侃然大講其《般若經》，很有教權，也很有學權！他說着夾浙江石門縣口音的官話，打着佛門無窮無盡的術語，能夠引許多男女至誠懇切地聽他，不是因爲聽的人聽懂了，乃是因爲聽的人得了安慰。可是佛教有一個太虛法師，基督教裏難道不能有一個切實先生麼？我們也可以請他出來到一個城市裏，找一個安靜的地方，請那裏有學識的人發起講經大會，給他機會講講《四福音》。其中不是有學問麼？基督教是不會太虛的；雖不虛，自能實。講完了，讓人家責問。講期完了，就告辭，不管有人信不信。連一個人不信，也不要緊。保羅在哲學出鋒頭的以弗所也這麼辦；他曾說：保羅是"栽種的，亞波羅是灌漑的，惟有上帝是叫他生長的。可見栽種的算不得什麼，澆灌的也算不得什麼，全在使種子生長的上帝。"（保羅在以弗所的推喇奴書院講學，事見《使徒行傳》十九章九節。以上引保羅的話，出於《哥林多前書》三章六節七節。）

（三）圓桌會議。這是印度傳道的龔士先生所用的方法。他曾著了一本書，叫做《圓桌會議中的耶穌》，說明他和朋友們用公開懇切的方法，討論宗教的情形。各種宗教都有很奧妙的道理，很精深的經驗，大家公開的報告，互尊的宣說，真金不怕火，自有良好的影響。精神的生活是共同的，分與的，友誼的；我們確信凡能與我們作公開的討論的必都會瞭解基督裏生命的分量，是何等的深遠偉大，博厚高明。可是舊的，機械式的傳教，蠻無道理的反對他教，頌揚己教，是容易做到的；幾乎誰都會這樣辦。圓桌是圓的，必須圓湛通明的心智，才能操收效的左券。

（四）文字宣傳。文字的力量實在深遠莫測。幾句標語，尚且有勢力，何況傳單書籍呢？在今日，基督教內幾乎可謂沒有文字。基督教的文字機關絕對的沒有把宗教與生活連起來。這是很痛心的。其中最可笑，最可憐，最可恨，最可惡的是鬧神學，是因爲鬧神學而各宗派不能統盤計算地發展文字事業。這且不論。在這時代，文字佈道是急不可緩的事。在學界商界裏，基督教應當用長短篇的小說、故事、傳記、演義、詩歌去宣傳。在學術範圍內，基督教應當急急地設法翻譯著作，期成基督教的藏經。在普通社會裏基督教應當有《聖經》的演義。中國識字的人，大都歡喜看《列國演義》、《三國演義》、《隋唐演義》等書。教會若能體會耶穌的聖心,一定能瞭解《聖經》是爲人而著作的,不是人爲《聖經》而出世的真理;一定能發起請人把一部《聖經》用科學的方法,歷史的眼光,宗教的精神,文學的藝術,編成功一部演義,使它流傳在中國人中間。去年米星如先生把《舊約》中的故事編成一本短篇小說,叫做《長征》,我讀了非常的忻慰。可惜他沒有繼續作下去。所需的文字,種類甚多,茲難細述。總之,中國現在會讀書的人固然很少;然這很少數的中國人是有勢力的;沒有相當的基督教的書讀,當然不會明白基督教。不明白,當然不會對於基督生信仰。

(五)藝術宣教。本年在歐洲的奧勃拉瑪格村有十年一次的耶穌受難劇。各國都有人去觀劇,觀劇的人,看見耶穌一生的事蹟,可歌可泣,可興可感,莫不受深刻的印象。我們雖不能做這樣的戲劇,但演劇一道,我國的信徒亦有所擅,亦有所樂爲。又譬如開聖樂會,亦一美事,良以音樂的悲壯幽柔,慷慨激烈,感人至深。其他則如宗教電影,如宗教畫及其他宗教藝術品的展覽會等事,皆足使一般人看見吾教深刻的善意。現在教會中已有宗教畫箋,宗教繪畫,宗教對聯等出品,雖不甚美,亦頗堪用。所希望的是同志中多有人瞭解藝術傳教的可能,推廣藝術宣傳的工作。

(六)服務證道。教會應當訓練教友參加種種改良社會及服務社會的工作。譬如賑災,譬如衛生運動、識字運動等等事,最好由社會上的領袖們發起,由教會的同志們參加。教友們參加在這種公務裏,任勞任怨,把名譽榮耀讓他人擔當,把苦工艱難放在自己肩頭,事情完了,毫不誇張,因爲做好事是人的本分;那末人們一定會看出基督教的特別來。此之謂行爲證道法。

(七)生活宗教。我們已經提過宗教與生活是要打成一片的。今日有一位朋友在燕京大學演講說中國的問題是農邨問題;三萬萬中國人是農人。基督教若能用在河北定縣的平民教育會所研究出的方法來宣傳福音,把福音的種子撒在人生裏,撒在識字的運動裏,衛生的宣傳裏,籽種的改良裏,農具的變更裏,豬羊雞鳧的肥碩裏,消費及生產合作的進行裏,果木禾稼的考研裏,蠶桑絲麻的出產裏……那末中國的農人便少不得基督的福音,那末三萬萬的同胞便有做基督徒的希望。基督教是熱烈的向善心,是懇切的信仰,是信上帝而生出的勇猛。我們的同胞若因做生活而得基督,若因基督而改善生活,那末我們的真理必定要大白於天下。

我們到現在，一提傳教，就聯想到說教。口說是要緊的，講道是不可少的。但是"一言興邦"，"一言喪邦"，一言有千鈞之重，一言祇一羽之輕；全在乎有後盾沒有，有證據沒有。**在新時代，教會應當實施宗教教育，訓練信衆去證道。信衆們應當出去時刻尋機與人做朋友。宣傳的目的是分生命，使人像耶穌；宣傳的預備是徹底的普遍的包容廣大的宗教教育；宣傳的總法術是融生活與宗教為一爐，宣傳的能力是徹忠的信仰與靈修；宣傳的總秘訣，是信徒個人去與人做朋友，在愛的工作裏表揚大勇猛大生命。**苦！痛！十字架！都是意中事；但是在於信者，前途祇有燦爛的光明！

十九，十二，二，夜，燕東園
原載《真理與生命》五卷三期，1931年

教會需要現代的青年麼？

　　教會是信徒靈性的家庭。現代的青年信徒，感受了各種的刺激，憂鬱煩悶，痛苦悲哀，一方面要努力為自己找出路，一方面要為民眾做實在的貢獻，為社會做改造的工作。在這種狀況中，他們已覺得最需要一個靈性的家庭。照理，教會就應該展開着溫暖的慈懷，歡迎他們，他們也應該如鋼針就吸鐵石一般地與教會作親密的聯絡。而事實則不然，為什麼呢？一言以蔽之，教會是很清楚地古舊的，青年信衆是極糊塗地現代的：氣味不相投，態度不相容，志願不相合，事功不相應，生活不相通，不但是思想、組織、禮儀的不相水乳而已。教會不能供應青年的需求，而願得青年為教友、為工人，甚至於為教會傳統思想的殉道者。青年信衆或咆哮，或慘黯，不能俯首下心的順應教會，而願得一團契、一朋友、一家庭、一導師，以引其出幽谷，遷喬木，做改革人生社會的工作。風馬牛，乃真不相及矣。

　　為什麼說青年信衆是極糊塗而現代的呢？因為現代的思想與運動，千頭萬緒，紛至沓來，都在現代的青年心頭匯成一個漩渦，弄得青年們自己也莫明其妙，莫明其矛盾與紛繁。於是乎青年們，青年的信徒們要注重科學，注重人生，注重今世，注重社會的改造，注重批評、反叛、抗拒一切古舊的信經，與夫一切反乎其所注重者之組織與事功。同時他們的心理卻又極其簡單，迷信科學萬能；迷信與科學相違反的，與中國文化相衝突的共產主義等等。近年來，青年們更覺得處處是銅牆鐵壁，處處是冷酷的無底坑，硫磺火大盛的地獄。在他們看，甚至於現代的青年基督徒看──當然是片面的、幻象的、無理的──教會也不在銅牆鐵壁的例外。

　　為什麼說教會是明明古舊的呢？其實這不過是說一大部分，不是說全體是這樣；假如全體如此，基督教中就可以不必有思想深遠的青年信徒了。那一大部分教會，極清楚地表明，聲說基督教會是主張無上的真理，得到無上的能力的靈性團體,卻不曾教青年信衆們清清清楚楚看出那無上的真理與無上的能力來。即或有之,亦非青年信衆中有清晰頭腦,不會人云亦云的分子所能瞭解。青年本不求別的,祇要真理與能力。在他們看,宗教與人生須是融冶於一爐的;宗教須不是教人到他世界去,而須是叫人帶着超世的精神,到人世去改造生活的;宗教須不是冷酷的信條與神學,須是一種熱烈的團契與信仰;宗教須不是反抗現代科學、哲學、美術、教育的傳統組織,而須是一種既合理又近情的活平衡、活統系、活計劃;宗教須不是將個人作犧牲品的,而須是使個人及人群自我實現,得廣大生命的權能;宗教須不是有勢力階級的工具,而須是一切人類、各國各族、智愚賢不肖、貧富貴賤、男女老少的大家庭;宗教須不是少數人上天堂的捷徑,而須是多數人承繼土地的原動力。這樣的宗教,便是青年信徒們的真理與能力。教會裏面似乎不主張這些個,即使主張,亦不十分徹底信仰、實行這些個。於是通都大邑,青年信衆足跡所寄的地方,教堂裏就祇有耄耋之年,巾幗之流,髫齡之兒童去湊熱鬧了。

以上的話,固然不免於過火。我深願所說的實在是過火的話,因爲我的話不確,教會便即是有生氣的。不幸而的確,這是我所最痛心的。可是近一二年來,事情略有變化,教會與青年信徒方面,都已感覺到雙方接近,雙方合作的必要。在華北,尤其是如此。教會方面恍悟已往之不諫,來者之可追;從前已有許多青年脫離教會而遠颺;今後當有思想最徹底,行爲最高超,宗教最熱心,經驗最深刻,服務最努力的許多青年信徒們在教會裏有根深蒂固的生活與地位,得以藉已立的根基而創新教會的生命,計定教會的事功。少數最可令人欽佩的現代青年信徒,現在已經加入教會的工作,在城市農村中,用言行,用服務,用切實的改造生活的計劃與試驗,實施其宣教的行爲。本年中華基督教協進會要在杭州開大會,也計劃要討論教會與現代青年信徒的關係問題,藉以引起教會的覺悟與青年信徒對於教會的瞭解。當然雙方要兩就,不要兩歧才好。

可是教會果然需要現代的青年麼?還是要將現代的青年信徒磨礪陶甓到閱歷深、朝氣消、經驗豐、良心暗,人情通、精銳滅的地步,然後將保存家當的謹慎事業交託於他們呢?不然,我們做教會領袖的倒要坐下來計算計算代價看,問一問以下的幾個問題:

（一）耶穌基督是基督教。耶穌不曾將信經遺傳等等壓在他的門徒身上，祇讓他們從團契的愛生活、工作的愛生活裏，發現他們自己的信仰。教會對於現代的青年信徒，願否照樣的徹底做去？現代的青年信徒，對於耶穌的言行是絕對不懷疑的，祇懷疑着各種基督論罷了。現代的青年信徒要神學，不是不要神學，但要自去尋求，自找導師，絕不願有人將那不成理性統系、不有事業根基的玄學，加壓在他們身上。

（二）宗教是生活，青年信徒所要的是活潑潑的、快樂的生活。**教會是否肯努力允就信衆的切求，而建設討論的、團契的、互相往還而有變化的愛生活？**教會是否肯冒險，請青年男女信徒，自去組織，自去發端，與全團合作，做試驗的崇拜、團契、友誼、靈修與服務。青年決不能存活在僵局之中。（若不知道怎樣辦，可以請教比較有此種經驗的教會，也可以請基督教協進會或其他機關作介紹。）

（三）現代生活是複雜而時刻有問題的；現代的青年，在倫理、社會、政治、國際、兩性、經濟種種問題上，多有不易解決的困難。**教會能不能，肯不肯聯合起來請專家指點，而不輕易下武斷的決絕語，使青年信徒傷心失望而與教會長辭？教會肯否尋找青年問題的合理性、合時代、合基督聖訓精神的解答？**

（四）青年信徒的熱血是最寶貝的，卻願贈送給識貨的知己。他們要改造社會，拯救在痛苦中的民衆，現實自己的人格。教會若要現代的青年信徒，為基督的愛，為奧妙的福音，告奮勇，賣力氣，**肯不肯付相當的代價。為他們計劃出一個用宗教信仰與精神來做社會革命的工作來。教會對於資本制、階級制，站在什麼立場上，有什麼福音？有什麼切實的建設事功？**

（五）如今是中國青年最煩悶、最無出路的時代，也是基督教絕大絕好的機會。**教會能否與青年信徒共同計劃在中國的基督教運動？能否在凡事上放棄阻礙人生的遺傳、玄學組織、與夫舶來的格格不入的古物；而徹底地請多數青年參加教會中各種重要的會議，而計議估定一切教會的工作與計劃？**險極了，也好極了。假如能如是行。權威——除了真學問與真人格——一切掃地。愛的團契、徹底的友誼、入裏透骨髓穿心肝的宗教可以由此實現。教會幹不幹？
以上五事但其犖犖大端耳。教會果然需要現代的青年信徒麼？

二十,四,六,燕東園,即著者上
杭州赴中華基督教協進會大會的前一日
原載《真理與生命》五卷七期,1931年5月

教會與現代青年

　　本年四月中澣，全國基督教協進會開常會，討論中國基督教五年運動中幾個重大問題。本年的常會，比較往年的大會要好得多。這至少有三個原因。第一是九年之中，協進會已經做了好些個教育教會、引導教會的工作。所以到會的代表都能明瞭種種問題的重要。協進會是一個各宗派交換意見彼此合作的機關，也是一個站在建議輔助的地位，祇提倡事功，不討論教義的組織。但是它的成績，已頗有可觀；因為在它的活動之下，教會（指各公會說）漸漸的覺悟到時代與社會對於基督教的要求。這種覺悟，必要影響教會的生活，所影響的生活，必要影響教會的思想。而這種逐漸的變化，在本年的常會中很可以看出來。第二，本屆到會的代表，比前幾次的人，似乎知識較廣，經驗較豐。第三，會中又有一批專家，他們對於教會目前幾個重大的問題都有精密的科學的研究。在農村教會問題方面，有包德飛博士的指導；在宗教教育問題方面，有柯立博士的幫助；在經濟關係問題方面，有戴樂仁博士的引領。其他，中西人士中間也有不少在各種問題上有研究的人。宗教與生活是不能分離的。生活與宗教是不能專靠熱情去瞭解而發展的。於是教會就需要各等信道的專家去做嚮導。從今以後宗教經驗與科學知識再也不能分家的了。

　　協進會現在似乎已經看見了一個整個的基督教運動。它把指頭放在要害之處，如家庭問題，農村宣教區問題，經濟關係問題，宗教教育問題等等，本屆所通過的議案，極有我們詳細研究、詳細瞭解的價值。

　　各問題中，本屆又添出了一個根本問題：就是青年問題。這是破題兒第一遭！基督教的領袖們覺悟到教會青年漸趨隔膜的危險。十年二十年後，誰為教會的領袖，誰為基督教的中心勢力呢？青年信徒的宗教生活，宗教信仰，要從什麼組織去保存，發展，宣布呢？教會無青年，則無將來；青年無教會,則無歸宿。於是乎協進會大發弘願,狠下決心,臨時請了三個信道的大學生,做常會的來賓。在開會的時候,特別留出一個晚上,請兩個大學生,一男一女,一南一北,對會衆講演,容他們盡量的批評教會,盡量訴說他們對於教會的希望和要求。雙鬢斑白的聖品人,坐聽二十幾歲的男學生,十八齡的女學生侃侃而談,是一個偉大的氣象!會中又特別開一個青年問題討論組。會衆全數的四分之一加入此組,也是一個良好的氣象!所可惜的是四件事:(一)會前全無何種整備。(二)所請的青年,大概是從教會方面任意選擇,而不是從學生公意的推舉;所以彼等不是能夠代表信道青年思想與生活的領袖。他們所陳說的都是急來抱佛腳、東抄西襲的話,並無什麼懇切心得。在這一點上,協進會的幹事們不能不深自引咎的。(三)青年的來賓似乎太少;北方基督教學生運動很有良好的現象,而赴會的人,僅僅一個男生。且三個人中,祇有一個是新教學校的學生,其餘兩個是別種學校的學生。(四)討論問題時,一組內大多數是辦教育的。直接管理教會的牧師祇有一兩個參加在內。但是一種創舉總不免有些缺點,我們祇須看見其中的新趨向,正不必過於吹毛求疵。

　　討論之後,議出了六個議案,一一報告到會衆面前,而全部都通過了。第一個議案的大意,提到現在教會應當徹底知道,青年問題是關乎教會生死的問題。青年與教會已成分裂之勢,情形萬分嚴重。其次,則請協進會徵請專家,對於青年信徒的思想和生活狀況,詳加調查與研究,並擬出解決問題的方案。其次,請於各大城市,凡有大學中學的區域,多開教會領袖與青年信徒的聯席會議,討論教會與青年共有的問題,俾雙方得以互相諒解。其次,則請協進會設法謀求出版青年們所需要的書籍。其次,則由協進會轉請各公會在教會可能範圍之內分設青年部(其實是學生部),俾青年信徒得在教會之內有自己的團契、崇拜與工作,而同時得與教會同為一體,享受教會內各界溝通的大團契生活,參加教會內各種宗教及慈善工作。如此則青年可以瞭解教會,愛護教會,而教會亦得輔導青年,收儲才養元的實益。最後,請協進會在二年之內(即本屆常會之後,下屆常會之前),特別注重以上各議案的實行。

　　由以上幾條議案看來,教會對於青年信衆,不但應有徹底的覺悟,並且對於青年問題應當加以徹底的研究。知識是救命的工具。知道了癥結的所在，然後方可施救下藥；徒呼痛楚，是完全無用的。可是據我看來，今日的青年問題，甚麼兩性、經濟、思想、信仰等等，都是從古以來凡作青年的所需解答的問題。可是在今日的中國，因為時勢政局新思潮種種的關係，這些問題，就與現存的種種制度，發生了不同生存的嚴重狀態。青年們都似乎說，社會不徹底改造過，我們的問題，在物質、精神、愛情、事業各方面，都沒有法子對付了。教會若不根本革命，我們的理想與信仰就不能實現了。這種嚴重的狀態是真的，不是假的，所以愛教會而又愛青年的人就絕不應當視若無事，置若罔聞。

常會青年組討論的時候，頗有幾句極有意思的話。有人問為什麼五四運動之時，青年學生奔走呼號，汗血交流，都覺得精神百倍，而現在的學生倒反而關着煩悶、憂愁、悲哀、沒有出路，甚至於浪漫頹廢而自殺呢。也有人答說當時有高標，有主義，有理想，有一種有浪漫性的夢引導着，換一句話說，當時有宗教，現在則沒有了。青年們要求的是一個整個兒的人生哲學，整個兒的社會革命，再也不願頭痛醫頭，腳痛醫腳，貼膏藥，補破鍋的了。青年既受人騙哄，為人欺侮，讓人利用，以致百無一成，損失了人格，丟掉了希望，自然也就老練了一些，看破了一切事情的巧機關。據熟悉情形的人說，北平的學生慢慢的專心讀書了，中央的學生大多數對於社會政治，好像不在心上了。這並不是青年對於國是漠不關心，乃是因為他們既然得不着整個改造社會與自己的辦法或主張，精神無所寄託，當然就祇好風平浪靜了。然則，有人問教會有什麼弘大的信仰、奇偉的事業，可以去換得青年們的熱誠與生命呢？

青年們的問題原不過三個，即是兩性、出路與人生哲學。關於兩性問題，青年組的討論，很有趣味。有人舉出許多實例來。教會對於此項問題當然有耶穌的教訓、古來的遺傳作根基，不過此種教訓與遺傳的真意義究係什麼，我們應當怎樣去將原理應用在各不相同的個案上，都是先決的問題。因此教會就必須尋求科學的瞭解，歷史的看法，合乎耶穌教訓精神的回答。不然，教會萬不能使青年們得着正確的指導與徹底的滿意。關於出路問題，狹義言之，就是青年自己的飯碗，廣義言之，就是社會經濟的調劑。許多煩惱，都從這點上生出來。青年是有同情而無牽累的，所以敢徹底去想一想：為什麼千千萬萬的同胞要做牛馬，要凍餓而活，饑寒而死呢？公平在哪裏？青年不耐煩，性急如火，一動就要革命。他們不肯輕易去做共產黨，也不明白什麼東西是唯物論。他們不喜歡暴動恫嚇，更不肯有黨而無自己，無人格，有破壞而沒有合乎中國文化精神的建設。但他們多少都贊成共產主義的兩點，一是資本制度的不公道，二是人人應當盡其所能，得其所需。

大多數有思想的青年心中有這樣的傾向。青年信徒們當然也不在例外。他們要問：教會能不能徹底地站在耶穌的教訓上？天父是父親，人類是子女，當然我們與苦同胞都是弟兄姊妹了。弟兄姊妹做牛馬，耶穌要怎樣辦？換一句說，基督的教會對於西方傳來的資本制度有什麼立場？有沒有一種宗教的社會主義？這個題目是難的，但是教會總得有點表示。教會與青年，端的要在這一點上看出離合親疏的兆頭來！

以上兩個問題，與其餘一切問題都有連帶的關係。一個青年沒有飯碗，就不能成家。不成家，就有曠夫怨女；曠夫怨女就是野鴛鴦、私生子、人格墮落、將來失望的根子。然而要解決人生各種連帶的關係，人就必要有一種統盤籌算的人生哲學。人要得有自己人格的統一，自己與社會生活的統一，自己與人類、與宇宙全體的統一。教會能不能引起青年們的信仰來，能不能給他們一個整個兒、不背科學，而合乎《聖經》的生活法？青年信衆們對於教會所需求的是一個根基於經驗、符合於科學、遵循於耶穌教訓的思想。

北方的青年信徒漸漸的與教會接近起來了。這是一種極好的現象。不過教會果然能做青年信徒們靈性的家庭麼？青年信徒中有少數抱負高遠的人，教會能容納他們，給他們一個安心立命的歸宿，開闢人生途徑的事業麼？世界上的大多數是不發生問題的；不發生問題的就可以用自足自滿的方法去對付。發生問題，精神感受不安，坐立不寧，非徹底改造自己、改造社會的，是少數的青年。他們有至性至情。他們是基督教的開教者；因為基督教就是這種青年的宗教。耶穌、彼得、約翰、司提反、保羅、提摩太都是這一流人。祇有他們去革命，別人斷然不能去引導他們。在於他們，世界上的所謂智慧都是塵垢粃糠，毫無用處。他們要用愛的方法去革命。弄得不好，他們也會用暴酷的方法去革命。反正他們一開始就要在根本上動手，決不會做剜肉補瘡，水來土掩的事。教會既無法對付這些人，能不能寬容廣大，讓出一個餘地來，收納他們在她的範圍中？也許現在的青年信徒中，沒有如耶穌、彼得、保羅、羅得馬丁、衛斯立、托爾斯泰、甘地、賀川豐彥那一流的人物。

那末教會就不必着急，衹要平穩順遂地使多數本在教會中的青年們得些宗教教育，靈修團契，信仰生活，在教會中維持她的工作就是了。這樣，教會加增了些對付青年的動作之後，儘可以維持現狀，度她平穩順遂的日子。不過也許青年信衆中有一兩個偉大的人物，那時教會怎麽辦倒是一個問題。少數人往往不被多數人所容，教會也不例外。久已成立的制度與機關，最上乘的，衹有保存價值的力量，衹會守成守舊，不會創造新生命；教會也不在例外。與現存制度已成統系，已成平衡的宗教組織，衹能使善男信女得精神上的安慰，不能使先知先覺，一般要求發現新疆域的理想者，得自由的活動；教會也不例外。若教會不能在例外，衹能做維持現狀的實力，不能做開創新生命的原動，那末所餘剩的就衹有讓路！問題是：青年信徒中的先知先覺在哪裏？教會能讓路給他們麽？沒有先知先覺，事情就容易辦；容易辦而猶不急起直追，那末要等到幾時呢？

二十，五，七
原載《真理與生命》五卷八期，1931年6月

基督徒對於日本侵佔中國國土應當持什麼態度

日本帝國主義，乘世界各國不易兼顧東方問題的時期，乘中國空前洪水的災難與不息的內爭，用武力侵佔中國的國土，殺戮中國的人民，違反世界和平的公約，蔑視人類共同的幸福。我們痛心疾首，恨惡此種違逆公理，蔑視人道，破壞人類文化的罪惡。我們因為國家蒙最大的恥辱而傷心悲痛，因為基督所主持的正誼被人踐踏在鐵蹄之下而哀悼憂惶。為此我們做基督徒的應當：

一，將此次事實之真相，宣告於世界信衆，並聯合世界信衆，特別是日本的信衆，一致反抗日本帝國主義侵犯中國、擾亂世界的罪惡。

二，為中國政府與人民懇切祈禱，求上帝賜予團結的勇猛，同心的智慧，以對付國家當前的危難，也為世界一切主持公理者祈禱。

三，徹底覺悟基督教對於中國民族精神上的貢獻，因此而加緊信衆人格的訓練，以備國家的需用。

四，本耶穌的精神，提倡對於日本經濟絕交及國民絕交。中國基督徒要主張凡是中國人民，在此壓迫與恥辱之下，絕對的不與日本人民有任何的合作。我們並不恨惡日本人民；但我們要日本人民知道我們對於日本帝國之罪惡痛心疾首，深願日本有覺悟的分子也起來主張公道，使其國家表示誠確的悔改。

五，本耶穌的精神及信徒自己的理解參加救國運動。

原載《真理與生命》六卷一期，1931年10月

我們的十字架就是我們的希望

聖誕過去了，新年又過去了。在聖誕節的時候，悲痛愁苦中，我們還唱着"在天上榮耀，歸於至高的上帝，在地上平安，人間有善意"。悲痛中有壓不死、滅不盡的喜樂；因為我們相信公理雖被蹂躪在鐵蹄之下，總有一日會起來，得徹底的勝利。在新年裏，我們應當快樂，但在暫忘悲苦的快樂中，我們時時覺有一縷悲意鑽透了我們的心。茫茫前路，何處是光明！天地都昏黑了。可是我們不低頭，也不能低頭；我們向着卡爾弗里山，看見陰森森黝黑中，立着一個十字架，架的頂上有光輝，忽然有萬丈的光輝！

你知道十字架的來源麼？十字架是羅馬的刑具，凡是反抗羅馬的，無論是君王，是奴隸，一被定罪，都可被釘在上頭。羅馬國絕對不把羅馬國的國民釘在十字架上；羅馬國將十字架保留着給反對羅馬而被羅馬所擯棄、所蔑視、所征服的民族。換一句話說，祇有羅馬的奴隸纔能有資格承受那慘無人道的十字架的死刑。在當時祇有人上架上去，誰也不知道怎樣纔能叫十字架的影子橫在羅馬的道路上，截斷了羅馬的兇燄。可是有一個木工的兒子，一個有血氣的青年，心中立志不做奴隸，心中立志要做王，將自由甘心舍去，一直跑上十字架，流了血死了。從那時起直到現在，十字架便從卑污羞辱中挺起來，變成了普世民衆得解放的象徵。這是一件奇妙的事情；因為猶太人看十字架是絆腳石，希臘人看十字架是愚拙的表示；獨有見過那掛在上頭的聖者的，纔知道這其間有奧秘的福音。有一小群青年人恍然明白了。他們便背了十字架在民衆中流汗流血，叫民衆從他們的夫子，和他們自己的死亡中，尋找蓬蓬勃勃的新生命。其中有一位有才學的，名叫保羅，他說，他大聲地向民衆說："我在你們中間不知道別的，祇知道耶穌基督，並他釘十字架！"

那兇暴惡狠的帝國主義總不過是兇暴惡狠的殺神。你們若要分別出什麼是帝國主義，什麼不是帝國主義，那末我可以給你們一個辨析的秘訣。這是極易不過的。凡是兇暴惡狠剝奪人權的殺人不眨眼，流血不怕腥的人、黨、閥、國，都是帝國主義的代表。這些東西四面圍繞着我們。他們的方法是將十字架放在民衆——無論是自己的同胞或是他國的百姓——身上，並且把這些民衆成千成萬的釘死在上頭。他們卻磨牙吮血，都像眼睛火赤的戰場上的野狗。兇殘賊害是他們的心。他們預備着愈弄愈大的兇殘暴殺去抵抗愈弄愈大的兇殘暴殺；所以他們鎮日鎮夜地居住在兇殘暴殺的威嚇之下。他們一點都不知道什麼是和平，什麼是安寧。你若要和他們講平安，他們總想平安是紅顏色的和血的顏色相髣髴。他們的術語是"與其是你先殺我，毋寧是我先殺你"。殺來殺去，甚至於今日的朋友就是明日的魚肉。他們在我們面前掩住了一切的光明，要我們永遠沒有希望。可是那些在髑髏地見過勝利的青年，絕對的不那樣。他們願意效法那木匠的兒子，爲自己製造了很笨重的十字架。並且他們絕對的不肯將這些十字架放在無知識、無抵抗、無團結、無錢財的多數的老百姓身上。因爲釘死老百姓是帝國主義者的不二法門。可是在那顱顙的加利利人的血裏受過洗禮的弟子們，是與帝國主義者背道而馳的。這些眼睛向上的青年們說："與其把民衆釘死，毋寧把我們掛在十字架上罷。我們知道，凡喪掉生命的，必要得着生命，凡肯爲民衆受苦受難任勞任怨的人，纔能將民衆救出來。"這些人清清楚楚地看見那二千年前的愚拙是最徹底的；若沒有二千年前的愚拙，我們絕對地不會有今日的自由與平等。而今日所有的不自由，不平等，也祇有這愚拙的十字架會制服它，會消滅它。

　　今日的中國，內受軍閥、黨閥、學閥的壓制，外受強鄰暴國的宰割。遍地是毒蛇猛獸。前路茫茫，難道便毫無希望麼？三十年來，民衆希望立憲，請願請命，失望了！希望革命，革命成功了，而來了要做皇帝的魔君，又失望了！希望武力統一，今日望這個天殺星佔勝利，明天望那個喪門星奏凱旋；總算賬還是民衆滾在血坑裏，又失望了！希望北伐，希望統一，居然也像成功了，忽而奔流直下三千尺，又在大人先生們的權利地盤的算法裏，算盡則耗而失望了！沒有被警覺的人們，在絕望之中，還很可憐地舉頭想望，望真命天子來，望共產黨來，望有統盤計劃的大力者來，而不知誰來誰不來都是一般；因爲誰來都是自私自利的，而自私自利的，祇有每況愈下而已矣。前途茫茫，難道不要有希望了麼？不，不。誰來都可以，祇要他們把權利地盤，子女玉帛，狗馬玩好放開，把公道拿出來。祇要他們能把自己釘到十字架上去。向人家望着是弱者不能忘情的事。但是向自己望一望，決然奮然地說，"我來，我能為"的在哪裏呢？拿撒勒人的徒弟們，知道麼？今日的中國正急需你們的福音。人們非你們的宗教，人們又不能不有你們的宗教；你們就應當腳踏地，頭望天，舉起十字架，去為民眾作實在的建設。除此以外，一切都是假！

中國的問題是人心的問題。青年們決不看輕物質的建設、物質的文明。不過在過渡時代中，一切都要改革，一切都要依賴那革命者的公心；所以在一切轟轟烈烈的革命中，必須要有扶植公心的人們，和這些人們的工作。大多數的青年們還在道聽途說，不景氣地度死日，鎮天價鬧苦悶，又鎮天價想吃現成茶飯。醉生夢死的，哪裏會下決心去團結而創造，而開闢路徑。人家造空氣，他們去仰鼻息而噓吸；人家造地位，他們去安坐享成。所以要做教員的甚多，因為有學校在；要做洋行小鬼的不少，因為有公司在；要做醫生的實繁有徒，因為人們總會生毛病；要做官的竟車載斗量數不清了，因為有政府，有黨部，有秘密的社會。都是要飯的！不然也就是被利用的了！要飯的人擁擠了就祇有亂，就祇有反。在有組織的社會裏這種坐享的辦法是最好不過的；可是在中國這種辦法便不是道兒。然則誰會創造呢，開闢呢？誰會建新村、擴教育、開邊疆等等呢？誰也不會；因為誰也不肯負那猶太人看作絆腳石，希臘人看作愚拙的十字架！可是中國的希望，也是全世界的希望，就祇在十字架與那被釘十字架的身上。

設使中國有足數的人肯負十字架，肯被釘死，中國就有希望麼？希望在哪裏呢？

第一，中國的希望在中國的四萬萬數千萬的民眾。中國人壞到極點，是真的；可不過壞的是政客們、學閥們、軍匪們、黨賊們、沾染流毒的墮落的人們而已。其餘的人們，滿抱真心，滿鍾神秀，與哪一國的民眾比，也比得上。所差的就是我們的民眾不曾得歷史的解放與知識的陶鎔罷了。這些民眾有堅忍、耐苦、勤勞、忠厚、溫柔、誠實的性格，最配永久住在亞洲大陸上作主人翁。他們現在祇須要有愛他們的人們去為他們的緣故背負十字架。他們是中國的最大多數，最沒有知識與錢財。他們的缺點成了中國最大的兩個問題，就是教育與實業兩個問題。教育分兩件事，一是給他們知識，一是建立他們的人格；知識在科學的灌輸，人格在宗教的陶鎔。因此今日在教育上所急需的，就是科學與宗教。科學能使人知道事物的因果、自然的律令，並能由知而征服自然，開發利源。宗教能使人集中精神，一方面建立至公的人格，一方面以統一的人格去謀求公衆的利益。當代的知識階級大都一知半解，以為一切宗教都是迷信，而不知人的生存必須要有意義，更必須要有安心立命的確信與努力。一般自作聰明的學者，把宗教打擊，而不能找出一種東西來代替宗教，國民黨似乎知道宗教可以集中信仰與能力，所以強迫人們學習基督教的辦法，在總理遺像前讀遺囑像讀《聖經》一般，靜默三分鐘像禱告一般，鞠躬致敬像拜上帝一般；殊不知宗教是生活中演化出來的，而不是三數人可以隨時造作的。因此這些替代品毫不發生效率。無物代宗教，那末還是回到宗教上去纔能集中人的心志。民衆要教育，便必須要有科學與宗教。誰能把這些東西輸入到民衆的生活裏去呢？誰願在無路的民衆中去作簡單生活，創造中國的新生命呢？前面有許多許多的十字架，誰肯走上去被釘了呢？同時，民衆必須要有飯喫；誰能為他們謀求經濟的解放呢？中國的民衆是中國最大的希望，因為他們有一個統一的文化生活背景；若有愛國愛人的青年們能腳踏實地去造新村、辦教育、闢利源；一小段一小段的着實做去，那末五十年後中國即可以無敵於天下！鐵拳頭決不能打碎了我們溫柔堅忍忠厚誠摯的民衆！

第二，中國的希望是在於中國的青年。老大的中華決不能於一朝一夕之間成為簇新的國家。須待許多人願意將自己放在民衆的祭壇上做了犧牲的火焚祭，然後中國方纔有更新的改變。現在有許多青年，覺悟到這一點；也有其他的人們覺悟到這一點，所以甚至於失望了，還在那裏不灰心。不過青年是血氣剛，情感豐，性情急，而沒有萬不可缺的經驗與知識的人們。他們到了無領袖的時候，便像一群無牧人的小羊，亂奔亂投，徒作無謂的犧牲。他們先被學閥利用了，得了錯亂的思想，蒙了甜蜜的欺騙，便自鳴得意，以致受教育而打罵師長，任意搗亂而成了中國人民中最可憐的一部分人。學閥於是乎把他們丟棄了！政閥來，利用了他們，又殺了他們；無辦法，亦祇可把他們丟棄了！軍閥來利用了他們，又屠宰了他們；無辦法，也祇可將他們敷衍一番而丟棄了他們。黨閥來禁錮了他們的思想，迷醉了他們的心志，以利誘，以勢脅，以所謂"主義，主義"那些巫術來籠絡，也一旦無辦法把他們丟棄。於是乎青年們得了被愚弄的習慣,染了任所為的惡毒,泯滅了是非,損失了清白,使"丘九"的尊號便作了一個新出現的階級的徽章。青年們一事未成而驕矜到了三十三天之上;一籌莫展而粗暴甚於荒島的生番;一物不知而無事不要處在領袖的地位而嚮導四萬萬人民!今日中國好像凡是黨、凡是閥,無不要利用青年。可是經過一次打擊,青年們也得一次深切的教訓。中國有大希望,就在其中一部分有覺悟而自立的青年。他們中間還有三個大弊病。第一是好大。因為好大所以必須要加入黨,弄那統盤改造的計劃。其實這是最大的錯訛。中國的救法,祇可以一部分,一部分,一小段,一小段做去的;一涉偉大的籠統就祇有私鬭爭權,貼標語,呼口號!民眾毫不沾一些光。第二是好急。一個中學畢業生就要做大官,一個大學畢業生,剛出學校的門牆,就要治國平天下,其志不可及,其愚也真不可及。可是中國的事無不要有長久恒忍的決心去幹辦。第三是好人不負責任。好人不負責,旁觀批評,逸氣凌人;而同時則賣力氣的人皆有別種用意加雜在官樣文章的底子裏。因此青年們所組織的機關,幾乎沒有一個不像一個腐化的政府。因此,間有心志高潔而努力參加的青年,不免再三碰釘子,而灰心傷志漸漸地噤若寒蟬了。然則怎樣呢?中國的希望在青年,青年的行為卻又如此!青年人!負起十字架來引導着自己與自己的同志們,一小群、一小群地去作切實的學問與改造社會的工作。

第三,國人的痛苦是中國的希望。中國民族是一個自顧自、不管公事的民族。家裏有家長,家長在,門前大樹好遮陰,小子們在樹影子裏乘風涼就夠了。國裏有皇帝、有官府,皇帝官府在,誰會知道去掃他家門前的雪呢?中國的黔首,被愚弄了二三千年,怎能一朝一夕之間變聰明了呢?人雖多,不團結,民雖眾,無組織;一盤散沙,是中國致命的弱點。原其所以不團結的緣故,則不外乎民眾無政治社會的興趣與習慣,有自私自逸的風尚與闇弱兩種惡毒。但這兩種險症都是可以補救的。教育實業是一種補救法;切身的痛苦又是一種補救法。譬如人的身體,平日無病,便無痛苦,一旦有病,痛苦便來了。人病了,若一點沒有痛苦,即一點沒有警告,那就太危險了。現在國難方殷,強盜國破壞了世界和平,侵佔了中華國土,使我國人受着至深至切的創痛;這痛苦便是極凶的警告,好像說:"中國啊,中國,你若不快快的設法醫治你的重病,你就有死亡的危險啊!"國人此番的痛覺比從前敏銳了好些；一定要起來徹底的整理診斷，施以救藥。這就是痛苦所給我們的大希望。祇要我們能感覺痛苦，我們就有危險中的希望。祇怕我們麻木不仁，那纔無可救拔了。今日國內的京粵之爭。即是一種麻痹的表示；好在人民不必全靠那些大人先生們。人民應當急起直追，不再讓人賣，讓人屠宰，應當組織切實而建設的小團結，由此而謀求出路與救法，細碎的真金可以因火的鍛煉而得純潔的團結。痛苦來了，痛苦即是十字架；誰肯告奮勇去被釘在上頭呢？

第四，中國的希望是在於各界中少數有覺悟的分子，尤其是青年中少數有覺悟的分子。從這些人中，我們在千難萬難之中已經仰瞻了努力拒寇的馬占山，無援無助的外交家施肇基，兵盡援絕而捍衛國土的東北義勇軍。從這些人中一定還會出許多不求名利，不謀高位而專心民衆工作的領袖。有人說，高麗不會出甘地，一出便殺，一千個甘地也不能存在。這句話似乎可信。但又有人說，中國也不能出甘地，因為黨閥、軍閥同樣地仇視他。這句話我不敢信；與其信這句話，毋寧信我們少數人中可以出甘地這一流的人物。譬如胡適之若然要做甘地，誰敢殺他呢？張柏齡若然異想天開要做甘地，誰能抗拒他呢？我們的甘地是對內的。此外，像賀川、像托爾斯泰、像羅曼羅蘭、娜丁甘等等也未必難出。這些是少數人，一個人有千萬個人的勇力。一個國家是多數人民的愛國心所維持的，也是少數有勇猛、有知識、有人格的英雄所引導的。現在中國已經有這少數的人；我們睜眼觀看，就可看見曉莊的陶知行，定縣的晏陽初，特立獨行的顧子仁，那一流人。他們與其餘的同胞們有點不同；因為他們有科學的精神，愛國的誠摯，宗教的信仰，與他們同心而在做他種工作的人們正多着。這些人為他人留面子而不講求自己的面子，直對事實作真貢獻，並沒有作欺騙人的主義的宣傳。在這兵匪擾攘，災難頻仍，強權侵迫，公理無存的二十年中，這些人耐着性子為中國好好地建造國家的基礎。青年們啊，打破你們的迷信罷！趕快團結起來，在槍林彈雨中做無聲無臭、無名無利的真工作，引導着人民向前到光明的路上去罷！

以上四端，乃犖犖大者。中國的希望就在這上頭，我沒有說中國的希望在於備戰。我沒有沿襲成語而說"十年生聚，十年教養"。因為現代的戰爭是必須有現代的物質文明、現代的工商業化的社會作後盾的；必須有長久的、科學的、道德上的訓練；更必須有國際的拼命的軍備的競爭。等到一切都預備好了，還要全國全民的動員。然後乃拼孤注的一擲；勝亦是喫虧，敗亦是喫虧。我也沒有說中國的希望是在外交的勝利；因為外交是有條件的，是依賴外國的。不但如此，我也沒有以國際的輿論、國民的外交作吾們的希望。至於靠自己，我未嘗以中國的地大物博、天然富厚為希望。有物而無人，雖有大地、富產，亦適足以資寇仇的侵略。我所說的是：**我們的希望是在於人**；"其人存，則其政舉，其人亡，則其政息。"我所說的是：我們的希望不在於大人先生們，更不在於左黨、右黨、紅黨、白黨、此主義、那主義、這統盤的計劃、那完全的政策；**我們的希望是在於有志之士在各地方各界中做小團結、小建設的工作**。這並不是不贊成大規模的改革，統一的政府，以及種種奇形怪狀的主義。更不是勸大家不要按照自己的看法去參加政治的改造。我所提起的是徹底的建設，是卡爾弗里的十字架。

這條路不是太長麼？是啊，這條是長路。捨長路哪還有路？通到生命的路，不但是窄而直的，亦且是長而遠的。前幾天，我與一位外國朋友談天，問他說："中國人斷送了東三省，日本人攘竊了全滿洲；你想我們中國還會奪還所失的土地與主權麼？"他想了一想，回答說："時光是幫中國的。"他的意思是中國總有那一天，不過那一天還遠着呢！過了一兩天，我得一個有志的青年的信，其中說："請你不要憂愁。這所損失的，二百年後，我們一定能夠奪回來。"真難得！這兩個愛中國的人絕對的不肯認五分鐘熱度是會發生效率的。是啊，這條路是長的，長，所以路的兩旁都立着些笨重獰惡的十字架！

但是我們信若是我們爭氣的時候，公理是在我們這方面，公理是真的勇敢的力量；世界上最高層的人民的公論是在我們這方面，而這公論是制勝仇敵，是奪盜賊的氣、驚帝國主義的心的威權。我們冒險去發揚民眾的潛勢力；同時，等待着，五十年、一百年之後，我們的子孫一定要看見全世界的巴比倫——帝國主義——的淪亡。在今日呢，拿撒勒人的從者，信眾中的青年們啊，你們祇有淒慘的十字架與十字架上的殘酷的死亡！你們再也不會有稱心稱意的快樂了；你們要快樂，就祇可以在那威嚴的上帝面前，以十字架所給你們的勞苦、憂愁、創傷、悲痛、黑暗為快樂。因為你們若真的服事同胞，為他們建立新生命，那末你們應當將你們的痛苦當作你們絕大的榮耀、無上的歡喜！誰也不能奪去了這種偉大的光輝！十字架要壓迫你們；卻更要給你們自由,生命,以及後來的復活的榮耀! 現在不知道別的,祗知道耶穌和他釘十字架。將來,將來是沒有人知道的,是一卷封閉的書,是一卷被七個印所嚴封的書。"我看見一位剛勇的天使大聲傳呼說:'有誰配展開那書卷,揭開那七個印呢?'……有羔羊站立,像是被殺過的……這羔羊從坐寶座的右手裏拿了書卷。他既拿了書卷……(信衆們)就俯伏在他面前,各執琴,各提盛滿了香的金爐。這香就是聖徒的祈禱。他們唱新歌說:'你配拿書卷,配揭開七印,因為你曾經被殺,用自己的血……買了人來叫他們歸於上帝。'"天上、地下、地中、海水裏有萬衆的呼聲說:"亞門,亞門。"

二一,一,六,燕東園
原載《真理與生命》六卷五期,1932年3月

我　信

　　大難在前，心志惶惑，每覺生不如死。然清夜默祈，總覺悲觀乃人格墮落，意志薄弱之徵兆。耶穌弟子，不應有是，愛國之國民，亦不應有是。是以力求人我可共之立命點，得數條，作我之信仰。

　　（一）我信宇宙的根基是公義。（以基督教教理論，則可換言之曰，我信宇宙有主宰，即是公義聖善之上帝。但我不願以基督教教理之言辭，說明我之信仰，因我欲述說一種人所必須、人所當共之信仰，即非基督徒、異教徒皆可從而守之者。若宇宙果以公義為根基，為中心，則彼蔑棄公理，毀滅人道，用剽竊劫奪之行為，侵佔他國土地，屠殺他國人民之軍閥國家，一時雖暴而且強，至終必致於自殺。不然，則文化滅，人類亡。以文化人類，決不能與此種殘惡共戴天也。）

　　（二）我信公義（即真善美之總和）必將勝過一切罪，一切惡。

　　（三）我信個人與國家皆須建造在公義之上；如是，個人方為有人格，國家方為有國格，而民族之生存方可悠久而無疆。

　　（四）我信民族必經苦難危險而得訓練與紀律，必因訓練與紀律而得堅固的團結，必因團結而堅強，得以獨立於世間。（此與基督教教理中所指耶穌以死贖人罪同一意義。邇者，淞滬之戰，我國軍士，赴死衛國，卒令世界悉見我民族之英雄主義而知我國家之國格有清楚之存在。我軍士之死，亦正所以贖我出死亡也。又暴日以無組織之國家一語謂我，竟欲因此而施其劫奪。我固組織散漫，然未曾如暴日之為"剽竊"之"海盜"。今彼以軍閥與帝國主義凌我，以諸凡不可忍之痛苦加於我，正所以鍛鍊我，使我團結一致也。彼荒木陸相曾謂中華民族如散沙，日本民心如粘土，一若此種性質，出乎天然。此乃大謬。我國人素欠正當之教育與訓練，故往往勇於私鬪，怯於公戰；一旦得正當之教育與訓練，散沙之誚，決不能再加於我。此次滬戰軍民一致，其為散沙乎，或為粘土乎？暴日以散沙譏我，正所以促使我成金石之堅結也。）

（五）我信民族團結互助，促使全民衆因教育而活動然後乃可實現其民族之真性情，如此，則小國可存，何況大國。（日本本當協助中國俾為強固統一之國家。乃日本不以兄弟視我，處心積慮，欲獨為亞洲之雄長。中國強盛，即非其利；故二十年來，百計助長中國之內亂。今則乘我天災人禍最劇之時期，棄彼文明道德一切之虛飾，而侵奪我國土，屠殺我同胞矣。但彼欲我不團結，其心至惡，我既知之，安可不立刻團結乎。為今之計，凡愛國者，決不內鬨，決不肯不同心禦外侮。如此，則小國可存，況大國乎？且彼我之間，情形極明。彼以帝國主義壓迫其自己之民衆，使為軍閥之牛馬。我即應設法解放我民衆，使其有教育經濟之權利而實享之，使其自知活動而衛國。如此，則絜短量長，我自有可操之勝籌矣。）

（六）我信吾人信公義，行公義，即有大力量。（譬如二人鬩，欺人者必心虛，被欺者必氣壯。此又與基督教教義中能力之說相似。保羅曰，"我依基督，萬事能為。"我換言之曰，"我持公義，必操勝籌。"吾人對於民族國家所懷之信仰，即是吾人之宗教。）

（七）我信團體之結合與個人之自由，乃民族發展中之兩要責，缺其一端即有危險，但欲保持此二端，必須先有法律所保障的人權與守法的精神。

（八）我信抵抗罪惡是人之天職，抵抗外寇之侵奪，是人民與其政府之天職；惟有抵抗可以拯國家於淪亡。

（九）我信我國必須保存舊國粹，吸取新文化，使在民衆心血之中融會貫通。然後藉以創造我自己之制度，建設我自己之國家。我信歷劫之後，中國必為世界上一個有益於全人類的國家。

（十）我信中國必能恢復舊時之光榮，必能開闢將來之生命，必能自決自立而自存，且對於世界作大貢獻。

二十一，三，十二

原載《真理與生命》六卷六期，1932年4月

基督教與中國的心理建設

中國晚近內有自相殘害的苦痛,外有強鄰侵奪欺壓的危險,社會政治,俱呈衰靡紊亂的現象。有識之士,憂心國是,莫不說中國的制度不良,所以現在國家有紛崩的形勢。目下急務,端在改良社會制度,經濟制度,政治制度,教育制度等。制度一改革,什麼都可以上軌道,中國就可以興旺強盛,內部可以安,外國不敢欺了。這句話,誰也不能否認,然而制度的造成,至少一部分是以人爲主因,制度的改革,也至少一部分是以人爲主因。環境影響人,而人亦影響環境。人在環境中能有超越的權力,觀察了解而後乃取環境中所有的材料,以破壞環境中的惡勢而創造環境中可容的人生。凡此種種作爲,皆由人心的能自主自動;皆因人能自運心智的力量。有相當的心理,即有相當的創作。牛馬犬豕,亦動物也,而不能改革其所處的境遇。爲什麼?因爲牛馬犬豕不能超環境,識環境,用環境,故亦不能改造環境。現在有多少人想人是一個機械,與自然同,絕無心理上的超脫,精神上的自由。這等人似乎將人與其環境同列,似乎要環境自身去改革環境;故奔走驚呼,彼此相告,又彼此相迷醉,說,改革制度,改革制度,而根本就把能改革制度的人遺忘於九霄之外。思想的矛盾無過於此。其實呢,祇有人能盡人事,祇有善人,能盡善事。

中國的患難,固然是因爲制度的敗壞,但亦是因爲人心的墮落。我們若說,國內有強有力的政黨,握政權,握軍權,便可以改革中國的種種制度,摧其舊,建其新,由是而拯民眾於水深火熱之中;那末國民黨——三年前萬目俱注萬首仰瞻的國民黨——爲甚麼沒有乘萬世一時的機運,造千秋永鞏的新國呢。人壞了!國民黨的罪惡鮮紅如民眾所流的血。南北之鬥不息,京粵之爭靡已;孫先生的親弟子皆不合作。在民眾看,就祇見殘鬨殘殺,鈎心鬥角,毫無國是的可言,更毫無公理政則的可言。"心不在焉,視而不見,聽而不聞，食而不知其味。"心不在焉，有主義而不行，可以改造國家社會而終於驅民衆於死地，置國家於危境。心不在焉，即無所謂改造與革命。吾們不願意追隨衆囂囂者之後而批評政府，一若政府壞了，適足以顯出我們的好來。吾們要很痛心地說，中國人的心理俱有衰老敷衍苟偷私營的疾病；要批評政府，要更批評我們自己。有此心理的疾病，便人人可以腐化。今日中國國民黨的失敗在於無少數偉大的善人在其間維繫整飭發揮黨的生命。而其他的黨——如共產黨，青年黨等——亦莫不如是。故今日中國的急務，不在於以黨推翻黨以黨代替黨，而在於各黨自悟各人自悟，而努力急追，作其心理上的革命。

今日的怪現象是心理無結集的精神中心，而思想言語無不非笑摧殘人的精神生活。有許多人大聲說，"打倒"宗教；所以三年前的國民黨軍隊到處拆毀偶像，破壞廟宇，壓迫教會，侵佔教會學校。然而打倒甚易易，建設誠難難。聰明俏皮，天下各國，誰如吾們中國人；而欲將老大中國，病夫中國，一旦而刷新之振興之，以之建設在早就虧損的病態心理上，則天下各國又誰能及吾們中國人。甲則高談人文主義；乙則大倡機械主義；是非公道，既係人爲，則趙孟之所貴，趙孟能賤之；宗教信仰，既係人自己的影子，則捕風捉影，不可捉摸，盍不踐踏而遺棄之。然而大匠所遺的石頭，反而成了屋角上頭一塊石頭。今日中國的大難，就是因爲無宗教，無信仰。俄國近來，進步至速；原其全國的狂熱，乃是其國性，素爲宗教所陶鎔者，湧出而反舊教而注向新生活。俄國的發展，所依賴者，還是宗教，至少還是帶有宗教色彩的信仰。日本現在正染一種瘋狂症，迷信武力，崇尚法西斯蒂主義，將來也許因此而自相戕賊；但其所以現在澎湃者，也似乎帶一些宗教的色彩。惟有中國人最聰明，最不須要宗教，亦最沒有辦法。

吾們基督的門徒，處在輕視宗教而危如纍卵的國中，目擊時艱，果作何種感想？宗教是維繫社會人心的精神運動與信仰生活；基督教是基督住在人心中，由心而發的社會意識，由此而維繫個人內部生活及人群精神聯結的努力。基督教是基督。而基督的事功是歷古一轍的；即是爲人生立命，而被多人釘死。保羅說："我無所誇，我誇耶穌與他的釘在十字架上。"基督教是今日中國所必需要的命根，也是今日中國所要釘死在十字架上的；不但是非基督徒要釘死上帝的聖者，即教會中的人們也有褻瀆他，看見他被釘時，要說，"你若是基督，就該從十字架上走下來。"因此，基督教在今日中國須要重演基督的犧牲史。不過所微有不同的是，今日的被釘者須是自願走上十字架的信徒。有之則基督教可以爲中國保全靈魂，無之則中國必能看基督教的消失。吾們作信徒的對於基督教本身，可謂徹底的不認識；因此被人反對，便疑神疑鬼，以爲科學能致基督教的死命，以爲潮流能給基督教以打擊，人格不穩固，信仰無經驗，中心於是乎失墜了。因此今日教中一輩信衆，呈現不死不活的氣象，而一輩青年們徒，露出驚奇紊亂的態度。其實呢，祇有基督能救中國；因爲基督是宇宙本原中的上善上德，一入人心，便可使其得豐美的生命。中國的基督徒啊，你有此透闢的認識麼？你的救主要你在黑暗中擎起福音的光輝，要你去爲中國，在艱難困苦中，一點一點，一段一段，一區一區地創造一個新心理，一個新生命。

然則基督教的使命，在中國，是爲中國建設新的心理。有許多信徒問這樣，問那樣，要知基督教在今日中國應當幹什麼。有的人說，我們應該組織一個以宗教精神爲維繫力的政黨，去爲中國作改造的工作。有的人說，我們必須與社會上各種建設的勢力聯合起來，去改善社會。這些不安的境象，未始不是基督教具有生命的好現象。但是基督教不是政黨；基督徒儘可以作政治工作；基督教不去直接改造社會制度，基督徒儘可以彼此聯合去作改革家。基督教的真使命是永遠的使命；是傳福音，救靈魂，換一句新的話說，是爲人群建設新的，有力量，有根基的健全的心理。

基督教在中國的現代應當怎樣才能作建設健全心理的事功呢。我們的回答是兩件事，一件對內，一件對外。對內，則基督徒須認識基督與基督的上帝；由此認識而使教會脫離一切膽小的，妥協的死象，而使信衆日進於強有力的，以宗教爲基礎的道德生活。總而言之，我們作信徒要充實自己的宗教經驗，堅定彼此的宗教信仰，努力發展形像基督的人格。基督教是宗教，其命根全在於此。其中當然有神秘的成分；譬如在祈禱生活中，我們因信而得上帝與人的交感，我們因此交感而得安慰與力量，喜樂與勇敢，遠大的見象與湧溢沸騰的新生命。我們不必怕作此神秘生活；除卻此點，即無宗教。科學不能推倒這一點；因爲科學說明事物的關係，而事物的所以有此與彼的關係，仍是一大神秘。我們能知，物能被知，主客相接，因而成知識生活，乃是一大神秘。夫婦之愛是神秘，人對於真善美，與夫統一真善美的追求是神秘。一切偉大的事盡在神秘中。我們要面向基督，心對上帝，得到熱情的白熱度，而後生命洋溢乎心中。不要怕，祇要往深裏去不斷的進行。今日教會的危機是不往深裏去。不過我們同時要用歷史的眼光，科學的態度去認識教中的經典，遺傳，組織，禮儀，神學，庶不入於盲目的迷信。在自己不能了解的時候，要尋求有學識者的輔導，絕對不可盲目地反抗他教，拒絕現代的知識。吾們要知道人的文化都是輔助我們認識基督的工具。深則與基督爲朋友，廣則與人文作交遊，然後乃不失吾教的高深與偉大。我們要誠，誠然後能明能化；不誠無物。我們不必怕天倒塌下來，因爲我們有永久不拔的基礎。如此，我們可以因信基督，因共同的團契與修習，獲得一個新的心理，新的態度，新的精神。出而爲社會同胞作工，乃能於言語行爲，以及一切實際的服務上，傳佈自己的新生命，建設同胞的新心理。心是心造的，新的心理是新的心理創造的。

　　至於對外，基督的使命——建設新心理——實最偉大。但要擔負此重大的使命，我們必先曉得中國人心理病源的所在與夫醫治及創設必由的門路，然後以全力赴之，使所作之工發生長遠悠久的效率。中國心理上是獨有的，一方面是與世界共有的。其獨有是遺傳下來的病，一方面是封建思想與宗教思想的餘毒，流潰於百體之中。這種病的現象是各爲自己及自己家屬的私謀私鬥，各爲自己及自己黨派的私圖私爭。惟其私，故國家蒙莫大的禍害，國家既受禍害，則全民衆即無以自存。至其極，則其有權位而日事私圖者亦必至於自戕。惟其私，故事事重意氣，重人情，而不重公法；即有公法，亦必因通融轉環而破壞之，因其阻礙強有力的個人而被其摧殘破壞之。人心俱病，法不能立，徒法不能以自行。惟自私，故祇圖目前，不管久遠；祇貪財利，不建人格，祇想小己，不尊大我；祇有自身，不有國家，祇樹小黨，不顧大局，祇會互鬥，不能協作。流及個人無有底止。譬如學界中人徒逞口舌的敏給，專事消極的批評，教育子弟，既無健全的科學態度，尤無剛強的道德根基，一若爲人即是天空的浮雲，隨意生滅，海上的狂濤，任情長消。工商則漸相交惡，農夫則死守古舊。全國精神，盡失常態；故以普通的眼光看來，中國前途似無一線的光明。在其與世界共有的病源方面，則中國今日徒知介紹作亂的學說，徒知摹仿激烈的行爲，而不知分析，批判，比較，創作。所介紹與摹仿的思想，雖亦有良好的部分，然大都爲關於肉慾，仇恨，唯物的生活等等思想所蒙蔽。人心的撒野放肆，傾注於肉慾的亂縱，仇恨的孕育發達，唯物生活的霸佔一切，乃今日中國與世界相共的通病。有此病根，人文的前途，就祇有黑暗不易見光明。中國人民在於今日，內受封建宗教的餘毒，外被唯物生活的迫誘，真猶雙斧伐孤樹，其能免於倒地者幾希。誠如是則病根甚深，而所可救藥者，即在宗教；因爲宗教能促生對於大我的忠誠，此大我是社會，是上帝。宗教的工作是爲中國創造一個以宇宙大我爲根基的社會意識。

我們認定中國的病態心理——中國的罪孽——是由精神物質雙重原因所致使；所以我們也認定中國今日的急務是在於改造心理與環境兩事同時進行。無好環境即不易產生好心理，無好心理即不能產生好環境，二者互爲因果，並非任何一端爲因果。但基督教的使命則在建設心理，脫度人生，創造人生。而在今日，其所應由的道路，不外乎下列數端。

（一）救濟民衆　宗教的任務是"度一切苦厄"。耶穌來是要尋求亡羊，拯救罪人。今日中國天災流行，人禍侵擾，不死於洪水，即死於荒歉；不死於內戰，即死於外患；不死於愚困，即死於饑寒。一舉目即是牛頭馬面的同胞，一擡頭即是喪門弔客的時勢。在此種情形之下，基督教雖欲開口說教，亦不過徒吹泡影，徒散空華。與其空言，不如動作。動作即在救災。救災之餘，猶有許多民衆，因切心的苦痛，因身產的傷亡，而仰天注目，歸心聖教；那末吾教應當用純潔溫良的愛心引導他們到基督的壇前，使得心靈的醫治，神秘的平安。基督教要安慰勞苦憂鬱，傷心失望的民衆。耶穌說："凡勞苦擔重擔的人，可以到我這裏來，我就使你們得安息。我心裏柔和謙卑，你們當負我的軛，學我的樣子，你們心裏就必得享安息。因爲我的軛是容易的，我的擔子是輕省的。"（《馬太》十一章二十八至三十節）

（二）訓練生活　中國民衆有百分之八十二三爲鄉農。近幾年來各黨都要在此等民衆中從事宣傳，但是國民黨是吸取的，共產黨是恫嚇的，皆不能得其信任。基督教在此時期應當趁機會表顯聖教的平等博愛，而揭示其真心服務的憑證。中華基督教協進會提倡五年運動；往歲特請美國農事專家包德飛博士來華，研究農村工作的進行。所有結果，即爲農村教區的建設，由六種道路去進行，鄉村心理建設的事工：曰衛生，曰經濟，曰家庭，曰識字，曰公民，曰宣教。其法則設一指導中心，使深受訓練的指導員，由此出發而到四周的鄉村教會，訓練其中的牧師與教友，俾得直接改造農村。其主要目的在使宗教灌入人生與社會則由實際的生存而產生新心理，新生命。此種事工，華北則公理會已開始進行，美以美會長老會都漸有試行的計劃與工作。南京金陵神學已設有鄉村實習的宗教教育；濟南齊魯大學的神學則專重農民中的宣教工作。在信教的大學生中頗有改造鄉村的志願；目下所需要的乃是訓練與組織，前導與後援。總而言之，在此國家不安寧，制度紛變化的時期，吾們必須要用積極建設的精神去創作那不能被任何革命所推翻的事功。訓練整個生活，即是其中的一大端。

（三）轉移教育　基督教所以能夠發達，從以往的歷史看來，端在其所實施的教育。從前基督教所主持的宗教與教育交融一氣的工作，雖有許多流弊卻亦是一種訓練人生的力量。自從國民政府教育部訓令教會學校禁止宗教必修課之後，宗教與教育，往往必須成爲兩事；其中爲利爲弊現在尚不易斷定。不過中國的教育制度既極不切時宜，教會的教育事業亦復少有成功。其流弊在於學業與生活的全不相干。教會學校的開明當軸往往說吾們不必持形儀，我們祇須保精神，用基督的精神來實施教育其效率必能勝於夙昔的徒事機械式的宗教。話雖堪聽，事則未然；因爲形體不存，精神莫附，故至目今，全體學校生活中尚難有切實的人格的修養與栽培。不過我們認定原理，執定信仰的自由，當然絕對的不能開倒車。我們因鑒於教育對於建設新中國心理的重要，不能不懷疑現在教會教育的不切實不深邃，而思有以補救之。我們可以斷言，基督教的能否爲中國創造新心理新精神，全視乎基督教教育的能否感化人格，栽培人格，聯絡學校與社會的實際生活，以爲斷。我們今日必須要改革基督教教育，第一要精選教員；第二要縮小範圍，縮短戰線，有關門的，合併的學校，然後可以有精深而刻勵的教育；第三要使教育與宗教在精神上打成一片，要使學校與社會在生活上冶在一爐，如此則組織可嚴密，精神可專一，團契可深刻，人格可造就，而青年們可以得活潑而紀律化的引導。此是根本之論。至於補救目前，則言之者衆，奚用本文的曉曉。

（四）加緊與普遍宗教教育　國難當前，人心苦痛；信徒中有點知識的人們，當問基督教的言論應如何，工作應如何。本年五月初，中華基督教協進會開全體執行委員會時，曾討論過基督教與國難的關係。結果，決議請宗教教育協進會、國際關係委員會、青年委員會、佈道靈修委員會共同商榷舉行國難中的教育運動,俾信衆認識基督教的主張與使命。然此乃迂緩的事情,也許是毫無成功的事情。宗教教育的遍施全在乎各地的教會中有知識,有宗教信仰,有愛國熱忱的信徒。全在乎知與行的銜接。何以言之。請舉例。河北某村中傳教士某,方與某婦講兒童的撫育,說,假如兒童哭了,切勿隨便給他東西吃,自己愉懶,不去察知哭的原故,徒使食物去止住了一時的麻煩。婦人聽著甚贊成,便說這真對。同時她的小兒子哭了。婦人立刻取烤在坑邊上的一條山藥塞在小孩子的嘴裏,這就是知與行不相干。知與行不相干便是新心理沒有代替舊心理。某大學中有一位女生是共產黨,慷慨激烈,氣吞山海。問她,爲什麽,便說爲苦同胞。等到她坐洋車的時候,便死命的少給車資。有一位男學生亦極高唱主義,及至膳夫少緩,即擲杯盤肴饌以怒之。此亦是舊心理不死,新心理未生的緣故。我們要加緊宗教教育,就是要在此等處鞭辟入裏。

(五)注重文字的宣傳　吾們走遍書鋪子,常不見有基督教積極的文字,讀遍報章,常不見有基督教公正的言論。基督教在今日狀態中應當急起直追,產生出美好有力的文章去到書坊書攤中與激動獸慾,鼓勵殘殺,壓迫人生,戕賊心靈的汗萬牛充百棟的書籍爭生命。不過關於文字事業,教中討論,已垂二十年,而竟一無所成。神學的顧忌,機關的顧忌,竟將上帝的工作淹沒在無可奈何的狀態中。聽說現在頗有一輩人發始文字運動,這與基督教的前途大有關係,真是極可慶幸的。

(六)指陳是非　基督教用文字,用教育,用服務,也用口說的宣傳對於人群社會述說耶穌的教訓,上帝的旨意。換句話說,基督教要在社會上主張公義,提倡是,指摘非,猶之燈照幽暗,使行路之人知所適從。但是基督教在這點上,在傳統的方法上就是不顧到的,就是完全失敗了的。歷來傳教的人專講個人宗教的修習而不及社會政治上的是非。拿單責備大衛王,施洗約翰責備希律王的事情,在中國傳教史上則不嘗有。雖然基督教固不必自取危禍,但自納於安全妥協之中,誠爲基督教末運的衰象。基督教是起於耶穌的義忿,興於保羅、路德馬丁的義忿的。如今義忿息,惰性成,故行於人間,不復有創新心理的力量。譬如近年來中國全國,除卻江蘇浙江山東三省,已辦鴉片公賣之舉,以充國蠹囊橐。人民被迫,遍種罌粟,種族前途,何堪設想。而基督教並無一言指責此事,發爲先知的聲音。譬如國民黨摧殘人權,胡適、羅隆基等立論倡言，作大膽的指摘，公開的批判，以保維人權，繫持法律。當此良機，未聞基督教有何正論。然則基督教對於中國人的道德行爲，毫無貢獻；對於中國的輿論，毫無補助；雖欲爲中國創新心理，其可得乎。我們在今日，真當人人自己慚惶無地，因爲我們祇知投機，不知自立。我們中間，沒有先知的聲音。我中國又何貴乎此種沒有先知聲音的宗教！

以上所述，不過舉其大端。若依此數端，積極行去。則基督教便有偉大的事業。基督教所作的事是深刻而迂緩的，深刻故堅牢，迂緩故悠久；基督教所用的方法是和平而切實的，和平故迂緩，切實故深刻。在一切紛亂之中，保全精神的生命，這是何等的英偉而重大。吾們果然需要基督教麼？回答是很簡截的：能爲中國保命脈能救中國的靈魂則要之，否則便無所謂要不要。至於爲信衆培養信仰，乃基督教內部的分事；爲中國保持文物，乃基督教成全世界的大業。茲不申論。中國今日，必需民衆的新精神新心理以自救而自存。基督教因此即有良好的機會，絕大的使命。信主的同志們，我們應當把低垂的頭擡起來，向著呼召我們的耶穌，去擔負在十字架下的工作，就是：爲我中華創造新心理，新生命。

二一，五，二一，燕東園
原載《真理與生命》，1932年

牛津團體運動

去年我在英國牛津,寄居一年,對於牛津團體運動,時有所聞。初到牛津,我因讀書講演的緣故,不能分心觀察;但對於這個運動,總想略為研究。葛倫斯旦教授,是牛津大學奧理而學院的教授,與這運動有密切的關係,時為團體各組的心理顧問。他講授宗教心理學,我亦旁聽一學期,並沒有什麼特殊的理論。秋十月間,我聽得牛津團體運動正在計劃組織一隊宣教人員,出發渡大西洋,到坎拿大去工作。及至計劃就緒,他們在克雷倫頓飯店大張華筵,鼓吹勸勵,歡送宣傳隊。其隊有近百人,頗盛一時。我卻因為無暇,不但不去參加觀察,甚至連每禮拜日晚上聖馬利亞堂中的晚禱會亦未曾到過一次。不過我有少數朋友是團員,時相過從,可以訪問而已。

我離牛津前三四禮拜,覺得自己應當與這運動發生關係,所以將這意思告訴了一位朋友。他是牛津新學院的畢業生,孟斯非爾學院的研究生,人品溫靄,信仰堅定的,對於牛津團體運動,也頗有經驗。一日這位溫格先生邀我到他寓所晚飯,同時又邀一位青年教員,哈得福學院的哀倫先生,來與我作閒靜的細談。飯後三人坐談,復靜默,各聽上帝的指示。其時牛津團運(本文此後以"團運"二字為牛津團體運動的簡稱)已經有一種宗教入門的程序:其始則由個人友誼為介紹,繼則個人談宗教,而後認罪,從懺悔而為改變過的信徒。在家庭會集時,(所謂 House party)一團團員,或當衆認罪,或彼此提攜,交相戒勗;或訴述經驗及生活上成功失敗的情形。靈修一端,則側重"引導"。團員各自靜聽上帝在冥冥中對自己所啟的指示。故我們三人悠然靜坐,以心嚮上,敬聽神言。我既初次見此,心雖虔默,而理智卻躍躍然傾向於觀察。過了十餘分鐘,他們兩位彼此談話,謂我既至,彼等歡然,盡由我先訴所得於此十餘分鐘者。我笑着說,我實然沒有聽見上帝的指示,因靜默時,我不禁窺測同座者的行為。哀倫先生說:"既然如此,我們自己說說罷。"

於是哀倫與溫格彼此述說所得的引導。我們又縱談良久。我愛其人溫文安雅，其信仰堅定高曠。哀倫先生深知其中的心理解釋；我所計慮者，彼都能直說；良以心理的解釋固是，人心對越上帝的理亦固如是；心理學原不妨礙宗教經驗之為宗教經驗。我以夜闌告歸，哀倫先生以其自乘的汽車親送至寓。臨別握手，更望我對於團運，得有正解，並且參加其間，歸國之後，可在中國為團運作工。我雖未置可否，然對其殷殷的渴望，不能不深致感謝。上帝於人，其恩萬端，其法亦萬端：我覺得不當盲從，但察其信心行為，誠我所敬慕者，惟我仰崇真理之心，尚不肯將我置其彀中耳。

　　過了幾天，溫格又來約我往哈得福學院去開家庭交際會，我忻然同行。既到，人皆集於哀倫先生之會客室，室可容三十人，一一握手，俱道歡迎。不一會，餘人絡續至，室無空座，乃席地或登窗檻坐。同時，我與團運健將吳約翰先生相遇，頗有傾蓋如故的快樂。團員默靜少許，便由哀倫先生發言，請在座者備述"改變"的經過。在座者除三五年齡較大者外，俱係牛津學生。所述雖各不同，而其指明由信耶穌，受靈感，出罪惡，入正途，得有人生勇往直前的意義，則大旨相同。據我測度，彼等訴述此種經驗，一半是彼此砥礪，一半是使我了解其中的底蘊。與我並坐的，有一老人，是一個學者，曾經做過政治生活，決不是一個盲從的人。我問他說："人將自己的想像當做上帝的引導，一涉錯誤，豈不使上帝負吾人謬想的責任麼？且人又如何知道此思想是由上帝來，那思想不是由上帝來。"老人回答說："吾人生活須依最高的理想；除此以外，更無引導。且引導亦隨時更移，好像一隻船行在萬山之中，時時紆曲，亦時時前行。當其向前，面對嶄壁，好像前無去路，但忽然另闢幽曠，別有天地，一轉向間，又可以往前了。我們聽上帝的指引，原不過求目前幾步的指引。我們出而遇事，須變所定計劃時，當然亦變；如此則不但由自心聽上帝，亦由人事環境的實際而聽上帝。"老人說話，非常和氣，並且說他深有得於團運的輔助。

　　本年七月初，團運在牛津有盛大的家庭會集。團員從各國來，大都係青年男女，有四千餘人。他們分佔五學院、數飯店，蹌蹌濟濟，精彩輝揚。當時世界經濟會議在倫敦開會，結果非常不滿意。團運中人謂擬邀其中重要人物到牛津度一二次星期之末，兼赴團運的家庭會集，希望由是而感化他們的心志。我不知道這件事果然做到否。此種盛大的會集，計有一月之久。惟七月初，我已計劃回國，未能參預其盛，祇參加過一二次的大會而已。事前，吳約翰先生邀我到倫敦會餐，我因他約，不能去。七月初吳先生到牛津特來訪我，將刊物贈我，堅邀我去赴會。一夕我已極困疲，不擬赴會；但吳先生來，說會場離寓所甚近，且我疲乏，儘可坐片刻即走。我於是赴聖赫有女學院，既至，但見花木翳然，清麗可掬。松柏之下，三五成群者圍立談話。鳴鐘後，俱集大堂，鬚眉珠粉，雜然而前者不下七八百人。我特意坐在門邊。十餘分鐘之後，衆人方纔坐定。彼此相見，皆如舊識，都稱名。主席不祈禱，會衆不唱詩。致開會詞的人開口便諧詼喜笑，引起闐堂。既而有人自述經驗，語多動聽。我察到會的人中雖有耄年，其大多數，則都是青年，且都是學生。歐洲各國，幾乎都有人來。美洲、非洲，甚至亞洲都有人當代表。這些青年，異常踴躍。其原因有二：第一，現在各教會注重形式組織與夫傳統的制度，不能將青年靈性生活上的需求，盡量供給，致使需要宗教生活的青年不得其門而入。團運一舉，許多青年，卒然響應，咸謂團運揭開障翳，專講宗教的真際，可以滿足青年的需求，故青年多願參加。團運對於宗教經驗、道德問題，似乎不支不蔓，直截了當，以簡單的言詞與態度出之，大合胸懷不駁的青年。至於此種直截了當的方法果合於精詳審慎的對於真理的態度否，乃是另一問題。第二，團運方興未艾，注重交際，以友誼為砥柱，以家庭會集為基礎；其中彼此認識，互相規箴的機會，正使青年們得有自發的行為。且其中既有簡單的紀律，復有直爽的自由，更無神學儀節公會宗派的區分，自較教會為能使青年滿意。

第二日是主日，吳約翰先生早已為我預定座席。屆時，又親來領我赴市政廳做禮拜。牛津的市政廳，可容四千人。團運赴會者既有四千餘人，當然任何禮拜堂不能容他們全體開會。市政廳便是最適宜的會場了。我挽住吳先生從人山人海中走到最前排坐定。講臺上，坐百餘人，皆係團運得力人員，而中坐者為團運開山祖美國牧師蒲客門（譯音 Buchman），主席是牛津大學裴里耳學院畢業生某君。其人相貌清癯，態度莊重。他開口便說："我們對於現在世界的問題有什麼答案？我們往哪裏去找答案？可是我們已經得到答案了。我們確實知道答案在《新約》裏。除了耶穌基督，世界問題更無解答的可能。"這次的禮拜與普通教堂裏的主日崇拜大不相同。繼主席說話的約十三四人，共唱兩首詩，有一次長禱告，一二次短禱告。說話者皆自述經驗。在大庭廣衆之場,要向人訴說一己隱秘的經驗,述及如何由暗入明,出罪入善,原不是可能的事,也是不甚合理的事。所以講話的人,大都膚淺,不能鞭辟入裏。但有幾點頗可引人注意的。(一)作見證的人各宗派都有,即英國國教中的高教派亦有人參預。各界人都有,即曾為軍閥的海軍上將,曾為共產黨的激烈分子,曾為欺哄挑撥的新聞記者,曾為離婚而家庭破裂的婦女,曾為社會交際之花而感覺人生無意義的美婦人,曾自奮鬥傳教的健將,曾經悔過的牧師,曾為飄泊無定、專求知識不修邊幅的青年學生,等等人物,風翻雲湧乎其間。他們的見證雖不能盡其心底的蘊藏,亦頗足以見團運對於他們生活的影響,他們對於團運前途的貢獻。(二)這一群人物,對於改變他人生活的事功,已經有相當的成績,其所舉的例子,皆可以證此。(三)素來不關心宗教的人,既來參加,則團運在現代的環境中已經由時勢的要求而造成一種宗教復興的趨向。因此團運,似已將宗教的火重新燃燒起來。

會畢,我因次日須離牛津歸國,急欲赴牛津諸聖學院新任院長之約,匆匆走別,吳約翰先生心中不捨,曉曉地要求我再在牛津住一星期。我便無意的說,"以我自忖,雖不敢比列前修,而我的性情似多近於以蘭斯莫斯而少近於羅得馬丁,我留此間,恐無關實際耳。"吳先生不甚謂然,然亦不能多硬勸,笑握而別。吳先生待人懇摯誠篤,我至今不能忘懷。及我到意大利的維尼斯接到吳先生的手書及刊物,心中頗湧感愧之情。我是坐意國紅爵號船回國的。在頭等艙裏有一位團員曾受吳先生請託,遺我一冊書;祇緣我坐二等艙,故未來會談。抵上海的前一日,彼致函送書,我始得悉吳先生對於我深刻的關心。惟那位團員緣何不曾親來見我,乃謂"艙位等級相異,不便會晤"云云,我至今猶未了了也。

以上所述,乃我自己與團運的關係,讀者應知我對於團運的認識並不深刻,因我與團運發生的交往甚微,而為時又甚短。我離牛津的前一晚,曾作一書致吳約翰先生,既伸我感謝之意,復敘我批評之詞,說我於團運頗致同情,惟尚不能為一團員;現在我作本文,仍抱這個態度。我既經驗淺薄,自不能直下斷案。同時,於我未離牛津之前,有朋友數人來信,要我將我對於牛津團體運動的見解,詳細見告。為此,我祇得舉我所聞的贊成、反對兩方面約略述之。

我到北平之後，凡將此事見詢的人，都謂"牛津運動如何。"其實這句話就錯了。牛津運動與牛津團體運動雖皆係基督教的盛舉，卻並不是一個運動。牛津運動是一百年前英公教的運動（Anglo-Catholic Movement），由大宗教家神學家牛門約翰、嵇白爾褒栽等領導，在十九世紀思想洶湧之間，藉以鼓動英聖公會垂死的暮氣，由是而抵制自由教會的宣教熱，與夫莫利斯、金斯蘭（Maurice, Kingsley）等的廣博的社會主義的思想。牛津團體運動則不由任何一公會出發，亦不由神學家的引導。其勢力剛在最近數年間崛起於宗教界。這個運動常被稱為蒲客門主義（Buchmanism），因其由美國學生中作宣教工作的神學博士蒲客門（譯音）先生所發起。蒲先生起初是一位路得會的牧師。一九零九至一九一六年，充任賓塞佛尼亞省省立大學青年會學生幹事，專以個人傳道為工作。他也曾到中國兩次，在學生中為個人佈道工作；後來到英國牛津劍橋等大學得了幾個同志，遂立了英國運動的根基。他自己覺得這個運動極其重要，曾稱其團體生活為"第一世紀基督徒團契"，而他人則以"蒲客門主義"稱之。他又曾在美國潑林斯登大學基督教學生青年會辦事，作事專執，獨主該會方策。後來因有人反對，遂致辭職，遊歷英國三年，結交名流，甚至及於皇族，聲勢漸宏，乃有今日之所謂牛津團體運動。但這運動的名稱上冠以"牛津"二字，亦頗受英國人，尤其是牛津的學者的批評。運動而冠以"牛津"二字，而牛津乃英國最大最古最高最著的學府，聲名卓著，當然易以號召，利於流傳。有一位吉靄（P. G. T. Jay）先生在《新牛津雜誌》（The New Oxford Outlook，May, 1933）上發表了一篇批評團運的文章。他說："這運動出現於牛津，而牛津至少是提倡文明藝術與科學的學府，故吾人當以這個運動，看為一種（對於牛津）的輕蔑與危害。"不過牛津固不乏人——教授與學生——深深地服膺該運動的生活指導。

去年牛津的宣傳隊到坎拿大去工作，效果頗盛一時。隊員們都寄寓在巍峨的大飯店內；各大新聞紙用了頭號大字，為之宣傳。開會的時候，人數眾多，擁擠不開。在本年八月二十三日出版的"基督教世紀報"內，有兩篇關於團運的文字，一正一反，其正篇是團員蘇美客著的。他述說團運在美洲驚人的效果，以為聽眾雖山擠海湧，團員隊仍能努力使群眾個人化。在坎拿大的孟屈里耳城群眾的響應，幾出於意料之外。"有一個印書人在過去二十五年間曾經偷漏關稅至一萬二千二百元之多，到時竟將此項鉅欵付還政府；同類的改變隨處俱是，不一而足。"在託朗託有一位奧搭瓦的商人，他說："現在奧搭瓦每星期牛津團體運動的會集，竟比打紙牌的會集多了。"託朗託的著名新聞紙《每日新聞》說："許多觀察宗教運動的人以為我們在此時遭遇了全世界的一個偉大的，創造歷史的宗教運動——一個主要的宗教改革。"蘇美客繼述團運在美國各城的工作及其聳動當時的效果。無疑的，團運感化了許多人，改變了他們的生活，供應了許多人道德上心靈上的需求。不過蘇美客所述，大都是浮淺誇張的事實，未能引起嚴加考慮，追尋實在的人的深信，以其所及，或為團運中的名人，或為都會中的奇聞，不過敘述些外表罷了。雖然，一種偉大的運動的出生，即其中的活動分子，亦未必真能了解其意義；僅及表面，固意中事。故他所謂："我們已見一個旅行的五旬節"云云，或未必全符實況。

今秋團運在英國京都倫敦城有宣教的偉舉。新聞雜誌頗有所載；贊成反對兩方亦頗有所表示。其效果如何，此刻此地，尚未接見詳盡的報告。若此團運果能在倫敦大有作為，然後推而至於全英以及於歐洲諸大都會，則其前途誠未可限量。當此世界經濟困難，群眾失業，各國競加軍備，共產主義與法西斯蒂主義色彩鮮明，互相爭峙的時代，民眾生活煩悶，正需一種發揮精神、寄託命脈的勢力以扶植輔導之。團運之來，適遇其會。可以說時勢呼召出團運來，而團運固能應付時勢與否，誠吾人所急欲察知者。狂瀾既倒，誰為挽之？當前困難，誰為勝之？吾人所懼的不是團運或欲出軌，乃是團運或者不敢出軌，遂致對於世界各國的自私與狂妄沒有懇切的警告與攻擊。換一句說，吾人深恐團運就其易，避其難，以至於功效散漫，終於飄風不終朝，暴雨不終夕而已。雖然，此誠難言。團運在個人身上的工作，固已有其相當的貢獻。在受團運影響的人中，不乏前為委靡之輩，今為努力的人。

我已說過，有識之人，對於團運有贊成者，有非難者；茲且述雙方意見的大旨於下，深望後來牛津團運臨及中國的時候，我們不致於手足無所措。請先述反對者的話。第一，他們說團運但逞情感的衝動而無神學上哲學上的解釋。這種話並非全出於非難者之口，而亦出諸同情於團運者之口。今年六月間我在倫敦遇見歐洲巴特神學派的泰斗白魯納耳博士，與談兩小時。他說牛津團體毫無理想上的基礎。我又曾問過團中的飽學者流；他們說團中個人頗有其自己的神學觀念，惟各有歧異，不尚苟同。不提神學，正所以使各家各派的人皆可融洽；睦誼既敦，行為即有效力。且團運雖無信條的規訂，但其深信上帝與上帝的引導，深信耶穌基督與人的交通予人的救法，深信認罪規箴以及各作與同作改造人生的事功等等，未始不表示其無明文、有實際的宗教理想。知識固屬重大，但當前之事，實有更重要於知識者。

又有人說團運的宗教經驗皆可用淺顯的心理學學理詳明解釋，其實除卻自暗示與群暗示，便洞然無有。譬如團運的家庭會集及個人修養，皆注重靜修時間，又皆注重當衆認罪，訴述宗教經驗等以資鼓勵，以為戒勉。即此二端，一曰"引導"，一曰"分與"（Guidance and Sharing），已頗受人詰責。我自己曾經細詰"引導"一端。我問說："自己聽自己的思想，怎見得便聽見了上帝的話呢？"團中人說："除卻如此去聽，又怎能聽見上帝的聲音？況所想乃竭力向上的事，寧有上帝不由此道而垂示其聖訓？心理二字不能把實際的宗教解釋掉了。"我又問："一人的知識有限，其錯誤必在所不免，難道人可以將一己的謬訛當作上帝的指導麽？宗教會上作見證的人很多，這也說上帝如此說，那也說上帝如彼說，兩說矛盾，難道上帝自相矛盾麽？"他們說："團體的利益即在於此。人各互訴，便可糾正。""然則，人即糾正，人固勝天矣。""不然，人的程度相參差，上帝所示當為最高。即曰糾正，亦不過就正於團體中最高見解。"其他所問尚多，不能備載。總而言之，上帝的靈固能運於內心，由外入，由內出，若為至善，原不須強別。況從古以來，先知聖徒皆在永默虛涵的心境中獲聞天音，而大徹大悟。祇要真得引導，即以為此自上帝來，亦無不可。且所得引導未必皆係一己所欲得者，例如聖賢自覺應當捨己，此其命令，含有大宇宙的律令，未必定為一己的思想。思想可改，律令不移，人聞呼召，往往如聞聖命，而身不由主。心理的解釋在此種處，亦難圓穩周全。不但如此，在人生價值方面，我們與其將學理消滅之，不如依學理解釋之；解釋之而不足，又不如誠心信仰，以達於良善。非笑而遺之，至非計也。吉靄先生非笑葛倫斯旦（Prof. L. W. Grensted）說："我們有葛倫斯旦教授的學權，說明'引導'與理論的分別，因為他出門，理論不能決定時，'引導'卻能告訴他應當坐汽車，不必坐火車。"（見《新牛津雜誌》本年五月號）但此種非笑，依然不能廢去信徒得引導時的確切性。事無鉅細，皆由上帝引導，正是信徒信仰中的一種理論。

至於互相認罪一端，受人評擊，乃最激烈。蒲客門或因自己的經驗，或因在青年中任職多年，得此經驗，而注重廉正與清潔二事。"飲食男女，人之大欲存焉。""食色性也。""人情所不能已者，聖人不禁。"團運獨於此二端，自律甚嚴，甚致有人譏其目不看美色，使心不動者。團集之間，人將男女關係中的罪惡詳細訴說；或將隱秘的事，當衆披露，其效果為良為不良，頗不易一言而定。惟其流弊淺而易見。其潔身自好，信仰堅定者，多述經驗，則容易流於自傲；其行為素陋，心志無向者，詳述隱秘，則容易流於迷離。若兩加約束，則非至密切的朋友之前不言，非極簡截的話不言，則其訴述，又不免流於空泛。故所謂"分與"，原非易易，原非極莊肅不可。團運對此有不加檢束者，固不必諱言。

其他如團員隊的矛盾行為，名為民衆，而實則自據大飯店。式飲式食，架子多端。花費既不少，賬目復未整。晚餐而夜禮衣滿堂，登臺而滑稽談盈耳。其快樂雖屬此憂苦時代的光明，但其為"夜禮衣宣教師"，自未能盡滿人意。又其流弊，或動則提名人的名字，述報紙的宣傳，皆表示其略帶資本氣、貴族氣。團運分子，對於此種批評，深致不滿。牛津哈得福學院的宣教師爽黑爾先生曾於本年九月三十日致書於倫敦《泰晤士報》，聲明團運的經濟狀況以告一般批評者。函中舉出四點：（一）團運絕對不"作私人或公開的勸募。"（二）"團運分子舉行家庭會集，或他種團體動作時，一切賬目，皆有詳細的記載。一切賬目俱有監製，俱可聽任何人的清查。"（三）"一切對於團運的浪費的抨擊，全係毫無根基的言論。旅行的宣教隊亦不曾浪費欵項。渡洋的團員，年尊的人及強有力的青年都有。大家坐三等艙或是特別三等艙。至於因隊員住大飯店而批評的人都不知這種辦法乃是最經濟的辦法。這些大飯店不但因團體而特別減價，且肯不收分文而將私人談話室、公用的大廳供給團運，以作開大會的用處。"（四）"蒲客門博士及團體並無股票，更無基金與欠欵。"（見本年九月三十日《泰晤士報》所載的函件）

以上種種外人的批評其實並不十分重要。其重要的批評，則在其正面的工作，人說團運的宗教偏於個人的福音，虔誠神秘則有餘，補救社會則不足。且所行所想，俱都主觀，與此時代的客觀態度、探求精神殊相違反。此種批評頗有價值，因為牛津團運的力量在此，其弱點危險亦在此。團運深感人須要上帝，須要靈修與崇拜，因為宗教的中心，原本在此。若一旦遺此，而徒有社會的服務，必要像社會福音，未得精神的寄託，其生命必漸漸的流於空洞。宗教的作用，一方面在於引人向上，具超脫塵俗的高志；一方面又在於引人入世，作此時此地應作的事工。故宗教必須同時具有出世入世的兩種精神。不出世，無以得人神交接的真實，不入世無以得人群同進的生活；不出世無超越的勇敢與信仰，不入世無建設的事工與生命。入世以出世為源，出世以入世為流；入世所以使世界得自超，出世所以見神靈的下降。今團運注重個人福音靈修及崇拜，固已探本知原，執所應有。但若專持此端，亦將不免流於偏僻空洞的神秘宗教。當今世界，有軍閥、有財閥，野心勃勃，虎視眈眈，不旋踵間，可使世界成為焦土。若團運獨具精神的威勢而不向這種有組織、有力量，足以消滅人群的惡勢力進攻，依我看來，終必眩耀一時，旋歸空寂。不但如此，現代思想於道德方面，祇有破壞而無建設，而建設方面，絕非由社會生活入手不為功。若團運但重個人，不重社會，則在團的人，今日有興致，明日必感覺無意味。因此，團運若走容易的道路，不冒險直前，棄一時的氣勢，與社會與國際的惡勢力宣戰，雖致流血捨命而不惜，則團運目前雖光明，將來仍不能大有成就，仍不能為宗教的救世大革命。因為這時代的民眾，大家等待國際的與社會的救法；如其不至，終當灰心。團運乃是宣傳，本不必為任何黨派，去作社會政治運動。其使命乃在對於社會國際有道德上的公論，與不停頓不鬆懈的責備。其使命乃在於醞釀社會人群反抗不公平不人道的事，使民眾得精神勢力，勇敢去如此作。擯此不為，則團運或者便是今日的一個鉅大的太平門。

團員們的心術皆可敬佩。有時，與其交接，總覺其胸懷狹窄，容易受歡迎，不愛聽批判。且自視太高，甚至輕視教會與教育機關平日種種紆緩而鞏固的訓練，重視自己一時情感衝動的改變。因此，團員對於各機關少有持平的見解。殊不知其所以有今日的勢力，其分子類皆教會平素所栽培，其中得力人員莫不早已受過宗教的薰陶。彼今所有的效果，亦大都係收他人所勞苦栽種、溉灌的果實。今其團員，或不能反躬自省，批評教會，使入其彀中的教牧教友與未進團體的教牧教友之間隱見裂痕。將來若繼有此象，團運又不免成立一個新宗派，由此而漸形固定。這便是不幸的一件事。衛爾生教授在《基督教世紀》週刊中對於這一點，頗肆抨擊。他說："現在已經明顯坎拿大有組織的教會因此運動而見裂痕。一個牧師或為團員，或不為團員；為團員者是信徒，否則不是。當地教會中，未得牧師的許可，即有團體的發見：這種狀況，若更滋長，終得加以紀律才好。國際的團運組織，是一重一重階級的組織，而蒲客門立於此組織的最高頂。同時，教會的牧師與教友不能服事兩個主人，故與從來的宗教運動相似，終須要在兩者之中選擇一主，對他表示忠實。"（見《基督教世紀》二十三日週刊本年八月第一號）

還有一派人，用旁觀的冷峭的態度去觀察這個運動。本年冬季，在《新政治家雜誌》上，有貝爾君一篇文字，其中論到劍橋大學學生的思想的趨勢。他說："多數有知識的大學生現在都成了共產主義者或近於共產主義者。""共產主義與蒲客門主義很相像，因為這兩種主義都可以拿來滿足兩個需要：一個是個人與團體的友誼，一個是青年熱血的寄託地。"貝爾又說："這兩種主義都要人有一個生活的改變，都要人投降在專斷的威權之下，都要人放棄自己作思考、得感想的責任，亦都要人表示一種激怒人的狹窄的不容讓，去對付異己者的信仰。看來現代的青年都在那裏渴望一個'改心'的經驗。改向哪一種主義呢？那倒是不在乎的。也許這種現象是有組織的宗教的衰落所造成的……即看學院禮拜的冷落就可知道了。"（見十二月十四日的《基督教世紀週刊》刊中載着的"劍橋的共產主義"一文，Quotations from a letter by Julian Bell to the New Statesman）

其他反對的論調尚屬不少，或譏其缺少理智，或訕其徒尚迷信，或不滿於其宣傳的方式，或不足於其行為的狀態。然這些皆係小節，不必吾人注意。大凡一個偉大的運動出現，其中總有許多不滿人意的地方；尤其是隨從的人中有參差錯雜的狀況。因此，這種運動若幾許迷信，原不足以為其垢病。

關於贊成者的言論，我已經在反對者言論的批判中略約述及。最好，再由旁觀而同情者口中稍微得其梗概。去年十二月出版的《同代評論》中有賽爾培博士關於團運的言論。他是注重宗教運動的精神勢力的，所以他說："這個運動，在範圍與效率方面，現在已具有世界性，許多人以為這真是現在教會所希望的、所需要的宗教奮興。它所表示的基督教特點，正如屈勢力希（Troeltsch）所敍述的那種，且具有其優點與缺點。團運與孟泰尼派（Montanists）、方濟斯派（Franciscans）、華頓西派（Waldensians）、羅勞子派（Lollards）、赫斯派（Hussites）與早年的英國分立派（Separatists）頗有相似之點，因其與這些運動一般地要回到初世紀的光景，而重得當時的輝華。但團運雖然作此返顧，其宗旨與方法，則都是切實而現時代的。……團運不是神學的運動。它是實際的，試驗的，個人的。它的大目標是改革人生，深信可以由拯救個人而救世界。……團運的領袖們咸以生活的基督教為標語。他們要將生氣吹噓入於枯骨。在於他們，耶穌基督是上帝救人的大權能，倚仗他，親近他，男子女子都可以戰勝罪惡，打倒惡的勢力，而使生活得以重新統一。他們與初世紀的門徒一樣，專持個人的見證……"（見《同代評論》去年十二月出版。*The Contemporary Review.*）

本年冬季某日，英國下議院有三分之一的議員特在委員議室開會，討論團運一事。由費孟德爾爵士主席。後來他寫信給《泰晤士報》，證明團運的誠懇與熱心。信中舉出三點：（一）"團運目前，以大體論，正在對於有閑階級、知識階級作宣傳。……這等階級原與普通民眾一般地需要宗教的奮興。"（二）"團運適應現時代的需要，放棄了，至少在公共會集時放棄了一切崇拜會集的遺傳形儀。"（三）注重靈性上的指引。在費孟德爾爵士看，團運的前途，頗有希望。（見十二月十四日《基督教世紀週刊》）

團運的最有力處，就是得到了生活的基督教。試看現代的人，講宗教總是不落邊際，因其對於宗教的對象上帝，既少信仰，安能切中綮肯？團運乃在人的生活中隨時隨地看見上帝的存在與指引。世界若有上帝，若以上帝旨意的實現為歸宿，那末信從他，專心事奉他，實為人生惟一的要事。世界若無上帝，若不以上帝的旨意為演進的目標，那末滔滔然空論上帝，簡直是癡人說夢。可是現代的人，一方面呼求"上帝，上帝"，一方面行為思想中全無上帝的存在：這簡直是自欺欺人。團運則不然，說上帝，信上帝，而行為亦表示有上帝：這是團運所以有威勢的原由。

其次，團運的優點，在於向現代的道德生活作大膽的挑戰。現代的道德不但是鬆懈放弛，並是無重心、無根基而萬事相對的；其實這種道德已無有結集精神生活的力量，祇能叫人的生活茫無頭緒，叫人生的意義與價值懸掛在浮空之中罷了。基督教的道德則不然，乃是全部以上帝的旨意為中心，為指歸的。"人不單倚仗餅餌而生存，乃是依靠上帝口中的言論。""父啊，不是我的旨意，乃是要你的旨意成全。"團運既以基督的聖訓為道德的根本，要求"穿上新人"，那末不能不要求信眾作一種絕對的卑伏，將自己投降在四個簡單原則之下，即所謂絕對的廉正，絕對的清潔，絕對的不自私，絕對的愛。這四個原則，表面上似乎太簡單，太空泛；但以之為立身綱領，在現時複雜紊亂的社會中，亦未始非根本的道理。人苟廉正，則"飲食"的資用必能得其公；人苟清潔，則"男女"的關係必能達於當。"飲食"乃今日經濟問題的內核；"男女"即今日兩性問題的本體；這兩事是一切倫理問題的問題。此種問題，不易施以理解，苟能以宗教的直覺，下一個用"快刀斬亂麻"的決斷，亦是一時痛快的辦法。不過嗣後總得有一個新的倫理的論證，以闡明此直覺，然後乃能有新標準的建樹。不過這句話還太早。人既廉正清潔，然後應付社會，始得有當；加上不自私，而積極行慈愛，人的品德，也就可以立定了。

團運以團體的生活為主，俾團員在團體之內，彼此切磋砥礪，借他山的石，攻自家的玉，固是最上乘的宗教生活法。現在各國青年信徒，莫不需求友誼和小團契的結合。團運正在此點上作充分的供給，自得人心無限的歡迎。我曾親見許多青年在團體中的活動與快樂，自由與發揚；我故深感教會中對於這一層的缺點。團中的人，經驗各異，苟有年齡較長，知識較充，經驗較富的人在內指導，則其生活必能收良好的效果。我國青年信徒亦往往組織小團體，不過比較牛津團運的組織及內容，尚有所未逮。因為我國基督教學生運動的小團體往往偏於切實，未推其本，先齊其末，未定根本的信仰，先急社會服務的事功，此其所以團結力淺：而言過於行也。團運不這樣，團員會集，先重靜修時刻，獨對上帝，共對上帝，而同得指引：有罪則懺悔，有過則箴規，有事則商量，有疑難則互相質詢。團運所以有現在的勢力，亦原由於此。

團運是一種活命，凡為團員皆須踴躍；因為它的原則是：已經經驗過生活革新的人，當即出去改變他人的生活。改變生活是團運的使命，故團員又稱為"生活的改變者"（Life Changers）。這一點包蘊着一個基督教的根本義。耶穌來是要尋求迷失路途的罪人。無論人的墮落、卑下到何種程度，祇要有人愛他救他，祇要他能有一點自好的心，總可以出幽谷而遷喬木。人信上帝，故亦信人，引人到上帝的心懷間，乃是一件最偉大的事。上帝不以外貌取人，不過上帝派人做工，亦有選擇。所以團運在改變人生活的工作上，尤其注重特別的人和特別的情形。譬如某新聞記者筆陣縱橫，影響甚大，團運若能與此人發生關係，必格外在此人身上用工夫，使此人的生活因信仰耶穌而得改絃更張。改變之後，此人必能藉筆墨去鼓吹宗教，主持公平，提倡公益，引領國際的親睦。得一人，當一人；得一人，亦可以當百人。

以上所述，已將贊成及反對團運雙方的言論大旨說明。團運的宣傳隊經過坎拿大之後，託朗託有教牧、宗教教育指導員、宣教會幹事、青年會職員等三十人組織了一個委員會，一同研究團運的性質與工作。因為有許多人覺得"這個運動似乎是一種優良的與可疑的成分混合的東西，簡直使人不了然於其性質"。據這委員會的報告，團運的行為，瑜瑕俱有。這委員會是公平的，抱同情的態度，下正直的斷案（見 The Challenge of the Oxford Group Movement, An Attempt at Appraisal by the Committee of Thirty. The Ryerson Press-Toronto）。他們的話，既不偏倚，我便將他們所列舉的各點，作為本文的結束。報告中先述團運在託朗託的聲勢與開會的情形，次述家庭會集的狀況，復次提及受感的人的見證。在團運主張方面，則提出以下六點：

（一）人是有罪的。

（二）人可以改變，成為新人。

（三）欲得改變，必須當眾認罪。

（四）改變過的人可以與上帝有直接的交通。

（五）神蹟時代，現在重來。

（六）已經改變過的人必須去改變他人。

凡此六點，雖亦是基督教會素持的信念，卻未免偏於基要派的神學觀念。將來要發生何種影響，尚不可知。現在，團運的神學並無立場。人們的批評，都由自己的觀察而下斷語。例如衛爾生教授看團運是一種基要派神學的宣傳。（見《基督教世紀》週刊，本年八月二十三日出版）而基要派的宣教師如華德則以團運為一現代派的變相運動。他以團運為"喬扮的現代主義"，故攻訐得不遺餘力。他指出團運種種不合基要派思想的地方，說其不重信經，不講重生，等等。最後，他說，這個運動"充滿了妥協，而對於上帝的話（《聖經》）不忠實"。（見斐拉德斐亞省衛斯明斯德長老會牧師華德槐倫的"牛津運動係喬扮的現代主義論"）。

關於團運的優點，則三十人委員會提出十三點：（一）團運信上帝密邇，關心個人的安全與幸福。（二）與傳統的、普通的道德生活挑戰。（三）使有病的靈魂得認罪的機會，由此而尋得解放、鼓勵與團契。（四）實際地對付自大與兩性二問題。(五)認定基督徒的改心是一個道德上的決志。(六)注重個人切實地歸依基督,實行信仰的生活。(七)證明個人在相當的指導下,有證道的實力。(八)實行"分與"的生活,由互相訴說最深的宗教經驗,而達到團體共同的忠誠與目標。(九)激發基督徒宣傳福音的熱誠。(十)復興信徒每日靈修的遺傳,由讀經祈禱,而使生活得紀律。(十一)恢復抗議教原有的教義,主張聖靈在個人的經驗中臨在與引導。(十二)用新的宗教術語,如"分與"、"改變"、"引導"、"家庭會集"等名詞,以醒人耳目。(十三)在現在人心煩苦的時期,施散快樂的光輝。

團運的弱點,據該委員會的報告,則有八項如下:(一)團運的道德方面,有引人懷疑的地方。例如利用"牛津"二字而不明說其原有的來歷。且有時賬目不甚清楚,手續欠備,於其所主張的廉正,似未完全符合。(團運對於此點的答覆見前)(二)對於基督教基本教義,未有切實明瞭的肯定。(三)輕忽基督教的歷史與遺傳,致所事不免過於主觀。(四)但重個人罪惡與個人改變,而忽略了基督教對於社會的使命。(五)蒲客門所主張的當衆承認男女兩性關係上的種種罪惡,頗欠正當。(六)團運有自己誇張精神勢力的驕傲。(七)忽略祈禱的訓練,專重隨意聽上帝指引的懈怠式的靈修;此種辦法,危險實多。(八)重遊行宣傳暫時驚人的效果,因此而輕視按部就班、日積月累的、各機關所實施的宗教教育。

上述種種,皆係有根據的批評。我國信徒已經略聞牛津團體如何轟動一時,往往誠心期望,中國的教會與中國的青年信徒,亦能由此種團運而受盛大的天恩。因此我們不能不預先用公正嚴切的態度,去瞭解這個運動的立場、方法與精神。我們知道一個偉大運動的出現,必有優點與劣點雜然並陳的現象。洪潮之來,往往捲挾泥沙。現在的中國與現在的世界,正在心靈枯涸、萬難臨頭之期,聽見了隱隱的濤聲,還能不自求奮興而呼籲上帝麼?

一九三三,十一,廿,燕東園
此文又於一九三四年二月十三日修改一次,作者識
原載《真理與生命》八卷一期,1934年3月

《我從前是外教人》（書評）

I Was A Pagan
著作者　吉金 V. C. Kitchen
出版者　Hodder and Stoughton, London；1934
定　價　英金五先令

　　近讀吳德施主教的教區公函，其中提及牛津團體運動本年新出的《我從前是外教人》一書，並說由英國帶到俄國，贈給俄國某要人看。我想這書一定值得一看的。前日都禮華先生將此書借給我看，我便放下了其他工作，幾乎一口氣把它看畢，覺得這是牛津團體運動自出書以來，最得力、最有趣味的著作，很可以代表該運動的宗旨與精神。

　　牛津團體運動最注重個人作見證。著作者吉金因為"團體"對於他有了大貢獻，所以作這本書作見證，一方面希望用這書引讀者進入一種活潑的宗教經驗，一方面希望抽出版稅來給牛津團體作宣傳宗教的用度。作見證的意思無他，就是訴說自己的宗教經驗，如何出罪惡，得新生命。吉金是一個廣告商；他稱自己為"外教人"，因為外教人是崇拜假神的。他的假神是五個P字，所謂快樂、財產、權力、地位、名譽是也(Pleasure, Possessions, Power, Position and Applause)。他是一個年逾四十的人；他說："我想我可以說自己是一個'白人，結過婚的，基督徒'。其實呢，我是受玷污的，褪了色的，表面上是結過婚的，其實很是一個外教人。而外教人乃是追逐假神的人。"吉金幼時曾受洗禮進教，在領洗的時期，也曾經有一種"粉紅色的熱心"作為宗教經驗。表面上看來，有正當的行業，平安的家庭；而他心中卻十分空洞。做了二十年的廣告商，物慾蔽心，而深於世故；商業上與人競爭，則祇管自己優而勝，不管他人吃了虧；男女的關係上，則待妻子盡人事，同時亦與他人的妻子發生關係，不得謂非"摩登"生活的常態。至於飲酒荒嫚，尚未至於干犯法紀，總算是一個普通的"屬血肉"、計算周密、自私自利的人。正當那時候，他說：

"我漸漸的懷疑起來，或者人們普通所公認的那種生活狀態是有毛病的。……我漸感年復一年的積聚財貨，佔有着一個愈久愈不顧惜的妻子，享着愈斟而渴愈不能消的狂飲，是錯的。除了再多賺些錢，再多得幾個婦女（也許是人家的妻子，有什麼要緊呢？）再多喝些酒，把全部的生活浸在裏頭，——除了這樣辦，生命難道就沒有別的前途了麼……我計量，人若真的要成功，他不僅要在事業、婚姻、酒食上得法，並且要在自己身上下些子工夫。"

他的假神都變了躲避問題的場所。但他嘗透了生命各方面，好像問人生這樣就完事麼？還有什麼呢？他說人總得"生長一個靈魂"。

吉金這本書分十八章。一至五章，他敘述自己在碰着牛津團體運動以前的生活與思想。其所敘述，都是老實話，很顯出他是一個直爽的美國人，一個善於辭令的廣告商，帶些子新聞學的意味。在第二章內他說明他的哲學，一直從自我主義，人文主義，以至於有神論，但總覺得哲學不能改變人，不能教人的靈魂得生長。他說：

"我再看柏拉圖、亞里斯多德、笛卡、斯璧諾莎和其他的哲學家，他們的哲學與我的相髣髴。但是他們不能真使自己得了改變。他們雖然比我更有廣大的成功，能將他們的哲學傳給全人類，卻也沒有叫世界因他們得了改變。"

問題是"我的新哲學"怎樣生不出一個新的生活法來？在第三章內，他討論道德問題——那個"想得好，做不好的"一回事。

他說有一次他問一位牧師說：

"'你想我們為什麼要生活？'我非常歡喜，因那牧師說，我們生活是要生長一個靈魂……但我問他怎樣纔能生長一個靈魂？他回答說：'你說怎樣呢？你若能寫一本書論怎樣生長靈魂，每個牧師都要來請教你了。'這樣我又得了五個P字，五個使我失望的P字！就是牧師、出版者、教授、同事和同伴"（Pastor, Publisher, Professor, Partner and Pal）。

到了第四章,他論科學,覺得優生學、心理學、社會學的知識,都沒有法子為人們創造出人格來。人們對於上帝和自己的人格簡直不發生興趣。

"即使心理學家果然知道了人慾興滅的律令,他們依舊不能改變一個外教徒深刻的信念,就是'做好人是無趣的'。"

在第五章內,他說明人的改變,不是自己能做的事。人自己是一種障礙物,簡直是毫無辦法。但他受了牛津團體的感化,忽然間,生活改了方向。他遇見了上帝。

"這種事情要講給未得靈識的人聽,是困難的,和對色盲的人講顏色一樣難……"

"在一方面,是自己社會意識與道德盲。在另一方面是上帝意識與道德的光明。我從一方面忽然清楚地轉入了另一方面,好像水被提過界,流入了江河……"

"我也知道我自己改變一種計劃或哲學的時候,不能將野心、虛驕、罪惡都傾掉了。新年的立志,心理分析者的幫助,上禮拜堂做禮拜等等,都不能消除了這些東西。要消除罪惡,必得先停止了**自己的努力**,讓上帝去動手,將上帝放在生活的第一步。"

"我改變方向,將上帝放在第一的時候——我不再奮力將自己**提上來**,我將自己挪開,讓上帝的光**照下去**的時候——我求他指點我怎樣用他所賜我的個性,去為自己、為人類、為上帝,**做他要我做**的事情的時候——那末四十年來,第一次,在我的生命裏,纔發生了重大的事情。"

在第六章至第九章中,吉金詳述他因牛津團體的感化而得改變,與改變後生活進步的狀況。他所尋求的是一種"生命的新性質"。牛津團體是相信人可以與上帝交接的,且能向上帝求問,而直接得到上帝的回答與指導。他們對吉金說,人須與上帝接觸,猶電的通流,然後使自己降伏在他跟前,完全誠服,而聽上帝的旨意;因為人若不肯依順耶穌,不接受絕對誠實、絕對清潔、絕對不自私、絕對愛人那四個原則為生活的準繩,上帝便不能將心靈的能力賜給他。吉金看他們都非常快樂,似乎在於他們,做道德的生活是一件有趣味的事。他受了感動,便戒煙、戒酒,回家向妻子認罪,兩個人便祈禱起來,進入了真真的團契生活。

他祈禱說:"神呀,我現在將全部的生命交給你。我自己作主,把這生命弄得一塌糊塗。現在，你拿去罷，照你的旨意與計劃管理我，管理我整個的生命。"他於是經驗了人生的自由與喜樂。在第八章內他說：

"在物質的世界內……我是被一往一來的律令所支配的。這個物界的律令說，每種動作有一個相等相反的動作。我的反應是一定不易的。例如，我見了起沫的酒，一定便要飲；見了美婦人，一定便要愛；見了舒適的床，一定便要睡下。在物質方面，我祇有兩個方法去對付情慾。一個是使情慾得滿足；可是這樣辦，情慾是消去了，我到底不曾得到真的滿足。第二個法子是壓倒情慾；這是更不好。可是我在新生命裏漸漸得到瞭解的時候，覺得上帝有一個最有智慧，完全不同的法子，去對付我的情慾。他將那不正當的慾念**完全撤除了**，這樣我就得了真實的滿意。"

從此他不但在行為上得了指引，並且思想上，服務上，都有了方向與能力。

"在我的新經驗裏，聖靈成了一個實在的勢力，從上帝那裏流到我的裏面，像電力從發電房裏流出來一樣。"

他深覺得從此以後，人生的方向是反了一個面。他用牛津團體的方法，將他舊生活與新生活作了一個對照表如下：

"我的舊生活

　我最喜歡

　　自己，

　　酒、煙，其他各種刺激品，迷醉品，好叫自己適意，

　　一切使自己得快樂、財產、權力、地位、榮譽，以及擡舉自己的東西，

　　不受任何的拘束，

　　我的妻子，因她使我得舒適及幫助。

　我最恨惡

　　窮（祇恨自己窮），

　　禁煙酒，

　　工作，

　　不贊成我及要阻擋我的人，

　　我心內思想情感的暴露。

"我的新生活

我最喜歡

上帝，

獨對上帝的時刻，

與耶穌基督有交通，

聖靈的感化與上帝智慧的引導，

我的妻子，因為上帝教我們彼此輔助，

與以基督為生活中心的人有往來，並對於一切人見證基督對於我的意義。

我最恨惡

罪，

自我，因自我是罪的中心。

使我與上帝隔離的罪，

使我與人群隔離的罪，

無論什麼使我不遵上帝旨意的事。"

以上所述，著者改變的經過雖不能說有特別新穎的地方，卻是誠實懇切，活潑流麗的見證。他自認改變雖係猝然的事，改變之後的生長，卻是一種逐漸的訓練。這種敘述，頗可以引起我們的同情，並不像有些人那麼驕傲自喜，使人懷疑。

從第十章到第十八章——書的後半——著者討論人生社會種種問題，指出其間所欠的，祇是牛津團體所注重而實現的"生活的新性質"。有此則一切問題俱可迎刃而解，無此則任何問題皆無辦法。他所論的是教育、婚姻、經濟、政治、社會、宗教等問題。末三章則申說創造性的工作，靈性的生長，及人由歸託於神而可達的歸宿。摩登思想則以人功人生為中心，往往單重組織和環境，思想及計劃。其所忽略的，反是中間所最需要的一件，即是上帝在人心中的化導。據吉金看，現代美國的教育祇教人做事，不教人做人。

"即使我以社會服務為畢生的宗旨……我依然不曉得應當到哪裏去上學。與人交接，與父母、師傅、朋友、同行的道伴、出版者與自己所有的往還，乃是人生的大部分。可是哪裏有這樣預備人的教育呢？"

學校裏一切學課雖有詳密的安置，依然完全不以人為事；技術則根本不注重人的關係；心理學可以教人利用他人；俱樂部可以教人自高；社會學祇僅僅的教人注重家族遺傳、政治統系、教育制度、經濟或社會環境，由是而造就人的品格。這是何等的虛空而無效呢！

"沒有一個地方教人瞭解自己，解決內心的問題。沒有一個地方是想救贖人、創造人，像耶穌基督那樣待人的。我更尋不出一個地方有人真想這樣去做的。"

可是牛津團體倒能解決這個問題。

"其實我在牛津團體的生活學校裏，學了四天，所得的比我已往的任何四年中所學的還要多。這是因為在牛津團體裏，上帝是師傅，人雖為師，卻是他的工具。在這樣的團體裏，一切是上帝指引的，一切是與學徒最深刻的需要有關係的。他們的程度如何，他們所學的也就如何。於是舊的生活就變了新的生活，而新的生活就在真理中得了長成。"

這些話，明明是偏激的，但其對於時代下一種針砭，實在也有其重要的價值。我們中國的教育家，在現在國家需要心理建設，需要剛健的人格，去對付內憂外患的時候，尤其應當對於這種論調，有些子深切的警覺。

論到結婚的生活，著者以為現代的"自由思想者"，雖要求"自由戀愛"、"伴侶婚姻"，以及鬆弛的離婚法，容易的雜婚，卻只可以算復古，不可以算維新；因為最新最摩登的婚制，乃是一夫一婦的制度。著者敍述自己結婚後的經驗，頗為直率。及至與牛津團體發生關係之後，他與他的太太中間，因為彼此認罪，共聽上帝的指引，便有了一種新而密切的深情。

"我的妻子現在說：'我們最大的幸福，是彼此訴說自己的軟弱，請彼此祈禱，一些也不怕對方要有什麼隱瞞，或要利用這個誠信作欺騙的事情。'"

總之，他以為夫婦中間若彼此求上帝的指引，以上帝為中心，則婚姻上各種困難，皆可有相當的解決。這個意思，也似乎是偏倚的，因為婚姻問題，方面極多；解決的方式，也許是不能如此單純。不過，在尋常的事理上，宗教實在是造成家庭的大勢力；許多家庭的破裂，其最大的原故，是因為其中沒有上帝的存在與指引。

他論經濟、政治、社會、宗教，也以上帝的指引為解決問題惟一的方法。

起先他想依順牛津團體的辦法,他便絕對的不能為廣告商了。但是他居然試行了一下,很有成功。

"我回去的第一天,上帝給我勇敢,教我寫了一張支票交給我的同事,償還了虛報的賬目。隨後,神蹟就跟着來了,他引導我發現了一張摺疊着安放着而遺忘了的支票,其數目恰準和我順了他的引導而給還同伴的那張一樣!第二天,他引導我展開一本我不常讀的雜誌來,教我讀那一面,那一節,因此我就得了如何作完全誠實的廣告的啟示。後來,在我疑慮之間,有一位主顧請我和他同作一件事,可以平分利益。上帝卻吩咐我,教我與他斷絕關係。"

至於在政治方面,他的意思說:若是國會議員、行政官等都能依照上帝的旨意行,聽他的引導,國家就可有良好的政治。

在國際方面,則戰爭是一件最重要的問題。如何可以制止戰爭呢?有人說"把這活地獄的慘酷宣佈出來。"但吉金則說:

"據我現在所知道的,我的答案是不在於宣佈這個'地獄',而在於傳揚這個'天堂'——我與許多人覺得這個天堂就在人間。在這個天堂裏,不但是戰爭,即一切經濟的恐慌,政治的腐潰,社會的不安寧,黨派的私利,以及其他種種政治的糾紛,都可以在大家順受服從的神旨中消除了。"

……

"所以有人對我說牛津團體沒有社會的工作,我能夠從我的經驗中得到答案,說:人若沒有基督,一切都達不到。有許多人將社會的福音代替耶穌基督的福音,我的回答是:'你們是在倒退,並不是在前進。'趨極端的人要從革命而改造世界,我回答說:'我們與你們一樣的要革命,但是你們是不徹底的。你們的革命僅僅是表面的;我們的革命是一直到底的,到深處,到人的內心裏。'"

同樣,論到宗教,缺了基督也就是死的。現在的教會總要"摩登"化,弄什麼交際、體育、跳舞等等來鼓勵人對於宗教的興趣,那真的是"緣木求魚"。教會若要興旺,祇要有改變過的牧師,改變過的教友就是了。捨此他圖,未免徒勞。

這種論調,可以引起我們兩個感想。第一,是社會、國家、國際、人類種種問題的解決，雖當以宗教的生活為鎖鑰，亦決不如吉金那樣辦法的簡易。事情是複雜的，絕對的難有簡單的方案。譬如個人與環境：改造個人是重要的，但同時又豈可偏廢了環境的問題？饑寒交迫的人，豈能久聞上帝的引導？第二，這個時代的人生實在太感內心的空匱了。吉金要人歸託上帝，以上帝為生活中心，實在是一個時代的呼聲。所以他的話，雖過分地將複雜的問題簡單化，卻確實出於一種至誠至信的正見。凡有耳可聽的，都應當聽。

　　書的末後三章，沒有什麼新意思，所謂"作有創造性的事工"，"基督徒生活的增展"，與"倚託上帝"三端，無不訴述人得了改變之後的訓練與情況。基督徒的生活，原是充滿着不可言喻的快樂的，宗教原是一件樂事。既得人，復得己，人生的新發展，更無比此更有意義的了。可是人的歸託，端要徹底。"你若不一直走到底，你若走的不夠遠，教你不得其中的深趣，你還是不走這條路的好！"

二三，四，二二，燕東園
原載《真理與生命》八卷三期，1934年

一條窄而且長的路

　　甲乙是師弟,又是基督徒。他們因國事危急,心憂萬狀,對面坐着談話。弟子問,先生答,如下。

乙　基督教果能救國麼?我對於這一點非常懷疑。

甲　基督教不但能救國,且能救世界人類。自私生恐怖,恐怖生殘殺,救濟之道,除却愛的福音,便沒有其他徹底的方法。你為甚麼要懷疑呢?

乙　我懷疑是有許多理由。第一,窄義的愛,容或可有,譬如父母愛子女,甚至於願意犧牲一切,以求子女的幸福。但要廣義的愛,如愛人類,愛異種之類,恐怕把人類擡得太高了。基督教要大家相愛,不分種界國界,至其極,似乎是脫不了一番夢想,沒有實行的可能!

甲　基督所有的愛,所行的愛,原不是容易得來的。可是我們要明白,沒有這個愛,世界便永遠沒有希望。這個愛須是上帝自己賞賜的,人必須有信仰、經驗、訓練三端,然後乃可以得之。在於人是不可能的;在於上帝則沒有不可能的。

乙　這樣,事情就太玄虛了。

甲　一切信仰,都是玄虛的;一切高超的生活與理想,也都是玄虛的……你還有什麼別的疑竇呢?

乙　基督教來自西方,西方現在不信了。二千年來,基督教未能救西洋於艱難,豈復能救我中國?遠東現在的糾紛,一半是西洋各國間的糾紛所使然。且基督教不做帝國主義的工具,即受國家主義的壓迫;不但不能救人,亦且不能自救。

甲　你所說的,雖有一部分的道理,卻沒有窺見底蘊。譬如俄國現在不信基督教,因為俄國素來不曾有真的基督教。其所有的無非是迷信與罪惡。

蘇維埃政府的非基督教運動，很可以得到我們的同情。所可惜的是她不明白什麼是基督教的本質耳。至於英美諸國，雖有許多人懷疑不信，大多數人卻尚在基督教的影響之下。若一旦將基督教從其國人心中取出而毀滅之，其國家必同時失卻靈魂。直到現在，西方國家維繫人心，發揚精神的根本方法，還依舊是基督教。不過西洋人尚不瞭解基督教，即已瞭解，亦尚不敢徹底試行。這不是基督教根本不能救人救國，乃是有救人救國之道，而當其國者未敢毅然決然去實行出來。且我中國人更不應該說基督教無用。得其大體，可以救世界，得其小體，亦可以使人有道德的力量。我們若到名為基督教國的國家中，與其上等、中等階級中的基督徒相往來，必定要看見成千成萬的高超的人格。這便是一個國家的元氣。看我中國如何呢？……

乙　基督教在英美等國，根深蒂固，一旦拔除，當然要搖動其國本，是以百足之蟲，死而不僵。不過現代科學昌明，教育普及，維繫人生自有他法，安所用其迷信十足的宗教為？

甲　這是什麼話？科學發達，對於宗教雖有所糾正，然未嘗能解釋人生中最真切最重要的事實，例如自由、責任、仁愛、剛勇、犧牲等。科學與宗教當可並存而相輔。大凡存心無偏無黨的人，總可承認這一點。且科學發達，人能管理物界而不能管理心界。今世之亂，不亂於物的不受拘束，而亂於人心的不上正軌。宗教信仰，則能造就人類於心理的幾微之間；烏得言宗教是迷信十足的無用之物？至於教育，廣而言之，宗教亦是教育。狹而言之，則離棄宗教的教育，但能給人工具，未能使人立德。各國的教育者現在都感覺到這一點；不過信宗教者欲以宗教補救之，不信宗教者尚欲覓一補救之法耳。

乙　然則基督教不是一種迷信麼？

甲　你是基督徒，為什麼有這樣的一個問題？

乙　我所看見所聽得的基督教，似乎都是迷信，自童女生耶穌以至於肉身復活，至少都帶着迷信的色彩。

甲　然則你做基督徒，就祇以此種信念為事，而無更深刻的認識麼？基督教是基督，是基督的靈運行於人心，使人因信上帝而出罪惡，入生命，得力量為剛健的人。真的基督徒是生活中有基督精神的人，是榮耀上帝，服事世人的人。你不曾聽見過保羅的話麼？他說："這福音是上帝的大能。"你不求得此福音，而磁磁焉日以神奇的事蹟為宗教的本真，安得不以宗教為迷信？

乙　基督教是一種能力，一種生命，我也曾經感覺到；但是現在人們所傳的，不是迷信，便是服務，兩方雖異，卻同樣空匱。且中國的思想者，幾無不看基督教是一種落伍的東西。因此，我弄得迷糊了，竟不曉得基督教究竟是什麼一回事。

甲　是的，我很與你表同情。譬如現在在北平、天津等地方，有許多人把基督教當作一種神奇鬼怪的東西。有一位傳道的竟講死人被提到天上去，耶穌在某時某地要再來等等。他說，"甲乙兄弟二人，甲信道，乙與之毆鬥，將他的臂膀咬了五口，血肉狼藉，慘不可狀。而甲但唱'阿利路亞'，用手一摸，全臂復元，與不曾被咬時一樣。"信的人很多，以為耶穌真靈。這種不費錢，不用力，神通廣大的東西，當然是愚民心中所期望的。人們愈貧苦，愈愚魯，愈會信這些話。難道你也想這就是基督教麼？

乙　當然不是。

甲　至於以服務為事的人，卻有至理存焉！宗教是願望，是行為。有願望，有行為，即有生活，有信仰。所惜太片面了些，專講活動，不修厥行，正像樹的根本被蟲蛀壞，枝子上便結不好果子來。

乙　那講社會福音的為什麼不作靈修，任使根本毀傷呢？

甲　他們何嘗不作靈修；他們的靈修是人事，是考慮，是默想，是討論，是計劃。

乙　難道這些不是靈修麼？

甲　廣而言之，安得不是。但基督教的靈修是對越上帝，是人的心靈與宇宙的主宰有交通。這樣的工夫，久而久之，可以變化性質，感通造化，而發揚新生命。

乙　可是這就是現代人的難處，尤其是我們中國人的難處。現代人信科學，求發展，對於上帝總要覺到玄虛。譬如祈禱，誰知道不是自言自語呢？中國人注重現世界的，往往想若有若無謂之神，渺渺茫茫謂之神。加上了一點新知識，所謂"神"，就煙消霧散了。同時呢，日常所見的宗教，不外乎拜祖先，敬鬼神，弄怪誕，自祭天以至於拜狐狸精，無一不是求福利，騙自己的玩藝。在這樣的環境裏，上焉者什麼都不信，弄得聰明到像通天教主，下焉者什麼都信，弄得呆笨到像土地公公。

甲　你的話很對。不過我們把話說回來。基督教是基督的生活，這生活是心靈通於上帝，發於人羣的生活。若是放棄了一方面，或是上帝的感化，或是人群的共作，基督教就算死了。這種生活是人類永遠需要的。基督教經過二千年的歷史，有興有衰，有復興，有復興後的復興。即在現在，一方面人離棄他，另一方面，人又擎舉他。祇要我們誠信，按照耶穌那樣做，那樣信，我們便必要知道真理，真理也要解放我們。

乙　我也願意把話說回來。我的問題是基督教果能救國麼？你說能。我則究竟懷疑。你想二千年前的基督，怎能將其簡單的生活來救濟我們二十世紀複雜的個人、社會、國家與國際。

甲　你真的中了一種現代思想的毒了。凡事有變，亦有不變。我們讀孔孟之書，讀柏拉圖、亞理斯多德之書，所以能瞭解的緣故，是因為二千餘年的變更，沒有改變了我們的理智方式。假使什麼都是變，那末歷史是謊話，文化是無稽之談！同樣，在變的方面，耶穌的言行不必盡為我們效仿規摹；死揣擬，本來不是耶穌的教訓。不過在不變的方面，誰能說耶穌的人格、行為、信仰與其十字架上的死，不是我們二十世紀中危急的中國、危急的世界所迫切需要的實力？我不是固執武斷，我是從經驗作見證。我說，惟有基督教可以救國、救世界，除此以外，"沒有別的名，可以使人依靠而得救的"。第一世紀與第二十世紀的不同，是在於現代的思想與生活的較為複雜；其同點，則在人類有同樣的病痛，需要同樣的救法。

乙　然則我們講基督教可以救國，是不是說，"道德救國"，"人格救國"？若說是道德人格救國，那末祇要講倫理好了，何必又要講宗教？祇要學耶穌好了，何必又要信上帝？

甲　我深信人格可以救國，但是人格須要建設在磐石上。我也深信我們要學耶穌，但是我們也得知道怎樣去學他。宗教是道德的原動力，你知道麼？講道德而沒有宗教，猶之有了一部大機器而沒有發動的力量。現代的怪像是不信宗教的偏要以道德為宗教；信宗教的偏要以宗教為道德。其實呢，宗教是人對於全宇宙中根本實在——如上帝——的全心歸服；道德是倫常的思想與行為，所謂人事而已。道德可以離宗教而獨立，亦可以從宗教而得力量。宗教則必持守信仰，心通上帝，而後發而為個人為社會的生命。

乙　不過要人心通上帝卻是一件難事。現在思想龐雜，我們如何能知道有上帝的存在，而去信仰他，求他與我們心靈相通呢？

甲　你真是"摩登"！不過一個現代化的人，總得做兩件事。一方面是研究哲理、科學、文藝、美術，由是而知人對於宇宙真實的觀念。這不過是少數人能夠做的；且做的時候，亦不過受些指示，在彼一是非，此一是非的紛紜中，得以創造一個自己滿意的暫定的答案。其實學問不能領人到上帝跟前。另一方面，人必須有大勇猛的信仰。這是人人可以有機會發生的。

乙　怎樣纔能發生這樣的信仰呢？

甲　學耶穌，他怎樣，我們也要怎樣。

乙　我們要學他，須得從《新約》裏去找尋他；但是《新約》所載，我看也有不切實的，譬如神蹟等等。即如耶穌的教訓，亦未必盡如所載。他得力的奧秘，似乎非言語可傳授，而他又不在，教我們如何去學他？

甲　你這些問題都是很重要的，待我一一的答覆罷。第一，《新約》中的記載，有許多地方教人起疑。但是近代聖經學者大概在三點上是同意的：(一)耶穌是歷史上的人物。(二)《新約》所載雖不一定句句確為耶穌的事實與教訓，然其具有極清楚合一的人格，有明晰統系的啟示，是毫無疑惑的。(三)耶穌的誕生、升天、神蹟等事，雖未必盡如所傳，其力量與人格的中心，乃係他對於上帝的信仰，這一點是確實無疑的。耶穌而無對於上帝的信仰，即不能有他那樣的生死與教訓，因其生死教訓，全以遵行上帝的旨意為中心。他的經驗，是上帝的靈降在他身上；他的事工，是創造新人，建設天國（即是新人的社會），由是而成全上帝的計劃。我們若要學耶穌，但學其為人，而不學其對於上帝的親密的交通，便是疏泉而塞其源，裁木而去其根，安得有任何的成就？我們要得耶穌的人格，而遺忘了他人格的基礎，安得不失望？

乙　但是耶穌已矣，誰復能引導我們？

甲　是啊，這是你的問題的第二段。我們信耶穌，是因其精神永遠的存在：基督教建立在歷史的耶穌上，亦建立在永存的基督上。他的靈，依然能引導我們。教會的歷史，便是清楚無疑的見證。

乙　我如何能知道耶穌基督現在在哪裏引導我們呢？

甲　耶穌說他去了，保惠師聖靈要來。耶穌也說："你們要相信。"你若誠心信仰，一方面依隨你生命中最迫切、最廣博、最高超的要求（因為這種要求是有宇宙性、實在性的），一方面除卻精讀《聖經》，更祈禱嚮往，聽上帝的指引。同時，尋求同志，共作靈修與服務，久而久之，自然豁然恍然，氣質必受了極大的變化。我所注重的是漸漸的默化，但也常有忽然的改變。宗教的奧妙無他，即在於此。我不願意講神妙的事，恐怕你不能領受，我不過說，信耶穌的人，是可以時刻認識上帝的同在，而有大勇猛、大快樂、大希望、大作為。我自己根基微薄，故又不敢談耳。

乙　我若再把話說回來，那末依你的意見，基督教救國，是在於造就生活中含有上帝的權能的人，是不是？

甲　是。也許你要說，這不夠！但據我看來，救國的方法不止一端；辦教育的人，要用教育救國；辦實業的人，要用實業救國；辦其他種種的人，要用其他種種救國。這都是必需的。宗教呢，有兩端：一則宗教是全部生命，所以應當做一切事；二則宗教是生命之根，應當創造剛健的人格。宗教的事功，是人的事功；人祇能分工，故宗教雖須作一切的事，卻又當先重改造人心，奠心理建設的基礎。捨此他圖，恐無所成。

乙　這些話都是有問題的，不過我先要問，基督教真的宗教生活，能造成什麼樣的人呢？國家果然必須要有這樣的人麼？

甲　這是一個很重要的問題，現在我祇能作一個簡短的答覆，嗣後有機會，我們再細談。我的回答是：人與耶穌的靈相感通，他必要成一個清潔、誠實、謙卑、喜樂、忘卻了自己、遺棄了恐怖、勇猛地服事人服事社會的人。我們中國就是需要這樣的人。這樣的人纔能合作，纔能團結，纔能改造社會，不怕強權，不屈不撓，百折不回；因為他們的生命是存於宇宙的永久真實中的。

乙　你想現在的教會能有造就此等人才的貢獻麼？現在的教會學校，能有這樣的力量，建立人格麼？

甲　這個問題太大，我幾乎不敢談。我現在常感教會的衰弱，與夫教會學校的無能為，不過這些機關，雖不滿我意，卻依然有極重要的貢獻。改日有暇，我們也許再談這個問題。

乙　噯喲，國事如此危急，需要如此重大，基督啊，你的精兵在哪裏呢？難道不能快快的有千萬聖潔的英雄出來，抵抗強權，維持正誼，拯救民衆，安奠國本麼？

甲　基督教是持實在主義的，他不作這樣的夢想。

乙　夢想！相信上帝！上帝為什麼不廢棄惡，剷除罪，眼見芸芸衆生死亡痛苦，而毫不救援？教人如何信上帝？

甲　我很瞭解你心中的痛苦，但是上帝更瞭解。他萬能，他卻不能違反了他的本性，他的本性是愛。他愛人教人作他的兒女，有他那樣的自由。他絕對的不能削奪人的自由，卻要他們經過痛苦而得自己的和同類的奧妙的成全。但是他親自擔當人的痛苦，他和我們一同奮鬥，直到我們勝利的日子。你不知道耶穌釘在十字架上的意義麼？

乙　是啊，但是今日我們的民衆，我們的國家，卻被釘在十字架上！

甲　真的。你要曉得二千年前，在卡爾佛裏山，有三個十字架，作這個世界的象徵。據我看來，這是很有意思的。耶穌是被釘在兩個強盜中間的，祇有他不應該死。他左右的強盜是該死的。這個世界上是強權與屈服兩方面，而其實這就是兩個十字架上的囚犯。中國被威脅，所以被釘在十字架上；但是所以被威脅的緣故，是在於自己歷來所積下的罪辜。中國是該死的。中國的對方是強盜，雖然其勢洶洶，實則也因自己的兇惡而走上了十字架。你信公理總有勝利的日子麼？你若信，那末中國的對方——強權——也因着罪辜而被釘了。所以你說中國被釘在十字架上是對的；但是你要知道耶穌和全世界都被釘在十字架上。世界是該死的，耶穌是救世的；分別就在這一點。

乙　你的話果然有理。但是我們在這危急的時候，怎可以冷靜遠探，等待上帝在長時間內完成他的救法呢？

甲　人不必等待，今日便是我們奮鬥的日子；不過我們憑着信仰，知道上帝可憐努力的人和國，終必賜他們最後的勝利。我們要訓練自己，教自己真的成為上帝的子女，有充足的膽量、有實在的自由、毫無恐怖的人。

同時我們要造就他人，與他們一同作徹底的社會改造工作。教會要高舉基督，信徒要參加國內種種建設的事業，也要組織救國的團體與工作。

乙　時勢迫切，工作遲緩，遠水不能救近火，奈何？

甲　親愛的青年，你的焦急，我萬分的同情。我們須要基督，在今日，在永遠，都是一樣。我們經過艱難的時候需要他，沒有他，我們度不過。度過之後，依然需要他，沒有他，我們無以挺立於世界。我們面前祇有一條窄而且長的道路。

二三，四，二五，燕東園
原載《真理與生命》八卷三期，1934 年 5 月

耶穌基督

中國的基督徒,對於耶穌基督往往缺少正解。其所以缺少正解的緣故,是在於不認識耶穌基督。其中知識較高的人,因要腳踏實地,故注重耶穌的人格;以爲做基督徒就是學習耶穌而得其精神。至於耶穌所以能成其大的根源,類皆忽而不察,是以囂然龐然,終於無成;宗教生活,適在有意無意之間。一般信衆則名爲基督徒,實則並無宗教上貫徹的覺悟,故往往輕信人言,偏重神奇怪誕之事。所謂耶穌基督亦不啻一位新式的觀音大士,神通廣大,能度苦厄。日來信衆之中,頗有宣傳耶穌再來,神蹟隨有的事,亦頗有誠信此種傳說的人。因此,基督教所表顯於中國的,不是空無,便是迷信。

在此國難正殷的時候,中國須要有整部的建設。舉國的人都期望四萬萬人得着一個新的心理,新的靈魂。但要心理改革,由吾人看來,非有基督教的真際醞釀乎其間不可。要知道基督教的真際如何,則又非對於耶穌基督有徹底的正解不可。如今信衆或注重耶穌的人格而不窮探這個人格的來歷,或專從耶穌的神奇而不深入他的教訓的主旨,雙方雖同重道德生活,仍有畸輕畸重不達中心的困難。中國所需的是基督教的精要,而中國教會所欠的亦是基督教的精要。精要在基督,故我不揣冒昧,敢陳己見,而作本文。

我們要認識耶穌,當然要有認識的道路。道路有三,是歷史,神學,與經驗。耶穌爲歷史的人物,這一點近代學者無不公認,更無需乎懷疑。而紀載耶穌事蹟的書,即是《新約》中的福音書。前三福音紀事較爲切實,其中以《馬可福音》爲最重要。近代學者漸漸的感覺到《路加福音》中特載的事實,亦可以與《馬可》所載有同等的價值。即《第四福音》雖係一種解釋的書,仍於理解之外,有歷史的分量。由考據批判的眼光看,《福音書》中所載的耶穌的言行,雖未必逐句逐字有確實的歷史性,但合而觀之,卻明晰無疑地表出一個統一而不能被僞造的人格,與夫一個有統系有邏輯而不能被僞造的理解。這個人格和其理想是活躍的,非單由理智可識,亦須以性靈去了解。自從基督教傳出之時,使徒們對於耶穌,即加深了認識,宣傳了胚胎的基督觀。所謂神學於是乎開始。四福音是歷史夾着宗教哲學的書,保羅及他人的書翰是更深一步的解釋。後來,希臘的哲學與基督教接觸交融,產生出種種基督觀,種種神學上的論戰與組織上的分歧。耶穌基督是人是神,二性一性的問題,使人絞了幾百年腦漿。因此基督教雖係歷史的宗教,以耶穌爲中心,爲教祖,但因神學的影響,歷史的耶穌幾乎不能與神學上的基督析而爲二。有歷史的耶穌在前,人便不能不對他發生特殊的感想與態度,又不能不將歷史的耶穌推崇尊敬,舉而納之於神學所設的位置。這並不是人特意愛好神學,空弄玄虛。耶穌的言行生死,與夫人因信仰而獲得的經驗,皆似強迫人作一個神學上的斷定。從此,信徒與教會因信耶穌同得的經驗,俱深深地受了歷史與神學的渲染。有歷史與神學存於前,經驗遂發生於後,有歷史與經驗湧於前,神學遂翻蕩於後,三者相循,不易解開。即今信衆的經驗,亦不能脫去這三端的影響。近代的人往往重歷史重經驗而輕視神學,殊不知其間有連環性的存在。歷史與經驗須要解釋的時候,神學便如雨後的春筍;歷史與神學發生效率的時候,經驗便如秋節的江潮。不過各時代的視點相差,或注重歷史,或注重神學,或注重經驗;又或出於客觀,或出於主觀。無論如何,耶穌特立於前,有強迫吾人去解釋他的要求。在他裏面有一種宇宙間永存偉大的真實,向吾人挑戰,而吾人的答案,無論其如何鬆弛寬暢,或固執武斷,總不能不是一種神學歷史經驗的結晶體。我自認寫此論文,是由於三者成爲我自己的生命之後,翻騰出來的解釋與信念。

耶穌生時,羅馬帝國統治猶太國,猶太人民以宗教政治種種關係,不甘屈服於異邦的轄制之下。其間熱心宗教的人渴望上帝遣派彌賽亞降世,攻克仇敵,解放祖國。在一方面,當時羅馬勢力所及,交通便利;希伯來民族的文化,與希臘羅馬的文化有交觸互感的機會。撒吐該人頗佔政治上的勢力。猶太有權位的人未嘗不與異邦的生活求妥協。在另一方面則猶太自有人衆,用嫉忌的心志,保守着希伯來的靈魂。法利賽黨由是佔有宗教上甚重且大的位置。同時急進者往往欲興革命舉動,虔敬者又往往關世修行,以待世界的劇變。在此種情況之下,舉國的民衆皆延望上帝的救援。猶太全國表面上雖隸屬於羅馬,而其內心的鬱勃鼓蕩,很有凜冽的生命。時勢環境,莫不有待於那大有力，大無畏，大勇猛的領袖，出而利導之，結集之，以成全其熱切的期望。耶穌生時，適合其會。耶穌自幼居住在拿撒勒，爲木工之子。其父母約瑟與馬利亞俱是平民，亦俱是誠懇虔敬的人。當時，加利利的生活情形與猶太的生活情形不同。一則，因爲加利利雖亦四通八達，有國際的空氣，然距離着政治的轇轕，沒有耶路撒冷那樣複雜而緊張的煩悶。一則，因爲加利利人的宗教信仰較爲簡截單純，沒有法利賽人的儀式遺傳那種節文上的束縛。猶太人的超越遼隔的上帝觀，似乎不曾普及到加利利人們的宗教信念上。所以耶穌幼時，宗教信仰比較自由。加利利的平民既沒有經濟上過重的壓迫，復沒有複雜而詭譎的心理的拘縈，自然在精神方面有良好的發展。思想雖簡單，卻可以極誠懇之致。人可以不知，並可知而不問羅馬的政治對於巴勒斯丁有甚麼貢獻。在這等情形之下，人們可以作直接的觀察，有深刻的理解，懷高潔的虔誠，生偉大的信仰，持徹底的倫理，下勇敢的決心。耶穌自幼勞作，耳濡目染，心往以通，得在家庭社會以及鄰近的大城市中，得深刻的印象，成自發的確信，以建立其偉大的根基。當時的人以爲加利利的拿撒勒如何能生傑出的人才；殊不知加利利的拿撒勒正是產生救主的地方！

凡讀過《耶穌傳》或是《四福音》的人總知道耶穌生平的大概。他是天稟聖明，髫齡即有宗教上的大覺悟。自十二歲至三十歲之間，史無所載；推測起來，他生活上，定有甚深甚大的變遷。當約翰施行悔改的洗禮的時候，他亦大爲感動，親受洗禮。他的情感也許燃燒到白熱度。從約但河水中出來，他得了一個大徹悟，大發明，一刹那頃，覺察了自己即是上帝之子，上帝的靈降在他心中。上帝的國不但是近了，且已經實現在他心中。上帝居住在人心中，人心清潔，照見神心；上天下地，惟我爲神，惟我爲神子，神人一貫，神人同體，一切的一切，皆包蘊於是。自此以往，他受試探，定目標，決方策，向積極的路上奔去。施洗的約翰所講的悔改，不過是天國來臨的第一步；約翰可以爲先鋒，過後之事，俱是神子的光榮！決定方策之後，他即出而傳道，一時門徒四集，民衆隨從。但是耶穌的福音是勇往冒險的新生活，並不是民衆所要求所希望的形式上政治上的大革命。耶穌深信有新的人類，以愛爲法，以信爲標，即可以有上帝的統治；腐敗世界可以席捲而收拾之。此種理想實非當代的人所能了解。新酒不能盛在舊皮袋裏。耶穌的教訓因此爲民衆所遺棄，爲法利賽人，撒吐該人，奮銳黨（即猶太的革命黨，抗拒異族的）所拒絕。一切現存的制度，與夫保守此種制度的人們皆站在反抗的戰線上。因此耶穌改變了策略，用深刻的工夫，訓練少數門徒，使他們的心理，作爲天國的基礎。偉大的理想，至終必獲勝利的理想，是一個徹底的，絕對的，而又簡單的理想。不但是理想如此，即手段與生活亦是如此。世上一切的困難糾紛，祇有上帝的愛可以解決，捨此更無他法。但耶穌並不是一個夢想者，耶穌乃是一個徹底的實行者。他明知如此行，結果必是死，必是十字架。他明知生命的法律是畏死者死，舍生者生；死有失敗的外表，而卻是成功的秘訣。他的人生觀，生活法，團體活動，與世上的一切，莫不背道而馳。若他降伏在撒但的試誘之下，與世界妥協，那末與法利賽人合，便爲不誠，是罪惡；與撒吐該人合，便爲屬世俗，是罪惡；與奮銳黨合，便爲兇惡相濟，不徹底，是罪惡；若與羅馬勢力合，便是與強權相勾結，逆真理，違天心，是罪惡。若耶穌不願入罪惡，而欲救人救國出罪惡，他即不能與當時任何一種勢力有妥協的諒解。所以至終，法利賽人，撒吐該人，奮銳黨，民衆，及羅馬——諸凡互相枘鑿的勢力——作了同惡相濟的結合，一同將生命之主釘死在十字架上。這樣，他的仇敵成全了他偉大的事業。他是復活的主，惡勢力不能吞滅他；在他的死亡中，罪惡受審判與制伏，人類得了解放與生命。

然則耶穌的人格如何，已可想見。其簡明之處，像日月的燭照，有眼睛的都可以看見；惟其崇高偉大，精邃幽遠之處，則像浩無窮極的星海，雖竭心目，祇能看見他的偏，不能洞悉他的全：所謂"夫婦之愚，可以與知也，及其至也，雖聖人有所不知也。"我們若將耶穌的人格分析一下，即照我們膚淺的認識程度，也可以看出他的簡單來。偉大的人格，是至簡的透明的人格：這實在要使我們驚奇歎賞！他確信上帝的愛是生命的淵源，是處世的方法，是解決一切的鑰匙；千萬條緒，俱歸一端。至高的真理，所以能統攝衆理的緣故，是因其簡明。至動人的美，所以妙絕的緣故，是因其簡略。至偉的良善，所以"大浸稽天而不溺"的緣故，也是因其簡而純，毫無纖介的渣滓沉匿乎其間。至深奧的理論，一出耶穌之口，即爲至明白的真理，雖販夫走卒傭婦孺子，都會了然於心中。至於與人接物，耶穌很自然的單純：他是人，待人也是人，舉凡一切宗教上，風俗上，階級上阻擋人生的障礙物一掃而空之。赤裸裸的心像曉星般的懸在天上。尼哥底母是官吏，且年尊，耶穌但以人看待他。撒該是稅吏，等於羅馬帝國的走狗，耶穌亦以人看待他。淫婦乞丐，一見耶穌，即成了人。嬰孩，博士，相間何等的遼遠，而在耶穌面前，便失去了那不當有的區別，程度雖差，亦等是人。祇有傲慢虛假的法利賽人，將儀文的繁節打了一堵高牆，隔絕人我，把自己特別尊重，把他人故意輕看，——祇有法利賽人觸犯耶穌奮烈的威怒。認定人是人，必須用上帝的愛去對待他，是生命發揚的惟一法門。其次，我們可以看見耶穌人格的徹底。他簡單，所以他徹底；徹底原是絕無僅有的一回事。人們說耶穌夢想着天國的來臨，其實那是不可能的。怎知道耶穌的徹底就在乎了解這一點；了解之後，還依然去做那萬無可能的事功；因為他知道在於人是不能的，在於上帝是無不能。他的宗教就是做不可能的事的宗教；信他的宗教的人，是信不能做的事是可以做的人！徹底就是至誠，至誠無息，就可以成己成物，成上帝的旨意。徹底的人格是言行一致的人格。耶穌說愛仇敵，便愛仇敵到愛的盡頭，在十字架上痛徹心肝，痛徹靈魂的時刻，他依然祈禱說："父啊，饒恕他們，因為他們所做的，他們不曉得。"惟其徹底，他這纔能愛，能從愛裏把一切恐怖憂慮驅逐出去，能因自我的大自在而為人類建立解放的基礎。惟有徹底的人是自由的人，亦惟有自由的人有真實不虛的人格。這樣，耶穌因痛苦艱難而心地光明圓湛，在天地間挺立着一片毫無玷染的潔淨。耶穌的生活乃是上帝的生活，可以"質諸鬼神而無疑，百世以俟聖人而不惑"。

復次，我們看見耶穌的人格是圓滿的，豐富的。人說耶穌是以利亞再世，因為他有以利亞的剛毅勇猛；人說耶穌是以賽亞再世，因為他有以賽亞的博大宏偉；人說耶穌是耶利米再世，因為他有耶利米的懇摯哀傷，愛國的心，憂世的淚。但是人們的話是不免於畸零的，祇可以肯定他是先知中的一位，而不能詳盡地指明他的整全。因此，言詮不能盡，使徒彼得祇可呼叫着說："你是基督，永生上帝的兒子！"耶穌可以處貧賤，居卑下；空中的鳥有巢，地上的狐有洞，人子沒有枕首的地方。耶穌可以享宴樂，又吃又喝，被人看作酒囊飯袋而不改其逸樂。剛則如金鐵，柔則如綿纊。繩的鞭子可以一舉手而驅逐聖殿中褻瀆神聖的買販，雖群衆不能當他的怒目。沙土上寫着的字可以轉眼間擊退了惡勢洶洶，整備殺人的潑皮。但他懷抱中安撫着可愛的小孩子，腳前坐着溫婉而有心賞的馬利亞。他說話是雙鋒的劍，足以直入人的骨髓。而一字一句，盡是天籟，盡是上乘的詩。最深的理想在他口中即成了清韻，雖目不識丁的男女，可以了然解悟。他說："看田野裏的百合花，他們如何長起來"；卻沒有說遠離顚倒夢想……心無罣礙等哲學家的玄談。他說："你的信仰若如芥菜子，便可對山說，移在海中，也可以成功。"但他沒有討論信仰與知識的性質。無論是譬喻，是引徵，是講章，是對話，凡是深邃的道理，在於耶穌盡是生活中的真際。籠統的觀念在他的人格中演變轉化，即為特殊的，具體的生活。在於柏拉圖，生活是理型，在於耶穌，觀念是生活。所以耶穌說"我是真理"。所以耶穌是上帝的真象。在耶穌裏，那絕對的，超越的，永遠的，不變的，自在的，無量的，俱能放下了矛盾衝突的邏輯性，而戴上時間空間的限制，由是而表明上帝與人同在同生的奧妙。耶穌因而為無名之名，無象之象，上帝的具體真在，人類的超脫死亡。在於他，死即無死，一切是真，一切是圓滿豐盛的生命。

耶穌的人格如是的崇高偉大，超乎我們的智慧和經驗，我們又烏能窮探他心靈的幽深？不過我們由歷史的指示，知道他與上帝有密切的交通；我們雖不能透入至聖所，安靜虔敬地窺探他的神識，但仍可以曉得他所以莊嚴華偉的原故，是在於他確知自己是上帝的獨生子，是救世的彌賽亞。他生時祇有一件事，就是成全上帝的旨意。朝於斯，夕於斯，飲於斯，食於斯，生於斯，死於斯，復活於斯。臨難之先，他知道門徒皆要畏懼，皆要逃散，所以對他們說："我獨在；我並不獨在，父與我同在。"他說："父與我是同體的。"又說："父為大。"在客西馬尼園中，他懇切祈禱，汗點像血點一樣流；他說："不是我的旨意，乃是你的旨意成全。"到了臨死，心已盡，血已盡，他奮然大呼："成了！"耶穌之所以為耶穌，因為他的人格中有一個整全而超人超世超自然的元素，因為有上帝，有他世界的精靈，有永久不易的真際，凜然浩然，飽滿具足在他的中間。他以為人應當有一種新而有權能的氣質蘊蓄於內，發揚於外，大無畏，大剛勇。他自己如此，也要他的弟子，他的信徒如此；他是初結的碩果，從他的男女是後結的果子；他是上帝的兒子，他的信眾也是上帝家中的親愛分子。他雖特立獨行，性情理想超乎吾人的最高的造詣，但他並不以那神聖的自由威權，為獨自霸佔的專利。他說凡信他的人要作他的工，並且要作更偉大的工。又引古經的話說："你們的神。"果然，他的使徒從他的薰染陶鑄都在人格中含帶了超人超自然的光彩。五旬節上，聖靈像狂飈，像火燄的停在他們身上。彼得不再畏縮了。雅各作了第一個殉道者。司提反侃侃而談，有天使的容貌，在亂石之下，表彰了耶穌臨死饒恕仇敵的精神。約翰悟徹了愛的福音的奧秘。保羅蒙了召選，歷經千艱萬難，縲絏刀劍，而慨然奮勉，一往無前，作見證而說："我活着，不是我，乃是基督活在我裏面。""我活是基督，我死是利益！"嗣後聖徒相承，一切都有那個超乎人的實在——神的靈——住在他們的心裏。這是耶穌的生活——神奇，豐滿，具足，精嚴的生活。在這種生活裏，一切是光明，一切是權能，黑暗與罪，盡皆泯滅了；因為光明所燭，黑暗無存在的可能，權能所及，罪惡無伸展的餘地。

我們若站在耶穌的神的意識邊際上，推想揣擬，必能稍知耶穌自己尊崇的意義。耶穌對人對上帝凡事都是謙卑，且於謙卑之中，有純乎自然毫無矯作的天真。但他同時又皇然自斷，惟我獨尊。對門徒則要他們捨棄一切，忘卻性命，肩起十字架，絕對地服從他，絕對地跟隨他。對於罪人有赦罪的權柄，不啻以上帝自居。對於世界人類則說上天下地一切威權都在他掌握之中。他是真理，他是生命，他是道路，他是門戶，他是上帝的光輝。這樣的自定權位，總不出乎三途，或是耶穌猝然之間瘋顛了，向人間說夢話；或是耶穌有意僞作，向人間說謊話；或是耶穌果然感悟了自己是上帝惟一的表彰者，所謂獨生子，經驗了宇宙中確實的神性，面向人間說得未曾有的恩寵真理的實話。宇宙中最大最奇瑋皇麗的人格耶穌是！斷定耶穌是誰的人，其心術為何如，其案語為何如？我們可以問二千年來以生命去試驗耶穌的誠僞，而在艱險危亡中得大無畏的聖徒。

耶穌的人格如是，他的思想與教訓又如何？我們要知道言與行，本相兼顧，且言即是行，行即是言。若不是這樣，不但人格是分裂的，即其教訓亦便無確鑿的依據。耶穌的偉大原不外乎言行的和諧，知行的合一。不過為了論列上便利的緣故，我們先論他的為人，繼述他的教訓。耶穌的教訓可以分作三點看，三點又並無先後的差殊，須要合併而同觀。但以理論上必要有次第，所以我們可說這三點第一是他的上帝觀，第二是他的人生觀，第三是他的社會觀。

耶穌不是哲學家神學家，乃是思潮與生命充滿磅礴於性靈中間的，渾厚博大的上帝的啟示者。哲學上一切抽象的觀念理論，一切邏輯上的矛盾，都在他的教訓中成了具體的整全，和融而實際的生命。他所啟示於我們的上帝，從玄學方面看來，是宇宙的本體，天地的主宰，人物的創造主。天是上帝的寶座,地是上帝的足墊。在人有不可能,在上帝無不可能。凡要敬拜他的,不必受時間的限制,所謂"時辰要到,現在就是了";因爲上帝永恒,入時間而時間在於永遠的現在。也不必受空間的管束,所謂"不在此山中,也不在耶路撒冷";因爲上帝全在,入空間而空間在於無量的此地。聖奧古斯丁曾以圓形爲譬喻,以爲上帝如圓,其中心無不在,其邊際無所在。但耶穌既不是哲學家,當然祇以生活表示圓湛的妙有,不能使上帝的真實落於斷篇殘簡的言詮。若必然以哲學的邏輯去籠罩宇宙人生的大本大原,其結果總不外乎斯壁諾莎的實質,黑智兒的絕對理性,柏克森的生長性,侯謨、詹姆士的有限神權,毛根的將出生者,狄克海謨哀摩斯的社會最高價值等等。如是則上帝尊,人便不真;人生真,上帝即化爲烏有。凡爲哲學總不能倖免於根本的矛盾。獨有耶穌圓整美滿的心靈,吞滅了衝突,消化了隔膜,而一切實在成了經驗中的純粹統一,以永遠的"是"爲真實無僞的憑據。這不是像德國李希耳派神學所謂,但憑歷史上價值的判斷,不依理智上推想的結構,那一種的主張。因爲理智是必需的,非此無以得正解,無以得經驗的詮釋,無以闢迷信的叢生,更無以證宗教科學的階段與夫其中方法境界的異同。事實在前,理智須要認清,不當因一偏而抹殺之,而當因有事實而努力解釋之。上帝在耶穌生活中的事實,昭然若揭,凡因所偏所僻而將他抹殺的論斷,舉可謂之謬論。

從宗教及倫理眼光看去,耶穌所傳的上帝是純全的人格,是人類的父親,聖善而慈愛,恨罪惡,愛罪人,不但是創造的主宰,亦且是心靈透入人的生活,實行與人同生活,藉此而成其廣大救法的救世主。超越的上帝與人間的苦難罪惡,在哲學的理論上,往往不能並立。上帝而全能,當能掃除一切罪障;罪障依然在,豈不是上帝的不仁?上帝而全善,當要掃除一切惡,惡依樣猖獗蔓延,豈不是上帝的無能?仁而不能,猶是道德上相當的價值。人蒙其恩,可以與他一同奮鬥,自由去建立生活。若能而不仁,則人類的前途,便黯淡悽惻,無有希望了。故詹姆士的實驗的、多元的論證上,肯定了有限的神權。不過這種思想將整個的實在割裂分碎,不能滿足宗教者至深的欲求。耶穌的教訓所以正與此相反,上帝以人爲子女,要他們自由冒險,成全他的旨意。人因誤用自由,違逆上帝,上帝在他自己的奧妙中,早在創世之前,預備下被宰的羔羊。在他的全愛全能之中,已有圓滿的勝利。耶穌深信上帝有純全的救法，且自己的經驗亦感到這個奧妙的成功，所以說："在世上你們有苦難，但你們可以放心，我已經勝了世界。"不但如此，按耶穌看，上帝在人生至微細，至普通的動作中永遠的引導。他教人不要憂慮，祇要先求上帝的國與義，其餘一切所需，都要加給人。人頭上的毛髮都是被數過了的；人的本分即是信仰托賴，忻然去作成上帝的旨意。上帝引導人，感化人，拯救人，尋找人，歡喜人用性靈誠實去敬拜他。人若在密室中懇切祈禱，上帝必在暗中垂聽，在明處答應着。人若尋求他，他原離人不遠。他點亮了黃昏星，描畫了路旁的花草。他將太陽照義人，也照不義的人，降雨在善人的田裏，也降雨在不善的人的田裏。他果然是超出萬有的神，同時他也是貫徹衆象，統攝諸形，居住在人心靈中的上帝。他是人類生活行爲的標準。耶穌說："你們要純全，像你們天上的父一樣純全。"上帝的臨在，比人的手足心臟還要密近，可是上帝的存有，我們祇能在生活中得證據；此外更無有證據。凡是信賴的人，真心崇仰，無不以生活爲孤注的一擲，因爲惟有如此，人纔得了上帝真實的見證。這種的上帝觀，乃是耶穌的新觀念。"我們審察這新觀念，覺得其中包蘊着人類千百年來已經獲得的各種經驗……希伯來的先知曾以上帝爲人格神；他們卻沒有夢想到上帝會是如此深切的真實，是如此無涯的人格！如此驚奇的與人相髣髴……耶穌繪出了一位愛世界，忻賞世界的上帝。他愛護巢中的小鳥；他喜歡顏色，聲音，與他們的動蕩；他最寶惜人的性情，不問人如何渺小，依然賞識他們的貴重，亦依然喜愛他們的團契，哪一位師傅曾說上帝有如此透徹嶄峭的人格呢？耶穌不將上帝放在遠處，更不將他看爲萬有之外的神；他所描摩的是活動在世上一切悲劇中的神，是自己決定着不屈不撓，犧牲服務的志願，爲人類的能力與希望的……他又看見上帝的勝利……"（T. R. Glover, *Jesus in the Experience of Men*, pp. 104—105）《約翰福音》說："從來沒有人看見過上帝，惟有在他胸懷裏的獨生子，將他表彰出來。"耶穌所描寫的上帝，就是他自己生活裏的實在，所以他能說："人看見了我，就是看見了父。"

耶穌的人生觀是完全根基於他的上帝觀的。因爲上帝是父，故人類都是弟兄姊妹，一概平等。門徒中間，有大小高卑之爭，耶穌領了一個小孩子，指給他們看，說人若不像小孩子，就不能進天國。"階級"兩個字，在耶穌的思想中，沒有存在的地位。約翰雅各想在耶穌的榮耀裏，坐在他的左右；耶穌卻回答說："我喝的盃子你們能喝麼？我的洗禮你們能受麼？"至於位置的高卑乃是上帝的安排，人竟可以不問。祇要人誠心謙抑，自高者必降卑，自卑者必升高。在於耶穌，人都平等；使徒保羅深深的了解這個道理，所以對加拉太人說："你們因信耶穌基督，都是上帝的兒子；你們受洗禮歸入基督的，都是披戴基督了。更不分猶太人，希臘人，自主的，爲奴的，是男婦，是女人；因爲你們在基督耶穌裏，都已成爲一體。"不但在理想上是這樣，在事實上也是這樣。保羅寫信腓利門說："我在縲絏中所生的兒子阿尼西母（阿尼西母是腓利門的奴隸，逃逸，流亡在外）……不再是奴僕，乃是高過奴僕，是親愛的兄弟……你若以我爲同伴，就收納他，如同收納我一樣。"上帝的靈既降在耶穌身上，自然也要降在信衆身上，既要降在信衆身上，那末人便有上帝的光輝。爲此人要彼此尊敬，以人爲目的，不能以人爲工具。人是弟兄，故"向弟兄動怒的，難免受審判……罵弟兄是'魔利'的，難免地獄的烈火"，善待弟兄中最小的一個，即是善待耶穌；逼害他們，即是逼害耶穌。弟兄有過若能悔改，就是赦免他，直到七十個七次。男女之間也要尊敬。若男子見女子，心動欲念，已經是犯了姦淫。至其極，人當愛他的仇敵；與其怒擊忿爭，兩敗俱傷，莫如"轉左臉"，"捨內衣"，"走第二里"，以祈禱祝福去對付人的辱罵與咒詛，以致愛的力量可以得到圓滿的徹底的實在的勝利。人的中間，本不須要繁節虛文，與夫束縛人的法律。人的生活是彼此的交誼，自由的團契，所以是道德的。而道德也者，不必拘於規章例律，乃須涵濡於永生的上帝的愛。作道德生活的人，不必習禮儀，學規則，祇要有蓬蓬勃勃的愛心，全不用半點的頭巾氣！生活是生長的，寬廣的，建設的，創造的，活潑潑而充滿了生趣的，並無需乎戰戰慄慄地去執圭執玉！耶穌要給人的生活，是一種新人的生活，其中有上帝的動蕩，所以能有中心，能自由，而浩然長往，絕不硜硜然以死守遺傳的條規爲事。所以說："人是安息日的主。"所以摩西重節文，耶穌重心態。

人若能完全歸向上帝，存他的愛心，人便可以自由。人必須有自由，不自由，無以發展他的稟賦。但是人的自由卻被壓迫在罪惡之下，被籠罩在自私自利的黑影之下。耶穌的使命是要救人出罪惡，歸上帝。要成全這件事，他祇有定志深入人間，到不善不義，怙惡不悛的人當中，與被壓迫，被束縛的苦男苦女，一同受苦受難，甚至於經歷死亡，從不可能的世界裏，創造出一個威權武力所不能制伏的生命來。他肯定救人的道路，人類自救的道路，是一條苦路，一條死亡之路。祇有這條路通到人的真解放，也祇有上帝的愛可以使人有大勇毅敢去走這條路。"人子來不是要人服事，乃是要服事人，並且捨命作多人的贖價。""人子來不是召義人，乃是召罪人悔改。"罪惡不能消滅罪惡，好像人自己不能把自己的身體用雙手擎起來。別西卜是鬼王，自然不能驅逐衆鬼，因爲國度若是自相分爭，那國度就不能立定了。同樣，除了純正的愛，一切不純正的手段，俱帶着罪惡，俱不能眞的救拔人。十字架於是乎成了救贖世界惟一的法子。神學上有許多救法論的論證，紛紜栗六，少有滿意的解釋。不料救法至廣大而意義極簡單，就是：祇有純粹的愛在神子的犧牲中，與血一同流出來，纔可以戰勝了罪惡，把舉頭仰望的信徒救到上帝的寶座前。這是一條生命律：所謂要保全生命的，終必失去生命；捨棄生命的，終必保全而擴大生命。從狹義方面說，耶穌獨成救法，十字架是巍然永存的標幟。但是廣義方面說來，一切聖徒都在完成耶穌所創立的救法。他們前仆後繼，入牢獄，犯刀劍，當鎗彈，梯山航海，蹈火赴湯，都是死，都是永生，都是在成就那已經成就了的救法。這等人都在那裏"補足"耶穌未曾受盡的苦難。

人生究竟要怎樣呢？耶穌說："你們當負我的軛，學我的樣式。"又說："你當克己，背了十字架，天天跟隨我。"耶穌是人的模範，是人的榜樣。人的意義是什麼？回答是："請看耶穌。"人的價值是什麼？回答是："請看耶穌。"人的歸宿又是什麼？回答依舊是："請看耶穌。"因爲耶穌不但是對人啟示上帝，並且在啟示上帝的時候，同一種行爲中啟示了人生的意義，價值，與歸宿，教人知道自己一落千丈的低墜，和品格高無峻極的可能。既然如此，我們就該學耶穌，在學習的實驗上也許可以充分地瞭解得人生的真意。然則如何學習呢？他是葡萄樹，我們是枝子，凡不結果子的枝子，先要修剪淨盡，然後才能有纍纍的結實。這就是說我們應當正心術，正思維，使性情態度，都符合乎他的教訓。換一句話說，我們須成聖。成聖須要修養，所以我們學耶穌第一是學習他的涵育自己的生活。他的生活是滿有興趣，與人與物有廣大的接觸的，並不是緊鎖禪關的枯寂。但是他的心志是專一的，是時刻與上帝同在的，是建造在不懈的祈禱上的。祈禱像清風澄澗，能蕩滌塵俗，洗濯罪愆，亦能使人看見上帝的神心。因爲"清心的人有福，他們要看見上帝"。祈禱又像強烈的日光,能夠抵禦病菌,堅固魄力。耶穌說:"我看見撒但像閃電一樣的落下來。"又說:"你們要儆醒祈禱,免得你們入於迷惑。"人生有苦難,有危險,所以門徒必要記念主如何懇切地祈禱,記念他所經行的曠野,他所退入的客西馬尼。同時也要記念主的話……要讀《聖經》——因爲耶穌爲了上帝的旨意,又爲了我們自己成爲聖潔,我們也要如此成爲聖潔;而成爲聖潔的道路是上帝的話,以及建造在上帝的話之上的祈禱。我們要知道耶穌的宗教是神人一貫的生活;所謂神人一貫,就是說,人是居住在兩個世界之中的,一個是此世界,一個是彼世界。我們在此世界中作人,若要拯救此世界從他自己的束縛中出來,就必要時刻與彼世界有實在的聯絡。那彼世界就是精神所寄託的地方,在那裏我們與上帝往來。這樣做,我們的生活裏就有永恒的實在。耶穌說:"他們(門徒)不屬世界,正如我不屬世界一樣。"又說:"你(上帝)怎樣差我入世界,我也照樣差他們入世界。"

我再說耶穌的生活是活潑靈動的。他要我們束上腰,穿上鞋,作精勵深刻的,獨靜幽默的,像火鍊金一般的靈修,固然。不過他要我們退而修,也要我們進而行。"凡聽了我的話不去行的,"他說,"好似一個無知的人,把房屋蓋在沙土上,雨淋,水冲,風吹,撞着那房子,房子就倒塌了。""你們若常常遵從我的道,"他又說,"就真是我的門徒,你們必曉得真理,真理必要解放你們。"在耶穌的人生觀中,人生是跨兩世界的,對於彼世界,人須要有強健的信仰,熱烈的盼望;對於此世界,人須要彼此寬恕,互相幫助,向惡勢力作不止息的爭戰,使人群得自由,得生命;而將兩世界連鎖在一起的就是上帝的愛。然則耶穌要我們怎去行呢?耶穌升天之前,應許我們說,他去了,保惠師聖靈要來,必要在各樣事情上引導我們。一個時代有一個時代的情形與工作;生活在激蕩奔流之中,自然不能有制定的章程。不過耶穌並未離棄我們像世上的孤兒。他已經爲人立了品格與團體。第一,他要我們像他一樣,得有至誠,謙卑,快樂,不怕懼,不罣慮,常常忘記了自己,常常殷勤事奉上帝,服事同類的人格。人的仇敵就是他那拖泥帶水的自己。人的拯救就是從這個名利薰心,好惡蒙眼的自己裏解放出來。第二,因爲人生是"聖徒的相通",他要我們學習那毫無虛矯驕矜在中間作梗的合作團契。這個團契的盟誓就是耶穌的新約,就是"你們彼此相愛,如同我愛你們一樣"的那條新誡命。力量是在於各分子的誠意,"各人都看別人比自己強","各人自背重擔子","也互相擔當重擔子"。標語,若這團契要有標語的話,是"同心":"二人同心,其利斷金。"正如耶穌所說:"兩三個人在地上同心合意的祈禱,我即臨在其中。"第三,耶穌有囑咐門徒的話,要他們往普天之下宣傳他的福音,爲他作見證。新生命是分給大衆的生命,不分則竭,分則豐盈滿溢,永遠像江河。不過傳福音,作見證,不單靠說話,乃要依賴能夠侵入世界上各種生活組織而變化他們的心理與氣質的力量。講說的見證,不如切實生活的見證。

從這一點上我們就聯想到耶穌的社會觀。耶穌並沒有直接講論社會問題。他所講的大都是人生的改革;因爲人生有了向上的變化,社會不能不跟着變化。當耶穌的時候,世上有奴隸制,多妻制,帝國主義,資本主義等等惡習慣與惡勢力;但是他對於這些社會問題,並沒有具體改造的方案。耶穌是一個熱忱愛國的青年,而《四福音》中連他談論政治的言論都毫無紀載!不過耶穌的眼睛常停在理想的人群的問題上:常講論天國。因此與其說耶穌有社會觀,毋寧說耶穌有天國觀。兩個觀點,不盡相同。社會觀是屬於此世界的,天國觀是由此世界而入於彼世界的;天國觀是專重原則的,社會觀是由原則講到原則或可應用於社會制度的。不過天國的原則可以行於社會人群之中。近代人所講的社會福音,就是應用天國的原則於社會的那一回事。其實耶穌並無所謂社會福音。耶穌祇有上帝愛人救人的福音。而耶穌論天國,幾乎全是用譬喻來渲染烘托。天國像商人尋珍珠,像寶庫中的積藏,是說天國的可貴。天國像芥子,像麵酵,像新苗,是說其生命由小成大,迅速遞演的勢力。天國像麥與稗子的同存,像拋網取魚,像童女迎接新郎,像末世綿羊山羊的判別,都是說善人惡人雖暫時並存,終有分別,或受恩賞,或受懲治的日子。天國之開始是屬於心裏貧窮的人的;天國之成功,是屬於爲義受迫逼,忠信不退轉的人的。天門窄,天路直,須是奮力爭取之人,纔能進得去。天國高出現世的境界,人非重生,被聖靈所提高,以入於精神的生活中,決不能進去。人若不清潔渾真像嬰兒幼孩,決不能進天國。人須要以天國爲第一要事,故說:"要先求上帝的國與他的公義。"在祈禱的時候,人要說:"我們在天的父,願你的名爲聖,你的國降臨,你的旨意行在地上如同行在天上。"故天國裏頭,上帝爲聖,爲至高至尊;天國的降臨,即是彼世界進入此世界。一個"主禱文"可以說就是天國的定義與詮注。天國之中,是以大事小,以強事弱的，祇講歡樂的服務，不講劃清的權利。但其中最小的分子是教人廢除法律的，最大的人物是自己遵行法律，並亦教人遵行法律的。施洗的約翰是偉人，但天國中最小的還比約翰大。天國來臨，像是閃電，起於天的這一端，顯於天的那一端。或有人說，天國在此地，天國在彼地，都不必信他們，因爲天國是沒有地界的。看哪，天國近了，天國在你們心裏。這樣看來，天國是上帝爲尊的生活，是神旨實現的運動，是精神，是團契，是一切社會制度中應有的靈魂。既然如此，天國定是少數人的國度，並不是整個的社會。天國的種子是遍地撒播的，但是有的落在路旁，飛鳥吃了去，有的落在薄土裏，剛發芽便讓強烈的太陽曬死了；有的落在荆棘叢裏，被荆棘掩蔽了；祇有那落在良田裏的結子粒得到三十倍，六十倍，一百倍的收成。召來的固然多，挑選的卻很少！"兩個人在田裏，取去一個，撇下一個；兩個女子推磨，取去一個，撇下一個。"一網的魚，有要的，有不要的；一地的出產，有麥子，有稗子，麥子收在倉庫裏，稗子扔在火堆裏。甚至於耶穌自己還發生了一個問題，說他再來的時候，地上還有遺留的信仰麼？

這樣的天國觀，渲染着當時流行的末世觀，來世觀的色彩。耶穌自己曾經提起他將乘雲而來，那時節世界要受審判，舊的要過去，新的要實現。耶穌爲此在地上撒了火種，在還未燃燒的時候，心中有煎迫的憂愁。爲了這種觀念存在《聖經》之中的緣故，有的聖經學者說耶穌的倫理乃是一種暫時的道德(Interim Ethic)，兩個時期中間通行的道德。是一種臨時的約法。這種觀念在使徒時代還很有勢力，彼得保羅都深受這種思想與信念的影響。《使徒行傳》裏所載的彼得的演說辭；《帖撒羅尼迦人前後書》中所表示的保羅的思想等，都顯出末世觀強烈的號召。但是時代長了，耶穌還沒有再來，世界還依然存着，宗教經驗及世界意識極宏富的保羅便不得不修改他的意見；因此《羅馬人書》第八章及《哥林多人前書》第十五章的言論，清楚地捨棄了物觀的來世思想，而表出了精神的永生觀。到了《約翰福音書》的作者手中，那些乘雲再來的信念，已經無形地消泯，所謂重生永生，都是此地此時性靈中存在的事實。不過《新約》中的思想無論怎樣的演變，耶穌的天國觀依舊可以爲社會的希望。天國依然是上帝爲尊的生活，是神旨實現的運動，是精神，是團契，是一切社會中應有的靈魂。且《新約》中的思想有演變，我們的思想也可以有演變。我們可以說耶穌的天國生活的原則，應當實施於現代的社會與國家；這樣，耶穌的福音依然是我們的社會福音。

　　從古以來人群最大的根本問題總不外乎飲食與男女，現代所謂的經濟問題與兩性問題。耶穌也曾有過明切的教訓。不過我們要保持客觀的態度，不要牽強附會，以爲耶穌所說的即是今日的這種主義或那種主義。耶穌並沒有生在今日，也並不要爲任何一時代，任何一國家留下一個社會改造的方案與策略。他也用不着三民主義，社會主義，共產主義等等來幫他迎合時代的心理。他所傳給人群的是生活，與生活所永遠需要的根本原則，一切皆以上帝爲中心。我們怎樣去應用這種原則，是不是應該修改我們的信仰，這些都是我們的事，不是耶穌的事。生活是活的，流蕩不息；隨機應變，因時制宜，是生活有力量的表示。死擬呆摹，是生活的創化力埋入墳墓的憑據。然則耶穌對於經濟問題有什麼言論呢？他深深地感覺到"金錢"二字，對付的不得當，足以殺人，足以使人犯罪而作奴隸。"一個人不能事奉兩個主……不能事奉上帝，又事奉瑪門。""財主進天國是何等的難哪，駱駝穿過引線眼，還比財主進天國容易呢！"天國的信徒不必憂慮吃什麼，喝什麼，穿什麼，祇要先求上帝的國與上帝的公義。這並非教人不作工，不圖謀衣食；所教人的是人要在心靈中有純粹洞徹的自由，不爲物欲所蒙蔽，不爲思慮所束縛。工人得工資原是應當的。不過天國像葡萄園中作工一樣，工人勞作的時刻與性質雖然不同，他們所應得的卻是相同。大家都得一樣的工資。這種辦法，在無論什麼社會制度裏也不能通行；不過這不是章程，乃是原則。人應當作工，亦應當有人的生活。人所有的才能，應當盡量用，人所有的欲求，應當有適宜的滿足。按我們的臆度，可以說，類似天國的社會裏，其經濟制度是能給人人有機會盡量去用他們的才能作供獻的，也是能使人人得一切欲求正當的滿足的。"各盡所能，各得所需。"此外，則有餘補不足，有衣的供給無衣的，有飲食的，供給沒有飲食的。至於兩性問題，耶穌亦抱同樣的態度去對付。在天國的人民中間，婚姻是神聖的，因爲這是上帝所命定；上帝是愛，愛是恆久，永無止息。"上帝造人，是造男造女，因此人要離開父母，與妻子好合，二人成爲一體……所以上帝所配合的，人不可以分開。"據耶穌看，男女應當有純全透徹的戀愛，應當對於彼此作無條件的，整個身體靈魂的奉獻。奉獻是成全上帝的旨意，奉獻之後，雖經危難困苦，亦矢志勿渝。在天國裏，人生的整全端有賴於夫婦整飭全心的結合。上帝所配合的男女是這樣的夫婦，而這樣的夫婦是專一的，永遠不能分離的，人亦不能強迫使他們分離的。配偶既根基於上帝的旨意，其中便沒有不滿意的苦痛。奸淫與離婚，在這種基礎上，是不會發生的事。這是天國在此世界的情形。至於純粹的心靈世界之中，更無所謂男女，烏得有所謂嫁娶？如此，耶穌承認戀愛是人格愛人格，心靈愛心靈，其間有上帝的旨意而沒有壓迫綑縛的勉強。耶穌祇說"上帝所配合的，人不可以分開"。卻不曾說一切牽強苟且的配合，一切叛逆天意，違拂人心的配合，都無分離的可能。據我看，耶穌祇為天國的分子立原則，全不曾為整個社會假設什麼一成不易的法律。他的是最高的理想，最神聖，最豐樂的理想。固然，這個理想，可以積漸的被應用到普遍的社會裏；但其應用，同時亦不廢掉現在國家的，科學的種種對於兩性問題，家庭問題的應付。若教會是天國的機關，那末就要主張一夫一婦制、主張配偶須得上帝的指引，絕對的反抗一切淫亂的行為、離婚重婚的事件，而毫無妥協委屈的餘地。不過同時，耶穌的門徒也要對於兩性問題有廣博深刻的瞭解，對於因配偶性欲而發生困難的青年男女有熱切的同情，對於性教育與社會的風尚有徹底的研究，對於耶穌的理想有摯切的愛護，以自己的性生活的美滿為無偽的見證。

我已提過，《聖經》並無記載耶穌的政治國際的言論。愛心是他開闢一切門戶的總鑰匙。我們若將他的根本原則用到政治與國際問題上去，當然，我們要說現在的一切獨裁制，武力制，一切的爭戰，無論其為階級的，為國際的，都是罪惡，至終必歸於無效，祇能使人類進了陰森的黑暗罷了。這個時代是充滿着恐怖的。耶穌的門徒既信一切問題的解決全靠人類互相瞭解，互相輔益的精神，全靠耶穌所給的愛的生命：自當本此信仰，不失望，不悲觀，不恐怖地工作，對着不可能的世界，去實現上帝的旨意。人類的面前擺着一條長遠的長遠的道路。以利亞的異象也擺在信眾的面前；那五千未曾拜過巴力的，便是人類確實的希望！

耶穌的人格——他的生活與教訓——真是出類拔粹；我們對於他怎能不生高山仰止，景行行止的讚歎！但是我們果然是認識他麼？我們不像他，又怎樣能夠認識他呢？我們用歷史的眼光，科學的方法，精細地研究他，公允地闡釋他，就算是真心認識了他麼？一篇論文，一本傳記，一種理論，一派神學，便能窮盡了他的宏偉豐厚麼？假使我們還是不認識，怎樣纔能夠真實不虛地認識了他呢？假使我們果然認識了，這個認識又怎樣的在生活中表顯呢？耶穌是他自己的見證，我們又須如何纔能爲他作見證？對於耶穌的瞭解與覺悟，若與我們的生活無關痛癢，若與我們的社會人心，國家世界，無關實際，那末即使有隔膜，有錯誤，亦毫無纖細的重要。不然，若照《聖經》所示，有上帝之子者有生命，沒有上帝之子者無生命，那末我們就當以得獲耶穌爲人生最大的任務。

我嘗仔細思想，懇切追求，覺悟到認識耶穌，不單在知識，而且在徹底的信仰生活。耶穌的宗教是一種大無畏的冒險。他將生命作孤注，將信仰爲賭博；若宇宙之間，果有上帝，果有公理，那末那美善的愛的生命必定不能消亡於黑暗的罪惡之中。罪惡，痛苦，失敗，十字架上的死滅，俱不能使上帝的聖者見朽壞。於是他快樂前進，以每一個失敗爲勝利的階段。果然，他那小小的團契，因着他的死，他的精靈的存在，竟能把他的福音傳遍了天下。他的血流通在世界的文化美藝，與夫千萬人衆的靈魂裏。即那不信他的人的心坎裏也不免有他的靈潮，不期然而然地洶湧鼓蕩着。到今朝，人類的生活與耶穌的生活已經不再分離了。亞歷山大，愷撒，拿破侖以及其他的蓋世的梟雄，莫不顯耀於一世，而今安在哉？惟有耶穌依舊是人類的朋友，嚮導，師傅，救主，依舊是萬世不滅的靈光！他惟冒險，有信仰，故有成功；又惟刻自奮作，在苦難中學習了順服，故能成就了不可能的大事。我們若要真個認識他，我們就得要下一個絕大的決心，跟隨他與他一同冒險，衝入那無憑據的愛的世界。生活本身是生活的證據，此外更無有證據。同時，我們也要學他，到同胞中間，與快樂的人一同快樂，與哀哭的人一同哀哭。我們佔有了萬物，卻好像是一無所有的；一無所有，又好像是宇宙的主人翁。苦難要來，危險要來，但在毫無把握，毫無安妥，朝不保暮，生不如死的世代中，我們必要得甜蜜美滿的平安，能歌唱那

嗟哉沮洳場，

爲我安樂國

的浩歌。那時節，我們要認識主，要完全認識主，正如主認識我們一樣。那時節，我們自己所絕對不能做的，聖靈要引導我們去做，我們不曾預備着說的，聖靈會使我們慨然地說出來。我們會從心底裏明白主，因爲我們自己得了變化，心思意念，態度宗旨與主同；因爲我們自己進入耶穌奧妙的經驗，心

中湧現了他的意識。超乎我們的上帝原來就在我們當中。超乎世界的世界，原來在性靈中湧現，且湧現於此地與此時。生活中原來得以含帶着神的元素，宇宙的光彩，和那未曾成就的，信仰中的真在。無疑的，我們的心要對耶穌說："你是基督，是永生上帝的兒子。"

二三，五，八，燕東園
原載《燕京宗教時論》第一冊，1934年6月

今日中國的青年還該學耶穌麼？

前天我在斗室裏讀書。那斗室與接連著的一個屋子祇隔了一堵紙牆，上頭還留著幾個小窟窿，隔壁的人談天很起勁，我就放下書本子，做了一個"屬垣有耳"的旁聽者。好在大家都很有交情，談話者不但不避我的嫌疑，而且後來竟要我把這篇話記下來。我就答應了。因為我記憶不精確，寫的時候，不免把自己的意見也夾在裏頭；不過問題是清楚的：我們在這時代還該學耶穌麼？

甲　你這個問題似乎有點怪，做耶穌弟子的，自然要學耶穌。二千年來，耶穌的門徒都是以學耶穌相砥礪相號召。你想棄絕耶穌不再做他的弟子麼？

乙　是，也不是。我是尋求心中一個矛盾的解決。我明明要學耶穌，但時代告訴我，現在不能再學耶穌了。自從新思潮打擊了舊禮教到如今，中國的青年就不再學孔聖人。我以為孔聖人有他偉大的貢獻；但我們現在的思想與生活，卻與孔聖人的時代大不相同。不學他是對的。我們既然不學孔聖人，因為時勢與需要改變了；為什麼又要學二千年前的耶穌呢？

甲　這是在乎你怎樣看耶穌。你若以為耶穌的生活與教訓對於現代人的生活沒有絕大的影響，那末你當然不必學耶穌；反之，你若明白耶穌的生活與教訓，是現代人，尤其是現代的中國人所急需的，那末你的態度當然就不那樣了。

乙　這是我要請教你的地方——耶穌是不是我所需要的，所必須跟隨的。不過暫且讓我說明我兩種的困難。第一，我感覺到耶穌的時代沒有我們這時代的問題。耶穌沒有什麼經濟制度應當改造那一類的倔強的要求。第二，我又感覺得我們的經驗，耶穌也沒有。沒有我們的經驗——例如兩性的繆輵，職業的緊迫等——又怎能指導我們呢？不能指導我們，我們又何必學他？

甲　這些話其實有點不三不四。飲食男女是人類永久的問題。哪一代沒有這兩個難題目；豈有耶穌時代會沒有這些困難呢？不過在這些事情上，問題是常相同的，對付的方法是常相異的。歷史是重復的，也是不重復的，是變的，也是不變的：我們祇要學那不變的，放開那變的就是了。耶穌來，原不是要解決那些有時代性的經濟制度婚姻制度的問題，乃是要在這些問題背後找出一個人生的態度與原理來，表顯在他自己的生活裏，爲人類立一個生機活躍的準則。不然，即使耶穌果能解決他那時的社會、政治、經濟等問題。過了二千年，形式方法都變了；我們還是無所適從。好在耶穌的一生並不是一部章程，乃是一個活的模範。我們要學他，就學他自己，學他的性情，學他的品格。誰能說耶穌那樣的精神，不是今日中國悲觀煩悶的青年所急切須要的呢？

乙　請不要說籠統的話。譬如耶穌沒有結過婚──《聖經》上，我不記得有耶穌戀愛事跡的紀載──也許沒有與女子發生過戀愛的關係。我們若學他──唔──戀愛呢？還是不戀愛呢？

甲　你不要鬧笑話。《聖經》未載的事情，我們雖不能指定有無，但也可以揆情度理，去作自己的思想。耶穌曾說有的人爲了天國的緣故，自願爲閹；不過自願爲閹並不是沒有戀愛衝動的一回事。耶穌既是人，當然也有人的要求。他因爲天國不能分心，故不曾戀愛，也不曾結婚。這一點至少不過說耶穌沒有在方式上立一個定則罷了。至於他對於婦女的愛護尊敬，婦女對於他的信任服從是彰明昭著的。他對於婚姻有明白的教訓，以爲是神聖的，所以男女相愛要以上帝的旨意爲根本，也要專一。"上帝所配合的，人不可以分開。"這其中的原則與男女相對應有的態度，是十分明瞭的。但耶穌所立的是準則，是理想，是萬世所應依歸的；其間並沒有詳細的個別的規定。我們現在當用科學的知識去對付性的問題，有特殊的情形，自然要定特殊的辦法，不能死擬任何一種的方式或規矩；不過爲人生的完全發展計，總須依耶穌所示的原則理想爲準繩。這樣，學是一件生活靈悟的事，不是呆死的摹擬。

乙　然則我們還應當學耶穌。耶穌的社會是重男輕女的男權制度，耶穌也當然受這種社會的影響。當時社會上有許多男女曖昧的事情。你說耶穌自己有高尚的理想，不過他對付事實卻極其寬鬆。妓女淫婦到他那裏來，他都不責備，反而很溫柔地待她們。我們人是軟弱的；也許標準是一件事，實行另是一件事，耶穌有沒有暗示人教他們要照他的理想做，做不到卻也不要緊，也可以得上帝的饒恕的？

甲　你的話似乎有些試探主的意味。耶穌的準則是嚴格的，他所要求於人的，也是嚴格的。人須要在性慾及其他的一切慾念上受精嚴的訓練，然後在建造國家社會的重難的工作上，方可有堅強的毅力。例如人歡喜做領袖，若因此慾，爭權奪位，不顧大局，國家社會豈不要大受損失？愛國的人因此要訓練自己，使自己會服從，會跟隨，會藏匿自己的榮華，一切事，專以人群國家的利益爲前題。同樣，人要瞭解性慾的意義，訓練自己，使自己能夠按照他的理想去發展。性不是一件單純的事；性是一個極複雜的問題。性是肉慾，當然，但不盡是肉慾；因爲性也是靈魂的表現，是道德的根本，也是人類生活上進的勢力。我們要性慾得條達，也要性慾得鍛煉。現在的人好像想，兩性問題是與一切其他問題無關的；性慾衝動的時候，就隨便給他滿意。試想這樣辦的人，對人的忠信還會像鐵一樣堅固麼？耶穌有高潔的標準，當然要人奔赴這個標準。要人奔赴這個標準，當然要人自己願意去經過極峻厲的訓練。我們現在事事講紀律，難道在性的問題上就不加科學的精究，道德的鍛煉麼？至於耶穌對於妓女淫婦的愛護，是耶穌絕頂的偉大。這就是我們應當學的。我自以爲得解放的，若然遇見妓女淫婦，能夠使他們一見就信任，就肯放下淫惡的生活而翻然改圖麼？耶穌能，所以不必嚴束而已收全功，不必責備妓女淫婦，而妓女淫婦已能因接近耶穌而依從他的最高的標準。這就是一件驚人的事。人不曾犯罪，便決不可犯罪。人已經犯了罪，耶穌不失望：他的思想與行爲裏沒有"一失足成千古恨"的那句永無超升的話！可是因着犯罪之後還有超升的希望而故意去做奸淫邪惡的人，那個人是利用上帝的恩惠的，其所作與褻瀆聖靈一樣壞，證明他是一個極卑鄙極齷齪的小人。

乙　你這一篇話是很可以考慮的。我們學耶穌是要在大事上學去。耶穌當時，也有很嚴重的國際問題——猶太國簡直就呻吟在羅馬帝國的鐵蹄之下。耶穌卻並不曾設法去拯救他的民衆出離異族的壓制。他是講天國的，不講人間的國。我們這時候，被世界上的帝國主義所侵逼，尤其是日本，我們的心幾乎就要炸裂了，血已是沸騰到極度了。我們在這一件事上，又怎樣去學耶穌？

甲　大概你也知道耶穌是愛國的，他不設法去與羅馬爭是非，並不是他不愛國。他所發現而表示的乃是一切問題的一個總解決。假使他那時果然能夠得了武力去向羅馬挑戰，戰而竟勝，勝而竟克，那末他所成就的，亦不過是像一個亞力山大，該撒或是拿破侖所能成就的。現在那些大將軍都不能影響人的生活了，耶穌卻還能夠，並且愈久愈受人們的贊服。這就是因為耶穌沒有為人類解決國際問題的緣故。可是耶穌有一個徹底的解決法，就是無論種族如何差異，凡是人就當彼此瞭解。瞭解則恐怖消滅，恐怖消滅，則戰爭也跟著消滅了。現在國際的糾紛盡是出於心理的阻礙與思想的錯誤。經濟政治種種問題的沒有辦法，都是人心的沒有辦法。事勢已經是壞了。那些抱著變態心理的軍閥政客，瘋狂癡頑，不能自制，就更加利用誑騙欺瞞的宣傳，去創造錯誤的心理與行為。國際因此深入了危險。惡的心理一日存在，世界就一日不能安寧。耶穌的方法是對症下藥的。國際的糾紛既以惡心理為基礎，其解決的方法當然要以改造這個心理為第一義。耶穌的方法，是人人要用的方法。不要想日本軍閥用了新式武器就可以來侵犯中國。他們在併吞東北四省的前後，不知在他們國內外種下了多少惡的思想。沒有心的改變，一切俱是無用的。共產黨也是靠心理改革的，法西斯蒂黨也是靠心理改革的。沒有心理上的轉向，他們的武力革命，絕對的不會發生效率。我們信基督的人往往覺得基督教是一種心理改革的方法，沒有改造社會的方案與實力，因此看見了各種社會政治的潮流的洶洶，有聲有勢，就感覺到自己的無用。卻不知耶穌站在心理建設的確信上，乃是最徹底的辦法。當然，耶穌不用任何威脅，恫嚇殘暴的政治的軍備的勢力作後盾，成功定要遲緩些；不過與這些不徹底的方法比起來，也許不見得真遲緩？譬如兩個人打架，甲把乙打倒，好像是解決了問題。誰知乙正在暗算甲，等到爬起來的時候，兩個人還是要打。奇怪的事情是這種打架沒有一死一生的道理的，所以永遠是打架！要不打，便是真和好。真和好的法子，是慢極了的；但打架法子不但是慢，而且是完不了的。你說耶穌但講天國，不講人間的國，果然不錯。但是人若不把他那天國的道理去解決人間的國際糾紛，人類的前途祇怕未必有光明。這樣說來，我們若不學耶穌，就完全地死在黑暗中。可惜的是我們的程度太淺，淺得像夏天枯涸了的山溪一樣，配不上談學耶穌。

乙　自然你的話很有理。不過遠水救不得近火。帝國主義決意要用惡意來對我們，我們難道向槍炮飛艇坦克車炸彈去講國際的心理改造麼？

甲　當然不。不過我們自衛是我們的責任，同時，努力去建造國際心理，也是我們的責任。老頭子種樹，死了自有人會吃果子。

乙　不過耶穌的教訓究竟是一種超乎人的理想，我們沒有那麼長的手去捉住它。現在這時代是唯實的，講目標則不擇手段；講社會則干涉個人；講實在則輕唯心，重唯物；講事業則主張革命，不主張演進；講道德則偏於相對的演變而不信絕對的律令；講人生則傾向於科學知識的指導而不服從宗教信仰的啟示；講宗教則要入世而不願出世，要人生而不要上帝。凡此種種皆所謂現代思想，亦皆與耶穌的教訓相衝突。我們從現代，則不能學耶穌，我們學耶穌，則不能從現代，竟好像現代與耶穌有不能並存的勢子。你看對不對？

甲　這是什麼話？現代的思想，不僅是你所提出的那幾樣。現代人沒有拜過巴力的還有無數呢？你所提的不過是各種思想的左傾方面罷了。以唯物論來說，他已經丟失了科學的根基。以道德哲學來說，那些相對的說素，總不曾跳出"道德"二字的範圍。道德觀念的內容固然遞嬗演變，但觀念本身居然歷千古而猶在。譬如人當互助這句話，請問到幾時這句話才會變換了意義？道德是生在宇宙骨髓裏的。以知識信仰相對而論，現代正大大地缺少知識，也大大地缺少信仰，我們簡直談不到以知識代替信仰。人要活著就不能沒有信仰。總而言之，現代的淺陋愚魯狂妄虛誇，萬不足以敎一個真真有思想的青年貿貿然捨棄了耶穌而去捕風捉影，追隨一個不能充饑的畫餅。

乙　不過學耶穌當然是學他的信仰。他信上帝，他的弟子也得信上帝。這一點似乎對於現代中國的青年有困難。

甲　是的。我們學耶穌，當然是要學他的信仰。他因爲有信仰，才有他的思想，生活，與人格。他一切的一切，皆以上帝爲中心，爲根基，爲歸宿。人若不信耶穌所信的上帝，簡直就是不信耶穌，簡直就是不學耶穌。

乙　可是你得拿出上帝存在的證據來！

甲　哈哈！你看了五月六日，大公報上的星期論文麼？丁文江先生發了科學家的"我的信仰"的偉論。他不能證明上帝的沒有，卻要人家拿出上帝實有的證據來。可是他的信仰是科學知識，簡直沒有說出什麼信仰來。

他要保守"宗教心",卻不知道這"宗教心"就是一個科學知識所永遠不及到的信仰。你現在大概也要這麽來一下子。告訴你罷,確確鑿鑿的證據就擺在你面前。你看見過人把眼鏡推在額角上,然後到處摸索著找尋眼鏡麽?古來的哲學家亦然:所謂實有的論證,宇宙的論證,計劃的論證等等,正如康德所說,沒一個是靠得住的。上帝的有無是不能成爲問題的。你睜開眼看耶穌,他就是上帝存在,上帝性德的確證。耶穌的真弟子如保羅,奧古士丁,聖方濟以及千萬的聖者,都是上帝存在的證據。此外萬事無有證據。凡是人的生活裏不能承認的,都不是見證,都不是爲憑據。

乙　這幾句實在開我茅塞不少。我非常感激。證據在生活裏,真的,祇要人肯作耶穌那樣的生活,他必定會知道上帝的真實與密近。我素來隱隱的有這種感悟,但是現在你竟把我心裏說不出的話說出來了。

甲　其實論信仰是不講憑據的,因爲有憑據的便不是信仰。信仰就是信仰的憑據。《希伯來人書》第十一章第一節裏說:"信就是所望的事的實質,是未見之事的確據。"在宗教信仰上要討憑據的,都是沒有宗教生活的小孩子!

乙　我們學耶穌自然須要學他的信仰,但他也信仰人。

甲　你說對了。耶穌相信上帝,所以相信人。他的信仰是可驚的。他相信捕魚的彼得,彼得竟成了教會的基礎;他相信稅吏撒該,撒該就成了悔罪改過的新人;他相信妓女淫婦,他們也都成了聖徒。人是活動的,你相信他好他就好,你相信他壞他就壞。相信竟可以造就人,毀壞人。現在我們就應當學耶穌,深深的相信中國民族是偉大的,是大有能力的;並且要從這個堅定的信仰去實行喚醒同胞,解放同胞。我們今日怎可以不學耶穌?

乙　我總覺得耶穌有可學的地方,也有不可學的地方。譬如他信上帝,信人,我們可以學。至於他的神秘的經驗,所謂彌賽亞意識,我們難道也可以學麽?

甲　人所能共的,我們當然可以學,人所獨有的,那末我們當然不可學,也不必學。若耶穌的彌賽亞意識是宗教經驗的最高峰,那末對於我們也有可能性。不過討論這一點實在是無補於實際,不如換一個問題來討論罷。

乙　我要問耶穌對於生活的態度如何?我們所要學習的是不是完全在於這個生活態度?

甲　我們是祇要學習耶穌的生活態度。據我看來，耶穌對於生活，是完全天真的，完全信仰上帝的調度的。他以聖愛，爲上帝的神德神性；他自己表彰這個愛。臨難之前，他爲門徒立了一個新約，教他們彼此相愛。他的意思是這個神聖的愛是可以學而得的，因此他自己做了活的模型，清楚地說："你們應當相愛如同我愛你們。"這樣總括起來，我們學耶穌，就是學他那樣愛上帝，愛人。

乙　這實是一件難事。

甲　也難，也容易。你若自己去勉強愛那不可愛的人，那就難了。你若讓耶穌薰陶你，引導你，同他一塊兒負起軛來，那末他的愛軛是不難負的。

乙　愛是超乎法律的，現代的人動不動就要講法律的解決。人現在高談權利義務，這樣是法律規定的，那樣也是法律規定的。在簡單的社會裏，愛也許可以解決一切問題；但在日形繁雜的社會裏，人豈能再依賴愛，而不完全依賴法律呢？

甲　在複雜的社會裏我們當然要用法律限制人的行爲。法律的功用是做規則，防奸惡的。在做規則的方面看，法律與愛並不兩相妨礙，乃是相輔的。例如兩隊人踢足球，必須依照規則，同時亦不妨互相親愛。教員學生按時上堂，是按照法律的，他們若能用超出法律的限制，互相親近，那豈不更成全了教員的目的麼？至於防患定罪方面，乃是消極的規定，是法律大部分的事功。法律能告訴人什麽不當做，不能告訴人怎樣去犧牲努力成功英雄豪傑，烈士仁人。祇有愛，才能教人積極的立品格，救人群。

乙　不過法律上，人們有保障，在愛的生活上，人們便完全沒有保障。人大概不是不肯愛，因爲人也許很感覺到愛的需要，但是因爲怕愛了反而吃大虧，所以就不愛了。你看世界上愛人的多呢？還是不愛人大蟹吃小蟹的人多呢？

甲　老弟啊，你到現在還不曾弄清楚基督教的本質麼？耶穌的道理是在質不在量的；他的宗教，確實是少數人的宗教。他要人都像他一樣，但是從古以來，烈士仁人，聖賢豪傑，總是占極少數。你若以平凡的人待自己，那就不用說；你若要真的做耶穌的弟子，你就不用管多數人做什麽，少數人做什麽的閑賬！

乙　愛究竟毫無保障！

甲　是啊，宇宙人生，哪一件偉大的事是有保障的。愛是沒有保障的，所以耶穌會教人愛仇敵，會被人家釘死在十字架上。誰會那樣傻？但是有保障的，若不能超出了保障，侵入那不可知的境域裏去，那末就不能創造什麼，就不能不萎縮而枯死。"凡要保全性命的，必要喪掉性命，"耶穌說。不過那沒有保障的，自身却就是保障。你要知道，冒險創造，就是人生最大的安全。

乙　不過少數人冒險去實行愛，在千千萬萬的人中，有什麼效率呢？

甲　你剛才極明白，現在又糊塗了。你沒有聽見過麼？"一人死，衆人可以不死。"岳飛、文天祥，我們中國有幾個？盧象昇、史可法我們中國有幾個？一點酵可以使全團的麪發起來。

乙　然則酵是歷代有的，麪團卻到如今還沒有怎樣的發起來。怎麼辦呢？

甲　恒心不懈。其他不是你的事。保羅所栽種，亞波羅所澆灌，但使種子發苗長穗的是上帝。永無止息，永不失望的是上帝的心。不然，你若能把那一點酵丟棄了，人間還能像個人間麼？況且酵在人間，暗暗的大發起來，你也未必能看見；看見了你也未必能瞭解。

乙　我所切心的事，是世界的大戰將要爆發，日本的侵略日益加厲；我們這一點愛心，真是螳臂擋車，自討苦吃而無濟於事！

甲　大難來，我們低著頭，注視著同胞，作我們的事。大難過了，我們再昂起頭來。"愛是永無止息的。"

乙　我的心裏總像有兩種勢力在那裏戰鬥，有時這一邊勝，有時那一邊勝。我心裏懇切地需要耶穌和上帝的救恩，但同時往往被現代的各種思想所壓迫，使我不能不懷疑我的宗教。這種狀況，心裏似太緊張了。

甲　這種緊張是現代人大家有的，時常有的經驗。人生本在緊張的生活中，要求心境的統一；而生活中許多的矛盾是不容易達到平衡的。不過你的心在最安靜，最恬淡，最清朗的時候怎樣的指示你？

乙　我的心總感覺得耶穌是對的。譬如我講求權利責任的時候，我總覺得這種計算，雖係必需的，終不是最真實，最灑脫，最純粹的生活。生活的真際，是毫無罣礙，毫無計算的自由。那種生活才能給人快慰與平安。祇有耶穌完全表示出那種的生活。

甲　你的心裏既這般覺悟得，你便自聽自好了。你知道麼？耶穌所以能夠灑脫，心無罣礙的緣故，是因着他的信仰與他的愛。他信宇宙間的根本實在，是一位有完全品格的上帝。他可以全心歸托這位上帝。於是他心裏就充滿了愛，愛就驅逐了恐怖。無恐怖，才能無罣礙；無罣礙，才能無衝突。

乙　真的，我極懇切的需要解放我自己；不然，我總覺得我不能做什麼事。我不得解放，從自己的心的牢獄裏跳出來，我簡直不能真心去做愛國的運動。

甲　這時代要像烈火一樣的燒煉我們。什麼都不能作我們的保障，什麼都不能庇護我們。我們須能站立在這災難危險的時勢中，赤裸裸地是人。我們要進入耶穌的生活，得充分的自由，那末我們可以負著十字架，在痛苦死亡中，揀起上帝賜下來的豐滿的生命。

乙　我現在似乎稍微明白了。不有冒險，不有奮鬥，不有痛苦，不有自己死以求人活的精神，便絕對的沒有人的生命。不過究竟我又怎樣才能真的得著了耶穌呢？

甲　你若與耶穌同生活，他必在默默之中，使你得以潛移默化，你必要深入堂奧，漸漸地確知學他那樣作，是人生唯一的生活。你愈愛慕他，愈會了解他；愈了解他，愈會變化了氣質。在你自己不知不覺的時候，你便披戴了基督，返照著他的光輝。同時，你必要努力作事，愛人，服事人。勞瘁，辛苦，困難，憂愁都要使你的心像山澗的流水，照見天上的星月。那時，現代種種有勢力的，雜亂的思想與運動不能將你的信仰搖動了。耶穌說，"聽見了我的話就去行的，好似聰明人，把房子蓋在磐石上，雨淋，水沖，風吹，撞著那房子，房子總不倒塌，因為根基是立在磐石上的。"

乙　是的，我深願如此。我今天受了你許多幫助，真是感激。以後再要長談。請你時常為我祈禱。

甲　親愛的青年，我們的上帝祝福你。我們的中國需要耶穌，同胞又渴望耶穌，所以你須要學耶穌。你要做中國的耶穌，你要行動工作在同胞中間像耶穌行動工作在他們中間一樣。

乙　我也求主祝福你，使你能作我們青年的耶穌。

二三，五，一八，燕東園

原載《真理與生命》八卷五期，1934年

基督教的中心信仰

　　信仰是引導生活向前的光明與力量，也是蓬勃的生活所發生的創作精神。拘束萎頓的生活裏不能產出偉大的信仰，遲疑畏縮的靈魂裏也不能產生冒險勇敢的生活。我們中國人素來主張中庸平正，所以對於信仰二字，往往缺少正解。有多少人講求知與行，或說知難行易，或說知易行難，或說知行各異，或又說知行合一。卻很少聽人講究信與行，信與知的關係。其實信與知行，關係極密切，極重要；在生活的衰竭關頭，在國家的危難時期，最值得我們去討論與瞭解的。本文是要說明基督教的中心信仰，但在討論題目之前，我擬解釋信仰，指出信仰與知識的關係與其活動的性質。

　　科學是有組織的知識，宗教是有生氣的信仰。科學以事實為對象，為材料，沒有事實，學者便無從措手足。但事實是已成的現象，所以科學的工作是回顧。同時科學也預測未來的事實，以為必如此，必如彼，不過其所預測，務必建設在兩種原則之上。第一，科學必須先有已經組織的知識為根基，以為若在已成的現象狀況之下，情形不變，則依其已往的表示，將來必如此如彼；所以科學的預測，須要先向後看。第二，將來如何，尚未圈在知識範圍之內，所以必要說，若天地間的事象是一統系，是可信靠的，那末將來的事象必如此如彼。這樣，科學也要根基於信仰，一則相信理智與宇宙果相對照，再則相信理智與宇宙同依必然的因果律。信仰則不同，因為信仰不是知識，知識也不是信仰。人的既往，是依靠信仰的，沒有信仰，人類在草昧洪荒之世，即不能向前創造生活，以至於今日。人的將來，是永遠開發變化的，好像有一個我們不能完全明白的新世界，超乎人而又一直向着人的境界衝進來。因此，人類今日雖已得到許多知識，知識卻不能站在信仰的位置上做越俎代庖的事功。信仰肯定着生活的要求，好像說我們主觀的要求不是虛空的，乃是有客觀的對象的，所以我們可以勇猛地奮進，去追逐那未曾顯現的實在，由是而創造我們偉大的生命。因此,信仰是不能回顧的,是向前的,是對未有的事去施展其能力的。不過信仰並不盲目。信仰與知識俱是人生的產物,人生是渾一的,故信仰與知識有相互而密切的關係。知識以信仰為始終;信仰以知識為中堅。歷古以來,信仰之中往往挾帶着迷信。知識成熟的時候,這些迷信即自然消滅,而信仰受了知識的洗滌,更矯然如神龍在雲霧中一般。知識廣起來,信仰也廣起來;此一無窮,彼亦一無窮。信仰受知識的指示,也許永遠要受知識的指示,卻絕不被知識所束縛或替代。因為信仰是永遠跑在知識前邊的;知識永是信仰的遺蛻,永不是信仰的靈魂。知識即或說人沒有自由,沒有靈魂,沒有永生,沒有上帝;信仰決不去聽信了而自殺,信仰的回答是天使的回答,說:"為甚麼在死人中尋找活人呢?他不在這裏,已經復活了。"(《路加》二十四章五與六節)人類不但是要創造自己的物質生活,更是要創造自己的靈魂。人類的精神創造有一日的存在,信仰即有一日的存在。人類若因能夠創造而成偉大,那末信仰是偉大的精神。

現代的人往往說,信仰是必需的,但是信仰的對象是一種假定。我們不曉得有沒有上帝,不妨假定了有,然後冒着險去探討,從經驗的指示,去決定這個假設的或是或非。不錯,信仰果然含有試驗的精神。但是信仰並不是科學家的臆度,乃是人生活中急迫的追求;並不是一種假定,將來可以找出憑據來證實或推翻的,乃是一種熱切的肯定,不待證實而已成實在的東西。信仰是永遠不會有證據的。一到有證據,所謂信仰便成了殭屍,真的信仰,還是在前邊。《希伯來書》的作者有一個極中肯的信仰的定義,他說:"信就是所望的事的實質,是未見的事的確據。"(《希伯來書》十一章一節)換一句說,信仰不是假定,信仰就衹是信仰。信仰沒有憑據,並且不需要憑據,因為信仰本身就是憑據。從古以來,使徒先知,凡有熱烈的信仰的人,皆不曾坐在書房裏頭假定甚麼,然後去"堵住獅子的口,澆滅烈火的猛勢,脫出刀劍的鋒芒……忍受嚴刑,不肯苟且得釋放……忍受戲弄、鞭打、捆鎖,各等的磨煉,被石頭打死,被鋸鋸死,受試探,受屠宰,披着綿羊山羊的皮各處逃奔,飽嘗窮乏、患難、苦害,在曠野、山嶺、巖洞、地穴飄流無定……"(《希伯來書》十一章三十三至三十八節)以至於得着信仰的實證。他們為信仰捨命,好像都得了一個反證!可是他們不灰心,因為他們的信仰,在他們的生活裏蓬勃旺盛,使他們在死亡危難之中,得着了豐富偉大的實際。"這些人因信得了美好的證據，卻仍未曾得着所應許的。"（同前三十九節）假使他們都像現代的妥協派一樣，以為信仰的對象是一種假定，不曉得所信的究竟是真是假，他們豈不也要像現代的妥協派一樣，不冷不熱，不死不生，對於實現信仰這件事，至多還他一個不動身麼？宗教的信仰是一種遺忘背後，努力前面的生活的奮動，是肯定，不是假定。其中所包蘊的意義是整個的人生有一個整個的要求，其本身的啟示就決定這個要求是有宇宙性的，在其存在之中即有所要求的對象的實在。

信仰的價值不是從已有的事實所決定的，乃是從未來的事實所決定的；而未來的事實在信者的心中，卻因其活動奮發而已見其端倪。人與環境中間常存着一個大缺陷，人的欲求，須在環境中取得滿足，所以人必須架起橋樑來，從自己方面走到環境裏去，再從環境裏走回來。在物質方面，人用的橋樑是知識。在人群社會方面（因為人群就是人的環境）人必須在知識上加上道德與信仰。而在人的心靈境界中，除卻知識道德之外，其間彌補缺陷的須是冒險直入的信仰。人的生活若能彌補小我與大我間的缺陷，使雙方多少得滿意，得協作，那末這種較有調協與組織的社會生活即能使人的物質生活──如衣食住等問題──較有解決的辦法。在於人，並不是低級生活去解決較高級生活的問題，乃是較高級生活去解決較低級生活的問題。讓人有飯吃，是現在最重大，最急迫的一件事。可是怎樣行纔能做到這一步呢？是興教育，辦工業，振國貨等事麼？這些不是較高級的生活問題麼？同樣，社會的生活是建設在心態上的，要改革社會，必須先動其心，所以革命之前有宣傳，有鼓吹，有人們所切求的信仰。假使人與精神環境中的缺陷有彌補的辦法，社會的生活也就比較的能有解決。我們即以高級生活能產生低級生活的解決這個觀念去推測信仰，也許可以說一個時代中若能有一個偉大的中心信仰，那末死的皆可以復活，危亡可以轉為安全。宗教的信仰本來不是別的，他就是人與人的精神環境中間所架起的橋樑。人走這條橋，不必捨棄理智與學識，儘可以帶着一切科學行；不過這其間是勇往的直前，對面是永恆無邊的無證據的世界。在走的時候，危險中有平安，黑暗中有光明，痛苦中有快樂，不理性中有理性。橋樑祇有這一頭，沒有那一頭，而迎面卻有實在衝過來，充滿了信徒的靈魂。這便是上帝的啟示。

宗教的信仰是彌縫人與實在間的缺陷的，人面前崛起着一個實在，人與他要達到一個和睦,一個瞭解,一個共同的真有。基督教的信仰是這樣的;**所以他的中心是耶穌基督,是上帝與人生合而為一的生命。**人生是一個謎,一個奧妙,有許多的猜答,而基督教的回應是:上帝先在尋求人,所以人也在尋求上帝;在耶穌的生活裏,上帝與人,人與上帝得了一個美滿的遭遇與融一。古代教會的福音就是這一個,現代教會的福音也不外乎這一個。這是上帝的旨意,這也是人的要求。聖保羅對於這一點的確非常的明瞭。他說:"一切都是出於上帝,他藉着基督使我們與他和睦,又將勸人與他和睦的職分賜給我們。"(《哥後》五章十八節)上帝先已安排着一個彌補天人間缺陷的計劃,在耶穌裏面實現出來。保羅又說:"我們既因信仰得稱為義,就藉我們的主耶穌基督得與上帝和睦。……我們既藉着我主耶穌基督得與上帝和睦,也就藉着他,以上帝為樂。"(《羅馬人書》五章一節與十一節)上帝既先有旨意,人便可以因着信仰,在基督裏得到精神生活所缺陷的彌補。上帝的事體是安排救法,實施恩惠;人的事體是求得信仰。在《第四福音》聖約翰的遺傳中,也有這個意思。《第四福音》的作者說:"不是你們揀選了我,乃是我揀選了你們。"(十五章十六節)人的揀選乃是隨從後作的。又說:"從來沒有人看見上帝,祇有在父懷裏的獨生子將他表明出來。"(一章十八節)"上帝愛世人,甚至將他的獨生子賜給他們,叫一切信他的人,不至滅亡,反得永生。"(三章十六節)有了這和睦的根基,信仰的中心耶穌基督,上帝與人即可以有共同的生活。上帝與人一同藉着耶穌基督,成立了心靈交通的團契,人的生活便有了宇宙中真際的意義,破裂的得以整全,片段的得以歸一,微小的與廣大的共一真,暫存的與永恆的共一性,人的罪障由此而消泯,上帝的聖靈亦由此而應化運行在人的中間。保羅因信耶穌基督,感覺到自己的生活,不再是私有的生活,乃已佔有了實在的統一,所以說:"我現在存活着,不再是我,乃是基督存活在我裏面。"(《加拉太書》一章二十節)"因他使我們和睦,將兩下合而為一,拆毀了中間隔斷的牆。"(《以弗所書》二章十四節)人若信仰耶穌,他的靈魂好像鴻鵠一樣,飛翔而上,直入高天,到了那不可到的實在中,以至那會壞的披戴了上帝的真有。至其極,他就覺得他的生活不是他所私有,其間已有宇宙的,神明的,永恆的性質。這是信仰,這是肯定,這也是由經驗與啟示綜合的悟解。若說這是神秘的宗教,那末宗教果然含帶着神秘性,無論是說儒家的"具體而微"的經驗,佛家的"如來藏"的境界,或便是基督教的"聖靈參透萬事"的智慧。(《哥林多前書》二章十節)凡是宗教,都求綜一。綜一,故說"萬有全是你們的,或保羅,或亞波羅,或磯法,或世界,或生或死,或現今的事,或將來的事,全是你們的;且你們是屬於基督,基督是屬於上帝"。(《哥林多前書》三章廿一至廿三節)

基督教的中心信仰是耶穌基督。耶穌自己也以此為中心信仰。他是人的兒子,又是上帝的兒子,上帝與人在他裏面合為一體,同為一尊。耶穌是歷史的人物,在人生方面,他與我們並無差別。但他因信仰而得了大澈悟,大發明,在自己的生活中尋着了上帝。他把指頭放在自己的人格上,好像說這生活的價值,這清潔,誠實,勇猛,自由,公義,犧牲,喜樂,真是,這聖善的愛,綜合成性德,成自我的,即是永生常在的天父上帝。同時,他認識這個品格若沒有歷年的信仰生活與經驗,與其間心向上帝直往上衝的努力,若沒有超乎人的上帝無間斷的引導與輔助,決不能憑空地現實與建立;所以說"父是比我大的。"(《約翰福音》十四章廿八節)耶穌在自己人格裏所發現的上帝,一方面是人的向上,一方面又是上帝的下臨,因此耶穌的上帝是兼有內在性與超越性的。耶穌生在虔信上帝的平民中間,有嚴敬的宗教生活,卻沒有許多神學上儀式上的拘窘。加利利的空氣是比較清潔而自由的,不如耶路撒冷的那樣複雜與沉悶。因此耶穌的思想與信仰得有自由的、獨特的發展。猶太人的上帝是超越而遼遠的,但耶穌的經驗不是這樣,他總覺得上帝是密近的;猶太人的生活是受繁文縟節的規定的,但耶穌的行為不是這樣,他總是依照着簡單的,是則是,非則非的準則去活動的。他的興趣是宗教的,生活的。十二歲的時候,他上耶路撒冷,在聖殿中,坐在教法師中間,詢問上帝的事情。在簡單清潔的生活中,他依着父母,做木工,度着安靜勞苦的日子。當時羅馬統治巴勒斯丁,表面上有平安,實際裏卻毫無寧息的可能。猶太人的文物宗教,都是使他們不甘做臣僕的;他們是選民,豈能久辱於外邦人的鐵蹄之下?上帝豈不要施展奇能,把這個世界廢去,把猶太人救拔出來,以致他的名可以顯揚於萬民之中?當時的民眾因此都仰望上帝復興以色列國,復興大衛的王權。但羅馬則以鐵辣的手段轄制巴勒斯丁,造城邑,建封疆,設駐軍,雄視不已。耶穌在此種狀況之下,定然大受影響;謀生計則須進入城邑,參加建築的工程,求宗教則又須與猶太的民眾相交觸,分他們心中所抱的希望。他與施洗的約翰同為親戚,同是少年,救國救人,自然同有此心。或者他們想上帝決不能長久拋棄他的子民；他們若能悔改，那末他們所渴望的天國必能早早地來臨。後來，約翰做了曠野裏的呼聲，一呼而百應，人民都到約但河來受悔改的洗禮。耶穌當時已早有準備；其實他自幼至壯，無日不在準備中。他也受了約翰的洗禮，但他自有獨見，從約但河裏上來的時候，心中豁然通明，得了大覺悟，大發明。《馬可福音》紀載着說："他從水裏上來，就看見天裂開了，聖靈髣髴像鴿子，降在他身上；又有聲音從天上來說：'你是我的愛子，我喜悅你。'"（《馬可》一章十、十一節）這是一個具體的象徵的紀載。其中的實際是耶穌生活中積漸的思想與經驗，到了成熟的時候，在一刹那頃，結集輝發，見而為偉大的奇妙的遠象。這個遠象大有勢力，如天的分裂，如靈的下降，如聲音的發於青空。在那一息的光明之中，耶穌覺悟到自己對於人群的同情，對於上帝的希望，與其中的公義仁愛，都匯為人格，而此人格便是上帝的愛子。上帝的性情，即是如此的情形。人的性情當亦是如此的性情。

耶穌的中心信仰是上帝，是他自己生活中所發見的上帝，是他自己經驗中所證實的上帝。與其說耶穌的上帝是他的觀念，不如說他的上帝是他的生活；因為他不是哲學家，並未曾從人生的倫常，宇宙的眾理，詳細推演而達到上帝的存在與性質。與其說耶穌有神學，不如說他有信仰與權能；因為他並不要求去證實上帝的存在。我們研究宗教，一壁實行生活，一壁也注重理想。我們決不放棄一切學識上的尋求；但到如今，宇宙的無窮，成了無窮的無窮。無論何種哲學不能免除根本的矛盾；無論何種關於上帝的論證，是殘缺不備的論證。近來有人說科學不能證實上帝的有無，科學家不必信上帝。信上帝的纔當拿出上帝存在的證據來。（見本年五月六日《大公報》的星期論文"我的信仰"）這個論調似是而實非。宇宙整個的實在，是科學所承認的，不是科學所能證實的；也是宗教所承認而不能證實的。證據在殘缺中，不在整全中；在現象中，不在超象中。所以論宗教而要求證據，不是夢想，便是孩子氣。且在精神的世界中，事情可凝集，也可渙散，皆視乎信仰的創作如何。譬如甲對乙說："請你證實你的存在。"或是說："請你證實你是個好人。"豈不是兒戲？因為在此境界，祇可有仰；甲乙互信，可以成深誼；互疑可以成深仇。然而互信，不是證據，因其在生活上發生良好的效率，故不是證據的卻有了證據的作用。此即所謂信仰本身是證據。信仰是創作的生活，故生活本身即是證據。上帝是宇宙整全的真有，人不能證實他。人若果要確知上帝的如何，祇在憑持信仰，觀察耶穌，依照他的教訓做人；久而久之，自會感通，能夠澈見自己的生活有堅牢的實在，以作上帝臨及的證據。總而言之，耶穌基督是上帝存在的見證，此外更無有見證。

耶穌生活中所表顯的上帝，與當時遺傳的上帝觀比較，有沒有獨特的成分。上帝是主宰，是本原，是父親，這些觀念，是耶穌所因襲承繼的。但上帝是父的觀念，與世人是子的觀念有連帶的關係。耶穌的貢獻是在於確定人是上帝的兒子的觀念。在耶穌之前，上帝雖曾被稱為父，世人卻仍為服事上帝的奴僕，並不曾覺悟到自己有兒子的名分。因此上帝與人遼隔，祇受人的敬畏而不與人有親密的同在。耶穌的經驗中卻有了一個新的事實，就是他悟徹了自己是上帝的愛子。他是人，"曾凡事受過試探與我們一樣"，（《希伯來書》四章十五節）"自己被軟弱所困"，"因所受的苦難，學習了順服"，（又五章二節、八節）卻因信仰做了上帝的愛子；那末我們藉着主耶穌也就可以成為上帝的愛子。這樣，上帝是父這個觀念遂得了豐盛圓滿的內容。《新約》中在這一點上有諸般詳細的發揮。保羅教訓加拉太人說："時期成熟了，上帝就差遣他的兒子……生在律法之下，要把律法以下的人贖出來，叫我們得着兒子的名分。你們既為兒子，上帝就差他兒子的靈，進入你們的心，呼叫阿爸，父。可見從此以後，你們不是奴僕，乃是兒子了。"（《加拉太人書》四章四至七節）在給羅馬人的書中，保羅說："你們所受的不是奴僕的心，仍舊害怕，所受的乃是兒子的心，因此我們呼叫阿爸，父。聖靈與我們的心同證我們是上帝的兒女。既是兒女，便是後嗣，就是上帝的後嗣，和基督同作後嗣。"（《羅馬人書》八章十五至十七節）這樣，上帝是父這個信念，在耶穌與保羅的經驗中經過了徹底的深刻化與普遍化。從前，上帝為父乃是一個偏執的觀念，如今上帝為父乃是一個信眾實驗的生活。

復次，耶穌既在自己的生活中發見了上帝，就因為這親密的認識而表示出上帝無時無地沒有他親自的同在。耶穌的上帝意識的深處，我們固然達不到；但我們知道在耶穌的生活裏，因此在一切真實的信徒的生活裏，上帝是一個偉大的權能，使人得喜樂，清潔與毫無恐怖的自由。這一點在耶穌的思想與行為上至為明顯。我們讀《登山寶訓》，不能不深深地贊歎。耶穌說："你們看空中的飛鳥，也不種，也不收，也不積蓄在倉裏，你們的天父尚且養活他，你們不比飛鳥貴重得多麼？……你想野地裏的百合花，怎麼長起來，也不勞苦，也不紡線，然而我告訴你們，就是所羅門極榮華的時候，他所穿戴的，還不如這花的一朵！"(《馬太》六章廿六，廿八，廿九節)在耶穌看，上帝是愛世界的，不但是不離棄人，並且不離棄至微細至卑賤的花鳥蟲魚。上帝是人格的靈，住在人間，"到自己的地方來"，(《約翰》一章十一節)要人用性靈與真誠來崇拜他。(又四章廿三節)他是愛，愛是自己設立的限制與切求，也是無量的進入有量的顯示；所以他要人悔改，歸順他的旨意。人在暗中祈禱，他就在暗中察看，確然地答應著。(《馬太》六章六節)雅各說："你們親近上帝，上帝就必親近你們。"(《雅各書》五章八節)上帝是聖善的，恨惡罪孽，但也是慈悲的，將赦罪的恩惠賜給一切悔罪的人們。清心的人可以看見他；(《馬太》五章八節)勸人和睦的，可以稱為上帝的兒子；(五章九節)愛仇敵的可以得純全的品格，如同父純全一樣。(五章四十四，四十八節)因為上帝"叫日頭照好人，也照歹人；降雨給義人，也給不義的人"。(四十五節)這樣，在於耶穌，上帝是一個與人與世界接近的，清楚的，具體的，人格的上帝。這樣的上帝是靈，住在人生活中是一個活躍的權能，一個滿溢而豐美的生命。這樣，我們也可以說，上帝不能無世界，世界也不能無上帝。

至於耶穌的行為，更表示出上帝的榮耀來。耶穌深知生活的中心是人的自我，自我中若不集現上帝，上帝的真性更無彰著的所在。自然的律令與奇美，雖能表明上帝的莊嚴與超偉，卻無以彰顯他的深情真意。理智的推想綜合，雖能肯定宇宙的秩序，卻不能確定其間維繫一切，尤其是維繫心靈的人格。因此除卻人的自我更無有完全的心心相照的上帝的顯示。耶穌因此直截地聲明："我就是道路，真理，生命……人看見了我，就是看見了父。"(《約翰》十四章六節、九節)他的信徒也就說："我們見過他的榮光，正如父獨生子的榮光。"(同前一章十四節)但耶穌能夠這樣簡截的緣故，是因為他對於世人實行做上帝。他的思想是上帝的思想，他的態度是上帝的態度，他的行為是上帝的行為。上帝的事，是他的事。上帝的旨意。是他的旨意。上帝的言語，是他的言語。上帝的見證，是他的見證。他自己一無所有，一切的一切，祇是求上帝旨意的成全。他是上帝在形體中的顯現。他是血肉的，聲色的，具體的上帝。他自己肯定這是人認識上帝唯一的方法，所以毫無疑慮地宣說："若不藉着我，沒有人能到父那裏去。你們若認識我，也就認識我的父。從今以後，你們認識他，並且已經看見他。"(《約翰》十四章六節、七節)人看見了耶穌實行對於人做上帝，不能不承認"他是上帝榮耀所發的光輝，是上帝本體的真像。"(《希伯來書》一章三節)人與他接觸，受他的薰陶，即覺他有變化氣質，改易性情的權柄。將滅的燈，他不吹熄；已折的蘆葦，他不拗斷。罪人稅吏到他那裏來，他沒有兇屬的怒責，苛刻的要求；而淫婦因他而為聖女，誰能不讚美抹大拉的馬利亞？稅吏因他而為善人，誰能不羨慕耶利哥的撒該？耶穌是一個傷心的人，有眼中的熱淚，向伯大尼的墳墓、耶路撒冷的牆埠，哀哀地痛哭。他有忿怒，有忿怒像烈火一樣，祇是對着假善的驕傲的法利賽人。祇是對着哥拉汛、迦伯農麻木不仁的人們。驕傲麻木，是心死的表示，是無可救藥的。大凡不自狂傲，謙卑如嬰兒的人心，都可以有上帝的恩寵降臨在其中。耶穌是信徒的生命，與他交觸，便有變化氣質，改移心性的經驗。二千年來，受此變化的有億兆千萬，都是不能磨滅的見證。

不過世上有苦惡的問題。人在苦難危險之中，往往急呼蒼天，而蒼天不應，籲懇上帝，而上帝不答，遂致善人消滅於惡人的勢燄之中，眾生枉死於天崩地摧之間。耶穌所表示的上帝，在他的行為裏，雖有彰明的權能，其在全世界，難道沒有靈應的必然性麼？這個問題，要將我們牽到哲學的範圍裏去；本論不願作哲學上的探討，祇好稍為釋注，然後再回到耶穌的實際的解決法上，去得他的解答。我們須認定宇宙各部互相關連，其動的平衡，都有定律，所謂"天行有常，不為堯存，不為桀亡……天不為人之惡寒也輟冬，地不為人之惡遼遠也輟廣。"(見荀子《天論》)人住在天地間，一方面要認識自然，按照自然律去"參贊化育"，一方面要在其中認識上帝的旨意。他要我們在有定程的宇宙動盪中，作冒險進取的生活，並不要我們居住在萬穩萬妥的世界之內，做永逸的生活。危害是人生發展程序中的機會與權利。自然有定律，人便可以整飭世界為自己創造寄頓之地；自然有不測的變端，人便須要憑持信仰，衝入更高的世界，以求生命價值確鑿的保障。如此，這個世界一方面產生科學，一方面又產生宗教。我已說過信仰是一個長橋，祇見這一頭，不見那一頭的，而人在橋上不屈不撓地往前衝；於是乎這世界與那世界之間的缺陷，得有實際上的架過。在人心向上帝之時，可以相信經過了一切危難黑闇，一切價值尚有存在的可能。不然，若因此不信上帝，那末人生便在不理性所產生的悲哀之中。信與不信，在人自擇。人的知識愈發達，愈能夠管理物界，減少人的苦惡。不過人的痛苦，由於自己的私慾罪孽的，常居多數。在這一點上，耶穌有實際的答案。

耶穌所啓示的上帝是愛人愛世界的上帝。愛這一個東西在神學上是有問題的；因為上帝若是自全自存，毫無缺少的真宰，如何尚有所愛？愛是一種欲求，不但是一種欣賞與惠賜，而且欲求是原於欲求者的有所虧欠。在柏拉圖的《筵席篇》(The symposium)中，蘇格拉底對此曾有明確的論列。為此，西方的神學者常說，上帝愛人是自願假設的限制，惟其有此自設的限制，故上帝的救法是人心難測的玄妙。上帝愛人，故人有上帝的形像，有自由，有選擇，有能力遵依上帝的法度，或是違反上帝的旨意。上帝是全能全知的，但上帝因愛，故絕不收回人已得的自由。人若誤用自由而迷入邪途，上帝雖不能勉強他翻然改圖，依然有挽救他的方法。因為他——上帝——在創世之前，已經預備着被宰的羔羊，為人類贖罪。凡此種思想，皆係神學上舊時的設辭，其間有許多互相衝突的論點。在實際上，我們原不用因此而感覺狼狽，誠以無論何種理論，一涉人生的根本，宇宙的究竟問題，終不免於偏僻或齟齬的。我們若專重生活，生活自是一切衝突可以共存的所在，其間應有相當的解決。耶穌的解決，是實際的與生活的。他認定上帝是愛，必要救人出惡罪，得生命。他又認定人的惟一仇敵是罪惡，自私是罪惡之根。在他自己的生活中他清楚的認定上帝的旨意是要他的愛子，以及這愛子的信徒，捨棄自己，深入人生的危難痛苦，將自己的血澆奠在宇宙內，作為眾人的贖價。在耶穌看來，上帝就在這救法上，表示了他真實的榮耀。上帝在耶穌裏，藉着十字架的成功，使世界與自己和睦。十字架是愛的表示，此外更無別的意義；十字架也是惟一的救法，此外更無救人的法子。因為人有自由，墮落之後，須有能入地獄的救主親身施援，不然，便要淪於死亡。而救援仍須人自願接受，自願隨從，乃能真收實效。人丟掉了人格，須要去恢復人格。人格既不是強迫束縛所能設立，當然，一切強求威脅的方法不但毫無是處，且要更使人墮落到深坑之中。強求威脅無所用，所可用的就惟有愛心所建立在髑髏地的十字架。因此我們可以明白耶穌在捨生流血之中，最明白最深刻的彰顯了上帝。天地間，萬民間，至真至實的勢力就是愛，愛是真的，所以上帝也是真的。上帝愛子的生和死，遂有了宇宙的意義，其中懸着一個諸般封鎖之門的總鑰匙。上帝是慈善的，也是嚴厲的；惟其慈善，故為人設立永遠獨一的救法，大開普施之門；惟其嚴厲，故即其愛子亦必順服聖律，不逃避苦難危害而竟其全善的聖工。無量的愛，何等的華美，又何等的整嚴決厲。人與上帝之間，有罪惡所造成的缺陷，在缺陷的上頭有十字架，那就是度過缺陷的津梁。最奇妙的是，上帝與人在耶穌基督的生活、死亡與復活裏，一同合作，建立了人類生存，人類精神生存，惟一的方法。

　　基督教的中心信仰是耶穌基督，是耶穌生活中所表顯的上帝。基督教信耶穌，所以也信耶穌所信的上帝。但耶穌的生活不但表顯上帝，亦表顯人，因為耶穌是上帝與人合而為一的生命。耶穌不但信上帝，亦深信人。因此我們討論上帝，不能不同時討論人。耶穌對於人的啟示是雙管齊下的，一方面他叫人看見人如何偉大而莊嚴，又一方面他叫人明白人如何卑惡而凶醜。獨立着，耶穌自己是日月的光華；與人並立着，人往往顯出無限的慘澹與齷齪。在他面前人是有罪的。從人是有罪的一端看，耶穌來本"不召義人，乃是召罪人"。(《馬可》二章十七節)人有罪，祇要誠心悔改，就可以得上帝的寬宥，且"人子在地上有赦罪的權柄"。(二章十節)罪的起源在於心，所以說："凡從外面進入的不能污穢人，因為不是進入人的心。……從人裏面出來的才能污穢人，因為從裏面，就是從人心裏，發出惡念、苟合、偷盜、兇殺、奸淫、貪婪、邪惡、詭詐、淫蕩、嫉妒、謗讟、驕傲、狂妄；這一切的惡，都是從裏面出來，且能污穢人。"(《馬可》七章十八、十九節，又二十至二十三節)心是能別是非的，知是而不為，知非而為之，都是違背上帝的法度；違背上帝的法度即是罪。耶穌又說："世人一切的罪，和褻瀆的話，都可得赦免；凡褻瀆聖靈的，卻永不得赦免，乃要擔當永遠的罪。"(《馬可》三章廿八、廿九節)聖靈是人生活中最高的靈明，人若撲滅這個靈明，簡直是實行自殺。人的臉須是要向上的，若轉身反向，每況而愈下，那末久而久之，即無超升的希望。在耶穌看，人若以是為非，顛倒真偽，這簡直是人格的蟊賊，所以罪惡是人最大的危害。不過在現代人的眼光中，罪惡並不是一件可畏可惡的事。心理學家說人不該常常內觀，拘泥於罪惡的心態，因為這樣作，不但無益，且要造成病態的心理。這些話在通常的生活上是很對的。但這並不是宗教勸人悔改的意思。耶穌表彰上帝，把一個善美的生活，實現在人面前，做活的標準。人看見高大的標準，然後乃痛惡自己，不但嫌自己形穢；亦且感覺到自己的無能超拔,所以要生悔改的決心。這並不是病態的心理,乃是正當的,入於健全的心理。人類學者又說罪惡本無所謂;人類進化的行程中已當拋棄的思想與行為,若尚保留着,致令其侵擾現在的生活,便流為罪惡。所謂罪其實不過是退化的行為、野蠻的行為罷了。這種思想,實在是非常的淺陋。試問極有學識的人,藉着文明較高的程度,明謀暗算,不但是心術邪辟,且甘作下流無恥的作奸犯科,明知齷齪的可惡,而行之若素;這也可算是退化的行為麼?不曾進,何能退?且最覺自己有罪的是聖徒,最惡的人都最不知自己是罪人,難道聖徒反有退化野蠻的行為麼?源泉已污,水流難清,心機已壞,行為便劣。乃不救其心,又從而為之掩飾,人的品格,尚有奮發的可能麼?舊時的弊病是拘束的太緊;不過現在的大患卻是罪惡的縱恣。人不必禁慾,但人不能不使情慾受訓練,入正軌。放縱驕肆,人就自然勇於私圖,怯於公益。耶穌來是要救罪人,今日的中國真應當急急的惴惴的應他的呼召。

耶穌要救人出罪惡,是因為耶穌自己是人,也是因為他深刻的信賴人。他自己是一個活躍生動的模範。他做極難的工作,勞苦貧乏,顛沛流離。有大能力,然後乃能為此。但是他以為自己能作之事,門徒也能作,且能作更大的事。耶穌對於上帝的信仰雖可驚奇,還不至於強使我們頂禮讚歎,因為上帝是無量的,人對於他,當可盡量地依託。獨是耶穌對於人的信仰真可使我們驚愕不止。他可以將救人的責任,放在幾個稅吏、漁人、販夫、走卒身上,而他們能夠震動全世界!跟隨他的小團體,受了他的陶鑄,已經改變了氣質,成了充滿新生命的人物;雖在他受難之後紛披散漫,有一時的不振作,卻依然能夠團結一致,在共同的生活中,經驗到耶穌的復活。真的,在耶穌手中,腐朽可以化為神奇。所最奇的是耶穌看最難的事是容易的,看最重的事是輕省的。他說:"我心裏柔和謙卑,你們當負我的軛,學我的樣式,這樣你們就必得享安息;因為我的軛是容易的,我的擔子是輕省的。"(《馬太》十一章廿九、三十節)信仰是具有創造性的,耶穌能信賴人,所以也能創造人。極重的擔子,他能夠毫不滯疑的放在信徒的肩頭。極難的條件,他能夠毅然決然地放在門徒面前。"若有人要跟從我,"他說,"就當捨己,背起他的十字架來跟從我。因為凡要救自己生命的,必喪掉生命,凡為我喪掉生命的必得着生命。"(《馬太》十六章廿四、廿五節)有許多時候,耶穌也是失敗的。有一個資產階級的青年,向耶穌問永生的道路,耶穌愛他的誠摯懇切,就要他作更上一層的生活，對他說：「你還缺少一端，要變賣你一切的資產，分散給窮人，就必有寶藏在天上，且你還要來跟從我。」（《路加》十八章十八至三十節）這位青年以為太難，不能行。又有一次，耶穌說他自己是生命的糧，人若得了他那樣的生活，便能滋長發育，大有能為。但是他的門徒因為所求的是肉體的企圖，不是心靈的精進，所以亦以為太難。「從此，門徒中多有退去的，不再與他同行。」（《約翰》六章六十六節）耶穌這樣做，並不是他不知道人的軟弱，他對於人的鑒別是最精確不過的。不過他信軟弱的人若有信仰，必可以轉弱為強。人的剛強在於兩件事，第一是能撇棄萬事，因為能撇棄，纔能無罣礙，纔能有自由；有自由，纔能有作為。第二是擔當痛苦，因為能擔當，纔能無倖免的心；無倖免的心，纔能作新人類新生命的創造者。第一是捨己，第二是負十字架。耶穌召選門徒，雖經波折，始終以這二事為條件，因為他信仰上帝，他也信賴人。至終他的信仰得了榮耀的成就，上帝差遣了軟弱的人們為人類開闢了、創造了震古鑠今的大事。

　　信仰是具有創造性的，然則耶穌怎樣的創造人的生命呢？在耶穌的教訓中，我們曉得人是最尊貴的，應當為上帝的兒女，彼此為弟兄姊妹，又應當平等自由，互相輔助，以求達人格充分的發展。這種觀念是耶穌信賴人的基礎。但是人往往是主觀的，自私的，以一己的小我為中心的，以情欲的滿足為生活惟一的企圖的。若人人如此，人生就演成破裂散漫，紛靡歷亂，交相鬥毆的慘劇。耶穌以為上帝的旨意適與此種生活相反，上帝的誡命是愛，人必須能群能愛，然後纔能創造豐足的生活而成全上帝的旨意。為此，耶穌要人悔改，要人重生，要人因信仰而得上帝的助力，藉以翻然改圖。悔改是轉變心志、心態，重生是進入高一層的生活。等到悔改重生之後，人纔能剛勇奮發，大有作為，耶穌的事功，同時也是耶穌的弟子的事功，是將自己整個的贈給人，做人的朋友，由心靈的感化而創造新人。宗教惟一的責任是救靈魂，造靈魂，除此以外，更無責任。信仰惟一的效能是改革人心，變移人性，使軟弱的成為剛強的，悲苦的成為快樂的，愚魯的成為有智慧的，毆鬥的成為互相親愛的，屬血氣的凡夫俗子成為弟兄，更成為永生上帝的兒子，此外信仰更無效能。人無論是誰，都是未曾成器的靈魂。若有社會崇尚勇武，人人以勇武期待人，那末五尺之童亦必以退縮畏懼為可恥，而夢寐之間，亦往往作英雄的偉業。若有社會崇尚正誼，人人以君子自期，亦以君子期人，那末雖係小人亦必曉得惶慚,而風尚習慣必遠出於鼠竊狗偷之上。人的自己,不問其年齡習尚如何,總不出乎變化的歷程,亦總有可上可下,可善可惡的可能。耶穌抱着超絕的信仰,將自己捨給人,以上帝的兒女期待人,故人與耶穌交接,一轉瞬間,兇惡即化為慈祥,軟弱即變為剛健。耶穌的方法是自然的,也是奇特的。自然,因為他活動在各等人中而不感覺一絲一毫的拘束;奇特,因為他不等待,不重積漸的變易;即在此時此地,他看一切人都是平等,都是弟兄姊妹,上帝的兒女。以高期待人,他便提高了人的品格與人的生活!

其次,耶穌以友誼作創造的門徑。友誼的根基是信仰。在世的時候,耶穌用深刻的工夫,與門徒同止同行,在友誼上,撫育他們,涵養他們。他與門徒中間積漸的有了諒解,好像彼此的眼睛瞧見了彼此的肺肝,參透了彼此的心靈。友誼於是乎成立,而在友誼上,人受尊敬與愛護,升高到人應有的位置。"以後我不再稱你們為僕人,"他對門徒說,"因為僕人不知道主人的作事。我乃稱你們為朋友,因我從父所聽見的,已經都告訴你們了。"(《約翰》十五章十五節)人生是友誼,友誼是心的啟示。耶穌將心坎裏最深奧最寶愛的思想完全傾吐在門徒面前,用自己的心和血做了他們的生命,這就是他做朋友的印證。同時,門徒共得耶穌自己,就結成了鞏固堅強的團契。他們即是教會,是建設在耶穌基督的磐石上的。當耶穌與門徒行近該撒利亞腓力比的時候,門徒訴說群眾對於耶穌的認識,以為像這位先知,像那位先知,彼得就大膽地代表這小團契說:"你是基督,是永生上帝的兒子。"這是極精確,極透闢的瞭解。所以耶穌忻然地回答:"西門巴約拿,你是有福的,因為這不是屬血肉的指示你的,乃是我在天上的父指示的。我還告訴你,你是彼得,我要把我的教會建造在這磐石上。"(《馬太》十六章十六至十八節)耶穌是基督,基督是永生上帝的兒子,是上帝與人連合的生活:這就是"天國的鑰匙"。門徒若沒有耶穌的形象在心中湧現,成為他們自己的靈魂,他們又如何能有如此清楚的認識?耶穌與他們的友誼已經把他們造成了新的人,新的團契。人生是友誼,友誼是團契;從此,他們自己都得了內發的凜然有生氣的信仰。人的權能是從宇宙的實在裏來的,而實在的啟示,在獨修中,也在共修中。共修是團契的生活,人有團契,便有生活的真確性,無團契便無有生活的真確性。我們中國人少有團契生活,亦少有強固的信仰。到了現在我們的固執自誇尚可以賣餘勇,而我們的生活卻沒有必需的重心。譬如我們中國年來有知識的人,大都非難宗教,尤其是基督教,或說宗教是迷信,是鴉片,或誇中國人的容忍,能冶各教於一爐,能敬鬼神而遠之。而其實中國今日,遭遇着空前的國難,要自為振拔,非有全民衆,以宗教的信仰,去奮鬥不可。無論如何,我們得培養出宗教熱忱來。要知道,你們自己若是空虛的,那末群居的結果也祇是空虛;反之,我們的群居無信仰,獨立便無意義了。

要製造物品,我們可以用機器,作大規模的經營;但是要建造人格,我們沒有機器可用,亦不能有大規模的辦法,而且現在的學校大半是在這一點上失敗的。祇有人格才可以造出人格來。表面上看來,這是一件極不經濟的事。要治理社會,我們可以用法律,用組織;但是要創造治理社會的人才,我們不能專用法律與組織。耶穌吩咐他的門徒的時候,並沒有法律,祇有一條極廣大,極簡單的誡命,一個極真誠,極偉大的榜樣:"我賜給你們一條新命令,是叫你們彼此相愛。我怎樣愛你們,你們也要怎樣相愛。"(《約翰》十三章三十四節)"我給你們做了榜樣,叫你們照着我向你們所做的去做。"(又十五節)如此,這個命令與榜樣做了耶穌創造靈魂的工具。人的生活,有兩個圈子,一個是內圈,一個是外圈。內圈是人收吸力量,發生勇武的策源地;外圈是人努力服務,建立功業的工廠。在內圈之內,沒有法律,絕對的沒有斷斷然的計算與圖謀,更沒有權利義務的分判。其中祇有榜樣,愛的了悟,友誼的團契,個人與個人人格的交感,心與心互相印證的快慰,苦樂分有的共同生活。耶穌創造人就是在內圈的範圍裏,其中一切是興趣,是活潑的休養,是剛強的準備。但是人的生活是內圈外圈交替的生活,一出一入為一個節奏,一聚一散為一個頓挫。在外圈裏,人的工作必須有組織,人的行為必須按法律,有權利義務的明判,有主座客位的分別,有命令,有服從,有公平的賞罰,有大眾的褒貶。人的力量就在其間奮發,奔放,消磨,衰竭;人的生命就在其間噴鮮血,獻祭禮,作勇猛的犧牲。但是有內圈生活的人是有福的。他有不竭的淵泉;他有倔強的後盾。他可以注湧着內圈生活的精元——愛——在法律的組織的外圈中,使鐵網似的籠罩,滲透了靈活的空氣。

耶穌創造人生,是從嚴謹的訓練,學習,而啟發人的信仰,跟隨他的人必須日日刮垢磨光。他是葡萄樹,門徒是枝子,凡屬於他而不結果子的枝子,園丁必要修剪乾淨，以致那結果子的枝子，得有更豐滿的結實。(《約翰》十五章一、二節)而修剪的法則是簡易的。第一，耶穌的門徒，必須追尋真理，或是讀書以養志，或是研經以明道。在臨難之前，耶穌祈禱說："求你用真理使他們成聖，你的道，就是真理。"(《約翰》十七章十七節)第二，要恆切的祈禱。祈禱是人心對於上帝的嚮往，是人格努力的提高，則切願成全上帝的旨意的欲求，是衝入將來的信仰的聲音。宗教而無祈禱即是槁木死灰，因為祈禱是宗教的精英。耶穌自己是最完全的模範；他終夜祈禱，清晨祈禱，在聖殿裏祈禱，在曠野裏祈禱，在安靜的境界中祈禱，在人群中祈禱，在平安的時候祈禱，在危急的時候祈禱，在客西瑪尼園中祈禱，在十字架上祈禱；自生至死，他的生活是祈禱的生活。祈禱之際，上帝與人乃有直接的、直覺的交通，其間有一切問題的解答：有懺悔，也有赦免；有痛苦，也有安慰；有試煉，也有勝利；有疑慮，也有悟徹；有摸索，也有通明；有認識，也有讚美和歌頌，崇拜和瞻仰；有軟弱中崛起的靈力，有種種困難危險中開闢的道路。凡有祈禱，即有應驗；求是性靈的事，應亦是性靈的事。耶穌曾警戒門徒說："你們要禱告，免得入了迷惑。"(《路加》廿二章十節)這是消極的教訓。積極方面，耶穌給門徒一個主禱文，教他們切求上帝的國的來臨。

不過求真理與祈禱，多分是內圈生活中的訓練。信仰的本身是創造，是動作，是生活，故要衝入人群，將本身燃燒起來，作黑闇中大眾的光耀。人必須救人，然後能自救；人的自救，在遺忘自己的奮鬥中，在救度他人的服務中。在主觀中無救法，在客觀中有成全。人生最清潔最高妙的快樂是在創造他人的心靈，將他提高到愛的解悟中間，與自己在靈裏冶成一片，然後共有分得的生活，感覺到天國的廣大。人生最醜惡、最不鬆懈的仇敵就是應當死絕的下一層的自己。因為在那一層的自己中間有驕傲、嫉妒、荒淫、貪婪、癡嗔、懶惰、兇殘。透出這一層，便是重生，便是新人。人生是一層疊一層的欲求，有性的需要，有執佔的需要，有名譽權位勢力的需要。欲求生爭奪，爭奪生兇殺，兇殺生恐怖，恐怖生預防，預防轉生爭奪，遂成一個苦惡的圈子。在這個苦惡的圈子之中，人是披桎梏，做奴虜的，祇有丟失人格的慘苦，沒有創造性靈的喜樂。耶穌來是要救度這樣的人，叫他們得徹底的解放。而得解放的法子是簡截清楚的，就是：憑持着信仰，撇下一切，完全隨從上帝的旨意行。上帝的旨意是人應當彼此相愛。人的欲求都是好的，都應當得相當的滿足；但是滿足有等差，"物有本末，事有終始。"先得其最高者，一切次要的欲求皆可以隨着而得供應；反乎此，而先求其較低者，那末一切都是紊亂了。所以耶穌說："你們要先求上帝的國，和他的義，這些東西——（衣，食等等）——都是要加給你們了。"（《馬太》六章三十三節）不過無論如何，人決當拿定最高者，其次若有不得，或得而應捨，亦應當拋撇得下。如此，人便能保持人格上絕對的自由。人能保持這自由，那末，一個剛強健全的靈魂可以有鞏固的存在了。如此，人便可以愛上帝，愛同類，冒險勇進，毫無恐怖。耶穌相信人能得此偉大的生命，人信耶穌，努力追隨，也就能得此偉大的生命。

人具有包容人間一切痛苦的力量。耶穌的人格中有兩個奧妙而偉大的元素，一個是超越的上帝住在他的生活裏，一個是痛苦罪惡的人類壓在他的肩上。他是上帝的愛子又是擔當人群痛苦的救主。他並不要獨佔這個偉大崇高的生活，並不要自己永佔獨特的地位。他的獨特是他的榮耀，也是他的悲哀。在於耶穌，我們仰見了一個具足革命性的，充滿創造力的人格，也仰見了一個最純潔，最廣博的傷心人。這樣的人格，現在站立在我們面前，作一個永不止息的聲請："我要喝的杯，"他說，"你們能喝麼？"（《馬太》二十章二十二節）他要門徒與他一同擔當世界的重擔，要他們生活中包蘊着，增長着，滿溢着一個超自，超人類，超自然的元素，就是上帝的靈。人的臉上應當有上帝的光彩。人住在這個現實的世界之中，為許多人擔當苦難，同時也居住在那個超乎現實的永恆世界之中，湧射着上帝的恩光。這個世界和那個世界於是乎成了連續的，互相滲透的境界。未來的事實已經在信仰中有無疑的成就，未遂的希望已經在信仰中得確切的保證。其中有悲哀，卻不灰心，有冒險，卻能安妥。其中主觀的肯定，因實行，已見所信的美德演變轉化，成為真實的人格，由此而澈曉那在主觀中所肯定的，的確是具足着客觀性，是上帝本體的返照。這樣，人與耶穌接觸，從他的心靈，窺見了宇宙的真原。人效法耶穌，努力向罪惡中，痛苦中的人們，貢獻自己，服務奮鬥，做不懈息的犧牲，讓自己懸掛在十字架上，就經驗了一個奧妙的變化；翳蒙消除了，靈魂"敞着臉，如鏡子一般地返照着主的榮耀，因而轉移成為自己的形像，從一種榮耀以至於另一種榮耀"！（《哥林多後書》三章十八節）

我們已經說過，基督教的中心信仰是對於耶穌基督的信仰，是從耶穌基督的信仰所得的對於上帝與對於人的信仰。從這個信仰又生出種種信念，例如三一論，成身論，救贖論，天國論，永生論等，本文皆置而不提。基督教是神人一貫的宗教，以耶穌的人格作一貫的啟示。耶穌信仰上帝，發見上帝，表彰上帝，因而得具莫大的創造力；又信人，指示人無窮的可能性，且因此信，而創造新的人生。信眾之中，往往或主張基督教的福音是個人的福音，或主張基督教的福音是社會的福音，或注重神秘的經驗，或注重實際的行為，其實皆各執一偏，無有是處：因為我們的福音，是個人的，也是社會的，是有神秘生活的，也是有實際行為的，乃**是一個整全的生活的福音**。在耶穌的信仰與人格中，上帝與人融為一體，其間所有的深闊的缺陷，皆由耶穌藉着他的創造的信仰，作充分圓滿的填補。在耶穌中，是上帝，是人類的生命，是個人，是社會的福音。宗教的要求，即是近代人所認識的要求：就是生活，就是機體分配而又整全的生活。因此，宗教要求着，包含着生活的全部。生活中無論那一部分，若欲發展，就必須與其他部分取同時的活動，及相當的協調，斷不能獨斷獨行，而攫取自身的成全。但是現在的人生，尤其是我們中國的生活，充滿了諸種人力所不能對付的缺陷，所不能擔當的苦難。祇有耶穌基督所現實的所成就的救法，可以為我們解決這些問題。我眾信徒應當徹底瞭解耶穌基督是適應一切環境的總活動，是解決一切問題的總鎖鑰。也應當瞭解信仰是具有創造性的，是能轉貧弱為富強，變死滅為生命的。我們的責任是要啟發我們同胞對於耶穌，由此而對於上帝，對於人類，對於自己的信仰。我們如果確信耶穌為我們存活，為我們捨生，因此而為我們成就了人與上帝的復和的救法，那末我們就當在上帝座前，屏聲息氣，立誓使教會的各宗派，各機關，各事業早早的得到一個有靈活的機能的統一，以致各部彼此兼顧調協，得在危難困苦的中國，成一個有勢力有生命的基督教運動。

二三，五，二四，北平燕京大學之燕東園
上海青年協會書局，1934 年 9 月再版

《燕京宗教時論》發刊辭

在過去七八年間，燕京大學宗教學院每擬出一種關於現代宗教問題的小冊子，小叢書，但因種種緣故，到今日方始試行興作。這種小叢書，我們名之為《燕京宗教時論》。其要旨是在於藉着一種簡短的宗教論文，論述中國基督教目前的重要問題，渴望激起國內信眾的宗教意識，覺悟，與舉動。所要討論的是中國基督教的思想，信念，與教會問題，期以引起國內同道們對於這種問題的興趣，不但來參加探討，並能將發揮的理論，促使實現，使中國的基督教果有內充內發的實際。

我們的《宗教時論》與英文的"Tracts for the Times"同一意義，但是沒有十八世紀末英國的《宗教時論》單印本會社 Tract Societies 的歷史背景，也沒有十九世紀牛津運動中《時論》單印本主義 Tractarianism 的神學與教會的意味。今日的中國，在宗教環境上，絕不能與十八九世紀的英吉利相絜量。而燕大宗教學院的同道，寥寥數人，既不是一個公會的會友，復不是任何一大宗派的教權者，其所以發起《燕京宗教時論》的理由，是在時勢的驅迫，而不是要步武牛津運動的豪舉。試問基督教在今日中國，有什麼文化上，理論上，生活上，制度上的位置？試問今日中國人對於基督教的態度是什麼？期望（若是有期望的話），又是什麼？基督教與中國直到現在還有距離遼遠的分隔，兩者之間，我們能不能架起一個津梁來？如果可能，又當架起什麼樣的津梁來？在這些個問題上，我們深覺所要作的，正像愚公移山，精衛填海的不自量的工作，但因時勢所迫——我們環境中的科學思想，經濟問題，政治社會國際上種種的不安寧，與我們自己與同胞的宗教的要求，都不肯放鬆了我們——我們就不復能搔首延佇，審慎精詳了。

燕大宗教學院以劉廷芳徐寶謙兩博士與我為一委員會，專任《燕京宗教時論》的著作。劉博士為該委員會主席。同時此委員會擔任為生命社編輯

《真理與生命月刊》，劉博士爲該刊總編輯，徐博士與我爲編輯。《燕京宗教時論》和《真理與生命》是互相關連的；我們因爲便利起見，將這兩件事工做一個清楚的均勻的分配。劉徐二人輪流編輯《真理與生命》，我則編輯《燕京宗教時論》；這樣，《真理與生命》一年出八期，《燕京宗教時論》一年出四冊，恰好每人每年主編四次，工作就不致於太繁重了。當然，學院中有其他著作的人，教界中當也有贊助此類著作的人。他們的文章，正可以爲我們源源的接濟：我們絕不願意特張孤軍！

《燕京宗教時論》出版之後，**深望讀者諸公能夠盡量發表意見，對我們的言論，作友誼的嚴正的批評，庶幾可由此種攻錯的交感，一壁引起中國信衆的注意，一壁促使中國基督教運動的奮進。**一切意見，或批評，或指正，或贊助，或摘問，都請寄給北平燕京大學宗教學院《真理與生命》編輯室，俾得按時在該月刊上發表。同人等懇切盼望讀者不吝珠玉，也誠摯地應許在該月刊上作相當的答覆。中國基督徒在思想及事工各方面，很少有文字上的切磋或論戰，因此宗教中砥礪鼓鑄的生活，不免萬分的沉寂！我們信了耶穌，果然就消聲歛跡，死氣暮氣，奄奄沉沉了麼？生命是由我們自己創造的：我們在宗教的言論上，有絕對的自由，不爲宗派所拘囿，亦不被機關所限制。我們的文字的後臺，既無有老闆，也無有埋伏着的牽線人。我們不怕思想的激烈，不怕文字的新穎；我們祇怕死寂，挑不起論戰來，鼓不起興趣來！

我們著作《燕京宗教時論》，並不限於一種方式。有時，每人各作一文，申論一個題目；有時每人各取一題，獨抒個人的意見；又有時數人共同著作，或分章，或分段，或分題，而貢獻一個有統系的公意。不同的，絕不苟同；相同的，絕不獨異。各人所以爲真理的不盡同盡異，各人亦絕不聽人的號令，其第一件事是絕對的服從自己所見的真理。《燕京宗教時論》的第一冊是《耶穌基督》。除却耶穌基督，便無有基督教。這一冊裏，有徐寶謙博士一文，是從他的經驗和思想裏發出來的言論；有拙著一文，是經驗和思想混而不分的言論。徐文與我的思想大致不相異別；這是我編輯的時節所引以爲快慰的一件事。但是使我們大家快慰的，是將來的讀者的批評，討論，指問，與教正！

民國二十三年六月中旬趙紫宸識於燕京大學宗教學院之寶德樓

原載《燕京宗教學院時論》第一冊，1934 年 6 月

評《宣教事業平議》前四章

序

  作序文總在文章脫腕之後，甚且在文章付梓之後。序文所說，或者是敍述作書的緣起、方法、材料、佈局與立場，或者是介紹作者，鼓吹言論。不過我作這序文，雖在文章告竣之後，卻另有一個理由。我是要補充幾句話！

  本年燕京大學宗教學院將出《時論》四冊。同人的原意是要劉廷芳、徐寶謙兩博士與我同作一冊關於討論《宣教事業平議》前四章的《時論》，每人各抒己見，以為該書的介紹與批評。因為該書關於中國基督教的前途至為重大，且具有重要的時代性。後來，作文的時候，篇幅漸漸地長起來，不能不將三人的著作各為《時論》一冊，分別付印。徐博士的論文，自作一篇，迻譯一篇，偏重於介紹，故列為第二冊。劉博士的論文，另有新穎的貢獻；在拙著付印之時，該文的雲煙尚未揮毫落紙，不敢虛擬其內容如何。拙著則一方面是泛論，贊成《宣教事業平議》第一第二第四章的意見，一方面是批評，揭示該書第三章的神學含意。二者相絜較，則側重於神學的批評。劉文既有待，拙著便且列於第三冊。讀者最好三冊並看，也許可以發見三冊中不同的觀點來。

  或者有人要問贊成《宣教事業平議》的普通原則，自然也當贊成其中所述最低限度的神學，如何執持其一，而復離異其二？開明則開明到底，如何中途而廢，忽然守起舊來？嗟乎，守舊二字，我何敢當！開明二字，我又何敢讓！在我看，基督教處於今日之世，應有科學的態度，應知世界的大勢，尤應知中國文化歷史的背景，不該貿貿然造車於重門之後，出而不合於轍。而同時，基督徒可以持極廣博的精神，卻不可以遷就自餒，至於放棄其自有的真際。在尋求真理的生活中,思想無須乎一致;此或以遷就迎合而立說,彼或以補充容納而為言。因此,我接受變演論、相對論,卻仍覺基督教的基本信念,有充分保留與解釋的理由。

基督教對於中國果有特殊的貢獻麼？中國今日果必需有基督教麼？東西方的宣教士以及平信徒必大聲回答說:"當然！"可是事情卻不這樣簡單。基督教身上牽連曳帶着許許多多的西方組織及遺傳、思想及象徵,難道我們囫圇吞棗的,不知道基督教的真際是什麼,便可以照單全收麼？中國原有自己的宗教,以及中國化的佛教,在其思想及制度的籠罩蒙蔽之下,就找不出最寶貴的真際足以自救麼？若說中國當然急需基督教,說的人就有供給充分理由的責任。基督教所貢獻的哪一件是中國沒有的？若說基督教到中國來傳科學,豈不是"打哈哈"？今日的科學是人們自願去請求的,豈用人去宣傳？基督教現在不但不能宣傳科學,而且對於科學還負着兩個重大的責任:第一是明白科學,第二是對科學解釋自己,立定自己的基本。若說基督教來給中國一種道德,一種人文主義,那便更是開玩笑了。中國不但有自然主義,甚且有含蘊宇宙性的人文主義。我們讀《道德經》、《齊物論》、《大學》、《中庸》、《論語》、《孟子》、《西銘》、《出師表》、《正氣歌》等文字,豈不是同樣的有效麼？縱然"是一種特殊的選擇……將若干真理聚集在一起,使他們格外清楚、堅定,並且具體實現出來,因此增添了真理的實力",亦不過是像一本經典,讓人讀讀罷了。我們至多不過學了一個試將真理聚集在一起的乖。一種選擇,一種聚集,其中生出力量來,試試看,我們也會！若說基督教到中國來給一個服務社會的社會福音,難道除卻基督教,中國就不會有社會服務的事業麼？即使中國學了社會服務,而並不需乎宗教,基督教就算有了貢獻,盡了分事麼？若說基督教到中國來,將耶穌的人格傳給人,教人得以學習耶穌,那當然是深有意義的;但人或者要說我們不但要耶穌的人格,而且要孔、孟、關、岳、諸葛亮、文天祥、孫中山、列寧、甘地的人格。學甘地與學耶穌不相等麼？學耶穌更有獨特的地方麼？我以為,用簡單的話說,基督教之所以偉大而為中國所必需者,不在於上述的種種,而在於耶穌自己的宗教。**那宗教即是上帝降在人心中,永遠的降在人心中**。人若舍此他指,即便是丟失重心。

《宣教事業平議》的第三章,原講上帝,並且說話也不少。其中包蘊上帝充滿宇宙的意思,豈不是很切當麼?是,但我不以為然。**上帝在宇宙之內,是一件事;宇宙在上帝之內,又是一件事**。這兩點,有絕大的差殊。普通的人看了這兩句話,也許會想文人的慣技是咬文嚼字。其實,這不是文字的一回事,文字是說不清,說不全的,是半隱半現的,好像上帝當然是在宇宙之內,宇宙也當然是在上帝之內,相互滲透,豈不誠是?不過上帝在宇宙之內,祇說內蘊而不及超越;宇宙在上帝之內,則上帝不但貫注一切,而又超出一切。惟其遠超乎人,故人類有救法,有希望。基督教的根基,實奠於超絕的上帝降臨而運行於人間的一個信念上。《新約》一書渾然是一個信念的記載。奧而屯先生說:"上帝自己,那澈全的另一個(The Wholly Other)。上帝**不是**我們的最高的自我。他不是我們的理想。他不是我們文化中的最優良的元素。他在平常的物與平常的人中間向我們說話。但他不平常。他是那神聖的聖者。他審判人。他定人罪。在他的聖善的光照之中,我們的生活是何等的骯髒卑鄙,我們的文化是何等的虛浮,我們的理想是何等的襤褸。因為他是審判的主,超出我們一切的理想,一切的文化之上,所以他也是一切重新建造的淵泉,能使腐敗衰落的文化,得再造的重生的力量。"(見 J. H. Oldham's Paper on Faith in God and Faith in Man, in *The Christian Faith Today*, P. 72. 我曾親聽奧氏的講論。此篇是二年前英國學生基督教運動在蘇格蘭的哀定堡開大會時發表的。奧氏思想極開明。也與赫胥黎的孫子生物學名家赫胥黎猶林為友。赫氏信宗教不信上帝,曾致欽佩說,在宣教士中難得有此人。奧氏亦與勃魯納爾 Emil Brunner 為友:深得巴特派神學的精義。但其思想又另有淵源。)

　　人在變演相對的環境中,有三層的生活——對自然,對人群,對靈性界的生活。對於自然可以作客觀的研究,量力的佔取。對於人,可以有道德的關係。但人對人,即到了高一層的生活,因為在人的境域中,不能以人為完全的客觀物,也不能將他佔取。其中最深的是友誼,友誼不可量,故科學無所施其技。人人是一個中心,甲不能勉強得乙心的悅服,故奈何他不得;甲卻可以與乙為友而深入於同心同志的經驗,故又離開他不得。雖為相對,卻又相合。人的真生活,端在自由而不勉強的心心相印之中。誠而愛,相與成,偽而欺,相與敗。在道德的生活中,有變演,有相對,人各一中心,心各一世界,而千萬億兆可以群趨於一是,暗示着相對中有生機,生機中有共相,不因相對而無公有絕對的實在。空間時間，在相對的關係中；萬物亦如是，人群亦如是。除却人與環境，人與人群的關係，即無物，亦即無人。惟其間有層次，層層相趣，愈高愈真實，以至於上帝。人努力而直入永恆的境界，奮求從不真實到真實。人不能在自己的生活中找着人生的意義，必須在超乎自然，超乎人的永恆裏，上帝裏，找着人生的意義。在此最上層之中，一切相對，一切演變，都得永久在那裏成全的統一與歸宿。這裏就是宗教，就是在世界之內，又在世界以外的宗教。人永遠不息，永遠不懈地追求永恆，追求真實，追求統攝一切，發育一切的總根本總歸宿，這就是此永恆真實的總根本總歸宿果然存在的明證。**上帝在創造世界，不是世界在創造上帝**。上帝在一切相對變演之中，故說上帝內蘊，又超乎這一切之一切，故說上帝超絕。這是道德經驗與宗教尋求必然的肯定，在其間有信仰，無有憑據。永遠的追求，永遠的統一，即是憑據。

以上種種，頗有些像閒話。若果是閒話，那末也可以拿來遣遣興。若果有些重要的意義，那末這些話也就不是虛說的了。我的意思是《宣教事業平議》的近代思想與其神學未必是一個必然的連結；而我的批評的立場，我的神學，亦未必與現代思想在其相對變演的程序中必然相齟齬！

拙著脫腕之後，祇有劉廷芳博士看過一次，不曾有人批評過。因此，更須讀者的批評與指教。吳雷川先生為這小冊題簽，同學蔡詠春君為我畫這小冊的封面，我乘此向他們致謝。

民國二十三年十二月十二日趙紫宸自序

遠東宣教事業調查估價的原由

或者有人想美國基督教七大公會所以遣派調查委員、估價委員到遠東來視察宣教事業，而重估此種事業的價值，是因為美國經濟的不景氣，美國信徒減少捐欵的緣故。固然，這兩個委員調查估價團體是在美國經濟恐慌，信徒捐項減少的時候產出的。但是美國信徒是不是因為經濟困難才減少捐項，纔想到派人到遠東來調查宣教事業的實況，然後估價，然後根據情形來縮小宣教事業的範圍？是，也不是。是，因為他們的經濟實在是比較困難了。但又實在不是。此番調查，並不是節省經費，縮小事業的一回事。**經濟減少是美國七公會遣派調查團估價團的機緣，並不是這件事的原因**。捐項減少的根本原因不在於美國經濟的不景氣,乃在於在現代的,尤其是美國現代的思想與生活之下,信徒們,尤其是思想進步的與夫青年的信徒們,對於傳統的國外宣教事業不能感覺到重要與興趣。他們心目中有一個這種宣教事業是否合理,是否應當,是否必需的問題。自己國內還沒有整頓好,大宗的欵項難道就當耗費在國外麼?各種宗教,殊途同歸,又何必西方人去將西方的宗教加到本來有宗教的東方人身上呢?在現代的思想的影響中,暗示中,人還能像前半世紀那麼樣傳教麼?不明白宣教的所以然,不瞭解宣教事業的根本概念與主要動機,雖有金錢,且不該胡亂的揮霍,何況值此經濟困難的時期呢?

時勢變了,即使美國沒有經濟不景氣的問題,美國教會依然要感受信徒捐項銳減的難處,依然要遣派團體到遠東來調查及估訂宣教事業。我們細讀《宣教事業平議》一書,(原名《重新考慮宣教事業》)一定能夠感覺到這書的現代思想與現代生活的背景。

<small>《宣教事業平議》的現代思想背景</small>

其頭四章幾乎字字句句都表明這一點。我們若走到那四章書的背後去看一看,我想一定會看見兩種根本的現代思想在那裏活活的跳躍。第一是變演論,第二是相對論;變演論注重生活自動的內發,實在內蘊的活動;相對論注重世界各種事物的彼此牽連性,相對性;而這兩種思想,都是本於科學的學理。在這兩種思想的大統系中,有社會科學、現代政治與國際問題的鼓動,有心理學、比較宗教學的指示,又有實際生活狀態的牽連。《平議》(本文此後稱《宣教事業平議》為《平議》)的第一章論宣教的動機與現狀,新潮流與宣教事業暫時及久遠的功用;第二章論基督教與他種宗教的關係;第三章論基督教對於遠東的使命而涉及基督教的獨特性;第四章論到宣教事業的福音宣傳與社會服務工作——凡所論列,莫不有變演論、相對論的影子。假使我們要舉出兩句話來證實這個意思,那末以下兩句就很足夠了:

"如果宣教的目標,在使全部亞洲人變成基督徒,這種目標的實現恐是遙遙無期。我們以為任何西人團體,不應抱着這個企圖。宣教會的責任只在撒種,不在等待樹長成。"(二十三面)

"宗教有建立文化及鞏固文化的任務,雖不為盡人所瞭解,卻已為一般人所承認。"(同上)

由前一句話說,則宣教的動機,已不在使全世界歸託於基督。由後一句話說,則宣教的原由是在於建立及鞏固全世界的文化。現在的世界,乃是變化劇烈而又是各部相牽的局面。然則,我們就當努力去瞭解基督教的本質,以使此本質與現代的思想化成一氣。我們的問題是:**在現代的思想與生活之下,基督教是否執住其本有的性質與實際,還是竟已變化了氣質,失卻了廬山真面目。**

本文的關鍵是在於研究《平議》的第三章,因為該書的第一、二、四章,都以這一章為核心。基督教的獨特性果何在?基督教的使命,無論其為對於"泰西的"、對於"遠東的"果何如?第三章所論與耶穌所垂示,與夫歷史所依據的果有何異同?基督教宣教事業的普通原則,基督教與他種宗教的關係,以及基督教的事業範圍,無有一端不以信徒與宣教團體對於耶穌基督的生活與教訓的瞭解為指歸,為決斷。但在申論第三章的含義之前,我有兩句話要說明。第一:《平議》的前四章,聞係霍金教授的手筆。霍金教授是一位著名的哲學家,也是一位虔誠的基督徒,我曾在耶路撒冷親聆他的教益,又曾在北平與他作過一兩次談論,對於他那公正開明的科學精神,至為佩服。霍金教授並不一定在該四章內發表他個人的意見,因為《平議》一書乃是一本團體的公意的著作。霍氏自己說:"我請你們注意,這本報告書(指《平議》)(尤其是關於神學一端)是我們大家寫的。"(見一九三三年十月十八九日北美及加拿大宣教會七百代表會議中,霍氏之講演第三面。)這個估價的委員團雖名為教友團體,卻也有牧師及神學家在內。他們的開明態度,科學精神,是很可欽佩的;因為有這種態度,纔能觀察得出事情的實際,纔能瞭解宗教與人生各方面的關係,纔能指陳科學與宗教的離合,又纔能趨向客觀的真理。他們又是負責任而無恐怖的,見得到,說得出,實事求是,快人快語。雖有時說話不中肯綮,卻仍不能不引起尋求事實者的同情。第二:我在討論《平議》第三章的前後,擬以簡短的言詞,依次述說我對於其他三章的意見。

在第一章內,起首就問宣教事業,應當繼續否,亦就回答道:"不論怎樣改變方法,宣教事業的本身,是應當繼續進行的。"宣教事業是國際善意的表示,善意應當進行,宣教事業自然也應當不斷的進行。(七面)第二就問宣教事業的動機是什麼,是否應有變更。

"一切宗教宣傳事業的動機無不出於一種熱烈的要求,要將信眾所認為獨特的,至要的靈性價值傳遞給人。這動機具有'救贖'人與人類

的熱情,其中含藴着對於不得救者的一種特別的悲憫。"(九面,譯文是我自己的)

這兩句話,分析起來,包藏着三個重要的元素。第一,宣教事業的動機是一種對於宗教本身的大徹悟。信教的人和團體,因為經驗了,解悟了其所信的宗教的獨特的,至要的靈性價值,覺得先覺者不能不去覺後覺,所以要籌辦宣教的工作。第二,信教的人經驗了,解悟了這一點之後,覺得那不得此宗教的人民,俱淪陷於不得救的危險之中,表呈一種使人不能定安的悲劇,叫那先覺者不能袖手旁觀;因此信教的人和團體便有宣教的運動。第三,宣教的動機不但是一種理想,乃是一種不可遏制的熱情。我以為這種敍述,是完全準確的,其中三者缺一,宣教事業當然就不會發動。不過宣教事業的動機起於此,是不是也終於此,還是要隨時代而變遷?假使基督徒因為時代背景的不同,漸漸的不感覺得基督教有獨特的,至要的價值,今日還能繼續宣教事業麼?又假使基督徒對於非基督徒不再有那種悲天憫人的熱情,同時卻覺得諸教俱有特殊的個別的價值,足以使人分道揚鑣而究竟同歸,基督教還能繼續其宣教事業麼?我細讀《平議》深覺上述的宣教動機,依然存在,並未搖動。不過時代遷移,思想改易,這個動機有修正與擴充的必要,使其一方面不丢失其覺悟與熱情,一方面又不至陷於消極與狹窄的弊病。因此《平議》又說:

[原有的動機的分析]

[從歷史上看美國宣教會遠東宣教的歷史動機]

"若有人問美國的教會為什麼遣派成千的代表進入亞洲,去釋示基督教的生活法;從歷史上看來,其答覆是:美國教會不但熱切地關心着東方人的靈性幸福,並且根本上就在那裏索求全世界道德的統一,同時也在那裏注重現存教會的內心的健康與真理。"(見英文原本九面,譯文是我自己的)

換一句說,美國教會宣教事業的動機,**有歷史上的明示**,並沒有改變。其所要成就的是三件事:(一)是要將基督教的價值傳給東方,使東方亦得享受由這價值發生的幸福;(二)是要創造一種統一全世界的道德文化;(三)是要保全教會自身的心靈健康與夫教會所崇守的真理。這樣的動機與悲天憫人的動機並無衝突。再進一步說,基督教本來是奔赴積極的道路的,到了現代,他不能不對於自身以及他種宗教有更徹底的瞭解。基督教看見了自己的動

機,也看見了他教的動機,其間同有悲天憫人的熱情,同具向上的奮力,同抱追求至善的誠心。因此,

<small>由消極到積極</small> "西方的基督教,大部分已經從使命的消極方面,轉注到積極方面;已經脫離了恐懼的心理而成為造福的宗教……在這時期裏,自由的宗教與自由的科學相依相需,組成一個完整的宇宙觀。無論他對於來世的生命持何種態度,總不會再看誠信他種宗教的人為不能得救;因此他救靈魂脫離永苦的動機,不及救人使不丟失至善的動機之更有力量。"(十九面,僭易四五字)

<small>動機改變了沒有?</small> 從這句話看來,宣教的動機似乎已經變移。不過我們將其中的含義與以前兩句話相比衡,應能看出宣教動機的中心實還保持着,因為這種積極的造福觀,這種與科學相調協,與他教相共濟的向善觀,原與關心東方的心靈幸福,創造世界文化,保持教內健康的心術,融洽一致,毫無不能共存的矛盾。即與悲天憫人的特別意識相比較,亦無必然的齟齬。縱然說基督教現在不注重救人出永苦,乃注重助人得永福,也不過是同一句話翻了一個面。難道從前的動機不是要使人歸向至善,仰與最高的實在相交感相融和麼?現在,時勢變移,思想中,生活中,須有科學,宗教,以及東西文化的良好元素,融在一氣,故宣教事業的動機,亦得有重新闡發的需要,重新修正擴大的說明。因此,我以為《平議》所說明的宣教事業的動機,不曾搖動往日的動機的骨幹,不曾毀壞舊時的動機的輪廓。若說狹則有勢力,廣則無精神,也未必盡然,**因為宣教熱情的減少與否,須視乎信徒對於其中心信仰的持守與否為判斷**。這一點,更要看《平議》第三章對於基督教獨特性的論調如何。

<small>宣教士與宣教會</small> 第一章中論到宣教者的本身,頗見警闢。我們都很知道宣教師中有許多道高德重的人,但也有許多專斷蠻橫,頭空心室的人。

"宣教事業,在人才方面,確是非常軟弱……(宣教士們)能糾正錯誤,卻不具感力;他們的供獻,似乎僅在傳遞教條,卻不能瞭解並完成遠東人民的宗教生活。"(十六面)

"有些時候,我們遇見一種宣教士,對於別人的機關異常嫉妒,而對於自所隸屬的機關,則阿諛迴護。這種態度……足以證明機關的缺

點。"（十六面）

從這種觀察裏我得了兩個感想。第一，**我們從今以後，不必有許多的宣教士到中國來，卻要心靈最純粹，宗教最熱心，學問道德有深造，服務有能力的宣教士到中國來。以百當一，不如以一當百，在質不在量，在精不在多。第二，宣教士的力量全是因了他們背後有一個組織嚴密的機關，他們的軟弱也是因為他們的背後有一個堅固倔強的機關。**有時候，機關成了宣教事業的障礙物，將組織遺傳等等舶來品代替了活潑有生機的宗教生活。因此，有人想棄絕機關。不過，"'棄絕機關'是不可能的，也是不妥當的：問題是在於機關怎樣纔能使宣教士得相當的位置，有正確的功用"。（十七面，自譯）宣教會是教會的一部分，教會是信徒的團契。這個團契包容廣泛，不免含有衝突的元素；但是教會的力量就在乎此。教會中有新舊的衝突，宣教會也就不免有這種衝突；因為有這種衝突，宣教的事業即受了窒礙，但同時又不能不說是得了力量。因為有衝突，即有動，即有生命。人往往想教會是一成不變的，宣教會也是一成不變的；又往往想毀壞了即可造一個新事業，殊不知"因噎廢食"，損失大而成功難期。我以為宣教的機關大有自己變遷的可能，其能有平教友宣教事業調查團估價團的產生，即足證明其內力的鼓湧。此後，我以為宣教會的內部必有驚人的覺悟與演變。**若於演變之中，宣教會能多少放棄機械的選才法，不注重宗派的遺傳，而注重心靈的充實，不將組織罩住生活，而憑生活產生或修改制度，那末今日因機關而生出的困難自當可以減少，使宣教士有機關的鼓勵輔助，而不受機關的牽制壓迫。**不但如此，今日中國所缺的是團體意識，機關意識；若一有不適，即思放棄，我以為這種辦法，近於不負責任，有百害而無一利。我並非不認識機關的禍患，但沒有機關，而又沒有出類拔萃的聖哲為多數的宗教領袖，其為害必愈烈，因為水無器儲之，則有渙散罷了。至彼大有力者，超越機關，自成大事，當然至可欽佩，可是常則是常，變態則不是常，我所論的，常道而已。

至第一章所論影響宣教事業的新潮流，都極充分明晰，使我不勝忻服。神學思想的變遷一節，在大體上，我亦同意；所有管見，當於討論第三章時略為敍述。同時，我也承認東西交觸到現在，時期已熟，可以見世界文化出生的端倪，其交相潤澤啟發之處，不但在宗教上，即在文藝、美術、經濟、政治、社會、道德，亦莫不有新穎而劇烈的變演。近來世界種種的不寧靜，也許亦是世界文化生出的突兀的形勢。所惜在第一章中，提及東方民族主義的勃興，而不曾提及東方民族因自相爭鬥，自相陷害而發生的世界問題。其中軍閥主義、共產主義的激蕩，使中國根本搖動的禍患，以及此種事象對於基督教急迫的挑戰，皆未邀《平議》醒豁的注意。調查團、估價團乃基督教與資本主義所連合產生的，其對於基督教與資本主義將來應有何種關係，在世界新文化上或可佔何種地位，俱無應有的表示，也許不能有任何的表示。

其第二章討論基督教與他種宗教及非宗教的關係，闢空就說：

<u>宗教的真敵人</u>　"（宣教士）的敵人不是回教、印度教及佛教，乃是唯物主義、世俗主義及自然主義。這個新情形——非宗教——的發生，改變了基督教與其他宗教間的關係，因為非宗教是一切宗教的仇敵，可使他們從此聯絡起來。"（二七面）

"基督教之外，他種宗教更受世界文化向前推進的激蕩。世界文化中的批評精神，與各教中威權主義，勢不兩立。各種經典的威權，既然被人們懷疑，甲經與乙經間的威權，還有什麼可比較呢？一切從宗教直覺中所發出來的智慧，既有被人的理智所棄絕的危險，何必再比較回、佛的優劣呢？……各教最大的敵人不是基督教，乃是馬克思、列寧、羅素輩的哲學。所以今日的困難，不屬於一教，而屬於一切的宗教。"（二九，三十面）

<u>耶路撒冷大會的宣言</u>　在世界文化的新潮流中，宗教已經覺悟其自身的危險，實有認清仇敵，聯合同志的必要。基督教尤當與以精神生活相激勵相號召的各教共同探討，以籌自立自存，與夫抵禦非宗教勢力的方法。這種覺悟，在一九二八年四月間，世界基督教宣教會的耶路撒冷大會中，已有極明白的表示，並且亦在該會的《基督教使命》一文中清楚地宣說。當耶路撒冷會議時，專有一個委員會討論基督教使命的內容，我亦參預其列。委員中間，有極新極舊的人，有從各種宗教裏出來而為基督徒的人。其中最有名的是英國的主教亶博爾，美國的龔斯司單雷博士，德國的海謨嘉爾教授等。海謨（Karl Heim）是路德派的神學家，即今歐洲巴特神學派中最有哲學思想的健將，其理論偏於守舊的方面。這些人在神學上頗有爭執，而在對付他種宗教及屬世主義一端，則完全一致，並無

異議；足見基督教中，於近十餘年來，頗有一種普遍的新覺悟，認清了仇敵，知道了自身與他教應有的關係。他們肯定各宗教一般的價值說：

"回教常論上帝的威嚴，所以禮拜，非常鄭重。佛教中的要道是憐憫世間的悲苦，要用不自私的心去普度眾生。印度教最重人在性靈上和萬有的真原交通。儒教以道德相尚，以仁義教人，因儒家相信宇宙的秩序是道德的。此外有不認基督為救主而代表屬世文明的人們，亦往往尋求真理，謀人類的福利。"（耶路撒冷大會的宣言；《基督教的使命》。中華基督教協進會譯文。我儹易數字）

這幾句話，不但承認各教的價值，並且亦承認屬世主義的價值。因此，他們覺得基督教應當與各種宗教有瞭解，有交誼，一方面不再以勉強人的方法宣教，一方面又應當與各宗教作共同的追求。所以又說：

"凡勉強他人接納某某信條，或遵行某某規律，越俎代謀，支配統御個人靈魂得救的事業，宗教上'帝國主義'一般的怪現象，我等不能容許。"……

"我等請求信仰基督教以外各宗教的人們，和我們共同研究耶穌基督……願他們處唯物主義盛行的時代，堅信形而上永恆的實在，與我等協力同心，抵抗世間上諸般罪惡。"（同前）

這樣看來，《平議》所主張的，並不是一種新穎的議論，乃正是全世界抗議教公共的意見，並不曾放棄自身的確信，乃因為屬世主義的流布，世界上受了靈性價值被壓迫被摧殘的危險，而謀求合理的抵抗。

<small>基督教與他教的交接當然有現代思潮作背景</small>　這種態度的發生，當然有現代思潮的背景，第一是科學的，第二是道德的，第三是宗教的，第四是實效的。科學的指示是在承認事實。各種宗教，在歷史上俱有相當的貢獻，在現代亦尚有相當的需要，雖其間瑕瑜互出，卻不能將事實抹煞。道德的指示是由於耶穌的教訓與現代的思想的混合。這兩種思想都重視個人，尊敬人格，因此一個人或一個團體，無論如何高曠進步，決無輕視他人或他宗教的理由。且真理是像空氣太陽一樣的，誰都可以享受，誰都不得佔有的。（三十八面）**基督徒儘可以感覺得基督教是惟一的宗教，具有惟一的救法，但與他人或他教徒酬酢，卻絕對不應當因此而將自己的信仰強加於人。**既須宣傳，復不得勉強，那末怎樣辦呢？除了與他種宗教聯絡，用友誼的精

神,憑行為的感化,作互相的研究,以求同達於一真,即沒有別種合理的方法。其實這種辦法,亦是現代宗教所顯示的途徑。其間有兩個思想是我們應當注意的:(一)宗教的真偽高卑,有效無效,不僅在於口頭的宣傳,而在於信徒日常生活上人格的表示。口所宣傳若無行為作見證,雖有天花亂墜的紛華,亦不過等於夢幻空花。所以說:

> "宣教士的責任,決不在攻擊他種宗教,同時,他也不必以宣佈他教中的錯誤為己任。他的責任是在積極地表現根據真理的生活,讓生活去作宣傳工夫。"(三五面)

(二)各種宗教原有一個共同的根據。

> "如果在各教裏邊,沒有一個共同的中心,那末基督教及旁的宗教,都失掉了依據。各民族的信仰,雖然不免為迷信所蒙蔽及自私心所陷溺,但是莫不包含一個種子,就是人類性靈中不可磨滅的宗教直覺。這個直覺中的上帝是真實的上帝。從這個觀點說,普遍的宗教已經存在,無待建設。"(三十三面)

這句話是千真萬確,人們不得不信的;因為我們若說這話不對,那末人既然不同有宗教直覺,我們傳教給他們也就成為徒勞無功的了;若說這話是對的,我們才有傳教的理由,但同時即不能不用交感互啟的方法,使人的宗教直覺自動地內發地進展而生其自己的願意接收的信仰。不但如此,再進一步,也許還有一件驚人的事情。即普遍的宗教,世界人可以公共的宗教,已經存在,無待建設。在這一點上,信徒當然可以自問:**若將來世界的宗教,內具基督教的主要成分而外無基督教的形式,基督教是不是應當仍舊依順耶穌的教訓,讓一粒麥子死在土中,以致牠可以發麥苗,結百倍的麥子**。信徒若在作這個思想,也許他的恐懼,即可完全消滅,而他的思想,即未必與現代世界文化相齟齬。

> 將來若世界有一個共同的宗教,基督教又如何?

> "因為現在在各國的社會生活裏,頗注重道德的成分,願意將道德作普通教育的中心。不但如此,他們對於道德須待宗教援助纔能充分實現的意見,也肯採取虛心的態度。不過他們中間,有若干主張:這個宗教成分,未必是現在一切所有的宗教,必是一種更簡單,更普遍,不好爭,不好戰的宗教。這是現代的宗教,是世界文化中的宗教成分。"(二

十面）

世界文化現在正在生出的時期，各民族互相交通交感，其結果必是世界文化的實現。一切文化因數俱有混合溝通，得獲世界性的可能。**宗教處於其間，難道可以永久地各自為計麼？難道不在那裏迴旋翻蕩，合成一個總海潮麼？成為一個世界宗教的時候，基督教在其中佔何位置，有何真切的貢獻？**這是我們現代信徒，無論中外，都應當作深長的思考的。

<small>與各教作友誼的來還基督教益增自身的效力</small>　但《平議》主張各教協作，原是為基督教自身得更大的效力。基督教到遠東，遠東已有自己的宗教；基督教若不認識這些宗教，而利用其所開闢的路徑，即無以發展其廣敷的事業。譬如在中國，我們覺得：

"基督教若不能熟察舊宗教所已經應付的中國民族靈性上的需要，從而參透之，滿足之，其在中國一定不會有勢力。在中國，宗教的命運，據我們所能預料的，全視乎這些舊宗教的命運如何：因為在中國人民中，這些宗教正代表其宗教生活的歷史。基督教也許能號召千百萬人，但是號召四萬萬群眾，則非用中國固有的工具不可。所以中國最大的需要就是：一般介紹新思想者，能認識她固有的靈性生活，用無限的愛心與忍耐，去保守她原有的寶藏。"（三十三，三十四面，前半自譯。）

這個思想是非常重要的，與以上種種觀念一般，脫胎於變演論與相對論。無論在哪一個民族中，歷史可以改向，不可以割斷，可以有革命的經過，不可以有全部棄絕的毀壞。我們中國信徒早已看見這一層。民國十一年，中國基督教會開全國大會於上海，即有一個全部為中國信徒著作的宣言。其中有一段論到"本色教會"，對於中國固有的宗教靈性遺傳一層，非常注重；其背後的動機也是因為對於歷史繼續性變演性有覺悟而發生的。我嘗於閒暇之時，吟誦中國的舊詩，往往感覺到中國詩人有時切求宗教而無所適從。深究其故，這種景況，未始不是外來的宗教不能適應中國固有的文化所使然。譬如陶淵明生於晉末，對於荒荒的亂世，常覺"閭閻懈廉退之節，市朝驅易進之心"，"性剛才拙"之人，往往不能插足於其間。他就想一切可棄，人格不可棄，然而人生一死便化為烏有，又為什麼必須有高風亮節呢？因此他的問題，便成了一個宗教上價值永存的問題。想到死，他一方面覺得"臨化消其寶"是不理性的，所以"念之中心焦""余襟良已殫"；一方面又覺得"剛貞自有質,玉石乃非堅","形骸久已殁,心在復何言";性靈是永不磨滅的,而同時又不能不勉強說:"縱浪大化中,不喜亦不懼。應盡便須盡,無復獨多慮。"他是晉人,對於玄虛的學說既一目了然,對於佛教的哲理,亦復有充分的接觸。惠遠原想邀他入白蓮社,但是佛教沒有解決他的問題的能力:其所存的教訓總與"汲汲魯中叟"的道理相枘鑿。到如今佛教與儒教還是根本不相容的;不相容,所以像陶淵明那樣思想徹底的人,就祇能說,"先師遺訓,余豈云墜"的話,而不能學時髦而參加白蓮社了。又譬如杜少陵。他也生於亂世,心中懷着一腔富有宗教性的熱忱,而每每於患難之際,深覺其無可寄託。中國詩人中,杜甫是詩史詩聖,又是悲天憫人的偉人。他往往表現着宗教的情緒,在其愛國愛家愛同胞愛庶物之外,更具有神秘的意味,例如,"欲覺但聞鐘,令人發深省";"燈影照無睡,心清聞妙香";"方知象教力,足以追冥搜"等語,都表明他的宗教要求。在"贈蜀僧閭丘師兄"中,他說:"漂然薄遊倦,始與道侶敦。景晏步修廊,而無車馬喧。夜闌接軟語,落月如金盆。漠漠世界黑,驅驅爭奪繁。惟有摩尼珠,可照濁水源。"這些話都是心中噴出來的至性至情,表明他為什麼要親近宗教,什麼樣的宗教可以應付污濁的世界。在"謁文公上方"一詩裏他說得更明白了:"甫也南北人,蕪蔓少耘鋤。久遭詩酒污,何事忝簪裾。王侯與螻蟻,同盡隨邱墟。願聞第一義,迴向心地初。"無怪蘇東坡要說:"子美詩外,別有事在也。"但是佛教是出世的,杜甫所求的是出世為心,入世為事的宗教,因而往往覺得一種要入佛教而不能投入佛教的衝突。他有幾次表明其中的痛苦,說,"休作狂歌老,迴看不住心";"誰能解金印,瀟灑共安禪";"未能割妻子,卜宅近前峰"。不過佛教雖與中國固有的文化不能融洽,但在世亂年凶,山窮水盡的時候,大家還是需要他,所以中國的士大夫每每逃入禪門。若使陶杜等情感豐厚的人們,得與真的基督教相接觸——真的基督教是成全而不是毁壞價值的宗教——也許他們都得了問題的解決,都成了闡明基督教的學者。基督教的真精髓原與中國的倫常文化不相背馳;可惜自始至今,宣教士及信教的中國人不明白這一點,遂有兩者衝突不幸的發生。而今而後,我們當於《平議》所提,拳拳服膺而弗失之,不當盲目自尊,而走入有路可進,無路可出的死胡同!

然則基督教與中國的儒佛相提攜,作共同的探討,是一件重要的事情。近年以來,故李偕白博士的尚賢堂,艾香德牧師的景風山與其現在沙田的基督教叢林；都是對付這個問題的試驗；惜乎提倡者為西人，未得本國有識的信徒的同情與輔助，遂無相當的成績。如今在印度、日本類有小團體中各教共同探討真理的試驗。《平議》對此提出幾許極好的意見。《平議》主張對於宗教的內包，彼此可以借用採取，因為

"基督教對於佔有的動機，早就應該拋棄。因為基督教的特性，決不能為人所假借，除非連他自身也被接收。其實凡一種東西，被借用之後，如能在借戶方面發榮滋長，已可說是本來屬於借戶的。因為追求較好的真理，本是宗教中生活力的表示，所以用真理來改正自身所含的錯誤，正是一種宗教追求真理應得的效果。所以宗教用不著私有財產的觀念。最後的真理——不論他的內容是什麼——才是各教共同的寶典。"（三十八面）

對於他教的錯誤與迷信應取何種態度？

同時，各教有錯誤，有迷信，基督教應當站在尋求真理的立場上，作義不容辭的指正與攻擊。

"有的時候，不妥協的反對，也許能夠表示對於宗教的真友誼。"（三十四面）

不過基督教要兼顧自身，問一問自己配不配去責備他種宗教。宗教與迷信是不並存，不兩立的；處於現在科學昌明的時代，基督教負有責任，應當"使迷信從他自身及他教中掃除淨盡"，也應當

"（一）提倡科學態度，並且證明宗教並不懼怕科學。（二）說明宗教有補充科學的宇宙觀及注重科學本身所不講的價值問題的兩種功用。（三）與各教開明分子共同研究一種不帶迷信色彩的天命觀、祈禱觀。"（三十六面）

基督教對於自身應有什麼樣的覺悟？

他教的好處，基督教須盡量去學習；例如佛教善於參禪，深於靜修，基督教對之就當自問在這點上是否頗有虧缺？

抗議教"似乎太看重活動。注重活動本是基督教的長處，但是短處未始不包含在裏邊。他及他的機關似乎忘了靜修是尋求真理必要的條件"……但同時"基督教必須具創造的思想，纔能對於自身或其他宗教作新的發現。現代的危險，不止在缺少精神，也在思想內容及能力的薄弱。如應付自然主義對於宗教的宇宙觀所引起的問題，清楚的分析是必要的。同樣，我們要認清各教異同之

点,必须熟悉论理学及各教的历史。哲学自然不是宗教,也不能代替宗教,但是近代的宗教一离开思想的工具,只好一筹莫展。我们并不主张人人都去担任这种专门的工作,但是宣教士及本地基督徒中间,有研究兴趣者,应使对於论理学,哲学,神学,及比较宗教学有深造的机会。因为除非基督教中人在思想界有相当程度,就不配与远东宗教领袖相往还。"(三十九,四十面)

我引这段话,似乎太繁琐了。但是这段话,实在是中国基督教的当头棒喝。中国虽没有许多他种宗教领袖以学问思想相号召,但中国基督教在中国的思想界中如今并没有什么地位,甚至於对付教内的才识之士及青年们,都有不能为力的形势。这种情形是绝对不能持久的!

<small>人为什么还要怀疑这种各教协作的事情呢?</small>　　基督教与他教发生友谊的提携,在现代的科学、道德、宗教、实效四点上看来,都是正当而必需的。但教中,尤其是宣教士中间有好些人对於这点依然怀疑,依然抵抗。他们也不是没有理由的;他们以为光与暗,基督与巴力是无可融洽的,却不知道这不是光暗,基督巴力相对峙的问题,乃是"一室千灯,灯灯光明"的问题。《平议》说:

"宣教士之所以不肯採取这个态度,有一种重要的理由,就是:与他种信仰发生友谊的关系这件事,在宣教地及宣教会的许多信徒看来,简直是一个不忠的行为,是与错伪相妥协,是放弃基督教独特点的表示。"
(三十一面,原文三十五面,文系自译。)

这个理由的正确与否,我以为当看在现代的思想与生活之下,基督教是否还保存其独特性;诸教提携,是不是就会使基督教的"宣教事业全部发生动摇"。《平议》的第三章讨论基督教的独特性,或者在其间我们可以找出妥协与不妥协的问题的答覆。

<small>《平议》论基督教的独特性</small>　　论到基督教的独特性,第三章内说得非常简括,我们读了第一遍,觉得没有搔着痒处。再读几遍,虽觉得比较满意些,却依然不圆融。在这里,我们就入了神学范围,著作者虽系平教友,却对於神学有深刻的研究的,为什么偏偏在重要之处,含浑而髣髴呢?欲说不讲神学呢?其中却讲了不少,不过不用神学的术语而已;因为基督教自有其信仰信念,不说明又如何有宣教事业?欲说讲神学呢?又为何损之

又損呢？其中有三個緣故，《平議》的原序裏說：

《平議》衹發表最低限度的神學的緣故

"本委員內部，對於基督及宣教事業的看法，頗不一致。……我們中間，有人看宣教事業為吾人對於耶穌基督——他是上帝完美的啟示，人神圓滿交通惟一的道路——效忠最高的表示。有人以宣教事業為一種利他精神的表現，為與全人類同享基督教文化之果的一種願望。也有人以宣教事業為人類共同追求上帝的一種努力，藉以充分實現在個人及團體生活裏天賦的可能性。"（五面）

委員內部的意見既然是如此龐雜，欲得"允執厥中"的敍述，其結果當然是淡水，不是濃汁了。霍金說："我們（在《平議》中）說明我們各教會對於耶穌有諸種不融合的觀點。當然，我們覺得一切的定義都是不充分的；我們所述僅是代表的，而不是完全的，我們的責任並不在於說明委員個人的整部神學。我們的責任是要說明我們中間有不同的觀點，也指出在這些不同的觀點之中，有一個基本的同點，維繫我們的工作，使我們達到一個共同的結論。"（見一九三二年霍金的演說，第五面）

還有兩個緣故

但除了估價委員會必須陳述一個最小限度的神學之外，其間，據我看來，還有兩個理由。第一，宗教是活動的，深刻的神學或者衹可以在宗教人格的動作中與宗教運動的活躍中找出來，絕非紙筆所能盡攝而罄書。這也是變演論的歷史的看法。第二，也許在委員內部，每一個人都受了現代思想的籠罩，跳不出他的圈子，所以不能產生

科學與宗教的解釋，有無原則上的不同？

出比較深刻些的神學來。我們統觀《平議》第三章全部，總覺得其間注意科學的事實則有餘，注意宗教的信仰則不足；因此提到基督則不涉及其道成肉身的公共信仰，論到上帝則不涉及其絕對性與超越性。凡是讀過近代科學史的人，總會知道科學的解釋事物，衹許就事論事，說明事象的前後及其他相互並存的，變易轉注的關係，而不許在事物之外，假設不可觀察的勢力或實質來作一切事象界中事象程序的解釋。到如今，唯物論雖已根本搖動，機械論雖已不能完全應用，而就事論事的思想卻依然崛立不移。科學按其原則不須假設物外之上的上帝來作解釋；宗教自身要作解釋，應採取科學的原則呢？還是宗教本身自有其原則呢？若宗教依於科學，那末超越絕對的上帝觀，便有科學上及

邏輯上種種的困難。若自立呢,則其範疇又安在,又安能適用於人天相連結的境域? 在科學看,一切是知識,所謂信仰,亦是根基於知識的預期。而在宗教,一切是知識,一切也是智慧與信仰,而信仰是既根本於知識,復超脫乎知識的心的活動。純粹的科學不必有宗教,而純粹的宗教卻不能不有科學,又不能不超乎科學。因為宗教的領域高出於科學的領域,而高的必須以低的為基礎。其實呢,科學的解釋,亦不過是敘述在某種某種情形之下,某種現象必然發生而已。若論新事物的出生,又不過於其出生之後,推原其出生時的種種情形,然後鋪張敘述,並不能確指新事象果是一般情形中所產出與否。莫根路易(C. Llyod Morgan)是一位突生天演論者(An Emergent E-volutionist),他說:"到如今尚沒有一個人能夠指出某種可以觀察的動作狀態,能夠從他種狀態中發生出來。我們作誠實公正的探討,必會覺着在某種可以觀察的情形之下,新的動態突然出現。這種動狀,我們現有的知識程度之中,沒有人能夠預料的;在科學範圍內,人往往要在事實來到之後才得智慧。"(說見 The Idea of God, by Pringle-Pattison, p. 98.)果然如此,那末科學儘可注重以事論事的原則,宗教亦儘可自超於科學而肯定其所信仰的超自然的對象。而《平議》的著者為什麼忽略了超自然的重要觀點呢? 也許是一般委員尚不曾看出宗教科學各自有各自範疇的道理來。

《平議》第三章論基督教的獨特性說:

簡單
"基督教的中心教義是很簡單的;這正是他的特點。"……"從人類所共有的真理裏邊,基督作了一種特殊的選擇。基督教的特點,即在他的選擇。他將若干真理聚集在一起,使他們格外清楚,堅定,並且具體地實現出來,因此增添了真理的實力。這些地方,好像個人的容貌一樣,正是基督教特有之點。"(四十二面,僭加數字)

獨特性的含義　我極贊成"簡單"是基督教的獨特點。不過在上文所引的一段話,含蘊着幾個不容易看出的意思,不容不說明一下。第一,**所謂特有點乃是個別之點;一個人有一個人的容貌,一個宗教也有一個宗教的特別性質**。基督教有獨特之處,他種宗教,自然也有獨特之處;基督教是一種在真理境域中的選擇,他種宗教自然也是一種這樣的選擇。第二,這種選擇,是將"若干真理聚集在一起……因此增添了真理的實力。"這頗有突生天演論的精義包蘊在內,而卻渾融髣髴,不可捉摸。是不是說基督教的特點在創見真理呢？不是，是"選擇"，不是創見與獨得。又是，因為這種選擇增添了真理的勢力，而這勢力是一種原有的材料排列好了之後，磨擦接觸而突生的。而增添的是否一種新的東西？那卻不曾提。不過這個觀念似乎是代替了基督教原有的上帝啟示觀，似乎把水桶的底打了一個洞。

且看《平議》接着又說：

象徵　　"耶穌用他的天才，從古今無數的規則教條裏，審定了若干重要部分，很簡單而有力地把他們表明出來。他用兩大誡命說明摩西的律法；用黃金律概括行為的正則；用主禱文說明祈禱；以天父的象徵說神學的精義；並以天國的理想作社會改造的目標。"（四十二面）

這幾句話，我無問題。耶穌的偉大實是在於他能得精要，唾渣滓，在千端萬緒的複雜觀念中，找出一個清楚的道路來。不過耶穌對於自己有一個絕大的宗教徹悟，因為他有這個徹悟，纔有他的宗教。他發見了自己是上帝的兒子，人格才有一個新性質，新生命。"道成肉身，"這句話太神妙了；但其實可以用超自然主義講，也可以用突生天演論的自然主義來講，又為何不提一提呢？為什麼不說："他以上帝子的意識來解釋人生的新生命"呢？

"但是，基督教的特殊性，不單在他對於真理的解釋。更主要的，是他的象徵，儀式，團契，及代表新宗教生活的教主。"（四十三面）……"如果宗教的真理，脫離了情感的背景，成了幾條乾燥的教義，就不能算完全的真理了。"……"從大體上說，更正教會（即拙譯的抗議基督教）對於利用宗教中具體的詩的成分，如宗教、藝術、儀式等，不及天主教及佛教。……"（四十四面）

注重象徵，提倡宗教藝術，實在是一件要事。但是象徵而無正確的神學，與神學上對於實在的品格的指示，那末象徵的美術，似乎也難免於空泛的弊病。有身體而無生命，亦不過是剪彩的花，紙紮的美人！

"基督徒因為耶穌的言行，是他們信仰中最高的象徵，最重要的史實，所以將基督教的意義統統歸納在這裏邊。因此，基督徒團體慣於縮短了他們的話，宣告人類說，'我們的福音就是耶穌基督。'（以上第二句是自譯的）

可是，這種說法，對於基督徒雖富有意義，對於非基督徒卻奧秘難解……我們宣傳基督教使命，應多為平常信徒着想，應當避免未經解釋的象徵。基督教有一種急需，就是將宗教信仰同日常經驗及思想相聯絡。"（四十四面）

固然，簡括的話像"我們的福音就是耶穌基督"是不易明白的；固然，宗教是要與平常的言行相聯絡的。**但是對於耶穌基督全然不下一個說明，似乎違反了所提出的簡要的獨特點罷**。說了耶穌對於真理的選擇，說了象徵的儀式，而不說明耶穌本身，或單說他是"最高的象徵，最重要的史實"，未免"居簡而行簡，毋乃太簡乎"？

基督教似乎沒有獨特之處。

基督教的獨特點原來如此，也許基督教本來沒有獨特點！

第三章的第二段論基督教對於遠東的使命，一起首就說：

論上帝"世界的人們忙忙碌碌地，在這個受物質事實，自然定律及社會關係所支配的世界中，謀求生活。基督教要聯合其他宗教，對他們宣告說，世界上最真實的，是與人生有關係的，莫過內存於這些可見的事物，而又超出於這些可見的事物的那個無形的靈，上帝。"（四十五面，後半我自譯）

批評《平議》的上帝論這句話好像是使人見了光明。轉瞬之間，這個光明卻又慘淡了下來。"世界上最真實的，最與人生有關的，是上帝"！這豈不是一道金光。可是這上帝是"內存於可見的事物，而又超乎可見的事物的，無形的靈"。那道金光就變了銀灰色，黯兮慘然了。全章僅僅有一次提"超出"二字，而"超出"又等於未曾"超出"；因為"超出於可見的事物"，並不包蘊着超出於一切物，一切靈的意思。然則歷史上宗教家所信的客觀超越的上帝，不全在於人物而能引援拯救的上帝，依然不曾存在。然則所謂上帝，或是一個觀念，或是一個價值，追究其事實之所在，還不過是人生中的一個因素。這簡直與人文主義之所謂價值，無有什麼分別了。

《平議》的神學與人文主義

或者有人要說：上帝難道不是"無形之靈"麼？有無形之靈運行主宰乎萬彙萬人之間，宗教亦自有根基，豈可謂便是人文主義？且人文主義亦未始無宗教的要求，未始無靈性上的價值，烏可一言而抹殺之？我的答覆是"無形的靈",正像呈色的花卉,發聲的宮商,移時的綿延,行空的動作;又正像開花的花,發聲的聲,費時的工夫,行動的作為。難道如此說就因為要分別得無形的靈,有形的靈出來麼?且所謂無形的靈,既可為價值的總和,復可為思想的統系,其間生得出人心深處所需要的有個別客觀存在的實有本原,以使人的靈性得着自身真存的勇猛與平安麼?上帝固然是價值的總和與思想的統系——這都是我的話——但僅爾爾,絕非基督所表顯的威慈臨在的天父上帝。凡是基督的信徒當然要接受人文主義與其價值,但亦當然要覺得人文主義是不夠的,須於其上加增一個超絕的個別的客觀的上帝。因為人文主義所謂的價值,應有所從來,應有所以然,應有一個價值突生,價值保存的解釋。我已說過《平議》有現代思想中的變演論、相對論的科學背景;這是極善美,極精當的,且極可接受而佩服的;不過我又說過科學以就事論事為原則,不須外鑠的事物去作事象秩序的解釋,而宗教則不然,不但要以事論事,並且也要以信為義,以信為智慧的根源。科學與宗教有不同廣袤的領域;宗教是科學領域上加上的靈性領域,包蘊科學而超出科學;故其於闡釋之工作須具有自為決定的範疇。宗教"既有補充科學的功用",(三十三面)緣何不在基督教最根本的信念上作補充科學的理論呢?為什麼必要單持內蘊論而不同時闡述超越論呢?"人類性靈中(既有)不可磨滅的宗教直覺:這個直覺中的上帝(又既)是真實的上帝",(三十三面)又為什麼在神學的敍述上,《平議》就忘記了這個直覺呢?難道這個直覺亦祇會往後看,不會往前,往上看麼?以基督教論,信仰超越而內在的上帝,乃是他的基本的,中心的生活;其所信的上帝,乃是他解釋宗教的範疇。這並不是說宗教不必有邏輯,乃是說宗教自有理解,其作解釋的原則不同罷了。基督教的出發點是上帝,不以人為出發點,深信世界人生,因有上帝,所以如是。由上帝出發,故可以解釋一切新創的價值,一切道德的實是。**上帝是創造的主宰,是一切的權衡。**惟其是創造主,故能使人秉受上帝之性,而與上帝同工,得以參贊天地之化育。人本身不具解釋,以其須得解釋也;人須以上帝為解釋,有之則有意義,無之則無意義。上帝則須受信仰,而不必受解釋,以其本身是一切事一切人之解釋也。惟其為權衡故可以度量,權衡者度量一切,而不為一切所度量,故能為**究竟義,究竟真在,究竟真理**也。聖伯納曾對他的從人說:"無論你們起得如何早,上帝已先

〔基督教是從上帝出發的〕

在。"上帝先在,故宗教的理解,自有其先在性。《平議》偏於科學的看法,結果說上帝而上帝仍如等於莫須有。這實在是使人大不滿意的缺憾。香港何明華主教曾有一函致美國紐約協和神學的院長,說:"該報告書表示得很清楚,是為一般不再以上帝為火熱的實際的教友們作的……據我看來,該書的不可救藥的缺點是在離棄了上帝而談宗教。"這些話,雖過火,亦不為無故!燕京大學的梅貽寶博士亦有信去。他說:"與他種宗教比較起來,積極的人文主義實在與基督教極相近。他們的基本價值似乎相同。他們所選擇而組織的通則有許多同點。在象徵方面,基督教當然是極豐富,人文主義至今還極少這一些。但究竟,象徵是不是歷史演進的結果,而不必是宗教本身所含蘊的部分,是不是偶然的而非必然的?人生中須要有象徵,這當然是無須否認的。但若視任何一個象徵,或一類象徵為必須有的,那就未免不合理了。"這些話是贊成《平議》的。《平議》以基督教的象徵為其獨特點,而遺漏了基督教的真獨特點,無怪贊成的人也會覺得畫蛇添了足。他的話雖在左傾方面過些火,亦不為無故!

[何主教與梅博士的話]

[現代人在宗教上的困難]

今日宗教上的難題,是人須要上帝而又不能信上帝,純粹科學是絕對不講上帝的;今人受科學的影響,感覺得除卻經驗的分析,心理的觀察,更無有科學的方法可以達到宗教的本質。而用了這個方法看去,宗教的經驗中,祇是一種一種的心理現象,而扭不住,追不着上帝。由是明明是因信仰上帝而發生的深遠渾厚的宗教現象,一轉瞬而變為無客觀目的物的主觀欲念!一旦認定了這些宗教要求是主觀的欲念,又轉瞬間這些欲念便不能像從前那般深遠渾厚,如火如荼了。此之謂殺下金蛋的好鵝。西方有個寓言說一個人有一隻鵝,天天下一個黃金蛋。其人以為太迂緩,不如殺之而一旦盡得其金;哪裏知道鵝肚子裏找不着黃金蛋!可是死鵝也就不再下金蛋了。天使說得好:"你們為什麼在死人當中找活人呢?"活的宗教,一方面不怕懼宗教經驗的被科學分析,一方面仍舊以經驗及理性為確實的見證。因為宗教認定在火熱的經驗中,人與神有真切的交感,上帝即在此交感的生命中;又認定在急切的服務中,人與人有實現的團契,上帝亦在此動蕩的團契生命中。人的進展盡在於向上向空的攫拿,攫拿而果更向上,果有新生命出現,那末這便是宗教具有超越實在的明證。

超越論的意義 論到這裏，或者有人要問超越二字，究竟有什麼意義；眼看《平議》所默認的內蘊論有經驗事實作憑據，而所謂超越二字，說來說去，依然是從人心中口中發出來的論調，依然是沒有跳出如來佛手掌的齊天大聖。這種問題，誰都會想得起的。但也許很少人能知道這個問題所根基的錯誤。若有人對放風箏的小孩子說，你在地上，風箏在天空中，你和風箏相隔很遠，你怎可以說風箏是你的呢？這個問題豈不笑話？豈不知道小孩子和風箏之間有一條線麼？人與超人的實在之間原有一條線，內蘊與超越並不是兩個絕對隔離的觀念，並不是兩無交關的；因為內蘊必從超越得意義，而超越必由內蘊而入於人的知識範圍。若上帝不與人發生關係，雖有存焉，在於人亦祇好算等於不存。既發生關係，人當然在自己的經驗與推理中認識他。在知識範圍中我們處處看見這個道理。譬如一個有機物，各部聯絡生活，全部因而長發，我們所見的現象是各部的聯絡互助，而我們作註釋則說其間有個趨向全部利益的計劃。我們的解釋就輕描淡寫的超了現象。又譬如人的心理，我們察考的時候，不過見一種一種的心理現象，絕不道其中有個自我；但是我們說，這是自我的表顯。又超了心理學上所認定的事實的範圍。同樣，我們觀察人類道德的行為與關係，分別出其中的事實與超事實的理想來，所謂 is 與 Ought-to-be。我們研求宗教生活，也分別出信仰的經驗，與超乎信仰的對象來。道德所認定的至善，須有實際性，然後人類的道德方始有意義。這個至善——《平議》亦說"丟失至善"是危險的（十九面）——是超人超自然的，**因為他尚不存在於自然與人之中**。同樣，宗教所認定的上帝，亦須具實際性，然後人類的宗教方纔有意義；**而在人與自然中我們尚找不出一個純聖整全的上帝來**。到如今，人須要選擇，或是說宗教須有一個超越絕對的上帝，由他而得有神的宗教的意義；或是說不信這個，即使要肯定有上帝，至多亦不過在人所經驗的價值中找出一個價值的總和來當作崇拜的對象。這個總和有實際的存在與否，當然是問題。**若這是人所自創的理想，那末人是超過上帝的了，上帝便死了，所餘下的即不是有上帝的宗教，即清清楚楚的是人本主義**。但從相信上帝是超絕的實在方面看，上帝是超絕，也是內在，可以超絕而又自運於宇宙人生。基督教的根本義即在於此——"道成肉身"，上帝在歷史中為主宰，為創化的本原。我們肯

【基督教的根本義】

定這個根本義,並不曾違反理性。因為在理性方面說,**我們有權利假定一個未曾澈知的事實來解釋宗教,使其得意義**。假定是一個橋樑,叫我們從內蘊的觀點走到超絕的觀點;我們可以說,內蘊觀所指示的如此如彼的宗教現象,引導我們到超自然超人類的上帝,因為這些現象,祇有肯定上帝方始可以得思想與實際上比較圓滿的解

【從科學倫理宗教三方面看超越論】

釋。但這不盡是一個理智的問題,且也是我所暗示過的道德問題。戴勒教授說,"我們的道德尋求,若沒有一個完全的善做對象以維繫之,必然要自致失敗;因為有此對象,則有絕對的滿意,我們所得的,即永無被攘奪而丟失的可能。我們所得的是'無量的,永恆的',指明上帝的確實,而為絕對究竟的良善。人類整個的道德努力,若要始終不失敗的話,這個實在便是必要的條件。"(A. F. Taylor, *The Faith of a Moralist*, Vol 1, p. 105.)道德的探險原是"起於自然,終於超自然"。(同上,p. 144)這樣看來,基督教傳福音不但是講道德價值,並要以宣傳使道德有根基有歸宿的上帝為第一義。但我們還要再進一層,認識宗教與知識的不同;知識假定超越觀來作解釋;宗教則信仰超越的上帝。所謂假定,原是因欲得理解而發生的。有宗教,總得有理解。但在宗教本身,祇是一種活命,一個人心與上帝交通的經驗,滿有真際,平安,快樂與勇敢。在其中,人會感覺得罪的被恕,上帝的臨在,工作的興奮,更會愛弟兄愛同胞,所作所為,好像都帶着上帝的光彩。人的生活雖是相對的,變演的,暫時的,卻又含蘊了絕對的,常住的,永恆的意味。超越的,絕對的上帝在這種經驗中作他自己的見證,知識的理解,原不過是過後的智慧而已。

宗教說上帝"到世界上來",向着人為自己作見證。這就是啟示。科學重假定,以假設來闡推物理。宗教重啟示,以上帝自己的作為來表明神人間的關係:"不是你們揀選了我,乃是我先揀選了你們"。基督教的真義就在於此。而《平議》則絕不提啟示,很可以讓我們想一想。

【《平議》論上帝,祇錯在沒有超越觀,由此就全部受影響了】

《平議》第三章中論到上帝的其他方面,我皆贊同,更無間然。例如:

"基督教不以上帝為與人遠離。在人生一切活動之中,不論我們覺與不覺,無不有神靈的運用。"

"上帝祇有一個,所以宇宙間祇有一個屬神的意志與能力。""他的

品格是永久不變的。如果他在世界的痛苦與殘忍裏，同時他也必在世界的美善裏。這就是善究竟要勝過惡的惟一希望。"（其中一句是我自譯）

"世界雖係律的世界，但其最高的律並非是物質的律，乃是道德的律。"（自譯）（以上見四十五面）

"在基督教看，上帝是一個自我，不是一個道德統系中的非人格的原則。"（自譯）

"基督教相信在人的生活中有上帝實際的臨在，也相信宗教中最高的權利是人與上帝同居，與上帝旨意融洽的直接的經驗。"（自譯）"基督徒與神交通，用不着任何特別或艱難的技術，也用不着離開人間的關係。"（四十六面）

"凡認識耶穌的人，都知道在耶穌的生活裏，有神人合一生活最清楚最易學的榜樣。因為耶穌的生活以表彰宗教的意義為惟一的目的，而且他曾受極強烈的試鍊，所以凡有志表現宗教的人們，都以他為泰山磐石。"（四十七面）

這些話都極與基督教的根本思想相吻合。但是《平議》祇提上帝的內在性，不及超越性，以為現代思想，不宜想"對於超自然的境界有過多的認識"。（見原書五十一面）所說的上帝祇有一個品格永久，同時在美善中，又在痛苦殘忍中，與夫上帝是自我，是人格種種，單從其內在觀方面看，恐亦不過是一種措辭，其間的上帝僅能後於人而生，不能先於人而存焉耳。

《平議》所不論的問題　《平議》的神學既如以上所述，其所不論不議之點，尤足令人注意。普通說來，基督教的根本道理，除了上帝基督之外，總該有一種祈禱論與救法論。《平議》竟不曾道及。關於靈修方面，《平議》極注重靜修，卻不提祈禱；雖說基督教應當"研究一種不帶迷信色彩的天命觀與祈禱觀"，但這種祈禱觀——宗教命脈之所寄的祈禱觀——卻未邀知音的周郎一顧！書中既說：

"基督教不應將靈修的工夫，完全交託給佛教與印度教……（他）似乎忘記了靜修是尋求真理必要的條件。"（三十九面）

又說：

"我們的自我必須用反省，默想，自制各種工夫，使之深刻化纔能實

現人間的幸福。所以，實用的宗教往往有在出世與入世，祈禱與服務兩者中間交互的勢趨。"（四十七面）

這些話似乎表明出基督教在現時對於佛教、印度教的默修工夫深致羨慕，似乎遺忘了基督教本身有精闢的祈禱觀與靈修技術；因此即說到祈禱，亦無非

> 缺了祈禱觀

是自我的"反省，默想，自制"。"反省，默想，自制"，與祈禱未必同，因為"反省，默想，自制"。三者雖係靈修中重要的元素，卻儘可用自力，不必有信仰的客觀對象。神學而專重內蘊論，其結果總不免要廢棄心對上帝的祈禱，而以獨自修行的"反省，默想，自制"作代替品。這兩件事，同為靈修，而意義大相懸殊。人的生活，興衰強弱依乎意義。今意義既異，其效率即恐亦未必同了。

> 人果能自救麼？

基督教以耶穌為救主；救度罪惡，是耶穌甚重的使命。《平議》竟未提及罪惡，悔改，革心，饒恕，受恩惠，成聖潔等等要義。或者，以內蘊論為骨幹的現代主義原不能深論救法，因其幾乎全似人文主義，人的拯拔俱由內發的自力，與人與人之間的互相輔助。現代主義與人文主義所差殊的地方，或者僅在外表，又僅在承認自然中有無與人相類的價值那一點。即認自然中有精靈其出生上進亦不能不以人為最高點，而人的救法當然在人力自己向上，所謂依賴上帝者，實則等於依賴人力而已。

對於此種觀點，我亦見其思想的根源與統系，並非表示反對；因為其間自有真理。我所深深懷疑的是：（一）此種觀點，是否能充分地解釋宗教的深奧事實，抑須另用一個較能解釋的原則去補充其不足？（二）人類需要宗教果然僅在自力向上？從歷史上，與吾人宗教經驗上觀察，人果能不藉超自然超人生的力量，而自達於圓滿的解脫，及充實的幸福否？（三）人而果能自救，果能用反省默想自制的方法，崇拜祈禱的象徵，服務同群的行為，而自得出死入生，脫罪惡而止於至善，那末我們的基督教是否改變了根本的性質？在耶穌看，上帝在他裏面而又超出一切，由啟示而救人，乃是一個最重要的事情。人而自能，此真為贅疣！

平議第三章對於"遠東的使命"——"道德的社會"的一段，乃極妥貼平常，我不有異議。

其第四章論"宣教事業的範圍"我亦大致同意。這章裏有幾個重要的觀念，是我所極服膺的：第一，是救人須救徹，不能僅注意人的靈性而忽略人的肉身，注意人自身而放棄他的環境與社會。第二，是各種工作，如教育，醫藥，文字，以及其他種種社會事業，皆當以耶穌的精神為工作的中堅，使服務其間的男女的人格與工作的性質，在實事上表彰基督教真實的光榮。第三，是各種工作應實現其自身的目的，不應視為"誘人入教"的工具。第四，是絕對勇敢，持守其本身的主張，敢作敢為，不投機，不趨勢，不屈服於非理的權威之下。《平議》主張：

<blockquote>
"宣教會對於所在國的政府，有服從的義務，應當贊成有次序的進步，而不願參預於暴亂的行為。同時，他不能承認任何政治團體具不能做錯，不許改革的絕對性……關於一切有關靈性的政治意見，宣教會必須採取'任何政府，無阻止國民正當的發展及禁止正當的言論之權'的態度。"（六十五面，僭易數字）
</blockquote>

這是我所視為重要的，因基督教主張正誼，從來是背負着十字架，去崛立不移地為正誼奮鬥的。年來基督教實在是太委靡了。這幾句話，確是當頭棒喝。**不過我以為在現代的變遷中，宣教會最好努力造就本地人才，促使他們為正誼作見證。**

我對於第四章僅有一點懷疑。宣教事業的範圍既然包括全部人生，其工作必要廣泛蔓衍，大而無當，因此丟掉了重心。《平議》其實亦表示此種覺悟。因此，有兩件事是急須注意的：一是選擇最重要的幾件事，規劃實行去作；同時在每一件事上集中人才經濟，徹底舉辦，勿使好事因散漫而不結充實的佳果。二是注重訓練人才，造就人格。在這一點上，《平議》亦注意到，故說：

<blockquote>
"要建設一個新社會，必須先有構成社會單位的新人。任何社會的努力，如果不注意這一點，結果未免失敗，至少不易產生偉大而永久的結果。"（五十四面）
</blockquote>

基督教的社會建設是根基於人格建設的。在今日基督教應如何做人格建設的大事業，實在是一個重大而倔強的問題。我所懷疑而存憂的就在於惟恐人力辦不了這樣的大事。

結論 本文對於《平議》前四章，除却其神學的一部分之外，大致表示同意。估價委員會內部對於其神學的敍述並不一致。其大部分的人也許深受時代的影響而不徹底覺悟到其根本原則的不充分：僅僅的安於共事共進的計劃。所以我們亦不必過於重看其神學。再過十年，也許這種神學會擘作兩片，一片是純粹的人本主義，一片是歷史的基督教，仍然含有啟示觀與成身觀等等教理。我覺得神學上的正解正見是一件重要的事；但我又覺得信教的人亦須具有廣闊的態度，而徹見基督教與現代勢力各方面的關係。最要緊的是友愛，故我深願我教中人彼此研究討論，同歸於較清楚的真理，而同為真理作見證。新舊分裂，實為至愚之事！若我們透見宣教事業的進行，可以受《平議》的指示，而不必依遵《平議》所提出的片面神學，我們當即不會覺得基督教因此改變了宗旨，丟失了獨特性，而搖動了根本。耶穌說，"不要恐懼，祇要相信。"這樣，我們正可以因估價委員的勇敢公正而喜樂，不必徒然疑慮而失望，亦不必囂然自足而以現代化相招搖。我的暫得的結論是：《平議》的事業觀是好的，神學觀是淺陋而不正確的，我們應當棄其所短而取其所長。不知同道們以為何如？

二十三年，十一月二十一日，燕東園

原載《燕京宗教時論》第三冊，燕京大學宗教學院 1934 年 4 月

我對中國高等神學教育的夢想

　　基督教傳入中國如許之久，教會中似乎並沒有挺生出類拔萃、品學兼優的聖品人。其中有好幾個緣故，請說其中兩個。

　　第一，我們抗議教注重民眾，因要普傳福音的緣故，故特造就普通應用的牧師人才。祇要這等人的學識稍稍超過普通民眾，加上些西宣教師所傳的簡單的神學及宗教的熱忱，便可為教會的前鋒。在過去百年間，這種辦法，頗收成效。

　　第二，抗議教的神學教育本身非常淺陋，在學識方面祇求單軌式的灌輸，並無自由開展的啟發；故最大多數的神學生全不知中國文化的背境，亦全不知西洋學術進展的趨勢，其所學習，除傳統的思想與規則之外，幾乎別無所事。

　　因此，神學云云，既缺歷史知識為骨幹，復欠現代思想為根本，既無中國文化為背境，復無西洋文化為目標，僅不過一宗傳一宗的遺規，一派流一派的古傳罷了。即所謂高等神學教育，亦不過是外鑠的、機械的輸入，其他更可不問了。在這種狀況之下，特異之才，應該是不能出現的。直到現在，基督教在中國，並沒有在學術思想界上佔任何位置。數十年前，教中尚有幾個西宣教師如丁韙良，林樂知，李提摩太，李佳白等為教會幫補場面；到了現在，中國人做起領袖來，卻反沒有了神學家，宗教家。難道教會能造就校長、教授、幹事、官吏、洋行買辦等人，而於牧師宣教師的栽培，獨不能得心應手，指揮如意麼？到如今，英雋有為的青年信徒，幾乎視神學為畏途，好像神學是次一等的人物所研讀的功課，牧師是次一等人才所擔任的名目。這種現象，是誰造出來的呢？我說這些話，是過火麼？我不說次一等的人無廣敷的用處；我所說的是宗教而無傑出的思想家，創作家，神學家，在今日是沒有路走的。而這種思想家，普通說來，都應該是神學所能栽培得出來。

高等神學教育的目的是什麼呢？

第一，是出先知。高等神學教育機關裏生不出先知來，豈不要叫人痛哭流涕而長太息麼？可是怎樣的人是先知？先知是自有會心的人。他親與上帝交通而得到指示，同時又親切的知道現在的社會的情形，由是而大聲疾呼，躬身力行，在人群中實現上帝的旨意。但這不過是一方面。在古昔的時候，牧童買販都可以做先知，祇要他果然聽見了上帝的呼召。在現代的中國，單聽上帝的呼召是不夠的，須要加上深刻的研究，純熟的學問，廣博的接觸。今日的先知可以拿書本子，打圖樣，定規劃，而不必穿駱駝皮衣服，吃蝗蟲與野蜜，也不一定要親手做帳幕。這樣的新先知豈不應當從神學裏出來？

第二，高等神學機關，應當做追求宗教的人的研究機關。西洋的聖品人，雖亦有盈千累萬的愚蒙不上進的人，卻很有繼續學習的機會。中國獨缺這種機會。我以爲高等神學的工作，不專在幾種學課，更不專在讓人家讀幾年書，習幾年事，然後給一兩個學位。這些都是小事情。其最要緊的最有活力的是在國內成立一種繼續努力於宗教思想與生活的運動。一個人不是在神學裏一畢業就做成先知。他須要受好許多訓練。畢業的人，在成爲先知的過程中，其需要神學的思想團契與刺激，比較在神學裏肄業的人爲更急而尤切。神學與其畢業生及出院生好像腦子與全部神經系一樣，須有互相的作用；不然神學就不能在社會中發出宗教的活動來。不但是這樣，此外社會中尚有許多人心中要研求宗教，神學也應當包容廣大，給他們一個機會。我們抗議教的神學，在今日中國，試問有幾個能讓儒、佛、回、道各教的人來共同研究宗教的。我們的光，爲了經濟的限制，人才的缺乏，思想的卑陋，神學的狹窄，遺傳的束縛，是不是就此放在斗底下？神學不應專爲無根基的囮圖材料作一些鑿竅的工作，也應爲那些已有徹悟的大師們預備機會，作他們歸休歸思，從容創作的地方。

第三，高等神學當以實際宗教生活的試驗爲目的，因爲思想離不開行爲，行爲也離不開思想。高等神學與他種學術機關相同，第一要提高學術研究程度，舍此不圖，簡直即等於自殺；第二要將學術與生活聯在一起，使其在社會人心上發生效力。一切教育，在現代，都帶著職業的關係。神學更是如此。但高等神學機關絕對不當因爲職業的緣故，使學生會動作而不會作徹底的思想。基督教在中國似乎不看重學問，從今以後，這種態度，應當咬定牙關改過來。

　　我所說的似乎有點畫餅充饑的意思。饑是真的，饑了連餅的樣子都不知道，那就未免太可憐了！所以畫餅也是一種重要的藝術。第一個餅畫好了，請畫第二個。可是未畫之先，我已聞到了熱騰騰的香味！就是：高等神學的學程中，應有何種允當而又精穎的準備？

　　（一）用科學的態度與方法、歷史的眼光與背景，虔誠的心念與動作，來研究基督教本身的經典與歷史，神學與制度。世界上最艱難，而又最急切的試驗，便是將精密的客觀的理知與宗教的虔誠並在一塊兒作宗教學術研究的態度。有人想理知是冷東西，一用邏輯，便成僵屍；虔誠是熱氣蒸騰的東西，一入敬仰，便不能再加上邏輯的分析與推測。二者不可得而兼。客觀的態度，主觀的心理，豈可并爲一談？我每以爲不然。這種說法祇可限於觀物，而不能運用於觀最高的生活。我且不談此；因本文並不討論治學的方法。我祇好武斷地指定高等神學，應當準備教授學生用科學與宗教兼重的態度去大無畏地，大自由地研究了解基督教本身。

　　（二）高等神學又應當讓教授學生研究試驗，並且創造，教會的種種典章與制度。神學中最難的事情是這個宗派的辦法，是天授的，是必然的，故須這樣教學生知，教學生行。那個宗派又另有一套花樣，故又須那樣教，那樣行。其實這些五花八門的東西都有哲學與歷史的背景，也都有片面的價值，不如公開試驗，免得西洋的歷史在中國傳了統，而真的基督倒反而飲多了安眠藥水。試驗須受過訓練的中國教授來主領，免得褻瀆了神聖，倒反而弄得不三不四。有一次，某教堂請我講道，我剛入座，中國的絲弦隊就奏起樂來，我雖並不反對這樣辦，却深覺得其中有醜而無美，有不調協而無融和的意味，與宗教的崇拜適成齟齬的情形，因此，我就很不舒適，簡直弄得無奈何。教會的典制在中國定須受過比較的研究，與無畏懼的試驗。但在試驗之先，我們須先領悟其中的深意；這深意是尊重而可貴的；不誠之心，不潔之口，不恭之手，即不應當輕舉妄動。但高等神學應當爲中國創立教典，故我大膽的說，要試驗！

　　（三）在學程中應有各種宗教深刻的比較的研究。每一民族有他的宗教史，中國亦然；基督徒若不明白這民族宗教演進的原由，怎能在日形自覺的中國宣教呢？每一宗教又有他自己的土地與環境，若要移植，須先有相當的土地上與環境上的了解；江南有丹橘，遷淮化爲枳，基督教到中國是否要有變更，然後乃能本地化而成爲中國的宗教。同時，基督教與其他各大宗教不能不發生關係。這些問題都不是武斷蠻橫可得而解決的，皆須經一番深刻的研究與考慮。若高等神學機關不作這樣重要的工作，難道另立機關，專門去作這事麼？在中國的較高的神學裏，現在至多不過有宗教比較學一門，其他如佛學的研究等等，雖或立一名目，其實亦無足重輕；原其所以，未始非中國基督教的思想界尚欠覺悟，以爲貿貿然便可以自立於應存的地位。其實這些神學最好開到歐美去；最好沒有思想上的問題，單靠著熱心去佈道立教，省得做那以大宗教對付大宗教，以大宗教代替大宗教的夢！

（四）高等神學機關當有中國人文方面的研究，因爲中國人的宗教深深的寓於倫常，道德，文章，美藝，在中國人眼中，道德文章原是一件事。但是神學中要如此作，豈不要請許多名教授，立許多新學科，以致有捨本逐末，喧賓奪主的危險麼？神學能如此做，當然最好。如其不能，那末最好與鄰近的大學發生關係，使其學生得在大學各系讀相當的課程。獨立的神學有長處，即能專心而虔誠；有短處，即在卑狹而僵乾。若能與大學聯爲一氣，或與文化研究機關相與交融，而又保持神學所特有的宗教精神，那末貢獻就可廣大而悠遠了。我說這些話，表面上看好像是末節；其實是極可思考的。現在神學的畢業生有幾個受過中國美藝——如詩歌、文章、金石、繪畫、建築等——的陶鎔？其中有生趣者偏於俗，無生趣者入於拘，安能在中國的思想生活，內心生活上佔有力量的位置？佛教中曾有法顯，玄奘，王維，吳道子，基督教中有這樣的人麼？能造就這樣的人麼？佛教成了中國的宗教；基督教的信仰，既有出世的精神，復有入世的歷史，如宜駕佛教而上之，而何故至今，猶不能在中國建立不拔的基礎呢？因爲基督教不明白，不侵入中國文化的底蘊。

（五）高等神學應當速速的準備，且速速的去作介紹歐西基督教的典籍。一部《新舊約》當然是重要的。但是佛家有《佛藏》，道教有《道藏》。基督教有千餘年學問上，思想上的遺傳，而抗議教忙於救人，忽於思想，至今尚未有較深遠的迻譯。我覺得傳教這件事，佛教比較有思致，抗議教的行爲最豈有此理！七張八嘴地一傳，得了四十萬男女老幼，思想的工具沒有傳過來，便作個金蟬脫殼之計，倡言說中國教會要自立，自理，自傳！同時，又是彼此掣肘，應有種種對付現代的宗教文字也不能產生出來，遑論迻譯教典！基督教不靠學問，學問救不了垂死的人，眞的。可是救活了的人，若沒有相應的飮食，也是要死的；救活了的人，若去吃毒藥，也是要不得的！如今像張純一先生，聶雲臺先生等人看得基督教空洞極了。當然，基督教不是哲學，基督教不能不尋求他的哲學；基督教不是歐西的古經古籍，先聖遺敎，先知列傳等品所能範圍的，基督教却不能不溫故而知新，走著明白的歷史的路程，而創造新生命。高等神學而不做這種深刻的立敎的工作，那末責任誰去做呢？

（六）高等神學應當硏究現代科學化的靈修方法及宣敎方法。宗敎敎育在現代的中國可算是一件最重要的事功，但看現在的敎本，空洞散漫，了無根源，屬於基本派的書籍則索無生意，僵化而結晶；屬於現代派的書籍，則跳躍奔動而沒有宗敎理致。看了半日，人不免要問基督敎到底是什麼一回事？自然，批評是容易的，創作是困難的；在求超於供的時期，我們祇能俯首在塵土之中，謙伏懺悔，力求自拔，不然，簡直是要不得！至於崇拜的文字，儀節，音樂，詩歌；宣敎的講章，內容，方法，辭令，都要細細思考。近來我看了幾本中國宣敎師的講稿，深深感覺，空洞而又空洞，怎能叫羊群不瘦餓而奔散？

至於基督敎的社會服務工作，繁而且多，自當列在高等神學的學程硏究與實習科之內。我所特重者在學術思想方面，兹不詳論實施的工作。神學若重神而不學，或重學而無神，都是不行的；但是如今，或出於此，或出於彼，兼重之地，渺不可見！我們靜心一想，哪一個民族不是立在思想根基上的，哪一個宗敎不是建在思想根基上的？中國的根本思想是人倫的，那末，人生觀打破了，若無替代，國必衰亡。英，美，德，義，俄，日莫不有其自己的理想。印度的所以爲印度，因爲有印度的哲學。哲學冲淡了，變了人生，便是民族性。宗敎亦然。從前的宗敎，普及的宗敎，祇要幾個簡單的信念就夠了；但是到現在，生活是世界的生活，思想極復雜，極豐富，若欲立宗敎於其間，以維繫人心，表彰神性，豈能不奠一思想與科學，哲學，美術，政治——所謂"世界文化"——成爲活動平衡的根基？我總不能以各處的奮興會爲可持久而可依靠；我深以爲基督敎若要在中國發揚光大，拯救我們，終不外乎兩途：一是生活，一是思想，而生活尤須要有力的思想爲中堅。

高等神學旣須作這樣的大事，證明基督是眞理，是神明；基督敎是有立場，而非錯誤與迷信，就該有一輩道德，文章，信仰，學問，兼有成就的人才爲師傅。此等人安在？也許尚未來到！即使有人，或尚未表顯在人前，或尚如鳳毛麟角。才難！才難！時代的呼召，如已歷歷在耳了。如果無此等人，基督教就當速速的去羅致，去訓練，去造就。一旦有此等人，此等中國人，我請再畫一個充饑的好餅。譬如有五人十人，聚集在一個神學中，他們中間的態度，情性與關係當如何？他們當彼此尊敬，互相愛悅，有絕對的自由，作各不相同而爾我聯絡的研究與創作。在他們中間要有信仰爲中心，要有快樂的團契，因爲非如此，他們不能治學問，也不能爲學生所心悅誠服的導師。第二，他們要各有誠心。赤誠不在，團契必傷；甲要出風頭，乙要存嫉妒，基督便重死於十字架上，而道義完全掃地。但是人的性情，各有殊別，或高亢而放達，或沉著而剛毅，或寬厚而慈柔，或深遠而悠默，或宏放而清曠，或善說理，或喜辭令，或硜硜於守節，或犖犖於從公。萬殊千變，若具有真愛與真誠，血性至忠，即可謂不磨的團契。團契不是朋黨。有了這個，一個高等神學便有了生命。同時，這些人好像是衆星的聯繫，能容能貫，與天地爲統系，與宇宙爲平衡，祗從真理，不受任何威權的束縛。若非如此，三綱不繫命，道義爲無根！嗚呼，何時眼前突兀見此衆，我身獨遭旁觀成功亦大樂！

　　本文但論高等神學中的中國教授，不提西方來的神學學者。這並不是說這樣的機關裏用不著西方學者。這樣的機關裏絕對的不能沒有西方的神學者，因爲基督教是國際的，學術是國際的，缺了國際性，基督教便無有存在。況且各國的神學者都有特殊的貢獻。德國的哲學，英國的組織，美國的社會福音，那一件是可以缺少得的？德國的精深，英國的健全，美國的勇猛，都有極深的歷史和經驗爲中堅，我們中國急須學習，坐在他們腳前深深的聽問且來不及，豈有擯之不與同研究之理？他們對於上帝及耶穌的了解比我們要深要誠，大有對於我們的貢獻。不過其間心胸窄，成見深，種界明，宗教窒的人也很多，非來試一試，合則留，不合則去，恐無補於事。

　　有了教授，也要有學生。生公說法，果然能使頑石點頭；但僅能使頑石點頭，而不能教頑石爲領袖，造成風氣，釀成運動，有什麼益處？孫悟空戰鬥，可以拔毛搖變，一化而爲無數孫悟空，果然也好；但是這些小猢猻助威則有餘，獨創則不能，又有什麼用處？現在神學裏自然也有好學生，懷抱熱烈的信仰，救人救國的志願，且也有才具，像玉的可琢，金的可鏤。但究竟是最少的少數。若把神學中的學生數目，與普通大學的學生數目相比例，我恐怕神學生大大的不及大學生的那樣才具高。中國的教會得不到上乘的人才——上乘的是不羈之才——當然祇好用次等的,甚至於下等的人才。於是有路可走,有飯可吃,那不熱心的也自然熱心起來。其實宗教的人才乃是天分高,心術醇的人,是少數,不是多數。在我夢想的中國高等神學裏,鑒別必須嚴而又嚴,緊而又緊,以在質不在量,在精不在多爲唯一的選擇原則。凡能來學的人,第一就不想得學分得學位;這兩件東西是騙人的法寶,大可擯之四夷,不與同中國。第二,就有本領得學問,不做教會工作,隨便什麼別的事都配得上作。而神學教育又寬廣,凡能在其中站立得住的,應能出去做買賣,爲官吏,作教授。神學不像從前那樣恐懼戰慄,既不敢教英文,一教英文就怕學生去作洋行買辦,教會就缺少了牧師;復不敢供給高深的學術,一供給,就怕學生去教書作官,讓教會脫了空。這種怕懼心理就是不道德,把人當作死工具。而高等神學卻特地要使學生得才藝,不做牧師,即做大使,狀元,宰相,元帥,兵士,都有資格做。吃飯吃教,不成問題。第三,這樣的學生是有志向,有信仰,有熱忱的,必要極虔誠,不然,便不甘心將性命寄託給耶穌與耶穌的事業。第四,他們須有康健的身體,及日常的體育訓練。健然後能學,能擔任勞苦的工作。這些人中間,大部分是實行家,做領袖,做牧師,做社會人心的改造家。其小部分則當受最高深的教育,而加上實習,然後爲神學家,爲基督教的思想家。他們的聲音即是先知的聲音!他們畫一個圖,全教會就依樣的去做得。他們設一個計,全社會能受益而聽從。

學生,尤其是中國的學生,是窮的多。神學若能得一優秀的學生,就當按照他的才具及所需的鍛煉,又按照他的各種不能免除的需要,給他充分的經濟供給。學生得膏火費,贍養費,原是應當的。各人的需要不同,所受的亦不必同。同時,中國的教會是窮的,神學生既受教育,其所需必廣,一旦任職而受不能做人的生活的辛金,血肉之人,在現代的生活中,豈能持久?因此,神學與教會要通連一氣,爲神學生任事問題,生計問題,作通盤的計劃與安置,庶不致糟蹋了人才。假使這個神學機關,忽然發了大財,它就當造成一種有限的組織,使凡有才識膽力的教會領袖——牧師們——能從該機關的基金利息款項下得相當的辛俸。這並不是叫這些人不犧牲了,乃是讓他們一心一意,扶著犁頭不後顧而已。

這樣的高等神學裏教授學生是師弟,也是朋友,關係是極密切的。有些設計的研究，可以在機關內埋頭工作的，有些須在社會的各種形態中去實習考察的；而這二件事，都是教授為導師，學生為助手，從合作同工中得成全。教授以學生為寄託生命的子弟，學生以教授為領導生命的師傅。其間的情誼，非紙墨所能述，可是良師心中卻了然。

其次，這樣的高等神學須有一個活動的統系，一方面與教會大學有極密切的關係，因為大學若不造就上乘的人才來供給神學，神學就祇好隨便去招未有準備的青年了。或者，神學會覺得指派教授在大學裏常駐，兼帶教書，以得將來的神學生，是一件重要的事情。另一方面，神學須要與教會有深切的關係，得其同情與瞭解，而不受其牽制與管理。若高等神學的教授們是有權威的學者，他們難道可以受教會中任何團體的審問？他們的思想難道有更高的權威來審定其合真理與否麼？西方的把戲難道必要在中國應有盡有地演唱麼？以較低學識的人來審判較高學識的人的學識，實在是一件怪事。即使教會中果有高才碩學，難道以人審斷人可以規定了學術上的真假麼？學術祇受學術界的友誼的批評。但神學與教會的關係甚多而甚繁，祇要合作，神學可以得實際經驗的補益，教會可以得神學的指導。兩者相容相合，思想生活，遂有關係，實可成為有勢力的基督教運動。其次，神學須與男女青年會，文字機關，以及中等神學機關，連為一系，使凡為基督教任事的男女，都受神學思想的陶鎔。譬如現在青年會要用一位幹事，第一就問他的交際行不行，第二就問他的才具足不足，問到後來才可得可失的想到他的宗教信仰有沒有覺悟，有沒有根基。青年會現在在宗教生活上的空洞，大都是因為這個緣故。若高等神學設有推廣部，短期學習部等，藉以聯絡青年會等組織，不但是於神學自身有利益，且對於現有的基督教機關有甚重且要的貢獻。

這樣的高等神學當然該有一個大建築，其中有各種的堂舍，例如大圖書館，大演講廳，禮拜堂，公事房，教室，教授研究所，宿舍等等。有人想祇要有錢就行！是麼？談何容易？錢是難得的，得了錢，錢自己不生腳，又不生翅膀，難道就走了，飛了不成？故有錢，亦必先有人。若人而無遠象，不見世界與中國的情形，不見學術宗教雙方轉移的變化，不見當時人民的需要，不見教會一體的聯合，不見基督教與中國歷史文化的關切，不見宗教自身的精華，不見上帝偉大的永久的旨意，雖有不盡的寶藏，豈非為害有餘而成事不足麼？若有人而私爭，所爭者權利，門戶，偏見，所遺棄者大局，公益，人格，豈不有大害？所以我的夢是夢，也是一個祈禱，願上帝哀我中華，遣派，感動他的聖者爲中國造福來。不然，夢比事實還要美妙——一個美妙的對於現有的神學的反映！

二三，一二，三，燕東園
原載《真理與生命》八卷七期，1934 年

一個導師隨意為一個青年作社會福音的小註解

　　雙義齋是碧雲寺底下的一個小飯館,是姓韓的弟兄兩個開設的。姓韓的待客人極和氣。有一個隆冬的禮拜六早晨,那鋪子的紙窗旁邊座頭上,坐着兩個人,一個年長些,一個是青年學生,好像有什麼話要細談似的。那個青年在口袋裏掏出一包龍井茶葉來,加上些代代花,叫店家去沏茶來。他又要了一大盌開水來,把盃,盤,筷子都洗了。一忽兒,四兩黃酒,三四碟帶些葷腥兒的菜,七八個燒餅,都從店家手裏擺上來。他們就慢慢地吃,細細地談:起初他們隨便談些詩,什麼"舊詩可讀不可作","新詩可作不可讀"啦。後來,他們卻談得津津有味起來,幾乎把吃飯也停止了。店家走過來,打斷了他們的話,笑着說:"那天在半道兒,我瞧見您啦,沒有敢招呼。""為什麼?"那年長的說。"怕您不答應,回頭人要說咱們窮人想攀高。""別這樣說啦,大家是弟兄,你以後就叫應我好啦,我一定答應。咱們就算是朋友好了。"那姓韓的樂啦,臉紅了,笑着說:"好罷。"一回兒他們——那年長的和那青年——又繼續談話。他們是這樣的說:

甲　來,我們喝一滿盃,這是難得的,快樂的。

乙　謝謝;你倒沒有些兒洋氣,也沒有些兒教會氣。

甲　好說。我從前留學回來的時候,着實有些洋味兒。後來我讀了幾本中國書,竟有人會覺得我有點像個中國人。沒有了洋氣,大概也就沒有了教會氣。

乙　真的,我也覺得教會裏的種種,都是舶來品,洋氣十足,有時真叫人不自在。

甲　舶來品有好,有不好。好的,當然我們求之不得。譬如新的科學、哲學種種學問,哪一件不是舶來品?中國有好東西,也大可以做舶去品。我們有許多地方要學西洋人；我們要學他們那種不苟安，不妥協，不讓步的精神。西洋如英國人有高傲的氣概，也有徹底的作為：他們表面上極會敷衍，混過去，而內骨子裏却萬分的徹底。美國人是敢作敢為的，包含不可一世的朝氣。他們有點儍，沒有我們那樣機警而又圓滑。我們不要洋氣，還該帶點子儍氣才好。

乙　不過洋貨也有不好的，簡直是要不得。即以教會論，裏頭什麼迷信啦，宗派啦，遺傳啦，五花八門，弄得叫人不知道基督教究竟是不是西洋人所唾棄的東西。譬如，據我所知道，一個人學習耶穌，算不得好人，必要受洗禮，吃聖餐，然後方纔算好人。又譬如我曾聽西人們親口說，他們來傳他們的教派，組織，與制度。你問他們奔了，跳了，鬧哄了，究竟要達到一個什麼樣的目的；他們就回答說，"要中國人得救。"你又問要怎樣中國人纔能得救呢？他們總說是要接受一大套儀式，禮數，制度，典章，神學。在有的人看，你不信童女生耶穌，肉身上天堂等等怪道理，你就不能得了救。你再問為什麼信這種光怪陸離的教條就會得救，為什麼朝山進香，吃素念佛，就不會得救，他們壓根兒就沒有個回答。

甲　你所說的不過是一部分的守舊的西洋傳教士。那比較開明的西洋人未必像你所形容的罷。

乙　那比較開明的西洋教士，又有他們那一套。那些鬧社會服務的整天的奔忙，精神固然可以佩服，可是仔細一想，仍舊是補破鍋。你問他信了什麼，拿住了什麼，祇怕誰也說不出所以然罷。

甲　人祇要做人，說不出所以然，也沒有關係。我曉得有些開明的西宣教士，實在有主張，有信仰。至少他們信在服務的動作中，在愛人的生活中，宗教就存在，就流布。現在的宗教，決不是專靠口講的。不實行，哪裏會有宗教。

乙　這話也有理，我能夠同意。人生是整個兒的一大片，個人與社會是一連鎖，肉身與靈魂是一連鎖。改良家庭，講求衛生，研究農產，設識字班，開婦人會，一切的一切，都是傳福音。不過這麼辦，似乎有兩個危險。第一是容易讓人忘記了耶穌宗教的中心。那些整天忙的，不但自己弄得心煩意亂，而且有好心做事，反而沒有溫柔慈愛的感化力。結果就是生活的機械化。宗教要救人出機械的壓迫。若傳宗教而及使人生機械化，那可真是要不得。第二呢，往往事情做得濫。譬如 H 是你所認識的，他現在管理二十幾個縣份的傳教事業。地方大，人手少，盃水輿薪，試問有什麼成功？結果，既不曾救靈魂，又不曾改造社會！

甲　這樣，據你說來，至少傳教是儘可從社會服務着手的，是不是？

乙　是。

甲　不過在傳教的事業上，我們應當注重兩點，就是：第一，要加深傳教者的宗教信仰與熱誠，叫他在服務的時候，處處能表顯出耶穌的生命來。第二，傳教的工作要透徹，要集中，要緊束，不可散漫，不可敷衍，叫所做的事果然有成績，有效率。是不是？

乙　是啊。這樣辦，纔能有心理建設與社會建設同時的進行。不過我們所提的是西教士。其實，中國本地的傳教者又怎樣呢？他們學了一套洋東西，至多亦不過做了洋人的留聲機。他們說話帶洋腔，很少有會心，很少有徹底的信仰。

甲　你老是怕那股洋氣。其實我們尋求實在，不必注重洋不洋，應該注重有益與無益。好事情帶點洋氣，也無妨礙。杭州西湖上被人們蓋了好些洋樓，不中不西，又不美，弄得醜惡萬狀。甚至西湖裏建了一個洋式的中山塔，在月白風清的夜裏，遊湖的男女們，還在塔下忻賞電燈，唱俗不可耐的洋歌呢？但是這也是中國的進步。沒有這些壞，也不會有個喜歡進步，喜歡改變的心理。洋教裏有好東西，包上一層洋紙皮，雖然不合適，卻還有個內容。

乙　所怕的是連內容也沒有！

甲　哈哈，我們說得遠了。我們究竟在這裏講些什麼？真好像我為《真理與生命》寫文章似的，沒有題目，亂寫，寫完再來一個題目，就算完事！好，再喝一滿盃。暢談心曲，原不必有題目，況且又沒有別人在旁聽。

乙　其實我心裏倒有問題。我的問題是左也不是，右也不是，不知應該怎麼樣。我們要在中國有一個自己的基督教運動，不帶些兒洋氣，不講那套過時貨的神學，又不專做空洞無物的社會服務，究竟該怎麼辦？

甲　也沒有不好辦的。你祇要想你的心誠不誠，果然愛人不愛人。真心愛人，沒有不能在無路中找路子的，沒有不會創造事業的。愛到哪裏，福音便傳到那裏，耶穌便在那裏受尊崇，而新的神學也便在那裏產生出來。愛是常態的,故常客觀,見其所見的對象,忘其所忘的自己,不期然而熱得像火一樣。

乙　這正是我所要知道的。

甲　我們都有一個毛病,就是祇知道講愛,不肯嘗試去實行愛人的事。美國有俗語說:"布丁的憑據,是在吃裏頭。"我們不吃布丁,先要證明布丁是好吃的,真是怪頭怪腦! 當然,這句俗語也是片面的。有人嗜疥,疥也會得了好吃的憑據。不過千萬人都嗜疥,那就另是一件事了;聖賢豪傑都嗜疥,那就更另是一件事了。你老是想什麼是基督教,怎麼樣纔算是一個基督徒。我告訴你,你若想了一千年,你還是沒有離開你的問題。因為基督教不是什麼,乃是怎樣的一個關係。你若行基督所行的,看人們都是該受幫助的朋友而努力去實行,在那實行之中,就是基督教。做基督徒也不在乎這一套,那一套,乃在乎活潑潑地求人們的利益。在人們生活的發展中,你就變成了基督徒,你的信仰就變成了基督教。

乙　這樣說起來,基督教就是社會服務,是不是? 但是現在教會中,及宗教的機關中所有的社會服務者,却未嘗顯出你所說的那種蓬勃的氣象來。這又是怎麼說呢?

甲　你方纔說那頑固泥舊的宣教師,傳了一套舶來品,沒有宣揚了基督教的真際,誠然誠然。你又不滿意於那些專重社會服務的人們,也誠然誠然。為什麼呢? 前一類的人們,傳救個人救靈魂的道理,何嘗不好呢? 可惜他們沒有真的愛! 他們大都是為自己,離不了脫永苦,享永福那套自私自利的壽星曲。他們把人生放在各不相干,各不相通的小蠶室裏,把人施了宮刑,好像人祇有所謂靈魂,沒有什麼身體與社會。他們大可以在時勢困難,人生痛苦的世代中得勢力,叫那些愚昧無知的人們,跟從他們去得毫不費心的天福;一舉手便離開了苦世界,衝進了極樂國。但騙人還是騙人! 至於後一類的人,有時候也不見得好到哪裏去,大與前一類一樣地用個機械法,把人當作機械弄! 西國人呢,還是忙着弄統計,作報告,幹組織,精密也許是很精密的了,却少了熱騰騰的友愛之情。人是情的動物,不動情,什麼也枉然,打不到心窩裏去。別的事還可以,宗教而不動情,不移情,簡直就完事;因為宗教是藝術。中國的社會服務者呢,學洋法,發洋氣,好的固然也不少;不過其下也者甚多,簡直是鸚哥兒，幹一套花樣，寂然不動於中。離宗教就千萬萬里！

乙　我也知道這些個。不過我也生不出熱心來。

甲　弟兄：你哪裏生得出熱心來啊。你要生也是假惺惺。但你若對一個苦人，或是一個苦社會，去做你所謂拯救的工夫，祇見了對象，以其痛苦為痛苦，以其快樂為快樂，你雖欲不熱烈，也就不可得了。你要自救，就必救人；在救人的動作裏，興趣裏，你就自救了。世界上絕對不會有獨自得救的人，也絕對不能有自己救自己的人。

乙　這樣說來，救人必須救社會，救自己必須救他人，豈不就是社會福音。

甲　為什麼不是？

乙　你從來不講社會福音，為什麼你的道理却就是社會福音呢？你不是鎮天價講上帝，談靈修麼？

甲　唔！那是我的反動。我看有些講社會福音的人，毫無真的社會意識，我不滿意，所以覺得不講為妙。況且神學是好講的，社會福音是不好講的。譬如資本主義與制度是萬惡之源；講社會福音，就絕對的不能與資本主義與制度有妥協的關係。又譬如戰爭是因為資本主義，而資本主義又是帝國主義的立足地，與耶穌的宗教完全背道而馳。一個人若然嘴裏講社會福音，行為上又贊成資本主義，那就是虛詐謊偽，夠得上給他一個發昏的混。

乙　你這麼說，難道你是贊成資本主義與制度的麼？

甲　這一問，就夠我想的了。

乙　你從來也不這麼說。

甲　哼，我就從來這麼想。不過人家這樣主張，那樣主張，我卻沒有隨聲附和，也沒有說這是我十年前早已想到了，那是我十五年前早已決定了。人家的思想是人家的，我沒有個大帽子，蓋在人家頭上，說他的思想是我的，我居了功，我受了祿。我—我—我—個不了，好個活在從前的、沒出息的我。

乙　別發牢騷！來，讓我也來滿引一盃。讀《漢書》要浮一大白；我們今天真像在讀《漢書》，哈哈。

那青年與那他的朋友——導師——都笑了一下子。姓韓的也笑嘻嘻地走過來，問道："先生，再添個菜罷。"他們說："不要了。且沏上茶來。"

乙　真的啊,我們講社會福音倒不容易呢。

甲　社會福音是社會改造的福音。且不說西洋的社會要不要徹底改造。我們中國的社會,是必須徹底改革的。現在我們衹是剜肉補瘡。其實我心中有兩件事,老在那裏打架;一是徹底的社會革命,一是徹底的慈悲。我衹好以革命為精神,以漸變為作為。

乙　要整個兒改造社會是不錯的。我們怎能不整個兒求改革呢?你到社會裏去做事,你就覺得一件纖小的事情,都與一個大統系成一連鎖。整個兒的社會不動的時候,那件小事情也就不容易動。即使動,也正像一個蜒蚰。好在中國地還是大,拿一個縣份來,求改革,比較上可以容易些。也許在中國衹好東起一個頭,西補一塊角。

甲　歷史是割不斷的東西。"抽刀斷水水更流",真是無可奈何。不然,流血革命,打他一個落花流水,也就成了。可是那就完全沒有用。打破了,誰會拼合湊集那些碎東西;不拼不湊,又哪裏得來一個新的民族。總而言之,還是耶穌對。革命先革心,社會改造必要同時有心理上的建設;那可真要唱"聲聲慢"了。你說耶穌有社會福音麼?有,却沒有策略,沒有計劃,沒有方案;衹有一個愛人愛上帝的赤心。有了那東西,其餘的人得去找尋,發見,探取,創造。

乙　要是這樣子,我們便是最苦的人了。

甲　為什麼不是?那個髑髏地的十字架,還透入在黑雲堆裏呢!你覺得麼?你與我都被鐵鏈子鎖着,綁在通天柱上,叫你一動也動不得。那瞎眼的參孫,氣力像一千隻蠻牛,把非利士人的達袞神殿的殿柱這一拉,殿就倒塌了。可是無濟於事。而現在國內國外正不少着非利士人啊。

乙　的確,我們都被鎖着。我們今天可又像是楚囚對泣了!

甲　倒也不必。因為鎖我們的鐵鏈子倒還算不短;我們帶着鏈還可以做工;你在東壁廂,我在西壁廂,呼應着些兒,流點子臭汗,磨磨擦擦地,也有鐵鏈斷了,事業成了的時候。你知道麼?我們的工作,是為人們在大機械中找自由,保人格,養活美情。我們中間還有跪拜,叩頭,請求鐵鏈長枷,來披帶着的人兒呢?要繫縲絏而繫縲絏,以為美觀;不但自己受束縛,還歡喜他人也受束縛,那纔可算得是可憐蟲呢!

乙　我從沒有見過披枷帶鎖的人這樣的耀武揚威!

甲　這也不希罕。羅馬兵捉住了希臘的哲學家以壁締多斯（Epictetus），大嚷："綑住他，綁住他！"那位哲學家鼻子裏哼了一下子，說道："綑綁我？你們可以綑綁我的手，我的腳。你們不能綑綁了我。"我的自由，也就在此！

乙　這樣，你也有點像不可救藥的老冬烘，你好像不想得解放。假使有人能夠解放你，你喜歡不喜歡？我倒有意思結合幾個同志，出去做宣傳社會福音，改造社會的工作。那時候，我們請你去做同工，把輕便些的事讓你做，你去不去？

甲　好極了，好極了。我再告訴你一個小故事。梁朝有一個畫家叫做張僧繇，他在金陵的安樂寺寺壁上畫了五條龍，都是些張牙舞爪的怪物。他不點龍眼睛，說是點不得的，一點了就會飛上天去。和尚不肯信。他就提起筆這麼一點，一條就興雲興雨地飛到天外去了。其餘的四條還留在壁上。假使我是龍，你會做張僧繇麼？會，那就好極了。世界上的龍或者倒有着，可是張僧繇則實在不可多得。我到如今還不曾遇見一個呢！

乙　我倒真願意點點龍眼睛。

甲　別夢想顛倒，究竟涅槃啦！告訴你罷。社會改造在此地就起頭。我們讀書，吃飯，睡覺，寫文章，等等都是改造社會的事。各人有各人的工作，各人有各人的擅長。種菜的不能織錦，坐冷板凳的不能挑糞擔。隨時隨地都是龍，就祇少了點龍睛的藝術家。

乙　如此說，——你看我說的對不對——社會福音須以一個小社會為根基。其中有同志，有龍，也有點龍睛的，合夥辦事，絕無虛假存在其中。沒有一個社會福音所造成的生活蓬勃的小社會，我們就談不到宣傳社會福音這一回事。是不是？

甲　是。

乙　現在的教會裏若有人能造成這樣的小社會，就有資格去宣傳社會福音。是不是？

甲　也是。

乙　然則社會雖頑固得像鐵桶一樣，祇要有生氣蓬勃的小社會，像尖頭錐往裏鑽進去，那鐵桶也就有一天會破開來的。那末，現在的問題，就是在我們信徒當中創造小社會，你說是不是？而所謂社會福音，就是叫大社會同化於小社會，同化於以真誠公義為根基的小社會。

甲　是啊，我今天真快樂，你真聞一以知十！也許你不聞就知了。中國社會所需要的是榜樣，是模範。所謂"一家仁，一國興仁，一家讓，一國興讓"。一個在城市中的小社會有生氣，有道義，再加上服務的工作，焉有不收大效的道理？一個農村裏也要這樣的小社會做標註。有了這個東西，那末水滴石頭穿。

乙　不過，我們別忘了。這個小社會的組織，並不見得會叫它的形式像傳染病似的蔓延開來。要緊的是性質，不是數量；是精神，不單是外觀。

甲　換一句說，社會福音的根基，還是在於一群因福音而得解放的男女個人。其實哪裏有什麼個人福音與社會福音的區別？心不正，則社會不良，社會不良，則心不正。不過我們還須要修修心，不然，小社會裏就不免乎妒忌，霸道，貪得，奸滑一切的鬼怪的作弄。

乙　還有兩件事，我想問問你。

甲　什麼事，我樂意聽一聽。

乙　第一，是我們這小社會怎樣去成立？第二，是我們宣傳社會福音，除了經濟，人才，以及教會懵懂之外，當然還有許多外面的惡勢力，怎樣去對付呢？

甲　我也沒有許多話可說。要有理想國，還當請柏拉圖來設計。否則，也得讓這小社會自己生長，自己發展。誰也不會畫圖樣。不過其中的精神總不外乎"友誼"二字。我的人生哲學是簡單的，一句話就了，就是"人生是友誼"。讓我再說得透闢些。譬如你今天去到民間傳道理，或是救靈魂，或是改造社會，或是在你心目中，兩件事一塊兒做。你若與人真的做朋友，盡心盡力，你便究竟有成功。你給人們一句話，其中有你的心；你給人們做一件事，其中有你的心；你給人們一些東西，無論是新鮮的是破爛的，其中也有你的心。你不用說，人家都會知道你是誠心愛人的；愛是不為自己鼓吹的，因為愛簡直是無自知之明的。可是人們都認識真與不真。那時，你講天堂、地獄、童女生子，肉身復活，一切玄妙虛無的事，人都會擎着眼淚相信你。你若反對這些個，另有一個大道理，你雖期期艾艾的口吃，人們也會翹首企足地相信你。因為他們相信你。

相信你，因為你是真朋友，你的社會就無形中地成了他們的社會。你牢記着罷，"人生是友誼"，"友誼是把自己送給人"。

乙　"人生是友誼"，是我久已服膺的真理。我相信除了這一點，我也就沒有福音可傳。除了這一點，小社會也就無以成立。不過我從這句話裏，因為你提醒我，已經得了第二個問題的圓滿的答覆。

甲　你的答覆是什麼呢，我誠願敬聽。

乙　就是十字架。

甲　是啊，我本來也要這樣回答你，可是你已經看透了。不過請你詳細為我說一說，說得比較具體些。如何？

乙　譬如我們有個小社會，其中有人主張非戰，自己不願意加入戰爭，他就要在國家危急的時候，抗拒強迫他加入戰爭的勢力，那時他就得背起他的十字架來。又譬如我們要做與民眾有利益的事，而這些事卻與社會中有勢力的人的利益相衝突；我們要傳一種理想，而這種理想與現社會中所流行的主張相衝突；我們就得先解釋，先疏通，不成，萬萬的不成，便得奮鬥，背起我們的十字架來。萬一我們在社會中作事順利，毫無勝不過的困難，我們也還得背十字架；因為我們要任勞任重，大大地減少自己和家裏的物質享用，多多地加重自己的和同人的苦工。

甲　這樣，基督教就活了。洋氣消，正氣存，豈不甚好！不過我們果然肯背起十字架來麼？

乙　在我們青年人看，祇要事情值得去幹，背十字架也就是一件樂事。背得起十字架，什麼都背得起來。

那時冬日溶溶地照在街道上，他們走出來，上碧雲寺去。姓韓的店家笑着送他們走，說："別這麼客氣啦。從碧雲寺回來，再上咱們這兒喝水罷。過幾天，再來吃飯談天罷！"那個青年笑着說："我們要再來，還有許多話沒談夠呢！"

二十四年一月二日，燕東園
原載《真理與生命》八卷八期，1935年1月

青年宣教師的讀書問題
——覆鄭新民君

新民先生：

　　尊翰到後，曾作一短書答覆，想已邀覽。其時因二月間《真理與生命》停刊一月，又因我自己有他種工作催迫着，沒有詳細地裁答，以致稽延至今，覺得十分對不起。你的信使我快慰，也使我受感動。第一是因為你是一位有志向的，不甘心落伍的青年宣教師。我對於這樣奮鬥的青年有極深切的關心；承你不棄，來信要我幫助你，這是使我很受感動的；因為近年來這樣與我通信的人簡直可以說是絕跡的了。第二是你第一次通信便訴說你的生平。我將你的信讀了好幾遍，覺得我也許能夠瞭解你的艱難。至少我是同情的。你知道神學教育的呆板淺陋，又知道自己學識的不足，宣教生活在此種情形下的無聊，奮力追求，這是你絕大的救法。人不但當從罪惡裏救出來，也當從愚魯裏救出來。我有時想，人若不自拔於愚魯，如何竟能拔人於罪惡？因為許多罪惡，尤其是教會的罪惡，是從愚魯產生出來的！你覺悟到知識的饑荒，這據我看來，就是你智慧的起頭。蘇格拉底曾說愚人囂囂然自以為智，而絕不自知為愚，他也是愚的，其所異於普通愚人者，即在自知為愚人一端。你若自知為愚人，那就有辦法了。

　　我們讀書根本須要三事。第一是方法，第二是工具，第三是師友。因此若能上學校讀書，總以上學校為佳。但是人生的四圍盡是阻障，年齡、家庭、經濟、事業，件件不肯放鬆了我們。好在除了上學之外，還有他種辦法，可以使我們得知識，生智慧。一個人雖有才力，却不一定要成一個學者。學者專精，其知有餘，而有時其愚也不可及；因為專精的人，未必旁通，由是而不反三隅者，事可載而斗可量。我們常人又何所羨而必為學者。況現代的人，為學不必立品，但得一技一物之長耳。我尊敬學者，且自己也在治學的生活中度日，並不要說做學者不是一件最高最大的事。可是人群之中，工作甚多，都極重要。一個人若能得到通常的學問,再在自己的工作上悉心研究,將經驗學識,不懈地參合剖解,也就是一個有見識的人了。

以上所說,大概還是閒話。你所問我的三件事,我現在一一答覆。第一,我以為你應當把研究希臘文的念頭拋棄。試問讀了三年希臘文,你能怎樣的繼續研究,又能怎樣的在經學上作貢獻?對於自己無裨益,對於他人無補苴,若再致力於是,那就是捨近圖遠,捨本逐末。據我所知,西洋人要在經典的原文上有成績,都要用十年以上的工夫。況且註釋的書在英文中已經甚多,與其讀原文而自得絲毫,不如讀註釋而不勞而獲。所有的工夫,除却宣教事業的忙碌之外,正當用在廣心胸,拓眼界,識大勢,知時代,解問題的各種書籍上。讀希臘文是一件重要的事,但你若不想成一個徹底的《新約》學者,不想再下十年苦功在那上頭,我以為你實在不值得叫它消磨你的歲月。

第二,你說你的國學根基太可憐。這句話很感動我;因為我的國學根基也太可憐。國學二字,談何容易!我因不是專研國學的人,在這一點上,不能幫你許多忙。至多祇能告訴你,我在研究宗教哲學之外,如何讀中國書而已。我讀中國書是毫無統系的,有工夫,拿起書來就看,看的不算多,且很少有看完的書。這當然是很壞的習慣。譬如我最愛讀詩——這是一種天天的消遣——但到如今,我不敢說我已經將杜甫的詩,完全讀過一遍,或是把《十八家詩鈔》完全讀竟;因為我一拿起書來就翻,就自然而然的選讀。不過這些還是閒話。

我想你要一個書目,真是一件難事:一則是我所擬的一定是主觀太深的書目,不見得能合你的用處;二則你得了我的書目,得不到書讀,也是枉然。前幾天梁任公胡適之都有國學最低限度的書目。我自己並不理會他們的指示;所以看過,也就丟了。如今要我自擬一個書目,我祇得就自己所見的與你商量。我想讀書應當重歷史、哲學與文學三方面。關於歷史,你若能閱讀《史記》、《前後漢書》、《三國志》、《資治通鑑》,也就很好的了。顧頡剛先生的《古史辨》,鄧文如先生的《中華二千年史》(尚未出完)都是應當讀的。子書方面,則《十三經》、《老子》、《莊子》、《墨子》、《荀子》、《管子》、《韓非子》都是極好的書,極應當讀。馮友蘭先生的《中國哲學史》是一部鉅著,你不可不讀。其他如《二程全書》、《近思錄》、《宋儒、明儒學案》、《陽明全集》、《日知錄》,皆是極普通的書,儘夠你化幾年工夫去讀的。佛家的書,我暫且不提;因為在佛學上要找出一個頭緒來是不容易的。文學方面書實在太不好選。我自己覺得一部《昭明文選》,一部《古文觀止》,一部《古文辭類纂》,一部《經史百家雜鈔》,儘夠一個忙碌的人去研鑽而忻賞的了。你若愛讀詩,那末一部《十八家詩鈔》也夠你受用的。我自己是一年讀一家的詩,其餘則隨便翻來讀,《詩經》、《楚辭》、曹植、陶潛、李白、杜甫、王維、李長吉、李義山、蘇東坡、陸放翁都是我所喜歡讀的;而我尤其注意到詩人所表示的宗教情緒與態度。當然,我是用宗教哲學的眼光去讀書的。我又喜歡吟詠,亦作詩,亦填詞。你若喜愛詞的話,先可以買一部《絕妙好詞》、一部《詞律》,細細地研讀,細細地吟哦。但這些原是關於陶融性情的事,你可以隨便自擇。至於近人所著的文學史、文化史等,你可到坊間去訪問;我有時也翻翻,但真僅能涉獵,全無工夫去研讀。你要得個詳細的指導,還當去問專家。

在英文書籍方面,我覺得更加為難了。你說你的英文程度,祇能看普通的書。我因為沒有工夫,所以對於普通的書,往往非因朋友大家稱許某書好,某書必須讀之時,絕對不去問津。"人之生也有涯,而知也無涯",以有涯隨無涯,豈不是危乎殆哉？但我每年必看幾本英文小說,必讀幾許英文詩;這是我救自己靈魂的重要工作。我喜愛 Shothouse 的 *John Inglesant*；D. H. Laurance 的 *The Plumed Surpent*；Charles Morgan 的 *The Fountain* 之類的小說。我也喜愛讀 Keats, Shelley, Wodsworth 等人的詩。莎士比亞,彌邇敦等人的大著,我從前讀過好幾種,現在不去溫習它們。新詩則無論中西,現在皆不敢研求;一則是因為沒有工夫,二則是因為我讀詩原是求自適,並不想作文學家或是文學批評家;三則是自己習染已深,喝了陳酒,總覺得新的不甚適口,且不容易摸着批評瞭解的路子。我與社會民眾,很少接近;讀近人的小說——西洋的與中國的——及前人的詩,便是我接近實際生活的一個路徑;所以在這些事情上,我好像得了些心靈性分上的交通,好像得了一種活動的宗教。你從前也喜歡看小說,我絕對的不怪你;你又說在神學裏讀了幾種呆板的功課,我也有些瞭解得。也許人的靈魂,不是神學專書能夠獨力拯救得的。人是情的動物,而神學書,除了歷史,除了活的教員的感奮,簡直都是冰冷的,是不是？有熱情的人,有廣大的心胸的人,纔能使冷東西變為勢力浩大的真理！

以上所說，好像是閒話。如其不愛聽，那末請聽以下的幾句。在宗教史方面，我想你可以讀 A. C. McGiffert's *The Apostolic Age*；*A History of Christian Thought*, 2 Vols；*The Rise of Modern Religious Ideas*. Fisher's *The History of Christian Doctrine*，其他的好書，當然極多；但我不知在你那裏有沒有地方可以借得這些書。我且不提他種關於基督教的史籍；你若能讀 McGiffert 的那四冊書，已經可以算得很不錯了。前年 Edwyn Bevan 著了一小冊書，叫做 *Christianity*（Thorton Butterworth, London）是教會史的鳥瞰。你若從前念過基督教史，現在讀這一小冊，也可以溫故而知新。關於經典方面，我想 Moffatt's *Introduction to the New Testament*；Streeter, *The Four Gospels* 等書，如能借到則為最好。耶穌傳是應當讀的。我手邊有 Moffatt's *Everyman's Life of Jesus*；Denny's *The Career and Significance of Jesus*；Matthew's *A Life of Jesus*；Renan's *The Life of Christ*；J. Middleton Murray's *Jesus Man of Genuis*；Emil Ludwig's *The Son of Man*（The Story of Jesus），Case's *A New Biography of Jesus*；這些書，大概第一本為最好的，廣學會已經將它譯成漢文。

我不知道你對於哲學有多少研究。也許你能讀以下幾種書。Nudson's *The Doctrine of God*；Brightman's *The Problem of God*；Pringle-Pattison's *The Idea of God*；Hocking's *The Meaning of God in Human Experience*；Horton's *Theism and the Modern Mood*，*Theism and the Scientific Spirit*；Grensted's *The Person of Christ*；J. Baillie's *The Interpretation of Religion*；E. W. Lyman's *The Meaning and Truth of Religion*；John Oman's *The Natural and Supernatural*；A. E. Taylor's *The Faith of a Moralist*；E. W. Borne's *Scientific Theory and Religion*；Whitehead's *Science and the Modern World*，also his *Process and Reality* etc, etc. 以上所提的書，未必你能瞭解。但頭上這四五冊書，你或者能咬緊了牙關念一念。你若有志讀些宗教哲學書，最好先讀幾部西洋哲學史。此外關於靈修的書你也須念幾部。這些書很多，例如富斯迪的《信仰的意義》、《祈禱發微》、《完人之範》那一類的東西。上海青年會書局有這些書出售。最近的像吳耀宗先生所譯的《甘地自傳》，亦很可以一讀。

我所提出的是最小最低限度的書目；但在於一個經濟、光陰、根基俱有虧欠的青年宣教師，便要將所提出的書讀個十分之一也是不容易的。所以我願意你仍要慎於選擇，為自己立一個讀書的規則，欲望不過奢，用力不稍懈，五年十年自有功效。讀書有博覽精習之別；若不能博，不妨少讀而求精熟。古人半部《論語》可以治天下。這雖為過言，卻也有至理。

　　你的文筆，通順可喜。若要作基督化的小說，可是寫生活與性情的，不妨試試看。至於譯西文典籍尚可俟諸異日。目下則試譯淺近文字作一種試驗，亦無不可。

趙紫宸覆
二十四年三月七日

附：鄭新民先生致趙紫宸先生的信

紫宸先生：

　　頃接《真理與生命》第八卷第七期，讀劉廷芳君著的《一個大學的宗教學院的任務與標準》和你的那篇《我對中國高等神學教育的夢想》，俾我得益着實非淺，增添了我不少的信仰與盼望，勇敢與勉勵。尤其是你的大作，比較多符合我的夢想，特此不揣冒昧，敢來瀆你清神，一敍我那夢想——或說是希望——的簡史，並請不吝賜教，千祈給我一個或多個的指示，以便我遵循，勇而前進，如有所得，那自然是你的大德無極呢！

　　我現在是一個年青的宣教師。似乎現代的中國教會的宣教師不應該有你那樣的甜蜜的夢想，可是不幸的我早作了這樣的夢，現在因環境的束縛與煩瑣，原可早些丟諸九霄雲外，不過這夢總是附着我，無法擺脫。碰巧讀見你的夢，我的夢也驟然重顯起來，這是我的幸，也是我的不幸。

　　我立志傳道是在初中，那時的覺悟是頗純粹的。我回憶着：那時的心境其光明潔白是極可愛敬的。其次到了高中，深感當時宣教師對我的宣傳方法不合適，我以為他們對一般人的方法也未全可，於是對整個教會大感不滿，自己內部的生活也起了不少無常的變化。後來因內心的痛楚和生活的悲哀，在將畢業時輟了學，憤憤返里，不想幹什麼，也不一定速求死亡，便昏昏沉沉地休些時間。在高中肄業時有時我甚至正式功課丟棄,而去讀教會書局出版的不中不西的譯述,如丁韙良、林樂知、李提摩太等著譯看了不少;又喜閱《印度哲學概論》、《中國倫理學史》、《四書》等;曾記得有時在電光下整夜看創造社出版的小說。那時我幾乎發瘋了,輟學的原因泰半為此,覺得思想的攪擾與生活的煩惱無法安靜。那時我又受了佛教的影響,太虛的工作,新佛教的興起,給我刺激不少,我以為基督教如在中國不學佛教的那樣行走,欲求根深柢固,這像是"緣木而求魚"。

在家住了不久,教會當局函我去作傳教工夫,想起自己對於基督教尚在五里雲霧中,何能去幹救人工作呢?這思想很對;後想如果不求出路,寂居山村,到底有何出息,盼望從工作中求得出路,那時就可而無不可地答應下來。幹了兩年,真是東受打西被擊,弄得不亦樂乎,但愈深覺這樣依樣畫葫蘆地宣傳福音是不勝的,那時我決定,不再傳道,擬去當小學教員,因傳道薪水太少。教書數年稍事儲蓄,預定去福建協大,或燕大宗教學院。我已托就友人,請他為我找地位,找着了,幾乎聘書也收到了,不日向教會當局辭職,即就教職,但那時亦得教會的消息,決定那下半年派我入神學,起先像是赴金陵神學,後來因某種關係,結果到了武漢的某神學院。未去之前,我抱了滿腔熱情,極盼實現我的素夢,可是在事實上不然,混了三年,讀了幾個呆板的功課,生活也過得怪可憐的,很枯燥的。我以為你對現在中國高等神學教育的批評是很對的,我虛度了三年寶貴的光陰,回來時像個饑渴交逼的逃荒者。自去年七月起我又開始宣教工作了,對於自己的素夢顯而沒,沒而顯,迄最近因思想激勵的機會很少,工作是極瑣細的,工作的對象大半是一班不識之乎的老婆婆;生活的困迫,環境的束縛,思想的怠弛,那個已往認為甜蜜的夢,我幾乎把它丟了,這次看到你的夢想,我的素夢又復活了。我的盼望是這樣:想預備寫點基督化的小說,基督教思想與中國文化,西洋基督教重要書籍的譯述與紹介……對於這些事我現在可以說一點沒有把握,也沒有好好地預備,或者這些夢畢竟是夢而已。

我起初想當下就來燕大宗教學院,覺得我現在的工作太不值得,也太無聊,想追隨你和諸位高明者之後,藉為侍從,實現我的夢想,但後覺現在這種實踐的生活也應經驗,甜酸苦辣理宜備嘗,在這生活的可能範圍內,我誠懇地請你告我一些事。

(1)我的國學基礎太可憐,祇讀過幾種很普通的古書,我不知哪些書籍是比較重要,是不得不看的,亟宜細加研讀的,對於國籍的閱讀最低限度應該如何,千祈請你為我寫個目錄,或告一冊比較可用的國學書目提要。

　　(2)我的英文程度祇能看些普通的書籍,至於高深的經學研究,甚難談到,照你看法,我應看哪些英文的宗教書籍,可否為我寫個提要。

　　(3)我讀三年的希臘文,那當然是很淺薄的,現在繼續研讀,你以為我值得多加研究嗎？或以時間及精力關係,還是把它丟了為妙？你看我作和你類同的夢想,對於希臘文的研究有深切的關係否？

　　如有其他賜教,更所歡迎而接受,瑣事瀆神,甚覺歉疚,你是一位甚有愛心的中國教會的領袖,更是有眼光的著作家,我向你甚是敬愛,因同夢想的緣故,就不管什麼,坦白地,大膽地寫這個信,諒不至於給我一個"不理"吧！專此,謹候着圓滿的指導,敬祝教安。

鄭新民叩上
一九三五,一,一一。寧波

現代人的宗教問題

〔編者按：這篇文章缺少開頭部分，我們查找了所有能夠找到的資料，都沒有找到。本不應把一篇不完整的文章獻給讀者，但是，我們認為這是趙先生的一篇重要文章，考慮再三，不忍棄之不收。讀者諸君如能找到本文的缺失部分，望撥冗惠賜，俾成完璧，不勝感激。我們將盡力用可能的方式將本文全貌奉獻給廣大讀者。〕

甲　你這一問，真太希奇了。

乙　並非，你活在現代，如何還能夠做一個基督徒，不是迷信太深，便是思想太舊，所以我覺得有點兒奇怪。你是絕對不必靠教會吃飯的，如何做起基督徒來呢？

甲　我們是多年的朋友了；雖然不常見面，却也應當彼此瞭解。你如何也會不瞭解起來。瞭解二字，真是談何容易！我不肯迷信，也不肯固執陳腐的舊見，那是你知道的。我不肯活在十五六七八九世紀，而必要活在二十世紀，做一個現代的人，也是你知道的。而我做基督徒，你却覺得希奇。其實你一點都不必希奇；因為一個不肯迷信守舊，人云亦云的人，儘管可以老老實實的做基督徒。基督教原是現代人的宗教。

乙　這話可太奇了。基督教，據我一知半解的人看來，簡直是迷信守舊的過時貨，怎會是現代人的宗教呢？

甲　何所見而亦然？

乙　我看見的多了！就在前天，我走過哈德門大街，看見一隊人，舉了一張圖畫當旗幟，亂唱了一陣子，漸漸地聚攏了一二十個人。那個穿藍布大褂的——是牧師罷？——擴張了沙喉嚨，就講給他們聽，說什麼勞苦的人都可以到耶穌那邊去，因為他是天老爺的兒子，又能饒恕人的罪過，又能治各樣的病。人靠了他，沒有飯吃的就會有飯吃，沒有衣穿的就會有衣穿。有毛病的，無論怎樣厲害，他都會治。死的人會復活。號筒一吹，天使來臨。好笑極了。那個沙喉嚨的牧師做戲一樣地做着，說鬼魂都要活轉來，好人要上天。說着，他就兩眼望天，兩手舉起來，好像上了天似的。他說惡人要下地獄，地獄裏有火河火池；他就做出那愁眉不展，身受痛苦的樣子來。他講到後來，竟忘記了起初所講的話，簡直完全講神怪的事了。而且說這些事，都是有書為證的；《聖經》，《新舊約》就是那本天下第一書。你說可笑不可笑。你說這樣的基督教，你老兄也居然信；世界上真是無奇不有。所以我問你那個問題。

甲　原來如此；你却太小見識了。

乙　這又是怎麼說。我倒反而小見識呢？

甲　各教之中，都有精麤高下之分。佛教中人難道都能認識佛教的真際麼？一切善男信女，吃素念佛，唪經禮懺，就能代表佛教的真際麼？你說怎樣？

乙　那當然不能。

甲　那末沿街講道的人們，難道都是基督教的大師？

乙　我不是這樣說。我很知道你們基督教裏有各種派別，也有開明的人，也有不開明的人；而不開明的實居最大多數。不過據我所觀察，所習見習聞，最開明的教會裏也非常的烏煙瘴氣。有的教堂裏——大概是天主教與聖公會都是這樣——做起禮拜來，有許多人穿了袍，點了蠟燭，又唱又說，下面的人跟着跪拜誦經，簡直與佛寺裏做功德一樣。有的教堂裏呢，老小雜沓，牧師在臺上講，小孩子在地下哭而嚷。竟有人會說西洋人強，因為他們信耶穌。中國人信孔子信佛，所以壞了。叫人聽了又好笑，又好氣，又可憐，又可恨。我有一次經過一個教堂，祗聽得裏面大嚷大叫，有哭的，有笑的，有拍掌的，有搖頭的。我站在門口看，豈知裏頭不盡是愚民，即某先生，某太太都在其中。那時，我不能不想到你老兄，大概你雖表面上斯文蘊藉，內骨子裏也帶一點這種莫名其妙的色彩。我問站在我旁邊的人那是怎樣一回事，他說他們都在祈禱。他叫我坐下或跪下，與他們一同祈禱。懺悔我的罪孽。他說你祗要喊"讚美耶穌，讚美耶穌"，耶穌一定會感動你的。你想可笑不可笑。總而言之，上焉者說亂話，下焉者做亂事……

甲　好,你的見識夠廣了。不用再說了。論到這些現象,我也許比你知道得多。但我問你,你果然相信這些就是基督教麼?

乙　不,我很懷疑。因為在平常的時候,我與幾位教中的朋友們往來,覺得真好真誠懇。但是這些好人也在莫名其妙的中間活着,那就離奇了。你老兄就是其中的一位!不過基督教除了這些現象之外,還有甚麼?

甲　來!進來!

丙　你有客麼?請原諒,我不過問你一句話,你幾時交卷;明日就要付印的。

甲　我還一個字都沒有。這位是王先生,這位是張先生。王先生是我的老朋友,從前同過學。他正與我討論一個問題。老張,可否你也加入,幫我一點忙,我們可以把一個很重要的問題,弄弄清楚。我們的問題是一個現代的人怎麼會做基督徒?基督教究竟是什麼?你沒有聽見上文,這是最好不過的。可否現在就請你說基督教的真際是什麼?

丙　你老兄自己儘可回答這個問題。你是很有研究的。我如何能在你面前班門弄斧呢?王先生一定是很有研究的,你們兩位談談,我頗願旁聽。

甲　不是這樣說,我們對於這個問題,大家不必太謙。問題是王先生出的;答覆是我必須做的。因為你沒有聽見上文,所以最好是你試答一下。也許你一言便可引起另一條討論的路子來。且試說,現代人需要怎樣的宗教?基督教是不是現代人所需要的宗教?這是我們信教的人義不容辭的事!

丙　既然這樣,請容我試答。錯誤的地方,希望你與王先生盡量指正。

甲　好極了。

乙　我也正要領教。

丙　請先簡單的說宗教的功用。然後看現代的人是不是需要這樣的宗教,基督教是不是這樣的宗教。

甲　好極了。

丙　據我看來,一個宗教總該做三件事:第一是使個人得解放與成全;第二是使社會國家得由此而發展而得力量;第三是使人生因此得在全宇宙中有意義。三者備,信從的人自然會心中得平安,得力量,自然會擔當苦痛艱難,百折不回地謀求人羣的幸福。別的宗教且不問,我以為基督教是努力要做這三件事的。耶穌信上帝是天地的主宰,人類的父親,是聖善的愛,是統一真善美的心靈。人而信上帝,必能獨立而得解放。得了解放,他一定要努力服事同羣。在這種信仰生活中,他自然會見到人生的意義,也自然會得內心的平安,做人的勇猛。一個現代的人,所最需要的是解放。我以為祇有耶穌那樣的精神能解放他。王先生,您以為如何?

乙　張先生的議論高超明達,我當然是極欽佩的;不過我的疑問太多了,說出來,也許貽笑大方。

丙　說勿太謙。鄙人正願領教。我們的態度是這樣。我們求真理,是抱科學態度的;是則是,非則非。一旦覺悟到自己所信的不正確,我們即舍去所信,亦義不容辭。若與先生有相異的地方,在不曾得到正確的理論之先,儘可各執所信。先生的疑問,希望說明,也許可以教我們看見我們所不曾看見的。我們最喜歡承受指示。

乙　豈敢。這種態度,我是最佩服不過的。我從前聽一位傳教的先生說教,說的極玄妙,我問了他一兩句話,他立刻就說:信耶穌,有救法,不信耶穌,沒有一點的辦法。我記得他因為我指摘他那固執的態度,還提出什麼使徒保羅的傳道法來。他好像說傳耶穌的福音,一定要說世界上只有這個福音。與這個福音相異的,是什麼受咒罵的。他的人品倒極高超,他的態度簡直使人不可嚮邇。大概宗教的態度就是這樣罷,與科學的態度迥乎不同。先生剛剛所說,與那位傳道先生的態度大異,我倒覺得非常之好。因此,我願意說說我的意思。

丙　就請說罷。

乙　先生方纔說宗教的功用,第一是解放個人;這句話似乎與歷史不甚符合。因為從來宗教是束縛人,迷蒙人的東西。且不論別的宗教;即以基督教論,亦未嘗不用賞善罰惡,天堂地獄,永生永死,種種神奇怪誕的東西來縛住人心。我不是說這些東西沒有相當的貢獻,使人在黑暗的時代,知道作惡是有害的,作善是有利的;但是時過境遷,還是弄這一套,那就壞了。

甲　你沒有深入基督教的生活與精神,所以說來說去,總跳不出這些成見,以為基督教除了迷信,便沒有實在。

丙　這且不要說。我願意問王先生,現代人需要不需要宗教?

乙　當然是需要的。不過現代人自有現代人的宗教。

丙　現代人的宗教是什麼呢？

乙　現代人有各種不同的宗教，按各人的需要，按時代的需要去建設就是。

甲　請舉一個例。

乙　即以教育論罷，因為我是研究教育的。現代的國家都有一個教育制度，要造就人才，使他們大家有同樣的國家觀念，社會觀念，矢忠於民族的大我。這樣，教育一方面可以破除了迷信，一方面又可以造作了宗教；因此據我看來，對於大我矢忠，就是現代人的宗教。這其間，我們可以取從來宗教的優點而遺棄其弱點。我們不但可以說教育代替宗教，而且可以說教育本身即是宗教。

甲　你的話倒頗有道理。或者你也許要說從前的教育是教學的教育，現代的教育是鑄造人的教育。鑄造人的內心生活本來是宗教的事業。張先生所謂解放個人就是鑄造人內心生活的意思，是不是？

丙　也是，也不盡是。若說是掃除人內心的罪惡就是鑄造人的內心，那末解放一層當然是鑄造人心的事。若說像現代的教育制度那樣用一個模型造出一個呆板的人來，那就不是我解放的意思了。我以為宗教是一種教育，但教育不一定是一種宗教。我又以為現代的宗教須是徹底解放人的。王先生所說的教育是從外鑠入，從上壓下的單軌教育，其中並沒有什麼自由，似乎可以說是一種人為的定命，絕非徹底的解放。

乙　這是先生預料之言，我並沒有這樣說。可是先生也預料的不錯；因為我的意思是宗教絕無解放人的道理；教育也不一定要解放人。應當解放的地方就解放，應當教人得紀律的地方，自然就要教人受紀律。現代的國家大都是這樣辦。我們中國處於最艱難，最危險的局勢中，若不努力設法復興民族，尚有什麼前途？而要復興民族，則非從教育入手不可。教育造就一等人，原該有一個定型。先生以為模型裏造出來的人不好，我則以為除了模型，便毫無辦法。

丙　國家須有教育制度與方針，努力造人，以度艱難，當然是一個要圖。但我以為國家鑄造人才，還應當在定型之中，免去兩種弊病。第一，要教人能夠在人文生活中作批評的思考；這一點在於保存中國固有的文化是極重要的。第二是在國家教育之外，要容許私立教育的發展，使在長江大河的奔流中,有許多小支流,流在兩岸的各處,作一種豐富的生活潤澤。這不過是我的意見。我的意思是人須受人的待遇,不當視為機械,受機械所受的待遇。教人對於大我矢忠是對的;但是以少數人狹窄的眼光規定大我是這樣的性質,是那樣的性質,然後將這些狹窄的觀念當作大我去教人對於它舍性命,也許是賣人格,那就是最大的罪過。當然,一個國家要有一定的教育方針,要知道需要什麼樣的人民。但同時若不為人民留幾許自由的,內心的思考的餘地,那簡直就是攔擋人格獨立的尊嚴。團體是否應當侵佔個人整個的心靈是最大的問題。一個國家要制定第二個國家的運命,第二個國家若不能自衛獨立,那末第二個國家就等於滅亡。同樣,一個人完全被團體裁制,只可這樣想,不能那樣想,這個人也就等於一個機器,更無人格之可言。中國當前的問題是圖存,中國以及全世界的個人的人格問題,也是圖存!現代國家的教育制度有許多固然是完全裁制個人的;但試問這是不是現代人生中最大的危機。教育要度難關,當然;但度難關,是不是一定須得大家做機器才行,還是一個問題。我與王先生意見不同,就在於此。王先生以為教育可以決定人整個的運命,人整個的事業是服從團體——是不是?我以為人應當保衛團體,努力協作,以得同心同進的效果;同時也應當在那時那地有批評、瞭解、改革的權利。祇有服從的本務而沒有參加創造工作的權利的人,不是真正的人。我又以為現代教育制度,如俄、德、意、日那些國家的,祇知道效率,不知道自由,雖然一時或者適宜,而其實非常之虧欠。這種教育絕對不是宗教。因為宗教給人完全的內心自由。譬如基督教,即是王先生所誤解的那個宗教,有一個絕大的貢獻:就是耶穌所表示的上帝是自由的人格,以人為子女,使與上帝同一性情,得以自由選擇他的行為。人可以服從上帝,也可以絕對不服從上帝,上帝絕對不加以任何的限制,甚至於人們會想基督教的上帝是不管事的!人若決志遵行聖善慈愛的上帝的旨意,按照他的瞭解努力自動向前,他不但會奉獻身心給社會國家,還會維持自己和國家的道德。現代的國家都不是建設在道義上的,固然。但國家之中,各國之間,若沒有一輩散在各國的主張道義的人,試問人類有前途麼?我們要為國家爭光榮麼?人無獨尊的光榮,國家怎會有光榮呢?真的基督教為世界,為人羣保留心靈,保留人格;惟有它解放人,其他都是束縛人的!

乙　先生高論,我至欽佩。現代世界,可惜都在那裏走反先生那種基督教的路子,那末又奈之何?

丙　基督教中自有少數的先知聖徒擎起十字架來,努力奮鬥,給人類一個救法。受逼害,殉道義,世界把基督釘在十字架上,基督把世界釘在十字架上——十字架是基督教永存的命根子!

甲　在中國呢,基督教還極幼稚,簡直毫無力量。張先生大概是指西洋的基督教。西洋的基督教現在正與集團制度發生衝突。誰勝誰負,且看將來。張先生的話很有道理,因為基督教的中心工作是創造人的心靈。現代的許多國家與基督教搶生意,要用教育學心理學來鑄造人心。一旦鑄成大錯在這個世界就會永無安寧的日子。人們總想世界第二次大戰要爆發,沒有一件事比這個更危險。殊不知現代世界的教育在其中心的鑄造人方面,比世界第二次大戰還要危險百倍,因為這就是大戰的總因。因而不除,戰必不止,好在人無論如何不會完全變機器的;吃了苦,會學乖,死了大半,小半就會革起命來!可是代價太大了。同時,基督教也不會消滅的。王先生所見的那種基督教——迷信,遺傳,怪誕等等——當然日日在死亡之中,終必滅亡無餘。真的基督教——即是人對於聖愛的上帝矢忠,因而對於人類同胞矢忠的那個宗教——是永遠不會消滅的。

丙　還有一層。宗教是整個的人對於整個宇宙裏的意義矢忠誠。現代的教育,往往把人限制住,教他服從一個國家,一個政府,殘缺不全,專圖現前的命令。王先生以為這樣做,是人對於大我貢獻生命,是宗教。據我看來,這簡直是勉強人對於小我矢忠,是一種現代式的自私自利,也簡直是反宗教。王先生所謂現代人的宗教,頗像中國二十餘年來軍閥的割據與戰爭。軍閥的方法是招兵買馬,弄一些愚民來組成軍隊,叫他們對於他個人——小我——貢獻生命;至於大局,那就沒有放在他的癡心妄想裏。這就是一切禍亂的根源。基督教的事功是宗教的,就是要把人類從這種禍亂中救出來。現代人大概不明白這一點,因此就不瞭解基督教的本質,因此就不瞭解現代人最急迫的需要是基督教;因此也就不瞭解基督教是現代人得救所必經的道路。

乙　這樣說來，現代的國家是與基督教處於對抗的地位的，國家與基督教中間有一個絕大的爭戰，一個絕大的不妥協。我剛纔說的話，說現代人以教育的方法使人矢忠於大我——民族，國家——因此行教育便是傳宗教，簡直包含着張先生所提示的大問題，就是國家與宗教的衝突。也許可以說狹義的國家與廣義的宗教的衝突問題。

丙　對啊，可是我同時主張一個國家必須圖存，必須顧到目前的世界大勢；所以我也主張國家必須要有一個整全的教育制度。不過我深覺得教育之中須有紀律，也須有自由思想、自由信仰的餘地。我的要求，並非無理；因為我不但要保存國家的存在，並且要保存而發展國家在道義上人格上的尊嚴，要保存世界人類的前途的和平。

甲　好，現在時候不早了。我請你們就在我這裏便夜飯，我們吃了飯，再繼續暢談，把這個題目，再細細分析辯論如何？

乙　我對於二公的高論，頗感興趣。可巧今晚有暇，就此叨擾罷。

丙　我也可以奉陪。

甲　好極了，好極了。

（待續）

原載《真理與生命》九卷一期，1935 年 3 月

現代人的宗教問題(續)

甲　剛纔吃晚飯的時節所談的那些問題,似乎已經夠複雜了,我們現在可以暫時放開。我們知道現代的狹義的國家思想與廣義的宗教精神是互相枘鑿的,也知道在這時候,那種廣義的,世界的宗教正在發生;這宗教的力量雖然小,而其具有創造性是不可否認的。我現在提議我們且討論討論老張的宗教觀的第二點好不好?

乙　他的第二點是什麼? 我倒不記得了。

甲　他說:"一個宗教總該做三件事:第一是使個人得解放與成全;第二是使社會國家得由此而發展,而得力量;第三是使人生因此得在全宇宙中有意義。"現在,我們可以討論怎樣的宗教,能使人群得力量。

乙　好極了。我們還是請張先生作一個解釋。

丙　我也沒有什麼新見解:不過宗教應能使人心裏有堅固的信仰,依賴宇宙間的善勢力,服從這善勢力的意志,忘記自己,連合人群,而做提高建設社會的事功。這宗教與生活打成一片,便是力量。

乙　哦! 這話不提也罷了。一提起來,叫我又要不服氣了。我因視察教育,近來一連走了好幾個地方;我的好奇心催迫着我去訪問,去察看你們基督教裏頭的實情。我所以這樣做是因為你們教裏的人常常說這一個要人贊成你們的教會,那一個名流給你們捐了多少錢,這一個留學生把理智拋在九霄之外,做了純感情作用的宣教師,那一個大學畢業生放棄了科學來為聖靈作見證;我倒要去看一看,究竟是怎麼一回事。可是不看則已,看了,就知道他們的說話竟與老兄所說的如出一轍。請你原諒我的爽直,我說我所見聞的叫我肯定你們這一套話無非是一個囫圇的迷信。我所見的真不少;什麼真耶穌教會啦,安息復臨會啦,神召會啦,耶穌家庭啦,伯特利會啦,使徒信心會啦,牛津團啦——真也說不上這許多。它們都不同，可是每一個團體，都說它自己是上帝的聖靈所充滿的，叫他們得力量。我仔細訪問到底力量在哪裏呢？在騙人！前兩個月有一個印書匠來到我這裏，一五一十地說他被一個和尚大叱了一聲，竟把他的胃病治好了。和尚一叱以後，他一頓飯就可以吃一大盌麵條子。不過從那次以後，他就不上我那裏去了。我前日方纔曉得他是因胃病而永歸樂園。你們基督教——至少是流行在平民中間的——也就是那一套。得力量！一些不三不四的，半瘋半癲的人們治病趕鬼得聖靈！

丙　民眾們原需要這個力量。我們的民眾，苦到了盡頭，有這些所謂不三不四，半瘋半癲的人們給他們一點心裏的平安，精神的力量，雖其所傳不免迷信，也似乎是有益而無損的。試問王先生，你的教育能不能用你那些更好更良的方法來使民眾得急不待緩的幫助——精神上的幫助？

乙　那末你承認我所說的是不錯的？你的宗教觀，與我所見所聞的人的宗教觀，所謂得力量，是一致的？

丙　其間自有異同。你為什麼要這樣問？

乙　無他，專為要告訴你，你們這種辦法是害了中國痛苦中的民眾！你們叫他們更加沒有出息了。中國的民眾——我想各國的民眾，苦到了窮極苦極的時候也是一樣的——是滿抱着僥倖的心理的。中國的民眾又最愛受麻醉劑——他們不喝猛烈的凶酒，却要吸白面與鴉片。總而言之，若他們能用最短促的時間，最經濟的辦法，最簡便的結合，最不用思想的囫圇吞棗的隨附，而得最寶貝的，最需要的，最豐富的"生命"，他們就立刻會接受你的宗教！惰性，惡根性！我們要用教育去剷除這種僥倖的惰性，你們基督教反而去培養它，豈不是害了中國痛苦中的民眾？

甲　王先生真是一位宗教家，你瞧他氣得滿頭都是汗珠！你老裏頭真有點熱！

丙　王先生的熱心固可敬佩；但偏激之言，縱然懇切，亦未必近於真理。我且問王先生兩個問題。第一，王先生有沒有別的辦法使痛苦中的民眾得生活的力量，內心的平安？現在在中國這種普遍的"屬靈派""迷家派"，固然是這時代民眾精神要求的現象。這種現象雖帶着純乎迷信的色彩，却仍然是有益處的；因為其中有一個道德心向上的活動。譬如那些迷信的民眾，信了耶穌，就能將欺詐的罪惡撇開，真心真意地向善為善。他們醫病趕鬼固然一半是心理作用，一半是妖言惑眾，將一分事宣傳到十分；但他們中間的彼此相愛，如家人父子的情形，豈可以一概抹殺？王先生頭上的汗珠兒能表明出民眾的饒倖性與惰性，試問也能抹殺他們懇切簡單的互愛麼？也能否認他們在道義上的進步麼？試問我們有沒有別的東西會同樣的生出這番於社會人心極有裨益的積極精神來？第二，我要問王先生的教育能不能"兌現"？開空頭支票當然是容易的，一萬一億，儘你去說，但是民眾在飢寒交迫之中，有幾文現錢，豈不比空頭支票更為有用？那些所謂"屬靈派"至少有蓬勃的生氣。正是像王先生所說的，他們中間有大學畢業生，留學生，而且還有外國宣教師，商人，教員，醫生等等人！

乙　張先生，你問得好，我就要指出你問題中的弊病來。你問這些迷信的基督徒不但是利用惰性與饒倖的心理，且果然有向上向善的活動，我們辦教育能不能有東西去作替代。我的回答是，有。不但如此，我更覺得你們所謂"互愛"，所謂"家人父子"等等現象，於中國的改進大有妨礙。據我所知，這種純感情作用是非常窄小的：他們在小群中似乎互愛，在大體上，就排擊他種宗教，說它們都是"邪靈"的運動。他們的行為正與你老所講的廣義的宗教相背馳。每一個所謂"屬靈"的煽動都是自以為是，一小部分是講自己的蠻而無理的迷信，一大部分是排擊其他的派別，與夫傳統的基督教會，簡直像一群小老鷹靠着吃腐鼠而生存的！這是你們自己的事，不說也罷。最可歎的是：他們排斥理性，蔑視知識，一到迷魂陣裏，一碗孟婆湯就能叫他們手之舞之，足之蹈之！這還情有可原，因為他們要自騙自，他們盡量去自騙自就是了。他們卻侵犯別人，侵犯國家；因此他們的互愛，於社會的建設實成了一個障礙。你瞧，他們中間哪裏有一個國家的觀念？若將他們的心理分析一下子，他們沒有一個人不是最自私自利的，專要自己費最短的時間，最少的力氣，最經濟的代價，去得到他們的天堂與樂園。他們自己是聖靈所充盈的，別人都是該死的罪奴；他們得了情感的滿意，哪裏還知道有一個國家的大結合？你說他們向上，我說這簡直是向下，你說他們有道德，我說這簡直是不道德！至於你第二個問題是"兌現"的問題。空頭支票是不行的麽？滑得過，騙得過，空頭支票纔能支得取之無盡、用之不竭的金錢呢！民眾不識貨，所以痛哭流涕一下子就得了滿心的平安；殊不知他們正在用了空頭支票在那裏兌現，居然能兌現於一時！你們兩位都是有歷史眼光與科學態度的，難道不知道在宗教一端上，空頭支票能兌現麽？我曾經告訴一位"屬靈"的教徒說，佛教裏有許多異蹟奇事，非常神妙，與他所提的基督教中的怪現象簡直是一樣的，例如玄奘在印度某洞裏拜佛，見了釋迦牟尼那一類的事。我又告訴他佛教裏修行念佛的人心中有美好的快樂，行為上有極充量的慈悲。有的人竟聽見佛的聲音，竟看見佛的形狀，竟能跳下捨身巖，將性命作佈施。我問他信不信這些事是有實在作憑據的，換言之，是不是可以兌現。他說基督教中的是聖靈的作用，佛教的是"邪靈"的作用；兩方都是靈。真沒有辦法！你想世界上最奇怪的事是一句謊言可以給人大快樂！一樁虛假可以使人得力量！

甲　你老滔滔如江河，真可佩服；但你這內行，還是一個外行！哈哈！宗教的表現方式，往往恍惚迷離；可是其中信從的人都同樣的有一個真。這是你所抹殺的。宇宙之間有一真，各人所見雖祇一偏，而其所得則同然。各派紛爭而其實各有所得；上帝在教會中顯示莊嚴，也在各派中，各小乘中，各宗教中顯示莊嚴。他們所爭執的，與所持以爭執的，莫不從此本根來，只是他們不了然罷了。你老兄所說，都是至理，但你若撇棄各宗派、各宗教中所共有的真實，你却發百矢而無一可以中的。我來說一句公平話罷，人的力量，由於正知見，正思維，正生命；其中有正，即其中有真。諸凡大乘小乘，傳統派與特異派，皆有一個有限的尋求一個無限的衝向，而在尋求之中，有兩種如矛盾而實統一的現象：其一是永遠的追求，永遠的饑渴，與永遠的未曾得獲；其一是一求即得，一人即成，一見即明，所謂放下屠刀，立地成佛者是也。宗教因此而有待，亦因此而立成。人群有此，即有力量。老張的問，是根基於宗教信仰的基本實在，你老的回答是批評謬誤的，皆有所當，皆有所不當。老張不當不說明他的問題的基本觀念，你老也不當不探求此基本觀念；而此基本觀念是：宇宙中有向上提高人心的力量，人按其程度見解，在片面生活的狀態中，盡其所能，歸依向上，便有一真。此一真，在信仰與知識的調劑中得之；無物可以代替之。此一真即是現錢，並無所謂兌現不兌現！目下的普遍的"屬靈"現象，充滿了迷信自騙，誠然誠然；但在宗教的——別種東西亦然——演進中，生命總是一部分在黑暗中，一部分在光明中。生命是青蟲化蝶，常在半化未成之中！我們但能盡力，自己脫化，同時也幫助他人脫化，不將注意力放在下一部分的生活上，而放在上一部分的高生活上就是了。

丙　這些話很有道理，可又是哲學家言，王先生與那些"屬靈派"一定要同心合意的說是空談！

甲　我的責任即在說理；空談是一時的，我的話是長久的；二公若以我為空談，那末，我的空談，乃是人生的命根子！

乙　真是哲學家，玄妙極了！

丙　有人說佛教是哲學，基督教是生活；佛教是哲學在尋求宗教，基督教是宗教在尋求哲學。我們也許可以說這很有道理："屬靈派"大概有一點宗教，卻毫無哲學，得你老來作一個解釋，也許就可以入正軌了！

乙　設身於教授的交椅之內，埋首於書館的典籍之中，與蠹魚做朋友，與僵屍做弟兄；我恐哲學一作解釋，宗教就壽終正寢了罷？

甲　二公俱是實行家，所見定然偏執，請休取笑，亦休塞耳不聞；塞耳不聞，其過等於"屬靈派"的迷妄，且猶或甚焉。從來宗教，尤其是基督教與佛教，所以能夠發揚光大，莫不有恃於理論，有賴於研究。一時的熱心，萬不足以持久。基督教的理論固常有變，隨時代科學的轉移，而發生新意向；但其生活的所以保存轉注，長久住在，繼往開來者，亦有賴於思想耳。思想不棄生活，生活不離思想。哲學家與科學家皆重抽象的觀念，超形的邏輯，誠然，然其上進，究專心於是則是、非則非，而後乃能闡解明析人生的經驗。若說哲學作解釋，宗教即倒斃，祇可指彼哲學不根於經驗，宗教不根於實在者而言，不可以持此而律哲學一切的行為。若說哲學興，宗教必死，那末非哲學不徹底，即宗教不實在；否則，此種說法，亦等於"屬靈派"的不求真理，專恃感情意氣而已；豈王張二公，開明有識之士，所宜言哉？二公開玩笑，毋乃惡作劇；然則亦當諦聽我之訓誨乎？哈哈！

乙　在許多問題上，我雖與兄不同意，然兄能靜觀自得，用冷靜的客觀的態度，作持平公正的言論，正是我所欽佩的。今天晚上我們的談話好像走遠了。下午所談的是一個極重要，極有趣的問題；是現代的人能不能作基督徒？什麼是基督教的真際？我們發生這個問題，原是因為我們覺得信基督教與作現代的人是一件充滿了衝突的事情。我們的原意是要將問題看一看清楚。到了現在，我們似乎走遠了。

丙　其實也沒有離開題目。因我們說到兩個大關鍵：第一是基督教能使社會人群得發展建設的力量，第二是迷信的宗教，即是你王先生所竭力反對的那些"屬靈派"，大概一切迷信都包括在內，是與現代的思想與生活發生衝突的。在第一點上，我們儘說些"屬靈派"與批評"屬靈派"的話，沒有轉注到基督教的本質上去；在第二點上，我們儘量批評迷信，而忘卻了現代知識的動向以及其與現存的宗教衝突的各點。

甲　是。

乙　那末再繼續討論罷。不過我的態度是不改變的，我總覺得一個現代的人——一個真正的現代的人，不是那些一知半解的能做"屬靈派"的留學生等等——祇能信從科學，不能信從宗教，更不能信從那些開倒車的"屬靈派"的基督教。我現在還要向你們二位發生問題。不過在我發問之前，我要離開了題目，先問一個小問題，請張先生回答我。我知道張先生是傳統教會的健將——是不是？

甲　也許是罷。

丙　這又是什麼不妥當了麼？

乙　不是。張先生既是傳統教會的健將，那末我就要問了。"屬靈派"，據我看，好像都是反對傳統教會的；有的抵死把教友們拖出傳統教會去，教給他們說胡話——什麼"方言"——又教給他們打滾哭喊，等耶穌乘雲再來，又教他們的瞎子瘸腿給醫好了，抵死的做了出主入奴的"屬靈派"。真的，我也記不起這些個。你看，我這本手冊都記載了這麼些怪事。"屬靈派"真會搶生意，把人家弄現成的東西，搶去改頭換面，標上一個新名目，就算是"本廠貨"！總而言之是凡事佔便宜，真的是大開方便之門。有一個牧師向我大放厥辭說："你瞧他們把教友都拉走了，真邪氣！"我暗暗的好笑。教友被拉走，西教會的財帛不進他的門，他的飯碗，就發生了根本的搖動，所以他大放厥辭。

甲 未必如此。老兄這話似乎太刻薄了。為什麼祇許你老兄反抗那些作社會障礙物的"屬靈派",而不許那個牧師作同樣的批評。也許他的看法,很與你的相同。

丙 大概王先生的成見也是與"屬靈派"的成見一樣深的,好在討論問題的本身,自有道理討論出來,不必立刻請他用別種眼光看事情。但不知王先生要問的是什麼問題?我們談到了毫無忌諱的境界,實在是很難得的,就請發問題罷。

乙 我的小問題是"屬靈派"說傳統的教會不"屬靈",盡力把教友們拉出去,也許是另組一個將來還不及傳統教會的教會;而張先生卻這樣迴護他們,這雖說是寬宏大量,其中總有個緣故,不然豈有人家拆傳統教會的臺,而傳統教會的健將反會為他們辯護?

丙 原來是這一點。其實也無所謂。我因為"屬靈派"中所有的長處為老兄一概抹殺,未免不公允,所以有了幾句指陳的話;並不是什麼迴護。不過我常覺得所謂傳統的教會組織復組織,簡直成了一個大機械,許多人不免在裏頭得不到精神上所需求的利益,所以起了反感,一鼓氣就去遷就那些治病趕鬼,不分皂白,死信《聖經》的宗教團體。這些另闢途徑的宗教現象簡直是一種抗議。我自己心裏還有革命性的洶湧,所以對於他們,居然略具同情。但我對這些遍地蔓生的宗教現象,並沒有感覺到什麼奇異,因我知道那個也是一種非傳統而恰另是傳統的一套東西。同時,我是不能脫離宗教的生活,所以見一種果有宗教熱情的現象,就有尊敬的情態。去年我上妙峰山,看見那些跪拜上山的男女,尚且感覺得熱烈的同情,非常的恭敬他們;豈有"屬靈派"在老兄的抨擊之下而不為他們說一句允正的話之理?還有一層,一個社會的精神生活的進展,雖必恃乎知識,但有時亦需一種應付時代的情感運動。現在中國農村破產,經濟大起恐慌,人民的腳跟都在浮動,前途的艱險,實在不堪設想;若有一種勢力,能蔓延遍及,使人民重見新希望,重得新生命,使他們得度這時代的難關,我應當瞭解人民的程度,不嫌其淺陋鄙惡,而從中扶植之;或者其中上帝自有奇妙難測的善意。至少,他們對於傳統教會作一種事實上的抗議,使傳統教會受些刺激,原不是壞事情。傳統教會對於這時代失去了先知的責任,丟卻了先知的聲音,而硜硜然惟以死儀式，舶來的制度，洋商招牌的組織為事，其不為民眾所歡迎，乃是一件理所當然的結束。

甲　我想這些既非我們所要討論的事情，不如快回到題目上去罷。

乙　好罷。我說科學才能使人真的得力量，宗教祇會開空頭支票，可以興盛於愚魯的人間，而不能發揚於智慧的領域；可以迷惑煽誘於一時，不能為人類生活永久的根基。我這些話是挑戰的，請二公回答，攻擊責問，我都歡迎；因為我有事實與知識為根基，深覺得其不能動搖的！

（待續）

原載《真理與生命》九卷二期

現代人的宗教問題（續完）

甲　那可算不得什麽挑戰，雖然老兄的來勢倒像很利害。科學纔能使人得力量這句話是似是而非的。若是說科學使人在有限的程度中瞭解自然，征服自然，利用自然，我就毫無反對的話可說；因為我們因了科學可以躡遙空，沉大海，飛馳於重洋廣漠；可以用機器製物品，傳消息，治疾病，使人無往而不便利。若是說科學能陶鑄人心，使人能激發忠愛，置人類於磐石之上，享樂和平，那就未免失實了。

乙　且住。你的話裏，出了岔子。

甲　在哪里？

乙　你不信科學能陶鑄人心，那就是錯誤。不見麽？科學家不顧私念，但求真實。赫胥黎曾說科學家像小孩子一樣，坐在事實面前，須受事實的指引。這種客觀的態度，求真的志願，公允的精神，祇有科學能倡導，能造就。科學造就這種心態，這種心態發展科學；科學興起，這種態度也興起；一旦傳開來，人類必能互相認識，由認識而創造和平，這纔是真和平。老兄反說科學不能陶鑄人心，激勵忠愛，豈非妄談？

甲　原來是你老沒有聽完我的話。科學態度，大概我也知道；我鎮日讀書求理，本來也抱着這個態度。不過我的意思是，這個科學的精神是超乎科學的一件東西，並不是科學本身。科學不是獨立不倚的，乃是倚靠一個意義，一個科學所不能測量、不能捉摸的力量。而這個力量，却頗像一種宗教信仰。科學家研究事物的種種現象，而不研究那個促使科學家虔心向求真理的根源；往往反將得於事物現象的關係、律令去肯定科學的精神，以為一切的一切，皆包蘊於科學範圍之內；於是說自然是機械的，人心也就是機械的了。科學背後是不肯受束縛的自由活動的心靈，在那不知不覺之間懇切追求自己的生命可以寄頓、歸託而得統一的實在。譬如，老兄也許要說，科學家沒有我，祇有理；宗教家也是這樣，沒有我，祇有天意；其實呢？科學家、宗教家之所以沒有我，是因為他們在研究裏，信仰裏，得到理的發現而融為自己的生命。學問愈進，經驗愈深，亦即愈沒有我；愈沒有我，而我愈浩大。耶穌曾說："保生命者必失生命，喪生命者必得生命。"也就是這個道理。因為理有客觀性，心得其理，理與心合；心理既合，得理者即有得於心，自然趣味益然，態度神情，便悠悠地沖融恬淡了。可是這也不過是上乘的科學家、宗教家為然；其中也者，下也者，皆囂囂然者也，反以此為異端也。

丙　你老總是恍兮惚兮，我也不耐煩。王先生，我們講些別的罷，讓他去玄之又玄。我們的問題是現代人必從科學得力量，除却科學，便沒有力量。是不是？

乙　我是這樣想！

丙　那末，我就以為不然！讓我來說幾句比較實際的話罷。科學的勢力是浩大的，誰也不能否認；我們的衣食住行哪一件不受科學的支配？但是科學不能改變了人的氣質。因此科學愈興旺，人類的物質生活愈舒適，愈複雜，而人類的前途，愈可悲可憐；因為科學造了大機械，機械壓迫人，人就死了。譬如戰爭，科學造槍砲，無奇不有。從前動兵，便是干戈，死傷百萬，已非不多；如今的殺傷，比從前怎樣？大戰爆發，種可滅而文化可亡，大地可洗而汪洋可掃。各國的軍閥莫不在科學的支配之下。科學何嘗不給他們大能力，而他們誰非此勢力狂的走狗狡兔！螳螂之後有黃雀，黃雀之後有彈弓，彈弓之後有公子，公子之後當又有殺公子者矣。且公子亦有自殺與自相戕殺之可能。又譬如工商業。機械救了人，又殺了人。大規模的機器工業，把人的創作力壓迫着，把人變作機器。有事作，則人做機器的奴隸；無事作，則失業的羣眾，由百萬而千萬，轉輾窮愁。科學並無罪過，但科學亦不能補救此種艱難。而補救此種艱難的力量，須從藝術、倫理、宗教來。

乙　這些話真是一位實際的宗教家的武斷與蠻橫！告訴二公罷，科學所放的火，還得科學去收拾。所謂藝術，離得開科學麼？所謂倫理，離得開心理學、生物學、社會科學麼？所謂宗教——哈哈——除了科學，還剩下什麼？事情是在過程中，科學做下的事，例如造大礮，製巨艦，出飛機等等，又例如造大機械，組織大規模的工商業，是科學在此時代的成就；這些東西作了人的禍患，科學自當想出制止的工具來。到如今，我們但見物品上的科學化，沒有看見人生的科學化。

丙　人生亦何嘗不曾科學化，我覺得人生已經太科學化了。第一是天下各國的軍隊組織，那不是人生科學化麼？何等的嚴密！何等的機器式！第二是大規模的工商業，哪一個人不在受支配的嚴密的組織中。第三是教育，譬如我們的孩兒們，又哪一個不受機械式的教育；十五六歲的孩子，就忙得要死，人把血肉當做鐵來打，銅來澆。可是我不反對人生的科學化，我奇怪為什麼世界上的聰明人，樣樣多要好，總不要純粹的好人；要人造機器，卻又要人造的機器徹頭徹尾去支配人。科學之外，還有一件要事——人格與人格的交感融化，人與宇宙的心靈的交感融化。這是人們不要的；不要這個，所謂力量，便是騖外的，其間絕無內充的實力。這一國要抵制那一國，這一人要抵制那一人，動則為爭戰，靜則為僵局！

乙　張先生，你竟沒有明白我的人生科學化的意思。我的人生科學化不全是，不僅是人生機械化。機械化有機械化的好處；故人生機械化在人生科學化的事序中有重要的地位。但生活有張有弛，皆不能撤離了科學的指示；生活緊張的時候，譬如戰爭之際，人的生活當然要受極嚴密的支配，使國家可以用人民的忠義至於至高至大的效率。生活比較安頓的時候，人也當了然於自己與環境的關係，保守發展其健康，增長其知識智慧，提高其各種實力。凡此種種，莫不需要生活科學化而後乃能獲得相當的成功。我看老兄的生活非常的科學化，而說起話來，如何總覺得在科學之外，還有一個真力量似的。譬如剛纔我們吃晚飯的時候，你老兄把盃子筷子等等在開水裏打滾；吃水果的時候你又問廚子用開水泡過沒有。你那樣作，就是科學化的生活。我們知道了科學的道理，凡是與我們日常生活有關係的，我們決志應用它，那就是科學化的生活。霍亂的細菌是不能吃的，吃到肚子裏，就要性命交關；我們受了科學的指示便知道預防。假使我們不信科學，忽然抽筋刮骨的吐而瀉，難道就長跪呼蒼天，霍亂的微菌就此不殺人了麼？你老兄一提科學化便說人生受科學支配便是機械化，殊不知人生科學化纔得了漸演漸廣的真自由呢！科學化的人生不肯作迷信的事，科學便將人從迷信裏解放出來。宗教將人束縛了，科學把他解放了；縱使宗教有力量，亦不過是束縛人的力量；科學解放人，纔可謂之真力量呢！

甲　二公高論，我深深敬服。二公皆以我為迂闊，故我靜聽高論，冀得一當，奈何東拉西扯，弄得如此牛頭不對馬嘴！

丙　王先生，我也覺得我們的話太蕪雜了。其實對於人生須要科學化一層，我們三人大家是多少同意的。我們泛泛而論，故而不曾切題。我以為現在我們應當討論兩個問題：第一個是科學自身的工作與生活是否單靠科學自身，抑是依賴一個超乎科學、科學所不能測量到達的東西？第二個是一個實際的問題，科學既已引人類進了大規模的組織之下，能用機械，且以支配大多數人的生活，能否以征服自然者征服人類的野心？換言之，科學能制物，是否亦能制人而創造人類共存共享的生活道德？

甲　好極了，老張摸清了頭路，我們就此進行罷。其實剛纔老張不耐性，說我玄之又玄，而自己卻又跑到我的地域裏來了。

乙　張先生既然舉出清楚的題目來，我想最好就請張先生發表自己的意見。

丙　問題是我述說的，但我卻願聽一聽我們這位神學家的議論，也許我也可以參酌一些自己的思想，王先生更有一個機會來盤駁我們一下子。

甲　老張，你難道不是神學家，不用太謙。雖然，我以一日長乎爾，先說幾句也使得。科學不是從天上落下來的，也不是從地裏湧出來的，乃是人類的精神所創造的。有會創造科學的人，然後有被創造的科學；這句話似乎沒有人會反駁的了。同時，我倒也要說天上若不掉下來，地裏若不湧起來，科學也不會出生於宇宙之間。換句話說，人若要得天地間事事物物的知識，而天地間的事事物物竟不讓人知道，我們豈會有科學？再換一句話說，人的理智是如此的，事物的關係是如彼的，兩方面湊攏來不能合符，我們又豈能有科學？譬如一隻雞，我們知道是雞，因為牠在一種情形之下，老有牠的特點。要是剛纔說雞，牠就變了鴨，鴨又變了石子，石子又變了一個夢，在前則不能定其所自出，在後則不能窺其所欲變，因之與果永無一線的相承，我們哪裏會有科學？然則科學的所以為科學，只因為事物俱有理，只因為人人俱此理，以理接理，從而整為統系，如此而已。

乙　這倒很有意思，很像宋儒談理學，所謂宇宙之理即心之理。從這條路上走到宗教裏去，倒也走得通；可也滿路荊棘，不知老兄著了敝絮沒有？

甲　且聽我試說。宋儒的理學原不可一概抹殺，盡性窮理，格物致知，自有所當，不過宋儒的背景環境俱有不能產生科學的障礙物；其所見的根本原則，依然是值得我們注意的。歐洲的科學史溯源於希臘諸名哲的算術哲理，一線相承，經過幾許波折，二千餘年，始有近代的科學。

丙　你現在的話是深有意義的。你那麼說，我就想到我們不從歷史方面深深的研究，我們總不易知道科學的性質。我因此想到進化論：宇宙與人都在變易的歷程中以理接理，與夫以變應變似乎是大有區別的。這是從進化史的觀點想。至於從人類的思想史方面看，變與不變乃一大問題，二者之間常有一種衝突；從希臘的哲學有此問題以至於今，這種問題，常在絞人的腦汁，一正一反，漸漸地產出了比較有效率的研究方法來；在人的思想現象方面論，則邏輯得了極重要的發展，在物的方面，則一切現象都有儀器以測量之。都有算數以統計之，都有安排以範圍而試驗之。人能在事物上測量而試驗之，又以精密的邏輯從而組織之，推測之；現代的科學乃日進於嚴整縝密，然而仔細思之，還仍舊是你老所謂之以理接理，是人在宇宙之中發現了一個與人類似的心性！

乙　我曉得張先生要這樣說。

甲　老張這樣說，雖則明明是一個有神論者當然的立場，但其理自是，我們也不能抹殺。只是老張似乎跑得太快了些。

丙　我是急於達到我們第一個問題的答覆。

甲　真的，我們談得夜深了。其實我們不必達到一個答覆，討論本身，到哪裏，是哪裏，也是有意思的。不過我們以現代人的宗教而論需要一個答覆，也似乎應當看見我們的問題達到一個大概大略的答覆。假使我們要急急的結束我們的討論，我想我們可以武斷地說，科學不能自立而自存，必須宇宙之理與人心之理，相符相應，然後乃能成立；如此，則科學一切的力量，其實即是宇宙之理的力量。從我們基督教的立場來說，"太初有理，理與上帝同在，理即上帝。"那末我們即可以說科學所有的力量，追根溯源，原是宇宙之理，宇宙之心的——上帝的——力量。不過，我覺得，如此急下斷語，總嫌缺漏太多，過分地武斷了。

乙　我是可以坐談達旦的,只怕天亮不怕夜,我以為我們還是繼續我們的討論為是。我覺得我們所論的很有意思。

丙　好,請繼續討論。

甲　方纔老張提出進化論與思想史來,我覺得深有道理。以理接理,以變應變,那八個字就包含了許多可以討論的地方。從進化論說到相對論,一切現象,一切經驗,莫非變化;以變化中的人尋求變化中的事物的定律,其中不免包蘊着一個矛盾。故從邏輯方面說,我們所謂現象的定律,不過是個概然的關係而已。一切俱是相對的。我們俱是個人,亦俱能見殊而不能見全。同時我們有一個全的概念。即就我們的全的概念而論,我們或說世界定是一個整全的、包含一切的世界,而世界中的主宰是上帝,是世界自己的本性。我們這樣說,其中就有許多的問題;但以討論的便利起見,我們卻不能提出來,因為我們不要使問題橫生枝節。就其簡單者言之,我們應說人與世界乃是渾然一體的,人於世界為有機體中的活動自知的一部,世界於人,為活動自知部分所寄存的有機體全部。人與世界,世界與人互為滲透的機體。惟人既出於世界,所謂"萬物本乎天,人本乎祖"。人應有世界之性質,人一有窮,世界一無窮也;以有窮以隨無窮,則在知識方面即有涯,而同時在本性上或竟可以識其渾然之同。若人可以說,天地的理根本同於人之理,宇宙之心根本同於人之心,而特無窮盡,那末我們在科學方面,儘可說彼為自然,在宗教方面,儘可說彼為獨一無二的上帝。

丙　這幾句話,在我看似乎已夠回答我們第一個問題了:就是說科學的存在與發展不是靠科學自身,乃是靠宇宙與人之中的心靈活動。但是這幾句話還沒有說到宗教的深處;因為宇宙的理與人心的理乃是一個靜止的東西,而生活是活動跳躍,變遷流蕩的意向,其間滿着了熱情,而此熱情纔是力量的根子。科學背後是一個不能自已的知識欲求,宇宙背後是一個必須演變的向前之動(A Sort of Conation),人的背後是一個必須往前的衝動。這個意志,內在於人而超於人,使人要求在知識中得自我的統一與成全,在朋友與異性的關係中得自我的意義與滿意,在功業上、在創作的貢獻上得自我的實顯。人以有涯隨無涯,舍小我而入大我,便得了至高無上的快樂。所以宗教家往往祈禱上帝說:"不是我的旨意,乃是你的旨意成全。"聖奧古斯丁曾經說:"上帝啊,我的靈魂不得寧息,除非他在你裏面得寧息。"人是偏面的,有量的;故科學家硜硜然必要在努力求科學知識的事業上得他自己的寄託,美術家必要在美的現實中得他自己的歸宿,政治家必要在國家的生活的創新與維持中得他自己的成全。諸如此類,其實凡有忠信虔持的精神所寄存,則有類於宗教家以其全心向着宇宙的實在——上帝。然則從科學的根本精神方面說來,其力量原具有宗教性;若在這一端上再加上人倫的愛情與倫理,以及人對於世界的主宰的虔誠,那末我們就得了真的宗教了。

乙　我初以為二公的宗教皆與迷信的匹夫匹婦同樣的淺陋;如今我纔知道,你們不一定是迷信的人物,你們所言,其中大有道理。我對於純粹的哲學,實在沒有什麼研究,所以於二公所論,不能贊一辭。即說二公所論皆中乎理,我仍願知道第二個問題的解答。科學能征服自然,在相當的情形之下管理自然,它能否也征服了人的野心使大家向上為善而造就世界的和平?

丙　這個問題似乎比較容易回答些;我們若假定第一個問題是回答的不錯,那末第二個問題的答覆就可以跟着來了。科學由人與世界交相接應而發生;那末人可以創科學,科學亦可以在相當的限度之內研究人自己的性質。自人至科學,復自科學至人,好像是一個圈子;但是這個圈子是一個不接連而斷了一些的圈子。人可以達到科學,有勢力可以創造發展科學;而科學則不能透入創造科學的人心裏,而以科學的知識與方法,醫治其中的疾病,補充其中的缺陷,滿足其中的欲求。因此,大體而論,人可以用科學去征服自然,卻不能用科學去征服自己,和自己的私心野心。良以科學是抽象的理論,給人一個對於事物關係的瞭解,卻不能教人得力量去依照所瞭解的實行。科學在事物的關係方面,猶之乎地圖南針;但人得了地圖南針,而一船無冒險的精神,合作的志願——此精神與志願,皆非純粹的知識所能給與——則泛海飄洋,依然為一件不可能的事。同時,在理想與道德方面,俱是價值問題,科學——社會歷史科學——僅有研究的事工,而不能鼓勵激蕩,使人作可歌可泣可驚可愕的偉業。科學者,人的求知之欲,求適之欲所生之事也;而人所欲求,不限於此,且有欲得生命究竟義、生命原動力、生命永久之價值的動向。此種動向,都是自存於科學之外。科學可以研究一切,而不能推動一切。當然,推動天下事的原動力,其在於人者,莫不受科學的影響;惟其為力,則先於科學而超於科學,科學不能作越俎代庖之事。且純粹的科學,能得比較正確的概然的律令者,祗限於自然的研究。在社會歷史科學方面,已祇有傾向與大概的研究,而沒有正確必然的知識。

甲　老張你這些議論,我都可以同意。也許話可以說得稍為簡明些。大概你的意思是這樣,是不是?科學是生之意志所產出、所發見的事情;道德文章美術宗教也是生之意志所發見、所產出的事情。其事各異而又各相糾結,各相滲透,故有科學,不能無道德文章美藝宗教,有道德文章美藝宗教,亦不能無科學。這些東西各有特殊的功用,各有人所必需的貢獻。方纔王先生獨手擎舉科學而謂惟有科學纔能使人得力量,那就是一般偏向科學,因科學而忘卻其他的生之要素的人們所持的片面之想。

乙　誠然,我聽了二公的宏論,深覺我剛纔的話,不免魯莽了些。不過我原是為討論而挑戰,不一定是要堅壁清野的。

甲　是啊,老王,這當然知道。請讓我把老張的話補充完了。科學宗教同出一源而各異其趣,各有其用。科學求知事實的關係,既已知之,則能事已畢;宗教求心力的統一,必須用科學的知識,亦必須用科學方法去探求心靈中,價值範圍中的事實,而其所以如是者,乃不在求知,而在求因知而得豐美的生命。這是一件最淺顯的事。世界上的人,迷蒙恍惚,要我們在這種簡單的事情上,舌敝脣焦,真的是太可憐了。

乙　算啦罷,不用冷嘲了。

甲　並非,我說的是事實。讓我設一個小譬喻,說科學與宗教各自的能事,並且說明科學能制物,宗教能啟心的意思。也許這樣,我們的討論,可以暫告一個段落。我的譬喻是這樣:有一對癡心的青年男女,彼此戀愛,要結為夫婦。他們的親朋中間有贊成的,有不贊成的,各持一說。但是他們異口同聲地說這一對癡東西毫無知識,怎麼會戀愛呢?不如先讓他們用歷史的眼光,試驗的態度,測量研究,直到他們知道戀愛在自然界內究竟是什麼一回事。於是乎就把生理學,生物學,病理學,心理學,社會學,諸凡與婚媾有關係的學術,精精細細地教給他們。起先,這對癡兒女一昧的癡,想着要治這許多學問,然後乃能成夫婦,幾乎要急死。當然他們把"學識"二字,恨入骨髓。可是沒奈何祇得去研究,因為他們是真戀愛,而凡是真戀愛的人,自然都是情願吃苦而付代價的。他們拼命的學,把所應當學的,在極短的時間內都學會了。於是乎他們去告訴他們的親友說:"我們現在已經夠資格結婚了,因為凡是關於結婚的學問,你們所提出的,我們都已熟習了。"親友們大為驚訝,怎麼如許書本子,如許試驗題,在這樣短的時間內都修畢了呢? 不肯信。大家商量要將這對癡兒女考問一下。他們仔細盤問,不料這對癡兒女一一答覆,學問居然是超乎考問者之上。親友更覺得稀奇了,問他們說:"你倆素來不肯讀書,為什麼此番如此努力,得了這樣驚人的效果呢?"他們說:"我們戀愛,不能自已,以至於此。""然則學問教你們戀愛,你們現在是曉得什麼是戀愛了?"癡兒女彼此相對微微地笑,笑這些學問淵博的親友們連戀愛都不懂,多麼的傻! 於是老老實實地回答說:"我們要測量,戀愛不受我們的測量;我們要試驗,戀愛也不讓我們去試驗。我們知道了許多事:從歷史方面我們考究過雙方的家譜,覺得還算門當戶對,因為雙方都是以挑糞鋤草翻土弄泥的田舍郎為祖宗,也都有做官做府的子孫。從生理病理方面看,我們的體格非常的合適,且也曾請專門醫家查驗診斷過,覺得於婚姻有益而無損。至於心理、社會更不論了。我們當然是心心相印的! 可是這些學問實在沒有教給我們怎樣去戀愛。"親友們是深於世故,斷然不肯相信這對癡兒女的,故再問他們說:"這些難道竟無用處麼?"癡兒女立刻同聲說:"大有用處。我們研究到一半的程度,兩個人非常的懷疑,以為若是這些學問是真實的話,那末世界便沒有戀愛這麼一回事。可是……我們自己知道戀愛是一個密近穩固的、心靈裏的真,決然不是騙我們的;我們彼此的傾心,就是惟一的確據。後來,我們乖巧了,一面戀愛,一面研究,將所研究的用在戀愛的身上,覺得我們的戀愛更加甜美了,因為戀愛能將學問變成戀愛的工具。我們又用戀愛的切心去研究學問,連學問都變了有趣的,長進得極快的東西。到如今,戀愛竟成一切的中心,一切學問都可以滲透在裏頭! 戀愛與學問竟有點分不開了。"親友們聽了這些話,沒有摸着頭路,便說:"癡男女,本來世界上祇有知識,哪裏會有戀愛。癡男女終是做夢做不醒的。好罷,你們結你們的婚罷!"

乙　好古怪的親友們!

丙　哈哈,好古怪的王先生!

甲　好啦,科學哪裏會征服人的野心私心,野心私心須要另外一種使它滿意的東西。現代的人正抱着科學的腿要它給他們填滿了那個無底的人生之欲呢!

丙　夜深了,不如去睡罷。

乙　有趣的很,好,改日再來領教,再會。

二四,六,一,燕東園
原載《真理與生命》九卷四期

中國民族與基督教

　　近十年來，朋儕之中，往往以基督教在中國有何前途相質問。所有議論，往往或失之過於樂觀，或失之過於悲觀。記得二十餘年前，與某師騎馬入蘇州的支硎山，馬上論中國基督教的前途，我曾說不出三十年，中國必大衆歸傾於基督教。其時，我初入教，銳意奮進，以私意度之，三十年中，應有全國奉教的可能。到了現在，自己每覺少年時，祇重意氣，持主觀，宗教的熱忱有餘，而歷史的眼光，科學的態度，則完全無有；以缺少歷史眼光，科學態度的少年，泛論大事，其相差千里也宜矣。

　　然則用歷史的眼光，科學的頭腦看事情，又是怎樣呢？無他，不過多用心觀察體驗中國的國民性與夫環中國，塞中國的事實而已。統觀中國歷來宗教的進展變演，即以推測基督教的前途，試問其在中國能否根深蒂固？以中國的國民性論，近百年來，雖然歷經劇變，依然有極鞏固的特點；簡單地說，中國人是唯實的，屬世的，執中的，注心於人文而不關懷於神秘生活的。中國大多數的人民，根性並不比古時的人民為弱，不過因了現在東西文化的交觸，其固有的弱點乃一旦陳露了出來。大多數的人，本來心志不高，無不抱持一種"絲不如竹，竹不如肉"的態度，等着福祿壽三星來照命。說得高，中國人都是"人法地，地法天，天法道，道法自然"的自然主義者，竟能產生出造境極高的詩畫、建築、雕刻，以及其他的藝術。山水的神妙，詩詞的雋永，磁器設色的奇雅，建築幽曠廣淨的偉大，雖西方的精粹，東洋的摹仿，亦不能望其項背。目前士大夫鬧盈盈地講論中國本位文化，不在中國趨近自然神化的方面看，不在中國的美藝方面看，而徒在思想倫理科學組織方面看，當然亦祇能看見中國文化的弱點。殊不知其實中國所寄命者，盡在中國人得諸自然流露的藝術。古時所謂六藝——詩、書、禮、樂、易、春秋——似乎要將人生在藝術裏得陶冶，使所謂綱常，倫理，君臣，父子，夫婦，昆弟，朋友之義，一一皆託體於詩書禮樂。後來，藝術的範圍擴大加深，中國人為人的力量，皆發源於此。中國人心中的安慰亦皆歸根於此。張爾田先生題吳宓《落花詩後》，自作小注說："宗教信仰既失，人類之苦將無極。十年前曾與靜安（王國維先生）言之，相對慨然。靜安云，中國人宗教思想素薄，幸賴有美術足以自慰。"這幾句話，真洞見中國人內心的深密。

雖然，說得低些，中國人的自然主義，不免即是唯物主義。日本人以為深知中國的民族性，若要中國人的東西，儘可由兩途取之，一途是賄賂，因為中國人貪財；一途是威嚇，因為中國人怕死。這卻道得着，因為普通而論，我們實在是愛命甚於愛物，愛物甚於愛人，愛人甚於愛國！我們的救法，今日之下，全在得一種力量，使我們從這種自然主義中拯拔出來。

不過說得高也無當，說得低也無當，因為真中國人是"執其兩端，用其中於民"的；是"允執厥中"的。所謂"中"，是中國人的人文主義。中國人心中的一點靈明，身外的幾番動程，這是孔老夫子，並不是老子與釋迦牟尼，而老與佛不過是中國民族的滋補劑，救命湯而已。而這種人文主義，並不像西方受過科學洗禮的人本主義，因其為物也，極取自然，一方面不覺得天的"不為堯存，不為桀亡"是與人離二的，另一方面則以天人一貫之說演成一種平穩的宗教。"乾稱父，坤稱母，予茲藐焉，而混然中處"，雖像宗教家的話，卻終歸於"混然"。人們看見忠臣孝子義夫節婦的捨生取義，往往覺得這些人得天獨厚；天自為厚薄，以為人事的調協；天既有命，人當然可以得優遊且優遊。荀子曾教人拼命去"參"，但中國人總在"參"與不參之間。至其極，我們或者也會衝入玄虛，忻賞那"誠者，天之道也，誠之者，人之道也"，"成己仁也，成物知也"的高談，但同時，我們是"仁者樂山，智者樂水"的宇宙論式的人文主義者，"未知生，焉知死"，只肯生，不肯死，而帶着"逝者如斯夫"的慨歎，也帶着"不知老之將至"的糊塗。可是我們究竟也不能沒有宗教。我們不能不"敬天地，禮神明"，而敬禮之本，全在於拜祖宗，而拜祖宗，全是為自己，為現世，即所謂"慎終追遠，民德歸厚矣"，即所謂"事死如事生，事亡如事存"，即所謂"祭如在，祭神如在神在"，"如在其上，如在其左右"。我們的崇拜是宗教，是教化教育教訓的教，是"修道之謂教"的教。我們崇拜的對象祇是"如"，實在不曾有對象實存的堅切的信仰。我們祭祀祖宗，也敬拜天地山川，而所謂上下神祇，上帝司命也者，莫非都是我們的老祖宗，而我們的老祖宗是天，天是自然。這種宗教胡適之稱之為"孝教"，從來是叫做"名教"的，勢必至於有名而無實。

近來報紙上常載着殺人的事，自殺的事，固然；不過這些事還是浮面的；內骨子裏，在國難重重，洪水橫流，兵匪禍結，朝不保暮的時代中，中國人還是中國人。在水裏淹溺的幾百萬人；在中秋節，看浙江潮的却有幾萬人，連國府的要人算在內。中元節上，那些燕巢焚幕，魚遊沸鼎的北平人，據大公報說是十萬人，連我也算在內，擁擠在北海公園裏看放焰口，放煙火；放蓮花燈，而辜負了那一輪"清光猶為君"的秋月！人山人海，擠得有門不能進，有門不能出，又為什麼人的臉上都顯出一個空來？生活空洞的空！洋車夫，煤車夫，小販子，小叫化子臉上空，臉上還是笑，這難道也是中國的國民性麼？然則最樂觀的真無過於中國民族了！不過天可憐我們，祖宗可憐我們，我們財窮，力窮，心靈窮；無論我們的學者怎樣的聰明，也免不了我們對於宗教信仰，宗教精神的需要！我們的領袖們，學者們，都了然於這一點，所以敬總理，誦遺囑，修廟宇，念彌陀，祭孔子，讀《聖經》；所以丁文江要保持宗教心，要一個中心的信仰，胡適之要寫信條，講大我，說孝教，傳"傳紀教"，持社會影響不滅論。然而神道設教在歷史上從來不曾成過事實。我們的創化力，似乎不比皇古的原人更有威勢。這種宗教，從外打進去，又似乎枉費心機。俄國人今朝雖然做了反上帝運動的無神論者，卻依然是有宗教的，因為他們有宗教的熱忱，將對於東正教的信仰移到蘇維埃政府上去；但是俄國所能影響中國的，不過在無神論，而不能在宗教精神。因為一個民族若然沒有深刻的宗教熱誠，雖然要共產，要左傾，也傾不到極點。泄泄杳杳，從從容容的中國人現在正要宗教來救命——救個人與民族的靈魂。我們試問一問基督教能不能救命，救靈魂，並且如何救？

中國人是人文主義者；中國人的宗教是孝教，刻己不能救性命。講本位文化，不如講文化本位。而文化的本位，的確就是宗教。從今以後，中國人只有努力瞭解中國的文化與西洋的文化，從瞭解，擇別，吸取，接收，而漸得一個現代性的新文化。在這種文化中，我們不能預料哪幾件是自己家裏的傳家之寶，哪幾件是西洋人民的眩世之寶，洪潮突起，萬流咸匯。但是西洋文化中有三個要素，曰學術，曰組織，曰宗教，皆可任我們去採取。我們若要單取學術與組織而遺棄宗教，試問這樣辦法是不是有點像"買櫝還珠"的笨事？西洋文化不是沒有靈魂的；西洋人雖有對於基督教，尤其是教會，痛下批評的言論，雖有許多人脫離教會，然而他們所持以維繫內心生活的，還依舊是基督教。前幾年我們逞意地說，我們要力拒"文化侵略"。其實我們何嘗不曉得文化祇有交流而沒有侵略的一回事；我們所以說"侵略"者，是指基督教的事業說的，理由有二，一是反帝國主義，一是好弄偏見，以稱快而誇示自家的威武。到了現在，我們似乎不必再說亂話，應當平心靜氣地思考一番。中國的學者與凡有思想的人士，是不是應當將基督教本身仔細究察一下子？

中國今日急需宗教，是毫無疑義的。但是中國能不能接受基督教，能不能對於基督教發生新興趣，新注意，却是一個疑問。二十餘年之前，歐戰之前，基督教在中國，頗有一點號召的力量。社會人士，聽說基督教能救國，聽說西洋的富強是因為有基督教，自然要來參加信受；然不久歐戰爆發，中國的新文化運動又繼而突起，一個水泡泡頃刻之間，被一陣風吹得連影子都沒有了。不旋踵，反基督教的運動弄得"半嶺天風有嘯聲"。十年之間，思想萬變，所謂反教運動到了現在雖然消歇，而其影響所及，不免積聚了一個凝定的傾向。在知識階級中，基督教已經是壽終正寢！"流水十年間"，教會雖然努力維持，發起五年運動等等，其能及到上層的知識階級者有幾何？我們中國風氣的轉移，權衡全操於上層的知識階級，那些神召會，安息復臨會，使徒信心會，耶穌家庭，小群，牛津團等，雖屬風動於平民之間，實在祇等於從前的迎神賽會，算不得什麼一回事，因為時過境遷，一經動搖，這等效果，即不能不成為夢幻泡影。是以關心中國民族的人總須問中國的知識階級對於基督教，會不會再發生一個新的興趣與回應？現在中國表面上沒有反基督教運動，也沒有什麼反基督教的重要文字；這是不是中國的思想界對於基督教已經到了不理不睬的程度，漠然淡然的程度？若是這樣，這真是夠中國的基督徒去想像探索的了！

中國今日急需宗教，却又不能自己造成所需要的宗教。不能新創，當然祇有三途：第一是永遠急需，永遠得不着宗教；第二是選擇回復孔教或是復興佛教；第三是再來試一試基督教。若說基督教是舶來品，已被放棄，不值得再受人們的顧盼，那末除了沒有宗教之外，惟一的路子是復興孔教或是佛教，或是同興孔與佛。若說尊孔，問題就多了。第一，孔子的主義是不是宗教，有沒有深入骨髓的宗教信仰？第二，祭孔讀經，組織孔教會是現在有心人努力的事功，得了什麼樣的效果，生了什麼樣的影響？第三，人們雖或能夠將孔子的倫理洗刷一番，叫它合乎現代的生活，其中果能產生一種新生命麼？宗教是人所依賴的，人而純信歸服，冥冥中自有變化；人而專思造作，以利用為事，命令由人所自出，吹氣在土偶中，果然能使土偶跳起來手舞足蹈麼？不但如此，處於現今之世，誰能真的再拜祖宗呢？誰還肯信從禮教呢？康有為、陳煥章之徒而今已矣；孔子的教主之尊，而今亦祇好已矣。

復興佛教如何呢？我們不敢說沒有可能；但就佛理而論，確是純乎出世出家的主義，與中國的人文主義，齊家主義大相逕庭，大相衝突。這樣一個出世的宗教，除非信者主持兩重生活，兩重正誼，使僧侶出家，作南無佛，南無法，南無僧的修行，使其他的善男信女仍舊去修齊治平，似乎不易使現代受過科學洗禮的人們對於所謂戒律、所謂禪、所謂戒定慧、貪嗔癡、四諦八道等等發生什麼真興趣。本文對於佛教教理並不要下什麼批評。佛教在明心見性，大徹大悟之處，自有它的價值。不過而今而後，佛教要在中國復興，確是一個問題。若使佛教中的知識分子，虔信奮發，宏大而擴充之，也許在中國急需宗教的時候，能作重要的貢獻。因為佛教在中國已經根深蒂固，又有東洋佛教的呼應，其用力也，較基督教為易，而其成功也，亦許較基督教為多。佛教能興，我想凡是開明的基督教徒一定是額手相慶的。一個大宗教興，第二個大宗教亦是會興的；所可深思遠慮的是中國需要宗教而宗教不能興耳。我們不妨說，中國人對於宗教，有需要而沒有興趣，因其宗教性素來極薄弱；宗教性素來薄弱，人們便不容易振起精神，立下宏願，去尋求那"視之而不見，聽之而不聞，體物而不可遺"的實際。在這種情形之下，佛教與基督教有同樣的困難。若使中國人果能信受佛教，中國人一定也會去追尋基督教；中國人果能追尋基督教，他們一定也會去信從佛教。這不是說耶佛的教義相同、目的相同、方式相同。這是說兩個同是宗教，人們對於宗教若能感覺急切的需要，發生濃厚的趣味，生出深刻的研究，必有傾於此者，自必有傾於彼者。處於今日，有識的人，信受宗教，決不能再持夙昔排斥他教的態度。今日所重的是他山之石，可以攻錯，前車之覆，可以借鑒的互相呼應。兔死則狐悲，唇亡則齒寒。兄弟鬩於牆，外禦其侮；此言雖粗淺，不特於世事為然，於宗教亦為然也。

佛教與中國文化既有根本的枘鑿,為什麽反能流布普傳於中國呢?這個問題,我們做基督徒的,應當仔細研究,或者可以得一些子教訓。請試說一下。

(一)佛教的引線是佛教與道教中的同點,藉此同點,乃可以乘隙而入,引起知識階級的注意。魏晉以降,士大夫都厭棄儒家的禮教,覺得人在兵戈擾攘,國家搖盪的時候,儒家的學說不能給人一個安心立命的根本義,所以日縱清談,虛鶩玄深,簡直把老莊做了一個快心志,託生命的避難所。佛教乘中國的大亂,暢然進行,人們覺得它的教義,接近老莊,所以言辯所資,往往藉以剖析空有。由是,佛教藉着這種接觸,由同致異,風氣所布,流傳便亦日漸的廣敷了。當基督教從猶太傳入希臘化的歐洲的時候,也曾取此種途徑,一方面補足當時歐洲人民宗教上的急需,一方面應用希臘的哲學去宣揚自己的教義。由同處入,從異處出,且以所異補益同處的殘缺,益使人需求之,歡迎之,而倚以託命。

(二)但佛教入中國並不多倚靠它自身與中國文化的同點作進身之資。中國的人民若沒有急切的,心所知而口難宣的宗教要求,佛教雖有廣大的神通亦未必能夠得到弘大的流傳。傳佛的人,以玄深的義理吸引士大夫的注意,利用皇帝們,官府們的保護而號召人眾,原是因為佛教能夠補救中國人心靈中的饑荒。有知識的,佛教以知識為進階而引導之;沒有知識的,所謂一般民眾,佛教又能以經像雕鏤,因果報應,法器道場等等易於瞭然的方法為門路而邀引之。五胡亂華,干戈頻仍,死亡相枕藉,人心厭亂厭殺;佛教一呼,人們自然群起,"雲從龍,風從虎"地皈依大慈悲的法乘,切望消弭天禍。於是思淨樂者得安慰,從爭殺者得赦除,生俗心者得消災延壽的滿意。

(三)一個宗教的興盛弘傳,並不是一件自然而然的事情。西方有一句話說,"聖徒的血是教會的基礎。"佛教進入中國之後,雖然倚仗君主的保護,政府的提倡,而發揮宏大;但也經過極大的爭鬥與打擊,然後乃能入深根於中國的生命。佛教盛傳的時候,儒道二流,雖似衰頹,其實還有或潛或顯的極大的勢力。從宗教方面看,道教比儒教的力量更要大。佛教盛興,道教自然要與它肉薄相攻。除了鬥法鬥智,用文字宣傳反宣傳之外,兩教都要爭得帝王的廻護。北魏太武帝的時候,司徒崔浩深信道教,深與道士寇謙之相勾結,用了道教仙化之說去引誘那威厲而糊塗得莫名其妙的太武帝。後來,帝討蓋吳,在長安佛寺裏查出了和尚們私藏兵器,私藏釀酒具與婦女,又知道佛寺有鉅萬的財富,就聽了崔浩的話,大大的誅殺沙門,毀壞經像,焚燒佛書;同時又發出詔敕,令四方一同破佛,像長安一樣。北方的佛教一時簡直就絕了蹤。後來,佛教又與儒教碰釘子。在唐朝的時候,那提倡儒學的韓愈,對於佛教曾有極有力的攻訐。儒佛的交爭,簡直是中國文化與佛教的交爭。韓愈以為佛教敗壞了中國士農工賈的經濟制度,於中國極為不利,所以他作《原道》說,"古之為民者四,今之為民者六(加老與佛);古之教者處其一,今之教者處其三(儒外,猶有佛老);農之家一,而食粟之家六;工之家一,而用器之家六;賈之家一,而資焉之家六;奈何民不窮且盜也。"(按韓愈這個算數比例是錯的。天下的沙門不會有六之一,道士也不會有六之一。)他又以為中國的文化是倫常的,而佛教是反倫常的,所以說,"今其法曰,必棄而君臣,去而父子,禁而相生相養之道,以求所謂清淨滅寂者。"中國人是屬世的,務實,教他們專求心性,而從一切皆空的道理,實在是叫中國墮落;所以他又說:"今也欲治其心而外天下國家,滅其天常,子焉而不父其父,臣焉而不君其君,民焉而不事其事。"在唐憲宗的時候,韓愈又諫迎佛骨,上了一表,被放逐到潮州去。按他的意思,最好是把佛教消滅了——"人其人,火其書,廬其居!"佛教在中國所碰的釘子,所遭的艱難,大大小小,不知凡幾;然而愈來愈興旺,愈堅固,是為什麼呢? 第一是中國人要佛教,第二是佛教中有傑出的聖徒,偉大的學者,能夠恢弘其教,流布其旨——其不曾死者,因它裏面有真生命。

(四)佛教的盛行,起初固然依賴着由天竺、龜茲、罽賓、於闐等國到中國來的僧侶;但其所以發揚光大者,却是因為教內能有絕頂聰慧,絕頂苦行的中國人傑出來闡求而宣傳。中國人因為厭棄儒教,不滿意於道流,故漢魏到唐代儒道二家沒有出什麼挺立創作的大材。宋歐陽修作《本論》,曾經指出異學興起的理由。十六國興廢不常,國是紛亂,致使舊時的文物制度,陵喪殆盡;再加上人心厭故喜新,其傑出之士當然就跑到可以有大發展的佛教方面去了。從這方面看,佛教之興,亦是得其時機! 在平常的時候,若將儒道的人物放在佛家面前,使眾人觀察他們的行為,他們的生活,試問誰能得民眾的信任呢? 當然不是那些大人先生們;當然是那些敢作敢為,刻苦修行,厭身燃指的佛家。我說中國文化的中心還是孔夫子;但是輔助的力量,却是能使人受苦訓練的釋迦。

中國人要宗教，總須中國人自己去求。求有三端，第一求諸行，第二求諸源，第三求諸文。以佛教論，在這三端上都曾有偉大的成績，請略舉幾個例。慧遠自別於鳩摩羅什一派為佛教的南宗。他在晉末，士大夫們正談玄虛、崇老莊、放浪不檢、作頹廢的生活的時代，能超脫俗塵，嚴持戒律，深入廬山，住大林寺而結白蓮社，皦皦然為一世整飭力行的大師。據傳慧遠病篤，弟子們勸他進豉酒，因恐違律不肯飲。他們又請他喝米湯，他又不許；又請用蜜和水作湯喝，他還只怕違了律，祇得教他們檢查律條，得飲與否。他們沒有查到一半，他就與世長辭了。這是宗教求諸行的顯示。又如法顯、玄奘以及論百的僧人，冒萬險，闢千難，登葱嶺，度雪山，在無路中開路，在無生中得生，或死於去路，或死於歸程，或死於異域，或死於種種險阻、疾病、貧困、饑寒，要在佛教發源地求經求教，求大師的指引。他們到天竺去是心靈逼着他們去的，像在空中戞取了不可達到的真際。有人這樣作，佛教即要不興，也不能躲避了弘傳廣布的勢力。這是宗教求諸源的顯示。

（五）至於宗教須求諸文——經典——一端，佛教實在有甚弘甚盛的偉績，譯經一事，起先都是月支，安息，於闐，天竺等外國人做的，因為他們是宣傳者，又是通梵文的人。後來，中國人自己精諳梵文，且深識佛學的環境與背景，深知中國的文學與歷史，便自相傳譯。所以在安世高、支婁迦懺、支謙、竺法護、鳩摩羅什、佛陀跋陀羅、曇無懺、真諦、彥琮等人之後，即有玄奘三藏、義淨三藏等人"印印皆同，聲聲不別"的翻譯。我們讀《慈恩寺玄奘法師傳》，就知道他一身的行狀與譯述，如何的博大。他在弘福寺、慈恩寺等處譯經，唐太宗為之作《大唐三藏聖教序》。聞人鴻博，亦頗參加。當玄奘在弘福寺譯經的時候，"慧明、靈閏證義；行友、玄頤綴文；智證、辨機錄文；玄謨證梵語；玄應定偽字"。（此系蔣維喬《中國佛教史》所言，根據《續高僧傳》。《開元錄》所載更詳。）玄奘"用力之勤，老而彌篤；計十九年譯千三百餘卷，平均每年譯七十卷。而最後四年間，平均乃至每年譯百七十卷"。"奘齎歸經律論六百五十七部，譯者七十三，僅逾十之一耳。"（《梁任公近著》第一輯中卷一八八，一九〇。）義淨慕法顯玄奘之風，與同志十人往印度，同志皆於中途折回。他即獨往，在印度二十五年。回來在華嚴譯場、東太原寺、西明寺、大薦福寺作譯經的工作。他所齎歸的經律論約四百部，合五十萬頌，翻譯的亦很不少。除了玄奘、義淨之外,佛教的譯者尚有許多,幾於指不勝屈:這就是宗教求諸文的顯示。

(六)但佛教的流傳,不僅依靠經典,亦且依靠藝術。北魏太武帝之後,文成帝再崇佛法,像教驟興。西域所畫的佛像,相繼傳入中國。魏代本有鑿石為廟的風氣,佛教既盛,雕刻亦遂興起,帝后們就由嚴鎸佛像,竟然蔚為大觀。其最著名的是大同雲崗的石窟佛像,與洛陽伊闕的石窟佛像。至於禪院叢林,擅峰巒的靈秀,蕭寺山鐘,挹自然的清音,足以發詩人幽美的深省,起俗子忻慕的情思,真是宗教存在弘布的勾引力。我已經說過中國人託命的文化是藝術的,佛教在樂淨的境界,用起人敬慕的美術——石像壁畫,禪寺山林,清詩聖典——相為誘致,心靈未泯的人,誰能不受它潛移默化的影響?讀杜甫"燈影照無睡,心清聞妙香"之句,誦王維"空虛花聚散,煩惱樹稀稠"之詩;看吳道子、李真、禪月、曹仲元、石恪、李公麟的佛畫;又從而思之,我們做基督徒的中國人,不知將何以為情?

以上六大端是佛教所以成為中國宗教的理由;總括一句,即是佛教雖在中國文化的中心,與人文主義發生衝突,而在其適合中國民族的地方,實處處利賴中國的人文主義以發揚其超邁的精神。我們試問基督教在中國則如何?佛教是我們基督徒所不懂得的,而基督教又是我們基督徒所一知半解,並不瞭然的,縱欲借鑒,又孰從而為之辭?

基督教與佛教不同;中國人不曾去求基督教,因為中國人不曾感覺到去求的需要。西國人來傳教,是西國人自己內心中迫不得已的遣使;他們心中受命於天,衹要打開中國的門路,即不問其所憑藉的威力都從哪裏來。於是乎傳教一端在我們看,是通商的前鋒,為政治經濟侵略所倚賴。於是乎,傳教有條約,有西洋的政治力作後盾。我友張伯懷先生說,"十九世紀之初,基督教的宣傳是一種侵略行為。西國的教士們把他們自己所服膺的宗教,用他們國家的武力為後盾,強制地在中國宣傳。至於中國人方面是否歡迎,基督教對於中國人生到底有何供獻,並未有加以仔細的思考。二十世紀的開始,就是庚子之亂。從那時候起(這一點是錯的,因為在此以前中國人就是反基督教的。)中國人拒絕基督教的思想,在在潛滋暗長……大有'此害不除,中原不安'的憤慨。結果是民國十一年非教大同盟的組織,和聯俄容共以後的反基督教宣傳與設施。"(見《魯鐸》七卷一頁)基督教既不仗本身的靈光，而仗外國勢力以為播散之法，則中國的信徒當然不免於仗洋勢，以自衞，以欺人，而中國的人士當然不能不有人民教民的區分，視教民為漢奸，為洋奴，弄得"火燒崑岡，玉石俱焚"。中國人信了基督教，既有作洋奴漢奸的嫌疑，則其所信的宗教，當然不能深入而浸潤中國的文化。基督教與中國民族的扞格不入，這未始不是一個甚為不幸的理由。

我曾聽人說基督教不能深入中國，是因為基督教本身與中國文化相齟齬：因為中國人祀祖宗，基督教嫉視祭祖宗；中國人重男輕女，許男子娶妾，不許女子失節，而基督教則堅持一夫一婦制，絕不稍為容讓；中國人重其在上者，基督教則主持平民主義；中國方興國家的思想，基督教則欲破除國家種俗的畛域；中國人注重過則不憚改，基督教則注重人不能自救，須痛心疾首的懺悔罪過，以邀上帝的垂援；中國人歡喜優游自得，基督教則與墨子之教相近似，專以自苦為極；中國人大都不信人格神，基督教則全以人格神為中心的信仰；中國人不善於組織，基督教則注全力於教會與夫教會的典章，制度，遺傳，神學。此種言論，初聞如甚闢警，而諦聽細思，竟亦大謬不然。何以言之。佛教不合中國民族的心理，何以興？因其有真際，有內力，雖有山，可以摧其峰，雖有水，可以截其流。況且基督教與佛教的本質相衡斷，實在與中國文化衝突之點較為稀少，因為中國人重現世，重人生，基督教亦惟於是而有力，其超世的心神，原欲於此時此地顯示其功能。至於今日，中國亦不復注意於祭祖先、重男子、尊君抑民的思想與生活。同時，有識之士，莫不痛心疾首，要打破籠統放弛的優游，而奪取積極為公的犧牲精神。基督教而不反對國家思想的發展，又從而以一視同仁的心志，助中國保持其天下為公、天下一家的理想，則其主張博愛，亦即"博施濟眾"，"汎愛人"的意思，為什麼必為中國所排擊呢？中國必為一自尊的國家，亦必不放棄其"萬國咸甯"的高標；環顧世界，所謂親邦交，睦鄰國者，惟中國獨善為之耳！至於教會，原是工具，可以隨時變易，變易之後，亦不會損抑基督教的精華；況其神學教條，類多迷信，類為贅疣，棄之絕之，固所宜然！所與中國文化不甚合者僅在於基督教深信人格神，由此信而得生活力的一端。神由人顯，人能顯神，即可配天，而聖人配天，本是中國的道理。若基督教能有科學的態度，宗教的精神，信仰的能力，以作學問，而奠定其善知識，以作生活，而表彰其好行為，將新生命、新精血，注射於我衰弱的民族之心靈之內，則其為教也，又豈非今日中國所切求者？中國的倫理由家族而推演以為社會的倫理，基督教的倫理亦復如是。中國的靈魂須得一個救法，基督教豈不可以即為這樣的一個救法？

　　基督教處於現代的中國，與佛教發揚流行的時代，大不相同。佛教乘時機；基督教則須在千難萬難之中，創造它的時機。第一，佛教進中國，儒與道皆為中國重要的勢力，所以有宗教與宗教的鬥競。因有這樣的鬥競，內力充足的佛教遂更可以自發，一面引起社會的注意，一面探取士大夫的同情。今日則不然。道教已一蹶不振，除卻迷信，絕無所存，已不成為宗教的勢力。老莊之學，僅為哲學而已，與所謂宗教的道教，了無關係。佛教方面，雖有復興之象，亦自顧不暇；卓犖之材，已甚罕見，切磋琢磨的接觸，可謂等於零。孔教則受了新思潮打擊的致命傷，雖有大人先生們的救治，亦似病入膏肓，華扁再生，恐難肉白骨於莽原。在這種狀況之下，老百姓小百姓可以迷蒙於妖狐險怪、牛鬼蛇神之說，一如邪派的耶教徒立等耶穌再來的那種光景。而有識之人皆淡然無問，委蛇委蛇地超絕於任何宗教之外。其間扶乩，"不問蒼生問鬼神"的固然仍有；吃齋念佛，"消災延壽藥師佛"的固然仍有；然其程度，皆未必高出於小老百姓的自求多福。試問基督教處於無宗教與濫宗教之間，果可列於何等？第二，現在的時代，是科學的時代，人們對於真理，有其態度，有其方法，有其試驗，有其可以認為確鑿的效果。若說宗教持信仰，科學求知識，儘可各行其是，河水不犯井水；那末有宗教的，能以祈禱崇拜的直覺發生比較普遍的經驗，比較共同的結果，如科學一般的邀多人的信受否？專說宗教科學並不衝突，正猶之乎說猛虎與毒龍可以揖讓謙遜於嚴壁之下，誰真的來信從呢？或者要人試驗基督教靈乎不靈乎的，對人說，你祗要用信心禱告，就可以試驗出真假來。深信不疑所以強。今乃將信將疑，在祈禱時，既自知須信，又自知須試，方進入也，又牽而出之，方其順也，又從而逆之，豈不是欲求見而蒙了眼麼？宗教與科學的齟齬，端的是在一心容兩端，欲兩得之而兩失之。然則基督教，除卻神蹟奇事，遺傳迷信，所餘而為本質者為何物，乃能取信於識者？第三，基督教原從西方傳來，而在西方，基督教雖仍然為維持人生的大力，已有許多學者，許多青年，許多不能受教會的分惠的人，抨擊批評，看它好像是一落千尋，不能再上雲霄的病老鷹。且中國今日，事事惟以洋化為心，自大學裏的"拖屍"，社會上的跳舞，喝香檳，以至於開幕擲瓶都非西洋貨不可。豈有中國人在西洋宗教現象紛亂，宗教批評猛進的時候肯自己去做那開倒車的倒楣事情，而探討追尋，而不徒拾牙慧，以證見基督教的真際麼？第四，西洋的社會制度，政治制度，皆在崩圮之頃。法西斯蒂與蘇維埃，無論其為有神無神，奉教反教，莫不與基督教本身作直截的對敵。同時，英美兩國，即持教最深的基督教國，在政治的設施，集體的動作上，也從來不曾依賴基督教。然則基督教在今日世界固能獨存而散播麼？還是行將就木，現一個"百足之蟲，死而不僵"的倔強呢？

今日中國基督教的環境，與佛教發展時代的環境，既如此的差異，問其內部的實力，又如何呢？這一點也不易細說。請分三端言之。（一）人才。近百年來，試問抗議教中，有何等何種的中國人才崛起於士林？有何等高材碩德，是為教內外的楷模？中國新思潮中有一個胡適之；基督教中有同等的人材否？若有之，其號召及影響又如何？西國宣教師與教育家，執基督教鑄造人材的機權，似乎都另具一副眼光，能夠一壁廂以買販、走卒、庖丁、書傭為宣傳聖教的牧師，一壁廂由教會學校造就如顏惠慶、施肇基、王正廷那等上乘人材，而獨於教會內作宗教思想與生活的領袖，則不曾訓練出高人來。目下所有幾個可以宣教理，弄文字的人，類皆自己立志，不曾承受過西人或教會的賞識而特別予以深造；而這等人的數量，依然是置之斗室而不滿。

（二）組織。基督教的形形色色，莫非西洋舶來。教會之內，自神學以至於宣教的方式，崇拜的禮儀，教堂的結構，詩歌的著述，舉凡形於外觀的風尚權威，皆無不取自外洋。所謂"本色"云者，簡直是空空洞洞，杳杳泄泄，不知所為，不知所云。一旦洋錢絕，洋人歸，洋式揭穿，內幕所儲存的寶貝，究有何物，我恐其風流而雲散，瓦解而冰消耳！今日基督教所處之境，是一個復寂空玄，四無伴侶，四無仇敵的世界！我的話太悲觀麼？也許是。但我深信基督教有內容，所可惜的是我們大家都捨本逐末，拳打虛空，百馳而不到而已。因此，我們若深刻祈禱，求義和團的再來，反基督教運動的復興，淘淘然對着我們加逼害，施攻擊，似乎也無有可能；因為將沉的船，誰願更踏之使其下，落井的人，誰須更為下石而速其死？

（三）基督教的工作，或者即是它的力量。是，也不是。論宣教，則所述皆糟粕之餘；論教會則所建惟形骸之表。其所可觀者祇有幾件切實服務的事情；從前鬧禁煙，鬧破除迷信，鬧戒賭，鬧放足，皆是大事，然而今日，這些都是歷史上的陳蹟,"寶釵無日不生塵"了。目前的賑災工作,識字運動,農鄉服務,尚有極可讚美的工程,但亦不過一時的事功,未必能使基督教變為中國人的靈魂。醫藥事業,固大有貢獻,但其在建立基督教的大事上,有多少裨助,多少匡輔,依然是一個問題,因為此等事的有效與否,實有賴於一個宗教的中心信仰。信仰不深,即此種事,似乎也是枉然。其最有力的是文字事業與教育事業,以其能將內心的生命,瀰漫於中國的社會人心之中。西人的貢獻,已經至矣盡矣。因為在此種事業上,西人祇能開其始,絕對不能弘其範而全其功,非有信仰卓絕學術淵深的中國人主持其間,這些事業,也祇有追隨於他人之後,而無有特殊的貢獻。我們若仔細思量,總覺得文字的淺薄無能,教育的塵俗無當,其去於灌輸基督教的實在也甚遠甚遠!金錢已竭矣;即或不竭,雖千萬百萬亦何為?基督教今日所欠的是人才,是先知,是傑出的,信仰有根基的先知。埃田園(即伊甸園——編者)中的天問,"人哪,你在哪裏?"應當像春雷一般地震在我們的耳中。

中國今日需要有信仰的人,所以需要宗教。中國人需要宗教,而缺乏對於宗教的興趣,因為心中不肯受欺騙。以世界的現勢與中國的民族性而論,在近幾百年中,基督教也許不能為人類、為中國惟一的信仰。世界與中國都在變演中,基督教也在變演中。我們做基督徒的,用至小限度的量衡看,自當可以說,從今以後,基督教在中國祇能為一小部分人的宗教。同時,我們當努力奮進,使這一小部分人,成功精銳的鬥力,刺入社會人心。聖人一,眾人萬,以一當萬,人生得以繫命。這就是基督教的貢獻。

基督教在中國的運命,將有依於三件事。

第一,是人對上帝的信仰:這是一切根本的根本。若無這一點,世上即沒有基督教。然而在這一點上,我們祇有信仰,沒有憑據。宗教原是一種豪邁英爽的賭博。若我們願意賭博,那末我們可以有作為,可以再加上深刻的研究,純精的學問,為中國立定一個基督教的解釋。從今以後,在中國基督教須有一個中國人自作的宗教哲學與人生哲學。中國的事,在士大夫手中。基督教必須獲得士大夫的注意。

第二,宗教是行。中國的基督教若要發展,必須要信眾的行為比平常的人們更加高超清潔,更加勇猛雋永。基督教若不能像佛教一般地出一輩厭身燃指的奇男子、奇女子,則基督教將沒有它存在的價值。

第三，基督教果能在中國發揚光大與否，須有待於西方的基督教的轉向與上前。現在在思想上，基督教須能登科學的梯階；在實際上，須能在舊政治經濟制度奔潰的時候，為人類創造新文化。若於此二端上，基督教果然有貢獻，則基督教不但能夠繼續存在在世界上，必且弘大而光傳。基督教而能存立擴張在全世界，基督教就必能流布長在於中國，故基督教在中國的前途，非中國信徒獨力所能決定。我們現在須要有信仰；要信經過了千難萬難，自有豁然開朗的日子。我們既已約略地知道自身的弱點，與夫應走的路向，自當力事革新。前面有千重山，萬重山，惟願上帝臨在，我們精進。其他，則勝敗利鈍，又豈是我們所能逆料？

二十四年九月廿八日，燕東園
原載《真理與生命》九卷五、六期，1935年11月

曾寶蓀女士小傳

教內外的人凡是見聞較廣者，無不知道曾寶蓀女士是一個有才學，有膽識的女子。她是湖南湘鄉人；她家家學的淵源極深；她的曾祖是曾文正公，祖是紀鴻先生，父是廣鈞先生。紀鴻先生除文學外，酷愛算學，曾著《圓率考真》一書，載在白芙堂《算草叢書》內。廣鈞先生著有《環天室詩集》，為一代詩伯；且於詩文之外，喜歡研究科學與哲理。先生得子甚遲，寶蓀女士是其長女，以穎悟敏慧，備受先生的寵愛。髫齡的時候，她便隨着父親遨遊山川，接近當世賢俊。她的祖母是郭雨三先生的女兒，是一個徹底的儒教徒，在她身上遺留着極深刻的印象。她家裏有一個很大的藏書樓，是她頑耍消遣的地方；她每日出了書房，便帶了伴讀的小鬟，上那裏去隨意翻閱，因此她從小就得了一個無所不覽的習慣。經史之外，便是詩文，詩文之外，便是雜書；小說，神仙的書籍，無不受過她的"一目十行"的鑽研。八九歲的時節，她即能看《聊齋志異》那一類的書，即能吟詩著論。同時她因為看了《遵生八箋》、《神仙傳》、《淵海子平》等關於神仙的書，很想修法，得長生，為先知，以為神仙都是人做的，一經修煉，便可飛昇。後來，她在南京竟邀了幾個小兄弟姐妹作道伴兒，將打坐煉氣的法子教給他們，很嚴正地策勵他們，不斷地修行了一年多。

女士十五歲進了浙江女子師範學校，十六歲即卒了業。其時國內革命的思想風起雲湧，愛國的青年莫不感覺得滿清政府是中國民族前途的大障礙。女士也深深地受了《民報》、《新民叢報》、《革命軍》、《浙江潮》、《黃帝魂》那一類文字的影響。她的祖母把她的《黃帝魂》燒了，生怕她變成了革命黨。但是她老人家是識鑒開朗的，常說："祇要男女平等，君民共和，如日本，英國，就好，何必要革命呢？"可是女士的革命思想，並不全是種族的，乃是社會人心的。梁任公《飲冰室文集》在她身上發生了極大的效率；她把那篇"中國積弱溯源論",讀了又讀,常常苦思怎樣做才能把積弱的國家挽救過來。

正在這種愛國思潮洶湧之間,她進了馮氏高等女學校。這個學校是英國聖公會的教士馮馬利亞女士所創辦的;馮病故,她的朋友巴路義女士承繼她的事功,慘澹經營,成績卓著。在那時,女士對於學校內的基督教經課及崇拜,不但毫無信仰,而且還要反對。可是她的校長巴路義女士在日常生活的不知不覺之間深深地感動了她。巴女士對於學生的愛護,和對於中國的同情,表顯出一種誠摯懇切的基督精神。因此,女士對於基督教,發生了研究觀察的興趣,暗暗地驚奇着,常想簡單的基督教信仰如何竟比"威儀三百,禮儀三千"的儒教要凌駕而上之呢?有一日,她在杭州寶石山上,保俶塔前坐眺西湖,湖光山色,秀潤可餐;但她却想起了一切的流遷幻滅,悄然悲恫。她想:"國家的興亡代謝,人類的生老病死,都是做了又毀,毀了又做,似乎大宇宙,多此一舉。到底世界是不是有歸宿,世界的創造是不是有目的?"祇此一想,她便走上了宗教的路子。同時,她又受了巴校長的指引,漸漸地看清楚了兩個意思:第一是耶穌果然啟示了人生的真諦,上帝的存在;第二是自己實在感覺到儒教不能救中國,須要新的靈感,始能為國家與人群努力服務。決志之後,她即寫信給她的祖母和她的父親廣鈞先生。廣鈞先生並不反對她做耶穌的門徒,但說她須用半年工夫,多讀他書,如果依然堅信,儘可自去信教。於是女士就用工夫閱讀了些佛經,宋儒理學,斯賓塞的《第一原則》,黑格爾的《宇宙之謎》等書。這些書增了她的見聞,却並不曾搖動她的信仰。十九歲上,她趁着聖誕的佳節,領了洗禮,公然地做了基督徒。

正在那年,巴女士回英國,女士得了祖母與父親的許可,隨她上英國留學。其時,她已有一個堂弟兄在英國讀書。先前她的伯祖父曾惠敏公做過英國公使,故此縉紳之間,交遊甚廣。留英一年,她便考入了倫敦大學的西田學院,專修科學,因為那時,她深信惟有科學可以救中國。不過她雖鑽研科學,酷嗜算術及生物學,卻因天資靈慧,事事游刃有餘,誦習試驗之暇,不曾或廢政治文藝的探討。因此,女士對於英國詩文,歐洲政治,皆瞭如指掌,行文談話,一出自然,大有左右逢源之樂。畢業考課,成績極佳。倫敦大學中,以中國女子得到優等學位的,女士是第一人。在英國時,女士所交接的,皆社會上皎皎的人士,教會中錚錚的領袖,所以她的國際眼光與宗教觀念,無不開曠豁達,絕非恒人所能企及。她好劇譚,又好吟嘯於山川之間;劍橋河上，英倫湖中，時有她波光槳影，清嘯浩歌的蹤跡。可是她律己却極謹嚴；曾寫信給友人說："我雖然有時而鳶飛戾天，魚躍於淵，……然而我是很守道德。我是最抱樂天主義的人，我願意凡與我接洽的，都因我得快樂。"不過樂天的人，往往有深刻的悲苦。在那時候歐戰正劇，她以悲憫的心腸，逢戰爭的慘酷，探討觀察，洞鑒了國際間流血的癥結，因此，她成了一個非戰的思想者。

民國七年，女士回國，即與她的師傅巴女士，堂弟約農先生，在長沙開設了一個女子中學，以她的祖母的館名"藝芳"二字作了這個學校的校名，藉以紀念她老人家撫育愛護的恩惠。她的祖母是在她遊學的時候謝世的，她遊學歸來，開設藝芳，一面是為國服勞，一面也是表彰她祖母的德惠。女士嘗以"待人以慈祥，處世以淡泊，臨危以鎮靜，持身以簡樸"四語律己：故與人接物，俱秉至誠，同事學生，都極愛戴她。十年之間，成績斐然。民國十六年，共產黨佔據長沙，勢燄甚熾，藝芳女學時刻在其侵迫之下。雅禮福湘那幾個教會學校都關了門。藝芳則不肯妥協，依然絃歌不絕，傲然地表彰着耶穌無畏的精神。其時，西洋教員們皆為他們的領事喚走。四月某日，農民協會洶洶然以刀戈相向，務欲解散這個學校而後快；滿校的青年女學生，被持刀挺鎗的暴眾所圍困，猶然於女士的鎮靜不懼的引導之下，開會，講演，唱歌，祈禱，然後整隊徐行，出校而走，而虎狼的狠戾，卻不曾損她們的毫髮。當此之時，連最小的女生都昂然不懼，故能秩序井然；若臨時一亂，則全校或且血膏匪刃，亦未可知！宗教的真際在此一事上，亦可謂有了實證了。

女士每遭失敗，心志益堅，嘗與她的至友論志說："竊思人情大類登山……真正志士，其眼光幻想，皆在絕頂，非但不以登山跋踄為苦，且以痛苦為登山必須之一部分，故能視險如夷，臨難若樂，非個中人不能道也。"又一次，她因重新開學，又逢阻撓，祇得中止，乃與友人書道："好在近年我抱一種樂天主義，無論何事，均不介介於懷，能存則存，不存則亡，不為校之存亡消損真我，甚至我自己之生命亦不能使我懷驚懼悲傷之感。佛家言無沾着，以無沾着，故能為眾生施捨一切，不但不覺其苦，亦且不覺其功。詩云：'上天之載，無聲無臭。'至矣。此亦無沾着之意，吾友以為然乎？"

教育之外，女士對於國家、社會、教會之貢獻，復頗不少。民國十八年，她赴日本西京參加太平洋國際學會，二十年又在上海參與此會。在藝芳女學中輟之際,曾任湖南省立第二中學校校長,同時又為湖南省高等檢定考試委員會委員,事務煩劇,而女士處置裕如。然而責任繁重,加以文字工作,時縈其心,終致劇病,一時嘔血,體溫大升。幸得上海北平的名醫診驗,證明病由並非肺結核,而係血管稍受損傷。東北事變及上海戰爭之際,女士更憂心國事,常說:"日夜惶惶,憂心如焚。"女士深信"為基督徒者不能參與任何戰事";她給友人的信裏說:"當此亂世,先知先覺者自應多受痛苦,而為基督徒者尤感艱難……幾有非積極作戰即積極主和之勢;吾友執教界之權衡,作青年之引導,處境更難,未審已有具體之推敲與結論否?……我雖極主和平,然自信力尚未充足,只能自守此道,不能公然鼓吹也。"時女士病未痊,嘗說:"我清夜自思,太無建設,雖受社會供養數十年,教育數十載,而碌碌無成,如上帝召我,我亦欣然願往,所慮者未能覲帝面而無慚怍耳。"

在基督教方面,女士亦有直接的貢獻。民國十七年,我國基督教協進會選派代表二十人參加耶路撒冷世界基督教大會,女士亦預列。在這個會中,她對於中國文化及女子地位各問題,多有所申論;並且更默默地受了心靈上的感動。"在客西瑪尼時,"她說,"月色朦朧,樹影參差,我幾乎覺到耶穌同在,我心中說,'主啊,我在這裏,用我罷。'在橄欖山上,我想到我們幾個人的深深的友誼;我們共同的目的,要把大地變成天國。我們如此的互相瞭解,簡直覺得沒有說話的必要;在這一種靜默團契之中,上帝的靈充滿了我們。他與我們同在,我那時感覺充滿了能力,覺得任何困難,我都不怕。"從耶路撒冷回來,她說:"我曾經有一次和友人在大海之中,明月之下,討論人生的問題,由人生到死亡,到永生,到上帝,在這種極坦白,極同情的談話中進為更深的友誼;靈魂間的帳幔開了,一剎那間,我看見友人的至聖所,也看見了上帝。"女士深信人人的真我,都是上帝的映像,只要人類用同情友愛,彼此認識瞭解,即是敬愛上帝的表示。改進人與人的關係一步,即是趨近天國一步。

此外,女士曾參預中華基督教協進會的大會數次,中華女青年會諸種要務,基督教的文字會議,及中國基督教學生運動。她酷愛唱聖歌,至動人處,往往潸然淚下。至於講論演說,則辯才無礙,既有犀利的詞鋒,復有溫婉的詼諧,所有陳述,皆娓娓動人。她的文章,凡見於報章雜誌的,早已膾炙人口;其小品文如"歧路"、"宗教經驗譚"、"實驗宗教學教程"等,其論文如"古今中國女子論"，"基督教與戰爭論"等，無不受多人的稱賞。至於詩詞，往往有佳什名篇，惜衹流傳於戚友之間，尋常尚未發表耳。

　　這篇小傳是為基督教青年會的"青年與宗教運動"作的，曾由上海青年會協會寄交各埠新聞紙登載，以為青年巡廻工作團作介紹。該團有講員三人，曾女士之外，尚有陳文淵博士，涂羽卿博士，俱有小傳。著者附識。

原載《真理與生命》九卷七期，1935 年 12 月

學運信仰與使命的我解

中國基督教學生運動,是中國的,基督教的,學生的,活動的運動。凡參加這個運動,輔助這個運動的人,絕對不可以輕視這個運動的四方面之任何一面。中國自有中國的問題,與別國不同,所以中國基督教學生運動,應當竭心竭力注意中國當前的重要問題。中國的問題千端萬緒,社會的,經濟的,教育的,政治的,國際的等等,無不嚴重而艱難,學運自不能做頭痛醫頭,腳病醫腳,挖肉補瘡的零碎事件。這樣做,學運是要疲於奔命,而至終渙散失敗毫無成就。所以為學運計,應當知道中國問題中的中心問題,毅然決然的去設法準備,以對付這個問題。也許中國有多個中心問題。若是這樣,學運又當決定什麼是多個中心問題中的中心問題,決定之後,立刻準備去對付這個問題。

中國基督教學生運動,是基督教的,自當徹底地明白基督教是什麼一回事。而學運中往往對於基督教毫無瞭解。無論在春令、夏令會中,在團體生活中,參加的人皆似乎有天南地北的大志;少數人囂然於所謂"聯",而不從事於"聯"的根本單位,與夫"聯"的宗教信仰。有人弄得莫明其妙就問說,學運所要對付的,既然與普通的學生運動同一而不貳,那為何不參加普通的學生運動,何必"上窮碧落下黃泉"的另立一個基督教學生運動呢?又有人說,學運應當認識時代,而認識時代則不外乎徹底地瞭解這時代中的帝國主義,封建生活,資本勢力的惡劣,謀求所以推翻這些東西的思想與作為,更謀求所以開創新社會新人生的事業。這句話是千準萬確的。但是學運祇以此事相號召,則亦何需乎基督教糝雜於其間?基督教與帝國主義,封建思想,資本勢力,誠然是不共戴天的;但是基督教有其自身的根本信仰與使命,深深的密密的知道要創造新社會新人生,非有一種新的內心力不可。中國基督教學生運動的所以有自存自立的必需,原是因為它認定了此種內心力的淵源。然則開發這個內心力淵源,豈不是中國基督教學生運動的惟一大事?可惜,目今學運在驚外方面則有言論與要求,而在根本的宗教生活上則茫然,無所適從,既無深刻的宗教經驗為基礎,又無熱烈的宗教信仰為能力。於是乎所謂學運者,祇可謂之空與虛,實在二字,尚談不到!

　　學運是學生的,是活動的,這兩端上也有不少問題。近年來,在組織與事工方面有許多不健全的缺憾。第一是學生中間,有覺悟的分子不多,而有覺悟的往往不作深刻的,"普遍學運意識"的實際工作。一方面是功課忙,學生自身無兼顧的力量,一方面是學校當軸的缺乏宗教的正解與熱心,不能測見學運事工的重要。同時,學運的顧問,大都在組織上,機體上做工夫,而不曾有機會給予中心問題上的指導與補匡。中國現在教育上的大危險,也變成了學運的危險!教育的危險是師與弟的分為兩個"營壘",致使師傅失掉了道義上的地位,弟子失掉了承受廣敷的經驗與智慧的機緣。師所授者僅在學術,不在品格;弟所得者僅是工具,不是志節。而教育於是乎破產。學運亦似乎有此種趨勢。學運是學生的,但亦有畢業生參加於其間,作為匡補不逮的顧問;二者之間,宜有一些與師弟關係類似的關係。而所謂顧問者,卻放棄厥責,以為學運該由學生自動,顧問可以不自動。第二,為了上述的緣故,中國基督教學生運動,在其發軔之始,即已成為一個不活動的運動。

　　以上所論,類皆抨擊的批判,但是著者自己亦係顧問之一,清夜捫心,實在不能辭其咎。是以所論種種實在是抨擊自己。本年八月間學運要開全國大會,期以成立,而於學運的信仰與使命,大為注意,故各地皆有研究此題的組織,亦皆有言論上的表示。我以為所謂信仰者,是基督教的信仰,所謂使命者是基督教的使命;所謂學運者乃是中國基督徒學生,要求一種結合,而持此信仰與使命,去謀求中國的中心問題的解決。

　　然則今日的中心問題是什麼呢?國難已經到了最嚴重的關頭;中國今日只有竭其全力,謀圖民族國家的自存。所以有人說圖存是今日中國的中心問題。但是我們要問有了什麼纔可以圖存?中國若有五年十年的準備,自存二字,一定可以不成問題;而現在最難的事,就是時勢不容許我們用五年十年的光陰去作充實的準備。我們的仇敵與我們爭的是一個時間問題。我們的國難是一個急難;因此圖存的事,在中國是一個救急的問題。到了現在,我們不能問自己已經準備好了沒有,我們祇能就我們現在所有力量去拚命。前面的路是一面拚命，一面準備，而準備即在拚命之中。要認清楚拚命是治標的辦法，是不能不做的，時勢迫着我們到如此，我們即不得不如此，其間毫無選擇的可能。不過我們若是相信拚命即是準備，拚命之中可以有準備，又相信治本的辦法是在於準備，那末中國國家民族的圖存，正應當以準備充實國力為圖存中的中心問題。本來拚命即是準備，不拚命，什麼事都算不得真的準備。

中國基督教學生運動要為中國準備哪一種力量呢？一個國家要自存，總得發展物力與心力。所謂物力就是經濟的力量與軍備的力量。在內部人民有衣食，有居住，有職業與工作的機會，而對外則有抵禦侵略的武器與軍隊。但是無論何等國家，若有充分的物力，足以抵抗外侮，甚至於侵略外國，而沒有充足的心力為之主使，為之中堅，其所有的力量，仍是等於無有；因為物不能自運而自動，必須有受過訓練的許多人，忠心耿耿，至死不變，能運用所準備的物力，然後乃能大有作為。反面來說，無論何種國家，若沒有外力充分的準備，武器不足以禦轟炸機，坦克車經濟不足以抗貨物的入超，供生產的急需；而卻有全國團結的心力，全民眾奮鬥圖存的決心，則其艱難雖積如泰山之高，也可以有摧其峰，削其巔的可能。因為心力是主動的。中國今日在物力心力兩方面，都不及他國，都須在拚命掙扎之中，日日準備。中國基督教學生運動處於此種國力不足，國難日亟的嚴重情形之下，應當為自己，為國家，作哪一種的準備？據我看來，學運的最大的任務，是為國家啟發，保全，擴大中國民眾的心力，是在最急最難的時期中，作一件最遲緩，最艱難，而又最不可缺的事功。學運必須要創造人格，集合人格，發展人格，以維繫國家的真生命。

"歲寒，然後知松柏之後凋也。"時難，然後知學運任務之重且大也。我們不看見麼？中國有多少漢奸；那些失勢的軍閥官僚，那些受經濟壓迫而意志薄弱的，那些無知識無國家民族觀念的流氓潑皮，都有賣國的試誘，降敵的衝動。我們的仇敵儘可利用他們來制我們民族國家的死命。我們的苦同胞見利忘義，為仇敵販賣毒品，偷漏硬貨，偵察秘密，擾亂治安。在華北我們常能聽到窮同胞夢想的話，以為日本來了，他們不至於那末窮，那末苦。同時，國家之內，國民黨，共產黨，及此二黨的內部，各自紛爭，各顧一私，祇有用勢力欺壓同胞，剝削同胞，而不能同心一德，對付我們民族國家共同的大仇敵。而在我們學運之內，也不免於唱高調，騖虛空，亂跳亂動的事情。我們國家的心力，實在是虧之又虧，虛而又虛；若不是中國的青年，尤其是我們中國基督教學生運動的青年，努力立一個堅崛不移的忠心，我們的國家，簡直是一個已經潰爛的大癩疽，死字即在眉睫之上的了。

　　學運的同志們，你們信我的話麼？我懇求你們信我。我們中國問題中的中心問題，是一個人格問題，心力問題。而學運的任務是為中國解決這個問題。這也不是我一個人的話，這是學運本身的話：因為學運的目標是"本耶穌基督的精神，創造青年團契，建立健全人格……"然而建立人格，須有一種堅定不移，可以持之以生，為之而死的中心信仰。

　　我們深信中國的中心問題，即是學運的中心問題，而對付這個問題，確須有一個偉大的信仰。試問學運的真信仰在哪裏？"本耶穌基督的精神"是一句含渾模糊的話。要知道人沒有耶穌的信仰，絕對的不能有耶穌的精神，因為耶穌的精神是從他信仰中湧現出來的。其實耶穌的精神即是耶穌的信仰；除了耶穌的信仰，即無耶穌的精神之可言。而耶穌的精神，既極簡單，又甚明晰；祇是看人類都是弟兄姊妹，故必須用純潔犧牲的至愛，去服事他們，謀求他們的利益，絕對不去犧牲他們以發展自己的權利。世界上祇有兩個勢力相對峙，一個是犧牲他人或他國以求自己榮譽與享樂的勢力，即是惡；一個是努力愛人，服事人，以求人生共同的發展的勢力，即是善。善與惡，絕對不能相容忍，相妥協。擴而充之，凡是帝國主義，封建思想，資本制度，都是犧牲他人他國的勢力，都是惡。真的基督教與夫近乎基督教的思想與生活，都是謀求人類共同利益的勢力，都是善。在謀共同利益的時節，耶穌的精神是積極奮鬥冒險往前；在必要關頭，自願犧牲以保存，以發揚公共的生命；即被釘在十字架上，亦甘之如飴，樂之如歸。在今日世界上，惡勢力逞強，飛揚跋扈，不可嚮邇。可是惡勢力中，含蘊着自殺的種子，而善勢力中鼓蕩着出死入生的力量。

　　耶穌的精神是如此，耶穌所持的信仰亦是如此。其根源極其簡單。世界是一大宇宙，人是一小宇宙；人的創造生命，建立生命的力量，即是宇宙的力量。宇宙的心發於人，則為善，人歸心向之，識其本原，即是上帝；上帝乃是一切善勢力，真人生的總根本。耶穌的精神，所以偉大的緣故，是因為他深信上帝，以上帝為人類的父親，樂與交感，而立定人生的意義與價值。我們信善必勝惡，即是信上帝必定要給我們力量，去立團契，建人格，以謀求民眾生活的解放與發展。我們信上帝，即是信善一定勝過惡，而得最大最後的成功。如此，學運若果然以耶穌的精神為本，它即一定以上帝為其根本信仰的整個對象。宇宙不能不是一個實在，實在不能不有一個品格；品格不能不包蘊一個自創自存的力量；力量不能不在一個向上的人與向上的團體發顯宣洩其本真，而此交際之間，人即仰見了上帝。上帝固然不可見，然而上帝即在我們與他交接的生命中。我們向着他，親近他，長久與他往來，自能會悟於內心的深處，自能在艱難、苦害、窮窘、死亡之中發現他永恆的臨在。**中國基督教學生運動相信一個實體而流動的善，能在人生中為最大權力的上帝。**

耶穌用自己的人格，自己的言與行，揭示上帝的真相，使我們見了他如同見了上帝；同時耶穌又將人的形像，人所應當達到的品格，表顯給我們看，使我們得了一個作人的標準與儀型。耶穌信上帝，因此他也信人。相信人是耶穌信仰中一個重要的部分。他告訴我們，人離開了上帝，就沒有力量；與上帝相通，就能擔當重大的責任，成就偉大的事業。上帝在宇宙人生中有一個逐漸啟示，逐漸實現的計劃，要人互愛，犧牲，而得豐盛的生命；要人聽從聖靈的指引而宣傳，而推廣他的公義，而且因此而分享豐盛的生命。上帝是愛，也是威嚴赫煜的公義；他的旨意是要人奉行，要人成功；所以基督教信上帝，又必須信人。信上帝與信人是兩件分隔不開的事情；不信上帝，人不能徹底地信人，不信人，人也不能徹底地信上帝。耶穌信上帝，所以他相信人，能用他的生活與教訓，透闢地感化那些愚蠢魯笨，毫無知識、財產、權勢、地盤的老百姓，如彼得、雅各、約翰等，使他們成為世界上最有力量的先知先覺，最有威權的革命分子。我們中國現在最大的缺點是人不相信人，你猜我忌，你爭我奪，你死我生，因此人與人不能合作，不能團結，領袖不能領導，民眾不得被領導，而國家於是乎有了甚深甚大的內憂。是以今日中國最大的事功是創造人中間的敬禮，互尊、互愛、互信、互助的生活。**中國基督教學生運動是本耶穌精神的，所以要努力去創造人中間的信任；因為中國基督教學生運動相信人依順了上帝的愛心，能夠自救，也相信中華民族內含自力生存，自力復興的大能。**

且不問人類全體怎麼樣，即以中華民族而論，我們相信我們是一個大機體；一部分的痛苦，即是全體的痛苦，全體的安全，纔是各部分的安全。民族的救法，國家的救法，不在別的地方去求，祇有在耶穌的救法中去求。耶穌的救法是最簡單，最切實的，也是惟一的法門，就是：不犧牲他人來服事我，乃供獻自己去服事人，並且在必要時，舍棄自己作多人的生活幸福的代價。這個救法的峰頂是十字架，因為祇有經過十字架上的痛苦，祇有覺悟的分子肯走上十字架去，人纔能夠使死亡一變而為榮耀的生命。現在中國的民眾莫不呼號慘痛於水深火熱之中；因為自己缺少知識與覺悟，力量與引導，不能自己拯救自己；須有知識覺悟，力量經驗超乎他們的人們去幫助他們，將他們從水深火熱之中引領出來。民眾不是沒有權能，但是民眾必須有嚮導引領着。**中國基督教學生運動深信，一方面自己受訓練，一方面對於民眾負喚醒引導的責任。用耶穌的救法為救法。**換一句說，中國基督教學生運動，是一個青年基督徒學生獻身給民眾，由自己犧牲而達到解放民眾的運動。

不過信仰而沒有使命，信仰是空洞的；因為信仰與生活是不能分離的，分離了，生活無義意，信仰無內容；使命而沒有信仰，使命是徒然的，因使命即是有定向的，有計劃的，有目的的活動，不活動計劃無以實現，使命無以表顯其權威。使命是上帝的命令，是學運分子良心所發的命令；使命所指示的是事工，是學運自身所感覺到的，所必須作的事工。這種命令，這種事工，不但是一個聲請，且是一個強有力的驅使。我們在現代，做現代的人，不能不感覺到人的文明，人的生活有許多複雜的方面，而這許多方面聯在一起，分析不開，成為一個大鏈鎖，大機體。在如此的整體之中，我們不能不感覺到宗教與生活是一件事，決然不可分為兩截。所以我們沒有生活決不能發生信仰，沒有信仰也決不能奔赴事工。我們惟求切實，所以信仰的規定要愈簡單愈好，事工的規定要愈切實愈好。

然則我們的使命是什麼呢？

第一是創造青年團契，由團契而建立健全的人格。我們現在的青年基督徒團契是外強中乾的，且往往連外強中乾的程度都沒有。從今以後，我們要加緊工作，使團契中各分子能夠有內心力的充實。若一個團契裏有十個人，祇有一二人做領袖，其餘的人毫無主張，祇會阿附，或祇會搗亂，那便不是健全的團契，便不是真的團契。在這種團契中不能養成健全的，獨立而又合羣的人格；不能養成人格，那末團契就失掉了團契的意義；因為所貴乎團契者，在乎合同志，事準備，互相砥礪，共同計劃，以求一旦在社會內創造耶穌生活的風氣。團契的事就是要創立凜乎不可犯，崛然不能動，慨然可以赴死就義的風節。謝扶雅先生用一個"風"字來說明學運的性質與事功是我完全贊同的。然而要造成人的風骨，風度，風氣，風節，非有所謂靈修不可。靈修則又非對越上帝、效法耶穌不可，則又非集心力、集精神以求向上——祈禱——不可。現在中國的基督徒，不但對於基督教本身，茫乎不得其解，瞠乎不知所對，即於宗教生活的根本修養——祈禱——亦完全放棄。這是學運最大的危險。不讀書，如何能知書？不祈禱，如何能認識上帝，如何能得上帝所賜的權能？但靈修不僅是祈禱，乃是生活上各方面的訓練；學運的公約，所以有七條的規定。靈修不單是默默的神秘生活，乃是用整個生活做一個向前向上的努力，做一個活的祈禱，做一個臥薪嘗膽的，一絲不苟且，一毫不糊塗，一點不畏怯的生活。**學運的責任——使命——是使這種生活團契在其所在地做麴酵，做種子，將其生命中的新性質，普遍傳揚而造成一個強有力的人格的霧團。全國的團契聯結起來，便是我們自己的教會，便是我們所期望的中國基督教運動。學運的人們，你們有覺悟麼？中國基督教學生運動，即是中國基督教運動！**

　　第二，學運的使命是用基督教的眼光，研究現中國民族的種種問題。近十年中，基督徒學運的會集內，無不注重中國青年及青年所注重的兩性、經濟、政治、國際諸種題目，往往視線橫及而遺忘了學運的立場。問題是要從基督教原理討論的，而討論之時往往搬開了基督教而進行。這是一個缺點。問題又須以行為為指歸；瞭解問題原是要由此而"謀民眾生活的解放與發展"。而結果又常常涉獵一些膚淺的意見，而別無會心。這是因為沒有嚴密的組織，沒有可以長期繼續進行的計劃。因此，不但是基督徒學生沒有瞭然於種種問題的嚴重性，即由此而普遍學運意識的可能性都丟棄了。所收穫的，祇落得一個"浮"字。從此以後，學運的各小團契，應當設法作現代中國各種重要問題的檢討，藉以窺見基督教與此種問題應當發生的關係，與夫基督教在此種問題上所應有的責任與貢獻。這樣作自當可以增進學生的自覺心。但是時勢急迫，遠水不能救近火；所以這些事，還須在拚命的時節，同時做去。"一息尚存，此志不容少懈。"我們要知道，機會尚在我們手中的時候，決不放鬆，以求對於問題的明瞭。事情是極困難的，且是不能緊張的，因為學運不是一個政治的結合，並沒有中心的權力可以驅迫小團契，使他們做透闢着實的工作。同時，基督教中又少極有準備的領袖與極有研究的書籍，供各團契的需求。我深願關心學運的諸領袖思想這件事。我們在這一件事情上倘再懈忽了，學運便要成為一個空洞的東西，而真的基督教的前途，在中國也就慘澹無光了。去歲秋冬之季，青年會有青年巡迴工作團，周行十大城市，向青年學生作宗教思想上的貢獻。事情是極有價值的；可惜廣敷浮泛，不一定會發生很切實的結果。中國學運全國大會之後，學運似乎宜有類似的運動，且加深其工作，使學運的各團契得到一種深刻的感悟，瞭然於基督教在中國民族的當前問題上的責任。

第三，**學運的使命是"謀民眾生活的解放與發展"**。這件事，聽起來頗有政治社會革命的意義。其實，基督教本身就有這個意義。誰把基督教看作學說，僅如某種神學，或是一個不關經世之務的出世主義，誰就是耶穌的罪人。不過基督教對付一切政治社會，有一個總鑰匙。一切皆由人與上帝的道德心靈關係為出發點；一切皆依賴人格，一切皆以創造品格為根基。其所集中的，不是此種或那種政見；其所結合的，不是此種或那種政黨；而其本身乃是宗教的團契，故其作革命運動，乃在基本的心理革命上下手，將所造就的革命勢力，由其所造就的人們，侵入社會的各種運動之中，而自身不為此種種的運動。因此，在基督教範圍之內，可以且應該容納各派的政見，及各派的黨員，祇要這些人物能了然於耶穌的生活與教訓。若中國基督教學生運動果然明白這一點，就知道本身不是一個政黨或政治運動，而卻可以作政黨或政治運動的內心力。學運謀民眾生活的解放與發展，所以不必自己建設任何改革社會的機關。**他的事功是創造團契生活，聯絡同志，普遍耶穌的精神，由是而使人們進入社會上各種有革命性的團體，將生命彌漫於其間。**現在學運還是一個微弱的運動，應該集中力量，堅固內部，不應該鋪張廣延而丟失它應有的特性。即要組織特殊的機關去作解放發展民眾的活動，亦在學運本身足以自立自強之後。

學運中的有力革命分子，現在即可以從事革命，一方面在學運內部，充實內心的、精神的、道義的勢力，一方面參加政治及社會革命的種種學運之外的組織，以謀求切實工作的進行。國難當頭，中國隨時可以因自衛而走入戰爭的道路。戰爭果起，我們皆當參加，或在前線，或在後方，或作直接的攻打,或作救濟,援助,宣傳,維持種種的服務。國家若幸而不有戰爭,那末學運的分子,在學校內的,應當加緊的受訓練做準備;出了學校的,應當到城市,到農村,藉已有的機關,作解放發展民眾的工作。空言無補,須要實行。知道麼？基督教的特點,是上帝住在人中間,自己作救贖的工夫。《聖經》裏有一個極可使人驚奇的教訓,說明上帝要救人,所以放棄了上帝自己的身份,在耶穌裏成為奴僕的形像,與人同列,以期將人類改變,使成上帝的形像。上帝要救人,尚且不能在上帝的高位上發一個空命令,尚且必須自己先成了人,然後從人的當中,做出一番事業來,何況我們呢？我們要救民眾,祇有自己先做民眾,住在民眾中間,把我們的封建思想,階級觀念完全打個粉碎;然後從民眾中間,顯出一個真的革命來。人不能自救,上帝離人也不能救人。民眾因為無知識,無力量,也不能自救;必須有已經受過教育,比較有知識,比較有力量的人們,從高一級的水準上,下垂而入於民眾之間,再從民眾中力學力行,而做成所要做成的解放發展民眾的事業。目前最通行的口號是"下鄉",是"到民間去";都表示知識分子的幾許真覺悟。但是"下鄉"、"到民間去",不是短期的事,不是帶着與民間相隔天淵的生活而進入民間的事。乃是自作民眾,以民眾的生活為生活,由是而真革命的事。共產黨徹見這一點的真義,有敢行的勇毅,有實行的事實。基督教同抱此種見地,應當可以與之相抗衡,奈何竟託諸空言！**所以我以為學運要作解放民眾生活的大事,必先訓練自己,準備切實的到各處去作老百姓。**

我們深知深信生活是整個的,是一片的,所以宗教生活不能脫離其他的生活;然而我們也深知深信生活是有中心的,而中心是人的心靈的解放,人格的自由。**學運因此在人與一切實在連接之際,信上帝;在人生上,信人有至高的價值;在運動上,信上帝必賜我們力量作成他的旨意;在使命上,信人間建設耶穌生活,耶穌品格,耶穌事工,那種心理革命,是其根本的工作;在方法上,信十字架的道路,即是上層中的人物進入下層中的人間,求生活改革的道路。宗教是行。目前的事,期在必行。**

民國二十五年一月五日燕東園
原載《真理與生命》九卷八期,1936 年 1 月

這正是我們獻身的時候

　　這個世界是一個充滿了矛盾的大矛盾。文化的交流與國際的嫉妒是一個矛盾，而這個矛盾之中，又包蘊着階級的鬥爭，種族的衝突，經濟與政治的齟齬，教育與軍備的觝觸。整個世界是如此，整個國家是如此，甚而至於整個個人也是如此。在這種情形之中，人生祇有煩悶與悲哀，祇有不得放弛的緊張。

　　在個人的生活中一個觀念與另一個觀念交戰，這種衝動與那種衝動交戰。壯年人有這種苦悶，青年人更覺得這滿腔熱血，沸騰得無可如何，只像在爆發之前的火山一般。究其極，恰像保羅所經驗到的，人的靈魂裏有兩個律，互相抵消，互相攻擊，將人的力量消磨在自己沒落的黑暗裏。一個律是主張公道的，一個律是祇知自私的。個人是自己打自己，人類也是自己打自己，打到底不過是自殺，決不會達到人類發展向上的光明！

　　我嘗讀莎士辟亞的戲劇，深深的感覺到他見解的精闢。劇本中有一本叫做《麥克俾斯》。麥克俾斯身為大將，因為女巫的預言，妻子的野心，起了篡弒的念頭。他心中又不願篡弒，又不能不篡弒，竟在極矛盾的心態上，闖下了一個滔天大禍。他竟篡了位，做了王。於是乎一個矛盾轉生了許多矛盾，層層相因，轉轉不息，弄得朋友都變了仇敵，鹵莽滅裂，身死國亡。莎氏還有一劇，叫做《漢謨雷特》。漢氏是丹國的太子，又是一個英俊的青年，卻因為父親被叔父篡弒了，而心中鬱勃惶疑。篡位之後，他的叔父又娶了他的母親，使他非常的難堪。於是乎他因疑見鬼，因鬼起疑，轉生了生活中不斷的矛盾。同時他戀愛了一個女子，又因懷疑而誤殺了那女子的父親，弄得直的變了曲的，複雜的變了不可挽救的轇轕，以至於事垂成功而身死國亡。是的，這些都是悲劇，而悲劇都起於矛盾，盡於矛盾！

　　我們的國家，我們的世界，現在正沸沸揚揚地在那裏公演悲劇。我們每個人的心裏也正在翻騰激昂地演出悲劇來。一切無統一,一切無標準,一切是悶葫蘆,前面沒有一條康莊的道路。人生本來是有路走的,人類本來也是有路走的,因為天上的星辰有規則,地上的生靈有倫理,那條路是造在公道上,互助的合作上的。而人卻不肯上正軌。但是我們,尤其我們青年的基督徒,知道了耶穌所開闢的路途,總應當在矛盾連結的紊亂之中,找出一個頭緒來。

世界的事情是一個洪潮;洪潮來我們沒有辦法。其中好像有個自然律。但在同時,我們相信,洪潮有信,有來有往,有起也有落;我們還可以用我們的法則去征服自然,去修堤築壩,疏流鑿穴,以備將來叫我們不碰見永久淹溺的大災難。在洪潮來的時候,我們還得拿住了自己和自己的人格,或者在沒頂的當兒,我們依舊可以舉頭天外,人格不被捲掉了。

問題是我們怎樣處亂世,除了抵抗強權,反對不公平,改造社會之外,我們還有什麼更基要的事情?我以為有,就是:我們自己不渙散,不頹唐,不廢弛,在我們自己的生活裏得一個統一,開一條大路,由此而將這條道路敷延到人群社會裏去。換一句話說,我們先要消除我們自己生活裏的矛盾。世界亂,我們要治,世界不安寧,我們要安寧。諸葛亮是"苟全性命於亂世,不求聞達於諸侯"的,但是他不得不出來扶植漢室的江山。在顛危傾倒的局勢中,他祇用兩句話,穩定他自己的生活。這兩句話是:"淡泊以明志,寧靜以致遠。"他有一篇《誡子書》是極簡妙的文字。他說:"夫君子之道,靜以修身,儉以養志,非澹泊無以明志,非寧靜無以致遠"。在一切不寧靜之中,我們要寧靜,這是我們今日最需學的教訓。因為祇有"靜而後能慮,慮而後能得";祇有靜,而後能使我們看出一個遠大的前途來。也祇有靜,而後能使我們整理自己,而得應付時艱的力量。耶穌教訓我們要在靜中祈禱。他說:"你們祈禱的時候,要進內室,關起門來。你們在秘密中祈禱,上帝在秘密中鑒察,必在光明中答應你們。"

有靜修,然後一個人可以聽見上帝的宣召而決定對付時艱的策略,將自己當作祭禮獻給上帝,獻給社會國家。諸葛亮將自己獻給漢室,"鞠躬盡瘁,死而後已。"宋朝有一個英雄文天祥,獻身給宋朝,至死不變。在他的《言志》詩裏,他說:"仁人志士所樹立,橫絕地維屹天柱;以身殉道不苟生,道在光明照千古。"志向立定了,他便覺得天地的精靈,即是他的靈魂;宇宙的計劃,即是他的事業；一切苦難，在於他有了偉大的意義。我們讀他的《正氣歌》就知道他"鼎鑊甘如飴"的所以然了。

西班牙有一位哲學家說："生活必須獻給一個大運命才能有意義。"世界大亂，人心大亂，難道其中就沒有一個大運命麼？我們信仰基督，難道在大亂的時節，反而看不出上帝的旨意麼？上帝的旨意正在這種狀況中崛然矗立着。不過有人要說："天下興亡，匹夫有責。"我們在國家危難之際，民生凋敝之時，固然應當將自己作為祭禮，以救危亡於萬一。但我們祇能獻身於團體，於國家，而作切實具體的事情，如何能將自己獻給渺渺茫茫中的上帝？這些話都很有理。不過我們要曉得一個人祇能做一個人的事情。而無論何種事情，都是片面的，破碎而殘缺的；若將全心全身歸獻於片面的，破碎而殘缺的事，總有用力多，成功少，期望深，效果淺的困難。辛苦勞瘁之後，回頭自問，一定要覺得人生碌碌，毫無意義；因為局部的特殊的對象之外，既無一個磐石的根基，人縱努力，依然沒有安心立命的寄頓之地。因此，在獻身於局部的特殊的對象之外，人猶當獻身於永恆不變，主宰一切的上帝。

不但如此。人心有無限的需求，須有一個無限的整全為對象。有了這個，則一切破碎殘缺，矛盾凌亂的事情，即不能搖盪我們的心志。我們雖作局部的特殊的事情，這些事情卻都帶着一個意向，一個總核算，一個含有整全意味的宇宙性。

譬如一個守節的女子，自願為所愛的人捨棄自己，在表面上看來，她不過是獻身給一個人，所成就的事是極微細的，也許照普通的眼光看來是不值得的；但在她最深的經驗中，她却會覺得如此做是一件經天緯地的大事情，那微小而片面的，便立刻含帶了宇宙的光華。同樣，人獻身於學問，獻身於社會，獻身於這件事、那件事，當然祇作得一個片面，但在獻身的人心中，總覺得所作所為，雖祇微小的貢獻，而在意義上却是在那裏推動世界的文化。換一句宗教的話說，却是在那裏成全上帝的旨意。

因為世界是矛盾，人生是矛盾；因為矛盾使人將力量消磨在紊亂中，所以我們必須要尋求一個性命中的歸宿，要對於一個我們所不全知、不全接的上帝奉獻我們的身心。我們經驗得如此做，便真的是獻身給社會國家，便真的能將一個安定的集中的人格，為社會國家做難做的事情。我們若果然有宗教，便一定能經驗得如此獻身之後，我們的人格可以不渙散，不頹唐，不廢弛，且能在自己的生活裏開出一條路子來，延續到大群之中去。

這是充滿了痛苦的世界，充滿了患難的時代。所以我們要使自己的思想行為，更加在事實上見效率。要使自己整個的生活不被困難所沖淹而在事情上面見效率，我們就不能不有一個安心立命的寄頓之地，不能不將自己的身心完全獻奉給主宰一切的上帝。保羅說："你們將身體當作活的祭禮獻上，是聖潔的，上帝所喜悅的：這就是你們合理的崇拜。不要迎合這個世界，乃要因心志中新的意向而變化自己的氣質，得以察見什麼是上帝的旨意，是良善的，上帝所喜悅的，純全的旨意。"在這時候，有許多人，尤其是基督徒青年，覺得世亂紛紜之中，更看不見上帝的旨意。但是看不見上帝，同時就能看得見人生的意義與人類的運命了麼？也不能。為什麼呢？因為生活不統一，不曾得到深切的宗教經驗。保羅的話是有深意的，他勸人獻身給上帝，同時又勸人不要迎合世界。人能做得這兩件事，他便能得自己心志中的新的意向；有了新的意向，生活的氣質便可以得到一個向上而統一的變化；得了這樣的變化，他即能夠體察出什麼是上帝的旨意來。除却獻身給宇宙中至高的善，主宰一切的上帝，人不能在矛盾的悲劇中打出道路來。上帝是聖善的純愛，要人在患難中與他一同努力，去實現他的旨意。時勢大難，世路不可知，我們不可沒有心靈上的準備。我們如果覺得匹夫有責，那末這正是我們獻身的時候。

二十五年三月五日燕東園
原載《真理與生命》十卷一期，1936年3月

上帝的存在對於人生有何影響？
——梁氏問題表第五類第一題

  要答這個問題，我們應先試擬"上帝"二字的意義，然後乃能推測上帝存在與否。第一，宇宙乃是一個理智的統系，以數理爲輪廓，故一切可入於量，一切變化，皆有定序而不亂。我們用心去觀察，去推算，去按索，而宇宙中的事事物物的理，皆與我心之理，若鬥筍①而合縫者，於是乎人的知識得以成立而擴充。如此。我們可以說，宇宙的統系，實一心的統系，而此心的統系全體，在宗教方面說起來便是"上帝"。

  再進一層，數理之統系，是一個必然的統系。有此必然的統系爲骨幹，爲輪廓，我們所直接經驗的價值世界乃有存在的根基。價值的世界是自由的世界。我們仗着必然的理而做自由的活動，使事實與價值爲一實在的兩方面，其間在實際的具體的變化上無有絲毫的衝突。這是我們日日所經驗到的，不能不認爲根本的事實。如此，事實與價值既爲吾人經驗中的統一事象，其統一之者，必爲整全的一個實在。這個實在統貫一切，即我們所謂之"上帝"。

  在價值世界中，有人類的道德。人類有擇善惡，別是非的自由。有召禍福，受苦樂的權能。但在是非善惡之行爲之中，無非是堅定不移的道德律。順道德律的人內心得統一，這統一即是平安；不順道德律的人內心惟破裂，這破裂即是不平安。是故道德的行爲是創造的，建設的，積極的，使人感覺到凜乎不可犯的尊嚴。不道德的行爲即是渙散。有時不道德的人亦能搶奪劫掠而暫時興旺，但其所以能興旺者，不是因爲不道德能成事，乃仍是因爲不道德之中，借用道德以成事。此梁山泊的強盜所以必須建一忠義堂而以替天行道相號召也。然則宇宙之內，有一個道德的品格，在於人則爲忠臣孝子英賢豪傑。而此道德的品格即是上帝，發於人而爲忠孝英烈者，是上帝之性厚入於人耳,所以忠孝英烈者,都是上帝的子女。

　　由以上所言,我們即可簡單地答覆上帝存在對於人生的影響問題。人爲宇宙的一部分,從宇宙中出現而具有宇宙性。人有理智,可以觀察萬物,比列分類,衡量推測而得知識;人有品格,可以建立德行,居仁由義,盡忠發孝而得生命。所以然者,無非因爲宇宙有此性,人亦有此性。宇宙如是,然後人乃如是。因此,若宇宙中的主宰理智的統系與道德的品格,無有實在的存在,人即不能有他的實在的存在。換一句說,上帝不存,人亦即不存。人的存在,全是依賴上帝。

　　我們若以宇宙所表顯的理智的統系爲上帝的性格,那末此性格而不存,人類即無從得知識;人類無從得知識,人生即無有意義,亦無以自存。我們若以宇宙表顯的道德的律令爲上帝的德性,那末此德性不存,人類即無從得道德生活的基礎,人類無從得道德生活的基礎,人生亦即無有意義,亦即無以自存。上帝自無時無地無事不深深地引導人生,不過世人矇瞳,生活完全浸潤於上帝之中而不知道,正猶人在空氣中活而不知世上有空氣一樣。

　　我們不認識上帝,上帝已經影響我們的生活。若我們努力追求,與上帝親近,以求將他的心志爲心志,人生豈不更要充實愉快,豐盈而勇進麼?上帝存在,可以使我們爲公爲善,謀社會的福利,建自己的品格,開人類偉大的前路。不然,人生不過是黑漆一團而已。

二五,四,七,燕東園
原載《真理與生命》十卷一期,1936年4月

編者注:

①"鬥筍"通"斗榫"。

附：青年宗教談座

前　言

　　最近兩年中，中華基督教青年會全國協會舉行"青年與宗教運動"。先請艾迪博士來華，各處向青年演講，後來又組織青年巡廻工作團，聘長沙曾寶蓀女士，閩縣陳文淵博士，與上海涂羽卿博士為團員，用開明的態度，現代的眼光，在青年中間宣傳基督教。所經歷之都會，有十一處，參加者有數萬人。演講之外，並與青年聽眾討論。他們隨地隨時收集青年對他們所提出來的問題。據該團幹事梁傳琴君所說，這些問題不但嚴重，並且很多，其數不下數千！梁君傳琴曾將這些問題作系統的整理，發現了這些問題的範圍，包括"國家，社會，政治，經濟，世界，人類，道德，宗教"。重複者刪除了，類似者歸併了，結果是比較重要的，仍有四百餘。梁君將它們分析為十八類，編成一個問題表。這十八類中，有十三類是與宗教，尤其是與基督教有關係的，如下：（一）關於一般宗教問題者，（二）關於基督徒者，（三）關於教會者，（四）關於神學者，（五）關於上帝與基督者，（六）關於宗教與人生者，（七）關於宗教修養者，（八）關於基督教與其他宗教者，（九）關於基督教與中國文化者，（十）關於宗教與國家民族者，（十一）關於基督教與國際關係者，（十二）關於基督教與戰爭者，（十三）關於宗教與科學者。這十三類所包括的，計二百餘題。這些問題已經在《青運回聲》第一號，及《同工》第一百四十九期中發表。這些問題，固然深淺廣狹不一，然而都是青年們真情的吐露，很可以代表我國當代青年中思想比較深邃者心中所追求的，所急待解決的。篤信宗教與篤愛青年的同志們，對於這一些求答的呼聲，何能忽略？本社同人不敏，擬從本期起，在本刊篇幅與同人時間可能的範圍之內，酌量選擇幾個，作簡單的答覆。這些問題，倘若要詳細，作滿意的答覆，也許需要整部宗教哲學史，宗教歷史，宗教經典！斷不是幾百字所能解決的。不過，我們的希望是，簡單的答覆，也許能引起有志的青年們的責難與討論，並且因此本刊同人和當代青年，可以多得一個互相切磋的機會。真理因研究而愈明。我們歡迎青年朋友們，入我們的談座。我們將來也要把所得的通訊摘要在本刊發表。

每題都依梁氏問題表註明第幾類第幾題。

一九三六，受難節　劉廷芳
原載《真理與生命》十卷一期，1936年4月

上帝是否是可見可信的？
——梁氏問題表第五類第二題

　　上帝可見，亦不可見。人可見，亦不可見。人的可見者，即是身體，與夫身體所發的聲音笑貌，舉止行動，及與其他物體的接觸。但是見這些個現象，祇可以推想人，却沒有看見人。人說看見，不過是因為看見了人形狀，卻沒有跳到人的內部，遊歷檢查而知其中的底蘊果為何種何等。人祇能直知自己，因知自己，所以知人，直等於澈見：由心推知，即謂之見，是心見，非眼見也。人見上帝亦用此法。上帝的形體，即宇宙全體的事事物物，我們看見一切事象，條理井然，上有燦爛的星天，下有橫亘的大地，外有薈薈總總的萬象，內有森森嚴嚴的一性。由物觀之，可以見上帝的作為，由心觀之，可以見上帝的品性。保羅說："上帝的事情，人所能知道的，原顯明在人心裏；因為上帝已經給他們顯明。自從造天地以來，上帝的永能和神性是明明可知的，雖是眼不能見，但藉着所造之物，就可以曉得，叫人無可推諉。"（《羅馬人書》一章十九、二十節）但上帝是一切良善的大本大原。人欲見他，必先整潔其心。耶穌說："清心的人有福了，因為他們要看見上帝。"自己不為英雄，雖然碰見了英雄，也不會知道是英雄。自己不為聖賢，雖有聖賢日夜立在他面前，也不能叫他熟識聖賢心中的廣大。上帝無量，惟於良善，人可略與其分。故欲心中見上帝，非由清潔的至誠不可。

　　至於上帝可信否，當然不成問題。既可以心見之，又豈不可以心信之呢？

二五，四，七，燕東園
原載《真理與生命》十卷一期，1936年4月

怎樣能使我信仰基督？
——梁氏問題表第五類第三題

　　從實際方面講，一個人的信仰是從自己的願欲與社會的授與而發生的。中國不是基督教國，並沒有基督教的社會，故沒有基督教的雰圍氣。一個青年要在這種環境裏信仰基督，原不是一件自然的，容易的事情。雖然，中國亦已經有基督教的教會，程度固然極淺，其生活與團契尚有足以使我們與他發生關係的價值。青年若要知道基督教的真際，自然要與教內的有識有德的人們，作一番切磋琢磨的研究。此外尚有基督教與學校中的信徒團契，是可以參加的。獨自努力，不如與人一同努力。一個人對於基督的信仰，往往是在這種空氣裏發生的。

　　但我們信基督，並不是盲從，也不要迷信；因此我們要用公開的自由的心志，體貼的同情的態度去讀《新約》的四福音，以及其他關於解釋基督與基督教的書籍。我們若能真正瞭解耶穌的生平，他的品格，行為與教訓，我們便可受他的薰陶，而發生信仰。因為耶穌就是基督；耶穌的精神，現在猶凜然充塞乎天地之間。耶穌的精神即是基督。（拙著《耶穌傳》，可以一讀。上海博物院路一三一號青年協會書局出版。）

　　在尚友讀書之外，還有兩件事，可以使我們對於基督發生信仰。第一，我們自己修養，天天作一番自省默想的工夫；也許可以嘗試作禱告，籲求上帝，賜予清楚的思想，光明的心志，能透見自己需求基督的必要。有些書是可以輔助修養的，例如青年會出版的富司迪著的《信仰的意義》、《祈禱發微》、《完人之範》等。在修養的時候，安心靜慮，省察自己的行為，默念基督的品格，心漸漸地懇切，一片真誠會像火一樣地燒起來。在這種時候，感覺之中，往往如有上帝臨在，援助指引，加予力量。人不能依賴自己，應當全心仰慕真理，愛戴上帝的慈光。宗教經驗深刻的人都感受過這種神妙的平安與通明。第二，我們要學習耶穌，每日思做使人得受實益的服務。若是參加團體的服務工作，有熱切的愛，幫助須要朋友、須要引援的人；或是隨時見機，獨自行善。在行善之中，即有基督在。這就是遵行上帝的旨意。耶穌說："你們若遵行父的旨意，你們就必知道。"信仰是在行爲中努力中產生出來的。

怎能使人信基督呢？基督是純正的愛，凡是愛人的即是認識基督的，基督要與他們同在，他們也要因基督得自己的建立，心中的快樂。那時他們自然的有信仰。

二五，四，七，燕東園
原載《真理與生命》十卷一期，1936 年 4 月

上帝是從哪裏來的？
怎樣證明他的存在？
——梁氏問題表第五類第四題

　　世界的現象都是有來歷的，惟獨使萬物萬象生、住、異、滅的，不從他事他物得來歷，因爲他是根本的實在，是自然、自有、自存、自立的，爲一切的根本，不爲一切所轉移。這個根本的實在，就是上帝。普通人在變異的經程中，思想總不能撇開了因果的鎖鏈子。有一節，必有第二節；有第一節，必有第末節。但是整個兒宇宙的根本卻不能這麼想，他不能有始，也不能有終。從前西方的學者也曾用"第一原因"這個名詞來說明上帝之外更無他因足以生出上帝來。但是這句話是有毛病的，因爲脫不了一個永遠不息的往上推而推不到底。這種無量的倒退是無意義的。上帝是一切的本原，包羅萬有，創化萬有，發展萬有，維繫萬有的宇宙基本，所謂 World-ground 者是也。上帝是自存、自然、自有、自由、自立、自在的。也許問這個"上帝從哪裏來的"的人，思想中有點中國背景。中國人往往想"混沌初開，乾坤始奠"，先有自然的世界，或名之曰天，或名之曰道，然後有上帝。也許上帝是自然的結晶。老子論道，曾說過"吾不知其誰之子，象帝之先"。這是說帝是從道出的，先有道，而後有帝。不過若問道不是帝，如何能有帝，那末問題就難了。不如說上帝是道，道即上帝，像《約翰福音》第一章第一句那樣說才是。"太始有道，道與上帝同在，道即上帝。"

　　怎樣證明上帝的存在，其實是一個淺近的問題。尋常人都用試驗的方法來證明，也都用找尋痕跡的方法來證明。譬如撒但對耶穌說："你若然是上帝的兒子，可以用石頭變餅。"在撒但看，耶穌若果然能將石頭變了餅，那末他就證實了自己是上帝的兒子。這是試驗的方法，也是巫術，其實不能用以證明上帝的有無。又譬如袁子才未爲縣令之前，他的母親要試他能否爲人民判斷是非，而不冤枉了人。所以教一個丫鬟吃了一個煮熟的雞子兒，混在許多丫鬟之中，給袁子才去查問，看他審得出實情來不能。袁子才叫她們用清水漱口，吐出來驗。那吃蛋的丫鬟吐出了蛋黃的碎屑來。當時就證明了兩件事：一是袁子才有縣令才，一是吃雞子的人是誰。這就是用痕跡的方法來證明一件事。這兩個方法人都用過，要想證明上帝的存在，其實到現在，人還沒有知足，還在那裏要求證實上帝存在的憑據。

西國相傳的論證，有四五個。一個是用存在的觀念來證明有上帝。人有一個絕對完全的理想，而人自己卻不是絕對完全的。非絕對完全的人，如何能具有絕對完全的觀念，其必爲上帝自己所安置無疑。這是笛卡兒的意思，卻爲康德所打破。但是由天地爲一個理系看來，這個論證還自有它的價值。天地一系，人心亦一理系，以心測天（即所謂自然），衆理漸明。理既自存，即爲上帝。還有一個方法是問宇宙的總因是什麼。宇宙必有總因，必有根本，必有使其成爲一個有統系的整個，必有主宰之者。這個主宰，便是宇宙論證中之所謂上帝。第三個論證是目的論，按這一說，世界是一個各部連結，一切事物都有細密的關係，合而爲一，以成世界的整體。其間所示，乃一大計劃，絕非無意義，盲目的結構。目的論不能分裂割截，從部分方面立論，祇可由整體方面立論，康德在《純理性批判論》及《判斷性批判論》中，言之極詳。英國的侯謨與康德同覺證明上帝的存在各論證，應以目的論爲最有意義。宇宙是有意義的，而意義之所從者爲上帝，所以上帝存在。此外，有人說人生有道德，道德是具足宇宙性的，故從道德一端論之，宇宙間不能無上帝。

以上種種皆是理論上的證說，往往與人生實際的經驗，尤其是在道德方面發生不易解答的衝突。譬如黃河泛濫，長江泛濫，淹田禾，沒房屋，死者數百萬。被災的人未嘗不呼天，亦未嘗不是天的愛子，而天竟置若罔聞。豈不是證上帝的無有麼？世上的苦惡與上帝的存在這兩件事好像是一對死冤家！

理論的證辯，在人生方面，其實皆很少效率。其果然發生效率的是在於宗教的實際性上。理論是輔助的旁證，實際是直入的見證。所以我們要說大凡人生最偉大的事，最美妙的情，都不能有證據。某人是聖賢有證據麼？"周公恐懼流言日，王莽謙恭下士時"，我們有什麼證據呢？蓋棺論定，雖好，但有時棺雖早已蓋好，而事卻不曾論定的，比比皆然。又譬如某人愛我，又有什麼憑據呢？行爲！心不可見焉，信之而已。信是信，不是證據。但信之誠篤，信亦等於有實力的證據。信而發生效果，那末證據就更確鑿了。不過基督教對於上帝的存在，自有它顚撲不破的證據。這證據就是耶穌基督本身。有他那樣的人品，精神，敎訓，作爲，成功，即可以測見宇宙中的實在有像耶穌者，上帝乃巍然地存在。世界上有苦難，耶穌來救苦難，即上帝親自救苦難。世界上可以有天國，耶穌來創設天國，即上帝親自創設天國。有耶穌在，即有上帝在；耶穌是上帝存在的鐵證。耶穌說："人看見了我，就是看見了父。""從來沒有人看見過上帝，獨是在上帝胸懷中的獨生子將他表顯出來。"

二五，四，七，燕東園
原載《真理與生命》十卷一期，1936年4月

上帝造人的目的是什麼?
——梁氏問題表第五類第五題

這個問題，粗看是很可笑的，因為一位創造者造了一件東西，而被造的東西忽然發起問題來，說"你為什麼創造我？你創造了我是為什麼的？"若是我們手造的機關都要這樣問，一定會把我們都笑壞了，或是嚇壞了，因為在我們經驗中，"創造"二字的意義，完全是限於發見與湊合，而發見與湊合的東西，沒有能發這樣的問題的。當然，我們生男育女，我們的兒女會問我們說："爸爸媽媽，你們生育我們究竟是為了什麼？"可是，往深裏想，對於這樣的問題，我們竟不能作一個圓滿的答覆，除非同時我們能夠回答"上帝為什麼造我們，叫我們如此生男育女"的那個總問題。我們不能單說，"我們生男育女是要傳種接代；是要防身靠老；是要強種強國；是要增進人類的福利。"因為那個根本問題還是"你們為什麼要達這樣的目的？"

從以上的種種看來，我們就知道兩件事：第一，造人與造東西不是一件同樣的事情，人能問問題，東西不能問問題；第二，上帝造人的目的這個問題，就是一個整個的人生問題。換句話說，"我們做人究竟是為什麼？"世上最有智慧的人也不能將這個問題答覆到完全滿意的地步。同時，我們要回答一個問題，總須在經驗中找答覆的材料，不能信口雌黃，更不能說傳統的思想如此如此答覆，我們也如此如此答覆。試問在上帝造人的這件事工上，我們有什麼經驗，又怎樣能知道上帝的心思意念，曉得他造人是為了這樣那樣的緣故？或者有人說，《聖經》裏怎樣說，我們怎樣信就得了。可是寫《聖經》的人也須從經驗說話，不能憑空捏造；我們的責任是要問《聖經》是根基於什麼經驗的，而我們又怎樣知道《聖經》是根基於這樣那樣的經驗說的。

據我看來，我們答覆這個問題惟一的方法，是一個比論的方法。在我們人生的經驗中哪一件事可以比擬上帝造人的這一件事？我以為祇有我們生兒育女這一件事可以比擬上帝造人。我們若要問我們為什麼要生兒育女，我們的回答是"我們不能不生兒育女。我們是人,便不能不做人;我們做人,便不能不生兒育女。沒有人勉強我們去生兒育女,乃是我們自己去生兒育女。人的性情,人的本能,人的內發力外引力,一概是這樣。"比論起來,我們乃可以說,上帝造我們就是上帝生育我們。造人與造東西不同,因爲造人就是生育人的意思,並不是將外界的材料,按照所發見的物性,彼此湊合連結起來的意思。上帝生育我們,因爲上帝不能不生育我們。上帝萬能,也萬不能:上帝能使圓的圓,方的方;却萬不能使東西成一個方的圓圈兒,圓的方框子。上帝能生育我們,卻萬不能不生育我們。上帝是上帝,便不能不做上帝;上帝做上帝,便不能不生育我們。也沒有另外一個勢力在上帝之上,上帝之外,勉強上帝去生育我們,乃是上帝自己願意去生育我們。上帝的性情就是這個樣子。上帝爲什麼要這樣呢?這是一句糊塗話。因為既不能問宇宙為什麼要做宇宙呢?也同樣地不能問上帝爲什麼要做上帝。他是一切實有的基本實在:是如此,即是如此。

可是我們可以問這個"不能不"是一個什麼東西?這個"不能不"是一個極奧秘,極神聖,極宏大,極浩蕩的東西——就是愛。愛是整個人生的"不能不"。上帝就是愛。(見《約翰一書》四章八節)愛是自己推動,要將自己分送給所愛的;在太初上帝就要求着一個愛的對象。上帝是完全,不能有另一個上帝與他同等而作他的對象;宇宙間不能有兩個或三個上帝。所以他祇有從自己的生活中生育出人來作他愛心的對象。愛的對象必須與愛同一性情。因此,上帝造人,生育人,必須是爲自己寫真。《創世記》上說,"上帝照着自己的形像造人。"(一章二十七節)從我們自己的經驗看來,我們不像上帝那樣完全,所以要求與我們同等的,同性與異性的發生深切的交誼,更要求與異性成爲夫婦,生育子女,與一切人類成爲朋友,生育心靈中的子女,將我們自己分化開來作我們愛心的對象,使其成全我們自己的生活的意義。我們發揮生活,非此不能。我們更盼望我們所生育的男女,能夠發揮他們自己的生活,使他們進入更廣大、更高明、更快樂的境界。我們要我們的後輩爲肖子,一方面像我們,一方面又比我們更好。這就是我們所期望於後輩的孝道。《中庸》裏說,"夫孝者,善繼人之志,善述人之事者也"。我們要後輩善繼善述,也要他們發揚光大。要他們成全我們的志願。上帝造人的原由,也是如此;要人成全他的志願——成爲愛人的,被愛的,互愛的人類。

上帝造人的目的是什麼？簡括地說，上帝造人是要人像他，愛他，因而愛人，被愛而互愛，由此而成全他的旨意，在地上如同在天上一樣。上帝造人是要人充分地實現上帝的品格在人的品格中，要他"認識上帝的兒子，得以長大成人，滿有基督長成的身量"。(《以弗所書》四章十三節)也要他與同類互愛，造成愛的社會，和平的世界，就是**耶穌**所傳所要成立的天國。

原載《真理與生命》十卷四期，1936 年 6 月

《聖經》上說的話，確有其實麼？是否一字一句都可信？

——梁氏問題表第五類第六題

《聖經》有舊新兩約，分六十六卷。這本經書，是許多不同性質的經書湊合而成的，並不是一個作者的著作，也不是一個時代的作品，其中包含傳說、舊聞、寓言、神話、詩歌、禱詞、歷史故事、傳記、議論、書函、啟示等等。每一種著作有其特殊的背景與作用。讀者若無歷史批判的指示，貿貿然拘於一字一句，一章一書的字面的陳義，貿貿然依遺傳的解釋，陳舊的神學而尋索表面上的敍述，罕有不入於五里霧中。讀者若要保存某種神學，某種傳說，而必牽強附會，將主觀的要求當作實在的事物，那末我就沒有回答《聖經》所言是否確有其實這個問題了。因為對於這樣的讀者，這個問題完全不能成立。讀者要《聖經》說什麼話，《聖經》就會說什麼話，要《聖經》作怎樣的答覆，《聖經》就會作怎樣的答覆。反是，讀者若願意持一個科學的態度，祇知道尋求真理，讓歷史的批判，真理的發見，自己為自己作見證，那末我或者可以因此而說幾句客觀的話。

我的話是簡單的。神話傳說，須要作神話傳說看，歷史傳記須要作歷史傳記看。若將神話傳說當作歷史傳記看，或將歷史傳記當作神話傳說看，那末根本就弄錯了，也許會弄到一個奇怪的結果，就是一字一句皆信史，或是一字一句皆虛言，二者無一可無一是者也。故讀《聖經》各書，在研究方面說，總必須研究出一個著作時代的背景，與此著作產生的原由。這一點，就極非易易。所以我們讀《聖經》須要上帝的指示，也須要有公正深刻的學者的批示。一個人若決志要將自己願信的事情作為事實，他就可順着主觀的意念去造作證案。願信的必須合乎理，若反乎理，而仍執着堅守，絕不懷疑，那末這個人便為自己建築了一個迷樓，將夢裏的仙山樓閣當作實在的世界。

一個人若迷醉於此種仙山樓閣之中,當然會感覺到一種奇妙的愉快,與夫不可思議的經驗,便可以將此種光景當作主觀要求的實在的憑據。在四川峨嵋山住久了,誰不看見佛光佛燈?但是有人見佛燈佛光,以爲是真佛,有人見了同樣的奇景異彩,卻只作一個光學上、物理學上的解釋。願見佛光佛燈,而不願確知科學的,儘量去見佛就是了;願得確切的解釋的,卻不能如此隨意,必須得一個科學的理解。

《聖經》裏有一本書中含蘊幾個時期、幾個著者的作品。我在上一段裏指出上帝照自己的形像造人。即以這一句話而論,前後數行裏就有很不同的思想暗示其相異的時代與作者。《創世記》二章二十六節說:"上帝說,我們要照着我們的形像,按着我們的樣式造人。"《創世記》二章二十七節裏卻說得很不相同,說:"上帝照自己的形像造人,乃是照着他的形像造男造女。"由前之說,上帝是多數;由後之說上帝是一位。有人說,上帝總是一位,所謂"我們",是指上帝與天使說的,因爲先有天使而後有人。誰知道?又有人說,所謂"我們"是指上帝三位一體說的。古希伯來人並無三位一體之說;三位一體之論起於早期的基督教神學上的爭辯,豈可牽强到《創世記》裏去。於是有人說,上帝永存,三一之理亦永存,豈有上帝不能在古代顯示永存的真理麽?這種話是有科學知識的人所最不願意聽的。誰知道三一論是永存的真理?誰可以將一個臆度去解釋另一個臆度?將一個須待理解的教義,去解釋一個須待理解的經文,簡直就是等於一個瞎子在黑暗裏找一頂從未存在的玄色帽子!然則怎樣講呢?無他,由前之說,著者是信多神的;由後之說,著者已有信一神的觀念。前者的時期似應先於後者的時期。這些話須要宗教比較學、人類學來作見證。

再請在《新約》裏舉一兩個簡單的例子。《馬太福音》四章一至十一節,《路加福音》四章一至十二節,並載耶穌受試探。但是《馬太》所載的第二個試探,乃是《路加》所載的第三個試探;《馬太》所載的第三個試探,乃是《路加》所載的第二個試探。請問《馬太》的次第是信史呢?還是《路加》的次第是信史呢?又《馬太》三章載耶穌受洗禮的時候,"天上有聲音說,這是我的愛子,我所喜悅的。"《馬可》一章,記這件事,則說,"有聲音從天上來說,你是我的愛子,我喜悅你。"請問天上的聲音是專向耶穌說話呢?還是向大衆說話呢?《馬太》說,"這是我的愛子",似乎是向大衆說的;《馬可》說,"你是我的愛子"，似乎是專向耶穌說的。向大衆說則大衆經驗到天上的聲音；專向耶穌說，則耶穌獨自經驗到天上的聲音。兩件事情乃大有出入，孰是孰非，豈不當由我們慎思之，明辨之？

以上所舉，不過是極簡單的例。其他比觀的例子，不知凡幾，不能在此毛舉而條析。讀者若能聞一以知二，舉一而反三，則以上所列，已足以幫助我們回答《聖經》所載確否的問題了。一個孰可信，孰不可信的問題，**須得有一個決斷的準則**，方可試下種種斷案。我們面前，大體說來，有兩個不同的準則。一個是《聖經》每字每句都是聖靈親示，絕對須照字面講，絕對沒有錯誤，絕對的一點一畫都可信。按照這個準則，《聖經》上的記載都該有一定的意義了。而執此說的人，派別紛繁，隨生枝節，以致一個靈，生了許多不同的解釋。因爲這個靈是隨人意的，不是客觀性的，仔細想來，實在可謂等於無準則，一味蠻纏而已。其另一個準則是將《聖經》當作一本古書看，應用考證一切古書的考證法在上頭。如此，我們可以立定一個客觀的研究法，用真金不怕火、不避火的精神來研究批評《聖經》。同時，我們也用人類宗教道德最高的經驗，相與徵驗。客觀的研究與人類的生活冶於一爐，且即以此爲真的聖靈的指示，將《聖經》理出一個歷史的頭緒來。如此，我們乃可以說孰爲神話，其中包蘊什麼真理，孰爲傳記，其中包蘊什麼指示，孰爲歷史，其中所載有幾分是史實，幾分是解釋，孰爲傳記，其中所存有幾分是事實，幾分是想像。**是史實，當然確有其實；是真理，當然一字一句都可信。**

耶穌的宗教是生命，是能力，不與回教相似，作一個經本的宗教。我們用慎思明辨的心，信《聖經》，是因爲耶穌，並不因爲任何傳說與夫關於《聖經》的臆度。

原載《真理與生命》十卷四期，1936 年 6 月

請用科學方法說明耶穌為童貞女所生

——梁氏問題表第五類第七題

我自己絕對的不信童貞女生耶穌是事實；我祇對於真理負責任。這並不是說我不信神蹟，神蹟或有可能，而這件事卻絕對的不可能。請說以下的理由。

一，從《聖經》本身上看，這件事是一個傳說，不是一件重要的事實。第一，耶穌不曾親口說過他自己是童貞女馬利亞生的。若是信耶穌是童貞女生的這個信念是人得救必要的條件，耶穌該有親切的指示。而在這樣重要的事實上，耶穌爲什麼不指示？耶穌的母親以約瑟爲他的父親是合理的，（見《路加福音》二章四十八節）**因爲耶穌是約瑟的兒子**。據《路加》所載，馬利亞曾經受過天使的指示，說聖靈要臨到她身上，至高者的能力要蔭庇她。（一章三十五節）若馬利亞果因聖靈而生耶穌，就不該說約瑟就是耶穌的父親，因而抹殺一件最神妙最神聖的、上帝藉以表明耶穌爲聖子的事實。馬利亞的罪惡就已經滔天了！可是馬利亞有權利說約瑟是耶穌的父親，我們似乎不妨跟着說約瑟是耶穌的父親。後來耶穌努力傳道，終日忙碌，一方面受執權者的嫉視，一方面爲人民所擁戴，幾乎無飲食眠息之暇；他的母親帶領了他的兄弟姊妹去找他，想他是癲狂了，且想阻止他的工作。（見《馬可》三章二十一節、三十一節）馬利亞若曾受天使的宣召，聖靈的覆庇，而以童貞之身生育耶穌，怎能忘却這天稟聖明，超自然的兒子的英靈神勇，而竟去阻止他，說他是發瘋的呢？

《馬太》、《路加》載此事，互有出入，彼此抵觸。讀者請看《馬太》二章與《路加》二章。若《馬太》所載爲事實，那末《路加》所載即非盡是事實；若《路加》所載爲事實，那末《馬太》所載即非盡是事實。從《馬太》者必難從《路加》；從《路加》者，必難從《馬太》；二者可擇其一，而擇乃至難。同時，《馬可》受大使徒彼得直接的傳受，著作《福音書》又最早，而竟於童女生子不提隻字；以馬可的愛好奇聞而付此事於玄默，足證此事不是事實。且在當時尚未有此事的傳佈。《約翰福音》乃傳自耶穌最親的使徒，所載用水變酒，拉撒路復活二端，乃神蹟中之至不可信者，而竟於耶穌爲童貞女所生一事，置之不問不聞之列，這是最足令人深省的。其他，則保羅乃一最有勢力的使徒。他提耶穌，則曰，從肉體說，耶穌乃大衛之裔，從男不從女。(《羅馬人書》一章十四節)同時，耶穌的仇敵，從未用私生子的字樣來取笑耶穌，但提他起自寒微，說："這不是約瑟的兒子麼？"(《路加》四章二十二節)"這不是那木匠麼？"(《馬可》六章三節)也足以證明在耶穌的生前，人們並沒有聽見過這童貞女生子的奇聞。

二，從歷史方面看，童貞女生耶穌這件事是傳異，不是事實。《馬太》所載的有約瑟夢見天使，遂不與馬利亞離異，且於耶穌出生之前作表面上的結婚；有東方博士的朝聖，希律怒殺兩歲以下的男嬰；有約瑟夫婦的逃難赴埃及諸端；皆係神異性質，不能據爲信史。《路加》所載與此大異，簡括地說，則有天使向馬利亞報喜信；馬利亞往見以利沙伯，彼此用高雅壯麗的歌詞，說了一番話；約瑟與馬利亞上伯利恒去住在馬槽裏，耶穌遂出生；天使傳信與牧人朝拜聖嬰；約瑟與馬利亞在第八日上到聖殿裏去行獻嬰禮；此後夫婦帶了耶穌回拿撒勒去居住。凡此所載，亦都帶神異性質，乃是理想化的傳說，不能當作信史。上段已經說過，《馬太》《路加》彼此出入，互相抵觸，不能並爲事實。天使傳夢詔，大星引道路，處女說歌詞，牧童見天象，貪夜奔埃及，等等傳載，皆係極華美的神話；若必據爲信實，那末我們便必須先變作愛聽故事，誠信怪異的小孩子，然後方能讀《聖經》，進聖教，否則，我們若必慎思明辨，惟真理是從，事情便不簡單了。

以上所述，僅及犖犖大端，並未詳細討論。我以爲所提種種，已夠我們自己的抉擇。至於這些神話的來歷，雖不易細攷，亦尚可以按歷史的比較而得其因素。第一世紀，基督教傳入希臘化的世界，自易受其影響。當時的人都深信偉人英傑，恒爲天神的兒子。史前的偉傑如赫叩利斯(Hercules)，哀斯叩雷辟斯(Aesculapius)，吼米斯(Hermes)，戴奧尼所斯(Dionysos)等人皆係天神所生。從紀元前五世紀到紀元之初世紀，各等人民都信天神與凡女可以交合而生英傑的兒子，爲世上的偉人。甚至於柏拉圖的侄子與後繼人斯褒西潑斯（Speusippus）都會信柏拉圖是童貞女所生的！住在亞力山大的大名鼎鼎的猶太哲學家法羅（Philo）曾說以撒是上帝直接生的兒子。猶斯丁馬得（Jnstin Martyr）乃初期基督教的哲學家；他在證道文 Apology 中解釋耶穌爲童貞女所生一節，則說："我們說道是上帝所初生的，不從兩性結合而生的……與你們信所景仰的偉人係天神猶必得（Jupiter）的子嗣，並無二致。"他又說："若我們肯定他（耶穌）係童貞女所生，我們信受此義，正與你們信受潑西阿斯（Perseus）爲童貞女所生一樣。"（以上所述，俱見 Gilbert, Jesus, 253 面）可是在我們的時代，這種的護教文，僅足以彰顯此義的爲無稽之談而已。

不過這種傳說背後的心理，在神話興盛的時代是中外一致的。中國上古有許多聖王英哲，也是神人交合而入生於世的。他且不論，即論孔子一人，傳說亦復不少。《禮記檀弓疏》引《論語撰考讖》說，"叔梁紇與徵在禱尼丘山，感黑龍之精，以生仲尼。"《藝文類聚》八十八引《春秋演孔圖》說，"孔子母徵在遊大冢之陂，睡夢黑帝使請與己交，語曰，'女乳必於空桑之中。'覺則若感，生丘於空桑之中。"《拾遺記》說："孔子生於魯襄公之世，夜有二蒼龍自天而下，來附徵在之房，因夢而生孔子。"（以上引吳雷川先生"耶誕節的聯想"——"耶穌與孔子"一文，見《生命》第五卷第二期。）

若說希臘與中國古代關於偉人誕生的記載是神話，絕非史實，那末基督教關於耶穌誕生的故事，爲甚麼就可算爲史實呢？

三，從科學、哲學、神學方面看，此事決非事實。上一段，我們已從歷史科學的立場討論此事，茲不贅言。哲學是批判經驗的學問，須要根基於科學的事實，用邏輯的理論，作分析解剖的工夫。今在科學方面，童貞女生子之事，既不能成立，哲學當然毫無根據足以作此事的證斷。至於神學，則有三端根本義與童貞女生耶穌的傳說完全相衝突。第一是成身論。據此論的主張，上帝不以肉體爲不潔而進入肉體，豈有厭惡兩性交媾而以爲此非神性所由生的路徑？若上帝祇進入女身而不進入男身，然後乃爲道成肉體的神蹟，那末女身既係兩性所生亦不免於垢污，奈之何？若說馬利亞亦係童貞女生，那末馬利亞之母又何從而生？難道自古以來馬利亞有單純直傳永繼的童貞女統系，由此而生麼？耶穌自己又爲何不是一個純潔聖美的女子呢？第二是創造論。上帝創造世人，乃造一男一女，使彼好合，以成世界。上帝對所造者無不稱善，獨奈何耶穌的出生必欲中輟其美善生化的動盪，而使爲童貞女之子？第三是虛己論。這是保羅所傳的道理。耶穌既然舍虛尊榮，成爲奴僕的形狀，凡事與世上的弟兄姊妹所受的一般，獨奈何於出生一端異乎尋常？童貞女生耶穌一端與基督教的重要教義互相抵觸，豈有高明如神學家竟茫然無覺，猶主張信衆必須堅持這一點信條之理？神學家的膽怯無用，正是今日基督教的大弊病！（近讀《青運回聲》第二號，見吾友誠質怡博士回答此題說："信耶穌爲童女所生，當然不是做基督徒先決的條件。但是能做基督徒之後，對於這個問題，總當抱着信仰的態度，因爲《聖經》中明然的記載。"我不知他爲甚麼如此說。）

　　四，從道德方面看，童貞女生耶穌這件事，決無成立的理由，因爲這一件事與人的倫理完全是相排擊的。第一，男女結合是最神聖的，耶穌若以至神聖的結合爲不神聖，必另擇一途而入世，那末他就蔑視了、推翻了世上人倫的基礎。新柏拉圖主義以肉體爲腐惡，佛教以男女關係爲不潔淨，乃是陳腐的舊說；我們處於今日之世，爲什麼要被這種不合理思想所拘束呢？第二，若耶穌不由男女交合而生，因爲男女交合是污濁而有罪惡性的，那末耶穌便與我們截然不同。我們都是父母所生的，都帶着男女交合所貽的污濁與罪愆，且此污濁與罪愆種在我們的心裏血裏，不能再行拔除。若要拔除，那末我們的心與靈都必給毀壞了！耶穌沒有污濁性，我們卻有污濁性；耶穌不用自己的奮鬪，早已天生是聖善的，我們卻與污濁二字渾然一體，早已涇渭合流，不能再分，雖拚命掙扎，也無有成聖的希望；雖有耶穌來救我們，也不能打退了污濁，還有我們的存留，因爲我們就是污濁，除卻污濁，更無餘下的東西！耶穌爲童貞女所生，我們爲男女交媾而生，神凡遠隔，何啻天壤，彼我之間，截界鴻溝。從此，我們不必想吃天鵝肉，耶穌也不必想入地獄來拯救那無可挽救，洗刷那不能洗刷的我們了。如此，童貞女生耶穌這件事，整個地把基督教的倫理根基，中心信仰打破無餘。所以在倫理道德方面講，基督教若要自存而發揚其真價值，則非注重實在，老實地說明童貞女生耶穌這件事是神話不是歷史，是故事，不是真實不可。

　　問問題的人要答問題的人用科學方法證明童貞女生耶穌這件事爲實事。我答此題，却祇能用科學的方法說明此事的非史實。讀者聽了此言，信了,因此下地獄,那末我在那裏奉陪;但我總覺得我們衹爲真理作見證,不爲虛空負責任。耶穌爲基督,不是因爲他是童貞女生的,因爲他果然是在言行之間表示了無上至聖的上帝的品格,開闢了世人上達的道路。耶穌絕對用不着依賴童貞女生他而爲世界的救主。

中國人信基督教應當掇其精英,遺其糟粕,不該道聽途說,受了西洋人腐化派的引誘,而拾其唾餘。我們的責任是要把基督臉上被人所蓋的蒙翳,揭開來,親自仰瞻他真確的壯嚴。你們怕麽?怕,就不配做他的門徒!

原載《真理與生命》十卷四期,1936 年 6 月

耶穌的人格與精神絕對的利他，是否有史以來，只此一人？

——梁氏問題表第五類第八題

　　大概問這個問題的人，心中另有一個問題，就是耶穌比一切聖賢不同而獨特的地方何在？若在利他這一端上，那末難道有史以來，完全利他的僅是他一個人，此外更沒有人了麼？我的回答是極簡單。耶穌有獨特的地方，但在利他這一端上，他不是有史以來獨一無二的一個人。中國的墨子磨頂放踵，實行兼愛交利的信念，不能不說是一個絕對以利人爲懷的聖哲。意大利的聖方濟立志以守獨、安貧、順從三端爲行爲的標準，以絕情欲、貪婪、驕妄的罪愆，而同時捨身服事，甚至親爲患麻瘋的人執役，也不能不說是一個絕對利他的偉人。

原載《真理與生命》十卷四期，1936 年 6 月

耶穌是否再來，來在何處？
——梁氏問題表第五類第九題

耶穌再來這個問題，從《聖經》的研究上看來，是一個比較複雜的問題，在歷史的演進上看來，似乎應該比較簡單些；而到現在，居然在中國的青年人中還會問到這件事，以爲這件事是與基督教的本質有關係的，却不能不使人覺得詫異而悵惘。在《聖經》裏，耶穌曾說："我實在告訴你們，這世代還沒有過去，這些事都要成就。"（《馬太》二十四章三十四節）又說："我實在告訴你們，站在這裏的，有人沒有嘗死味以前，必要看見上帝的國大有能力的臨到。"（《馬可》九章一節；《路加》九章二十七節）這樣看來，耶穌的再來，應該在耶穌那時代有人未死之前，就成爲事實。而信徒們一直等待，過了一千九百餘年，尚沒有看見一個有形體的，眼所能視，耳所能聞，手所能觸，身體所能交接的耶穌從天上乘雲而下降。無論如何，耶穌的話關於他自己再來的那件事，在字面上講，是的確沒有絲毫的應驗。有思想的人，在下一種曲解之前，總該想一想耶穌的話爲什麽沒有應驗呢？他總該懷一點兒疑惑，自己問自己說，究竟耶穌果然是說了這樣的話沒有？《福音書》的著者弄錯了沒有，紀載錯了沒有？同時，乘雲下降，末日速臨的事，在現代科學所發明的天體之下，是否一件可能的事？若說那些中學沒有畢業的，或是所學非所用的，或是專門宣傳傳統思想而不知、而不肯愼思明辨的傳道家，奮興家，都講耶穌再來這件事，所以弄得人非信從不可，那末真是"衆口鑠金"，難爲了現代的青年了！其實耶穌再來這件事與宗教的本質絕無交關；因爲一個人信耶穌而與上帝的靈相往來，在此時此地既已得心靈提高的經驗，那末耶穌再來也可，耶穌的形體永不再來也可，因爲靈既交接，更無再來再去之可言。耶穌的靈既已在此，我們可得與之交接，那末他那形體的再來，更何加焉？耶穌的靈若不在此，若不能於此時此地與我們相交接，那末形體之來——即是唯物觀的看法——倒反而能進入我們的心靈了麽？若亦未也，那末耶穌形體的再來，果有何益？在耶穌的時代，門徒因爲知識有限，不免將一件心靈的事，看成了一件形體上的事，尚有可原。過了一千九百餘年，我們若竟依樣畫葫蘆，那真是癡人說夢，夢想顚倒，可鄙而復可憐！

據我們現代的眼光，歷史的眼光看來，耶穌形體的再來，乃是使徒時代的一種看法，並不是一件歷史上可以實顯的事實。這件事與我們的信仰生活沒有什麼關係。不過我們若假定耶穌果然有形體的再來，形體是受時間空間限制的，我們就不能不問耶穌什麼時候再來，來在何處？論到時間，人們往往要指出許多預兆來，說有了這些預兆，時辰就到了。例如《馬太》二十四章五節所載的假基督，冒名而來，就是一個朕兆；《馬可》十三章七至八節所載的戰爭、地震、饑荒等等；《馬太》二十四章二十九節所載的日月昏黑，星辰墜落，天體搖蕩等等，都是耶穌再來的朕兆。可是自從耶穌時代到如今，假基督無代無之，戰爭、地震、荒年，亦無代無之，日蝕、月蝕、星隕等事亦幾乎無代無之，而信徒的等待耶穌再來，把日期算得清清楚楚，亦無代無之，而耶穌竟然沒有來！前年有人說，耶穌要來了，要到綏遠的某處，貧苦無識的信徒們，竟摒擋一切前去等待，結果是一場大失望。宗教是心靈上的事，心靈上的事，祇有現在與永恆兩方面，而這兩方面都是無期限的！至於來在何處這一端——地點問題——不但是《聖經》上毫無說明，就是深刻的宗教經驗亦毫無指示。假使有一定的地點的話，那末耶穌形體的再來，實在是一件全無意義的事情。爲什麼呢？因爲耶穌若到那裏，就不能到這裏；形體不能同時存在在兩個不同的地方。耶穌若至美國，中國人就得老等着，在等着的時候，耶穌不在中國，中國人也不能與耶穌相接觸。中國人的心靈生活在那一短時期裏，無論如何短——是絕對的脫了空。若說心靈無時無刻不需要耶穌，一刻沒有耶穌便是死，那末中國人得先死透了，而後耶穌的形體纔得來。在此不在彼是形體活動的定理；在此亦在彼是心靈活靈的能力。因此，形體的移動是在時間延綿中繼續的移動，耶穌在東則東生而西死，在西則西生而東死；耶穌一時若祇能與少數人有往來，那末每一個時期中，總是少數人生而大大多數人死。許多人只有交替的死，豈不是大大的怪事！其實耶穌對於形體的再來，不但不注意，並且曾經下過一個警告，說："若有人對你們說，'基督在這裏。'或說，'基督在那裏。'你們不要信。……若有人對你們說，'看哪，基督在曠野裏！'你們不要出去。或說，'看哪，基督在內屋中！'你們不要信。"(《馬太》二十四章二十三至二十七節)"上帝的國來到,不是眼所能見的;人也不得說,'看哪,在這裏！看哪,在那裏！'因為上帝的國就在你們心裏。"(《路加》十七章二十、二十一節)耶穌形體的再來果然來在何處？**我們的解答是耶穌的形體不再來。不再來**,當然就沒有地點問題了。耶穌的靈已經在信衆中間,在東亦在西,在南亦在北,正像矐睒一般,在東在西即在剎那之頃,正像空氣一般,在此在彼,即在同一的時候。

我固說耶穌再來這個問題,在《聖經》的研究上看來是比較複雜的。即以耶穌再來的時日而論,《福音書》中亦有互異的說法。第一,耶穌乘雲下降,是在那時代的人沒有死盡之前;是說耶穌再來即在耶穌升天之後的不多時。第二,耶穌再來是須要經過些時日的,因為福音先要宣傳給世界上的人民。"天國的福音要傳遍天下,對萬民作見證,然後末期纔來到。"(《馬太》二十四章十四節)"並且你們要為我的名,被衆人恨惡;惟有忍耐到底的,必要得救。"(《馬可》十三章十節)第三,耶穌再來,末世臨及的時期,連耶穌自己都不知道,所以門徒們祇可以儆醒等待。"那日子,那時辰,沒有人知道,連天上的使者也不知道,子也不知道,惟獨父知道。"(《馬太》二十四章三十六節)"在他想不到的日子,不知道的時辰,那僕人的主人要來。"(《路加》十二章四十六節)"你們要儆醒祈禱,因為你們不曉得那日期幾時來到。"(《馬可》十三章三十二、三十五、三十六節。)這三種意見混合在《福音書》裏,似乎著作福音的人沒有看出其中的矛盾來。耶穌既知道在他那時代沒有過去以前就要乘雲而來,就不能說那日子"子也不知道"。至少大約的遠近是知道的。若說是那時代耶穌就要再來的,就不該有福音傳遍天下然後末期來臨的言論;因為立刻與等待是互相枘鑿的,急迫與紆緩是彼此衝突的。

在著作《福音書》的人,在著作書信的人,心目中祇有急迫企望,要求耶穌再來,所以集合種種傳說,與夫他們自己所承襲的猶太人的末世論,拿來混在一起羅織成文,以為他們的見解,並沒有留意到其中所包含的矛盾。同時,在他們,浸潤於末世論的人們,耶穌再來足以證實他們的信仰。按照他們所記載的,耶穌曾預言他自己的再來,既說在他自己的世代中,又說在無定期的將來,他要重新降臨。再來之前,必有大災難,除了信他的人們,沒有人能夠擔當此種災難。再來之時,耶穌是極有尊榮的,要乘雲下降,刑罰罪人,勞賞聖徒,建立創世以前所預定的天國。在那時,他要審判世界,消滅仇敵，將萬民分別開來，如同牧人分別綿羊山羊一般。信徒們都要得蒙救恩，與耶穌有快樂的團契，正如賓客同赴喜宴一樣，又要掌權受榮，審判以色列十二支派，正如王國的大臣執經國的樞機一樣。

可是在這裏我們發生了一個疑問。耶穌在世果有此種教訓否？上帝施行審判的大日，《舊約》中早已提到：《阿摩斯》五章十八節；《以賽亞》二章十二節，十三章六節；《約珥》一章十五節，二章一節；《西番亞》三章八節。世界末世的來臨，《次經外傳》又倡言於一時。（見《所羅門詩歌》，《以諾書》等書）耶穌之前，末世之論已經盛傳，耶穌之時，彌賽亞來臨的觀念，亦蔓延風行。門徒皆是猶太的人民，自不免爲時代的產兒，爲時代思想所影響，凡爲視聽，不能無染於末世論的色彩。此種論調，在原則上，精神上，與耶穌的中心教訓，所謂愛上帝愛同類，所謂天國如酵、如籽種逐漸漲發生長的意見，有根本上的衝突。豈耶穌在理想信仰上亦二三其德，自相矛盾麼？豈有耶穌一方面愛仇敵，一方面又欲快快的來消滅他們麼？一個人固然要受時代思想的支配，然而聖哲賢明往往能夠出乎其類，拔乎其粹，而高出於時代思想的操縱。以耶穌的聰明睿知，難道既能建立萬世宗仰的宗教道德，而反不能躍出末世論的束縛，而復硜硜然以形體的再來勞其魂魄麼？我深疑耶穌所持再來的言論，皆係《福音書》著者自己的信念，由回憶想像，主觀企望而推納於耶穌的口中。這一層意思，我在拙著《耶穌傳》的導言中，已有比較詳細的說明。（見《耶穌傳導言》九至十四面）讀者也許不能與這一種毅然決斷的看法同意，但讀者若還沒有放棄推究審察、慎思明辨的責任，總亦不能不問耶穌再來的說素，是否猶太人期望將來的希冀之延續。耶穌與使徒們對於《舊約》的言論，《次經》的指示，曾否加以一種比較高超的，比較屬靈的解釋？耶穌的教訓與使徒們的教訓，是否有高卑深淺之區分的可能性？若有分別，使徒們是否將自己所受於環境的末世論與所受於耶穌新宗教信仰混在一起，以致產生了《新約》中彼此枘鑿的耶穌再來的論斷。《四福音》皆非單載事實的典籍，亦是闡解意義的經書；果係闡解，那末主觀的成見，不是耶穌教訓的成分，就不免羼雜於其間了。

對於以上的問題，基督教中有權威的學者亦不盡同意，不知道《聖經》關於再來一事的記載，幾分應看作實錄的文字，幾分應視爲象徵的文字。經文本身的批詳亦非易事。有的學者以爲《四福音》中所載耶穌關於末世的言論，大概都是耶穌自己的話，但《福音書》的作者將言論各方面的係屬，已經弄亂，所以使人看了，不得要領。別的學者則以爲耶穌的教訓中已經有不相干的言論混入，以致耶穌的話與猶太人所傳的話併爲一談。在這種狀況之下，經文的應作何解，乃是一個比較繁複的問題；因此，學者之中，凡不贊成經文混合之說的對於耶穌末世論再來論的解釋，發生了三種不同的解釋。第一種是設法將耶穌即速來到的言詞，加以一種特殊的解釋，勉強說明耶穌沒有在一世代中再行降臨的意思。第二種是直截痛快地說明耶穌的話，並不曾應驗。第三種是不以耶穌的話作字面的解釋，而以再來的話爲象徵的文字，借用《舊約》與末世論中具體客觀的言詞，描寫心靈界中旋可成就的景象。不過這些說法，都不免於穿鑿附會反不如經文混合之說的圓通。

本文所論，都限《前三福音》的記載，且幾乎限於《馬太》二十四章，《馬可》十三章，《路加》二十一章所謂"小末世論"的記載。因爲從歷史方面看，關於耶穌自己的教訓，自非以《前三福音》爲根基不可。但關於耶穌再來之記載，《第四福音》（即《約翰福音》）中更有其特殊的看法。據《第四福音》的意見，耶穌歸到父那裏，又要到門徒這裏來，而來的時候，不是形體顯聖的一回事，乃是保惠師聖靈來臨的一回事。《第四福音》的著作最晚，其時耶穌猶未再來，所以作者有思想上的轉變，將早年使徒們所期望的耶穌身臨的信念，一改而爲聖靈降世的靈蹟。如此，則耶穌固已來了，不須更疑到預言的沒有應驗。至於書信，彼得、雅各都有耶穌速臨的教訓。保羅在《帖撒羅尼迦前後書》中，尤有清楚的表示。及至後來，耶穌不曾再來，保羅亦漸有思想上的轉移，在《哥林多書》及《羅馬書》中，皆有痕跡可尋。本篇乃答問性質，並非專究耶穌再來的經學上的問題，所以一切從略，尤其是在《第四福音》與保羅的書信方面。至於歷代教會對於這個問題在神學上的見解，則短小的篇幅內，更不能提起了。

二五，九，二五，燕京大學甯德樓
原載《真理與生命》十卷五期，1936 年 10 月

不信耶穌為神子，能否生一種火熱的力量？
——梁氏問題表第五類第十題

人莫不飲食也，不飲食，不能有身體的力量，這是可以斷言的。人莫不有信仰也，不有信仰，不能有精神上的力量，這也是可以斷言的。耶穌以言以行，表示上帝的靈臨格其心，即亦表示宇宙的真宰充溢於其心而為其靈稟的實在。此靈所鍾，即為上帝之子。我們信持此真際，便是確見此真際，由此而與宇宙的主宰互通聲氣，以得生命。猶身體之於飲食然，亦猶人心之於信仰然，心嚮往之，便得力量；反之即不得力量。

不過按所提出的問題，我們應當先說明何謂神子，再說明何種力量，然後乃能作一個比較圓滿的答覆。世界上有種種事實須要我們直截痛快，毫無猶豫地去承認。譬如孔子、孟子，從來沒有聽見過耶穌是神子的道理，卻曾有席不暇煖，舍我其誰的力量。我們不能不承認孔子"知其不可為而為之"、孟子"我何為不豫"的精神。不但是孔子、孟子如此，即世界許多的英雄豪傑，沒有聽見過耶穌是神子的道理的，都曾有過熱烈的力量。即現在許多信從主義的人，信仰既然堅確，亦能赴湯蹈火，視死如歸，沒有火熱的真情，浩蕩的能力，又怎能達到如此勇猛奮進的生活呢？**這樣說起來，人們不必信耶穌是神子，也可以有火熱的力量麼**？在表面上看，我們不能不回答說："也可以。"但在實際上看，我們卻又不能不回答說："絕對不可以得火熱的力量。"

這又是怎麼說呢？我們要明瞭這一點，必須先將"神子"及"力量"這兩個名詞的意義弄個清楚。教中的人往往扭於狹窄主觀的成見，以為"神子"二字必如此講，必如彼講，弄得規定了不信神子，不得力量之後，對於不如此信而竟大有權能的人們，祇有瞠目不知所答的窘迫。其實我們儘可以說不信神子不得力量,也儘可以承認教外口不認耶穌爲神子而行事有耶穌的精神的,亦果然有偉大的力量。簡括地說,凡係宅心行事有耶穌那般的懇切真摯的心情的人,雖在表面上沒有清楚的承認耶穌爲神子,內骨子裏,已經栽種着耶穌爲神子的信念,他們當然可有火熱的力量。凡係口中承認耶穌爲神子,而心中意中,全不以此爲一件天地間惟一的大事,以致行爲上踽踽涼涼,全無力量的,他們雖有其名,究無其實,不如不信之爲愈。耶穌是人,亦是神乎其爲人。其所以爲如此之人與神者,無他道也,即爲一種宇宙真原的品格貫注乎其中,而此品格即是至公無私的道德精神。信此精神,因信而漸具此精神的人,無論他是誰,無論他已經聽見過,或者未曾聽見過耶穌是神子的道理,從廣義的眼光看來,都可以算爲信耶穌爲神子的,因爲他們已含有宇宙真原的品格,也因爲宇宙的道義是有公性的,絕不遷就人類矯作的,強制的範圍。上帝原來叫人們"尋求上帝或者可以揣摩而得,其實他離我們不遠;我們生活、動作、存留,都在乎他"。(《使徒行傳》十七章二十七節保羅的教訓)人們"所不認識而敬拜的",(《使徒行傳》十七章二十三節)是與我們認識而敬拜的,乃出於一個根本;所以我們可以因此得力量,他們也可以因此得力量。有名有實,當然是最好;然而有名無實,實在不如有實而無名。這樣說來,一個人祇要有耶穌的精神,即可有火熱的力量,他又何必要彰明昭著地做耶穌的門徒呢?我的答覆是極簡單的,即是凡係彰明昭著,真心實意的做耶穌的門徒的,不但會瞭然於耶穌是神子,且亦可以覺悟到自己也是神子,可以因信而與上帝作心靈上有意識的交通,而奠定人生永久的整個的根基。其分別在於更深一層,更實際一層。

至於"力量"二字,祇是限於純粹道德生活方面的。不然,世界上的惡勢力也會假借了道德的名義,而發生火熱的情緒,激烈的力量。所謂"魔鬼"亦極有威勢。

總結一句說,從廣大的道德的立場看,凡因道德而含蘊宇宙中公義的精神的,即是無形無名之中,相信耶穌是神子的;凡是如此相信的,都可以有火熱的力量。凡是人格墮落,暗裏虧心的人,雖口稱耶穌爲神子,亦祇是不信的人,不信的人,絕對不能得火熱的力量。大奸巨猾可以利用心理的刺激而顯爲大有力量的,但是虛僞一端,總有水落石出的日子。其真心信耶穌爲神子,全心交託的人,他們則不但要得火熱的力量,而且在意識上與天地的主宰作密切的交通，由是而性靈生活得到永久安心立命的整全的根基。

二五，九，二五，燕京大學寧德樓
原載《真理與生命》十卷五期，1936年10月

基督教不要上帝,是否可能?

——梁氏問題表第五類第十一題

　　基督教是以上帝為中心的,沒有上帝,就沒有基督教,不信上帝,就是不信基督教。耶穌到世上來作事,其中最基要,最偉大的是啟示上帝的真相。耶穌也用言與行表明人登峯超極的品格,但是這種品格的建立,完全是依賴上帝永恆的聖善與慈愛。若宇宙中沒有上帝的德性存在着,那末人就不必,也就不能達到基督所指示的品格。

　　問基督教是否可以沒有上帝這個問題的人,心裏不免有兩三個迷糊的觀點。第一,他也許受了一般人不徹底的科學觀的影響,感覺到基督教的救世服務的精神是他所需要的,而對於上帝,卻有捉摸不到的困難。因此,他想宗教也許不必有上帝。沒有上帝倒反省卻許多轇轕的問題。第二,他也許把社會服務,單純的道德生活,當作宗教,沒有覺悟到一切真實雄厚的道德生活的背後,有一個無形無像,無聲無臭,不可思議的根本實在——上帝——作它的原動力與真意義。他以為倫理可以無有宇宙性。倫理無宇宙性,宗教又是倫理,那末宗教又何需乎上帝?第三,他也許從來沒有過深刻的宗教經驗,感受過人自己救度自己的不可能,亦從來沒有作過深刻的靈修,使自己得到心靈中因紀律而得的奧妙的忻慰與快樂。他從來不曾將自己的生死交託給上帝,所以不知道自己何等的無能,上帝的恩助何等的重要。這樣,為了以上三種緣故,知識上的疑竇,道德上的浮想,與夫經驗上的空匱,他就發生了基督教或者可以沒有上帝的問題。凡有深邃的基督教經驗的,決不會發生這樣的一個疑問。有經驗的人會覺悟到上帝存在的問題乃是一個經驗與信仰的問題,不是一個知識上的問題;也會知道倫理生活的源淵是出乎倫理範圍之外的,是一個聖善至公的靈與力。同時,他自己的經驗,直覺感受,能指示給他上帝的臨在,即以他的經驗為最密近、最真切、最可靠的見證。此外沒有更好的見證。

我再說，基督教沒有上帝是不可能的，是不存在的，猶之水沒有氫氣氧氣便沒有存在一樣。我們若說基督教以上帝爲中心，上帝是耶穌基督所表顯，所啟示的，所以耶穌基督在歷史的事實上，在信徒的經驗上，亦即是基督教的中心，那末，我們可以說耶穌本身，他的品格，他的言與行，即是上帝存在，上帝在人生中有必要的地位的確證。基督教的所以爲基督教，乃是因為有基督耶穌，基督耶穌的所以為基督耶穌，乃是因他相信上帝，他生活中滿有上帝充分的貫注。因此，我們可以說，基督教若是沒有了上帝，便不能更有自身的存在。

現在的基督教往往呈露軟弱衰頹的景象，叫人覺得上帝是人所不必需的。其中有一個緣故。不是因爲基督教裏的人對於上帝的信仰太深了，乃是因爲信徒們對於上帝的信仰太膚淺，太不認真了！上帝既沒有在信徒身上發生大有權能的影響，那末站在客觀的立場上看，人們當然就不必依賴着上帝了。上帝的真實是不能用間接的論證來證實的，正像我們的至友，是不能從間接的道聽途說而結識的。能使我們認識上帝的祇有一個生活的法子，就是：真心信仰，遵聽命令，從經驗中覺察上帝的威厲與慈惠。因此，基督教是否可以沒有上帝的這個問題，不須我們作理智上的答覆。它的答覆即在試行徹底基督教生活的經驗中。這種生活一定會教人知道沒有上帝是不行的，是不可能的；——沒有上帝，即不能有基督教生活；不能有基督教生活，即不能有基督教。

二五，九，二五，燕京大學宵德樓
原載《真理與生命》十卷五期，1936 年 10 月

耶穌與上帝之間有何關係？
——梁氏問題表第五類第十二題

耶穌與上帝的關係是一個不間斷的，綿密而濃厚的聯繫。以我們淺陋的經驗，祇可以測度到某種程度，過此則超越輝煌，我們祇可以有"仰之彌高，鑽之彌堅"的讚歎，祇可以有"高山仰止，景行行止"的感念。在耶穌幼年的時候，就有深刻的上帝意識廻蕩在他的生活中。他的父母到聖殿中去尋他的時候，他對他們說："爲甚麼尋我呢？豈不知我應當以我父的事爲念麼？"（《路加》二章四十九節）他的父母都是虔敬的人，他們用行爲與《聖經》給他極深刻、極靈活的宗教教育。所以他自幼就生長在濃厚的宗教雰圍之中。不過他有特殊的靈稟，能自啟心得，達到他獨具的見象，覺得他的生是爲上帝而生，上帝的事工，即是他的事工。

不過在他幼年時代，據我們所知道的，他對於上帝的覺悟，祇像以色列先知所有的覺悟，即是：他的生是爲上帝而生，上帝的事即是他的事。並沒有達到上帝與他是一體的經驗。到了他離家鄉，上約但河聽洗禮的約翰講道的時候，他與上帝的關係又加深了一層，達到了最深的徹悟。約翰爲他施洗禮，他從約但河裏上來的時候，得了一個極神秘的經驗。"他看見天裂開了，聖靈髣髴鴿子降在他身上。又有聲音從天上來說：'你是我的愛子，我喜悅你。'"（《馬可》一章十至十一節）這個神秘的大徹悟，教他知道上帝與他是父與子，是一體的，他的心靈即是上帝自己的心靈，上帝的本性，即是他自己的本性。

在這種關係之中，我們看見幾種極重要的事實。第一，這個關係是父子的關係。上帝與他雖同性質，却依然有全與殊，大與小的區別，他自己說"上帝比我大"。（《約翰》十四章二十八節）因此，他無事不稟承，無事不懇求，無事不以上帝的旨意爲旨意，處在兒子的地位上，凡事學習誠服，以至於死，並且死在十字架上。第二，這個關係是一個至深至密的團契，一個無刹那之頃彼此相隔的心誼。其中的景象是我們不能窺探的，正像猶太的小祭司不能進入至聖所一般。不過我們知道，（因爲我們人類之中，也有人多少嘗過其中的滋味，）這種經驗使他毫無恐懼，完全信託，看人事人心清澈見底，當大難臨大節勇往邁進，毫不退轉。上帝的靈鼓動在他的生活中，使他所言所行有不可思議的溫愛，威厲與權能。第三，這個關係使他覺悟到上帝的公義與慈愛是救度人類，建立天國惟一的、有效的方法。世界上沒有別的方法可以解救人與人、民族與民族中間的糾紛。後來他覺悟到這樣的愛的生活，必須經過舍生流血，十字架的道路。他認清了，也不退轉，竟走上了加爾佛裏的山頭！

論到耶穌的宗教經驗——耶穌與上帝的關係——一方面是超乎我們所能企及的，一方面卻也是我們自己宗教經驗的標準。在耶穌，並沒有獨佔此種關係的意思。他說："我是葡萄樹，你們是枝子。"（《約翰》十五章五節）保羅說："你們是基督的身子，並且各自作肢體。"（《林前》十三章二十七節）枝子的生活與葡萄樹的生活原是相同的，肢體的力量與全身的力量原是一源的。因此，我們做耶穌的門徒，宗教經驗愈深，便愈能瞭解耶穌與上帝之間的關係。我們的智慧，可以引導我們去瞭解耶穌與上帝的關係，却祗到得一個淺近的程度。若我們真的要深知耶穌與上帝中間的關係，那末我們就得追隨他的模範，自己在靈修與作工的生活上，體驗領悟；因爲除了我們自己的深入，其他的辦法，不過是以管窺豹，盲人摸象的辦法。親愛的青年們，你們心靈中有深刻的需要，我的心靈中也有深刻的需要；我們若不努力學習耶穌，參加在現在的救度人、救度國的活動中，就不能知道耶穌與上帝之間，究竟有什麼樣的關係；因爲宗教是生活，是在生活的動程中，是在歷史的動程中。

二五，九，二五，燕京大學宵德樓

原載《真理與生命》十卷五期，1936年10月

上帝若為萬能而又愛人，為何不將魔鬼或罪惡撲滅？若為鍛煉世人，豈不太忍心麼？

——梁氏問題表第五類第十五題

　　上帝全能全善，是基督教的中心觀念，其中有甚深微妙的意義，必合歷史的意義，與夫超歷史的意義而同觀之，然後可以得到正確的知見。近七八十年來，基督教中開明的思想家，拚命地與科學講和，一鑽鑽進了那有限量的現實世界，以為一切都在這裏頭，幾乎把基督教的中心思想，悶死在所謂自由主義、現代主義之中。他們的錯誤是：想要把宗教的真際整個兒的推而納之於現代思想之中，而以根本上殘缺破碎的見解，湊合出一個整全的統系來。因此，他們的工作中產生出了一個有限境域中必須產生的片面思想來，將上帝的全能與全善割裂打碎，截為兩段。若上帝是全能的，那末他一定能夠將魔鬼或罪惡撲滅，將人類從苦害裏救出來。上帝竟沒有如此做。這足以證明上帝或是不全能，或是不全善。全能而不做，上帝即不是全善；全善而不做，上帝即不是全能；二者必居其一。然而人類要上帝；人類既然不能得到一個又全能，又全善的上帝，就只好跟着自己主觀的願欲，去做一個比較滿意的選擇。選擇一個全能的上帝呢，人類保不定他要做什麼；也許他會像老虎一樣地喫人，像天塌陸沉一樣地消滅人。這樣，還不如沒有上帝的好！但是人又不能沒有上帝。所以人就不能不選擇一個全善而不全能的上帝，與人們一同奮鬥，使有限的善勢力，去抵抗世界上好像無限的惡勢力。至於勝敗利鈍，實非人類之愚所能逆料的。當然的，這樣一來，人的邏輯要毫無情面地把他追到無可逃避的結論上去，就是：所謂全善的上帝，若照同樣的科學觀察把他審查起來，也不過是居住在人生之中，人生之裏的善勢力；人生之中，人生之裏的善勢力是不全的，不全善的，那末上帝就從全善一蹶而落到不全善的地位；上帝既已不全善，又既已居寓於人生之中，人生之裏，那末有若無，實若虛，竟可以不必存在了！這樣，自由主義，現代主義，逐漸地演成了一個神學上的僵局：有上帝，亦不能解決苦害問題，沒有上帝，亦不能解決苦害問題！

上面已經說過，上帝全能全善這個道理，須要從歷史與超歷史的連合意義裏看出來。基督教思想的缺點就在於此。因爲基督教的正宗思想，注意了超歷史方面，卻不認識歷史的意義，所以一方面承認上帝的全能與全善，一方面事事與歷史的動程相齟齬，既不能與科學相調和，又不能給害惡問題一個清楚的答覆。同時，基督教的自由主義、現代主義呢，則偏重了歷史的事實，沒奈何祇得似是而非地去對付那超歷史的意義，弄得上帝變了一個半截的觀念，不但因此而把信仰的奧義放棄了，而且竟拋却了由此信仰所生的熱心與力量。殊不知偏重超歷史的信念亦不對，偏重歷史的內容亦不對；少了一個左翼，鳥兒不能飛，少了一個右翼，鳥兒也不能飛。

基督教的根本信仰是超歷史與歷史不斷地交錯的、不息地滲透的。其交錯滲透的中心是耶穌基督。耶穌基督是超歷史的道成爲歷史的肉身，是生與死相反相成而結出的永生果子。他的品格，他的神妙，即是世上苦痛害惡問題的解決，因爲在於他，上帝無時無刻不撲滅魔鬼或是罪惡的勢力；在於他，上帝顯明自己的全能與全善；在於他，上帝又鍛煉世人，又並不忍心。這又是怎麼說呢？無他，祇是承認在這個流變的世界上，在這個有窮的人生中，苦痛害惡問題永無完全解決的可能；也祇是承認在流變而有窮的世界之外有一個永恆的世界，即是上帝自己，在其中有一個對於苦痛害惡問題徹底的解答。耶穌基督便是這兩個世界，所謂超歷史與歷史的鬭合；耶穌基督升天後的存在、永生，便是苦痛害惡問題的大解決。因此，問題的解決，祇有一部分是知識範圍內的事情，其全部乃是信仰範圍之內的事情。我們若效法自由主義者、現代主義者，而偏重知識，要叫理性給我們一個完全滿意的答覆，那便等於求魚而緣喬木，羅雀而涉洪波，必至於落一個大窟窿。

上帝是無窮的，宇宙人生是有窮的。在有窮之中，作有窮的生活，終不免於苦痛與害惡。在有窮的中間包藴着缺陷，缺陷即是苦痛與害惡，因爲有要求，而沒有充實的滿意。不過這個還不是罪惡。罪惡是一個道德問題。上帝造人是一件奇妙而不可思議的事情：他叫人做一個有窮之中的有窮者，卻又照着自己的形像，叫他含蘊上帝自己的性情，以致人不得不在有窮之中要求一個無窮的滿意。上帝叫人有自己的形像，有自由，有知識，由此而能分別是非，選擇或是或非的行為。上帝將德性種在人心裏，叫他與同類作共有的生活。人若彼此合作，彼此相愛，不爭亦不奪，世上就不會有罪惡，但有自然界中的缺陷而已。但是人有無窮的要求，亞當夏娃要自己作上帝，該隱自己生出了劫奪之心，殺了兄弟亞伯，乃造下了孽，罪惡於是乎有了存在。（《創世記》所載的故事，都是神話。但神話之中，含有顛撲不破的真理。）罪惡一生，與自然界的缺陷鈎連繫結，就愈演愈大，成了我們世界上的苦痛害惡問題。

本文所討論的問題是上帝為何不將魔鬼或罪惡撲滅？我們的答覆是比較簡易的：事情不這樣的單純，上帝不能在有窮的世界中將魔鬼或罪惡撲滅，上帝必須在無窮的世界中將魔鬼或罪惡撲滅，因為魔鬼或罪惡根本就不能存在於無窮世界之中。換一句話說，上帝不在歷史中消滅罪，乃在超歷史中消滅罪。第一，罪是人造的，不是一件東西，一個客觀物，乃是一種性分上的元素。猶之麥中的稗草。上帝若要消滅人中的罪，必同時消滅了人，猶之人要拔除麥中的稗草，必同時拔除了麥一樣。第二，罪既造成，既與自然界的缺陷鈎連繫結，打成一片。若上帝要拔除罪，他必得同時拔除了自然界的缺陷。自然界的缺陷是有窮世界中必然的事實，所以要拔除缺陷，又必同時拔除了有窮的世界。有窮的世界是上帝所造而所要的，要人在其中生長發展；一旦並此而去之，便是上帝推翻了自己的計劃。因此上帝不能在歷史中，在有窮的世界中撲滅魔鬼或罪惡。上帝是全能的，但是全能的上帝不能叫上帝不作上帝，不能違反自己的旨意；所以上帝不在他所造的世界中將魔鬼或罪惡消滅拔除。

從我們人生的經驗上看來，只有比罪惡更有勢力的善可以消滅罪惡。譬如甲乙彼此爭殺，結果祇有甲傷或乙傷，甲死或乙死，或大家傷，大家死。傷與死並沒有解決問題。若要真的解決問題，那末祇有甲乙同意互相尊重與合作，使兩個人的衝突變成兩個人共同的生活。兩個人必須服從一個比兩個人更高的公共原則。個人如此，團體也是如此，階級也是如此，國際也是如此。個人的爭端小，害惡小；團體的爭端大，害惡亦大；國與國之間的爭端更大，害惡亦更大。個人之上有團體，團體的公共原則可以多少制止個人的罪惡；團體之上有國家，國家的法律可以多少制止團體的罪惡；國家之上有國際可能的聯合，國際的法律，是不是也可以制止一切侵略與戰爭？強有力者可以破壞法紀，而法紀本身亦含蘊自殺的種子。個人強，可以殺人，往往漏法網，團體國家均如是。法紀立，皆由於強者的意志加於弱者的意志，團體如是，國家、國際均如是。人愈進步，則統一人的法則愈高明而罪惡亦愈顯著，大有道高一丈，魔高十丈的樣子。歷史的演進，簡單說來，是一個永遠的追求，與一個永遠的缺陷，愈成功即愈顯出罪惡的勢力。罪惡這件東西，真是"野火燒不盡，春風吹又生"的。這樣看來，在歷史之中，沒有一個撲滅魔鬼或罪惡的必然之勢，卻有一個魔鬼或罪惡與文明道德一齊增長的難免之勢。

我們若說道德即是公，即是不自私，那末我們不能不說在歷史之中，公與私是夾雜攪混的一團。人類超出了個人的自私，到了相當的程度，便有團體。人在團體之中有兩種自制的方法，一種是個人內心的約束，一種是團體公共的約束。個人內心的約束有兩個動機，一個是公德心，一個是自私心：公德心叫人利他，叫人因善而為善；自私心叫人因自己有利而借為善以避害得利，以彰顯自己的尊優，增進自己的地位，保全而發展自己的勢力。這樣，在每個個人內心中有一個公弱私強，公私夾雜攪混的亂源。人中間不多公強於私，公戰勝私的人，有之，他們即是英雄，豪傑，忠臣，孝子，義夫，節婦，聖哲賢明之士。這樣的少數人確是人類向上的救星。團體漸超小範圍，亦可以成為大團體，成為國家，成為國際的組織。不過團體愈大，則自私的成分愈強，道德的勢力愈薄，依賴法律的地方愈多，依賴道德的地方愈少，乃有以法律代替道德的必然之勢。在較大的團體之中，人必須有更大的公德心纔能使全團得鞏固；同時亦會有更大的自私心，甚至越出軌外，去併吞他個團體，侵略他個國家。在現在的世界上，這種現象，在在皆是，日本對於中國的野心，義大利對於阿比西尼亞的併吞，是顯然的例子。國際聯盟的不能擡頭，也是因為各聯盟國的自私心大，公德心小的緣故，也是因為各聯盟國不能因公益而超出自私的限制的緣故。

我已說過，只有比罪惡更有勢力的善可以消滅罪惡；我可以換一句話說，只有比自私心更有勢力的公德心纔可以勝過自私心，只有比國家更有勢力的國際組織纔可以勝過國家的野心。不過在國際之上，沒有一個更大的勢力可以制裁國際組織自行破壞的自私心。如此，在歷史的範圍之內，我們找不着一個撲滅魔鬼或罪惡（自私心）的大權能，也看不見一個完全撲滅魔鬼或罪惡的可能性。人類若長此破裂，歷史上就祇有吳剛伐桂的一齣悲劇，就祇有造大團體，毀大團體的一種交替作用。除非人類因苦痛到極點而發現一個超歷史的實在，超人類的公理，共同信仰而共同遵守之，那末人類就毫無自拯自拔的辦法。基督教中有這個辦法，就是耶穌基督，就是人懺悔罪惡而上同於天，上與上帝相和睦，上帝下降人間而為統一人類的中心。這就是歷史必因超歷史而得解救，超歷史必入歷史而垂賜解救的方法。

基督教不是這個組織、那個制度，不是這個方案、那個政策，不是這個宗派、那個教會；基督教是一個超宇宙，入宇宙，超歷史，入歷史的道德精神，一個上帝超於人而在於人的愛。這個愛可以進入人的事情，使人與羣勝過自私心——罪惡——而建立比較悠久的和平。這個愛包含着一個偉大而清楚的指示，告訴人說，上帝創造了有窮的人，使他住在有窮的世界之中，永遠向上發展。上帝的旨意是要人成為上帝光明的子女，分有上帝的全德與光榮。這個有窮的世界原是一個訓練人，所謂鍛煉人格的場所，並不是一個人類究竟的歸宿地。而人類卻犯了罪，把世界變成一個紛爭的破裂的東西。可是上帝卻不漠不關心。他有一個奇妙的旨意，一個公開的秘密，一個完全的救法。人類在破裂的紛亂之中，受罪惡的屠殺，這是上帝所不能容許的。所以上帝要親自犧牲，在耶穌基督裏，成為"被宰的羔羊"，用十字架上的愛，來把世人與歷史從罪惡裏救度出來。《聖經》裏說："上帝這樣的愛世界，甚至於將他的獨生子賜下，叫凡信仰他的人不淪亡，而得永生。"上帝如此救個人，也如此救世界，如此犧牲而變化人的氣質，也如此犧牲而在歷史中比較的撲滅魔鬼或罪惡，在超歷史中完全撲滅魔鬼或罪惡。人若相信上帝，相信耶穌所啟示的上帝，而承受上帝的熱烈的愛在心中，他就可以出死入生。國家世界若這樣信，天國就可以實現在人間。

"在世上，你們有苦難，"耶穌說。"可是我已經勝過了世界。"他又說。這兩句話可以表明基督教解決苦痛害惡問題的實在。第一句話是說明在有窮的世界之中，在歷史之中，不斷的有苦難。第二句話是說明耶穌已經用超歷史的生活，與上帝合一相通的愛的生活勝過了這不斷的苦難。這兩句話表面上看來是互相觝觸的，但這個是基督教中的辨證法，一個正與負相反相成的綜合,一個最後的解決,絕對的是。耶穌又說:"這世界的王(魔鬼或罪惡)將到,他在我裏面乃毫無所有。"(《約翰福音》十四章三十節)以超歷史的實在與歷史的實在,相反相成而達到人類救法的成全,是基督教的辯證法。一切生活是矛盾中的活動,一切生活的上進是矛盾的統一;矛盾是永遠在統一的動程中,而統一永遠是更大的矛盾的開始。所以在歷史的範圍之內,祇有比較的統一,而沒有完全的統一,祇有比較的和平,而沒完全公道的和平。我們知道共產主義者,馬克思主義者,用辯證法的眼光,觀察解釋歷史的動程,以為一切鬥爭,現為今日的階級鬥爭,一切鬥爭的結束必然要達到共產主義的實現,又以為共產主義的實現,乃是歷史的動程的最高最後的階段。共產主義的普遍成立,乃是理想社會的成立。這個看法,又是又不是。是,因為歷史的動程是相反相成的矛盾的綜合;不是,因為在歷史中,自私不能絕跡,決不能有最後的階段與理想社會的成立。現在的蘇維埃的俄國已經從國際性的共產主義國家,墮入了國家性的列強之一,實在是共產主義內包不健全的例子。基督教則不然。按照它的本意,它是與共產主義的主張相同的,要求人類共享的大公。但是基督教不能自限於物質的要求,更要尋求精神上所以能公能共的根本力量。同時,基督教也不承認在歷史之中有徹底解決私、罪惡的可能。所以它更進一層而說世界歷史的動程,絕無止境,必須有一個超歷史的公道,超歷史的精神根基——上帝——來解決私、罪惡的問題;且必須有超歷史的世界,為一切問題解決的歸宿成功之地。

不過在基督教看,歷史中並不是沒有撲滅魔鬼或罪惡的救法。歷史中不過有一個相對的辦法,而這個相對的辦法,必須要憑依着超歷史的勢力——上帝。世界因為有窮的緣故,隨時可以發生苦害,例如山崩、地震、海嘯、陸沉、毒蛇、猛獸、恒雨、恒暘等等現象。人的生活常在不可預料的危險之中。人用科學的知識,可以在相當的程度之內,解決自然界中許多害人的事情。同時,人類在自然的與社會的環境之內,有疾病,有窮苦,有種種因人與人接觸而發生的物質上的苦痛。人用了科學的知識與法術可以攻打破除這些禍患,且在積極的方面,可以改造環境,利用創造的器物,以增進人類物質生活上的享用與幸福。基督教是注重靈魂的,也是注重肉體的,當然贊成物質環境的改良,與夫人類物質生活的提高。這樣,在相當程度之中,人可以撲滅由世界的有窮而發生的苦痛害惡。

但是基督教所要解決的不是物質方面的苦痛與害惡。這種苦痛與害惡儘可由科學去設法消除。基督教所要解決的苦痛與害惡乃是人的自私心所發生的東西。是一個道德範圍中，人事範圍中的問題。人的道德，上面已經提過，是不純粹的，因為自私與公德互為混雜，糾纏不分。因此，罪惡問題，決不是人類道德的進展可以解決的，必須宗教的信仰，由上帝那裏取得一個制勝自私的力量，然後纔有辦法。一切罪惡，都是從違離上帝的自私心所產生的；自私生劫奪，劫奪生仇恨，仇恨生恐怖，恐怖生戰爭，戰爭轉生更大的自私，循環不息，繞一個罪惡的圈子。基督教要打斷這個連環，它手裏有一個鐵如意。而要打斷這個連環，基督教必須作切實有效的心理建設工作。這工作分兩方面，一方面是個人的心理建設，一方面是社會的心理建設。這兩件事是二而一，一而二的。但是基督教雖憑依着超歷史的力量，自身卻仍舊在歷史動程中，所以也不免含蘊着破壞的缺陷。基督教的教會往往與社會上其他的組織和制度一樣，有一個永不止息的矛盾，一正一反一綜合的辯證的進展。在歷史上我們看見基督教自身的破裂，自身的革命。因此基督教在歷史的動程中，有時候大有權能，足以號召大衆，又有時候，委靡衰落，毫無拯救世界的力量。雖然這樣，基督教因有上帝自己的啟示，還有超歷史的實在與它連結，還是世界上不可缺少的宗教信仰。《聖經》裏說上帝要用軟弱的去勝過強大的，愚拙的去勝過聰明的。這是實在的話。

歷史之中，為了上述的理由，不能有完全戰勝罪惡的階段，祇能有一個預先在人心上嘗着的絕對勝利。這個勝利在聖徒的高潔的生活裏可以經驗到。在《羅馬人書》裏保羅說：" 到如今，我們知道全宇宙在痛苦之中，歎息憂勞；不但如此，就是我們自己，雖已得到神靈，如同預先嘗着了將來一樣，也是歎息等待，要得身體的救贖，就是要得充分的兒子的名分。"（《羅馬人書》八章二十三節）上帝撲滅魔鬼或罪惡的事實還在將來，還沒有成全，因為在歷史之中，這件事是不得結束的；但是在人類的信仰之中，我們已經經驗到那要在將來成全的勝利。那沒有成全的，在我們信仰之中卻已預先成全。我們儘可以將這樣的深刻的宗教經驗當作有窮的人、有窮的宇宙在超歷史的實在中完全的蒙恩與得救。這樣，這個痛苦害惡問題，在人的心理上已經有了解決的預兆，解決的辦法。我們人的信仰已經給我們一個上帝撲滅魔鬼或罪惡的，的確的保證。"信仰就是所望之事的實質，就是未見之事的確據。"(《希伯來人書》十一章一節)我們的心理上既然有了這樣預嘗將來的經驗,那末就可以坦然無懼,作上帝的兒女。耶穌基督已經戰勝了世界,我們也已經戰勝了世界。因此,我們雖仍然住在歷史之中,住在有窮的世界上,雖仍不能避免這世界之中一切的苦痛害惡,我們卻可以與保羅一樣慨然地說:"上帝若幫助我們,誰能敵擋我們呢?上帝既不愛惜自己的兒子為我們眾人捨了,豈不也把萬物和他一同白白地賜給我們麼?……誰能使我們與基督的愛隔絕呢?難道是患難麼?是困苦麼?是逼迫麼?是饑餓麼?是赤身露體麼?是危險麼?是刀劍麼?如經上所載,'我們為了你的緣故,終日被殺,人看我們如同將宰的羔羊。'然而靠着愛我們的主,在這一切的事上,已經超過了戰勝的人。因為我深信無論是死,是生,是天使,是掌權的,是有能的,是現在的事,是將來的事,是居高的,是處卑的,是其他受造之物,都不能使我們與上帝的愛隔絕,這愛是在我們的主耶穌基督裏的。"(《羅馬人書》八章三十一節至三十九節)這些話清楚地說明在信徒深刻的經驗中上帝已經撲滅了魔鬼或罪惡,也清楚地說明世界上仍舊有種種的苦難,不是人所能倖免的;不過在於深信基督的人,他們雖受苦難,他們生活的真際——他們與上帝的愛的連結——不能再受絲毫的損失。這是基督教給人的苦痛害惡問題,在心理上的解決,是基督徒在歷史中,在有窮的不可能的世界中,所能得到的安心立命的永久根基。

　　但是基督所啟示的上帝不但要在個人心中撲滅魔鬼或罪惡,也要藉着有信仰的人們在人群社會之中,撲滅魔鬼或罪惡到相當的程度。我們已經說過,善勢力增長,惡勢力也增長,所以在歷史中沒有撲滅魔鬼或罪惡的可能。我們也說歷史與超歷史,要在永恆的實在中達到一個究竟的綜合,究竟的解決。而這個層層推上的矛盾與綜合的動程中,有愈演愈進的善勢力,也有愈演愈烈的惡勢力,互相擊撞而推動人類的行程。世界本身要供給這個惡勢力,而基督教則要供給這個永遠要比惡勢力更大的善勢力。基督教由是而為歷史的,為改造社會的,積極的善勢力。這樣,它的福音不單是個人福音,也不單是社會福音,乃是個人參加在社會中的使宇宙變化的福音,有甚深的宇宙意義。至於基督教怎樣進入世界去改造世界。其間的方式作用,都須隨時機,隨問題,隨社會的需要而變化。做基督徒的,斷不能離世獨立,而依然配稱為上帝的子女;因為基督教不是出世的宗教,乃是以超世的力量做入世的工作的宗教,乃是以超歷史的信仰作歷史動程中主動力的宗教。不但如此,而且它的社會性、世界性、歷史性的內涵非常廣大,包容着一切的已過,現在與將來,在不可能的範圍中做不可能的偉業,希望至終可以救度世界,而建立一個一部分在此,全部分在彼的完全世界。這種事功是信徒團契合作的事。這些聖徒,據《希伯來人書》說,"本是世界上不配有的,這些人都是因信得了美好的證據,卻仍未得着所應許的,因為上帝為我們預備了美好的事,叫他們不與我們同得,就不能完全。"(《希伯來人書》十一章四十節)

總而言之,基督教自身的生命,表示着一個清楚的宇宙觀,一個偉大的歷史哲學;同時又給我們一個對於苦痛害惡問題的解答。從基督到如今,基督教是宗教;主持一個顛撲不破的信仰,就是宇宙人生是屬於上帝的,祇有信賴上帝,按着所信賴的命令而努力救世,纔能知道上帝自己對於苦痛害惡問題的究竟的解決。在於基督教,一切的價值是可以保存的,因為有永生、絕對、毫無更變的上帝在那裏主持保全一切。在於基督教,上帝是全能的,也是全愛的,全能全愛是不相衝突的,因為上帝在超歷史的中間足以撲滅魔鬼或罪惡。在於基督教,這個世界固然是人類受鍛煉的場所,但不因此而沒有超脫的救法,因為上帝是永能,也是愛,他不忍心害理,使人們永淪於絕望的死亡。死是生的反面,在基督教看,死不是終結,乃是永生的起頭。

我再說,基督教是宗教,是信仰。因為是信仰,所以不主張現在就證實所信仰的事,而主張以所信仰的為將來必成的事實,為超歷史中必然的事實。這個信仰並不是違反理性,並且確立在理性之上。其所確認的理性,不是形式整齊不含矛盾的邏輯,而是歷史中活動的滿有矛盾而又有清楚的動向的理性。基督教與歷史動向的意義,處處都鬥榫合縫,同時基督教因自身對於超歷史的信念而能將一個新理論、新意義加在歷史的動向之上。這個新理論、新意義並不是學理之一種,乃確然是一種生活,由生活而得勢力的見證。這生活是耶穌基督的言行生死所垂示而彰著的。耶穌基督的言與行都表明魔鬼是魔鬼,罪惡是罪惡,認定其真實性而與之苦鬥,不惜捨命在十字架上。耶穌的犧牲表明上帝進入人間,親自在歷史之中完全開示撲滅魔鬼或罪惡的動向與方法。在耶穌之前,歷史中當亦已有上帝之靈的運行。著作《以賽亞書》第五十三章的那位先知早已明瞭這一點;所以在歷史之中,上帝無有一時一期的不存在。但是到了耶穌基督，人纔看見上帝自己在歷史中的犧牲。在超歷史的世界，上帝永恆，居住在榮耀之中，苦痛不能臨到他，他也絕對獨尊，充滿着神明的豐富。但在歷史之中，他虛己為人，取奴僕的音容，完全順從他本性中的聖善，而為世界擔當痛苦，戰鬪罪惡，甚至於死在十字架上。上帝的真本由是悉在耶穌的品格中顯示，我們看見了耶穌，便看見了上帝，便又看見了創世以前被宰的羔羊。同時，耶穌所行所成全的，即是人類中聖賢英傑所不能自已的事情。人類雖在有窮的世界之中，卻因其自有的道德生活，因其在耶穌裏所見的整全的道德生活，而得到了制勝罪惡的動向與法則。其中人所能肯定的是：上帝是愛，愛的犧牲是撲滅魔鬼或罪惡的惟一法門。肯定了這個信仰與知見之後，人的責任便是背了十字架與世界上的罪惡爭鬪，在歷史之中，作由死入生的事業，以謀求人羣的拯拔，以致世界上可以得到比較悠久的平安，而在超歷史的天國之中，我們與我們的同類都可以得超脫苦痛罪惡的自由，亦都可以承受永遠偉大的生命。

二五，十一，三，日軍演習通過北
平之日，奇恥大辱之日。此稿成於燕東園
原載《真理與生命》十卷六期，1936 年 11 月

"耶穌爲基督"

——評吳雷川先生之《基督教與中國文化》

基督教文壇是素來旗偃鼓息,安然無事的,甲著作了一本書,乙丙丁等往往置若罔聞,既沒有反應,也不曾鼓勵,所有一切的一切,就不過是漠不關心。近來,我所敬愛的吳雷川先生著作了《基督教與中國文化》,實在是有聲有色,值得同道們注重的一本書。贊成這本書中的主張的,應當多麼的歡欣鼓舞;不贊成的,應當說明理由,表示不能隨和的論證。我是不贊成該書的中心思想的,在道義上就不能緘默無言。但在評論這本著作之前,有三點要說明,希望讀者注意。第一,我對於著作者的人格,十分欽佩;他的清操高節,和藹溫良,皆足以做我的表率。不但如此,在個人的關係上,吳先生曾爲我的校長,曾爲我的同事,而我爲僚屬。他又是我的前輩,我爲後學;又是我的朋友,我所最敬愛的。所以我批評他的著作,是論理,是當仁不讓,爲義難辭,絕對沒有人的問題。吳先生自己是不會誤解我的,祇是讀者也最好不把理論聯想到人的問題。第二,我深深地敬服作者發表這本書的精神。這是一本創作,有幾個地方似乎是說前人所未說,發前人所未發的;又有許多地方是純乎主觀而虛構的。作者不怕將主觀而虛構的見解,宣說紙上,毫無隱瞞,這實在是大膽的壯舉。同時,吳先生以六十餘歲的學者,抱現代最新穎的思想;我輩後學,往往疑慮畏縮,不敢肯定之點,而先生竟從容道之,亦足以啟發我們的深省。第三,我所評論的是這本書的中心思想,就是"耶穌爲基督"這一點。書中說:"是要作猶太人所想望的君王,而其主要底目的乃是要改革社會……他以爲:必是先將國內種種腐敗的現象全數掃除,按照真理,重行釐定制度,解除人民痛苦,使他們得到真正的幸福,才是建立了新的國家。"這幾句話是極重要的,但與《聖經》所載的事實,頗不相符。至於中國現在須有徹底的社會經濟方面的改造,而改造的方策,須採用如此如彼的理論根基,與夫如此如彼的政治方式與計劃,本文且置不論列。不過我的意見，以爲基督教有自身的立場與信念，正不必牽引附麗於現代任何主張，以發揚它固有的精神。

　　吳先生所以將"耶穌爲基督"這樣看，是因爲他的宗教觀念有這樣的指示。直截了當的說，他的宗教是推動社會的原動力。他沒有說宗教怎樣能爲推動社會的原動力，更沒有以人對於上帝的信念爲這個力量。他以真理爲上帝，以大自然的法則爲上帝；又引《孟子》"聖而不可知之謂神"，《易傳》"陰陽不測之謂神"。"所謂不知與不測，"他說，"乃因當時人的知能有限，故不得不名之爲神。及至科學日漸發明，教育日漸普及，雖然人所不知不能的還是很多，也可說神的領域依然存在，但人的知能既是日見增進，就是人可以與神爭權，至少也是人窺破了宇宙進化的公例，就能與神同工。這種神的觀念，與從前人拜神敬神，乃至媚神的觀念相比較，決不可同日而語。誰能說宗教不是進化的呢？"從這些話看來，吳先生的宗教裏，不再須要人與神的生活關係。從前人拜神敬神，觀念是否完全錯誤，若是完全錯誤，那末拜神敬神就是迷信；推而論之，吳先生的基督教是一個不拜神、不敬神的宗教。在吳先生的宗教裏神秘兩個字是沒有立足點的，人與神相通，在他看是帶著神秘色彩的。同時，我們要指出吳先生常用的"上帝"一個名詞，並不代表一位人格的主宰，乃是一個宇宙公例的奧妙。這個看法與耶穌的看法完全不同，因爲耶穌的上帝是靈，是人格，是能與他有深密的交通的；耶穌之所以爲耶穌就祇因爲他與上帝有如此的關係。耶穌的力量與勇敢，事業與救法，都從這一點上來。不但如此，吳先生的上帝與歷史的基督教所崇奉的上帝不同，因爲歷史的基督教，是以人格的上帝，由耶穌基督所啟示，爲信仰的基礎的。

　　不過宗教既是"人類社會進化的一種推動力"，我們就要問宗教怎樣的會變這種推動力。若說"人生而有欲"，欲即推動力，那末宗教是否即是欲？若然是欲，那末是那一種欲？因爲宗教發展欲，也禁止欲，限制欲。宗教是不是人對於宇宙本原有服從的欲求，有被宰制的欲求，是不是人要有上帝的欲求？若然不是，究竟是什麼欲？難道便是"飲食男女，人之大欲存焉"之欲麼？人固有欲，欲固是力量；但世界的人往往有大欲而沒有力量遏制所應該遏制的欲，也沒有力量發展所應該發展的欲。於是乎人須有一個總根本，總淵源，也可以說一個總欲求的對象，作發展欲、遏制欲的力量。吳先生的宗教裏沒有這個因數，然則，吳先生的宗教所有的推動力是個什麽東西？難道便是一種人生哲學麽？人生哲學是一種推動人類進化的能力麽？若然是這樣，那麽事情便不免彼此矛盾了。吳先生說："進化的宗教即是人生哲學"，且引馮友蘭人生哲學中的話來說明這一點。在馮友蘭先生看，宗教與哲學原是一件事，不過哲學中不攙雜神話等等迷信的東西罷了。然則哲學既比宗教直截了當，簡潔乾淨，爲什麽不放棄宗教，老老實實地講哲學呢？並且，宗教是人生哲學，這個宗教的人生哲學怎樣產生出來的呢？若說是一種求知欲所產生的，那末人生哲學是被動的，自己不是一種可以推動人類的力量。若說先有欲而後有人生哲學，而後有人生哲學轉而推動人類社會，那末我們要問，單單是人生哲學作推動力呢？還是更有一種更有力量的力量與人生哲學連在一塊兒作推動力呢？據我們所知道的，所經驗的，人生哲學乃是宗教經驗的解釋，不能便當作宗教。因爲宗教是信仰，不是知識，藉知識作解釋罷了。唯物論者大概也同意這個意見，因爲他們常說："思想不能決定存在；反之存在乃決定思想。"

吳先生不曾把宗教所以爲人類社會進化的推動力的根本講給我們聽，似乎是因爲吳先生沒有弄清楚宗教信仰的對象是什麽？也許吳先生的宗教信仰，衹求人的幸福，以此爲對象，並沒有什麽人生之外可以由信而攫取的力量。他在第十章裏詳引美人黑克所著的《蘇聯的宗教與無神論之研究》以及美人杜威氏所著的《科學的宗教觀》二書，贊成他們對於宗教的看法。但是黑克以爲宗教是人類對於宇宙社會之一種虔敬和仁愛的態度，杜威以爲宗教衹是一種宗教性，都是躲入主觀的一種看法，都是純粹的人本主義，都在人裏面找力量，不在超人超自然的對象——上帝那裏找力量。其實這些看法都不是宗教，因爲從古以來，宗教是客觀的，是信仰的，而不是主觀與知識的；所以黑克與杜威的觀念是不根據於歷史事實的，是錯誤的。同時，黑克與杜威沒有說明與批評基督教中現有的宗教思想的傾向，更不知道基督教歷來對於人自力得救的不可能的精義。不過吳先生既要宗教合乎科學，把神的因素驅而擯之於宗教範圍之外，我也毫無所爭，因爲這是各人的見解不同。就衹以這種宗教觀當作基督教，我即不能不否認說，這是錯誤的。基督教是基督教，毋須人去把它改頭換面而保護它，使它存在，也毋須人去牽強附會而利用它，使它在現代問題上發生效力。

我們從吳先生的文字裏引徵的，可以肯定吳先生所述當然著者所選擇的扼要的事蹟與言論。吳先生既有他自己的宗教觀與宇宙人生哲學，他所挑選的材料當然多是合乎他的見解的；其不合這種見解的，又當然不在挑選之列。因此，所擇的材料，不免受了主觀而非客觀的限制。因此，論及猶太人當時的期待，則注重其政治方面，而於當時急迫熱烈的宗教情緒，精神與儀文雙方的齟齬，皆略而不敘。論耶穌則說：“還在童年……對於自己民族的歷史，已有相當的認識……從十二歲時決定了大志之後，必是對於自己有積極的準備……使他改革復興的志願一年一度的增高。"又說耶穌懷抱政治經濟之志，"必要結合徒黨"。三十歲之後，耶穌便宣傳天國，與社會上的領袖發生衝突，以至於死。其間最重要的事實，如耶穌深刻淵邃的宗教經驗，耶穌對於自己爲神子的覺悟，耶穌與上帝密切的心心印證的宗教關係，耶穌與前古先知的宗教使命，吳先生皆毫無提及，因爲一提及這些歷史上清楚而不可磨滅的事實，這本書的中心，耶穌爲基督以改造猶太社會政治經濟這個思想，就不容易發揮了。

吳先生要基督教適合他自己的宗教觀與哲學，固然，但吳先生又是儒家，所以又要基督教的道理，耶穌的教訓，符合於儒家的理論，不期然而以耶穌積極冒險的宗教變成優容涵深的儒學。吳先生自己深知這一點，而終因自己受儒家影響甚深的緣故，不能看出耶穌的思想有一個人與上帝交接而生的新性質，與儒家純乎人爲的態度，迥然的不同。他自己說：“現時要復興中華民族，所需要的領袖人才，當然不能效法孔孟從容大雅的態度，而要效法耶穌的刻苦勤勞，奮身不顧。"不過孔孟也極"刻苦勤勞，奮身不顧"，不記得孔子在陳絕糧，不記得孔子席不暇暖麼？不記得孟子說：“今天下舍我其誰"麼？又不記得耶穌教訓人要看野地裏的百合花麼？要與新郎一同喜樂麼？要與人的兒子一般地，亦飲亦食，亦歌亦舞麼？他那從容大雅的態度，何尚不超然高遠，使人望之有"黃唐莫逮，慨獨在余"之歎？所以孔孟與耶穌的異同，在彼而不在此。在第四章裏，吳先生論述"耶穌訓言的綱要"，往往引儒書的訓言以徵其同意：論求聖靈，則說"求仁而得仁"；論褻瀆聖靈者不得赦免，則說："苟不志於仁，終身憂辱，以陷於死亡"；論饒恕則說："能近取譬，可爲仁之方也已"；論聖靈與天國，則說："一日克己復禮，天下歸仁焉"；論上帝作事，則又說："至誠無息，不息則久，久則徵……悠久所以成物也"。

這種看法，當然有其優點，足以證明上帝全在，要使萬族的人尋求他，或者可以揣摩而得，亦足以證明耶穌來不是要廢除，乃是要成全而涵容。但其缺點，則在使人完全看不出儒教與基督教的分別來。若基督教與儒教不異，那末我們既有之矣，何必多此一舉，而爲基督的門徒呢？

第四章是主要的；吳先生論"耶穌爲基督"說，"據我的推測，他的計劃，正是要作成一般猶太人所想望爲君王的基督。"按這種推測，耶穌要作政治上的君王這件事，有兩個證據。第一是，"約翰在監裏差遣門徒來問耶穌說：'那將要來的是你麼？還是我等候別人呢？'……我們已說過耶穌要作基督是與約翰有預約的，這回約翰遣人來問，正是因爲他在監裏所得到的關於耶穌行動的報告，似乎與他們所預約的不符，因此可知耶穌與約翰所預約的必是要作君王的基督。"這個證據，實在是空中的樓閣。耶穌要作政治的君王的證據，《新約》裏是完全找不出來的，而這件事的反證卻是不一而足。吳先生所找的不是證據，乃是想像。他在第二章裏說明耶穌與施洗的約翰預約自己要爲君王的基督，那是他的一種假定，因爲他沒有《新約》經言的依據。他以約翰遣門徒問耶穌這件事，爲那種假定的證實；但沒有問"那將要來的"這句話是不是確指一位政治的君王。也許"那將要來的"不是一位政治的君王，而是一位宗教的，末世來臨的彌賽亞，又怎麼樣呢？吳先生豈不又假定"那將要來的"是政治的君王，再將這個假定去證實第一個假定，以致犯了一個邏輯上的錯誤。按論理的方法講，我們不能用假定來證實假定的。耶穌爲基督的第二個證據，與第一個證一樣的沒有絲毫的事實根基。吳先生說："耶穌選召門徒時，必然要將他的計劃約略說及，才能得到門徒的依附。"這就是說耶穌將自己要作猶太人政治的君王這個計劃，預先與門徒約略說過，所以門徒們一被呼召，便來依附。這也是一個假定，須待事實去證明。但吳先生所引以證實這個假定的事實是什麼呢？（一）"耶穌差遣十二個門徒出去傳道，叫他們專到以色列的各城去宣傳。"這一段話裏，我們看不出耶穌暗示自己要作政治的君王的意思；我們所能看出的是一種末世論的論調，指示末世的臨近，與審判日的嚴厲，"外邦人的路你們不要走，撒馬利亞的城你們不要進，"這句話不過表示急迫的意思，並沒有表明耶穌爲政治的君王的意思。在另一方面，耶穌也說過："你們要去使萬民作我的門徒。"不但如此，若我們不關開末世論的話，"福音必須先傳給萬民"，然後末世乃能來到，天國，即吳先生之"新社會"乃能實現。（二）吳先生說，耶穌"嘗和門徒談到復興的時候，門徒也要有權審判以色列的十二個支派。就可見耶穌最初給與門徒的印象，正是他預備作復興猶太國的君王"。這裏所引的是《馬太》十九章二十八節的話，是一個改竄原意的引徵，因爲吳先生祇說"復興的時候，門徒也要有權審判以色列的十二個支派"，而馬太則說，"耶穌說……你們這跟從我的人，到復興的時候，人子坐在他榮耀寶座上，你們也要坐在十二個寶座上，審判以色列十二個支派。"在這裏，"復興"二字的意義，乃是世界消滅之後，上帝要再創一個新世界，使萬物復興，並沒有在現存的世界上，由改造社會而復興國家或民族的意思。許多聖經學者都是這樣說。這一節經文原來帶著極濃厚的末世論的色彩，並且盡量地用著末世論的術語。《以諾書》六十二章五節裏說，"他們看見人子坐在他榮耀的寶座上的時候，痛苦要臨到他們。"所謂"寶座"即是王位。人子坐王位，十二個門徒又坐十二個王位，乃是一種宗教上象徵的說法。"審判"二字也是末世論中的術語，乃是末世的審判，並不是普通的律師或執政者審判政情，審判罪案的意思。最明顯的是路加也用這句語，而上下文與馬太的上下文純乎不同。《馬太》裏記載這句話，是在少年富人不能隨從耶穌這件事之後，也是在耶穌將近臨難之時，並不像吳先生所說的"最初"。《路加》裏記載這句話，是剛在耶穌被賣之夜的晚餐之後，也不是"最初"；並且所說的是"我在磨煉之中，常和我同在的就是你們；我將國賜給你們，正如我父賜給我一樣；叫你們在我國裏，坐在我的席上吃喝，並且坐在寶座上，審判以色列十二個支派"。這裏所謂國，乃是上帝已經賜給耶穌的國，乃是當時耶穌可以賜給門徒的國，乃是性靈世界中的國，不是普通人所謂之國家之國。然則吳先生是假定了這句話是耶穌由改造社會而復興民族的意思，而後將它去證明耶穌在召選門徒之先已經預約他們去作政治運動的那個假定。這又是以假定證實假定的邏輯上的錯誤。（三）吳先生又說門徒在耶穌宣告自己必死之後，還向他要求高位，"還在那裏彼此爭論著誰爲大"，這也是一個耶穌要爲政治的君王的證據。可惜所引的有了上段，沒有了下一段，因此不能看出耶穌自己的指示來。下一段裏，耶穌說，"你們知道外邦人有君王爲主治理他們，有大臣操權管束他們，祇是在你們中間，不可這樣……"這不啻說，耶穌的國並不是世界上的國家，有什麼君王大臣，乃是一個屬靈的國，無所謂君王大臣，而祇有服務舍己的精神生涯。

從這些話裏，我們可以清楚地看出來耶穌自始沒有作政治上的君王的意思，而門徒們則自始不曾明白這一點，拗於俗世的思想，坐井觀天，希望耶穌作王，甚至在耶穌將近臨難之時，還要爭大小權位，使他有無限的悲愴。

以上所論，吳先生對於耶穌要爲君王所舉的兩個證據，不但沒有《新約》上的根基，並且不曾合於論理的規則；不但不是證據，而且恰成了耶穌要爲基督的反證；因爲照著歷史的，經疏的解釋，吳先生所引的話，都指示耶穌不要爲政治的君王，而祇是要爲精神世界的首領。不過吳先生舉其自謂可以證明耶穌要爲政治的君王的經文，而遺棄了不少恰恰反證這一端的經文。譬如耶穌說，"在我父的家裏，有許多住處……我去原是爲你們預備地方去；我若去爲你們預備地方，就必再來接你們到我那裏去。"這明明指示耶穌的父家——天國——是一個心靈之域，而不是一個世界上的國家。又如耶穌對尼哥底母說："人若不從水和聖靈生的，不能進上帝的國。從肉身生的，就是肉身，從靈生的就是靈。"也足以證明天國的性質。耶穌若果要作君王，不是沒有極好極大的機會，因爲民衆都引領而望，巴不得他肯作王。但是"耶穌既知道衆人要來強逼他作王，就獨自又退避到山上去了"。後來耶穌在彼拉多面前受審問的時候對他說，"我的國不屬這世界。"彼拉多問他說，"這樣，你是王麼？"耶穌回答說，"你說我是王，我爲此而生，也爲此來到世間，特爲給真理作見證。"耶穌之所謂君王，其意義與世俗之所謂君王不同；我們若執著世俗之見以衡量耶穌，將其永恆無窮的真理推而納諸限於時代地域的暫有之中，便大大地弄錯了。或者有人要說，《約翰福音》的著作較晚，著者已把耶穌的原意改過，其間屬世間的已經成爲超世間的了。因此約翰之經文，不足以爲據。好，那末看前三福音怎樣說。因爲篇幅的緣故，我們不能盡量舉引經文，祇得略引《馬太福音》數處，以證實耶穌的天國並不是一個有時間空間限制的世間的國，因此耶穌也不是這樣一個國裏的君王。《馬太》中最重要的訓言即是所謂"登山寶訓"，五章至七章的那一段經文。其中尤以八福爲重要，以"天國是你們的"一句話作起結。細繹所說，都是關於精神生活的，不曾一絲一忽提及世上的國政。不但如此，且訓言之中清楚地含蘊著看輕這個世界上對於經濟、衣食等等問題，一切的擾攘紛紜。"不要爲自己積攢財寶在地上……要積攢財寶在天上……因爲你的財寶在那裏，你的心也在那裏。""你們看那天上的飛鳥，也不種，也不收，也不積蓄在倉裏，你們的天父尚且養活他,你們不比飛鳥貴重得多麽?""你想野地裏的百合花,怎麽長起來,他也不勞苦,也不紡織;然而我告訴你們,就是所羅門極榮華的時候,他所穿戴的,還不如此花的一朵。"試問一位要改造經濟制度的君王會這樣的看輕經濟生活,將飛鳥與百合花來給人民做榜樣嗎?曾叫人完全依靠上帝,會覺得所羅門的富貴,不值一盼麽?祇因耶穌沒有顧到經濟制度,也沒有想作世界上的君王,所以在他出來傳道不久的時候,能從容閒雅地將這些美好的詩文教訓人,使人的心靈因此從物質生活的束縛中解放出來而進入於信仰的海闊天空之中。這正是宗教的淵深!至於《馬太福音》其他論天國的經文,如十一章十二節,二十五至三十節;十二章十七至二十一節,至十三章五十節;十六章十三至二十八節,等等話,不能枚舉,讀者可以細讀,就可以知道其中的意思,皆與耶穌欲爲世上的君王那一端不相符合。

我們既從各方面的依據,肯定吳先生的著作之中,"耶穌爲基督""要取得政權以復興猶太國"這個中心思想是沒有歷史根基的,批評這本書的工作大致已經告竣,因爲耶穌既然不曾要作取得政權的君王,其他因此而發生的問題,當然不能再成爲問題。樹既無根,枝葉自枯。不過我們關心中國現在的政治經濟問題的人,身爲基督徒,自有研究耶穌的言行宗教如何與我們的生活有關的這一個問題。我們的試誘是大的,自己有一種願欲,到熱切的時節,容易因著絲毫類似之處而想象我們所深深欽崇的人物與我們一樣,因而將我們的宗教、哲學、倫理,與夫對於政治經濟的要求,一一推而納諸不曾夢想到此種問題的人物之心中口中事業中,更不能審察時代背景思想背景種種的不同,而作歷史的闡解,以揭開我們自己蒙上的翳蔽。人們各有趣避,合其嗜好則趨之,違其嗜好則避之,常可以用仁者見仁,智者見智一語來彌縫其缺,其實所謂仁與智,仍須有事實作憑證。吳先生要"耶穌爲基督",爲握政權的君王,原是要解釋基督教是一個改造社會,改革經濟制度的動力,固大具苦心,不能不使人深深敬服;但惜這樣一來,不惟無有史實爲根基,而且把基督的宗教加上了一層誤解,使永恒的基督變了暫時的局部的政治上的君王。我輩二千年後的信衆,處於萬分複雜的社會之中,處於與耶穌時代迥異的世界之中,能從這樣的基督得到什麽樣具體的、實際的指示與助力?縱使耶穌果爲世俗君王,在這時勢大異的時代,除卻幾個抽象的原則之外,尚有何物可以作我們實際生活的準繩呢？不然，若耶穌所賜乃係信仰，所指示乃係與上帝相通而得的精神力量，具有普遍性、永恒性，豈不較諸有時代性的社會改造爲更有意義麼？

吳先生論中國文化的展望，則注重將來，切求政治經濟制度的改造；論"基督教更新"，亦注重將來，希望能助成所求的政治經濟的改造。爲了這個緣故，他不恤變更基督的教訓而謀與現在流行的政治方式相妥協。這似乎要使基督教不但棄其迷信，棄其典章制度，而且棄其氣質，而投降於政治勢力之下。世界的基督教方謀求脫離政治壓迫之不暇，深恐"極權國家"踹踏而致基督教的死命，而吳先生卻反以爲基督教與現代的極權政治可以調協，竟說："如果說集體主義或獨裁政治是合乎時代性的真理，我們的自由平等觀念就當爲真理而暫時放棄。這也是基督的精神。"爲時代的需求而放棄永久的真理，此其所以爲妥協投降與？吳先生又說："基督教有所謂'無抵抗主義'，衹是個人與個人間，在或種情形之下應用的事理，本不是爲國家民族說法的。"惡是何言與？我們須要知道現代的集體主義，獨裁政治，有俄國的斯丹林的獨裁，有德國的希得拉的獨裁，有意大利的莫索利尼的獨裁。或爲共產主義，則與基督教絕對不並存；或爲法西斯蒂主義，則壓迫基督教，使其舍棄其真信仰而爲政治的爪牙，不啻置基督教於死地。但無論其爲共產主義，爲法西斯蒂主義，皆不肯容讓基督教保其獨有的性質。其所主張則與基督教所主張立在絕對的反抗地位。處於是種政治之下，基督教雖求妥協，而亦無有可能；因爲一妥協，一投降，則基督教即橫死於鐵蹄之下。我們若贊成集體的獨裁的政治，如德意的政治，如蘇俄的政治，贊成就是了，何必更戀戀於基督教的存在？放棄永久的真理以遷就時代的真理，真理竟與真理相衝突，失其是非真假的標準，嗚呼，尚安得所謂真理乎？基督徒而妥協，尚安得殉道的機會乎？基督徒退顏色而苟全性命，基督教尚安得而不一瞑不視乎？至於所謂"無抵抗主義"，依吳先生之見，是個人與個人間，在或種情形之下所應用者，這又不知有什麼依據？耶穌自己沒有說這是爲個人說的。若據吳先生之意，耶穌是一位改革社會經濟的政治家，何竟不爲社會立則，而硜硜然，將如此轉左臉，解內衣，走二里之教訓，勉強個人行之呢？殊不知耶穌的教訓並沒有如此的限制。耶穌的教訓有悠久的歷史背景，一方面承先知的緒業，一方面創獨到的主張。在《第二以賽亞書》裏，先知曾說以色列個人與民族,要爲上帝的僕人,"他必將公理傳給外邦。他不喧嚷,不揚聲,也不使街上聽見他的聲音。壓傷的蘆葦,他不折斷,將㷱的殘燈,他不吹滅,他憑真實將公理傳開,他不灰心,也不喪膽,直到他在地上設立公理,海島都等候他的訓誨。"又說:"他誠然擔當我們的憂患,背負我們的痛苦……因他受的刑罰,我們得平安,因他受的鞭傷,我們得醫治。"以色列民族,尤其是在耶穌時代,應做所謂無抵抗的大事,拯救全世界。所以耶穌的話不單是爲個人說的,也是爲天下的國家說的:耶穌所說的是永久不拔的真理,聽從與否,遵行與否,當然在於天下的國家。耶穌信宇宙的主宰以聖愛爲心,所以倡言自己給人的新誡命是愛,凡行愛者,無論是人,是團體,須負十字架而冒大險,至終必要得因信而達到的成功。這是整個的宇宙人生的意義,昭然大明,絕不能任憑限制,而被置於"個人與個人"的關係之間,被列於"或種情形之下"。世上的個人不敢行此義,是真的;世上的團體更不敢行此義也是真的;故世上將永遠有糾紛,有殘殺,有戰爭。我們爲此當如何仰望真理而自愧自悔,又豈可降低真理而遷就我們這個自暴自棄的世界呢?

吳先生似乎要改變基督教的性質,使之迎合他自己所主張的社會經濟的改革運動。他所贊成引據的唯物觀,奪取政權的武力主義,合於現代需要的獨裁政治,同於蘇俄青年的宗教情態的宗教,與夫極端破除私產的社會主義等思想皆有似乎共產主義。同時,吳先生又欲將基督教附麗於此種主義,而爲此種主義運動中的推動力。人有主張,不論其爲此爲彼,苟能冒險而行之,終能使人讚歎而感服。但有主張,須有清楚的立場,不當牽絕對衝突的東西而謂爲同一的東西。共產主義的推動力是恨,是武力,基督教的推動力是愛是宗教的信力。共產主義而接受運用基督教的愛,則庶幾乎變化的基督教,試問共產主義能爲此麼? 共產主義不能爲此,那末祇有基督教去遷就共產主義,遺棄其愛的推動力而接受恨的推動力;試問如此辦法,基督教尚有絲毫之存在麼?

在第五章裏,論基督教在世界歷史上的價值;前半章論基督教的轉變。後半章,吳先生引用美人魏廉士《基督教與文化》一書的言論,共列十四端;又引英國教會及美人艾迪關於基督教與社會問題的幾種言論。全章之中不見一字道及基督教如何變化歐美民族個人的氣質,如何影響其所托命的精神創作,如美術文藝建築風尚等等,如何瀰漫於西方文化之中而做其信仰的道德的靈魂。在第六章裏,論基督教與中國的關係,敍述傳教條約的不當,教會宗派的糾紛,教會分子的龐雜,如何阻礙基督教在中國的發展;又列敍非基督教種種的言論。但全章之中,不見一字道及基督教在中國所以衰弱的根本理由,即是中國信徒的宗教信仰、宗教經驗的膚淺與空虛。論宗教的貢獻而不注意於純粹的宗教經驗,正猶之乎登山而不識其高,入水而不知其深。至於五、六兩章之中其他言論,雖有許多可辯之處,以其與本文不甚有關,且置不論。

吳先生論中國文化,在第七章裏,則僅引夏曾佑的《中國古代史》,梁啟超的《先秦政治思想史》,馮友蘭的《中國哲學史》,陶希聖的《中國政治思想史》,與李麥麥的《中國古代政治哲學批判》五部書。全章俱係引語,普通的讀者讀了這章書,不容易瞭解中國文化究竟是個什麼東西。在第八章裏,論政治社會,也似乎沒有告訴我們中國文化的根本性質是什麼?對於這兩章,我們有兩個沒有得著滿足的地方。第一是吳先生沒有像梁漱溟先生作東西文化及其哲學那樣直截痛快,將中國文化的性質特點在那裏毫無含渾地告訴我們。第二是吳先生論中國文化似乎脫落了,闕棄了其中一種極重要的成分,就是中國的美術文藝。討論中國文化而不注意到中國的繪畫、建築、磁器、雕刻、詩歌、文章等等,不啻真的把中國人的靈魂放棄了。有些人想中國文化簡直就祇是思想哲學政治社會,——俱包含在人生主義之中的元素,此外更不須論及他事。不知中國人的政治社會倫理風俗,莫不由美術文藝的力量來維持調劑的。中國人中正和平,闊達大方的態度,莫不由美術文藝來磨礱涵養的。美術文藝是中國的真宗教,且頗含帶神秘的色彩。如今祇論智慧與政治之部,不啻將知與意收取了,而遺漏了情,豈不大可惜麼?

但是我們對於這書最大的缺憾是吳先生沒有將中國文化與基督教兩相比較,使我們曉得兩者的異同。不過吳先生自己說他著作的本旨是"不注重已往和現在而注重將來,示人以進步的思想"。所以除卻儒家的訓言與基督的訓言如出一轍的一個印象,吳先生不曾暗示中國文化與基督教可以有任何的關係。中國文化有將來麼?基督教有將來麼?據吳先生看,則須看將來這兩件東西的變化如何,若果能輔助中國作政治經濟的革命的,它們當然有變相的存在。吳先生沒有如此說,但看他所說的,似乎是包蘊著這樣的意思。至於"基督教更新"之後,究有什麼事作這個問題,吳先生的答覆是:"現時要復興中華民族，所需要的領袖人才，當然不能效法孔孟從容大雅的態度，而要效法耶穌的刻苦勤勞，奮身不顧，這豈不是基督教特殊的貢獻麼？"不過我們十分懷疑更新的基督教能有如此的貢獻；因爲基督教的對於上帝的信仰，基督教的真理與愛力，都須永遠放棄，或暫時放棄，那末她還能用什麼來造就人才呢？對於某種主義的信仰不也能造就如此的人才麼？那末，又何須乎基督教？

廿五，十二，八，燕東園

原載《真理與生命》十卷七期，1936年12月

吳雷川先生小傳

(此文轉載自《逸經》第十六期，
原題"當代教育家吳雷川先生")

先生原名震春，現以字行，浙江杭縣人，生於公曆一八七〇年。先生籍雖浙江，卻生長於江蘇徐州，在十七歲以前，未嘗離開徐州一步。先生的祖父是江蘇候補知縣，在徐州作官，即在徐州住家；父親是南河候補同知，在清江浦任事。而先生的母親，帶着先生與其兄弟姊妹五個人在徐州隨侍先生的祖父。那時先生的祖父官俸甚薄，家裏人口又多，每月祇能給先生的母親零用費當時通用的制錢二千文。先生的母親給他們五人每人二百文。可是先生得了錢，用不到三分之一，月底便將餘剩的錢交還他母親使用。他們勤儉持家，吃飯全是素菜，每月祇吃兩天葷。先生上面有兩個哥哥，所以所穿的衣服，都是哥哥們所穿過而多半是破舊補過的。可是先生的母親最喜歡先生，先生也最敬愛他的母親。她老人家，在大家庭中，從不和人爭論，總是忍耐，並且教她的子女們學習喫虧，因為在她看來，忠厚寬大的人纔是載福之器。這種清高的人格，在日常的言行上表現出來，叫他不知不覺地受了極深的印象。

先生幼時在家塾中讀書。十三四歲之後，因為他的哥哥們都能獨自研讀，不必再請師傅，他就在他的姑丈家中附館，繼續求學。先生秉性醇厚，早年就有堅忍耐苦的卓志。一年夏天，他患了滿身膿疥，痛楚異常，不能步履，獨勉力行走，每日走一里多路，到館讀書，未嘗有半日的曠閒。那時他不能坐，祇能站立，所以終日站着讀。到了寫字的時節，他仍舊照常工作，不得已便跪在矮板凳上，伏案寫字。那年冬天，他的哥哥亦患了疥瘡，說是他所傳染的；他於是乎盡力服事，甚至於在他哥哥如厠的時候，為他捧灰盆糞具，亦不辭勞。

先生十七歲在杭州入泮，十八歲在北京完婚。當時他的伯父正做京官，所以他到了北京就住在他的伯父家中，一方面自己讀書，預備鄉試，一方面教他的兩個外甥讀書，每月得辛銀二兩，度那清苦的歲月。可是戊子、己丑兩次鄉試，他都落第。他的大哥那時已經中式舉人，二哥則在徐州隨侍他的祖父與母親。他的父親與庶母住在清江浦，需要他去隨侍。於是到二十歲上，他帶了家眷由海道到清江浦，隨着他的父親與庶母居住。

先生在清江浦，前後凡十四年，經過一番極深刻的磨礪。這時期的經歷，確是先生一生立品立德的大關鍵。先生的父親與庶母俱有煙癖，因此飲食不時，往往到下午三時纔吃午飯，晚上十時或十一時，纔吃晚飯。而先生夫婦則事之惟謹，每食伺候，絕不先食。那時的禮教是極嚴的，先生侍側，時常一立數小時。其庶母又性情暴戾，心有不遂，即橫加詈責。在白晝裏，先生尚可與朋輩論文，聊以消遣，到了夜間，對於夫人的垂泣，不免感覺到無可告訴的隱痛。同時生活又極感窘迫，夫婦二人的月份祇有制錢一千文。幸虧先生每考書院，必列前茅，所得的膏火資，差堪彌補。到了辛卯那一年，先生實在覺得應該離開清江浦。其時，先生的姊婿在南京作候補道，他就在南京住了半年。這一年杭州有鄉試，他去應試，又未中式，落第之後，再回到清江浦。癸巳，先生隨着他的哥哥赴順天府的鄉試，中了舉。因爲庶母無出，硃卷上未刻庶母的字樣，家中乃大起爭論。因此先生的夫人，祇得去歸甯父母，暫時住在杭州。

中舉之後，先生又回清江浦，獨侍父側。人家以爲難能的事，先生覺得極其自然。戊戌，先生點了翰林，南行了一次，由粵到漢，再回到清江浦。未幾，先生丁母憂。父親調任海州釐稅局，先生則代爲管理賬務。所居之屋，僅係茅頂土牆，泥地紙窗；先生以翰苑之才，厠居其中，惟日持籌握算，人不堪其苦，而先生反怡然自得。所入月俸，僅二十元；月俸之外，不苟取分文。當時，肅王爲民政部尚書，先生的妹婿奔走其門，嘗薦先生爲司筆墨，有電報請先生進京。先生將電報呈給他的父親，他的父親說："你的意思如何？"先生說："願居侍大人，不去。"

過了幾時，先生作了江北高等學堂的監督。按當時的學制，高等學堂有總辦，以翰林院編修充任之，其下有監督，有提調。先生爲監督，每月得俸銀四十兩。做了兩三個月，先生的父親又調任另一個稅局。先生便立刻辭去監督的職務，侍從而行。據先生說：與夫人同居之時，常想避往他處；夫人回杭州之後，一身受累卻毫無躲避的心理。自從中舉一直到丁父憂之時，凡十年有零，可以說是全在刻勵敦學的生活中。在這時期，先生受了品行學業上最深刻的訓練。"四史"、"通鑒"以及其他重要典籍,都是在那時詳細閱讀的;幹辦公文都是在那時學習的;性情品格也是在那時鍛煉出來的。點了翰林之後,四十歲之前,先生從不曾度過一日荒閒的日子。可是先生益加謙抑,常以自己的學問毫無根基,除卻時藝八股之外,所誦習的簡直不足算爲學問。同時,先生亦說可以原諒自己,因爲在他求學的時候,自居僻壤,不要說天下的事情他無從知曉,即一張《申報》,亦要過了相當時日,然後可以閱讀的。

　　散館制度,那時已經取消。代替散館的是進士館。一個翰林可以入進士館,研究法政,預備做知縣,不然,他可以留學東洋,或是辦學堂;三年之後,可以引見,再受任命。可是先生點了翰林之後,留侍親側,又接連兩次丁憂,沒有機會做這些事。先生帶了兩個兒子,回到杭州,安葬他的父親。他的意思,要在葬事完畢之後,攜眷上京入進士館,不期猝然之間發生了一件很有趣的事情。那時浙江高等學堂,設有預科與師範科。有一個親戚要入那學堂的預科,卻是考取了師範科。學堂的監督姓陸,是先生的同年,所以那親戚托先生去說個人情,請監督準許他轉入預科。陸某一見先生,便連說:"老同年來,好極了,好極了。"原來陸監督已經留過館,正要脫身進京,謀一佳缺,心中老不願意將遺缺讓給杭州府中學堂的某公。先生於某公在戚誼上爲長輩,在功名上又爲前輩,若肯做浙江高等學堂的監督,那便是最好不過的事情。先生並不知道這一段曲折,自己既愛辦學,陸某又既有囑托之意,遂考慮了一番,接受了他的職位。杭州有提學司衙門,設有學務公所,係全省教育重要的立法而兼諮詢的機關。學務公所中有議長、議紳。先生擔任浙江高等學堂監督之外,又兼議紳之職。己酉,先生進京引見,留館一年;隨又回到杭州就學務公所議紳之職,兼爲巡撫衙門的學務參事。

　　辛亥革命,杭州獨立的第二日,先生即被舉爲杭州軍政府的民政長。先生本有做民政官的志願,既被舉任,便決意前進。正欲走馬上任,便有人在轎前請托謀事,先生深惡之,立刻變計,不就。民國元年,又被推爲浙江省教育司僉事。六月,調到北京,任教育部僉事。從民國元年至十五年,先生在教育部任職,先爲僉事,後又爲參事。

　　民國三年先生與基督教開始發生關係。當時,他住在北平宣武門內東太平街，與聖公會的教堂很鄰近。他有兩個朋友，也住在東太平街。他們是知識界中的優秀分子，卻都虔奉基督教，因此引起了他研究基督教的意思。此心一起，便立刻購買了一本《新約全書》，竟於兩三日之內，將全書讀了一遍。書中所載的神蹟奇事雖不能引起他的信仰，但其中有許多教訓，實在是感動了他。於是他與他那兩位朋友反覆討論。到了禮拜之日，他竟毅然到禮拜堂去聽道，感覺到儀式的靜肅，牧師的誠敬，足以幫助他屏除世慮，專心修養。過了些時，他立志要加入教會，做耶穌的信徒。聖公會的規矩，對於要求入教的人們，是十分嚴格的，第一必須要有人介紹，第二被介紹人必須要進入預備收班。經過了六個月，班友如果要受洗禮，須要再進預備領洗班。先生虛心領受，一本至誠，從民國三年夏季起，至四年冬季，足足的用了一年半工夫，終於耶穌誕日，受了中華聖公會的洗禮。

先生奉教之後，一面在教育部任事，一面為教會作工，自公退食之餘，一切時間都用在宗教的服務上。民國八年，先生因服務的事情逐漸地加多，特地立了一個作工的程序，題曰："念茲在茲"。其中所開列的事務非常之多，如開會，宣道，編輯雜誌等，先生皆樂專不疲，其服務社會的精神，於此即可見一斑了。

先生為人，自勵是嚴的，待人是溫厚的。在極煩忙的時候，他總深自謹飭，以為擔任宗教的事務，即是為社會國家負責任。他說："國事日益糾紛，社會困於徵逐，當此之時，獨使余得於高尚清潔之工作有分，是誠上帝之鴻施也。人生通例，不勞力則不當得食。余所得於國家之祿位，勞薄而酬豐，負疚多矣。顧茲義務，勉為忠僕，庶幾稍贖愆尤。"先生作事，無論鉅細，都不肯隨便放過，所以又說："凡事豫則立，種種職務，不僅在臨事之言動也；必有先事之計劃預備，而後臨事之言動，不同於機械；否則，徒居其名，不盡其實，是謂無責任心，欺天欺人，實自欺耳。"在他看來，任事必須以自修為基礎，必須自量其力，不得忘卻事端的實際而騖逐虛榮。因此，他嘗自勵說："以駑馬而任重，則必不能致遠。聖靈引導，常加鞭策，庶幾助予；一息尚存，亦惟柔和謙卑，儆醒忍耐，矚潔意志，強健身體，以勉負此軛而已。諺云'破船多攬載'，譏人之不自量也。願自茲以往，毋逸於此範圍之外，更自逞其智以博人之喜悅稱讚，或為上帝所喜乎？"

民國十五年，先生就燕京大學國文教授之職，原要半事休息，半事教學，庶幾可與青年學子多所往來。不久，燕京大學力請先生爲副校長，先生遂辦教育行政工作，兼事教書。十七年國民政府任先生爲教育部常務次長。其時燕京大學董事部，又懇請先生爲該校校長，先生審度之後，旋於十八年四月請辭教育部常務次長之職。國民政府只準假三個月，而先生逕回燕京。其時教育部部長蔣夢麟先生堅請先生打消辭意，且破格通融，準以常務次長兼領私立北平燕京大學校長的職務。先生以不應開此惡例堅辭，教育部又將三個月月俸滙寄先生，（共計一千八百元，除去所得稅，共合一千六百餘元。）按燕京大學規章，同時職教員不得收受兼薪。先生爾時，家境頗不寬裕，但以奉公守法，遂將教育部滙薪全數退回。

民國十八年夏至二十二年夏，先生爲燕京大學第一任華人校長，經營擘畫，匠心良苦，深得職教員與學生的信賴。先生素日不輕談教育，亦不輕談政事；或堅叩之，但說，"政治不良，教育就不好辦，且不能辦。學制當然是一個問題，但辦學校，初不在乎學制如何，因爲教育的優良與否，全在乎辦教育的人。人而赤膽忠心，以教育爲使命，看學生如同自己的子弟，事事出於至誠親愛之心，則教育沒有辦不好的，惜乎現在這些事都談不到。"

先生平生志願，祇在兩件事，或是辦教育，或是做縣知事；而這兩件事的目的並無二致。辦教育是要在學生身上做貢獻；務使他們身受實益，預備爲社會民衆謀福利；做縣知事是要在民衆身上做直接的貢獻，務使他們切實地得到福利。先生一生曾有三次幾乎做了民政官。第一次是要入進士館，學習法政，然後出來做縣令。因爲就了浙江高等學堂監督的職務，做縣令的意思便暫打斷了。第二次是辛亥革命的時候，他本欲爲杭州的民政官，祇因爲有人托情，急請謀事，一刹那間轉變了他的計劃。最近燕京大學的同事徐寶謙君爲江西黎川縣基督教農村服務實驗區總幹事，與江西省政府主席熊式輝氏磋商，擬請先生爲黎川縣知事。先生對於此事頗具熱心；嗣因所請助手不願合作，深恐六十歲的老翁，獨力擔任，精力不足應付，遂不果行。

二十年來，先生辦教育與做民政官的志願是不變的。他要爲民政官，因爲他相信惟有做民政官，纔能爲人民直接謀社會的改造。他要辦教育，因爲他要接近青年，與他們切磋琢磨，以家人父子的親愛精神，去影響他們的心志與生活。祇因他所做的是教育行政方面的事，往往因此而使青年們廻避嫌疑，不能多受直接的薰陶：這是時常使他引爲憾事的。

至於先生的宗教思想，他所進的聖公會是帶着神秘的色彩的，例如信耶穌代人贖罪那一類的教條。但他靜索冥求，漸漸的覺得："人類之所以犯罪，是由自私，而耶穌捨己爲人的模範，正是教人不要自私，不自私便是拔去罪惡的根株，便可得救。"後來，國內知識界中人起了反對基督教的思潮，他覺得自己的信念搖動了，精神上徘徊歧路，非常不安。但是這件事給了他一個極好機會，閱讀了許多書籍雜誌，與許多人作了精密的檢討。經過了一二年之久，他肯定說："所有教會遺傳的信條與解說，都未可盡信；教會的規制與禮儀，也不必重視；但耶穌的人格實在足以爲我們做人的標準……同時，我以爲上帝就是和真理、大自然、最高的原則相等的一種名稱。所謂上帝，能治理管轄我們，就如同說：人類必須與大自然適應，不能與真理或最高的原則相違反。至於祈禱，我以爲就是默想真理，和儒家的存養省察，同時一樣修養的工夫。"到了最近幾年，先生對於基督教又有新的認識。他說："我以爲耶穌人格之所以偉大，就個人修養方面說，他是個宗教家，但就社會改造方面說，他又是社會革命家。他所宣傳的天國，就是他理想的新社會；以新社會中，最重要的改革乃是經濟制度；所以他的訓言多爲有錢財的人痛下針砭，而他的福音就稱爲貧窮人的福音"……"至於耶穌所垂示的模範，第一是教訓我們做人必以改造社會爲天職……第二是教訓我們持身涉世，縱使道不行於當時，仍不當趨於消極，須知真理必有最後的成功。"

先生的人格和思想是儒家的精神與基督教的精神打成一片的。他的言與行都可以表明這一點。他的文章以短篇的切實的言論爲多，大都登載在《真理與生命》月刊中。所著的小書中有《基督研究課程》、《主禱文演辭》、《基督教與社會改造》等。現在他正在著作《基督教與中國文化》一書。先生雖老，而精神矍鑠，和氣輝映。吾輩後學，聞先生之風，其亦可以奮感而興起矣！

原載《真理與生命》十卷八期，1937年1月

我怎樣才可以感覺上帝的存在？
——見梁氏問題表第五類第十六題

　　我們要答覆人如何可以感覺上帝的問題，必先自己問一問"我怎樣感覺得他人與物的存在，又怎樣認識人與物？"我們不容易，也許終不能夠肯定認識上帝的方法與認識人物的方法完全不相同。若沒有事實沒有理由做根基，我們當然不應該說我們認識上帝是用一種方法，認識人物是用另一種完全不同的方法。同時，生活是有一貫性的，有繼續性的，又有關係性的，我們不能說人認識上帝的方法，與一切世間法不同。

　　可是對於認識人與物這一件事，在常識方面說來，我們總可以看清楚以下這三點。第一，我們用研究查考的客觀方法，即普通所謂科學方法，可以知道人與物所表演的事實與這些事實的先後相互的關係。第二，我們與人交際，往往用直覺，用信賴，用同情，用愛悅，用戀慕的心態去得深切實在的認識。第三，我們的性情，天分，才力，各有差別，你不像我，我不像你，我你彼此又不像他；於是我能知的，你覺得很難知，你我所能體會察驗的，他許會感覺到奇怪，或是不可信，不可能。不說別的：即是同樣為藝術家，甲以為真美，乙居然會說不佳妙；同樣為科學家，丙能運用想像翱翔於天海空闊之中而大有發明，丁則祇能精詳審慎，按部就班，事事對於那有創作想像的科學家，或懷疑，或驚嗟，或望洋興嘆而已。

　　我以為我們人所用的方法，藉以知道一切事物人情的關係的，都是科學方法。從前我曾想科學方法祇限於可量的範圍，那不可量，不可統計的是超乎科學的；近幾時，我深深地覺得這個分派的不安貼。第一，科學所求的是有條理的知識，在無論何種經驗之中，我們用方法得出條理來，那就是科學方法，不問這個是不是一種測量的數學的方法，是不是一種從同情信仰戀慕而深入的方法。第二，有些事情我可以間接知道，從他人的研究而得知道，又有些事情，我不能這樣就算知道，必須親自從生活裏去體驗而後方始會知道。不過所得的知識,都可以成為科學,而其方法亦當然是科學的方法。第三,科學方法是人造出來的。人用什麼來造方法呢?用東西。人怎會用東西造方法——造工具,造計劃——呢?因為人是人!說到底,人用自己去認識一切,用官覺,用肌肉,用思想,用意象,用邏輯的理去得知識。人既用自己去瞭解人與物,人也祇有用自己去瞭解精神世界——上帝,假使這個精神世界果然是存在的話。那末,用算數測物是科學方法,用祈禱對越上帝也是科學方法,兩個方法,都是人自己用自己。第四,有一種對象,則用一種方法;有另種對象,則用另種方法;對象之屬於物者,可以用物去對付,猶之布以尺量而曉得它的長短,粟以斗量而決定它的輕重等等。對象之屬於形而上的,自然可以用理論,用同情的敬仰戀慕去對付,猶之父子以慈孝而相與,夫婦以情愛而得洞知肺腑的瞭解。

這樣,科學方法有許多,祇是出於一源,就是人自己。科學自始是穩健的,也是冒險的,深信凡與人發生關係的,人都能知道,至少知道那所發生的關係。凡是沒有發生關係的,科學可以且應當去試驗,看所傳聞的,果且發生關係否;但在有關係之先不肯定其有無。同時,科學可以在果裏見因,不必確見因而後肯定因;譬如古史學,科學可以由甲骨文字的遺跡,而肯定甲骨時代的文化如何;譬如天文學,可以因星行而肯定百千年後的某星見,某星沒,不必先見而後纔得有知識;又譬如地質學,可以上溯地層,至千萬年之前,而說其時地必如何如何,不必先見當時的地而後乃下斷語。科學的世界,大至無量,小至無量,其知識大都不在見聞的範圍之內。同樣,我們若在宗教生活上果因深刻的精修而有所正見正知,超乎目所覩,耳所聽,官體所觸的範圍,亦未嘗不是科學的知識。

本文不是論科學,但所以如以上所說的緣故,是要發生兩種效率,一是破除認識上帝必須超科學法,一是要預備讀者使能了然於以下的議論。

超乎宇宙,貫徹宇宙的上帝假使是存在的,那末在我們的生活上,心理上,怎樣覺察出來?這個問題是很重要的,基督教裏有許多神學家曾經在這裏做過極精密細緻的思想,也曾發揮過極有影響的言論。有的人說上帝是超乎意識之上的;有的人說上帝是在於意識之下的;又有的人說上帝的啟示必須是在意識之中的。最後的那一類論者又有以理智為認識上帝的路由的,如黑格爾;以情感為認識上帝的路由的,如施萊爾馬赫;有以意志為認識上帝的路由的,如康德。其實這些人的言論都不免偏於一面。上帝如果存在,如果又是宇宙的主宰,他必既超乎人的意識之上,亦出於人的意識之下,而復居留於人的意識之中;他必在人的理智、情緒、意志的各部與總和之中,必在整個人的整個品格之中而更超邁遼遠,不可究測。

　　以上種種,本文不能細論。但就以上的意見,我們可以問人生經驗裏有什麼根本的事實可以明確地指示我們上帝真實的存在。康德以前的關於上帝存在的論證,都已為康德所摧撥,所破壞,茲不再題。康德以後,凡是論到上帝存在的人無不在價值與意義範圍之內建立論證。用最粗淺的話說,我們可以說,我們知道上帝的存在,且是道德的本原,是為了我們這個不能沒有道德,不能不建立價值與意義在道德上的人生。道德的形式是流變的;但是道德的骨幹是永恆的。在無論何時、何地、何種民族之中,人不能沒有道德,沒有道德即沒有生命,不能有人群、社會、文化與人的世界。道德是建設、結構在人的性命裏,骨子裏的;而人是宇宙的一部分,帶着宇宙的性質。若在人生之中,道德是最根本的,那末我們不能不想,也不能不肯定在宇宙之中道德是最根本的;人有品德,宇宙也必有品德,於是乎我們從自己整個生命所需要的價值與意義之中肯定宇宙中必有上帝,上帝必定存在。人的道德,不能沒有宇宙性,宇宙乃不能沒有道德性,宇宙而必有道德性,宇宙即必有品格,必然呈顯着上帝的存在。從天演的進化看來,人類的道德是遞變流遷,有時代性,地方性,相對性的,其中的所謂忠孝節義,禮義廉恥等等德,沒有一件是天經地義的常經。但從人的性情與需要看來,人必須互助相愛,必須絕對地服從他所發顯的,他所不能自造,不能逃避的道德律,而道德就即為永恆不變的常經。人必須建立群的生活,不能摧毁群的生活,人於是乎不能自己於道德,不能自已於肯定持守人生的價值與意義於道德的軌範之中。一切流變演化並未妨礙道德的宇宙性與永久性;不但並未妨礙,并且益使確實而明顯。這樣說起來,我們可以從自己最高的道德要求與生活中的感覺到上帝的存在,且感覺到上帝的品格。這是科學的,因為這是從人的經驗上找得的認識,有條理,有根基,由經驗得到的事實為果而以邏輯推想到的因。

　　儒家有"人能弘道"這一句話,就是說明以上的理論。但是"人能弘道,非道弘人"是不對的,因為這樣看法便是不明白認識的方法,並且把道看死、看呆了。人能知,有所知,能果在人,所果在客觀的對象。在認識之中,在行為之中,能者果自動,亦果被動,所者果被動,亦果自動;能知與所知之間,不能不是互動。這樣,人固弘道,道亦弘人,人固在道德經驗中見上帝,上帝亦在人的道德經驗中啟示自身。人類的道德漸高,上帝亦漸顯明在人類的道德之內。因此,基督教中有道成肉身的道理,以為太初有道,道與上帝同存,道即是上帝;而此道創物萬有,貫徹萬殊,至期而豐滿洋溢,啟示為成肉身的大道。耶穌基督的人格道德,至純至美,至大至剛,皇皇然,蕩蕩乎表明昭示,充量地彰顯上帝的真實。我怎能感覺到上帝的存在呢?我們簡截明快,毫無疑滯的回答是:我祇要仰瞻耶穌基督,察知他的道德人格至純至美,至大至剛,就立時看見了上帝。耶穌說,"人看見了我,就是看見了父……我在父裏面,父在我裏面。"(《約翰福音》十四章九節、十節)耶穌基督即是上帝存在的憑據;除卻耶穌基督,我們更沒有圓滿的上帝存在的憑據。因為"從來沒有人看見上帝,只有在父懷裏的獨生子將他表明出來。"(《約翰福音》一章十八節)

不過上帝無涯,人生有涯,以有涯隨無涯,所知見亦不免是以蠡測海,以管窺豹,一滴一斑而已。人不能全知上帝,所以保羅說,"上帝的事情,人所能知的,原顯明在人心裏,因為上帝已經給他們顯明。"(《羅馬書》一章十九節)其所不能知的,即永遠超乎人的智慧與企求。但是《聖經》所載,方法至明,即是:人能在道德生活中體會到,感覺到上帝的真實性。不求在道德上進步的人,無論如何聰明伶俐,花言巧語,終不能認識上帝。耶穌說:"清心的人有福了,因為他們必得看見上帝。"(《馬太》五章八節)又說,"你們若常常遵守我的道,便真是我的門徒;你們必曉得真理,真理必叫你們得以自由。"(《約翰福音》八章三十一、二節)又說,"人若立志遵着他的(上帝的)旨意行,就必曉得這教訓或是出於上帝,或是我憑着自己說的。"(《約翰福音》七章十七節)換一句說,人若立德,必見上帝。德之本在愛。《約翰一書》的著者說:"我們應當彼此相愛,因為愛是從上帝來的;凡有愛心的都是由上帝而生,並且認識上帝。沒有愛心的,就不認識上帝。因為上帝是愛。"(《約翰一書》四章七節、八節)"從來沒有人見過上帝,我們若彼此相愛,上帝就住在我們裏面,愛他的心在我們裏面得以完全了。上帝將他的靈賜給我們,從此我們就知道我們住在他裏面,他住在我們裏面。"(同上十章三節)這樣,從耶穌的教訓中看，從他的聖徒的言論中看，人若清心，人若彼此相愛，就可以看見上帝，認識上帝。

人是奇怪的，往往想若要感覺到上帝的存在，他必得有一種出乎意外的經驗。果然有許多神秘經驗的人，做異夢，見奇象，聽聞天上的聲音，感覺突如其來的指導。這些經驗，有人能得，有人不能得；在某各情形中能得，在尋常的生活中不能得。其實得與不得，無有什麼重要的關係，因為這些奇事可以因心而起，也許可以因上帝而起，自身不足以證實上帝的存在！常人不能見異象，做怪夢，聞天音，便終不能感覺到上帝的臨格麼？難道尋常的生活與經驗都沒有證見上帝的可能麼？難道正常的道德生活並不表顯上帝麼？上帝一定遠離人類最合理最努力的通常經驗麼？祇有至少數的人，也許病態，也許失常，纔能感覺上帝麼？上帝固然可以乘非常的情形而啟示自己，而上帝的法度是常，棄常求非常，硜硜然而為之，那末宗教必將流於迷且邪！

人的道德是必須修養保涵的。修養在恒不在忽，在久不在暫。從宗教方面看，修養道德，所謂靈修，足以增進心靈的力量，亦足以引人感覺到上帝的純真。讀《聖經》、祈禱、崇拜，乃是人在宗教生活上感覺上帝最直的道路。人崇拜則對越上帝。人祈禱則陳訴上帝。至誠所及，人必能有強確的知見，必能得華嚴的啟示。在清心滌慮，歸獻自己的祈禱之中，人必能覺悟他對上帝所說的話往往即是上帝對他所施的教誨，所給的指引。親近上帝的，上帝必親近他，上帝必不離開他，使他們撲朔迷離而不得確切的心證。

原載《真理與生命》十一卷四期，1937 年 6 月

《傳道解惑》小序

　　這十五篇文章,是青年宗教問題的答覆,曾散見於"真理與生命"月刊,近三年來,中華基督教青年會發起了一個青年與宗教運動,請基督教內的名流如曾寶蓀女士、陳文淵博士、涂羽卿博士等,到各大都市宣講基督教,各處青年對於基督教發生興趣,頗有願意細心研究的人。他們所提出的問題,有數千之多。後來經過青年會宗教幹事梁傳琴君的分析歸類,遂合成五百餘題。本書所答雖僅其中的十五題,然亦涉及重要教理,似乎應能刺激青年們的思想。茲因燕大基督團契文字委員會決定出版宗教小叢書,請以此十五題付諸剞劂,乃有《傳道解惑》這本小書出現。尚希同道們指正。

中華民國二十六年十二月趙紫宸識

附:《傳道解惑》目錄

1. 上帝的存在對於人生有何影響?
2. 上帝是否是可見可信的?
3. 怎樣能使我信仰基督?
4. 上帝是從哪裏來的?怎樣證明他的存在?
5. 上帝造人的目的是什麼?
6. 《聖經》上說的話,確有其實麼?是否一字一句都可信?
7. 請用科學方法說明耶穌爲童貞女所生
8. 耶穌的人格與精神絕對的利他,是否有史以來,只此一人?
9. 耶穌是否再來,來在何處?

10. 不信耶穌爲神子,能否生一種火熱的力量?
11. 基督教不要上帝,是否可能?
12. 耶穌與上帝之間有何關係?
13. 上帝若爲萬能而又愛人,爲何不將魔鬼或罪惡撲滅?若爲鍛煉世人,豈不太忍心麼?
14. 我怎樣才可以感覺上帝的存在?
15. 今日中國的青年還該學耶穌麼?

编者按:《传道解惑》一书是赵紫宸先生从自己的文章中选出15篇短文编成的小册子。这15篇文章已分别收入本卷。现仅列出这本小册子的目录,文章内容敬请读者在本卷中自行查阅。

鳴　謝

美國友人 Terrill E. Lautz 先生，John T. Ma（馬大任）先生，臺灣中原大學林治平教授，中國社會科學院世界宗教研究所研究員段琦、王美秀女士和唐曉峰博士，中央音樂學院蔡良玉教授，香港全球華人事工聯絡中心主任黃兆堅博士，香港中文大學崇基學院邢福增博士，香港基督教協進會總幹事蘇成溢牧師，旅美燕大校友、美中國際交流學會國仲元副會長，上海華東神學院蘇德慈院長和姚民權教授，上海市民族和宗教事務委員會胡敏女士，上海基督教兩會圖書館田文載先生，北京基督教兩會前總幹事闞學卿牧師，北京商務印書館等機構的有關朋友，都向我們伸出了援助之手。還有許多朋友給我們提供了寶貴的建議以及道義、精神上的鼓勵，在此無法一一列舉。借此文集出版之機，謹向上述機構和友人鞠躬致謝。

WORKS OF T. C. CHAO

Vol. 3

CONTENTS

Theses, treatises, argumentations, brief biographies, editor's notes and papers of preaching.